# MITTELLATEINISCHE PHILOLOGIE

# WEGE DER FORSCHUNG

BAND CCXCII

1975

WISSENSCHAFTLICHE BUCHGESELLSCHAFT

DARMSTADT

# MITTELLATEINISCHE PHILOLOGIE

## BEITRÄGE ZUR ERFORSCHUNG DER MITTELALTERLICHEN LATINITÄT

Herausgegeben von

ALF ÖNNERFORS



1975

WISSENSCHAFTLICHE BUCHGESELLSCHAFT

DARMSTADT

wb Bestellnummer: 4957



Satz: Maschinensetzerei Janß, Pfungstadt
Druck und Einband: Wissenschaftliche Buchgesellschaft, Darmstadt
Printed in Germany
Schrift: Linotype Garamond, 9/11

ISBN 3-534-04957-8

INHALT

# VORWORT

Während über die antike Latinität seit langem ausführliche Handbücher existieren, gibt es noch keine monographische Darstellung über Formenlehre und Syntax des mittelalterlichen Lateins — des sogenannten 'Mittellateins' —, dessen Geschichte rund neun Jahrhunderte oder etwa die Zeit von 600—1500 umspannt.[1] Vorliegende Auswahl von größeren und kleineren Beiträgen zur Erforschung der mittelalterlichen Latinität stellt den Versuch eines sehr bescheidenen, vorläufigen Ersatzes des leider noch fehlenden Handbuches dar. Über die vieldebattierte Frage, ob ein solches überhaupt geschrieben werden kann, orientiert der diese Beiträge abschließende Aufsatz.

Die heute kaum hundert Jahre alte Disziplin der mittellateinischen Philologie stand in ihren Anfängen vor der riesigen, immer noch nicht zu Ende geführten Aufgabe, die exuberante Literatur des lateinischen Mittelalters in kritischen Texteditionen herauszubringen. Während die historische und literarische Erforschung der erscheinenden Werke recht früh und auf verhältnismäßig breiter Basis einsetzte, blieb die sprachliche Untersuchung von Anfang an zurück. Bis heute wurden nur relativ wenige Bereiche des Mittellateins von den Philologen eingehender durchforstet, darunter vor allem die sogenannte merowingische Latinität (vgl. B. 167 ff.)[2]

[1] Über die Probleme der Periodisierung des nachklassischen Lateins im allgemeinen sowie der Grenzziehung zwischen Spät- und Mittellatein s. P. Klopschs Ausführungen unten S. 414 ff. Rein sprachgeschichtlich spricht zweifellos vieles für die von K. vorgenommene Differenzierung „180—530 Spätlatein, ab 750 Mittellatein. Die dazwischenliegende Zeit stellt sich, von der Vulgärsprache aus gesehen, einwandfrei zum Spätlatein ...; vielleicht sollte man von 'mittelalterlichem Vulgärlatein' sprechen." Aber in dieses Schema passen z. B. weder Gregorius der Große noch Venantius Fortunatus oder Paulus Diaconus.

[2] Mit „B. 167" usw. verweise ich auf die betreffende(n) Nummer(n) in meiner Bibliographie unten S. 425 ff.

sowie der mittellateinische Wortschatz (vgl. unten S. 426). Weder die karolingische noch die ottonische Latinität noch die höchst interessante Entwicklung der lateinischen Sprache im 12.—15. Jahrhundert waren bis heute Gegenstand einer systematischen Darstellung.

Wenn hier auf einige für das Studium der mittelalterlichen Latinität besonders wichtige Arbeiten verwiesen werden soll, müssen schon mehrere bahnbrechende Untersuchungen des Spätlateins genannt werden, in denen mittellateinische Erscheinungen z. T. grundlegend erörtert sind, wie diejenigen von Baehrens (B. 33), Beckmann (B. 333), E. Löfstedt, ›Philologischer Kommentar zur Peregrinato Aetheriae‹ (Uppsala 1911), ›Vermischte Studien zur lateinischen Sprachkunde und Syntax‹ (Lund 1936) und ›Late Latin‹ (Oslo 1959), ganz zu schweigen von seinen ›Syntactica‹ (B. 360), Mohrmann, Chr., ›Études sur le latin des chrétiens‹ (Rom 1958—1961), Mørland (B. 61), Norberg, B. 375 und ›Beiträge zur spätlateinischen Syntax‹ (Uppsala 1944), Salonius (B. 315), Svennung, B. 48, ›Orosiana‹ (Uppsala 1922) und ›Untersuchungen zu Palladius und zur lateinischen Fach- und Volkssprache‹ (Uppsala 1935). Es sei auch an Anton Szantyrs Lebenswerk, die unschätzbare Neubearbeitung der lateinischen Syntax von Schmalz und Hofmann erinnert (B. 350), in der das frühere Mittellatein zum ersten Mal innerhalb eines deutschsprachigen syntaktischen Handbuches weitgehend mitberücksichtigt wurde.

Grundlegend für unsere Kenntnisse der ältesten Epoche des mittelalterlichen Lateins sind die Untersuchungen von Bastardas Parera (B. 211), Blomgren (65—70), Bonnet (121), Fridh (39—41), Haag (unten S. 13 ff. im Wiederabdruck), Linderbauer (24), B. Löfstedt (87), E. Löfstedt (wie oben), Müller-Marquardt (138), Norberg (wie oben sowie B. 79), Pei (183), Pirson (184—185), Politzer (380), Uddholm (140), Vielliard (193). Es braucht kaum hervorgehoben zu werden, daß ältere Untersuchungen hier und da sprachwissenschaftliche Theorien widerspiegeln, die später aufgegeben worden sind,[3] und daß in ihnen Angaben vorkommen können, die nicht mehr in jeder Beziehung stichhaltig sind; man bedenke z. B.,

[3] Vgl. die vortreffliche Übersicht über die lateinische Sprache und Literatur im 7. und 8. Jahrhundert bei G. Reichenkron, B. 186, 134 ff.

daß der ›Thesaurus Linguae Latinae‹, in dem eine große Zahl von früher unbeachteten spätlateinischen Belegen verzeichnet wird, erst i. J. 1900 zu erscheinen begann und immer noch kaum mehr als die Hälfte des zu erwartenden Umfangs erreicht hat. Das sogenannte Vulgärlatein der ausgehenden Spätantike und des beginnenden Mittelalters, vor allem das des 7. und 8. Jahrhunderts, stellt uns ein in vielem verwirrendes Bild der Normlosigkeit und des weitgehenden Verfalls vor Augen. „Das 7. Jh. ist das ärmste in der Literatur, das schaurigste in bezug auf das Latein, vom klassischen Latein aus gesehen, aber das ergebnisreichste, vom romanischen Standpunkt aus", schreibt Günter Reichenkron,[4] der im 8. Jahrhundert „als einzigen Stern am finsteren Himmel" Paulus Diaconus erblickt. Aber mit der karolingischen Bildungserneuerung erfolgte fast überall in den europäischen Bildungsstätten eine sukzessive Rückorientierung zu den Normen der klassischen wie der späteren, vor allem der christlichen lateinischen Literatursprache. Doch trotz mehr oder weniger stark antikisierender Stiltendenzen, wie sie z. B. bei Einhard in dessen ›Vita Karoli Magni‹ oder später bei Hildebert von Lavardin oder Walter von Châtillon zutage treten, bleiben die allermeisten lateinischen Schriften des Mittelalters mittelalterlich gefärbt. Und daß noch in der zweiten Hälfte des 10. Jahrhunderts das gesprochene romanische Idiom einen erheblichen Einfluß auf die gelehrte lateinische Schriftsprache ausüben konnte, zeigt Ulla Westerberghs Arbeit über die Sprache der Salerno-Chronik (unten S. 106 ff.).

Für die karolingischen und postkarolingischen Zeitabschnitte sei insbesondere auf die folgenden Titel der Bibliographie hingewiesen: Nr. 93, 95, 150—153, 207, 253, 254, 256, 259, 260, 266, 269, für das 11. und darauf folgende Jahrhunderte auf Nr. 104, 159, 165, 270, 271, 273, 274, 281, 282, 286, 290, 293, 294, 296, 320, 322, darüber hinaus selbstverständlich auf die in diesem Band abgedruckten Publikationen. Diese sind folgendermaßen disponiert: die chronologisch geordneten Untersuchungen über einzelne Autoren und Texte umrahmen die übersichtlich orientierende Einführung E. Löfstedts und sechs Abhandlungen, die zu einer vielseitigen

[4] Wie Anm. 3, 134 f.

Charakteristik der mittelalterlichen Latinität und zur Frage einer mittellateinischen Grammatik beitragen. Es wurden vorwiegend Darstellungen jüngeren Datums ausgewählt[5]; wie schon angedeutet, liegt es in der Natur der Sache, daß einiges, was in der ältesten grammatischen Literatur über das Mittellatein zu lesen ist, infolge der Fortschritte der lateinischen und romanischen Philologie als überholt betrachtet werden muß. Dies kann aber den Wert jener Pionierleistungen, die auch in dieser Auswahl vertreten sind, als Bestandteile einer grundlegenden Forschung nicht verringern.

Köln, Mai 1974 Alf Önnerfors

[5] Raummangel verbot den Abdruck folgender in Betracht gezogener Publikationen: B. 12, 18, 133, 181, 182, 365. Weder Verlag noch Herausgeber gelang es, die Zustimmung des Verf.s zum Wiederabdruck von B. 269 und 343 zu erwirken.

Einar Löfstedt: Late Latin * (= Instituttet for Sammenlignende Kulturforskning, Ser. A: Forelesninger, XXV), Oslo: Universitetsforlaget 1959, S. 59—67 (= Kap. IV: „Medieval Latin"). Aus dem Englischen übersetzt von Udo Kindermann.

# MITTELLATEIN

Von Einar Löfstedt

[...] Oft wurde das Mittellatein ganz einfach und ohne Einschränkungen als tote Sprache bezeichnet, manchmal wurde es sogar mit Esperanto und ähnlichen modernen Kunstsprachen verglichen. Andere Gelehrte protestierten heftig gegen diese Tendenz, dem Mittellatein seine Lebendigkeit abzusprechen, unter ihnen der große Romanist Vossler,[1] ein scharfsinniger und einfühlender Beurteiler poetischer und literarischer Werte, und schon lange vor ihm jener unermüdliche Forscher Charles Thurot.[2] In seiner ›Geschichte der griechischen Sprache‹[3] bezeichnet Wilamowitz mit einem kühnen Wort das Latein als noch am Leben im 15. Jahrhundert — eine Behauptung, die an Bestimmtheit und gewollter Pointierung jenen nicht nachsteht, die diesen großen Gelehrten auch sonst auszeichneten. Eine handfestere und gründliche Behandlung erfuhr die Frage in Paul Lehmanns glänzendem Aufsatz ›Vom Leben des Lateini-

* Postum erschienenes Werk von Einar Löfstedt (1880—1955).

[1] „Wenn man ... die kraftvollen Dichtungen bedenkt, in denen es (d. h. das Mittelalter) manchmal wieder aufersteht: die Hymnen und Sequenzen, die frohe, derbe, ausgelassene Goliardenlyrik ..., so möchte man dieses Schullatein beinahe einem jener zeitlosen Elementargeister, etwa den Gnomen unter der Erde, vergleichen, oder gar einer Undine, die in heimlichem Verkehr mit einem auserwählten Manne wirkliche, lebensfähige Kinder bekommt und in der befruchtenden Umarmung zugleich für sich selbst eine menschliche Seele empfängt." (Geist und Kultur in der Sprache, Heidelberg 1925, S. 57.) Dieser Vergleich ist zwar etwas romantisch angehaucht, trifft aber letztlich sehr gut, wie Christine Mohrmann dazu bemerkt, den Kern der Sache.

[2] Charles Thurot, Notices et extraits de divers manuscrits latins (Notices et extraits des manuscrits de la Bibliothèque Impériale et autres bibliothèques, tome 22), Paris 1868, S. 500 ff.

[3] Berlin 1928, S. 8.

schen im Mittelalter‹, der zuerst 1929 erschien und jetzt in der großartigen ›Erforschung des Mittelalters‹ (1941) wiederabgedruckt ist.[4] In den letzten Jahren erschienen einige kurze Abhandlungen, die nicht nur jede für sich interessant sind, sondern auch darum, weil sie — wiewohl von den verschiedensten Verfassern geschrieben — einen einheitlichen Standpunkt gegenüber dem Mittellatein und seinem wahren Charakter einnehmen. Ich will mich damit begnügen, drei Namen zu nennen: Richard Meister, Mittellatein als Traditionssprache (in: ›Liber Floridus‹, Festschrift Paul Lehmann, 1950); Ludwig Bieler, Das Mittellatein als Sprachproblem (in der neuen Zeitschrift Lexis 2, 1949, S. 98 ff.); Christine Mohrmann, Le dualisme de la latinité médiévale (Revue des Études Latines 29, 1952, S. 330 ff.).[5]

Wie Lehmann richtig hervorhebt, hat das Mittellatein seinen Ursprung nicht im klassischen Latein, sondern im Spätlatein. Wie sehr auch die besten unter den mittellateinischen Autoren in mancher Hinsicht danach getrachtet haben, einen klassisch-lateinischen Stil zu verwirklichen, so ist, auf das Ganze gesehen, die Quelle für die mittelalterliche Latinität dennoch nicht die Sprache Ciceros oder Vergils, sondern die Literatursprache, die sich im späten Kaiserreich herausbildete und die viele verschiedene Züge trug: klassische und rhetorische, biblische, dichterische, umgangssprachliche und, bis zu einem gewissen Grad, sogar vulgäre. Hinzu kommt der wichtige Einfluß aus dem Griechischen, der ausführlicher in einem späteren Kapitel untersucht werden soll.[6] Mithin setzt sich das Mittellatein aus heterogenen Elementen zusammen, die hauptsächlich durch die Sprache der Kirche eine Ausrichtung auf Einheitlichkeit hin und auf Kontinuität erfuhren. In diesem Zusammenhang einige Zitate aus Lehmann:

Durch die christliche Geistlichkeit wird das buntscheckige Spätlatein für mehrere Jahrhunderte die führende Schrift- und Bildungssprache Europas.

[4] Ein besonders für den Literarhistoriker und Paläographen ungemein wertvolles Werk.

[5] Siehe auch Walter Stach, Wort und Bedeutung im mittelalterlichen Latein, Deutsches Archiv für Erforschung des Mittelalters 9 (1952), S. 332 ff.

[6] Siehe Kapitel 6 [hier nicht abgedruckt].

Zur Erklärung dieser bemerkenswert langen Kontinuität ergänzt er:

Jahrhundert über Jahrhundert verging: die Vulgataübersetzung der Bibel blieb schier unverändert im Gebrauch, die Liturgie arbeitete mit ungezählten Formeln weiter, für Recht und Verfassung blieben die Satzungen, Beschlüsse und Aussprüche der alten Konzilien, der früheren Päpste in Kraft, immer wieder las und kopierte man zur Erbauung und Belehrung seiner selbst und anderer die großen Kirchenväter der ersten 6 Jahrhunderte des Christentums. (›Erforschung des Mittelalters‹, S. 65.)

Freilich muß man auch mit anderen stabilisierenden Einflüssen rechnen, vor allem dem Erbe an antiker Kultur, das ein starkes Band der Einheit um die Gebildeten aller Länder schlang.[7]

Doch Stabilität und Kontinuität sind etwas anderes als Abgestorbensein. Obwohl Latein spätestens seit dem Ende des achten Jahrhunderts in der Tat eine gelehrte Sprache war, die Sprache der Kirche und der Schule, der Verwaltung und der Diplomatie,[8] der Wissenschaft und der höheren Bildung, so hat es dennoch innerhalb dieser Bereiche eine Lebendigkeit, Geschmeidigkeit und einen Reichtum an Ausdrucksmöglichkeiten erreicht, wie dies eine tote Sprache — im herkömmlichen Sinne des Wortes — keinesfalls aufweisen kann.[9] „Eine Sprache lebt", formuliert Bieler, „solange es Dichtung in ihr gibt"; ob man nun an die Schönheit vieler christlicher Hymnen denkt oder an die Liebes- und Frühlingslieder der Vaganten: man sieht, daß das eine wahre Beobachtung ist. Doch sogar die gewöhnliche Erzählprosa des Mittelalters mit ihrer eigentümlichen Klarheit und Wirklichkeitsnähe oder auch die subtilen Feinheiten der philosophischen Fachsprache der Scholastiker geben Zeugnis ab von echtem Leben der Sprache.

Richard Meister nennt Mittellatein „eine Traditionssprache" und Christine Mohrmann (a. a. O. 333 f.) hält dies von allen bisher vor-

[7] Vgl. Christine Mohrmann a. a. O. 337. — Ernst Robert Curtius behandelt diese Thematik mehr unter literarisch-historischem Blickwinkel in seinem glänzenden und unentbehrlichen Buch ›Europäische Literatur und Lateinisches Mittelalter‹ (Bern 1948), dessen Titel allein schon die Warte des Autors kennzeichnet.

[8] In Ungarn war Latein bis weit ins 19. Jahrhundert hinein die Sprache der Verwaltung.

[9] Vgl. Thurot a. a. O. 500 u. 504.

gebrachten Definitionen für die, „qui se rapproche le plus de la réalité linguistique". Das Wesentliche an dieser Betrachtungsweise, so Meister, ist es, Mittellatein weder als eine tote noch als eine lebende Sprache anzusehen, sondern als Zeugen für „eine besondere Lebensform der Sprache". Gewiß ist es die 'Traditionssprache' par excellence, und dennoch war es insofern eine lebendige Sprache, als es unter dem Druck der verschiedenen Erfordernisse der mittelalterlichen Kultur verschiedene Formen ausbildete;[10] es wurde geschrieben, verstanden und in sehr großem Ausmaß auch gesprochen von den gebildeten Schichten in allen Ländern, und es ließ eine reiche und lebendige Literatur entstehen. Doch sein eigentliches Wesen kann nicht durch eine kurze Formel beschrieben werden; es ist in der Tat ein einzigartiges Phänomen in der Geschichte der europäischen Sprachen. Mittellatein, sagt Bieler, ist eine Sprache ohne ein Volk; und er beendet seinen Aufsatz mit einer Zusammenfassung (a. a. O. 104), aus der ich einige Sätze zitieren möchte:

> Das Mittellatein ist demnach weder eine Nationalsprache, noch eine Weltsprache, noch auch eine internationale Hilfssprache, obwohl es das ganze Mittealter hindurch, und darüber hinaus, diese Funktion hatte. Es ist weder ausschließlich eine Kirchensprache, noch eine Standessprache. Es ist eine Sprache ohne Sprachgemeinschaft, und doch keine tote ... Das Mittellatein ist die Sprache einer Ideengemeinschaft ... die Muttersprache des Abendlandes.

Ein hochtönendes Wort, „die Muttersprache des Abendlandes", und vermutlich erfaßt es ebensowenig wie jedes andere die volle historische Wahrheit — immerhin einen großen Teil von ihr, und nach den oben gemachten Bemerkungen ist es wohl ein brauchbares Wort.

Zur selben Sicht des besonderen Charakters mittelalterlichen Lateins gelangt, wie mir scheint, auch eine detailliertere Untersuchung des sprachlichen Materials. Mit Sicherheit wird jede Forschung auf diesem Feld schwierig sein, angesichts der enormen Masse

[10] Vgl. Ch. H. Haskins, The Renaissance of the Twelfth Century (Harvard Univ. Press, 1927), S. 129: "Indeed it is this very adaptability and power of absorbing new elements which kept Latin a living language until it was killed by the revival of antique standards in the fifteenth century."

der mittelalterlichen Literatur, doch sie muß angestellt werden, wenn wir nicht mit unbestimmten Eindrücken und unbegründeten Verallgemeinerungen zufrieden sein wollen. Wie wir sahen, hat das Mittellatein seinen Ursprung in dem, was man gemeinhin Spätlatein nennt,[11] es ist dessen natürliche und organische Fortsetzung. Ebenso wie das Spätlatein oft ein erhellendes Licht auf Entwicklungen des klassischen Latein oder sogar des Altlatein wirft, kann das Mittellatein, wenn wir einmal mehr von ihm wissen, uns den Schlüssel zu manchen Fragen im Spätlatein an die Hand geben. Beispiele verschiedener Art dazu findet man in meinen ›Vermischten Studien‹ und ›Coniectanea‹ sowie in den Arbeiten von Blatt, Norberg und Svennung.[12] Hier will ich nur einige typische Fälle wiedergeben.

Jeanneret[13] zitiert aus den ›Defixionum tabellae‹ ein sehr frühes Beispiel für intransitiven Gebrauch von *perdere* (1. Jh. n. Chr.): *male p e r d a t, male exeat, male d i s p e r d a t.* Diese Verwendung, für die man früher keine weiteren Belege hatte, hält sich, wie Norberg (›Synt. Forsch.‹, S. 180 f.) zeigt, nicht nur bei Venantius Fortunatus, sondern auch z. B. in einem poetischen Text des neunten Jahrhunderts, bei Abbo in den ›Bella Parisiacae urbis‹ I, 61: *Aurora p e r d e n t e,* „als die Morgenröte verging". Das altfranzösische *perdere* in der Bedeutung *perire* 'vergehen' ist nach einer Beobachtung Toblers (›Verm. Beitr.‹ I, S. 44 f.) ebenfalls Weiterleben dieses Gebrauchs. Eine ähnliche Eigentümlichkeit begegnet bei Commodian, ›Instr.‹ I, 30, 9: *vixit et e x t i n x i t pauper;* es überrascht nicht, daß hier die Herausgeber eine Korruptel des Textes vermuteten. Jedoch: Intransitiver Gebrauch von *exstinguere* begegnet auch im ›Chronicon Salernitanum‹ (zehntes Jahrhundert) und in anderen mittelalterlichen Texten und wird gestützt durch altfranzösisches *esteindre* in der nämlichen Bedeutung; vgl. meine ›Coniectanea‹ I, S. 64; Norberg, a. a. O., S. 181.

Wenig beachtet wurde offenbar eine Konstruktion bei Gregor in

[11] Siehe oben S. 2.

[12] Svennungs ›Untersuchungen zu Palladius‹ (1935) und Norbergs ›Syntaktische Forschungen‹ (1943) sind hier von besonderem Wert.

[13] M. Jeanneret, La langue des tablettes d'exécration latines, Thèse, Neuchâtel (Paris-Neuchâtel 1918), S. 144.

den ›Dialogi‹ III, 7 (S. 148, 4 Moricca)[14] *quod tamen ad hoc*[15] *legentibus ut valeat exopto, quatinus ... non praesumant.* Nach *valeat* hat eine (normalisierende) Handschrift ein *prodesse* eingefügt, doch sprechen die mittelalterlichen Beweise zugunsten von *valere alicui* im Sinne von spätlateinischem *prodesse, auxilio esse alicui*; vgl. z. B. die ›Gesta Romanorum‹, c. 28 (S. 326, 8 Oesterley): *sepe tamen illuc ibat, sed nichil ei valuit eo quod domina per omnia eum sprevit;*[16] c. 69 (S. 382, 38); c. 120 (S. 468, 38): *dixit ei, quod medicina sua non valeret ei, nisi prius confiteretur omnia peccata sua.* Einige sehr auffällige Beispiele für den Gebrauch von *valere* im Sinne von *auxilio esse* bringt Du Cange; sie zeigen, wie weit diese Entwicklung ging. So ein Fall aus einer Urkunde des Jahres 1251: *licebit omnibus civibus Avinionis cuilibet amico suo valere de guerra;* und in einem anderen Zeugnis: *promitto ... quo vobis valeam et adjuvem vos.* Hier hat das Verb ein persönliches Subjekt: Wir haben die Endstufe der Entwicklung erreicht,[17] und was wir in diesen letzten Beispielen vor uns haben, ist eine Umgestaltung des lateinischen Gebrauchs vom romanischen Idiom her, in dem die betreffenden Verben gewöhnlich 'helfen', 'schützen' bedeuten; vgl. altfranzösisches *valeir,* für das Godefroy VIII, S. 143 z. B. als Beleg gibt: *por vos valeir e aidier / e por vos toz reconforter* (Beneeit, Chron. des ducs de Norm.); oder man vgl. spanisches und portugiesisches *valer* usw.

Die Untersuchung einer genügend großen Anzahl von Texten aus den Jahrhunderten zwischen der Merowingerzeit und der Renaissance liefert weitere beweiskräftige Gründe für die Annahme, daß das Mittellatein eine lebende Sprache war — lebend, d. h., daß sie

[14] Fonti, Bd. 57.

[15] *ad hoc* bezieht sich hier auf das folgende *quatinus,* das hier, wie häufig im Mittellatein, die Bedeutung von *ut* hat.

[16] Ausdrücke wie *nihil valere, plus valere* in Verbindung mit einem Dativus commodi sind auch nach der klassischen Grammatik verständlich; sie waren wohl der Ausgangspunkt für die Bildung der obengenannten Konstruktion.

[17] Ähnlich findet man im Mittellatein *valentia* in der Bedeutung 'Unterstützung', z. B. *praestare alicui valentiam et auxilium, promittere alicui valentiam et adiutorium*; vgl. Du Cange s. v.

sich anpaßte an verschiedene Umstände, in der Regel natürlich ausgehend von spätlateinischem oder klassischem Gebrauch. So finden wir viele Wörter, die uns seit klassischer Zeit wohlbekannt oder scheinbar wohlbekannt sind, die aber jetzt mit anderer Bedeutung erscheinen; die Gründe dafür sollen jedoch detaillierter in einem späteren Kapitel untersucht werden.[18] Gleichermaßen interessant ist es, immer wieder Tendenzen zu sehen, für die es in früheren Epochen vereinzelte Belege gab, die im Mittelalter aber in einem überwältigenden Maße anwachsen und sich ausbreiten. Auffällig ist etwa die charakteristische Verwendung von *nedum ... sed etiam* statt *non solum ... sed etiam.* Ich habe unlängst[19] darauf hingewiesen, daß diese Konstruktion nur ein einziges Mal in klassischer Zeit vorkommt, in einem Brief des Balbus und des Oppius an Cicero (ad Att. IX 7 A, 1), und daß es auch bei den späteren Autoren kein eindeutiges Beispiel aus der Antike gibt. Dennoch ist dies, wie man hätte glauben können, kein einmaliger grammatikalischer Schnitzer, da diese Konstruktion im Mittellatein wieder auftritt, z. B. mehrmals in den ›Acta Sanctorum‹. Bei einigen Autoren des späten Mittelalters und der frühen Renaissance ist dies sogar eine bevorzugte Verbindung.[20] Dieses Beispiel zeigt schlaglichtartig die Einheit der lateinischen Literatur, in der selbst die späteste Epoche eine frühere erhellen kann und umgekehrt.

Eine ähnliche Erscheinung, diesmal aus dem Gebiet der Semantik, ist die Verwendung von *dubitare* in der Bedeutung von *timere.* Ausdrücke wie *dubitare de salute alicuius* sind gut ciceronianisch, und der ›Thesaurus Linguae Latinae‹ führt viele Beispiele aus späteren Autoren an, in denen „inest notio quaedam timendi" (V, 1, Sp. 2092, 40 ff. und 2098, 35 ff.). Die nuancenhafte Bedeutungsverschiebung ist klar ersichtlich im ›Cod. Just.‹ VII 4, 17 pr.: *veteris iuris interpretes d u b i t a b a n t, ne quod obstaculum libertati ex hac causa procedat.* Das Verbum drückt hier ebenso ein Zögern aus wie eine Befürchtung, konstruiert ist es jedoch einfach wie ein Verbum timendi. Das gleiche gilt für Cassiodors ›Variae‹ VIII 3, 1

[18] ›Late Latin‹, S. 156 ff. [hier nicht abgedruckt].

[19] ›Coniectanea‹ I, S. 67 ff.

[20] A. a. O. S. 69.

(526 n. Chr.). Du Cange gibt nur ein mittelalterliches Beispiel, und selbst das ist nicht ganz klar. Nichtsdestoweniger entwickelt sich die Bedeutung 'fürchten', sogar mit Objektsakkusativ, in dieser Zeit allmählich zu einem allgemeinen und anerkannten Gebrauch. Wir finden ihn in den ›Acta Sanctorum‹ und im ›Alexanderroman‹ des Leo[21] (10. Jh.), I 43: *Alexander, non rebellando tibi clausimus portas, sed dubitando Darium, regem Persarum;*[22] er begegnet auch in der ›Historia destructionis Troiae‹ (verfaßt 1287),[23] in den ›Gesta Romanorum‹, bei Autoren aus England (Baxter-Johnson s. v.)[24] usw. Daß sich die Entwicklung organisch vollzog, erhellt aus der Tatsache, daß die Bedeutung 'fürchten' in den romanischen Sprachen erhalten blieb: im Altfranzösischen (z. B. *a ces qui dotent Deu riens ne lor faut*) ebenso wie im Altprovenzalischen und Altitalienischen.[25]

Eine auffällige und in der Antike äußerst seltene Verwendung ist die von *sedere* in der Bedeutung von *esse* 'sein' (franz. *se trouver*) bei unpersönlichem Subjekt. Ein frühes Beispiel begegnet im ›Itinerarium‹ des Antoninus Placentinus (um 570 oder 580 n. Chr.) c. 5 (CSEL 39, S. 161, 14): *Deinde venimus ad civitatem Nazareth, in qua sunt multae virtutes.*[26] *Ibi etiam sedit in sinagoga tomus, in quo abcd habuit Dominus inpositum.* Der ungewöhnliche Gebrauch von *sedere* fiel Geyer[27] auf, der dazu bemerkt, es sei so

[21] Der Alexanderroman des Archipresbyters Leo, hrsg. von Fr. Pfister (Sammlung mittellat. Texte 6, Heidelberg 1913), S. 71, 21.

[22] Kallisthenes hat (S. 50, 25 Kroll) δεδοικότες τὴν τῶν Περσῶν βασιλείαν.

[23] Hrsg. v. Griffin, Cambridge (Mass.) 1936.

[24] Belege im Eranos 44, S. 350 ff.

[25] Vgl. Godefroy, Dictionnaire s. v. *douter, doter*; von Wartburg, FEW, s. v. *dubitare* (auch S. 170, Anm. 6, über altit. *dottare* 'fürchten' und *dotta* 'Furcht'); Tobler-Lommatzsch, Altfr. Wb. s. v. *doter*; Appel, Provenzalische Chrestomathie (6. Aufl. 1930), S. 241 über *doptar, dubtar* usw.

[26] Zu diesem Wort vgl. meinen Kommentar zur ›Peregrinatio Aetheriae‹ 112. In christlichem Latein hat es oft die Bedeutung 'Wunder', heißt hier aber soviel wie 'wundertätiger Gegenstand'.

[27] P. Geyer, Kritische und sprachliche Erläuterungen zu Antonini Placentini Itinerarium (Gymn.-Progr. Augsburg 1892), S. 11.

abgeschwächt gewesen, daß es sich wenig von *esse* unterschieden habe. Ähnlich wird *residere* in c. 20 gebraucht (S. 172, 19): *stella apparet in caelo et venit super locum, ubi crux r e s e d i t.*[28] Auch ein Beispiel aus den ›Formulae Andecavenses‹ des sechsten oder siebten Jahrhunderts zitiert Geyer (c. 35; MGH, Leg. sect. V, S. 16, 12): *ubi ipsa casa r e s e d i t ;* aus c. 4 möchte ich ergänzen (S. 6, 14): *illa viniola ... r e s e d i t in terraturium sancti illius.* Nun ist es zwar richtig, daß *sedere* in klassischer Zeit bei Aussagen geographischen oder topographischen Inhalts in einer von *esse, situm esse,* nicht wesentlich verschiedenen Bedeutung gebraucht wurde,[29] doch in der Regel nur dann, wenn tiefer gelegene Örtlichkeiten beschrieben wurden. Vgl. Pomponius Mela I 19, 98 und II 2, 24 (Lage auf Halbinseln); Silius Italicus VI 647 *latis in campis ... s e d e t ... Meviana*; XII 162 *campo Nola s e d e t.*[30] Bemerkenswerter ist Mela III 1, 13: *tres arae, quas Sestianas vocant, in paeneinsula s e d e n t.* Hier wieder der Bezug auf eine Halbinsel, der kaum reiner Zufall sein kann. Jedenfalls erinnert das Beispiel stark an die aus mittelalterlichen Texten zitierten.

Diese Verwendung eines abgeschwächten *sedere* begegnet auch im Mittellatein, von der Forschung, soweit ich sehe, bisher unbemerkt. Das auffälligste Beispiel, das ich kenne, stammt aus ›Las Peregrinaciones a Santiago de Compostela‹,[31] Bd. 3, S. 153 (Ende 12. Jh.) *tabulam, que supra altare s e d e t retro, in qua imagines sunt ...* Besonders interessant ist das Vorkommen dieses Ausdrucks in einem spanischen Text, da im Spanischen und Portugiesischen *sedere* teilweise mit *esse* kontaminiert wird und einige seiner Bedeutungen übernimmt; vgl. Meyer-Lübke II § 218; III § 397; Menéndez Pidal, Origenes § 73, 3 (bei ihm, § 72, 1, auch die Anmerkung, daß ›Glos. Siles.‹ 72 *esse* mit *sedere* erklärt wird, da es offensichtlich von Leuten,

[28] Geläufiger ist der Gebrauch von *sedere* oder *residere* mit persönlichem Subjekt in der Bedeutung 'sich aufhalten' (*exercitus sedet* usw., schon klassisch), 'leben', 'wohnen', z. B. in der ›Peregr. Aeth.‹ 20, 5: [Mönche] *qui in solitudine sedebant*; mein Kommentar, S. 146.

[29] Vgl. P. Persson, Eranos 13, S. 147 f.

[30] Baxter-Johnson führen für *sedere in,* 'liegen auf', zwei Vorkommen a. d. J. 1066 u. 1086 auf.

[31] Hrsg. v. Vasquez de Parga, Lacerra und Urío Ríu (Madrid 1948—49).

die nur die gesprochene Sprache kannten, nicht mehr verstanden wurde). Mit anderen Worten: Die Stelle zeigt uns die Latinisierung einer Konstruktion des Altspanischen.

Ich will ein weiteres, den gebrachten Beispielen analoges folgen lassen. Es ist wohlbekannt, daß *sic* in der Bedeutung 'ja', 'ganz recht', bei Terenz vorkommt (z. B. ›Phormio‹ 316) und dann wieder im Spät- und Mittellatein. Daraus entsteht *si (sì)* im Italienischen,[32] Spanischen und in einigen anderen romanischen Sprachen, vgl. Meyer-Lübke, REW 7892. Deshalb ist zu folgendem Text aus der ›Historia s. Ursulae et soc.‹, c. 12, der aus dem zehnten Jahrhundert stammt, kein Kommentar nötig (Anal. Boll. III, S. 14, 28): *Vir angelicae venustatis . . . mellifluo an excubaret perquirit affatu. Quae s i c professa* (= sie sagte: 'Ja') *quis . . . heros ille foret . . . mirabatur.* Zum Gebrauch im modernen Französisch vgl. Meyer-Lübke III § 547: *si* hatte verschiedene, jetzt abgelegte Funktionen, bleibt aber als Partikel der adversativen Behauptung bei Antworten bestehen, z. B.: *Est-ce que vous n'allez pas à Paris? Si, j'y vais.* Eigentümlicher ist noch *dire que si* (auch *dire que oui*); die frühesten Beispiele bei Godefroy finden sich nach verneinenden Fragen: *Les resolutions des Conciles n'auront elles nulle authorité? Je respon q u e s i* (Calvin); nach einer nicht verneinten Frage: *Je demanday s'il l'avoit veue de par la; il me dit q u e s i* (Brantôme). Ich meine jedoch, daß die Wendung beträchtlich älter ist. In latinisierter Form begegnet sie z. B. bei Stephan von Bourbon, ›Anecdotes historiques‹[33] (13. Jh.) S. 283: *quesivit ab episcopis, si hoc diceret Dominus; et ipsis respondentibus q u o d s i c, ait: quomodo ergo vos super hoc . . . dubitatis?* Ein weiteres Beispiel findet sich in der ›Vita s. Ludovici episc. Tolosani‹[34] aus dem Beginn des 14. Jahrhunderts, c. 43 (Anal. Boll. IX, S. 313, 25) *requisivit ab ea, si comedere vellet. Qua respondente q u o d s i c, misit et fecit afferri de pane suo.* Die Ähnlichkeit zwischen diesem Beispiel und den von Godefroy an-

[32] Vgl. z. B. L. Spitzer, Italienische Umgangssprache (Bonn 1922), S. 100.

[33] Hrsg. v. A. Lecoy de la Marche, Paris 1877.

[34] Verfaßt von einem Johannes de Orta, über den sehr wenig bekannt ist.

geführten (besonders *Je respon que si*) ist zu auffällig, als daß sie zufällig sein könnte: Hier wie vielfach sonst in mittelalterlichen Texten stoßen wir auf die lateinisch gewendeten Anfänge einer romanischen Konstruktion und können sie weiter als das bisher möglich war, zurückverfolgen. So ist unsere Kenntnis nicht nur des Spätlatein[35], sondern auch des Mittellateinischen für das bessere Verständnis der Ursprünge romanischer Ausdrucksweisen von großem Wert.

Ein weiteres Beispiel ist m. E. *non obstante*. Im Italienischen wird *non ostante* und im Spanischen *no obstante* oft ohne folgendes Nomen oder Pronomen im Sinne von 'nichtsdestoweniger' gebraucht, wie englisches *notwithstanding*. So gibt es z. B. ital. *il quale oriundo d'Epiro, non ostante insegnava in latino*. Zur Entwicklung dieses Gebrauches vgl. den ›Vocabolario degli Accademici della Crusca‹ XI, S. 744 f. Das früheste zitierte Beispiel stammt aus Lorenzo Lippi (1606—1665). Doch die Verwendung, oder zumindest die Tendenz, die zu ihr führte, ist viel älter; vgl. etwa die ›Gesta Romanorum‹, hrsg. v. Oesterley, S. 625: *sed leo hoc videns non obstante in mare saltavit et post navem natabat. Rex vero hoc videns naute precepit ut eum introduceret*. Vgl. Filippo Corsini: *tardarono non ostante a porsi in mare*.

Je gründlicher wir das Mittellatein untersuchen, desto klarer wird uns das Bestehen einer innigen Verbindung zuerst und vor allem zwischen diesem und den früheren Stufen des Lateinischen, dann aber auch zwischen dem Mittellatein und der Entwicklung der romanischen Sprachen. Die verschiedenartigen Einzelbeobachtungen mögen als solche uninteressant erscheinen, zusammengesehen legen sie jedoch untrügliches Zeugnis für die Kontinuität der Entwicklung ab — einer Entwicklung, die nicht eine bloß sprachliche, sondern eine solche der Kultur im weitesten Sinne ist. Mit Recht hat man gesagt, daß Cicero mehr denn jeder andere die Sprache der Philosophie geschaffen hat, das heißt die Sprache begrifflichen Denkens — auf lateinisch. Unser Bild bleibt jedoch sehr unvollständig, wenn wir nicht auch den Einfluß der Sprache der Vulgata, die Sermones der Kirchenväter und die spitzfindigen Unterscheidungen der Theo-

[35] Siehe ›Late Latin‹, S. 29 ff. [hier nicht abgedruckt].

logen und Metaphysiker berücksichtigen. Nur wenn wir die Geschichte des Lateinischen als etwas Ganzen betrachten, bei dem die Endstufen der mächtigen Entwicklung gleiche Aufmerksamkeit verdienen wie die Anfänge, werden wir die tiefe Bedeutsamkeit der Worte Meillets verstehen[36]: « Jusqu'au seuil de l'époque moderne, quiconque a pensé n'a pensé qu'en latin. »

[36] Esquisse d'une histoire de la langue Latine, Paris 1928, 3. Aufl. 1933, S. 283 (in dem glänzenden Kapitel über die Einheit des Lateinischen und seine Bedeutung für die abendländische Literatur und Kultur).

Oskar Haag: Die Latinität Fredegars. Diss. Freiburg i. Br. (gedr. Erlangen) 1898, S. 1—5. 40—98; auch in: Romanische Forschungen X (1899), S. 835—839. 874—932 (= Einleitung; Teil II: Flexion; Teil III: Syntax; Anhang).

# DIE LATINITÄT FREDEGARS

Von Oskar Haag

## *Einleitung*

Die ›Chronicarum quae dicuntur Fredegarii Scholastici libri IV cum Continuationibus‹ sind in den ›Monumenta Germaniae Historica, Scriptores Rerum Merovingicarum‹ II von Bruno Krusch herausgegeben worden, nebst einer ausführlichen Einleitung über die Entstehung und Entstehungszeit der Chroniken, ihre Verfasser und deren Heimat, sowie auch über das Handschriftenverhältnis.

Im Folgenden soll die Lautlehre, Formenlehre und Syntax Fredegars dargestellt werden. Der Wortschatz kommt in Wegfall, da Krusch zu den Chroniken einen Index herausgegeben hat, der alles, was hier in Betracht kommen könnte, alphabetisch geordnet enthält.

Der Einleitung Kruschs mögen folgende Angaben entnommen werden:

Wie Monod, Revue crit. 1873, nachgewiesen hat, kam der Name *Fredegar*, als des Verfassers der Chroniken, erst im 16. Jh. auf. Diese Bezeichnung ist jedoch geeignet irrezuführen, denn die Chroniken haben verschiedene Verfasser, über deren Lebenszeit und Heimat wir nicht genauer unterrichtet sind. Wahrscheinlich sind drei Verfasser anzunehmen:

I beginnt das Werk im Jahre 613. Von ihm stammen das 1. Buch (liber Generationis), das 2. Buch (zum größten Teil Exzerpte aus den Chroniken des Hieronymus und Idacius) und der Anfang des 4. Buches (Kap. 1—39; Kap. 36 ist exzerpiert aus der Vita Columbani);

II setzt das Werk im Jahre 642 bis zu seiner Zeit fort und vermehrt es durch Exzerpte aus der ›Historia Francorum‹ des Gregor von Tours. Von ihm ist das 3. Buch und Kap. 58 im 2. Buch;

III führt im Jahre 658 das Werk zu Ende. Von ihm kommt der zweite Teil des 4. Buches (Kap. 40 bis Schluß des Buches).

Die Continuationes (IV) stammen aus dem 8. Jahrhundert und zwar ehe Karl der Große zur Regierung kam. Krusch unterscheidet hier wieder drei Verfasser:

IV a, Kap. 1—17, schrieb im Jahre 736 bis zu dieser Zeit;

IV b, Kap. 18—33, setzt die Chronik bis zum Jahre 751 fort auf Veranlassung des Childebrandus comes, avunculus ... rege Pippino (s. Continuationes, Kap. 34);

IV c, Kap. 34—54 (Schluß des Werkes), führt das Werk bis zum Jahre 768 weiter auf Veranlassung des Nibelungus, Childebrands Sohn (s. Continuationes a. a. O.).

Über die Heimat der Chronisten herrschen verschiedene Ansichten. Teils wird für I und II die Gegend von Chalons-sur-Saône, teils von Genf, teils von Aventicum (Avenche, Wiflisburg) angenommen. Krusch entscheidet sich mit Valesius für Aventicum, da die Ereignisse, welche sich auf jene Gegend beziehen, eingehend geschildert werden. Kruschs Bestimmungen sind unbestritten; vgl. Wattenbach, ›Geschichtsquellen‹, 5. und 6. Aufl. Danach wären I und II aus dem pagus Ultraiuranus und Burgunder. III ist nach Krusch Austrasier, da er die austrasischen Ereignisse ausführlich berichtet. — Es fehlt an sachlichen Anhaltspunkten für die Heimat der Kontinuatoren, zunächst aber wird auch für sie an Austrasien zu denken sein.

Ein genaues Verzeichnis der *Handschriften* gibt Krusch, Einleitung, S. 9—14. Dieselben sind in ungemein großer Zahl (38) vorhanden aus dem 7./8. Jh. bis zum 15. Jh. Die wichtigste und älteste derselben ist der Codex Parisinus aus dem 7./8. Jh., den Krusch seiner Ausgabe zugrunde gelegt hat. Die zunächst folgenden Handschriften, wie der cod. Mettensis, cod. Lugdunensis, cod. Vaticanus stammen erst aus dem 8./9. Jh. Sie sind konservativ genug, um im wesentlichen die Herstellung der originalen Schreibung zu ermöglichen, was in Kruschs auch nach dieser Seite hin ausgezeichneten Arbeit geschehen ist.

Zur *Sprache* der Chronisten bemerkt Krusch, a. a. O., S. 8, zutreffend: Sermone utitur satis barbaro, sed multo meliore illo, quo formulae Francicae scriptae sunt. Casibus quarto et sexto nimis favet eosque persaepe confudit; verba participalia ubique pro finitis posuit. Vocales e et i, o et u plerumque permutatae sunt, consonantes etiam quaedam vacillant. Itaque soloecismi quidem abundant, sed sensus fere semper patet.

Die einzelnen Schreibfehler aus dem Original werden weiter beibehalten, selbst wenn sie dem Sprachstande der Kopisten ebensosehr widerstreiten wie der schulmäßigen Latinität. In der Regel allerdings darf das Fortpflanzen einer schulwidrigen Form durch sie als ein Zeichen für deren wirkliches Leben betrachtet werden. — Die nähere Untersuchung zeigt, daß die Ausweichungen weniger von der Unkenntnis der Schriftsprache, sondern wesentlich aus dem Einfluß der Vulgärsprache herrühren. Daher die Festigkeit der Überlieferung (s. bes. ī, ū), wo die bestehende Aussprache nicht entgegenwirkt. Die Fehler der ersten Klasse werden im Folgenden mit verzeichnet, schon weil sie eine Art Maßstab für die Sicherheit des Rückschlusses nach der andern Seite hin bilden.

Bei den Continuatores ist zu betonen, daß sie in ihrer Schreibung ziemlich korrekt vorgehen, daß aber Flexion und Syntax sich bei ihnen womöglich noch mehr vom klassisch-lateinischen Gebrauch entfernen als bei I, II und III.

Die Sprache Gregors von Tours nach Bonnet, ›Le latin de Grégoire de Tours‹, wurde bei der Darstellung der Sprache der Fredegarchronisten überall zum Vergleiche herangezogen. In der Behandlung der Syntax und teilweise auch der Flexion habe ich mich im wesentlichen an Bonnets Einteilung gehalten.

Die von Herrn Professor Dr. G. Baist in Vorlesungen und Übungen gegebenen Erklärungen und Bemerkungen wurden bei vorliegender Arbeit in vollstem Umfange verwendet, manches zum Teil wörtlich, so die Ausführung über die 2. Plr., § 91 und über talare, § 93. Es sei mir gestattet, meinem hochverehrten Lehrer für die Unterstützung, die er mir bei der Abfassung dieser Arbeit in liebenswürdigster Weise zuteil werden ließ, an dieser Stelle meinen herzlichsten Dank auszusprechen.

Im Nachfolgenden werden bei den einzelnen Belegen jeweils die betr. Verfasser der Chroniken kenntlich gemacht werden durch I, II, III, IVa (resp. b, c). Danach folgt Seiten- und Zeilenzahl. Weicht bei Exzerpten eine Form von der Quelle ab, so wird letztere in Klammer namentlich (Hier. = Hieronymus; Id. = Idacius; Greg. = Gregor; Col. = Columbanus) angeführt werden, z. B.: Sevilla (Hier. Sibylla) I 50 24. devallavit (Greg. debellavit) II 115 14.

Die ›Formulae Marculfi‹ (F. M.) und die ‹Formulae Andecavenses› (F. A.), beide hrsg. v. Zeumer, Mon. Germ. Hist., Legum Sectio V, Form. Merov. et Carol. Aevi (F. M., Hss. 9. Jh.; F. A., Hs. Anf. 8. Jh.), wurden in beschränktem Umfange zum Vergleich herangezogen.

[...]

## *II. Flexion*

### Kapitel I: Deklination

§ 59. Trotz der höheren Gelehrsamkeit Gregors zeigen sich schon bei ihm viele Flexionsfehler. Bei unserer Quelle ist unverkennbar ein häufiger Anlaß zu Verstößen die vulgäre Aussprache der Endungen: der Fall von -m, die Identität von i, e; o, u. Daneben sehen wir, was sich bei Gregor nicht mit Bestimmtheit sagen läßt, unverkennbare Spuren der afr. Verwendung des Obliquus bei Personennamen, vgl. § 96. Hierzu treten noch ganz wilde Fälle, welche den Mangel jedes ursprünglichen Gefühls für die grammatische Tradition zeigen.

#### *1. Deklination*

§ 60. Von sämtlichen Deklinationen hat sich die 1. am besten gehalten. Da die Flexion verhältnismäßig einfach ist, verfahren die Chronisten korrekter als bei der 2. und 3. Dekl. Auf die Erhaltung hat auch das Beharren des auslautenden Vokals Einfluß ausgeübt. Denn -a war hier noch verständlich, wenn auch Arabiem, femine (s. §§ 22, 23) auf Reduktion hinweisen. Da Acc. und Abl. Sg. lautlich gleich waren, fand natürlich auch Verwechslung zwischen den beiden Kasus statt.

Beim Gen. Plr. steht zweimal *-um* für *-arum:* litter*um* III 142 11 und igne*um* astarum I 128 15. Es mag Einfluß der Endung des Gen. Plr. der 3. Dekl. vorliegen, was auf den Schwund dieser Formen deutet.[1] Vgl. dazu regn*um* successiones (Hier. regum) I 49 8 wo dem Chronisten regnorum vorschweben mochte.

Rein romanische Flexionserscheinungen sind folgende Fälle, die dem Plural der rom. 1. Dekl. entsprechen:

term*as* Neronian*as* aedecatae (= aedificatae) sunt I 59 31; ceter*as*-que civitates aeversae III 162 6; uv*as* ... nate (= natae) sunt II 106 27; Cartago ... condita est a rege ... et ali*as* urbis plurim*as* I 48 1; gentes, que vicin*as* erant II 96 14; res ... qui (= quae) ... sit*as* erant IV c 186 13; ut omnes ... vicin*as* gentes ... de ipso ... canerent I 124 6.

-*is* für -*as* und -*a*s für -*is*: invenit ... lapides precios*is* II 114 21; filium ... noverci (= novercae) insidi*as* iussit interfici II 104 6. Vgl. -is für -os und umgekehrt bei der 2. Dekl. (s. § 63) und auch -is für -ibus und umgekehrt bei der 3. Dekl. (s. § 65).

§ 61. Übertritt aus der 3. in die 1. Deklination zeigen:

interpraet*as* (Hier. interpretes) I 57 11, das in den übrigen vorkommenden Fällen nach der 3. Dekl. flektiert. — vectigali*as* (Hier. vectigales) I 56 28. Das Wort war dem Chronisten nicht geläufig und mag durch vectigalia bestimmt sein. — nept*a* (kl.-lat. neptis) IV a 175 7. Diese Form ist, mit Ausnahme des Französischen, überall die gebräuchliche. Bei Körting, ›Wörterbuch‹, Nr. 5595 und Tappolet, ›Rom. Verwandtschaftsnamen‹, S. 88, hätte das Sternchen wegbleiben sollen, s. Arch. f. l. L. IV, 132. In Übereinstimmung mit den alten Belegen bei Du Cange zeigt unsere Stelle, daß sie frühfrz. auch im Norden heimisch war.

Übertritt aus der 1. in die 2. Dekl.: taure*o*s (kl.-lat. taurea Riemen) I 52 5. Wahrscheinlich wirkten laqueus, corrigium ein. Pers*i* III 152 9; Pers*os* I 88 4 (sonst Persas) unter Einfluß der maskulinen Völkernamen.

### *2. Deklination*

§ 62. Die Verstöße, welche die 2. Dekl. betreffen, sind sehr zahlreich und zum größten Teil auf lautliche Vorgänge zurückzuführen,

[1] Vgl. aqu*erum*, aqu*aerum*, F. M., 52 20. 64 7. 75 10. 77 6. 79 1. 24. 82 5. 83 1. 89 10. 91 13. 17, nach Analogie der aqu*ae*.

wie Nom. Sg. *-us* > *-os*; Acc. Pl. *-os* > *-us*; Acc. Sg. *-um* > *-o* und umgekehrt Dat., Abl. Sg. *-o* > *-um* (s. § 29). — Die weitestgehende Verwirrung aber tritt beim Gen. Sing. und Nom. Plr. auf *-ii* und dem Dat. und Abl. Plr. auf *-iis* ein. Diese Formen werden fast immer mit *-iae*, *-ies* wiedergegeben. Möglich, aber nicht sicher, ist, daß die Chronisten *-ie*, *ies* sprachen, da auch sonst sich zahlreiche Anzeichen der Schwächung von auslaut. *-ī* finden (vgl. §§ 27, 28, 64, 72, 85).

*-us* > *-os*: popul*os* I 26 12.21.25. 27 2.5; discipul*os* (Hier. discipulus) I 56 28. 70 20; fili*os* su*os* I 73 5; su*os* I 124 20. 126 3; Tarquini*os* (Hier. Tarquinius) I 51 3: edone*os* (Hier. idoneus) I 47 22 viv*os* (Hier. vivus) I 54 18; igne*os* I 125 11; adsidu*os* III 151 20; baiol*os* III 164 18; superscript*os* IV c 191 6.

*-ōs* > *-us*: Alexandrin*us* I 18 32; episcop*us* I 19 1; ann*us* I 40 24. 42 30. 44 20. 50 16. 53 24; mur*us* (Hier. muros) I 49 23. 51 12. 52 23; Roman*us* (Hier. Romanos) I 50 23. 51 4. 60 4; Gall*us* I 52 29. 53 17. 54 6; German*us* I 55 6. 56 33. 60 25. 63 2; Austrasi*us* III 159 15; amic*us* amantissim*us* I 61 28; legat*us* I 73 18. 76 29; nobilessim*us* (Hier. nobilissimos) I 49 21. 62 32; mult*us* (Hier. multos) I 53 13. 63 9; tot*us* I 88 2; vinct*us* I 80 19; decept*us* II 94 8; cumt*us* III 165 33. — sacerd*us* I 47 5. 48 7. 57 5 u. a.

*-ō* > *-u*: iudici*u* I 57 16; strat*u* II 94 21; superat*u* I 66 2.

*-ō* > *-um*: gladi*um* (Greg. gladio) II 99 17; Aurilian*um* II 100 8.

*-um* > *-om*: transiend*om* I 76 25; presentand*om* III 154 16; tu*om* III 152 23; imperi*om* III 162 6. — > *-on*: secon (= secum) I 79 21, vgl. dazu com (= cum) III 142 20; con IV c 189 20.

*-um* > *-o* und *-o* > *-um*. Der größeren Deutlichkeit halber wurden die Fälle stellenweise gezählt.

| Die Chronisten haben: | -um erhalten: | -o für -um: | -o erhalten: | -um für -o: |
|---|---|---|---|---|
| I, S. 55—60: | 61mal | 11mal | 72mal | 13mal |
| II, S. 94—99: | 68mal | 22mal | 65mal | 18mal |
| III, S. 146—150: | 58mal | 18mal | 55mal | 12mal |
| IV c, S. 186—190: | 40mal | 12mal | 96mal | 5mal |

*-ii* > *-iae*. Gen. Sg.: Theudos*iae* I 43 25. 70 6.7.11. 71 3; imper*iae*

I 56$_{22}$. 57$_{1.25.26}$. 58$_{21}$. 59$_{14.25}$. 76$_{7}$. 81$_{13}$. 88$_{8}$. II 143$_{15.22}$. 153$_{21}$. 155$_{22.30}$; Tiber*iae* I 57$_{14.26.30}$. 58$_{8.14.21}$. 60$_{20}$; palac*iae* I 79$_{5}$. II 83$_{4.10}$. 97$_{11}$. III 145$_{23}$. 146$_{9}$. 148$_{13}$. 156$_{14}$. Chlodov*iae* II 102$_{3}$. 103$_{7.14}$. 105$_{31}$; monastir*iae* II 161$_{18}$. — Nom. Plr.: patric*iae* II 108$_{8}$. III 152$_{25}$; Austras*iae* II 112$_{9.12}$. III 155$_{8}$; al*iae* I 48$_{2}$. IV c 191$_{33}$; consc*iae* III 148$_{4}$.

*-iis* > *-ies*: fil*ies* I 18$_{12.20}$. II 90$_{5}$; Pannon*ies* I 57$_{5}$; insid*ies* I 65$_{15}$; nunc*ies* I 76$_{10}$; Gall*ies* I 76$_{30}$; patric*ies* II 90$_{39}$; tinsaurar*ies* III 154$_{17}$; pril*ies* III 155$_{23}$; propr*ies* III 152$_{26.28}$. 155$_{11}$; al*ies* III 154$_{26}$. 155$_{5}$. — -ii, -iis > -iae, -ies kommen nur äußerst selten in den F. M. vor, die andern Veränderungen (-us > -os, -um > -o etc.) sind massenhaft.

§ 63. Beachtenswert sind un*i* (= unius) II 94$_{17}$ und tot*us* = totius) I 20$_{29}$. 67$_{23}$, welche zeigen, daß die Genitivendung -ius von Adjektiven der 2. Dekl. nicht mehr verstanden wird. Es tritt dies bei totus noch deutlicher hervor als bei uni. Diese Formen sprechen dafür, daß auf frz. Gebiet schon damals das anderwärts erhaltene *cuius* erloschen war.

Kreuzung der romanischen Formen mit den lateinischen begegnet mehrfach, wie rom. Obliquus neben schulmäßigem Abl. nach de: de univers*is* ... pag*us* III 164$_{26}$; de ... mins*ibus* ann*is* condet*us* I 43$_{1}$. — Weiter geht die Vermischung von *-is* und *-os* noch mit: argente*is* numm*us* figurare fecit I 53$_{20}$; conmutant*is* (= conmutant*es*) ... anol*is* I 85$_{23.24}$. — fidelis tam praedict*o* reg*e* quam et fili*os* su*os* IVc 187$_{13}$. ips*os* Sarracin*os* ... munera dedit IVc 192$_{7}$. Derselbe Vorgang bei Gregor: nonnull*os* capita percutiens; unum volucrum tradidi puer*us*; quod non sine tedio popul*us* fuit (s. Bonnet, S. 529).

de marthirio sanct*i* Desideri*o* I 119$_{32}$. Die rom. Form, Obliquus für Genetiv bei Personen, spielt hier herein. Vgl. § 65.

### *3. Deklination*

§ 64. Über *-is* > *-es*; *-ī* > *-e*; *-em* > *-im*; *-ē* > *-i*; *-ēs* > *-is*; *-ibus* > *-ebus* als lautliche Erscheinungen s. § 26.

Nom. Sg. *-is* > *-es*: princip*es* I 34$_{10.12}$; omn*es* (Hier. omnis) I 60$_{7}$.

III 154$_{5}$; levidin*es* (Hier. libidinis) I 63$_{22}$; confessor*es* II 107$_{27}$; soror*es* III 154$_{9}$; bonetat*es* III 151$_{13}$; gent*es* IVb 180$_{19}$ u. a.

*-es* > *-is*: Sers*is* (Xerxes) I 40$_{17.19.21.22}$; aequ*is* (Greg. eques) II 92$_{21}$; com*is* III 167$_{4}$. IVc 188$_{15.16.24.25.26.27.30}$. 190$_{3}$ u. a.

Dat. Sg. *-ī* > *-e*: dicion*e* I 46$_{18}$. II 103$_{13}$. III 160$_{25}$. 162$_{13}$. 163$_{4}$; pastor*e* iudic*e* (Hier. pastori iudici) I 45$_{17}$; urb*e* (Hier. urbi) I 51$_{11}$; utilitat*e* I 81$_{10}$; imperator*e* I 126$_{14}$; reg*e* I 134$_{3}$. IVc 183$_{14}$. 184$_{22.28}$. 185$_{8.18.24.25}$; Ercol*e* (= Herculi) I 47$_{4}$; ingent*e* (Hier. ingenti) I 56$_{24}$.

Acc. Sg. *-em* > *-e*: solution*e* IVc 185$_{21}$; Tascilon*e* ... duc*e* IVc 185$_{14}$; limit*e* I 128$_{24}$; Romens*e* I 57$_{28}$; cacumin*e* II 83$_{11}$; multitudin*e* II 110$_{17}$; grand*e* II 99$_{27}$ u. a.

Acc. Sg. *-em* > *-i*: reg*i* I 26$_{22}$. 43$_{6}$. 45$_{18.19}$. 46$_{6}$. II 93$_{2}$. 94$_{26}$. 95$_{22}$. III 145$_{20}$. 147$_{17}$. 155$_{25}$; comit*i* III 163$_{18}$; patr*i* III 167$_{22}$; salutar*i* viam (Hier. salutarem) I 57$_{28}$; pauper*i* II 100$_{4}$ u. a.

*-em* > *-im*: Aurilianins*im* II 100$_{3}$; Voglens*im* (Greg. Vogladinse) II 103$_{17}$; Genavens*im* II 104$_{3}$; Conbenins*im* II 117$_{28}$.

*-im* > *-em*: Tibir*em* (Hier. Tibirim) I 60$_{12}$. Vgl. dazu sigillat*em* (= singulatim) III 163$_{7}$. 165$_{33}$; siggylat*em* I 123$_{8}$; segillate I 86$_{20}$. S. § 30.

Abl. Sg. *-e* > *-i*: duc*i* I 71$_{3}$. 130$_{10}$. III 155$_{6}$. pontefic*i* I 83$_{28}$; sacerdot*i* I 83$_{28}$;; reg*i* I 127$_{28}$. III 156$_{19}$. 166$_{24}$; fratr*i* I 134$_{4}$; iudicant*i* I 26$_{22}$; subsistent*i* I 71$_{17}$; profetent*i* I 126$_{28}$; simen*i* II 103$_{15}$; nomen*i* III 159$_{28}$. 162$_{21}$. 163$_{1}$.

Nom und Acc. Plr.: generation*is* I 19$_{6}$; enarration*is* I 19$_{21}$; reg*is* I 19$_{10.12}$. 132$_{30}$. II 94$_{11}$. 95$_{10}$; revell*is* (= rebelles) II 96$_{4}$; omn*is* sinatric*is* II 94$_{20}$; civitat*is* II 108$_{3}$; princep*is* III 153$_{25}$; procer*is* IVc 185$_{26}$; fidil*is* (= fideles) III 161$_{5}$; pervacant*is* I 46$_{5.21}$; revellant*is* (= rebellantes) I 46$_{15}$; transeunt*is* II 93$_{18}$; disponent*is* II 93$_{18}$; movent*is* II 112$_{14}$ u. a.

Dat. und Abl. Plr.: *-ibus* > *-ebus*: reg*ebus* I 20$_{1}$; omin*ebus* (hominibus) I 38$_{14}$; verm*ebus* I 57$_{17}$; dom*ebus* I 76$_{15}$. 77$_{13}$; exercet*ebus* III 160$_{1}$ u. a.[2].

§ 65. In zahlreichen Fällen wird die Endung *-ibus* durch *-is* er-

[2] Alle die für die 3. Deklination angeführten lautlichen Veränderungen sind äußerst zahlreich in den F. M. anzutreffen.

setzt (s. darüber Meyer-Lübke, ›Grdr. d. rom. Phil.‹ I, 369), meistens in Zusammenhang mit vorausgehenden Formen der 2. Deklination[3]:

multis calamit*is* (Hier. calamitatibus) I 58$_{29}$; ceteris gent*is* I 81$_{4}$; orationi*s* Eugeniae I 85$_{4}$; electis ... inutil*es* II 96$_{6}$; cessant*is* pluviis II 115$_{20}$; di vil*is* hominibus II 108$_{17}$; intercurrent*es* et citeris persunis III 166$_{21}$; cum reliquis Francis et obtimat*is* suis IV c 190$_{31}$; in plur*is* regibus I 43$_{11}$. — Ferner lassen Zerrüttung erkennen: in multis incidens calamitat*is* (Hier. multas ... calamitates) I 59$_{2}$, wo der Chronist offenbar *in* mit dem Abl. konstruierte; cum uxoris et liberes I 68$_{19}$; cum uxor*es* et liberes I 46$_{24}$; cum uxoris et liberis II 93$_{7}$, wo Acc. oder Abl. gemeint sein kann, vgl. cum uxores et liberos I 46$_{6}$.

Umgekehrt steht *-ibus* für *-es*: omnes seniores, ponteveces, duc*ebus* et primatis ... ad se venire precepit III 165$_{32}$; omnem exercitum ... tam duc*ibus*, comit*ibus*, vel omnes maiores natu ... ammisit IVc 184$_{13}$; comites suos, scaritos et leud*ibus* suis ... transmisit IV c 192$_{13}$.

Ganz ähnlich bei Gregor: misit nuntios comit*ibus* duc*ibus*que vel reliquos agent*ibus* (s. B., 529).

In: de inicium reg*is* Romanorum I 42$_{23}$ und de inicium imperator*es* I 18$_{33}$ sind regis (= reges) für regum und imperatores für imperatorum möglicherweise durch den rom. Acc. für Gen. bei Personen veranlaßt.

Ähnliche Verwirrung, durch denselben rom. Einfluß hervorgerufen, zeigen noch: de morte Nabugodonosor rig*i* I 43$_{5}$; gluriae Dagoberti reg*i* III 160$_{14}$. Vgl. § 63.

magna ... multitudin*em* perit I 59$_{22}$ deutet auf den Übertritt der Substantiva der lat. 3. Dekl. auf -udo, -udinis zur frz. 1. Dekl., vgl. afr. costume.

§ 66. urb*is* (= urbs) I 54$_{14}$ und orb*is* (= urbs Greg.) II 115$_{22}$ weist auf die Verallgemeinerung der -is-Formen hin. Nach Meyer, ›Grdr. d. rom. Phil.‹ I, 369 nehmen die Ungleichsilbigen mit festem Akzent mehr und mehr im Nominativ -is an. Vgl. Foerster ›Cligés‹ Einl., S. LXXV, Anm., der sehr entschieden die -is-Formen als alte

[3] -ibus ist meistens durch -is ersetzt in den F. M.

Feminina in Anspruch nimmt. Zu der an Suchier sich anschließenden Opposition s. die Literatur bei Schwan-Behrens, § 288 und Meyer-Lübke, R. G. II, § 21. Der bei zwei unserer Chronisten vorkommende Nom. *urbis* spricht deutlich dafür, daß auch *floris* vorhanden war.

*sanguis* (= Gen. sanguinis) I 133$_{14}$ jedenfalls unter Einfluß der rom. Formen, für die sangue anzusetzen ist; afr. sanc, sainc.

*senece* (Abl. von senex) II 114$_{19}$ in Analogie zu den andern Substantiven auf -ix, -icis.

*hiemen* (= hiemem) IVc 191$_{10}$ kann rein graphisch sein, da dem Chronisten das Wort nicht mehr bekannt war; wohl wegen nomen u. ä.

*nomen* tritt in zahlreichen Fällen für nomine auf, z. B. I 37$_{1}$. 41$_{1}$. 46$_{6.23}$. 48$_{12}$. 59$_{3}$. 61$_{2}$. II 94$_{17}$. 95$_{9}$. 97$_{26.29}$. 107$_{7}$. 103$_{4.23.30}$ etc.

Übertritt zur 2. Dekl. zeigt capo (= capite) I 85$_{6}$. III 146$_{26}$ infolge des Schwundes von auslautendem Dental, s. § 41. — Außerdem Adjektiva der 3. Dekl. auf -er: ordine pedestr*o* I 127$_{3}$; homini paupe*ro* (neben pauperi II 92$_{31}$) I 128$_{11}$. Der Übergang mag hier spontan sein, konnte aber auf einer gewissen Tradition beruhen, die unzweifelhaft spätlateinisch schon dagewesen ist. — Im Gegensatz dazu steht caelebr*is* (= celeber) II 92$_{22}$, welches Wort jedoch in der lebenden Sprache nicht mehr vorhanden war.

Bei mensis Septembr*is* (Greg. September) II 115$_{20}$ lag es dem frz. Sprachgefühl zunächst, dem Wort als Masc. im Nom. ein -s zu geben. — mense Septembr*io* IVc 193$_{8}$ ist Adjektivbildung aus September.

### *4. und 5. Deklination*

§ 67. Die 4. Dekl. ist zur 2. übergegangen, bewahrt aber gelehrt *-uum, -ibus,* Nom. Plr., *-us* und manchmal auch *-u* im Abl. Sg.

In *terrae mota* (Hier. motu) I 62$_{6}$ dürfte das Partizip *movita, afr. muete, terremuete eingewirkt haben oder geradezu vorliegen. Da Pänultima bereits gefallen ist, s. § 34 Is-ra, muß die Form ungefähr muotta gelautet haben.

§ 68. Substantiva der 5. Dekl. begegnen so selten, daß ein Übertritt in die 1. Dekl. nicht zu konstatieren ist. Schwund des *-m* im

Acc. Sg., *-is* für *-es* im Nom., Acc. Plr. finden sich nicht. Die einzigen anzutreffenden Veränderungen sind graphischer Natur, nämlich *-ae* für *-ē* im Abl. Sg., s. § 25.

### *Germanische, griechische, hebräische Wörter*

§ 69. Die Flexion germ. Worte bietet kaum zu Bemerkungen Anlaß.[4] Eine Ausnahme macht das Wort *Auster* I 119 18. 120 5. 7. 121 14. 127 26. II 109 4. 5. III 140 3. 4. 12. 141 4, das nie flektiert wird, während Austria flektiert. Ebenso *Neuster* und Neustria. — Von Sclavi lautet der Genitiv Sclav*inorum* III 154 20, in dem die ursprüngliche Form zutage treten dürfte, s. Baist, Zs. f. rom. Spr. u. Litt. XIII, 2, 190/1.

Die griechischen Worte gehen genau, wie sie vom Latein überliefert werden. Nur das Neutrum *dogma*, dogmatis wird als Femininum betrachtet: in Arrian*am* dogm*am* (Hier. Arianum dogma) I 66 23.

Der Acc. auf -on der griech. 2. Dekl., den die Vorlage einige Male bietet, erscheint als -um: Platm*um* (Hier. Platmon) I 61 21 und Nom. für Acc.: Aristoged*us* (Hier. Aristogeton) I 52 13. — Antipatr*em* (Hier. Antipatrum) I 55 3 unter Einfluß von patrem.

Die hebräischen biblischen, besonders alttestamentlichen Eigennamen werden gewöhnlich nicht flektiert, mit Ausnahme von Moses: Nom. Moysis, Moyses; Gen. Moysis; Dat. Moysi; Acc. Moysen, Moysin; Abl. Moyse, Moysi. — Die bekannteren neutestamentlichen Eigennamen flektieren nach den vom Latein überlieferten Formen.

[4] Gregors Flexion gotisch-burgundischer männlicher Eigennamen auf -a, -anem (fränkische -o, -onem) besteht bei Fredegar fort: so regelmäßig 8 Namen, gegen einmaliges Richilam. Zugleich tritt aber hier die Gregor noch fremde Übertragung der erlernten Biegung auf fränkische weibliche -a-Stämme hervor: so Teudila, Bobila (gewiß auch Gisela etc.) nach Eudila, Sintila etc., außer diesen bei F. nur Berta und Bertrada, während er 14 weitere deutsche Frauennamen (zum Teil urspr. -i) nach der latein. ersten flektiert. G. B.

## Kapitel II: Genus

§ 70. Dem Romanischen entsprechend findet sich bei der 2. Dekl. Übertritt vom Neutrum zum Maskulinum in folgenden Fällen:

consili*us* I $80_{5.12}$. $87_{2.17}$. II $100_{10}$; regn*us* II $103_{14}$. III $161_{13}$; premi*us* (= praemium) III $149_{23}$; iudici*us* III $167_{35}$; pelag*um* (Acc. für pelagus) I $24_{18}$; *hunc* castr*um* III $164_{34}$; ad castro, *qui* IV c $188_{3}$. $190_{26}$; ipse castr*us* ... capt*us* atque succens*us* IV c $188_{4}$; templ*i* subvers*i* (Hier. templa subversa) I $66_{20}$; omn*es* tinturi*os* (für tentoria) III $155_{10}$. — Maskulinum zu Neutrum kommt nicht vor.

Das Neutrum Plr. der 2. Dekl. wird romanisch Femininum Sg. der 1. Deklination. Dementsprechend stehen: arm*am* (für Acc. Plr.) III $155_{27}$. Romanisch ist arma und armae vorhanden, s. Körting, Wb., Nr. 732. cum magno apparatu et mult*a* muner*a* IV c $183_{10}$; cum magnis thesaris et mult*a* muner*a* IV c $185_{29}$; mult*a* muner*a* a Francis ditatus est IV c $190_{17}$; basilicam mult*a* muner*a* ditavit IV b $179_{16}$.

sponsali*ae* (für Nom. Plr. sponsalia) I $86_{6}$ ist geradezu die rom. Form, frz. épousailles; clus*as* (für Acc. Plr. clausa) IV c $184_{1}$. $185_{8.10}$, frz. les cluses.

utr*as*que regna IV b $179_{19}$ und verba ... qu*as* iniunct*as* III $154_{28}$ sind als syntaktischer Vorgang zu betrachten. Es herrscht bei den Chronisten die Auffassung, daß der Plural des Neutrum der 2. Dekl. zum Femininum der 1. Dekl. gehöre. Sie setzen hier den Plr. utrasque und quas iniunctas wegen des Sinnes.

Beispiele wie imperi*ae* su*ae* I $57_{1}$. $76_{7}$; palati*ae* su*ae* III $146_{9}$; auxili*ae* su*ae* III $153_{24}$ sind zu beurteilen nach -iae für -ii (s. § 62); daß imperiae nicht Fem. sein soll, zeigt frz. un empire.

§ 71. Neutrum der 3. Deklination. — Obwohl im Frz. und auch im Prov. das -s der Neutra bleibt und diese Indeklinabilia werden, so haben doch die Chronisten I, II und III für den Acc. Sg. auch die erweiterten Masc.-Formen auf -ore(m), -ine(m) wie: temp*ore* (passim); lit*ore* I $46_{22}$. $87_{21}$. II $95_{6}$; flum*ene* II $94_{15}$; certam*ine* III $146_{7.10}$. regim*ini* III $165_{24}$ u. a. Sogar regim*onem* (für regimen) I $27_{33}$ und Nom. flumen*is* I $128_{7}$ begegnen: Die nicht mehr geläufigen erweiterten Formen werden mißverstanden.

Übergang zum Maskulinum liegt vor in: fulgor ... vis*us* est (so auch Greg.) II 112$_{30}$. 115$_{20}$. — In caes*i* ... quinque milia II 113$_{21}$ und caes*i* ... 20 milia wird milia von II als Maskulinum behandelt, weil für ihn der Begriffsinhalt Maskulinum ist, s. Paul, ›Prinzipien‹, S. 219 ff.

Übergang zum Femininum: Dem frz. *la mer* entsprechend steht mare traduct*a* I 84$_{20}$; ex *ea* semine I 71$_{17}$ unter Einfluß des frz. für semen eingetretenen *sementia.*

Maskulinum der 3. Deklination zum Femininum. — Die von den Verben abgeleiteten Abstrakta auf -or sind frz. Feminina geworden. Nach Meyer-Lübke, R. G. II, 427,$_{379}$ sind die Adjektivabstrakta auf *-eur* im Frz. von Anfang an weiblich. Den Anstoß gab flos, floris, s. Armbruster, ›Geschlechtswandel‹, S. 67 ff. — Die Chronisten haben zwar nicht viele Fälle, aber genug, um wenigstens für II und III die Erscheinung zu konstatieren: magn*am* ... timorem II 99$_{13}$; ips*a* timore II 118$_{9}$; tant*a* timore III 149$_{18}$; *ea* pavore III 148$_{20}$, frz. l*a peur;* parv*a* dolore III 164$_{14}$, frz. *la douleur.* — Umgekehrt steht dem frz. *un arbre* entsprechend *quon*dam arborem IV c 186$_{2}$.

§ 72. Femininum der 3. Deklination zum Maskulinum. — Über quem für quam s. §§ 24, 75. — reliqu*i* quoque gentis I 49$_{8}$; gentis ... translat*i* (Hier. translatae) I 65$_{25}$; gentes ... adunat*i* III 164$_{26}$; gentium sevissim*orum* III 153$_{22}$ mögen noch am ehesten auf Übergang zum Maskulinum hinweisen. Dagegen wird das Feminin nur scheinbar als Maskulinum behandelt in folgenden Fällen: multi legionis ... trucidat*i* I 86$_{24}$; legionis ... vict*i* (Hier. cinctae) ... caes*i* (Hier. caesae) I 69$_{5}$; divin*i* legis (Nom. Plr.) I 57$_{12}$; partisque coniunct*i* (Greg. partesque coniunctae) II 95$_{21}$; Roman*i* urbis (Hier. Romanae) I 60$_{10}$; mult*i* Oriente urbis I 67$_{2}$; evangelic*i* praedicationis (Hier. evangelicae) I 60$_{22}$; quant*i* ... calamitates (Hier. quantae) I 58$_{18}$; human*i* carnis (Id. humanae carnes) I 71$_{6}$.

Es ist hier eine Neigung zu konstatieren, die masc.-Adjektiva im Nom. Plr. für das Fem. eintreten zu lassen, die auf einer ausgedehnten Verwechslung zwischen *ae, ē* und *i* beruht (s. §§ 25, 27, 28, 62, 64). Die Chronisten sind dazu gekommen, den Nom. Plr. der 1. Dekl. dem der 2. gleichzusetzen, da die gesprochenen Endungen in ihrer Sprache nicht mehr bestanden, so daß sie sich über deren

Verwendung nicht klar wurden. Die spätere frz. Flexion mußte schon gegeben sein, sonst würden ihnen nicht diese fortwährenden Verwechslungen unterlaufen. Ein Irrtum über das Genus liegt nicht vor, da die angeführten Wörter alle Feminina geblieben sind.

Für die Verwechslung von ae und i in der Flexion finden sich noch weitere Beispiele: sanct*i* Eulaliae I 72 17; quant*i* potentiae (Greg. quantae) II 92 24; nud*i* ... silvae (Greg. nudae) II 94 9; eclesiae ... subvers*i* (Hier. subversae) I 66 5; profetias, quae de eo fuerant praelocut*i* (Hier. praelocutae) I 58 8. — noverc*i* (= novercae) II 104 6; regin*i* I 120 14. III 147 2. — Umgekehrt *e, ae* für *i:* adtrit*e* I 46 19; plurim*e* (Hier. plurimi) I 59 3; coronat*ae* I 84 25; domin*ae* (Gen.) II 83 18; divin*e* (Gen., Id. divini) I 69 21; poleptici sunt concremat*ae* II 115 7; glob*ae* igne*ae* (= globi ignei) I 128 15. — Zu erinnern ist hier an Worte wie prophetae, poetae, die ja ein Masc. erfordern.[5]
hiemem tot*um* IV c 191 10 unter Einfluß von hibernum.

Fehler sind: iussione regi*o* III 148 21 durch Kreuzung mit iussu, und promissio non sortitur effect*um* III 164 31 durch Kreuzung mit promissum, da diese Substantiva frz. ihr Genus bewahren.

4. Deklination. — Übertritt vom Fem. zum Masc. hat bestimmt domos, *quos* IV c 185 4. Auch tribus wird als Masc. aufgefaßt: tribus cognit*i* I 23 8; tribus ... translat*i* sunt (Hier. translatae) I 49 16; *duobus* tribus (Hier. duabus tribubus) I 48 10.

Das Umgekehrte findet statt in utr*as*que exercitus I 127 18, das sonst bei I, II, III und IV regelmäßig als Maskulinum erscheint.

## Kapitel III: Pronomen

§ 73. Die Flexion der Pronomina ist, mit Ausnahme von hic und besonders qui, im allgemeinen korrekt, auch da, wo die Aussprache leicht zu Irrtümern Anlaß geben konnte.

[5] Vgl. ingenuitatis mei, F. M., 93 15; proprii volontatis, F. M., 90 3.

is

*eum* für *id*: templum . . . consummavit *eum* I 47 28.

*eum* für *eo*: in *eum* inveniretur II 109 3, lautliche Erscheinung, vgl. die -um > < -o §§ 29, 62.

*eos* für *eum*: quo die fecit Deus Adam, ad imaginem Dei fecit *eos* I 20 10, ist begrifflicher Plural, da der Chronist an Adam und Eva denkt, wenn er auch vorher nur Adam gesagt hatte.

idem

*eodem* für *eundem*: per *eo*dem II 117 1; *eadem* für *eandem*: *ea*dem instetucionem III 161 20; *eundem* für *eodem*: *eun*dem tempore I 77 20 sind möglicherweise lautliche Vorgänge, die durch die Unklarheit über die Artikulation des *-m, -n* hervorgerufen wurden, s. § 49.

Fehler ist eiusdem für eorundem: eiusdem moncium III 160 9.

ipse, ille, iste

Neutrum: ill*um* ... corpus I 129 13; sepulchrum . . . ill*um* I 129 17; ist*um* aureum II 95 19; ist*um* miliarium. Daneben ipsu*d* oppidum IV b 177 17; *illud* für *illo*: illu*d* tempore II 116 18. 118 3.

In illud, ipsud, istud wurde der Dental längst nicht mehr gesprochen (s. § 41), so daß diese Formen mit illum usw. zusammenfielen. illu als Neutrum hat im Frz. fortbestanden, s. G. Paris, Rom. 1894, S. 161 ff. über afr. *el* < *illud*; *lo, le* < illum, als Neutrum noch heute in je *le* suis u. ä. — Schulfehler (Dat. für Abl.) ist ipsi für ipso: ab ips*i* Eusebio III 145 10.

hic

§ 74. *huius* für *his*: ex *huius* unus II 116 2; *uius* peticionebus suggerendum venerant III 158 21. — für *huic*: *huius* chronice inseri

III 151 5. *uius* volumine inseri III 163 30. — für *hoc*: *huius* tempore I 123 18; *huius* volumine narrat II 92 27; *uius* culmine sublimavit III 159 2. — für *hac* oder *hanc*: ad *huius* placita coniunctione II 82 14 (sämtlich schon bei Krusch, Index).

*haec* (hic Greg.) I 78 16. II 97 27. III 160 5, wie quae für qui zu erklären, s. § 75.

*haec* für Nom. Plr. Fem. *hae*, s. Bonnet, S. 388, schon früher häufige Identifizierung: insulae ... *haec* I 24 28; gentes ... *haec* I 24 1; gentes et habitationes *haec* I 24 25; civitates ... *haec* I 24 23; reginae ... *haec* III 151 3. — cronicam, alias quam *haec* I 70 21.

*haec* für Ntr. *hoc*: *haec* eventum II 95 16; *haec* fuit inicium III 154 19; *haec* factum III 162 16; dum *haec* ageretur IV c 183 2; cum *haec* nuntiatum fuisset IV c 187 9.

*hoc* für Ntr. Plur. *haec*: *hoc* prodigia II 115 27, erklärt sich aus dem Zusammenhang, der den Schreiber veranlaßte, zunächst an den Sg. zu denken, während er dem ausgezogenen Original im Plur. weiterfolgt. Außerdem stehen die unzähligen hoc sämtlich richtig.

*hic* für *huc*: *hic* ... venisset I 81 31; de Persas *hic* venit I 126 6, s. Krusch, Index.

Es zeigt sich, daß *huius* völlig unverstanden ist und für jede beliebige andere Form eintreten kann, vgl. § 63 über *unius* und *totius*. Vgl. die Flexion der Form Bignon. sec. 8: N. Sg. illi, illa; Gen. illui, illei. *haec* war schon früh auf das Fem. des Plur. ausgedehnt worden, vgl. Neue, ›Formenl.‹ II$^3$, 417; Bonnet, S. 388. Da nun damit Neutr. und Fem. Plur. gleich sind, wurde auch im Sing. ausgeglichen, das gelernte *haec* tritt für *hoc* ein. Alle andern Formen werden stets richtig gebraucht, insbesondere sind *hic* und *hoc* offenbar noch klar.

qui

§ 75. 1. Nom. Sg. *qui* für *quae*: insulae *qui* I 25 2; ruinam *qui* (Hier. quae) I 60 23; in turre *qui* (Hier. quae) I 65 13; clusas *qui* IV c 184 2; res ... *qui* IV c 186 13.

*quae* für *qui*: filium eius, *quae* (Hier. qui) I 25 23. 57 6; *que* (für qui) III 155 28, umgekehrt flexivische Erscheinung, weil für den Chronisten qui an Stelle von quae trat.

*quae* für *quod*: oleum . . . *quae* I 55 21.

2. *quem* für *quam*: captivitatem *quem* I 18 24; civitate *quem* I 61 11. 66 10. 84 9; visionem *quem* I 78 13; ecclesia . . . *quem* II 103 16; amenciam *quem* II 115 8; iustitiam *quem* III 150 25; rigina . . . *quem* III 161 22; illam . . . per *quem* III 156 24. — *quod*: regnum . . . *quem* III 140 15. 160 25; tributo *quem* III 158 23; consilium . . . *quem* III 166 3. — *quo*: in *quem* I 44 7; a *quem* III 140 19.

3. *quod* für *quem*: exercitum suum, *quod* IVc 184 12. — *quam*: fidem (suam), *quod* IVc 182 19. 185 1. 191 3; legationem, *quod* IV c 192 4. — *cui*: Papiae, *quod* Ticinium cognomentum est I 82 8. — *quos*: equites *quod* IVc 188 19; homines . . . *quod* IVc 187 16; maiores, *quod* I 25 12. — *quas*: custodias *quod* IVc 188 13; civitates *quod* IV 190 9; nationes *quod* IVc 190 15. — Neutr. Plr. Acc. *quae*: sacramenta *quod* IVc 185 19. 187 10; tributa *quod* IVc 185 27; tributa vel munera *quod* IVc 190 11; munera *quod* IVc 192 6.

4. *quae* (= quem?) für *quam*: partem . . . *quae* (Id. quam) I 76 11; victuria . . . *quae* I 61 3. — *quam* für *quod*: pactum *quam* II 118 3. — *quam* für *quo*: tercio anno, *quam* I 76 6. — *qua* für *quae*: sacramenta *qua* III 156 13. — *quas* für *quae*: milia . . . *quas* III 144 3; tributa *quas* II 96 8. III 155 18. 20. — *quo* für *qua*: patria ex *quo* I 31 21; ipsa die *quo* I 129 18. — *quos* für *quas*: iustitias *quos* IVc 186 25. — *quos* für *quibus*: *quos* . . . conlocatis I 125 25.

Deutlich tritt hervor: *qui* verallgemeinert für den Nom., *quem* für den Obl. Sg., *quod* für den Obl. Sg. und Plur., einmal sogar für *cui*. *Quid* fehlt ganz. Vgl. über das Relativum zuletzt Meyer-Lübke, Litteraturblatt 1895, S. 310.

### quidam

Das romanisch fehlende Pronomen zeigt ganz willkürliche Flexion.

*quidam* für *cuiusdam*: Leonis *quidam* II 105 7. — für *quendam*: patricium *quidam* III 152 19; Chrotocharium *quidam* III 156 4. — für *quodam*: a Bucceleno *quidam* Franco I 88 22.

*quaedam* für *quodam*: a *quaedam* sacerdoti I 83 28; a Mario, *quaedam* milite I 84 12.

*quedam* für *quadam*: in insula *quedam* I 130 4; a *quedam* febre IV c 192 20. — für *quandam*: in *quedam* villola venisset III 147 30.

*quodam* für *quadam*: venationem in *quodam* silvam exerceret IV c 186 1.

*quadam* für *quandam*: *quadam* puella adscivit III 150 23.

*quandam* für *quadam*: cum matrone *quandam* IV a 175 7.

*quondam* für *quendam*: super *quondam* arborem IV c 186 2.

## Kapitel IV: Komparation und Zahlwort

### *Komparation*

§ 76. Die Chronisten folgen der lat. Komparation, wobei sie sich sehr korrekt verhalten. Der einzige Fall, wo die frz. Methode die lat. ersetzt, ist: *plus* magnam rem (für maiorem rem) I 84 4. Tatsächlich ist zu allen Zeiten ein gewisses Verständnis für die lat. Komparation auch in der Masse vorhanden gewesen. Die Komparativbildung ist zum Teil lebendig geblieben, wie die auf -idius > -eis (sordidius > sordeis etc.) geradezu populär gewesen sind. Der Superlativ zeigt wohl gelehrten Charakter, hat aber immer und überall eine ziemlich große Verbreitung gehabt. Er ist nicht der Volkssprache eigen, wurde aber immer wieder von oben hereingetragen. Der gemeine Mann spricht ihn nicht, versteht ihn aber.

*nimius* hat eine größere Verwendung erlangt und tritt häufig für maximus ein: *nimia* estrage I 84 23. II 111 23; *nimia* delectione I 85 13; *nimia* luxoria II 95 13; *nimia* multitudine II 114 20. —

*nimium* für *valde, maxime*: *nimium* mirum II 115 18; *nimium* luxit II 114 23; *nimius* aeruditus III 153 6.

### *Zahlwort*

§ 77. Auch bei den Zahlwörtern sind nur wenige Veränderungen zu beobachten. Über uni (= unius) II 94 17 s. § 63.

Bei *dua* tantum centenaria (für duo) III 155 31 denkt der Chronist an das Femininum, vgl. afr. dues < duas. — *tres* ist frz. unflektiert.

Eine Spur davon zeigt sich in: captis filiis Theuderici *tres* (für tribus) III 141 18. — *milia* benützen die Chronisten nur als Zahlwort: relictis ... quinque *milia* Francis (für milibus Francorum) II 102 22; octo *milia* soledos (für solidorum) II 106 14.

*octoaginta* I 68 13 und *octoagesimo* I 56 7 unter Einfluß von septuaginta, quinquaginta. Wahrscheinlich entlabialisiert.

anno *quinquaginta tres* I 50 3 mit Kardinal- statt Ordinalzahl weist auf den frz. Gebrauch bei Jahreszahlen, fr. *l'an cinquante-trois.*

*ternos soledus* II 96 2.3 ist falsch verwendet für „das dreifache, dreimal soviel".

## Kapitel V: Verbum

§ 78. Bei dem Verbum treten die Einwirkungen der Vulgärsprache weniger zutage als bei der Deklination, wo die volkstümlichen und gelehrten Formen sich im Gedächtnis sehr nahestanden und daher leicht kreuzten. Bei dem Verbum hingegen begünstigt gerade die Entfernung zwischen den Schriftformen und den volkstümlichen die Wahrung der ersteren. Wir haben bei den in unserem Texte vorliegenden Verschreibungen zu unterscheiden, ob Latinismen oder Romanismen, ob verwirrte Schulformen oder im Augenblick lebendige Erinnerung an die Volkssprache vorliegen.

Durch lautliche Vorgänge veranlaßt sind die zahlreichen *-it, -int, -erit, -erint* für -et, -ent, -eret, -erent der 2. Konj. und *-et, -etis, -emus, -emur, -etur* für -it, -itis, -imus, -imur, -itur der 3. Konjug. (s. § 26).

Beispiele:

*-et, -ent, -aret, -eret, -erent, -asset:*

oport*it* I 19 19; praeb*it* I 58 13; car*it* I 76 6.7; hab*it* III 154 25 u. a. — vell*it* I 74 14. 80 14; noll*it* I 80 14; — narr*int* I 80 3; mov*int* I 128 18; vell*int* III 148 8. 165 3. — Möglicherweise liegt Einfluß des Conj. Perf. vor bei *-ere(n)t* > *-eri(n)t*: proder*it* I 52 15; dispicer*it* I 134 10; invader*int* I 55 1; facer*int* I 74 20; acceder*int* I 80 8; interficer*int* I 80 25; caper*int* I 80 25 u. a. — regnar*it* I 63 13. — haber*it*

I $74_{15}$; censir*it* I $134_{10}$. — legar*int* (= ligarent) I $80_{9}$. IV c $191_{27}$. — clamass*it* I $26_{29}$; fundass*it* I $59_{8}$; adoptass*it* I $61_{29}$; ess*it* I $80_{22}$.

Konjunktiv *-em* > *-im, -i*: vindicass*im* II $101_{30}$; ut lev*i* I $79_{18}$; declarar*i* I $24_{11}$.

Imperativ: redd*i* I $126_{9}$ (wegen audi).

*-it, -itur, -imus, itus* > *-et, -etur, -emus, etis:*
genu*et* I $38_{13}$; dirig*et* IV b $177_{16}$. $178_{19}$. — mor*etur* I $53_{12}$. $57_{20}$. $59_{20}$. $62_{24}$. $64_{20}$. $66_{15.17}$; toll*etur* III $158_{10}$; nasc*etur* I $52_{28}$. $54_{27}$. $70_{11.18}$; interfic*etur* I $48_{21}$. $63_{23.24}$. $65_{10}$. $125_{2}$; occid*etur* I $55_{9.13.24}$. $59_{5}$. $63_{14.15.28}$. $64_{1.5.8.19.21}$; substitu*etur* I $59_{12}$. II $95_{1.24}$; devid*etur* III $164_{11}$. — explecu*emus* I $67_{18}$; iniv*emus* II $100_{24}$. — solv*etis* II $96_{8}$ u. a. Diese Formen mögen vielleicht unter Einfluß der 2. Konjg. stehen, besonders -itur > -etur.

Auch Gregor hat sehr häufig -et für -it und umgekehrt bei der 2. und 3. Konj., während -int für -ent seltener ist, s. Bonnet, S. 115, 121, 107, 413.

Es ist bemerkenswert bei unsern Chronisten, daß nur die 2. und 3. Konj. diese Verwechslung zeigen und nicht auch die 4. Konj. Man könnte daraus folgern, daß ī und e in nebentoniger Stellung unterschieden wurden, wenn nicht die Deklination widerspräche, s. § 64. Die Erklärung ist vielmehr darin zu suchen, daß aud*it* von aud*ímus*, aud*ítis* usw. aus gehalten wurde.

§ 79. Die 3. Plr. Praes. Ind. der 3. Konj. hat in einer Reihe von Beispielen *-ent* für *-unt*: trad*ent* I $76_{1}$. $77_{24}$; cad*ent* I $77_{4}$; dic*ent* II $112_{12}$; ai*ent* (Col. aiunt) I $135_{21}$; offerr*ent* II $107_{6}$; consist*ent* III $150_{14}$; promitt*ent* III $158_{20}$. $160_{13}$; constring*ent* III $164_{6}$; dispon*ent* III $166_{6}$; iung*ent* III $167_{8}$; prostern*ent* IV b $177_{23}$; conbur*ent* IV b $180_{7}$[6]. — *-int* für *-ent*: expet*int* III $157_{8}$; fac*int* III $164_{13}$.

Da sonst u und e, auch in der Flexion, durchaus geschieden bleiben, wird wahrscheinlich, daß hier nicht lautliche Reduktion des u > e vorliegt, sondern ein Ausgleich der Endung. Daher steht auch umgekehrt mov*unt* (für movent) II $115_{1}$[7]. Der Anstoß zur Ver-

[6] Vgl. pergent, F. M., $57_{19}$; repetent, F. A., $17_{5}$.

[7] Vgl. ten*untur* (= tenentur) der F. M., $88_{22}$ und der Form. Marculfinae, $8_{3}$. $22_{5}$.

einheitlichung war gegeben, sobald die 2. und 3. Sg. Praes. der 2. u. 3. Konj. zusammengefallen waren, also vor der Reduktion des ọ > e. Ein ganz sicherer Schluß läßt sich freilich hier nicht ziehen. — Besonders beachtenswert ist *facint* (facent) für *faciunt*. Die Form, neben *dicent* für *dicunt* — *dient*, weist rückwärts auf das für das frz. geforderte, Rom. XXIII, 322 inschriftlich nachgewiesene *facunt*, gegen Rydberg, ›Le développement de facere‹, S. 90 ff.

*Futur*

§ 80. Über lautliche Veränderungen infolge der Verschiebung von b > v, s. § 45.

Die vollentwickelte rom. Form findet sich an zwei Stellen: Et ille respondebat: ‚Non dabo.' Justinianus dicebat: ‚*Daras*.' I 85 32 [8] und ‚Hos solidos *addarrabo* ad partem dominae (= domini) mei Chlodovei' II 83 18. Die erste wurde schon von Diez, R. G. II, 121 und nach ihm von Thielmann, ›Habere mit dem Inf.‹, Arch. f. l. L. II, 200 zitiert, aber erst aus dem 3 Jahrhunderte jüngeren Aimoin, der die Stelle aus Fredegar abgeschrieben hat.[9] — *adarrabo* zeigt offenbar Kreuzung zwischen *dabo* und fest verbundenem dare + habeo.

Außerdem findet sich ein Beispiel für die Umschreibung:

pollicetur *esset implere* III 140 17 = ‚er würde erfüllen', das nach Thielmann (a. a. O. II, 165) klass.-lat. pollicetur se esse impleturum entspricht und für das Präsens *sum implere* = ‚ich werde erfüllen' ergeben würde.

*habeo facere* fehlt vollständig. Es ergibt sich daraus der Schluß, daß die Chronisten das rom. Futur bereits nur mehr als feste Verbindung kannten, entsprechend der von G. Baist, Zs. f. rom. Phil. XVIII, 279, Anm. 2 aufgestellten Forderung.

[8] Vgl. *Boucherie*, Rev. des lang. rom. 1874, S. 114.

[9] Die Form *daras* zeigt, daß das später im Frz. nicht mehr erhaltene dare (bloß noch in *dois*) zu jener Zeit auch im Norden noch volkstümlich war. Denn der Chronist wäre sonst sicher nicht auf *daras* gekommen. Wenn das Wort ihm fremd gewesen wäre, so hätte er gewiß die erlernte lat. Form verwendet.

*Perfekt*

§ 81. Es begegnen einige Male die bekannten Kurzformen des Merovingerlateins. Für die 3. Sg.: iudic*at* I 26 27; denumer*at* I 27 15; prophet*at* I 27 25. 27. 33; regn*at* (Greg. regnavit) II 98 19. — Für die 1. Plr.: sper*amus* I 32 9. Vgl. celebr*amus*, memor*amus*, vocit*amus* bei Gregor, s. Bonnet, S. 440.

Die hochlat. Form *-ere* für *-erunt* (rom. ´-erunt) steht nur einmal: tol*ere* I 45 17.

Über die für das Romanische maßgebenden lat. Perfektformen s. Wölfflin, Arch. f. l. L. II, 139; Seelmann, Gött. gel. Anz. 1890, S. 671; endlich Meyer-Lübke, R. G. II, 301. Lindsay, ›The Latin Language‹, bewegt sich nur in allgemeinen Wendungen,[10] welche einen Fortschritt über das von M.-L. Gesagte nicht ergeben. Doch wird man sich dem Eindruck nicht verschließen können, daß die Schwierigkeiten, welche die frz. Formen bieten, durch die von letzterem gegebene Erklärung nicht behoben werden.

*ui-Perfekta.* — constr*uit* (Hier. construxit; ebenso 2 Hss. a. d. 9. und 11. Jh.) I 56 31. Das ui-Perfekt kommt hier nicht aus dem Frz., da dort das Wort nicht lebendig geblieben ist (das Präsens hätte **costro* lauten müssen, vgl. battuo > *batto* usw.), steht aber im Zusammenhang mit der allgemeinen Ausdehnung der ui-Perfekta.

cap*uit* IVc 184 20; cap*uisset* IVc 189 13. Vom Frz. aus wäre *cepuit* zu erwarten, vgl. reçut u. a. *capui* entspricht prov. *caup* neben *receup*, span. *cupe*, ptg. *coube*. Es scheint, daß auch im Norden beim Simplex diese Form bestand.

adrip*erat* (für adripuerat) I 131 22 deutet als verkehrt gelehrte Form auf die starke Verbreitung der fälschlich verdrängten Perfektform hin. Ebenso perten*erat* (= pertinuerat) III 159 14 nach venio, venerat.

*dedit-Perfekta.* — Die Ausbreitung der dedit-Perfekta (afr. *-diét*) macht sich bei I, II und III stark bemerkbar. Die Komposita

[10] 'Both the Perfect with v and the S-Perfect occasionally present shortened forms, e. g. amasti, misti, which are best regarded as phonetic developments of the full forms ămāvisti, mīsisti, due in the one case to the Roman tendency to drop intervocalic v, and in the other to the practice of discarding one of two neighbouring similar syllables.'

von *do* haben in den Perfektstämmen fast regelmäßig -dedi(t) usw., III jedoch hat gewöhnlich -ditus bewahrt. I hat S. 60—80 unter 12 Fällen 11 auf -dedit, -detus und nur 1mal tradiderant; III, 150 bis 167, 5 Fälle auf -dedit, 5 auf -ditus. — Die Verallgemeinerung der dedit-Perfekta macht sich noch deutlicher erkennbar durch das Übergreifen auf andere Perfekta: osten*dedit* II $105_{17}$; spon*dedit* III $152_{16}$. $160_{24}$; spon*dederant* III $143_{23}$ (neben spopondi).

Dem Präsens folgt *confligissent* (für conflixissent) III $146_{12}$ (in der Volkssprache nicht vorhanden); *constrigit* (für fortlebendes constrinxit) I $87_{31}$ sieht aus wie Praes. Ind. für Part. Perf. Pass., wird aber wohl als constringit gemeint sein, mit rein graphischem Ausfall des *n*.

*accesserant* (Hier. acciderunt) I $58_{12}$ ist ein traditioneller Fehler, der in die Zeit zurückreicht, wo acc*e*dere und acc*i*dere lautlich zusammengefallen waren, beides übrigens Worte, die dem Chronisten nicht mehr geläufig waren. Dieselbe Verwechslung bei Gregor, s. Bonnet, 423/4.

§ 82. Beim *Imperativ* sind die Formen mit -o, wie amato usw. wohl nur zufällig nicht anzutreffen, was an dem seltenen Vorkommen derselben liegen kann. — Einmal steht *dicis* für dic: surge ... et quod videris ... *dicis* ancillaę tuae II $97_{11}$. Sonst dic und fac erhalten.

*io-Verba.* — Der größte Teil dieser Verben hat rom. das *i*, welches zwischen Stamm und Endung trat, aufgegeben, s. Meyer-Lübke, R. G. II § 174; 179; Suchier, ›Grdr. d. rom. Phil.‹ I, 608, der auch sento, parto ansetzt. — Die Chronisten haben Ausfall des i in folgenden Fällen:

*praecipunt* II $110_{16}$; *recibebant* III $155_{21}$, afr. *receveient* ist daraus das notwendige Ergebnis; das zweite b verschwand gegen das erste durch Dissimilation. *recipebamus* II $96_{10}$; *adgredebat* III $140_{8}$; *custodebant* I $126_{27}$. — insil*uunt* (für insiliunt) IVb $178_{10.11}$; uu = ū s. § 31, vgl. inr*unt* (für inruunt) II $103_{27}$. — fac*int* (für faciunt) III $164_{13}$ s. § 79.

### *Das Passiv*

§ 83. Das Passiv ist im allgemeinen ganz gut erhalten, sein Fehlen in der Volkssprache tritt jedoch zutage in: Verwechslung zwischen Aktiv und Passiv; Verwendung der Deponentia als Aktiva; Verwendung des Hilfszeitworts.

#### 1. Verwechslung zwischen Aktiv und Passiv

§ 84. Die Verwechslung zwischen Aktiv und Passiv, veranlaßt durch die Deponentia.

a) *Passiv für Aktiv*: unum regnum . . . *ereguntur* I 47 12; fugaciter Aetaliam *remeantur* II 111 26; *simulor* a te fugire (Greg. consimulo) II 102 13; gentes . . . *regebatur* III 150 20; 150 000 pugnatorum . . . *aemittetur* (= emittitur) III 153 25; sanctasque baselecas *aefranguntur* I 75 28; espunsalias has . . . *fiuntur* (für faciunt) III 166 2.

Eine Art Medium bilden Fälle, wo gut lat. se mit Aktiv zu stehen hätte: in marca Vinedorum *salvatus est* III 157 15; docis . . . cum exerceto eis *subiunguntur* (schließen sich an) III 167 5; consurgunt, *praeparantur* ad proelium IV b 178 6. — Inf. Praes. der 3. Konj.: quem *adtrai* potuit (für adtrahere) I 57 24; eumque de civitate *extragi* vellit (für extrahere) II 102 11; suum volebat *deverte* (= deverti) iudicium III 148 20; convenerat, ut . . . debuissimus *conflige* (= confligi) III 152 23; certamine *conflige* debuerant III 166 20. — Zu dem Inf. Pass. in: quod *dici* dolor est IV a 175 15. IV b 179 14 mögen die Kontinuatoren von dicitur aus gekommen sein.

b) *Aktiv für Passiv*: consummatio *dabit* super desolationem (Hier. dabitur) I 56 16; petens . . . ut per eius adiutorium . . . *liberaret* IV c 183 17. — Inf. Praes. der 3. Konj.: fincgens . . . ob infirmitatem . . . lectum *depraemere* II 94 20; furmam . . . laudare dignasti, stratus tui iobe *subiungere* III 145 27; decernit, Quintilem mensem Iulium debere *dicere* (Hier. dici) I 55 17.

§ 85. *-i* > *-e* beim *Inf. Praes. Pass.* der 1., 2. und 4. Konj. ist als lautliche Erscheinung aufzufassen, s. §§ 26, 64 zugleich allerdings auch ein Zeichen der Unklarheit über die Flexion. Die Verwechslungen zwischen Inf. Act. und Pass. sind jedoch verhältnismäßig wenig zahlreich bei der großen Masse, in welcher der Inf. Praes. Pass. vorkommt.

*-ī > -e*: urguer*e* (Hier. urgeri) I 55 15; appellar*e* (Hier. appellari) I 61 16; adorar*e* (Hier. adorari) I 65 26; reperir*e* I 69 18; tener*e* I 80 2; truncar*e* (Greg. feriri) II 98 26; vastar*e* II 102 19; laxar*e* (Greg. relaxari) II 117 20; armar*e* III 146 6; aperir*e* III 153 25; condemnar*e* III 163 7; priliar*e* III 167 126; restaurar*e* IV c 188 22; cremar*e* IV c 189 23. — Für die 3. Konj.: devert*e* III 148 20; conflig*e* III 152 23. 166 20. — Unregelmäßige Verba: inferr*e* (Greg. inferri) II 98 24; fier*e* III 153 22.[11]

*-e > -i*: testificar*i* I 20 7; linir*i* (Greg. lenire) II 102 13; gubernar*i* III 161 13. — Vgl. auch poss*i* (für posse) II 96 14.

## 2. Deponentia

§ 86. Während die klassische Latinität die Freiheit der älteren Periode im Gebrauch der aktiven neben der deponentialen Form wesentlich aufhob, muß in der Aussprache die Vereinheitlichung weiter vorgeschritten sein, wie auch die Vorschriften der späteren Grammatiker zeigen, vgl. Neue III³, 7; Lindsay, S. 522. — Gregor allerdings hat die Deponentia noch gut gelernt, s. Bonnet, S. 402, während wir in unserm Texte häufig der volksmäßigen Form begegnen.

quoortat (für cohortatur) I 57 15; conabat I 131 21; conabant I 73 19; conaverant I 127 23; conarint II 110 14. III 151 16; arbitraret I 86 27; furavit I 81 28; furaverat I 81 29; priliavemus (für proeliabimur) I 80 12; priliare III 167 26; mercaverat I 134 8; mercaret II 96 18; sequebat I 78 16; persequere II 112 18; adgredere I 138 25; III 154 3; adgredebat III 140 8; adgrediebat II 111 3; adgrediebant III 144 18. 20; depraedant (Id. praedabantur) I 75 3; depretare (= depraedari) II 98 26; predarint II 101 2; pretaverant II 111 12; praedaret

[11] Dieselbe Vertauschung von -ī mit -e beim Inf. Pass. ist etwas seltener in den F. M., dagegen ist die Vertauschung von -ē mit -i beim Inf. Act. dort stärker vertreten als bei Fredegar.

IV c 188 30; utebant II 95 4; ulciscerint II 113 26; dignarit III 146 21; depraecabat III 147 19.

### 3. Verwendung des Hilfszeitwortes

§ 87. Nach Thielmann, ›Habere mit dem Part. Perf. Pass.‹, Arch. f. l. L, II, 547, „prägt der Sprachgebrauch in Gallien seit dem 6. Jahrhundert nach Analogie von commendatum habeo = mihi c. est bestimmte Formen aus, in denen für habeo nach der Umwandlung aus mihi est der Begriff des Besitzens (sic!) deutlich hervortritt“.

Beispiele dafür finden sich bei den Chronisten: tributa ... *habent indultum* III 158 24; vitam *habent indultam* III 161 3; quasi *iniunctum habens* ... sugessit III 156 22. — quod *iniunctum habuerat* eidem nunciavit III 154 24; verba ... quas *iniunctas* non *habuerat* III 154 28. — quem Childebertus *habuerat disponsata* I 133 18 ist juristische Formel, s. Thielmann, a. a. O., S. 542. — Für Gregor s. Bonnet, S. 689 ff.

Umschreibung für das Plusquamperfekt: consilium Aegane (für Aeganis) *peragratum habens* III 161 13 für cognitum habens = cognoverat, s. Thielmann a. a. O., S. 544; cum Radulfo *unitum habebat* consilium III 164 27; *unitum habentes* consilio III 165 3.

*habere* mit dem Gerundiv: ut ... hoc ... *dominandum haberit* III 159 15.

Eine gewisse Neigung zur Umschreibung tritt hervor in folgenden Fällen: a) für das Passiv die eigentümliche Verwendung von *sortitur effectum* für efficitur: consilius ... non *sortitur effectum* I 132 33; promissio *sortitur aefectum* III 158 22. 164 31. — non est res *sortita effecto* II 115 14. — Mit *mancepavit* für sortitur: consilium non *mancepavit effectum* III 166 4.

b) *debeo* mit Inf. zur Bezeichnung des Konj. Imperf.: convenerat, ut ... *debuissimus conflige* (für confligi = confligere) III 152 23; promisit, ut ... fidelis ... *esse deberet* IV c 189 5; tributa ... *solvere deberet* IV c 190 12; ut ... contumax *esse* non *debeat* IV c 185 26; donant, ut ... fideles ... *esse debeant* IV c 191 32.

c) Für Inf. Fut. Act.: indecans se ... *velle adgredere* I 138 25; cernentes, quod *vellet* imperium ... *destruere* III 152 3. — Für die

Umschreibung des Inf. Fut. mit velle sind vereinzelte Beispiele schon im Kl.-lat. selbst vorhanden, s. Thielmann, Arch. f. l. L. II, 168. — Ferner: dicens, si . . . conspecto Chlothariae presentatur, ipsum regem *vellet interficere* III 147$_{23}$.

### *Konjugationswechsel*

§ 88. ven*ere* (G. venire) II 109$_{25}$; ven*erit* (= veniret) I 126$_{15}$; inven*erint* (= invenirent) II 109$_{8}$; rid*erit* (= rediret) IV b 181$_{6}$; circu*erit* (= circumiret) III 150$_{22}$; circu*ebat* (= circumibat) II 99$_{10}$; ini*ebat* (inibat) I 138$_{21}$ haben sich an die 2. Konj. angeschlossen unter Einfluß des Präsens venio, circueo. Der Umstand, daß -io und -eo lautlich zusammengefallen waren, war der eigentliche Ausgangspunkt. Der Übertritt ist bei den Kompositis von eo leicht erklärlich; circuire usw. wird gefehlt haben, das Simplex war mindestens schon defektiv. veniret, invenirent sind ebenfalls ungebräuchliche Formen. Bemerkenswert ist aber ven*ere* im Gegensatz zu frz. *venir.*

Verba der 2. Konj. zur 4. Konj. Umgekehrte Analogiewirkung kommt noch zur Geltung bei folgenden, nicht mehr gebräuchlichen Worten und Formen: hab*itur* I 47$_{27}$; aug*itur* I 120$_{21}$; cens*iret* I 134$_{10}$; del*iret* I 79$_{24}$; del*irent* III 147$_{7}$; del*ivit* I 79$_{23}$. 84$_{10}$ (Greg. delevit); del*itus* I 62$_{31}$ (Hier. delectus); suppl*iti* I 41$_{32}$; reg*ibat* III 160$_{25}$; remov*ite* II 100$_{19}$.[12] — Dagegen entspricht susten*ire* I 87$_{33}$ frz. *soutenir,* und von da aus mag auch susten*is* (für sustines) I 74$_{8}$ bestimmt sein.[13]

Verba der 3. zur 4. Konj.: fug*ire* II 102$_{13}$; fug*i* (für fuge) II 95$_{18}$, dem frz. *fuir* entsprechend. — sin*irent* (= sinerent) IV c 185$_{9}$ ist lautlich aufzufassen als Verwechslung von e und i in proparoxytonischer Stellung.[14]

[12] Vgl. *habire,* F. Andec. 12$_{27}$. 17$_{30}$. 18$_{28}$. 24$_{16.37}$; *debire,* F. A. 17$_{31}$; *possedire,* F. A. 7$_{12}$. 12$_{26}$. 15$_{14}$ etc.; *resedire,* F. A. 11$_{11}$. 13$_{36}$. 21$_{25}$; *adimplire,* F. A. 23$_{13}$ etc.

[13] Vgl. *tenire,* F. A. 4$_{19}$. 7$_{12}$. 15$_{14}$. 16$_{35}$. 23$_{29.32}$.

[14] Vgl. fac*ire* (passim), F. M.; cognusc*ire,* F. M., 48$_{14}$. 108$_{22}$; prosequ*ire,* F. M., 56$_{16.21}$; infrang*ire,* F. M., 79$_{8}$. 80$_{13}$. 85$_{14}$; u. a.

Übertritt zur 1. Konj. nur bei frz. fehlenden Worten: *menuati* sunt I 46$_{26}$ (von minuere); menu*arit* III 156$_{8}$; perdom*ati* (für perdomiti) I 72$_{21}$ nach dem Inf. perdomare; adherat (für adhaeret) IVb 180$_{21}$; amb*avit* (für ambivit) I 121$_{4}$, möglicherweise unter Einfluß von ambulavit; ini*ans* (für iniens) I 79$_{8}$, vgl. medu*antis* (= metuentis), F. A., 7$_{1}$. 18$_{8}$.

Übertritt aus der 2. in die 1. Konj.: profet*enti* (für prophetante) I 126$_{28}$.

Übertritt aus der 3. in die 2. Konj.: *fietur* I 133$_{14}$; *fiaetur* I 134$_{13}$. III 163$_{20}$. 165$_{10}$, das dabei noch als aktives Verb behandelt wird.

### *Einzelne Verba*

#### posse

§ 89. *posso* (= possum) I 88$_{12}$. II 100$_{21}$. 109$_{5}$ hat -o für -um als lautliche Erscheinung, s. §§ 29, 62. In den übrigen Fällen possum. Ist halbgelehrte Angleichung vom Plural possumus aus. *poteo* begegnet nicht.

*potebas* III 146$_{5}$, afr. *poeies*; potebat I 79$_{27}$. 86$_{29.30}$. 133$_{15}$. II 99$_{22}$. III 142$_{25}$. 145$_{11}$, afr. *poeiet*; putebat III 155$_{19}$.

Das Futurum begegnet nicht, der Infinitiv entspricht dem Lat. Dem Romanischen gemäß, wo potui als ui-Perfekt geblieben ist, werden die lat. Perfektformen nicht geändert.

#### velle

§ 90. *vellere* III 147$_{14}$, gebildet wie essere, da *velle* als Inf. unverständlich war; *vellens* (für volens) I 79$_{19}$. 131$_{20}$. 138$_{10}$; *vellebam* (für volebam) II 96$_{17}$, vgl. *vellibat* bei Du Cange aus der Charta Clotharii aus dem Jahre 658; *vellit* (für vult) II 102$_{11}$; *vellint* (für velint) III 159$_{17}$. — Die feststehenden Verbindungen: *vellit nollit* I 80$_{14}$. 128$_{22}$; *vellint nonlint* III 159$_{17}$.

Man könnte versucht sein, da im Rumänischen das *e* in das Präsens des Indikativ eingetreten ist, anzunehmen, daß von velle, vellem ausgehende Doppelformen auch einmal in der lebenden Sprache durchflektiert worden seien. Bei den Fredegarchronisten sind jene indessen wohl nur erstarrte Formen, die sich gerade wegen des Gegensatzes zur Volkssprache analogisch ausdehnen.

volestis II 96 9. 100 19

§ 91. „Die a-Verba sind der Zahl nach der Gesamtheit der übrigen Konjugationen bedeutend überlegen, in der Häufigkeit der Verwendung dagegen stehen sie nicht unerheblich hinter ihnen zurück, selbst wenn man das Verbum substantivum nicht mit in Rechnung bringt. Wo daher den Formen der a-Verba gegenüber die der i- und e-Verba eine gewisse Einheit bilden, wird die Analogie von 2.—4. Konj. auf die 1. Konj. und nicht die 1. auf die 2. Konj. wirken.

Für die bekannte Annahme, daß die 2. Plur. auf -ez im Frz. von der 1. Konj. aus verallgemeinert sei, könnte man nun allerdings anführen, daß die Verben der 1. Konj. sich im Rom. und Frz. erheblich vermehrt haben, daß gerade ihre Vermehrung auch ihre Analogiewirkung verstärken konnte. Wir sehen indessen, daß in historischer Zeit gerade das Gegenteil der Fall ist (chanteie für chantoue, chante für chant). Die 1. Plr. auf -umus ist sicher auf die 1. Konj. vom übrigen Verbum aus erst übertragen worden, bei der 2. Plr. kann nicht ungefähr um dieselbe Zeit das Umgekehrte geschehen sein. Es ist vielmehr genau dasselbe eingetreten wie bei der 1.:

sumus — potúmus — volúmus

gingen voraus. Es mußten notwendig folgen:

estis — potestis — volestis.

Im Prov. überwogen beim Verbum substantivum die betonten Formen. Genau, wie zu erwarten, entspricht hier ęz (< estis), partęz usw.

Das geforderte vulgäre volèstis aber steht an zwei Stellen (s. o.).

Wir nehmen daraufhin keineswegs an, daß man jemals cant*estis* für cant*astis* gesagt habe, auch nicht, daß etwa volles -umus für -amus eingetreten sei. Es hat berechtigte Bedenken erregt, daß auf eine dem Gedächtnis so wohl eingeprägte Form wie -amus, -umus zurückgewirkt haben sollte, auch nachdem es sich durch die ganze übrige Flexion verbreitet hatte, und dieselben Bedenken sprechen gegen den Ersatz von -atis durch -estis. Die Vermittlung durch stamus, welche Meyer-Lübke, R. G., II, 176, annimmt, genügt keineswegs. Hätten estont, *dont so gewirkt, wie er will, dann müßte zunächst einmal *amon*t gemeinfrz. sein. Die Behandlung der Gutturalen vor- amus und -atis zeigt, wenn man die nächstliegende Erklärung bevorzugt, daß in der 1. Konj. die Vertauschung der Endung verhältnismäßig jung ist, jünger als *K*arles > *Ch*arles. Es ist zuzugeben, daß *oram* der Eulalia, wenn es auch ein gelehrtes Wort ist, für die Erhaltung der Endung noch im 9. Jh. spricht, während *cantomps* des St.-Léger den Ausgleich vollzogen zeigt. Im St.-Léger aber ist auch schon die spätere Aussprache von e < a belegt durch den Reim *claritet* : *deu*, V. 201. Wir müssen annehmen, daß *-estis* und *-atis* lautlich zusammentrafen und die 1. Plur. nach sich zogen. Nicht so, daß die vorauszusetzende Zwischenstufe von ungefähr ę̄ aus freiem *a* sich mit ę̆ vermischt hätte: dann würde letzteres verallgemeinert worden sein. Vielmehr so, daß im Verbum subst. bei *estis* ebenso wie beim Imperf. und Fut. unbetonte Qualität neben der betonten bestand, beide Qualitäten auf das übertragene *-estis* übergingen, die unbetonte zwar schwächer, wie *ęstes* zeigt, aber genügend, um dem gleichlautend gewordenen *a* das Übergewicht zu geben. Den indirekten Beweis für diesen Schluß gibt das Provenzalische, in welchem- atis und -estis lautlich getrennt waren, daher auch -am und -em dauernd auseinandergehalten wurden. Wir würden ein ähnliches Verhalten wie das des Provenzalischen auch an den Stellen im Norden erwarten können, an welchen habetis estis überwog (*avois* Foulque 185; *metois* Aiol 7518; Ostgrenze) oder gar -itis noch fortlebt (Ezechielgruppe), und es ist in der Tat die Erhaltung von -emus an der Ostgrenze zu konstatieren (M.-L., R. G. II, 175); indessen erscheint hier schon in früher Zeit der Sprachgebrauch durch den übermächtigen Centralkörper beeinflußt, so daß sich weder in der Vergangenheit noch in der Gegenwart ein ganz klares Bild ergibt.

Nach dem oben über die relative Häufigkeit der a-Verba Gesagten, konnte von ihnen allein aus nicht das Partizip, bzw. das Gerundium, auf *-ant* verallgemeinert werden. Es ist das vorgängige

Eintreten von *stando* in das Verbum substantivum ein unabweisbares Erfordernis. Daß, wie M.-L., R. G. II, 248, will, *étant* regelmäßig von essere — estre komme, ist von vornherein ausgeschlossen. Dies konnte nie etwas anderes als *essent* ergeben. Auch von dem von anderer Seite angenommenen, bereits vorromanisch infolge seines lautlichen Zusammenfalls mit stare eliminierten *exstare* kann füglich nicht die Rede sein. — Allerdings ist die Verwendung der Form außerhalb der Übersetzung, in älterer Zeit der Predigt, keine starke gewesen, aber ihr Eintreten genügte, um zunächst *sedent* herüberzuziehen."

nolle

§ 92. no*ll*ens I $72_{17}$. *nolerit* (für noluerit) II $107_{8}$. — *non*lint III $159_{17}$, s. § 90. — Umschreibung mit non: *non* voluissent III $165_{8}$. Sonst Perfektstamm erhalten.

malle

Das Wort begegnet nicht. Umschreibung mit plus: *plus* mori vellens quam vivere I $79_{19}$.

fero

§ 93. fer*is* (für fers) II $100_{30}$; transfer*it* (Hier. transfert) I $63_{18}$; transfer*rit* III $142_{26}$. — abs*tulta* (für ablata) I $88_{10}$; ab*tultus* (für ablatus) III $159_{15}$. — abs*tollens* (für auferens) III $166_{13}$.

Die ursprüngliche Form ablatus war schon erstarrt (ablatum > frz. blé), rom. tritt *tollere* dafür ein. tultus ist die tatsächliche frz. Form, afr. Subst. *tolte*.

*talatus* II $116_{23}$. „Das Wort kann nicht, wie Krusch (s. Anm. im Text) meint, auf urlat. *tlatus* zurückgehen, das den Chronisten überhaupt nicht zugänglich war. Es gehört zu mittellat. *talare* (rauben), das Diez, E. W. II, auf das Baskische zurückführen wollte, ohne indessen die von Spelmann gegebene germanische Ableitung (s. Du Cange, s. v.) abzuweisen. Wie unsere Stelle in Ergänzung der überwiegend südfrz. Belege bei Du Cange zeigt, war das Wort auch in

Nordfrankreich zu Hause. Die ›Lex Alamannorum‹ und Fredegar enthalten nichts Baskisches. Es ist klar, daß die bei Körting, ›Rom. Wb.‹, völlig vernachlässigte germanische Etymologie Platz haben kann.

Mackel, ›Die germ. Lehnworte‹, unter ê bei ahd. â, führt nur *biere* < bâra an. S. 38, unter â, ist indessen als regelmäßiges Ergebnis von -mâr und -râd (germ. -mêr, -rêd) -mer und -ré anerkannt. Hinzuzufügen ist auch noch Raoul < Radulfus, das Mackel irrig auf Rodulfus zurückführt, welches nur Rooul, Reoul ergeben konnte. Daß â < ê, das auf alemannischem Gebiet sich schon im 2. Jahrhundert findet, auf fränkischem im 5./7. Jahrhundert eintritt (vgl. Müllenhoff, Zs. f. d. A. VII, 528 ff.; Waltemath, S. 49), ist somit im Frz. in beträchtlichem Umfange belegt gegenüber einem einzigen erhaltenen ę. Die Verschiebung muß bei der Masse der Salfranken sehr bald nach der Invasion eingetreten sein und es steht somit lautlich nicht das geringste im Weg, das mittellat. *talare* auf den ihm nach dem Ort des ältesten Auftretens und dem Begriffsinhalt zwingend nahestehenden germ. Stamm zurückzuführen. — Das Wort ist erst von Frankreich aus in das Spanische eingedrungen. Daß es im Portugiesischen (talar) erst ziemlich spät aufgenommen wurde, zeigt dort die Erhaltung des *l.* — Die Bedeutung „Bäume umhauen", von welcher Diez ausging, ist sekundär aus der südländischen Kriegführung entstanden. Es liegt hier einer der Fälle vor, in welchen ein Wort, von seinen Ausgangspunkten verdrängt, an den Endpunkten erhalten ist. — Ähnlich erhält sich z. B. frz. *rachier* neben *cracher*, während es westgerm. verschwunden ist, s. Mackel, S. 47."

### *Akzent- und Stammausgleichung der Komposita*

§ 94. Die Akzentausgleichung der Komposita ist in großem Umfange eingetreten. Weil beide Kompositionsteile deutlich waren (s. §§ 37, 58), wurde in den Kompositen auch das Simplex wieder hergestellt.

Die Ausgleichung ist bestimmt anzunehmen für die Komposita von *teneo*. Dieselben haben fast regelmäßig e für lat. i, wie -tenet,

-t*e*nuit. Es wäre wohl Zusammenfall von unbetontem ĭ mit e als lautliche Erscheinung denkbar, doch dafür begegnet e für ĭ hier zu regelmäßig, so daß Verlegung des Akzentes auf die Stammsilbe anzunehmen ist, worauf auch die frz. Entwicklung hinweist. Dasselbe gilt auch für die Komposita von *sto* im Perfekt; II jedoch erhält hier -stiti.

I, S. 50—75, hat:

| | | | |
|---|---|---|---|
| -tenere: 10mal | -tinere: –mal | -steti: 2mal | -stiti: 1mal |

II, (vollständig) hat:

| | | | |
|---|---|---|---|
| -tenere: 4mal | -tinere: 1mal | -steti: 1mal | -stiti: 4mal |

III, (vollständig) hat:

| | | | |
|---|---|---|---|
| -tenere: 9mal | -tinere: 1mal | -steti: 1mal | -stiti: –mal |

Die Komposita von *premo* haben überwiegend e (ae) für i: oppr*e*mitur 59 28; oppr*ae*munt I 87 34. 35; oppr*ae*mebatur I 87 33. — depr*ae*mere I 86 31. II 94 20; depr*ae*meris I 86 31. — repr*e*mendum I 62 18 u. a. — ex*ae*stemavi I 19 19. — red*a*getur (Id. redacto; 1 Hs. a. d. 9. Jh. redigatur; 1 Hs. a. d. 8./9. Jh. redagitur) I 75 29 ist ganz gelehrt. — inter*e*mitur I 66 29. — requ*e*rerent II 94 20. — recl*au*si (Hier. reclusi) I 60 18; recl*au*sus (ebenso Greg.) II 116 24. Das sonst verbreitete *clusus* ist frz. nur in erstarrter Form (écluse) oder in gelehrter (reclus, inclus) vorhanden, sonst nur *claudere* gebräuchlich (enclore, parclore, éclore).

## *III. Syntax*

### Kap. I: Die Kasus

#### *1. Vermischung der Kasus*

§ 95. Über Koordinationsfehler, welche der lautlichen Identität von Acc. und Abl. entsprechen, s. §§ 28, 29, 62, 64. Völlig verwilderte Fälle sind:

Nom. für Acc. Sg.: magna pars popul*o* (für populi) . . . transtulit I 50 5; ad Nevernum urb*is* IVc 187 13. — Nom. für Abl. Sg.: vecesimo eiusdem regni ann*us* (Hier. anno) I 52 22; secunda sedicio . . . fuit ann*us* 22. imperiae I 58 20. — Nom. Sg. für Nom. Plr.: ducibus ... qui dolis ... instruct*us* (Id. instructi) I 76 12. — Nom. Sg. für Acc. Plr.: Provos Gallias a barbaris occupat*us* ... restituit I 65 12 (Hier. occupatas). — Gen. oder Dat. für Acc. Sg.: cum ... Anciocinum eclesi*ae* ... fundassit (Hier. Antiochenam ecclesiam) I 59 8. — Gen. Plr. für Nom. Plr.: de his exteterunt insulae gent*ium* (für gentes) I 21 6. — Gen. Plr. für Dat. Plr.: elemosina tam ecclesiis quam monasteriis vel pauper*um* largitus est IVc 192 23. — Abl. Plr. für Gen. Sg.: absque bell*is* eventu IVc 185 29. — Acc. Plr. für Gen. Plr.: patricius univers*as* Africae provinci*as* III 151 24.

Syntaktische Kreuzung liegt vor in: Franci ... per montes ... erumpent*ibus* IVc 185 12 für erumpentes, wo dem Chronisten wahrscheinlich Francis vorschwebte.

Attraktion ist häufig anzutreffen bei Worten verschiedener Funktion, wenn sie in Reim zueinander kommen. Für Gregor s. Bonnet, S. 526. — consilio senat*o* I 79 13. 81 7; consensu senat*u* III 152 5; consulto senat*o* III 162 5 könnten auch noch unter den Begriff des rom. Obliquus fallen. — Attraktion haben sicher: gavis*o* gaudio magno II 99 31 für gavisa; puer his verbis instruct*is* II 96 22 für instructus; de nomina montium et flumin*a* magnorum I 18 19; de mortem Quintirion*em* I 119 17; usque ad consumptionem tempor*e* (Hier. temporis) I 56 16; ad veciosissimum aequ*um* caudam III 142 4 (ad viciosissimi equi caudam). — Jacobu, fratr*em* Domini, quem omnes justum appellabant ... oppremitur I 59 27 ist aus Attraktion des Relativsatzes zu erklären.

### 2. *Verwendung der Kasus*

§ 96. Stark vertreten ist der Kasus obl. in genitivischer Verwendung, meistens bei Personennamen, wie im Afr. Es kommen vor bei Personennamen in I, S. 124—134, 9 Fälle; II, S. 94—105, 10 Fälle; III, S. 145—159, 11 Fälle; IVc (vollständig) 13 Fälle. Nachstehend sollen nur einige Beispiele für die einzelnen Chronisten gegeben werden. — Acc. oder Abl. für lat. Gen. = rom. Gen.: filius Authario reg*e* I 134 2; legati Alaric*o* II 83 11; legati Eiegi*o* II 96 26; baiolos Sigybert*o* III 164 18; amicus Radulf*o* III 165 17; ad mansionem Dadon*e* referendari*o* III 160 29; in regn*o* Aistulf*o* IVc 185 12;

diction*e* Waiofari*o* IVc 189 23. factione Gundoald*o* duc*e* II 112 27; faccionem Grimoald*o* III 165 27; de contenenciam Pippin*o* I 120 29; cum solatio Mummol*o* et Desideri*o* I 124 15; cum consensu praedict*o* reg*e* Pippin*o* IVc 186 14; manibus german*o* su*o* IVb 181 11; exercitus praedict*o* reg*e* IVc 184 6. — magna pars popul*o* I 50 5; multitudo gent*i* I 74 4. Vom Singular aus scheinen diese Formen auf den Plural übertragen worden zu sein: regem Judae*is* I 58 28; ducem Bagoari*is* IVb 180 2. — consilio Austrasi*is* I 134 14; cum consilium cytir*is* (= ceteris) III 157 20. — de mortem fili*is* Chilperici II 92 2; de consilium initum perdiciones fili*es* (= perditionis filiis) Teuderici I 120 8. — quem ... cunct*is* delectissimum habuit I 81 3, Fehler wegen *mihi dilectissimus*; primus Roman*is* I 55 7; pluretas ... mino*ribus* bisti*is* II 97 25; dimidam partem omn*ibus* re*bus* II 107 5. Cum medietatem pag*o* Bytoriv*o* IVc 189 11 ist Contamination mit cum medio.

§ 97. Der Dativ für den Acc. mit ad steht einmal: arbor tam excelsus, quod *nubebus* paenetraret I 78 12. Ein Beispiel auch bei Gregor (s. B., 539): venit noctu abbatiss*ae*. — für contra mit Acc.: revellabant Romanis I 72 21. — für de mit Abl.: diversis triumfavit I 54 26, von praestare alicui aus, wie superare.

Ferner steht der Dat. bei folgenden Verben:

Für den Acc.:

*superare*: Theudericum et *Gothis* superant I 80 17, durch praestare. — *circumstare*: phalangis circumdemus *inimicis* I 87 16. — *sustinere*: non possum *tantis oppropriis* sustenire I 87 33 durch resistere. — *regnare*: regnare *Persis* I 29 21. 51 20; *Latinis* regnavit I 47 27, durch dominare. regnare mit Gen. s. § 98. — *adsumere*: cuius *thinsauris* et regnum ... adsumpsit II 107 19. — *urere*: *civitati* et *vicis* urentem II 91 33. — *offerre*: *donis* offerens II 109 28, durch dono dare. — *vastare*: vastantes *provinciae* rei publicae III 159 9 (der Form nach auch Gen. möglich). — *interficere*: *ducentis* esse interfectis; de mediogrebus *quingentis* interfecere iussit III 163 9. — *citiris*, qui patri percusserant, totusque interfecit III 167 22. — ut *homine ille* interficiatur I 79 32 (für homini illi). — *percutere*: qui *patri* percusserant III 167 22, nicht sicher wegen der Vertauschung von -em und -i in der Deklination, s. § 64. — *pervagare*: *finibus* Romanorum prevagans IVc 185 13.

Für den Gen.:

*recordari*: recordatus suae *promissione* I 86 11.

Für *in* mit Acc.:

*dispergere*: cumque populus ... *diversis regionibus* dispergeretur II 98 8.

Für *ab*:

*quaerere*: quaereretur *ei* I 81 29. 82 5; quaerens *ei* civitatis ... restituendas I 85 30. — *petere*: petebat *Bellisario* I 87 28; petens *imperatore* (= imperatori) I 87 33; pacem *subscriptis ducibus* petentes III 160 13.

§ 98. Dativ (oder Ablativ) für Akkusativ:

captivos tam vir*is* quam femin*is* IVc 182 23; cupiens, *his duobus regibus* semper esse discordis (= discordes) II 83 6, s. § 97 eine ähnliche Konstruktion bei interficere.

*ad instar* wird verschieden behandelt:

1. mit Gen. und Dat. wegen similis: ad instar *Trogiae nominis* II 93 28; *uius* (= huius) *convenenciae* ad instar III 152 20; a. i. *canibus et minoribus bisteis* II 97 24; a. i. *leoni* II 97 27; a. i. *mendico* II 99 23; a. i. *privato habeto* III 149 9;
2. in romanischer Weise wie semblable à: vitam (= vita) illorum instar *ad canis* est I 126 10;
3. danach mit Acc.: *ad ipsum* instar I 46 18; ad instar *puerum meum* I 81 14; ad instar *reginas* III 151 3; a. i. *pro se* III 152 20.

Akkusativ für Dativ:

*suadere*: *eum* suadebat I 80 31. — *resistere*: *eum* resistere nitebantur IVc 185 10.

Akkusativ für Ablativ:

*abundare*: *opes* habundans III 161 27.

Der Genitiv hat einige Ausdehnung erlangt in der Verwendung zur Bezeichnung der Eigenschaft. Für Gregor, s. Bonnet, 548. *virtutum* ... insignis I 70 9; *superbiae* aelatus II 94 3. III 159 22; *tante prosperitatis* regebat I 82 8. 124 5. III 150 11. 19; *conti* impiger (Greg. contu) II 92 22 u. a.

Ferner steht der Gen. für den Abl. bei folgenden Ausdrücken: huius convenentiae II 82 13; suae iussionis I 134 1; suae prudentiae ... liberatur II 109 28.

Genitiv für Dativ:

*intendere*: insidias *aeclesiarum* intenderit I 72 13. — *obviam*: obviam *Odoagri* et *Aerulorum* I 79 20. — *mandare*: *imperatores* mandantis (= imperatoris mandantes) I 80 9. — *adnuere*: *peticionis* annuens I 73 18. — *auxiliare*: *eorum* auxiliare II 107 2.

Genitiv für Akkusativ:

*regnare*: *Aebreorum* regnavit I 47 28. 48 21; *Latinorum* regnavit I 48 10; *Romanorum* r. I 51 16. 52 4. 63 7; *Persarum* r. I 51 21; *Macedonum* r. I 53 13; *Thoringorum* . . . regnabant II 103 29. regnare mit Gen., s. § 97.

*imperare*: *Romanorum* imperavit I 58 27. 59 6; *Siriae* et *Asiae* imperavit I 53 18 (der Form nach auch Dat. möglich).

Der Genitiv in fluvium *Danuvii* IV b 180 12 und fluvium *Legeris* IV c 188 27 geht unmittelbar auf den lat. Genitiv der Benennung zurück, wenn er auch dort vereinzelt auftritt.

§ 99. Der Ablativ begegnet scheinbar sehr häufig infolge des lautlichen Zusammenfalls von Dat. Acc. und Abl. Sg. der 2. u. 3. Dekl., doch sind im Gegensatz zu Gregor (Bon., S. 555) neue Verwendungen selten.

Die Chronisten setzen gerne den Abl. für den Acc. der Zeit auf die Frage: Wie lange? anni, *quibus* vixit I 38 (passim); sed. (= sedit) ann. 3, *diebus* 20 I 36 30; mensis 2, *diebus* 4 I 36 33; Johannis . . . *diebus* 18 I 36 34; Amassias *annis* 29 I 40 2; Tiberius *annis* 23 I 41 4; rignavit *annis* I 39 35 (passim); cum *duobus annis* resedissent I 68 17; *annis plurimis* vixit III 157 16; *diebus plurimis* residit III 163 21; quievit terra . . . *annis duobus* IV c 185 30; *duobus annis* cum terra cessasset a preliis IV c 186 11.

Ablativ für Genitiv. Die Chronisten bevorzugen den Abl. in Verbindung mit *plenus*. Der Gebrauch begegnet vereinzelt schon im Klass.-lat. *bonitate* plenus I 124 3; *pietate* plenissimus I 133 7; plenissimus *fide* III 151 11; *pietate* plenissima christiana III 145 21; *elatione* plenus III 146 19; plena dierum et *bonis operibus* II 106 16.

Ferner bei *punire*: *capite* puniendus I 81 19.

Nominativ für Ablativ: consilius utens III 150 17 ist Fehler.

### *3. Ablativus, Accusativus und Nominativus absolutus*

§ 100. Sämtliche Chronisten lassen eine besondere Vorliebe für den Abl., Acc. und Nom. absol. bemerken. Es zeigt sich jedoch in einer überaus großen Anzahl von Fällen, daß sie diese Konstruktionen nur noch schulmäßig verwendeten und daß ihnen das lebendige Verständnis für dieselben abging. Sie wissen die einzelnen Konstruktionen nicht gut auseinanderzuhalten und vermengen sie. Die Hauptmasse der Vertauschungen ist eine äußerliche wegen des lautlichen Zusammenfalls von Acc. und Abl. Sg., während bei deutlicher Scheidung der Formen die Konstruktion meist korrekt ist. Es zeigt sich also auch hier, daß nicht etwa von der Schule aus die Artikulation des -m wieder eingeführt worden war.

Am stärksten ist, wie bei Gregor (s. Bon., 559), der Abl. absol. vertreten; fast jede Seite bietet Beispiele. In ziemlicher Ausdehnung begegnet daneben der auch bei Gregor häufige Acc. absol. (s. Bon., 561).

Vermischung von Acc. und Abl. abs.: *acceptis* ab Eiegio *quingentos* in munere *aureos* II $96_{18}$; *electis* . . . *inutiles* . . . et . . . *incongruos* II $96_{6}$; *montebus Perenees* (= Pyreneis) latebram *dantes* III $160_{8}$; *omnes domus* eorum *incinsis* III $160_{11}$; missus (= missos) discurrentibus III $165_{20}$; rebellantibus Saxonis paganissimos IV b $177_{4}$ u. a. — Wie weit die Verwirrung geht, zeigt: pluremo nummero . . . Wascones (für Wasconum) *superatus* III $160_{10}$.

Beispiele für Acc. abs. im Plural: Judaeus revellantis (= Judaeos rebellantes) I $62_{18}$; Christianus milites . . . depraecantis I $63_{3}$; civitates ruptas I $128_{21}$; eos totus oppressus III $141_{7}$; inunctus in balneo . . . ungentes III $145_{9}$; discurrentes legatus III $158_{10}$; intercurrentes legatus III $112_{2.6}$ u. a.

Etwas seltener ist der Nom. abs. anzutreffen. Für Gregor s. B., 566. discriptio . . . facta I $53_{2}$. $59_{14}$; sedicio . . . orta I $59_{22}$ u. a.

Auch als Acc. abs. wären denkbar: adsumptum imperium I $68_{27}$; exilium solutum I $61_{27}$; foedus initum II $105_{20}$; firmata foedera iudiciaria IV a $175_{24}$; monasteria multa depopulata IV c $189_{24}$; quae audita (Col. quo audito) I $136_{3}$.

Vermischung mit dem Abl. abs.: *superati* in congressione *Romanis* I $69_{2}$; *multi* ex eis . . . *trucidati* et in captivitate *missi, regiones* eorum . . . *crematis* IV b $181_{17}$.

### *4. Ortsbestimmung*

§ 101. Die Chronisten unterscheiden bei Ortsnamen kaum noch zwischen Wohin? und Wo? (Über denselben Vorgang bei Gregor s. B., 569). Sie lassen, besonders im Singular, beliebig den Acc. für den Abl. und umgekehrt eintreten. Auch in der Behandlung von Städte- und Ländernamen wird fast kein Unterschied mehr gemacht. Die ersteren werden oft mit Präpositionen versehen, während sie wieder bei letzteren fehlen. Der Genitiv bei Städtenamen auf die Frage Wo? ist besonders bei I, neben den Acc. und Abl.-Formen, noch anzutreffen.

A. Auf die Frage: Wohin?

a) Ländernamen. Akkusativ ohne Präposition: *Judeam* mittit I 59 17; *Aetaliam* dirigit II 94 14; *Aetaliam* repedantur II 111 8. 26; tragetur (für trahitur) *Siciliam* I 83 29; *Gallias* redit I 67 22. — *terram suam* remeare I 80 33.

b) Städtenamen. Akkusativ mit Präposition, entsprechend frz. à: *ad Romam* veniens IVc 185 2; *ad Nevernum* urbis (für urbem) IVc 187 13; *ad* Dura IVc 186 29. — usque *ad* Trecas IVc 187 12, frz. jusqu'à.

c) Ablativ für Akkusativ (bei Gregor ebenfalls, s. B., 572): de regressione . . . *Hierusolomis* I 18 25; *Mettis* veniens III 158 28; *Terragona* . . . fugit (Id. ad Tarraconam) I 72 8. — ire in *Galliis* II 96 28. 29; 109 25; in *Gallies* prorumpunt II 111 9; in *Gallies* destinant II 111 13.

d) Dativ für Akkusativ (auch bei Gregor, s. B., 573): de transmigracione *Babylloniae* I 18 29. 30 11. II 113 3. 5. — *patriae* remeare I 80 10. 15. 35. II 95 21.

e) Umschreibungen. Bei IV besonders partibus mit Genitiv gebräuchlich zur Bezeichnung der Richtung: *partibus* Burgundie (Italiae, Romae usw.) dirigit IVb 176 16. IVc 176 18. 19. 183 4. 9. 21. 29. 184 30. 185 9. 14. 186 20. 188 12.

B. Auf die Frage: Wo?

a) Ländernamen. Ohne Präposition:

Aegypt*um* I 59 10; Mauritiani*a* I 72 16 u. a. — Palistin*e* (= Palaestinae) I 59 22; Betec*e* (Id. in Baetica) I 72 6 u. a.

Mit Präposition: in Burgundias I 125 7; in Persas I 126 21; in Spanias II 106 22; in Vasconiam III 160 21 u. a.

b) Städtenamen: *in* Caesari*am* I 59 22. — Rom*am* I 52 23. 72 12 (Id. Romae); Alexandri*am* I 59 10. — Ravenn*a* (Id. Ravennae) I 72 8; Tolos*a* (Id. Tolosae) I 75 13, Veron*a* I 64 5 u. a.

Für apud mit Acc.: Constantinopol*ae* (= apud Constantinopolim) I 70 6; Ravenn*a* (Id. apud Ravennam) I 72 11; Rom*am* (Id. apud Romam) I 73 11; Nise*am* (Hier. apud Nicaeam) I 68 4. — Wang*as* (bei W.) I 138 17; Lingon*as* (bei L.) I 139 5.

Mit Präposition: *in* Caesariam I 59 22. — *in* Alexandria I 53 20. — *ad* Clippiaco III 160 19, frz. à u. a.

C. Auf die Frage: Woher?

Umschreibung findet statt in: *de partibus* Spaniae II 109 16.

### 5. *Kasus nach Präpositionen*

§ 102. Die durch die Aussprache hervorgerufenen Verwechslungen, ebenso wie die aus der Unkenntnis der Flexion entspringenden, sind bedeutend zahlreicher als bei Gregor, der nur größere Unsicherheit an den Tag legt, wenn es sich um zwei verschiedene Funktionen bei einer Präposition handelt, während er sonst verhältnismäßig selten Acc. für Abl. oder umgekehrt eintreten läßt, s. die Tabelle bei Bonnet, S. 522.

Das Verhältnis bei unsern Chronisten ist folgendes [es wurde abgezählt für I: S. 45—55; 78—88; II: S. 93—105; III: S. 142 bis 155; IVc: (vollständig)]:

| | | | | | | | |
|---|---|---|---|---|---|---|---|
| *cum* | begeg. bei I | 51mal, davon 44 | (8+36) | mal mit *Abl.* | 7 | (3+4) | mal mit Acc |
| | begeg. bei II | 52mal, davon 45 | | mal mit *Abl.* | 7 | | mal mit Acc |
| | begeg. bei III | 46mal, davon 37 | | mal mit *Abl.* | 9 | | mal mit Acc |
| | begeg. bei IVc | 83mal, davon 74 | | mal mit *Abl.* | 9 | | mal mit Acc |
| *ab* | begeg. bei I | 82mal, davon 63 | (17+46) | mal mit *Abl.* | 19 | (9+10) | mal mit Acc |
| | begeg. bei II | 49mal, davon 46 | | mal mit *Abl.* | 3 | | mal mit Acc |
| | begeg. bei III | 40mal, davon 37 | | mal mit *Abl.* | 3 | | mal mit Acc |
| | begeg. bei IVc | 15mal, davon 13 | | mal mit *Abl.* | 2 | | mal mit Acc |
| *de* | begeg. bei I | 17mal, davon 13 | (4+9) | mal mit *Abl.* | 4 | (1+3) | mal mit Acc |
| | begeg. bei II | 24mal, davon 22 | | mal mit *Abl.* | 2 | | mal mit Acc |
| | begeg. bei III | 27mal, davon 22 | | mal mit *Abl.* | 5 | | mal mit Acc |
| | begeg. bei IVc | 7mal, davon 7 | | mal mit *Abl.* | — | | mal mit Acc |

| | | | | | | |
|---|---|---|---|---|---|---|
| *ad* | begeg. bei I | 71mal, davon 11 | (4+7) mal mit *Abl.* | 60(17+43)mal mit *Acc.* | | |
| | begeg. bei II | 66mal, davon 17 | mal mit *Abl.* | 49 | mal mit *Acc.* | |
| | begeg. bei III | 60mal, davon 23 | mal mit *Abl.* | 37 | mal mit *Acc.* | |
| | begeg. bei IVc | 117mal, davon 41 | mal mit *Abl.* | 76 | mal mit *Acc.* | |
| *per* | begeg. bei I | 23mal, davon 10 | (3+7) mal mit *Abl.* | 13 (7+6) | mal mit *Acc.* | |
| | begeg. bei II | 13mal, davon 4 | mal mit *Abl.* | 9 | mal mit *Acc.* | |
| | begeg. bei III | 13mal, davon 3 | mal mit *Abl.* | 10 | mal mit *Acc.* | |
| | begeg. bei IVc | 35mal, davon 14 | mal mit *Abl.* | 21 | mal mit *Acc.* | |

*in* begegnet bei:

| | | | | | |
|---|---|---|---|---|---|
| I | 158mal, davon | 21(12+9)mal m. *Abl.* für *Acc.* | 36(12+24)mal m. *Acc.* für *Abl.* | | |
| II | 65mal, davon | 15 | mal m. *Abl.* für *Acc.* | 5 | mal m. *Acc.* für *Abl.* |
| III | 69mal, davon | 11 | mal m. *Abl.* für *Acc.* | 8 | mal m. *Acc.* für *Abl.* |
| IVc | 54mal, davon | 18 | mal m. *Abl.* für *Acc.* | 6 | mal m. *Acc.* für *Abl.* |

Bei *in* ist den Chronisten noch bekannt, daß bald der Abl., bald der Acc. zu stehen hat, an welcher Stelle jedoch, ist ihnen unklar.

Bei *ad* ist besonders häufig: ad propriis sedibus II 105 23. III 140 9. 141 20. 152 27. 154 5. 155 11. 158 7. 160 18.

*ante*: ante Chun*is* III 144 22; ante pauc*is* di*ebus* III 163 17.

*apud*: apud Avern*is* II 94 15; apud Catalaun*is* I 65 1.

*adversus*: adversus *eo*dem III 163 12; — versum christian*is* I 66 1.

*contra*: contra Chun*is* I 73 16; contra Goth*is* I 73 19. 20; c. Suaev*is* I 75 23; c. Wandal*is* I 87 4; c. reg*ibus* III 163 6. — contra Samon*em* et Winid*is* III 155 2 vermengt beide Konstruktionen.

*inter*: inter omin*ebus* (= hominibus) I 38 12; i. *his* biste*is* I 81 21; inter ips*is* II 108 4; i. fili*is* II 90 18; i. univers*is* leud*ibus* III 149 22; i. praedict*is* fili*is* su*is* IVc 192 30; — i. *his* du*os* reg*is* I 138 8.

*pro*: pro du*as* fili*as* I 44 20; pro salut*em* ... et utilitat*em* IVc 186 29.

*super*: super Wandal*is* I 88 6; super Langobard*is* II 119 11; super *rebus* III 151 1.

## Kapitel II: Verwendung der Präpositionen[15]

### ad

§ 103. Wie bei Gregor (s. B., 582) häufig gebraucht zur Bezeichnung der Nähe, des Ortes, an welchem eine Handlung vor sich geht. Vgl. Diez, R. G. III, 157. ad = apud schon kl.-lat., s. Schmalz, ›Lat. Gr.‹ (in Müllers Handbuch II) S. 441.

*ad* cuius sepulcrum I 133$_{3}$ u. ö. *ad* ostium cubiculi III 146$_{25}$; *ad* latere montes Caucasi III 153$_{12}$. — *ad* dorsum obidiens I 81$_{14}$ u. a. ad im Sinne der Bewegung und der Nähe, wobei es zum Ausdruck des Zweckes werden kann, s. Diez, R. G. III, 158:

*ad* minsam nec *ad* prandium discumbere noluit III 160$_{26}$; resedisset *ad* prandium III 160$_{28}$.

*ad* für den klass.-lat. Dativ des Zweckes, s. Diez, a. a. O.:

ut ei cervus esset *ad* prandium I 81$_{20}$; aureum . . . *ad* signa dirigo II 95$_{19}$; *ad* coniugium traderit II 100$_{15}$ u. ö.

*ad* für den einfachen Dativ:

dedit *ad* tenentis I 86$_{4}$; sacramenta *ad* eum donant IVc 190$_{20}$; *ad* Sisenando regi . . . tradetus III 158$_{9}$; se *ad* regnum tradedit III 155$_{14}$; *ad* Chlotharium terga vertit III 146$_{20}$. — Besonders häufig *ad parte*: *ad parte* Sigyberti restituit II 111$_{20}$; *ad parte* Theudeberti I 138$_{12}$; *ad parte* Francorum III 143$_{9.23}$; *ad parte* Langobardorum III 144$_{7}$. 155$_{31}$ u. a. — Das Eintreten von ad für den Dat., sowie die Umschreibung mit ad parte sind seltener auch bei Gregor vorhanden, s. B., 586.

*ad* zum Ausdruck der Bewegung:

*ad* eodem expetissem II 97$_{8}$; *ad* Dagoberto expetint III 157$_{8}$; *ad* Dagobertum expetit III 157$_{20}$. Wie bei Gregor; nach Bonnet, S. 586 in Analogie zu ire *ad*.

*ad* zur Bezeichnung der Richtung:

*ad* regnum . . . aspecserant III 155$_{14}$; quod aspexerat *ad* regnum III 147$_{10}$; *ad* regnum . . . aspecerit III 159$_{10}$; *ad* regnum . . . aspecere III 159$_{12}$ u. ö.

[15] Die dem kl.-lat. Gebrauch entsprechenden Verwendungen der Präpositionen wurden beiseite gelassen.

Nach Bonnet, S. 586, analogisch zu pertinere *ad*, mit dem es sich begrifflich bei Gregor decke. Die Begriffsgleichheit gilt auch für unsere Chronisten.

§ 104. *ad* zur Bezeichnung der Person, an die sich die Rede, Forderung usw. richtet. Für Gregor s. B., 583: frz. *à*:

dicens *ad* Justinianum I 86 5; dixitque *ad* eum II 96 16. 27. 97 19. 99 31; dixit *ad* seniores II 100 18; dicit *ad* eum II 97 10. 13; dicens *ad* Eiegio II 95 25. 96 4; dicens *ad* Francos II 96 8; dicentes *ad* Godino III 147 27; dixit *ad* regem III 145 30; *ad* Charoaldo dixit III 146 4. — nuncians *ad* eum I 81 15; *ad* exercitum nuncians I 132 2 u. ö. — *ad* senatum loquer I 81 14. — ait . . . *ad* Bellesarium I 85 23; *ad* Gundebergam . . . ait III 145 26; ait *ad* patricium III 152 21. — iobet *ad* omnes eclesias II 106 17; iussit *ad* omnes sinatricis II 94 20; *ad* Burgundefaronis iobet III 148 19. — medicos *ad* Gunthramno acusans II 115 29, vgl. ne accuses servum *ad* dominum suum der Vulgata, s. Schmalz, ›Lat. Gr.‹, 441. — tributa *ad* Romanos requirebant IVc 183 17. — gratiam *ad* . . . Johannem expetit I 126. 1.

*ad* mit dem Partizipium auf -dus steht oft für Finalsatz oder causa mit Gen. In derselben Verwendung bei Gregor, s. B., 584:

periculum *ad* degradandum haberit I 74 15; *ad* fidem . . . baptizandum preciperit III 153 9; *ad* ventrem purgandum I 134 5; *ad* resistendum direxit III 153 15; nisi *ad* perficiendum festinent II 100 1. — diligeret *ad* manducandum I 81 25.

Konstruktionen wie *ad* petitionem obtimatibus (für optimatum) IVc 185 22; *ad* plenitudinem I 124 6. 126 18. 127 8, die sich bei unsern Chronisten öfters vorfinden, reichen noch in die nachklassische Zeit zurück, s. die Literatur bei Bonnet, 585, Anm. 6.

Anderweitige Verwendungen von *ad*:

recipebamus *ad* regem (als König) II 97 11. — *ad* privato habeto vivere fecit III 156 14; *ad* mercedem fuisset III 151 7; peram *ad* dorso ferens II 99 23 (frz. à).

*ad* = *ab*: degradaret *ad* regnum III 157 22 *ad* Theudoeno . . . interfectus est IVc 183 3; cogitatio *ad* Deum recessisset III 151 6, wohl ein Zeichen, daß *d* im unbetonten Auslaut vor Konsonant nicht mehr gesprochen wurde, obwohl *ad* *i*pso leone capitur I 81 4 widerspricht. Vgl. § 41.

*ad* für *in*: *ad* suam . . . venire presenciam II $100_{21}$ u. ö.; *ad* conspectum pervenit III $154_{24}$ u. ö.

apud

§ 105. apud für die Bewegung nach einem Ort: *apud* Helladam transmigraverunt I $21_{11}$. Derselbe Gebrauch bei Gregor, s. B., 574, 575, 576, 586.

Daneben findet sich hier mehrfach *apud* für *cum*, das bei Gregor nur in Andeutungen erkennbar ist (Arch. f. l. Lex. II, 25), die Bonnet S. 603 bezweifelt. Zahlreich auch in den merovingischen Formeln, und vermutlich auch in den Heiligenleben, wo wenigstens Vita S. Genovevae 45 Krusch es verkorrigiert, und Kohler, Rev. hist. 67, 288 zur Inkriminierung der Hs. benützt. Das Auftreten in Fredegar I, also ca. 613, spricht für Vorhandensein zur Zeit Gregors. Franz. *od.*

*apud* = *cum* von der Begleitung: *apud* quem Ravennam . . . adgrediebat II $111_{2}$; *apud* eum ibidem venerant IVc $189_{2}$.

*apud* = *cum* beim Kampf: Ghildemeris regnum suscepit, *apud* quem Bellesarius patricius fortissime demigavit I $85_{10}$; *apud* Odoagrum rege . . . prilium concitasset I $79_{15}$; *apud* eam demicavit (Hier. adversus) I $65_{4}$; *apud* . . . Chunorum pugnatores . . . pugnaverat I $74_{11}$; Buccelenus in Aetalia *aput* Bellesarium et Narsidem . . . fortiter demigans II $106_{29}$.

per

§ 106. In lokalem Sinne wird per romanisch wie im Lat. verwendet, nur daß lat. der Gebrauch von per beschränkter ist bei der Frage Wo? S. Diez, R. G. III, 176; Schmalz, ›Lat. Gr.‹, 448.

per räumlich bei den Chronisten sehr üblich, ebenso bei Gregor, s. B., 586; sacramentis *per* loca sanctorum firmans III $156_{7}$; *per* totam civitatem et . . . *per* loca sanctorum ad oracionem adgreditur III $156_{27}$; se . . . *per* rupis . . . moncium conlocantes III $160_{9}$ u. a.

Bei *per* zur Bezeichnung des Mittels liegt nach Bonnet, S. 586, nahe, es mit dem Abl. zu verbinden. Bei Gregor ist dies jedoch nicht oft der Fall, während es bei unsern Chronisten häufig eintritt, s. Tabelle § 102. Von Einfluß darauf war noch, daß bei ihnen per und prae lautlich zusammengefallen waren, vgl. *pre*vagans IVc 185 13 für *per*vagans. Auch wird prae schon bei Gregor in einer der Verwendung von per genau entsprechenden Weise gebraucht zur Bezeichnung der Ursache; ebenso bei unseren Chronisten, s. § 117.

per mit Acc. ist spätlat. mit dem Ablativ synonym; per bei Personen instrumental verwendet, vereinzelt schon hochlat. anzutreffen, s. Schmalz, L. G., 448.

*per* mit Acc. für Abl. instr.:

a) bei Personen: *per* legatus dispicirit I 134 10; *per* legatus bei sämtlichen Chronisten häufig; *per* ipsam ... eum sublimavant III 156 6; *per* quem ... regnum adsumserat III 156 24 u. a.

b) *per* stulticiam destruere III 152 3; *per* rebellionis audatiam III 142 20; *per* vim III 158 10; *per* consilio IVc 191 13; *per* divino iudicio IVc 191 27 u. a.

*per* ist für den Abl. überhaupt gebräuchlich. S. Diez, R. G. III, 177. Für Gregor s. Bonnet, 586.

*per* ipsa timore II 118 9; *per* preceptionem III 158 23; *per* superbia III 165 26; *per* negliencia III 160 16; *per* subplicationem ... subplicans IVc 185 18; *per* iudicio Francorum emendaret IVc 185 20. 22 u. a.

*per* für Ausdehnung in der Zeit, s. Diez, R. G. III, 176:

*per* triduo ... tormentis adfectam III 142 2; *per* unumquemque diem III 162 14; *per* nocte ... perrexit III 142 31; lumen *per* noctem ... apparuit I 129 12 u. a.

Andere Verwendungen von *per*:

Für *ab* (auch bei Gregor, s. B., 586): *per* ipsum ... eripiebamur II 96 11. — frz. d'après: Francio ... *per* quem Franci vocantur I 46 6; *per* Francionem ... vocati sunt Franci II 93 11.

In der Redensart: *per* pede ad petram (von Kopf zu Fuß) III 140 1.

Für *quare*: *per* quod credendum est I 133 4; *per* quod cernens III 153 5. —

Für *cum*: Chrotharius *per* concubinas baccatur (= bacchatur) adsiduae III 156 15.

infra

§ 107. infra = intra: *infra* murus ... recipere III 155 26.

inter

*inter* = a: cumque castra nec procul *inter* se ... posuissit III 153 26.

*inter* = ex: *inter* his bisteis missa est vulpis I 81 21; *inter* patriciatum gradum et nimiae facultates aelacionem superbiae esset deditus III 166 13. S. Krusch, Index.

deinter

exiens *deinter* citiris III 167 15; *deinter* moncium rupes aegressi III 160 6.

Wir haben hier die erste Spur der Komposita von de mit reiner Präposition (vgl. frz. dans, devers, dedans etc.), die bei Gregor noch nicht anzutreffen sind.

iuxta

Zeitlich: de Macedonum regis *iuxta* Alexandrinus I 18 32. 32 13. Bei Tacitus iuxta zur Bezeichnung der Annäherung an eine Zeit, s. Schmalz, Lat. Gr., 443.

Örtlich zur Angabe der Richtung: *iuxta* Aegyptum I 25 13 = bis nach Ägypten.

post

post = per: regnum ... *post* sedecem annis tenuit III 142 10; *post* permissum Gunthramni ... ducem ... sublimant in regnum III 143 20.

post quod = postquam: anno, *post quod* ... acciperat I 127 4; *post* anno tercio, *quod* regnare coepisset III 149 14. S. Krusch, Index.

super

§ 108. super adverbial = supra ist lautlicher Vorgang, s. § 22: *super*dictus storiographus II 92 25; ut *super* legetur I 133 11; *super* memorato Denteleno docato I 139 2; sicut *super* scriptum legitur III 143 11; ut *super* memini III 149 18; sicut *super* meminemus III 151 5; *super* memoravimus I 50 19.

Umgekehrt supra = super: *supra* Protagium inruunt I 131 30; *supra* aequum (= equum) levate II 100 19.

Über den weit zurückreichenden Gebrauch von super in romanischer Weise s. Diez, R. G. III, 186. Derselbe ist bei Gregor nach den verschiedenen Seiten hin schon sehr kräftig entwickelt (s. B., 621) und ebenso bei unsern Chronisten reichlich in vollkommen rom. Weise.

super = frz. sur: Moconcia *super* Renum fluvio I 63 28; *super* Legere fluvio I 73 22; *super* Urbecum fluvium I 75 24; *super* litore maris I 87 19; *super* Mentia flumene II 94 14; *super* litore Danuvii II 93 10; *super* Secona fluvio III 161 9; *super* Bordine fluvio IV a 176 14; *super* fluvium Byrra IV 178 7; *super* Isra fluvium IV b 178 24. 179 17; *super* fluvium Danuvii IV b 180 12; *super* fluvium Legeris IV c 188 27.

Bei sedere: sedens *super* aequum II 83 9; *super* aequum sedens III 165 13; sederunt *super* ripam fluminis IV b 180 18.

Bei inruere: inruit *super* Avaris I 80 19; *super* Theudericum inruerint I 132 30; *super* Theudebertum inruens I 128 2; inruentes *super* eum I 132 3; inruunt *super* Chilpericum II 112 14; *super* eum inruere II 112 13; *super* ipsum inruunt III 148 1; *super* Tasonem inruunt III 155 28; *super* ipsum inruere III 148 18. 165 8; *super* Willebadum inruere III 167 12. 24; *super* exercitum inruens III 165 9; *super* eosque inruit IV a 175 17; *super* muros . . . inruunt IV b 177 21.

ire: *super* Chilpericum velle ire II 112 13; *super* Gunthramno ire II 112 11.

venire: *super* eos venit IV c 184 9; *super* rege veniens 189 29; venientes *super* fluvium IV b 180 17.

insiluere: *super* eos insiluunt IV b 178 11.

levare: levata . . . *super* aequum II 100 21. — *supra* aequum levate II 100 19, s. o. supra für super.

solidare: *super* tabulam soledatur III 140 23.

Frz. venger sur entsprechend: fororem indignationis tuae *super* Eiegio ulciscor II 96$_{28}$; cupiens *super* Saracinus vindictam III 153$_{19}$.

usque

§ 109. usque ohne Begleitung von ad als Präposition sehr häufig. S. Krusch. Index. Ebenso bei Gregor, s. B., 593.

1. Zeitlich: ab Adam *usque* Noe, a Noae *usque* Abraham ... et inperatori Romanorum *usque* Aeraglium I 19$_{2}$; ab Adam *usque* Aeraglio I 42$_{2}$; ab Adam *usque* Christi praedecationem I 43$_{17}$; *usque* decedentem regnum Gunthramni I 123$_{7}$; ab Adam *usque* transitum Sigyberti II 91$_{3}$. — *usque* die ovetus (= obitus) I 79$_{8}$; *usque* diem obetus III 156$_{29}$; *usque* hodiernum diem I 75$_{2}$. 85$_{33}$; *usque* media diae I 127$_{12}$; *usque* tempore ubertatis II 98$_{14}$. — *usque* nunc I 74$_{6.12}$; *usque* tunc I 40$_{11}$.

2. Örtlich: *usque* Alpis I 82$_{2}$; *usque* Paereneos montes I 133$_{16}$; *usque* Toringia I 74$_{18}$; *usque* Colonia I 139$_{26}$; *usque* adgrederit Agustedunum III 166$_{33}$; *usque* Cesaragustam III 158$_{4}$; villa Conpendio *usque* perveniunt III 164$_{10}$; *usque* Ararem III 141$_{17}$; *usque* Ocianum mare I 128$_{23.25}$. 130$_{11}$. II 83$_{2}$. 102$_{30}$; a Media *usque* vesperum I 21$_{13}$.

3. usque ad, usque = a: *usque ad* fundamento distruens III 157$_{2}$; *usque* fundamentum destruxit 133$_{12}$.

contra

§ 110. Zur Bezeichnung der Richtung. Örtlich, seit Cäsar namentlich bei den Historikern üblich (s. Schmalz, S. 144): *contra* mare Rubrum iuxta Aegyptum I 25$_{13}$.

Umschreibung für den Dativ: *contra* Remistagnum insidias parat IVc 191$_{16}$; *contra* Pippino rege ... insidias parat IVc 187$_{1}$. 188$_{1}$. 191$_{16}$. — fidem suam, quod *contra* rege ... promiserat IVc 185$_{1}$; sacramenta, quod *contra* praefato rege ... dederat IVc 185$_{19}$; sacramento *contra* Gunthramnum dederunt II 112$_{8}$. — Ähnlich adversus: promissionis suae *adversus* Tiberium II 115$_{9}$. Vgl. Diez,

R. G. III, 184 das Beispiel aus Terenz: *adversus* aliquem loqui = „mit einem reden" in friedlichem Sinne.

Bei Gregor ist dieser Gebrauch von contra nicht belegt.

*contra* = *inter*: *contra* se de imperio demicantes I 54$_{28}$.

*contra* = *super*: de victuria *contra* Clotharium II 119$_{26}$.

## ab

§ 111. ab wird von Gregor bei weitem häufiger verwendet als de, s. B., 594. Die Fredegarchronisten gebrauchen zwar vielfach ab, jedoch scheint de von ihnen entschieden bevorzugt zu werden.

*ab* für *ex* ist bei Gregor sehr üblich (B., 595), während dies bei unsern Chronisten weniger der Fall ist; sie verwenden hier gewöhnlich *de* (s. § 114).

*a* somno expertus I 85$_{20}$. IV b 180$_{6}$; electum *a* se regi I 46$_{6.23}$. II 94$_{6}$; *ab* Africa Wandalus expugnare I 86$_{23}$; *a* regno expulsus I 138$_{2}$. III 163$_{6}$; *ab* Spanias . . . expulit II 106$_{24}$ u. a.

*ab* für den Genitiv (Beispiele für Gen. part. bei Gregor, s. B., 596):

caesi sunt *a* Saxonibus 20 milia II 113$_{23}$; nihil *ab* his spoliis III 153$_{19}$; — ut *a* cunctis gentibus . . . laudem haberit III 150$_{12}$; Aega . . . *a* citeris Neptrasiis consilio Dagoberti . . . adsiduos III 151$_{20}$; telam priliae . . . *a* suis . . . relinquens III 152$_{17}$; estrages *a* Saxonibus de Francis II 107$_{9}$; tantae estrages *ab* uterque exercitus facta I 139$_{22}$.

*ab* beim Komparativ nur in zwei Fällen:

aedificium meliorem *a* praecessorebus I 84$_{4}$; nihil se menorem *a* Brunechilde esse I 134$_{10}$ (Beispiele bei Gregor, s. B., 597).

Häufiger, jedoch nicht in dem Umfange wie bei Gregor (B., 598), ist die Verwendung von *ab* zur Bezeichnung des Grundes, der Ursache. Seit Livius kennt hier das lat. die Verwendung von ab, s. Schmalz, ›Lat. Gr.‹, 449.

Für ob: in suspicione *ab* egregias (Hier. ob) I 67$_{13}$; *ab* impietatem fulmenatus I 48$_{25}$; *ab* dolore . . . aeco (= equo) laberetur I 69$_{6}$. — *ab* infirmitate besenteriae II 116$_{12}$; *a* Brunechildis consilium II 109$_{15}$.

§ 112. *ab* in Verbindung mit dem Passiv wird gerne verwendet: effectus est christianus *ab* Helena I 66 12; strages *ab* ipso facti sunt II 97 3; *ab* ipsa increpabatur I 134 11; *a* Chlothario promittitur III 147 19; *a* pontificebus ... pater paceficatur cum filio III 147 9; *a* sanctum Remedium ... adnunciaretur II 101 28; *ab* ipsis admonetus III 150 18; *ab* ipsa susceptus III 156 22; *ab* his hostibus populata IV a 175 10; *a* priorem Chlotharium fuerat dominatum III 142 9; sacramentum *a* Chlotharium acceptum III 142 6 u. a.

*ab* mit dem Particip auf -dus:

*a* cunctis esset mirandum III 149 20. Ähnliche Beispiele bei Gregor, s. B., 598.

Bei den Verben des Entbehrens etc.:

*a* rebus nudaverunt III 167 35; expoliatam *a* thensauris I 132 26.

*ab* in der Bedeutung „mit“, wofür Bonnet (S. 600) bei Gregor eine Reihe von Beispielen anführt, ist bei unsern Chronisten nur selten anzutreffen: cum loqueretur ... *ab* Alaricum regem II 82 19; *ab* ... promissionebus preventus III 166 33. — Vielleicht auch patriam *ab* exercito ... repleta III 160 6.

Wie wir oben gesehen haben, ist auch apud für cum hier selten. Die Frage, ob *ab* in jenem Sinn afr. fortlebte, kann vom Fredegar aus nicht entschieden werden. „Aufzuwerfen aber ist sie, mit Rücksicht auf den historischen Befund sowohl, wie auf den Lautbestand der bisher ausschließlich auf apud zurückgeführten franz. Präpositionen.“

## absque

*absque* = *sine*: *absque* ullo prilii (= proelio) II 103 7; *absque* ulla laesionem III 160 15; *absque* belli discrimini ... adquivisit IVb 180 27.

Wechselt auch bei Gregor mit sine, s. Bonnet, S. 602.

## cum

§ 113. Zu bemerken ist eine ausgedehntere Verwendung von cum für den Abl. instr. (wie bei Gregor, s. B., 603) und für den Abl. überhaupt. S. Diez, R. G. III, 175.

*cum* consilio senatu I 86 23; *cum* iustitia . . . emendare III 154 22; fidem *cum* sacramentis firmaverant III 156 3; *cum* consilium cytiris III 157 20; *cum* solatio Mummolo (für Mummoli) I 124 15; *cum* virtute exercitus IV b 181 1; *cum* contho . . . percuciens III 167 18; *cum* exercito auxiliaretur III 157 21; *cum* exercito interficeret III 147 16.

Begleitender Umstand (s. Diez, a. a. O., S. 174):

*cum* lacrimis et orationibus I 129 14; *cum* summa felicitate I 84 34; *cum* integra delectione II 83 5; venientes *cum* caeleritate II 100 16; *cum* simplecetate ditatus III 163 27; *cum* dulcedene adtragentes III 164 5; omnes *cum* iustitia recepta . . . remearint III 150 1; *cum* pace remeavit IV a 176 1; *cum* consecratione episcoporum . . . celebravit IV b 182 12; *cum* solito timore IV c 182 24; *cum* ingenti cura . . . recipere IV c 183 19; *cum* magno honore IV c 184 30. 192 7. 193 4 u. a.

*cum* = *apud* (Beispiele bei Gregor, s. B., 604 f.); bei den Chronisten nicht gerade in zahlreichen Belegen vorhanden. S. Diez, R. G. III, 174.

ab ipso abbati *cum* domno Chlothario excusatur III 143 1; viginti et duobus annis *cum* Gothis regnavit I 82 1; *cum* Iustinianum eum faciunt odiosum I 88 5; *cum* Dagobertum facere odiosum III 151 16; *cum* omnibus . . . primatibus odium incurrerit III 157 20. — Bei *cum* Childerico . . . vitam ducere I 86 23 ist cum = apud gedacht, cum in seiner gewöhnlichen Bedeutung jedoch ganz wohl möglich. Ebenso: *cum* sacerdotibus utique sacerdus . . . se ostendebat et *cum* leudis erat aptissimus I 124 5.

*cum* = *ad*: quod fratri . . . ad transagendum ad instar privato habeto *cum* vivendum nuscetur concessisse III 149 9.

## de

§ 114. de wird von den Chronisten sehr häufig und in romanischer Weise verwendet. Es steht, wie bei Gregor, s. B., 607, entsprechend dem Rom., oft für ex; vgl. Diez, R. G. III, 162.

filium habere *de* aliqua; liberare *de* aliqua re; eicere *de* aliqua re; egredi *de* aliqua re sind bei Gregor und den Fredegarchronisten durchaus üblich. — *de* sancto lavacro excipere I 124 22. III 141 26.

151 19; *de* sancto lavacro suscepit I 126 3. 19. 132 28; *de* fontes excipit III 141 19; *de* pugno extrahens II 83 17; *de* lopanar electas I 85 15; *de* Pannonias expulsi III 157 8; *de* his adflictionibus eripiebamur II 96 11; *de* hoc aevasit pericolum III 166 21; exientes *de* Scathanavia II 110 12 u. a.

Bei Gregor steht de seltener für ab, während dieser Gebrauch bei den Chronisten häufig ist:

utiletas *de* Chunis facta III 145 1; nummerum captivorum *de* Sclavos ... duxerunt III 155 7; *de* regno patris repetire III 149 13; *de* insidias Protadiae removerint I 132 1; se *de* regno ... removerit III 140 15; *de* solatio fecit adesse (für abesse) III 141 2; *de* imperio auferens III 157 1; *de* manu ... abstulerat IVc 190 9 u. a.

§ 115. Frz. de entsprechend: de für Genitiv:

civitates *de* regno Theuderici I 130 17; tantam *de* ipso reverentiam I 132 31; cum citeris *de* ipso pago I 138 16; inicium vindicte *de* genitoribus et fratribus II 101 4; filo (= filum) filabo, *de* quem ... ad caput venire II 110 25; in utrasque partis *de* Burgundia II 101 2; comestaboli *de* pago Ultraiurano III 141 22; liberare potebas *de* blasphemeo causam III 146 5; unam ex puellis *de* menisterio III 150 9; cum ... procerebus *de* regnum III 141 21.

Für den Gen. part. (Beispiele bei Gregor, s. B., 610 ff.). Schon frühe konkurriert *de* mit dem Gen. part., auch in klassischer Zeit, s. Schmalz, 449. multus ... *de* Austrasius III 141 12; pluris ... *de* exercito III 155 10; *de* pueris 8 milia I 87 10; scaram *de* electis viris III 158 16; *de* primatis ... ducentis fuisse interfectis; *de* mediogrebus quingentis III 163 8; terciam partem, *de* quod adquisiverat III 164 12; plurimi *de* suis III 167 13 u. a.:

Zur Bezeichnung der Herkunft, Zugehörigkeit etc.:

exercitus *de* Burgundia ... adgredederetur III 141 9; proceres regni sui tam *de* Auster quam *de* Burgundia III 148 12; leudis *de* regnum Burgundiae III 148 26; esset regio genere *de* Burgundionibus III 142 28; viris fortis *de* Neuster III 158 16; quidam ex procerebus *de* gente nobile III 146 15 u. a.

Andere Verwendungen von de: *de* rebus suis expoliatus I 127 8. 132 13. — promovere *de* III (passim)). — placeta ... *de* hys ... intencionebus III 154 26. — *de* his et alies optata ... perficiam III 162 18. — credo *de* omnipotentis Dei virtute I 87 2.

ex

§ 116. ex ist bei den Chronisten im Gegensatz zu Gregor (s. B., 614) sehr gebräuchlich. Das häufige Auftreten für de zeigt, daß in der Schule bis zu einem gewissen Grade gegen den Gebrauch von de angekämpft wird. Dieses Vordringen von ex in der Schule deutet darauf hin, daß ex bereits verschwunden war, während das Verhalten Gregors darauf hinweist, daß es bei ihm, wenn auch sehr geschwächt, noch vorhanden war.

Am bedeutendsten ist die vielfache Verwendung von ex für den Gen. part.:

parva *ex* ipsis manus I 46 10. 26; una *ex* eis pars I 46 22; quidam *ex* senatoribus I 79 7; duodecim *ex* his (eis) I 87 35. III 145 13; 40 tantum *ex* illis II 111 25; cui *ex* nobis I 87 37; cuiusquam *ex* his I 85 14; unum *ex* his II 82 21; duo milia *ex* militibus III 154 2; *ex* eis plurimus II 96 5; unum *ex* nutritis II 108 17; quendam *ex* Romanis II 99 21; unus *ex* filies III 141 7; unus *ex* ducebus III 145 18; multitudo *ex* eis III 145 1; quidam *ex* proceribus III 157 20; quidam *ex* suis III 152 19; multi *ex* eis IV b 181 17; *ex* quibus plurima multitudo IV b 181 21 u. a.

ex für ab: Esau, *ex* quo gens (Hier. a) I 44 17; respiciens *ex* alia parte I 80 36; virtutes *ex* ipsa die, quo repertum est . . . ostenduntur I 129 18; *ex* hoc nihil velle concedere III 147 5.

ex zur Bezeichnung des Stoffes, rom. *de*, s. Diez, R. G. III, 164; *ex* auro facto muliebri II 110 23; *ex* ligno fuisset I 127 3.

Ferner begegnet ex in folgenden Verwendungen:

*ex* secretum ei obvians I 80 23 für Adverb secreto. — castra uterque *ex* adverso ponentes I 128 1. — *ex* veretate cogneta III 162 19 = „der Wahrheit gemäß". — non posso *ex* eis facere disciplinam II 109 5 = „unter ihnen".

*ex* steht fehlerhaft: Romae *ex* imperatores facti I 67 9; *ex* parte tributare esse praecepit IV b 177 7; maxima *ex* parte IV b 177 6.

prae

§ 117. *pre* timore III 155 26. Dieselbe Verwendung bei Gregor, s. B., 615.

pro

1. *pro* = frz. *pour*: *pro* pacem ... coniungerint I 134 13; *pro* inicium receptionis II 97 1; *pro* eius vita ... depraecabat III 147 19; *pro* utilitate regia et salute patriae coniuncxissent III 148 12; *pro* salutem patriae et utilitatem Francorum IVc 186 29. 192 19; *pro* eius facinora Domini misericordia deprecare IVc 192 24. Derselbe Gebrauch bei Gregor, s. B., 615.

2. *pro* = frz. *par*: *pro* simplicitate III 149 2.

in

§ 118. *in* hat, wie bei Gregor (s. B., 616), nur wenig neue Verwendungen gefunden. Selbst der dort als vielleicht ausgedehnteste angeführte Gebrauch des Abl. mit *in* für den Abl. instr. ist bei unsern Chronisten nur schwach vertreten.

iocundemur *in* fabolis I 81 17; iocundus *in* fabolis I 132 8; facultatem ... *in* alimuniis ... distribuit I 128 9.

Dagegen ist der Abl. mit *in* sehr gebräuchlich bei Zeitangaben (auch bei Gregor vorhanden, s. B., 620). Über rom. *in* zur Bezeichnung des Zeitraums s. Diez, R. G., III, 170.

*in* illo tempore (passim); *in* tempore (Salomonis etc.) I 48 1. 133 9 u. ö.; *in* diebus Phyliphy I 46 2; *in* illis ... diebus IVb 175 26; *in* postremum (-o) (passim); *in* crastinum (-o) (passim); anno *in* quo III 162 17.

*in* weist auf das Äußere, s. Diez, a. a. O.: bracile ... *in* collum tenens II 109 11, frz. *au cou*.

*in* bezeichnet den Zweck, s. Diez, a. a. O.: exercitum *in* ausilium Sisenandi III 158 1.

Art und Weise, s. Diez, a. a. O.: iustitias ... *in* placito instituto facere IVc 186 22. — *in* integritate deberit aspecere III 159 13, frz.

*en intégrité.* — *in* terram adoraverunt I 126 8; *in* terra prostravit IVc 189 16, frz. *à terre.* — *in* matrimonium (conjugium) accipere (passim), frz. *en mariage.*

*in* als Ortsbezeichnung für apud, ad: prophetabant *in* Aebreis I 48 14; exercendum negucium *in* Sclavos III 144 15; aemandum ... *in* Esclavos veniebant III 144 23.

*in* für *ex*: filii ... quos *in* uxores ... generaverant III 144 25. *in* ist hier mittellat. üblich, s. Diez, a. a. O., 173.

### sub

§ 119. 1. Bei Zeitangaben. Seit Cäsar, s. Schmalz, S. 452. *sub* tenera aetate III 161 21. 162 4. 21; *sub* cuius tempore I 43 8.

2. Zu *sub dolo factum* bei Gregor bemerkt Bonnet, S. 621: il y a peut-être une sorte de fausse étymologie de „subdole". Es wird jedoch eher eine feststehende Redensart anzunehmen sein, da sich bei unsern Chronisten *sub* dolo et fraude IVb 177 12 findet, neben placitum *sub* caeleritate instituant II 99 34; *sub* celeretate ad se venire praecipit III 161 11.

3. *sub* custodia tenebatur II 112 26; *sub* ea retrusione tenetur III 156 15. Hier wäre klass.-lat. *sub* denkbar, doch ist *in* das üblichere.

## Kap. III: Pronomen

§ 120. Der bei den Chronisten fast durchweg eintretende Ersatz von *eius* durch *suus* ist romanische Erscheinung, s. Diez, R. G. III, 72; Meyer, ›Grdr. d. rom. Phil.‹ I, 376.

Im Plural hat das Romanische illorum für suus, s. Diez, a. a. O. Unsere Chronisten verwenden hier bemerkenswerterweise *eorum*, ein Zeichen, daß ihnen illorum geläufig war.

Francos in *eorum* habentes auxilium I 64 18, ille (= illi) mulieris (= mulieres) *eorum* praecipiunt II 110 16; *eorum* studio ... spondent III 158 18; leudis ... manus *eorum* ponentes III 159 9; cernentes regem *eorum* interfectum IV b 178 8; Saxones *eorum* fidem, quod ... promiserant IVc 182 19; per legatus *eorum* ... promittunt

IVc 186 9; comis (= comes) cum pares *eorum* reverterent IVc 188 16.

Umgekehrt *suo* für *eorum*: egressi cum rege *suo* IVb 175 13. — Ferner *se* für *ei*: Christo et servientibus *se* (Id. ei) I 69 20. — *se* für *eis*: electum a *se* rege I 46 6. 23. II 94 26.

§ 121. Bei den andern Pronominibus sind, mit Ausnahme von ipse, nur geringe Veränderungen in ihrer Verwendung zu bemerken. Sie treten gelegentlich eines an des andern Stelle auf.

*hic* für *is, qui*: imperium *huius*, qui III 152 15; filius *huius* I 31 25; Achinas, *huius* filius I 31 17.

*qui* für *is*: in *cuius* tempore I 48 20.

*is* für *idem*: perit in *ea* villa, qua pater suus I 61 12.

*idem* für *is*: *eodem* tempore I 44 10; *eodem* iobente I 66 5; de *eodem* prilio II 94 1; pauci ex *eisdem* II 111 8; *eadem* (= eandem) instetucionem III 161 20; ad *eandem* urbem IVb 177 16.

§ 122. Am hervorstechendsten ist die Verwendung von *ipse*, das sein Gebiet auf Kosten der übrigen Pronomina beträchtlich vergrößert hat. Es tritt für idem, ille, se ein, besonders aber für is und hic, die es geradezu ersetzt. Fast jede Seite bietet Beispiele.

*ipse* für: *idem*: *ipso* anno I 125 8. 12. 19. II 98 6; *ipsi* rex moritur I 121 6; per *ipso* mendatio II 118 7 u. a.

*ille*: tunc in *ipso* tempore I 47 9; eo quod fortissimus *ipse* Francio . . . fuisse fertur I 46 7 u. a.

*se*: ut praevideret, ne forte . . . adversus *ipsum* insurgerint I 80 22; ducem super *ipsos* . . . instituunt I 129 5; Radulfus . . . fiduciam haberit, quod super *ipsum* . . . voluissent inruere III 165 8.

*is (hic)*: invitati ab *ipsis* fuerunt I 45 22; *ipse* fuit septemus I 48 19; parva ex *ipsis* manus I 46 11; et *ipsum* negat (= necat) I 57 11; ad *ipsum* venit II 96 30; per *ipsum* . . . concrematur II 107 22; prorumpentibus Langobardis ab *ipsis* interfecetur II 111 5; multa strages ab *ipsis* perpetrantur II 111 10; odium contra *ipsam* III 141 28; cum *ipsos* . . . perrexit III 144 28; ab *ipsis* fortiter admonetus III 150 18; *ipse* itaque princeps IVb 179 3; contra *ipsos* rebellionem excitat IVb 180 16; cum *ipso* pariter ceciderunt IVc 189 2; ad *ipsas* civitates custodiendum IVc 189 17 u. a.

*is* und *ipse* zur Bezeichnung derselben Person stehen häufig in demselben Satze nebeneinander: in *eum* amplectentes amorem, ut *ipsum* sibi adoptarent I 79 1; *eum* recipebamus; forsitam per *ipsum* ... eripiebamur II 96 11; *eam* ... sponsant ... petentes, ut *ipsam* ... traderit II 100 15; cum rex *eis* non placeat ab *ipsis* interficetur II 105 30 u. a.

§ 123. In einer außerordentlich großen Zahl von Beispielen nähert sich *ipse* dem Gebrauch als Artikel. Man kann zwar in den einzelnen Fällen im Zweifel sein, ob es nicht in etwas pleonastischer Weise für is, idem etc. stehe, die Gesamtheit aber deutet auf den Artikel hin. Es sollen nachstehend nur einige Beispiele gegeben werden, da sich Belege — mit Ausnahme der Exzerpte — auf jeder Seite finden.

eclesiam beati Marcelli, ubi *ipsi* praeciosus requiescit I 124 7; in pago ingressi sunt; *ipso*que pago predantes ... cum citeris de *ipso* pago comitebus ... pergunt I 138 16; multi ibidem de exercito Chilperici et *ipse* Pectavensis (= ipsi Pectavenses) sunt gladio trucidati II 111 21; dum pacem in *ipso* pago vehementer arripuisset sectari ... ab *ipsis* pagensibus ... interficetur III 142 18; si conspecto Chlothariae presentatur, *ipsum* regem vellet interficere III 147 23; *ipsum* Leudesium interfecit IV a 169 19; insidias contra *ipso* praedicto rege pararet IV c 183 5; *ipse* praedictus rex ... perrexit IV c 190 30; nam et *ipse* (= ipsi) superscripti comites ... interfecti sunt IV c 183 6; ad praesentia regis veniens, et multis muneribus tam *ipso* rege quam et Francis largitus est IV c 183 14 u. a.

Seltener nähert sich *ille* in seiner Verwendung dem Artikel: *ille* alius Theudericus I 78 2; iube *illum* hominem, qui ... nunciavit, armare III 146 5; sugessit, quod *illam* parentem Francorum, quam reginam habuerat III 156 23.

Eigentümlicherweise begegnet auch *ille* als Artikel dem Substantiv nachgesetzt, wie dies im Rumänischen stattfindet, s. Diez, R. G. III, 22. 39.

cervos *ille* non habet cor I 81 30; puer *ille* ... audiens I 81 32; homines *illos*, quos ... ad defendendam ipsam civitatem dimiserat IV c 187 30; ut Bulgarus *illus* ... interficerit nec quisquam ex *illis* remansit Bulgaris III 157 3.

Zu erwähnen wäre noch die Verwendung von *qui* und *hic* als korrespondierende Pronomina bei Chronist I:

*qui* autem eorum sunt litterati, *hii* sunt I 22 23; *qui* autem eorum noverunt litteras, *hii* sunt I 23$_{23}$; *quae* omnia *haec* congruunt, quae . . . accesserant I 58$_{11}$; *haec* sunt autem *quae* sunt factae I 23$_{20}$; *hic* est *quem* Alexander deposuit I 29$_{25}$.

## Kapitel IV: Verbum

### *I. Verschiebung der Tempora*

§ 124. Die bei unsern Chronisten in beträchtlichem Umfange vorhandenen Tempusverschiebungen lassen sich fast ausschließlich auf romanische Erscheinungen zurückführen, wie das Auftreten der periphrastischen Konjugation, von Perfekt für Präsens, Plusquamperfekt für Imperfekt, Präsens für Futur u. a. Die Vorgänge sind besonders seit dem 4. Jahrhundert zu beobachten, s. Foth, ›Die Verschiebung der lat. Tempora in den rom. Sprachen‹, Rom. Stud. II, 324.

§ 125. 1. Rom. periphrastische Konjugation. Die Umschreibung der mit sum, esse und dem Part. Perf. Pass. zusammengesetzten Zeiten durch fui, fuisse ist eine bei den Chronisten häufig zu bemerkende rom. Erscheinung, deren Anfänge weit zurückreichen, s. Foth, 324; Diez, R. G. III, 278. Der Ausgangspunkt ist nach Foth, 321, in der inchoativen Bedeutung von fuisse zu suchen.

40 feri milia Gallorum *fuerunt* a Romanis *cesa* I 53$_{24}$; regnum Iudaeorum tunc *fuit distructum* I 55$_{24}$; speciale convenencia . . . *fuit conventum*, ut . . . adsumerit I 125$_{17}$; cum exinde fuisset reversus, a Mummolo patricio *fuit susceptus* II 117$_{25}$; fugaciter ascendens, nec umquam postea *fuit reversus* III 141$_{19}$; transactis nupciis, diae tercio . . . gravis *horta fuit* intencio III 147$_{3}$. — quo ordine . . . tinsauri inter filius *devisi fuerant*, non obmittam III 163$_{29}$ (fueram für eram ist seltener). — cum Troia fraude Olexe caperetur, exinde *fuissent egressi* II 93$_{3}$; repotans ei, eo quod dece reges . . . per ipsam *interfecti fuissent* III 141$_{29}$; tanta ei *fuit* utiletas de Chunis *facta*, ut mirum fuisset et . . . multitudo . . . *trucidata fuisset* III 165$_{10}$; fertur facione Dagoberti *fuisset interfectus* III 154$_{14}$; nunciatum est regi, quod myssos suos . . . *reversus fuisset* IVc 191$_{23}$. — nuncius pervenit, uxores et liberos . . . *fuisse delitis* I 87$_{23}$; nuntiantem,

uxoris ... orationibus *fuisse salvatum* II 92 30; filius ... *natus fuisse* nunciatur I 125 7; credendum est, pro hoc malum gestum regnum ... *fuisse distructum* I 133 5; regina eum ... diligens, dixit, honeste staturae ... *fuisse formatum* III 145 26; cernens genitorem suum *fuisse defunctum* III 148 23; fertur, in eo prilio 150 000 militum ... *fuisse interfecta* III 153 17; fertur, ibique plurima milia homenum *fuisse ... trucidati* III 165 12; fertur, de primatis ... ducentis *fuisse interfectis* III 163 8 u. a. Über fuisse für esse s. Foth, 271 Anm., 312.

§ 126. 2. Plusquamperfekt Konjunktiv für Imperfekt Konjunktiv. Begegnet bei den Chronisten vielfach, wie überhaupt mittellateinisch, und erklärt sich dadurch, daß der rom. Imperf. Konj. aus dem lat. Plusquamperf. Konj. stammt, s. Diez III, 330; Foth, 245 ff.; 297; 334; Meyer, ›Grdr. I‹, 376. Die Erscheinung ist in unserm Texte fast nur auf die Worte *potuissem* (für possem) = afr. poüsse, *debuissem* (für deberem) = afr. deüsse und *fuissem* (für essem, alleinstehend) = afr. fusse beschränkt.

Gallia Cisalpina manebant, ut tributa ... *potuissent* rennuere I 68 19; quarebat senatus ... quo pacto eum perdere *potuessent* I 86 19; ut nullus reperiretur, qui gratum quem adriperat, *potuisset* adsumere I 131 22; consilium iniebat, quo pacto Theudebertum *potuisset* oppremere I 138 22; tantae stragies ... factae sunt, ut ... cum paucis ... *potuissent* evadere II 94 1; nitibatur, si *potuisset*, regnum adsumeret III 149 1; quod fratri ... vivendum *potuisset* sufficere, nuscetur concessisse III 149 9; vedens, quod eorum violenciae non *potuissit* resistere III 154 7; tractabat, quebus ingenies haec *potuissit* emplere III 155 23; hec cernens ... quod nullatenus evadere *potuisset*, pacem ... petens IVc 184 21; fixit tentoria, ita ut nullus ... evadere *potuisset* IVc 185 16; transmisit, ut custodias ... capere aut interficere eos *potuissent* IVc 188 15; circumsepsit urbem ... ita ut nullus egredi *ausus fuisset* aut ingredi *potuisset* IVc 187 28; sic convenerat, ut singulare certamen ... *debuissimus* conflige (= confligere) III 152 23; petentes, ut duodece milia ... quas dissolvebant, *debuissent* cassare III 144 3; se traderint; alioquin exercitus ... Brittanias *debuissint* inruere III 160 21; tantae prosperetatis post regnum tenuit, pacem ... habens, ut mirum *fuisset* I 82 8; tante lois (= tantae lues) ... factae sunt, ut ... mirum *fuisset* II 115 18; tanta stragis ... fiaetur, ut mirum *fuisset* III 165 10; cum ... fiduciam haberit, quod super ipsum nun *voluissent* ... inruere III 165 9; aqua caledissima ... aebullivit, ut multitudinem pissium (= piscium) *coxisset* I 128 8.

Umgekehrt steht Imperf. Konj. für Plusquamperf. Konj. nur ganz vereinzelt: devoverunt, ut nec pilum nec barbam inciderint, priusquam hanc iniuriam *ulciscerint* (für ulciscerentur) II 113 25.

§ 127. 3. Präsens für Perfekt. Bei den Chronisten in einigen wenigen Fällen anzutreffen; ist der rom. Sprache von Anfang an eigen, s. Diez III, 275.

cum iuncxissent, *dicit* ... mulier II 97 10; ille metuens ... vinctum legatis *tradit* (Greg. tradidit) II 98 24; exercitum promovere iobet, statuens ... capud ... Chadoindum ... qui temporibus Theuderici quondam regis ... *probatur* strenuos III 159/160; muros ... prostravit, quos postea ... rex ... reparare *iubet* et homines ... dimisit IVc 189 17.

Inf. Praes. für Inf. Perf.: cumque illa eum in aula *venire* cerniret (Col. venisse) I 135 6.

§ 128. 4. Präsens für Futur. Einige Male bei II anzutreffen, ist rom. Erscheinung, s. Diez III, 276. Über das Vorkommen dieser Verschiebung in der lat. Volkssprache, s. Dräger, ›Histor. Syntax der lat. Sprache‹, I 286. si tibi potuero Francos placare, istum aureum ... *dirigo* II 95 18; nisi preciperis ex eis plurimus iugulari, eorum superbia non *mitigas* II 96 5; iobe me ... ire ... ego fororem indignationis tuae super Eiegio *ulciscor* II 96 28; quia fecisti hanc rem, tibi et semine tuo panes non *indiget* in sempiternum (Greg. deerit) II 98 15.

§ 129. 5. Futurum exactum für Präsens:

si novam rem *volueris* facere ... destrue et ... interfice I 84 3; Gotorum gens inpaciens est, quando super se fortem iogum non *habuerit* III 162 22. — Die Beispiele entsprechen dem Romanischen, welches Fut. exact. für Praes. nur im abhängigen Satze kennt, s. Foth, 282, 297, 299.

§ 130. 6. Nichtromanische Tempusverschiebungen.

Perfekt für Plusquamperfekt: oportuit ... in his diebus ... eos interfici, qui Salvatorem *crucifixerunt* (Hier. crucifixerant) I 60 18, beruht auf einer veränderten Auffassung des Zeitverhältnisses wie sie selten auch klass.-lat. begegnet, s. Dräger, ›Hist. Syntax‹ I, 258.

Als fehlerhaft sind zu betrachten:

Imperf. für Praes.: haec cernentes Franci, non suis auxiliis ... liberare se *putabant*, sed Deum invocant IVc 184 10 und

Ind. Perf. für Konj. Imperf.: cumque ... rex ... quod ... petierat non impetrasset, et Aistulfus hoc facere *contempsit* IVc 183 25.

### *II. Modus*

§ 131. 1. Infinitiv. Der Inf. Praes. erscheint als neutrales Substantiv in:

legacionem dirigit, petens *auxiliare* contra Chunis I 73 16.

Über substantivierten Inf. im Lat. s. Dräger I, 331; Schmalz, ›Lat. Gr.‹, 481; im Rom., Diez III, 216.

Über fuisse für esse beim Inf. Perf. Pass. s. § 125; Inf. Praes. für Inf. Perf. Act. s. § 127.

In den mit *esse* zusammengesetzten Infinitiven fehlt oft dieses Hilfszeitwort bei sämtlichen Chronisten:

praedictum est Chlodomere ... quod fecerat ... ipso ... *passurum* II 104 16; sperans amiciciam inire, eam *daturus* spondet II 100 13; noverit se exercitum (= exercito) ... regnum ... *impleturum* III 140 7; promittent se gluriae ... Dagoberti ... *presentaturus* (= praesentaturos) et ... ab eodem iniuncta *empleturus* III 160 13; dux cernens se *superatum* atque *derisum* IVa 175 11; cernentes regem eorum *interfectum* IVb 178 8; usquequo habitatores ... se *victos* videntes IVb 180 13 u. a.

§ 132. 2. Partizipium.

a) Das Partizipium auf -dus für den Inf. Praes. Pass.:

senserat se de sui gradus honorem a Protadio *degradandum* I 131 12; terga vertentes, dum cernerent se esse *superandus* III 160 8.

Für den Inf. Praes. Act.: prilium vellens *committendum* adgreditur I 138 10.

b) Das Part. Perf. Pass. für den Inf. Praes. Pass.:

vove tae (= te) deinceps *baptizatum* Christum dominum I 87 5; melius esse uno hominem moriturum (für mori), quam totum exercitum in periculum *missum* I 131 11.

§ 133. c) Das Part. Praes. begegnet sehr oft; mehrere Part. Praes.

in demselben Satze sind nicht selten. Bemerkenswert ist die Verwendung, die das Part. Praes. findet, indem es in einer ganzen Reihe von Fällen für das Perfekt eintritt. II allein bietet für diesen Gebrauch keine Belege. S. auch Krusch, Einleitung zur Ausg., S. 8.

surgensque Silia, omnia ... protinus *nuncians* dominae I 78 18; quod cum, Antonia vigilante, fuisset repertum ... *dicens* ei I 85 20; a suis exputus ... oppraemebatur graviter, *petens*que imperatore I 87 33; suspicans, ne ipsa esset quam legati quaerebant, *discens*que eis I 126 6; cernens ... emperium esse vastandum, legationem ... *dirigens, petens* III 153 8; legatus ... *mittens, rogans,* ut ... interfecerit III 155 19; omnes primati et exercitus dextras in invicem *dantes,* ut nullus Radulfo concederet III 164 30; deinde ... cum exercito *transiens,* Toringiam *properans*: Radulfus haec *cernens,* castrum ... *construens,* cum uxore ... in hunc castrum stabilibit III 164 32; rex ... cum magno triumpho iterum ad Reno ... *veniens* IVc 182/3; per Ardinna silva ipse rex *veniens,* et Theudone villa ... resedisset, nuntius ... *veniens,* quod ... papa ... properaret IVc 183 8; commissoque proelio, fortiter inter se *demicantes* IVc 184 11; hec *cernens* ... rex, quod ... potuisset, pacem ... *petens,* dictiones ... rege Pippino *faciens,* et quicquid ... fecerat ... emendaret IVc 184 20; cum ... audisset ... furore ... motus, commoto ... exercitu ... ad Maurienna *veniens* IVc 185 5; cum hoc repperisset, iterum ... exercitum ... *mittens,* qui resisterent IVc 185 8; Waiofarius legacionem ... *mittens, petens* ei, quod ... redderet IVc 190 8; iterum Ligere transacto, totam Aquitaniam *pergens,* usque ad Aginnum *veniens,* totam regionem illam *devastans* IVc 190 18; regina Aurilianis *veniens* et inde ... ad Sellus ... *perveniens* IVc 191 20.

Zwei Konstruktionen erscheinen gemischt in:

cumque uterque phalangiae certamine *iungentes, dixit* II 101 19.

Fehler sind: Suaevi in Nervasis montibus *obsidentibus* a Wandalis (Id. obsidentur) I 72 1; rex ... fidem suam ... peccatis *facientibus,* fefellit IVc 185 1 (für factis); cumque ... rex ipsum Waiofarium *persequente* non repperiret IVc 191 1 (für persequendo, das auch 1 Hs. a. d. 10. Jh. bietet).

§ 134. 3. Gerundium. Das Gerundium tritt ebenfalls sehr häufig auf, meistens jedoch nur im Akkusativ, wo dann gewöhnlich die

Präposition ad fehlt. Vielfach nähert sich der Gebrauch des Gerundium dem als Inf. oder es steht direkt für denselben, eine Erscheinung, die auf den Einfluß der Schule zurückzuführen sein wird, im Gegensatz zu der Volkssprache, wo der Inf. das Gerundium in fast allen seinen Verrichtungen ersetzte, s. Diez III, 258. Meyer, ›Grdr.‹ I, 377 datiert den Vorgang schon vom 1. Jh. n. Chr. ab.

Ger. für Inf.: de eodem tempore incipiens *scribendum* I 123 26; iube Gundobadum tibi tributa *solvendum* II 102 20; petens, ut omnes Iudeos ... ad fidem catolecam *baptizandum* preciperit III 153 9; provincias ... adsiduae *vastandum* pergebant II 154 6; tinsaurus ... *adducendum* et sibi *presentandom* direxit III 154 16; cui deberetur ad *sucedendum* III 157 5; studio et utiletate Winidis *resistendum* spondent III 158 19; sigillatim praeceptionebus *roborandum* decrevit III 159 3; cumta, que sui ... perpetraverant, *emendandum* spondedit III 160 24; tributa ... *emplendum* refutat III 162 16; omnes leudis in exercitum *gradiendum* banniti sunt III 164 25.

Außerdem erscheint das Gerundium öfters zur Bezeichnung des Zweckes. Der Gebrauch begegnet auch zuweilen klass.-lat., s. Dräger II, 852/3.

missa est vulpis, ut eum *veniendum* subverteret I 81 22; negutiantes adcivit, *exercendum* negucium III 144 15; Chuni *aemandum* veniebant III 144 23; Chuni predas *capiendum* adgrediebant III 144 20; provincias ... *vastandum* inruunt III 153 15; relequos *vastandum* pagus ... inruunt III 155 12; vehementer contra Sigybertum *revellandum* disposuissit III 164 24.

### *III. Modus nach Konjunktionen*

§ 135. *Ut consec.* wird einige Male mit dem Indikativ konstruiert: ita cuncta mixta sunt, ut ... veritas ... reperire non *potest* I 69 18; famis dira grassatur, ut humani carnis (= humanae carnes) ... *fuerunt* devoratae (Id. fuerint) I 71 7; de timorem Chilperici, ut ... *fugit* II 92 10; vastavit, ita ut ... non *audebant* IVc 191 9.[16]

[16] Ut consec. wird meistens durch ita verstärkt und hat dann gewöhnlich den Konjunktiv nach sich: pars Romae concussa est, *ita ut* ... coloseos ...

*Cum* wird gewöhnlich mit dem Konjunktiv verbunden, nur selten steht Indikativ für Konjunktiv:

cum etiam partem vasorum *invasit* (Hier. invasisset) I 50 11; cum merentem vidisset, et non *potebat* cognuscere ... nec quisquam indicare *potebat* I 86 29; cum sustenere non *prevalebat* I 130 18; cum... Bilichildem *habebat* uxorem ... et esset ... utilis et ... diligeretur I 134 7; cumque ... rex ... non inpetrasset, et Aistulfus hoc facere *contempsit* IVc 183 25.

Umgekehrt Konj. statt Ind. bei cum temporale: cum rex eis non *placeat* ... interficetur II 105 30.

§ 136. *Dum* steht fast durchweg mit dem Konjunktiv. Die Chronisten unterscheiden diese Konjunktion kaum von cum. Ebendasselbe bei Gregor, s. B., 685.

*dum* mit Konj.: dum *peccaret* I 26 19; dum lecticula *vegeretur* I 65 15; dum *dixisset* I 84 2; nec quisquam ... iudicare potebat, dum omnibus ... *esset* incognetum I 86 30; dum *diligeretur* I 134 4; dum *cernerent* III 160 8; dum *cerneret* II 95 17. dum *navigarent* II 103 5; dum ... *fefellissent* IVb 181 7, dum haec *ageretur* IVc 183 1. 186 6. 30. 189 3. 27. 191 3. 192 14; dum ... *altercarent* IVc 188 23; dum *viveret* IVc 192 30.

*dum* mit Ind.: dum *increpabatur* I 134 11; dum sine filiis *erat* II 116 20; dum *cernebant* III 155 17.

§ 137. *Quicumque*: quoscumque de gentem nobilem *repperiret*, humiliare conabat I 131 20.

*Quoadusque*: quoadusque hoc morbum ... *cognovissit* perdometum, non cessavit III 163 10.

*Postquam*: postquam de Gunthramno *habuisset* filium II 108 12.

*Priusquam* (temporal): priusquam ... regnum *adsumerit* I 85 12.

*Usquequo*: usquequo *moreretur* I 28 3. — usquequo *exierunt* I 29 11.

*Eo quod.* Begegnet nur bei I, II, III und zwar 19mal mit dem Konj., 9mal mit dem Ind., ohne Rücksicht darauf, ob die Ansicht

*ruerit* I 53 25; solis facta defectio, *ita ut* in ... nocte dies ... *converterit* I 58 10; castra ... posuissit, *ita ut* ... bellum *inirent* III 153/4; fixit tentoria, *ita ut* nullus ... evadere *potuisset* IVc 185 16; circumsepsit urbem ... *ita ut* nullus ... ausus *fuisset* IVc 187 27.

des Chronisten oder die einer andern Person wiedergegeben wird. Über dasselbe Verhältnis bei Gregor s. Bonnet, 686.

*eo quod* mit Konj.: eo quod ... invenire non *potuissent* I 81$_{27}$; eo quod suos frater non *esset* I 138$_{24}$; eo quod *esset* locum tutissimum III 142$_{26}$; eo quod *esset* ... ditatos III 146$_{17}$; eo quod *esset* cristiana III 156$_{16}$; eo quod *esset* ... deditus III 161$_{28}$ u. a.

*eo quod* mit Ind.: eo quod sine liberis *est* I 78$_{14}$; eo quod dignus *est* morte I 80$_{4}$; eo quod *erant* ... coma ... longa II 110$_{17}$; eo quod eonucus *erat* II 110$_{24}$; eo quod ... *firmaverant* III 156$_{3}$.

### *IV. Stellung des Verbum finitum im Satzgefüge*

§ 138. Die für *sum* vorkommenden Fälle wurden abgezählt und zwar III, IV b und IV c vollständig, I (S. 34. 42. 43. 46. 74. 78—81. 84—88. 123—134), II (S. 82$_{11}$—83$_{24}$. 92. 94. 97. 99—101. 109 bis 112. 117. 118), IV a (S. 170—176) nur teilweise, da die Wortstellung bei den Exzerpten aus Hieronymus, Gregor usw. gewöhnlich nicht geändert wird.

| | *sum* bleibt in lat. Stellung: | *sum* in Verbindung mit Part. Perf. Pass. bleibt in lat. Stellung: | *sum* vorausgestellt nach franz. Gebrauch: | *sum* in Verbindung mit Part. Perf. Pass. vorausgestellt |
|---|---|---|---|---|
| bei I | 36mal | 86mal | 42mal | 29mal |
| bei II | 17mal | 41mal | 10mal | 23mal |
| bei III | 26mal | 56mal | 37mal | 39mal |
| bei IV a | 3mal | 24mal | 5mal | — |
| bei IV b | 4mal | 9mal | — | 1mal |
| bei IV c | 16mal | 44mal | 1mal | — |

Auch bei den übrigen Verben, besonders bei *habere, potuisse(m), voluisse(m), debuisse(m)* ist die Voranstellung zu bemerken, allerdings nicht in dem Umfange wie bei sum.

### *V. Plural des Prädikats bei Kollektiven*

§ 139. Die Chronisten haben das Prädikat im Plural beim Singular der Kollektiva *familia, populus, gens, senatus, exercitus* (die auch schon bei Livius so behandelt werden, s. Dräger I, 172) in folgenden Fällen: cuius *familia* hodiequae ... *perseverant* (Hier. perseverat) I 65 4; *populus* adversum Nepucianum *insurgunt* ... multusque ... *interficiunt* I 67 9; (vgl. de egressionem *Israhel* ... et ingressum *eorum* I 18 22; *Israhel* in captivitate *ducti sunt* I 50 16); *gens* Chunorum ... *ruunt* in Galliis I 73 14; quaerebat *senatus,* quo pacto eum perdere *potuessent, dicentes* ... *ingredientes* I 86 20; *senatus* ... invidia *sectantis* (= sectantes) ... eum *faciunt* odiosum I 88 5; *exercitus* ... *fuerunt repedati* III 160 15; *exercitus* ... *debuissint* inruere III 160 21; *exercitum* Langobardorum mittens, qui ... *resisterent* et ... *sinirent* IVc 185 8. — Außerdem *tempus*: *colleguntur* autem omni (= omne) *tempus* I 48 3. 52 1.

### *VI. Bedingungssatz*

§ 140. Dem Frz. entsprechend haben die Chronisten Ind. Imperf. im bedingenden Satz (s. Diez, III, 355; Foth, 260 ff.) in folgenden Beispielen:

si *praevalebat* resistere ... Gothis daret I 73 17; si *praevalebant* Chuni haec contra Gothis defendere ... periceperint I 73 20; si Theudericus Theudebertum *superabat,* Chlotarius ... receperit I 139 2; si victuriam *obtenebat,* effecerit Christianus II 101 19; si *iubedas* ... accederemus ad prilium I 87 35; promittens, si id quod male gesserat, *emendabat* ... periculum non haberit III 146 23. — Im einfachen hypothetischen Satze: liberare *potebas* de blasphemeo causam hanc III 146 5.

Das Plusquamperfekt Indikativ für Plusqpf. Konj., wo das Frz. den Konditional hat, ist mit einigen Beispielen vertreten, ein Moduswechsel, welcher besonders der späteren Latinität angehört, s. Foth, 256, 274, 299, 344.

si cor habuisset, ego eum praevalere non *potueram* I 81 30; si ... voluissemus subcumbere, iam olim ... *fueras* degradatus I 86 21; in nomine deorum meorum puer fuisset, *vixerat* (Greg. vixisset) II 101 12; — reminiscere *debueras*, quod genitorem ... trucidasti II 100 27; qui undique eodem *debuerant* circumdare ... aspiciaebant III 167 11.

Das Eintreten des Ind. für den Konj. im hypothetischen Satze bildete sich im lat. Sprachgebrauch selbst schon aus und wurde von da in die rom. Sprachen übernommen, s. Foth, 264, 299.

§ 141. Weitere Beispiele von Bedingungssätzen, in denen die Chronisten vom lat. und rom. Gebrauch sich entfernen, sind:

Ind. Imperf. im bedingten Satze für lat. Konj. Imperf., frz. Konditional: si Childerico ... potuissemus conperire, libenter eum ... *recipebamus*; forsitam ... *eripiebamur* III 96 10; — si iubebas ... accederemus ad prilium; *cognuscebas* cui ... sit ... ignavia I 87 35.

Ind. Imperf. für lat. Konj. Plusqpf., frz. Kond.: sublimatus honoribus quod habui fuissem, *poteram* adiuvare I 88 12.

Ind. Perf. im bedingten Satze für lat. Konj. Plusqpf., frz. Kond.: feliciter ... *fuerunt* repedati, si dux ... non fuisset interfectus III 160 15.

Futurum für Imperf. Konj. im bedingten Satze: si me iobaret (iuvaret) ... *ero*que illi fidelis II 101 12.

Ind. Praes. im bedingenden Satze für lat. Konj. Imperf., frz. Kond.: dicens, si ... conspecto Chlothariae *presentatur*, ipsum regem vellet interficere III 147 23.

## *VII. Indirekte Rede*

§ 142. Die Chronisten verwenden hier im Gegensatz zu lat. erfordertem Konj. in zahlreichen Beispielen den Indikativ, entsprechend dem rom. Gebrauch, s. Diez III, 390. Über das frühe Auftreten des Ind. an dieser Stelle in der Volkssprache und im Nachklassischen und Spätlatein s. Diez a. a. O.; Schmalz, Lat. Gr., 475; Dräger, Hist. Synt. II, 474.

inquirens, que ... proficerit: aut veniret aut *oportebat* rennuere I 81 11; Bericht: nam maxima multitudo ... *advenerat*, et audissent I 74 13; petens auxilium contra Gothis, qui Galleas *conabant* invadere I 73$_{19}$; conpellit ... ut iret et quod *videbat* nunciaret II 97$_{16}$; quendam ex Romanis ingenio quo *potebat* Chrotechildem praevidendam direxit II 99$_{22}$; praedictum est Chlodomere ... quod *fecerat* Sigymundo, ipso ... passurum II 104$_{16}$; reputantes ei fratres, quod suo ingenio ... *fuerat* interempta II 109$_{23}$; Auftrag: his legatis, ubi plus *congruebat*, patrocinium sibi firmarint III 143$_{19}$; petit, ut certamine coniungerent ...; cuius victuria *praestabatur* ... imperium huius qui *vincebatur* ... receperit III 152$_{14}$; rogans, ut ... docem ... quo *putebat* ... interfecerit III 155$_{27}$; ut thinsauris, quantum *potebat* ... transferrit III 142$_{25}$; petens, ut ... quod ad suggerendum *habebat*, exponeret III 145$_{30}$; mandans: pre timore emperatoris Tasonem ... non *audebat* recipere III 155$_{27}$; eum conpellins, uxorem ... relinquerit et ... acciperit; per ipsam ... eum *sublimavant* (= sublimabant) in regno III 156$_{6}$; contestans ei, ut se de regno Theuderici, quem filiis *reliquerat*, removerit III 140$_{15}$; regi sugessit, quod illam ... quam reginam *habuerat*, per quem (für quam) etiam regnum *adsumserat*, non dibuissit umiliare III 156$_{24}$; quicquid contra ... ecclesiam *fecerat* ... emendaret IVc 184$_{23}$; iterum ... subplicans, et sacramenta, quod ... *dederat* hac (= ac) ... rem nefariam *fecerat* ... emendaret IVc 185$_{19}$; ut custodias ... aut ad intrandum aut quando ... *revertebant*, capere potuissent IVc 188$_{14}$.

Es möge hier noch erwähnt werden der an einer Stelle stehende Ind. für Konj. im Wunschsatz: parum ... argentum habeo. *Vellebam* ... puerum dirigere, ut ... mercaret II 96$_{17}$.

## *VIII. Infinitivsatz*

§ 143. Den Chronisten fehlt das Verständnis für die lat. Infinitivkonstruktionen, wie die hier herrschende Verwirrung deutlich erkennen läßt. Mit Ausnahme von iubere und praecipere sind sie durchaus unsicher, nach welchen Verben das Latein eine Infinitivkonstruktion erfordert. In zahlreichen Fällen setzen sie ut, quod oder einfachen Konjunktiv oder sie verwechseln die einzelnen Inf.-Konstruktionen, wie z.B. Acc. c. Inf. und Nom. c. Inf. miteinander oder auch vermischen sie die Inf.-Konstruktion mit der konjunktivischen.

Es mögen nachfolgend einige Beispiele gegeben werden für die eingetretene Zerrüttung. Das bezeichnendste derselben dürfte sein: narrat storia: Priamum ... *habuisse* regi (= regem) ... exinde *fuissent egressi*; postea Frigam *habuissent* regem ... partem eorum ... *fuisse adgressa*; alii ... *consedisse;* dinuo ... media ex ipsis *pars* ... *ingressa fuisse* II 93 2. — fertur, de primatis ... *ducentis fuisse interfectis* III 163 8; cupiens, *his duobus regibus* ... *esse* discordis II 83 6; depraecantis (= depraecantes) ... *haec fuisset prestitum* I 63 3; eam *daturus* spondet (für se eam daturum esse) II 100 13 u. a.

Mit dem Indikativ: fama confirmat, illorum fortitudine qualis *fuit* I 46 3; post, fertur, anni circolo Pippinus *moretur* III 164 14.

§ 144. ut für Acc. c. Inf.: necessarium ... *putavi, ut* ... declarari (= declararem) I 24 11; *dixit* illi Deus, *ut* exiret ... et veniret I 26 5; *praecepit, ut* nullus ... relequus esset I 61 23; *dicentes, ut* ... adiret III 147 27; *promisit, ut* ... fidelis ... esse deberet IVc 189 5.

Stärker vertreten ist der einfache Konjunktiv für Acc. c. Inf. Dieselbe Konstruktion findet sich bei Gregor, s. Bonnet, S. 666.[17]

Aeneas et Frigas *fertur* germani *fuissent* I 47 14; *fertur* ... bistea Neptuni ... similis eam *adpetisset* II 95 8; *fertur,* facione Dagoberti *fuisset interfectus* III 154 14; *dicetur, lopus ascendisset* in montem I 139 15; regnum, *creditur, meruisset* aeternum III 151 9; *dicensque* Neptuno munera *daret* III 152 2; dum *cerneret,* eum ... interficere *conarentur* II 95 17; *iussit* ad omnis sinatricis, eum *requererint* II 94 20; *iobet* ... terciam partem ... *dissolverint* II 106 17; *iobet* duci ... eum ... *interficeret* III 147 16; *sperans* hoc signum (= signo), Iustinianus imperium *adsumerit* I 85 19; *promittens* ... aliam non *nuerit* I 86 7.

[17] Außerhalb des Infinitivsatzes findet sich der einfache Konjunktiv für ut mit Konj. nur noch in: eum conpellins, uxorem quam habebat *relinquerit* III 156 5.

Der einfache Konjunktiv begegnet ferner noch für cum mit Konj.: Saracini ... in nimia multitudine *crevissent* III 153 14; Aubedo ... Papia ... civitatem ... *pervenisset* III 156 19; rex veniens, et Theudone villa ... *resedisset* IVc 183 8; concremavit; et captivos ... cum multa praeda ... *fecisset* et plurimos Saxones ... *prostravisset* IVc 182 23; haec ... rex ... cernens, et iam nullam spem se evadendi *speraret* IVc 185 17.

§ 145. Außerordentlich zahlreich sind bei den Chronisten die *quod*-Sätze nach den Verbis sentiendi et declarandi vertreten. Was den Modus anbetrifft, so setzen sie hier nach quod bald Ind., bald Konj., ohne einer bestimmten Regel, wie sie das Romanische kennt (s. Diez III, 333), zu folgen. Den Konj. scheinen sie zu bevorzugen, denn es stehen 18 Konjunktive gegen nur 7 Indikative.

Über das Auftreten von quod nach den Verbis sentiendi et declarandi in der lat. Literatur seit Livius und in der silbernen Latinität s. Schmalz, ›Lat. Gr.‹, 499; Dräger, ›Hist. Syntax‹, II, 230. Den Ausgangspunkt bilden Ausdrücke wie hoc est factum quod; accedit quod u. ä., zur Verallgemeinerung trug die Neigung der Volkssprache zur Umschreibung bei, s. Dräger, II, 227; Schmalz 500; Diez III, 343; Bonnet, 661. Über den Ursprung von frz. que s. Jeanjaquet, ›La conjonction „que"‹, S. 26/8, 43, 51, 63.

1. Indikativ nach quod: *videns, quod* ... rex ... *ceperat*, et ... urbem capuisset IVc $189_{12}$; *dicens*que ... *quod* apud vilis Chunorum ... *pugnaverat* I $74_{11}$; nuntius *veniens, quod* germanus ... *interfectus est* IVc $183_{2}$; *reputantes* ei fratres, *quod* suo ingenio ... *fuerat interempta* II $109_{23}$; *audisti*, quod amiciciam ... *inivemus* II $100_{24}$; cum ... *conperisset, quod* ... pars regni ... *fuerat pervasum* I $131_{4}$; *reminiscere* debueras ... *quod* genitorem ... *trucidasti* II $100_{27}$.

2. Konjunktiv nach quod: *vidit* ... somnium, *quod* natus ille *fuesset* arbor I $78_{11}$; *vedens, quod* ... non *potuissit* resistere III $154_{7}$; *vedentes, quod* ... nihil *prevaluissent* III $165_{19}$; *cernentes, quod vellet* imperium ... destruere III $152_{3}$; *cernens*(que), *quod* ... evadere (non) *potuisset* IVc $184_{20}$. $192_{26}$; nec *dictum* sit a suis, *quod* non ... eum *potuissetis* interficere I $80_{1}$; *dixit, quod* Chlotharius ... *migraret* de seculo III $142_{25}$; *nunciaret* ... *quod* Eiegius ... *quereret* II $96_{23}$; cum *nunciatum* fuisset, *quod* ... *vastasset* IVc $187_{9}$; *nunciatum* est regi, *quod* myssos suos ... reversus *fuisset* IVc $191_{21}$; nuntius ... *veniens, quod* ... papa ... *properaret* IVc $183_{8}$; regi *sugessit, quod* illam ... non *dibuissit* umiliare III $156_{23}$; *repotans* ei, *quod* ... contra Chilpericum *tractaret* II $114_{6}$; ab ipsa *increpabatur, quod* ancilla Brunechilde *fuisset* I $134_{11}$; *credetur* ... *quod* iudicius Dei de eorum oppresione ... *liberassit*, et ... eos uterque interire *fecisset* III $167_{32}$; *fiduciam*

haberit, *quod* super ipsum nun *voluissent* ... inruere III $165_{8}$; *peragratum* habens (= cognoverat), *quod* cum eius instancia ... gubernari *possit* III $161_{13}$.

Seltener steht hier auch eo quod:

*perlatum* fuisset, *eo quod* frater ... *esset* interfectus I $124_{20}$; *repotans* ei, *eo quod* dece reges ... per ipsam interfecti *fuissent* III $141_{28}$; *loquitur, eo quod* Samo et populus *diberint* servicium III $154_{29}$. — *credetur* ... *eo quod* multa ... sacramenta dedirant ... interire *fecisset* III $167_{33}$.

Weitere Ausbreitung der quod-Sätze

§ 146. Außer nach den Verbis sentiendi et declarandi haben die Chronisten quod noch in folgenden Verwendungen:

*quod* für *ut* (= frz. que): *arbor* ... tam excelsus, *quod* nubebus paenetraret I $78_{11}$; petens ei, *quod* ... redderet IVc $190_{8}$.

*quod* bei Zeitangaben, fast durchweg mit nachfolgendem Indikativ: de inicium mundi, *quod* homo ... condetus est I $18_{10}$; habens, *quod* condita fuit I $54_{7}$; ab eo tempore ... *quod* ... discendit I $44_{27}$; usque ad Octaviano ... et *quod* natus est dominus noster I $40_{39}$; post anno tercio, *quod* regnare coepisset III $149_{15}$.

*quod* steht ferner und am häufigsten bei den Kapitelüberschriften zu Anfang des 3. und 4. Buches und zwar ausschließlich mit dem Indikativ.

a) *quod* Pippinus contra Radebodum pugnavit (nach demselben Schema noch 6 solcher Beispiele bei I) I $122_{23}$; *quod* rignum Burgundiae ... subgicitur II $90_{21}$; *quod* Chilpericus civitates ... pervasit II $91_{20}$.

b) de Dagobertum, *quod* riginam accipit I $120_{21}$ (nach demselben Schema noch 6 solcher Beispiele bei I); de Chilpericum, *quod* Gaiselindam ... accepit II $91_{10}$; de Childebertum, *quod* ... fuerat adgressus II $92_{11}$; de Chilperico, *quod* filiam ... derexit II $92_{12}$.

c) *de quod* Chlotharius regnum ... recipit I $120_{9}$; *de quod* Dagobertus ... accessit I $121_{12}$.

## *Anhang*

### Wortbildung (Suffixe)

§ 147. -elus. cam*illum* III 142$_{3}$; caut*illam* I 120$_{29}$.

In *camelus* ist das Suffix -ēlus noch etwas länger üblich geblieben, wurde aber auch nicht mehr ganz sicher gewußt. Camelus war ein zu allen Zeiten gekanntes, aber doch ein Fremdwort, das einer Verschiebung, wie sie Fremdwörtern gegenüber stattfindet, leicht ausgesetzt war. Daher im Afr. die Doppelformen chameil < camelus; chamel, nfr. chameau < camellus, das ungeläufige und das gewöhnliche Suffix nebeneinander, vorhanden.

*cautela* ist ein gelehrtes Wort, bei dem die Suffixvertauschung nichts Auffälliges an sich hat.

Die beiden Formen camillum und cautillam zeigen, daß schon damals einerseits camelus nicht mehr recht populär und andrerseits -ēlus kein lebenskräftiges Suffix mehr war. — S. über -ēlus und -ĕllus Seelmann, S. 123, 131, nach dem schon vlglat. -ēlus mit -ĕllus wechselte und früh auch dem letzteren wich. — Cohn, ›Suffixwandlungen‹, S. 212 ff., bestreitet, daß -ēlus durch -ĕllus verdrängt worden sei. Er nimmt an, daß -ēlus über *-ēllus unter Einfluß von -ĕllus > -ĕllus wurde.

Bei Cohn, a. a. O., ist überhaupt darauf hinzuweisen, daß fast alle die -ēlus, -ēla, die er anführt, rom. ungebräuchliche Worte sind. Nur *candela* war recht lebendig. Ebenso wie das Suffix nicht bildungskräftig geblieben ist, werden auch sie wohl früh der Volkssprache nicht mehr angehört haben. Der Ersatz von -ēla durch -ĕlla war sehr naheliegend isolierten Worten gegenüber, wenn auch die Bedeutung keinen Anlaß zur Vertauschung gab. — Über die Ausbreitung von -ellus s. auch Meyer-Lübke, R. G. II, S. 476. 543.

*praecellus* = praecelsus IVc 185$_{28}$. 189$_{16}$. 192$_{10}$ geht vom Inf. *praecellere* aus. Der Chronist kannte praecellens als Synonym von praecelsus, das ihm nicht mehr geläufig war.

§ 148. *-ēnus > -inus*. Cohn, ›Suffixw.‹, S. 222 ff. nimmt für diesen Vorgang den Einfluß der Lautung an, die das griech. η im 4. und 5. Jh. gehabt hat, da es sich hier zum Teil um griech. Worte handelt (auf -ην-), s. § 11,$_{3}$.

*veninum* I 57$_{6}$. II 106$_{2}$. 108$_{12}$. 108$_{12}$. 111$_{1}$. III 145$_{17.32}$. ist alte Suffixvertauschung, die auch bei Gregor belegt ist, s. Bonnet, 108. Cohn a. a. O., nimmt nicht Suffixvertauschung, sondern Wortverdrängung an und geht von **veneninum* aus. Das Wort scheint nicht volkstümlich geworden zu sein, nach dem Ersatz durch frz. poison, span. ponzoña, ptg. peçonha, ital. tosco zu schließen, und so ist wohl eine gewisse Reichhaltigkeit der Formen der Wiedergabe zu erklären. So steht neben frz. venin (das neben envenimer auf venimen zurückdeutet, s. Thomas, Rom. 1896, S. 88), sp. beleño, durch Differenzierung des ersten n gegen das zweite, während ptg. meimendro auf milimindrum zurückgeht.

*Sar(r)acini* I (3mal), III (18mal), IV a (1mal), IV b (3mal), IV c (5mal) neben Sara*ceni* I 25$_{11}$. — Das i steckt hier schon in der arabischen Adjektivendung und wurde erst griech. > η. — Cohn, S. 221 betrachtet das Wort als ein nicht ganz volkstümliches, bei dem Vertauschung von -ēnus und -inus kaum anzunehmen sei.

Agarr*ini* (Hier. Agareni) I 44$_{14}$; Usro*inus* (Hier. Orsoenus) I 62$_{4}$.

Umgekehrt *-inus* > *-enus*: crast*eno* III 165$_{3}$. 167$_{3}$; crast*ena* III 154$_{1}$, s. § 13.

*-alis* > *-ilis*: reg*ili* ordine III 156$_{27}$.

*-ientia* > *-entia*: conven*entia* II 82$_{13}$. III 152$_{15.19}$, entsprechend frz. convenance, unter Einfluß des Suffixes -entia.[18]

*-ius* > *-uus*: Paris*uus* II 107$_{29}$.

Es möge noch hierhergestellt werden *ava* I 132$_{24}$. 133$_{2}$ (neben avia I 132$_{23}$), das nach avus gebildet ist, vgl. ital. ava.

*Literatur*

Eusebi Chronicorum Libri Duo, Bd. II, ed. Alfred Schöne, Berlin 1866.

Monumenta Germaniae Historica. Scriptores Rerum Merovingicarum I. Gregorii Turonensis Opera. Hannover 1885.

Mon. Germ. Hist. Scriptores Rerum Merov. II. Fredegarii Chronicae, ed. Krusch.

Chronica Idacii (Patrologia Latina).

Vita Sancti Columbani, ed. Mabillon, Venedig 1733.

[18] convenentia, F. M., 84$_{1}$; F. A., 14$_{6.7.9.16.34}$. 20$_{18}$.

Krusch, Einleitung und Index zur Ausgabe des Fredegar in Monumenta Germaniae Historica, Scriptores Rerum Merovingicarum II.

—, Die Chronicae des sog. Fredegar, Neues Archiv f. ältere deutsche Geschichtskunde, Bd. VII.

Bonnet, Le Latin de Grégoire de Tours, Paris 1890.

Seelmann, Die Aussprache des Latein, Heilbronn 1885.

Schuchardt, Der Vokalismus des Vulgärlateins, Leipzig 1886.

Meyer-Lübke, Grammatik der romanischen Sprachen, Leipzig 1890 bis 1894.

—, Die lateinische Sprache in den romanischen Ländern (in Gröbers Grundriß der romanischen Philologie I).

Lindsay, The Latin Language, Oxford 1894.

Neue, Lateinische Formenlehre, Berlin 1877.

Diez, Romanische Grammatik, Bonn 1877.

—, Etymologisches Wörterbuch, Bonn 1878.

Körting, Lateinisch-Romanisches Wörterbuch, Paderborn 1891.

Suchier, Die französische und provenzalische Sprache und ihre Mundarten (Gröber's Grundriß d. rom. Phil. I).

Schwan, Grammatik des Altfranzösischen, Leipzig 1893.

Schwan-Behrens, Grammatik des Altfranzösischen, Leipzig 1896.

Foerster, Einleitung zur Ausgabe des Cligés, Halle 1884.

Lindström, Anmärkningar till de obetonade vokalernas bortfall, Upsala 1892.

Neumann, Zu den vulgärlateinisch-romanischen Accentgesetzen, Zs. f. rom. Phil. XX, 519 ff.

Waldner, Die Quellen des parasitischen i im Altfranzösischen, Herrig, Archiv LXXVIII, 421—456.

Karsten, Die altfranzösischen Konsonantenverbindungen, Freiburg. Diss. 1884.

G. Paris, Les faits épigraphiques ou paléographiques allégués en preuve d'une altération ancienne du c latin.

—, Le pronom neutre de la 3ᵉ personne en français, Romania 1884, S. 161 ff.

Rydberg, Le développement de facere dans les langues romanes, Paris 1893.

Armbruster, Geschlechtswandel im Französischen, Heidelberg. Diss. 1888.

Wölfflin, Die Perfektformen amai und venui, Arch. f. l. Lex. IX, 139 f.

Thielmann, Habere mit dem part. perf. pass., Arch. f. l. Lex. II, 372 ff., 509 ff.

—, Habere mit dem inf. und die Entstehung des romanischen Futurs, Arch. f. l. Lex. II, 48 ff.; 157 ff.

Stolz und Schmalz, Lateinische Grammatik (in J. v. Müller's Handbuch der klassischen Altertums-Wissenschaft II).

Cohn, Die Suffixwandlungen im Vulgärlatein und im vorlitterarischen Französisch nach ihren Spuren im Neufranzösischen, Halle 1891.

Loth, Les mots latins dans les langues brittoniques, 1892

Thurneysen, Keltoromanisches, Halle 1884.

Mackel, Die germanischen Elemente in der französischen und provenzalischen Sprache, Frz. Stud. VI, 1.

Waltemath, Die fränkischen Elemente in der germanischen Sprache, Strassb. Diss. 1885.

Kluge, Die lateinischen Lehnworte im Germanischen (Paul's Grundr. der germ. Phil., 2. Aufl. I, 333).

K. Zeuss, Die Deutschen und ihre Nachbarstämme, München 1837.

Die Wörterbücher von Forcellini, Georges, Du Cange, Godefroy.

Dräger, Historische Syntax der lateinischen Sprache, 2. Aufl., Leipzig 1878.

Foth, Die Verschiebung der lateinischen Tempora in den romanischen Sprachen, Rom. Stud. II.

Görlich, Der burgundische Dialekt im 13. und 14. Jh. (Fz. Stud. VII, 1).

Jeanjaquet, La conjonction „que", Zürich. Diss. 1894.

Dag Norberg, Le développement du latin en Italie de Saint Grégoire le Grand à Paul Diacre. In: Settimane di studio del Centro italiano di studi sull' alto medioevo 5, Spoleto 1958, S. 485—503. Aus dem Französischen von Doris Becker-Werner in Zusammenarbeit mit dem Verfasser.

# DIE ENTWICKLUNG DES LATEINS IN ITALIEN VON GREGOR DEM GROSSEN BIS PAULUS DIACONUS

Von Dag Norberg

Diejenigen, die versucht haben, die Sprache des hl. Gregor des Großen zu charakterisieren, haben oft seine strenge Kritik an der klassischen Kultur zum Ausgangspunkt genommen. Man kennt z. B. seine Geringschätzung des Grammatikers Donat, eine Geringschätzung, die er in seinem Vorwort zu den ›Moralia in Iob‹ zum Ausdruck gebracht hat, wo er sich bei Leander von Sevilla für die Barbarismen entschuldigt, die dieser beim Studium seines Werkes entdecken könnte. Und in einem Brief an Desiderius, den Bischof von Vienne, ist er sogar so weit gegangen, Desiderius aufzufordern, er solle aufhören, Grammatik zu lehren, weil, so sagte er, ein und dieselbe Zunge nicht das Lob Christi und das Jupiters aussprechen könne. Man hat diese Äußerungen oft wörtlich genommen und Gregor einen Platz außerhalb der antiken Tradition angewiesen, wobei man ihn zu einem der ersten Repräsentanten der Finsternis des Mittelalters machte.[1] Das aber ist eine irrige Schlußfolgerung. Es ist richtig, daß Gregor den Anschein erweckt, er sei wenig an der klassischen Dichtung interessiert gewesen und habe ihr vielleicht sogar feindlich gegenübergestanden. Wenn man die leichtfertigen und frivolen Themen kennt, welche die Schüler in den Schulen des spätrömischen Kaiserreiches behandelten, wenn sie sich in die klassische Verskunst einübten, kann man verstehen, warum ein Mann von ernsthaftem Wesen wie Gregor die Dichtung unnütz und sogar gefährlich finden konnte. Vergebens sucht man daher in seinen Schriften Zitate aus klassischen Dichtern. Andererseits aber bergen die Kirchenväter für ihn kein Geheimnis, wie man vor allem in

[1] Siehe z. B. die Charakteristik Gregors bei Manitius, Geschichte der lateinischen Literatur des Mittelalters.

seinen exegetischen Werken feststellen kann. Und man braucht das, was er geschrieben hat, nicht näher zu studieren, um festzustellen, daß er die Rhetorik vollkommen beherrscht, ohne jedoch deren Sklave zu sein wie so viele andere spätlateinische und mittelalterliche Autoren. Es gehörte zum guten Ton, sich bei den Lesern für sprachliche Barbarismen zu entschuldigen; Gregor hat lediglich den Gepflogenheiten seiner Zeit nachgegeben. Es handelte sich hier um einen Topos, der uns nicht täuschen darf. In Wirklichkeit ist Gregors Latein ausgezeichnet. Sein Stil ist nicht klassisch, aber klar, natürlich und leicht verständlich. Daher die Stelllung, die er in der antiken Tradition einnimmt und die wir hervorheben wollen.

Gregor der Große gehörte einer alten römischen Familie an, deren Mitglieder sich in der Verwaltungslaufbahn ausgezeichnet hatten. Er selbst war in seiner Jugend Stadtprätor gewesen und hatte in der Folgezeit hohe kirchliche Ämter bekleidet. Die Geschichte der lateinischen Verwaltungssprache ist noch nicht geschrieben. Doch wir können uns eine ungefähre Vorstellung von ihrer Bedeutung machen, wenn wir uns die ›Commentarii‹ Cäsars, das ›Monumentum Ancyranum‹ des Augustus, den Briefwechsel Trajans und Plinius' d. J., die Werke der großen römischen Juristen, die Konstitutionen und die Gesetze der Kaiser, die ›Variae‹ Cassiodors und schließlich die Briefe Gregors des Großen ins Gedächtnis rufen. Was der römischen Verwaltungssprache jeder Epoche gemeinsam ist, ist ihre Klarheit und ihre Objektivität, und dieselben Eigenschaften finden wir noch bei Gregor. Er stellt die Dinge, über die er zu entscheiden hat, mit bewundernswerter Sicherheit und Präzision dar. Denselben praktischen Sinn und denselben ein wenig trockenen Realismus zeigt er in seiner ›Regula Pastoralis‹ und in seinen übrigen Schriften. Das Latein ist für ihn noch ein lebendiges und natürliches Ausdrucksmittel. Er braucht Donat nicht, um die richtigen Formen zu finden, er weiß die passenden Worte zu verwenden, ohne bei früheren Autoren nachschlagen zu müssen, die natürliche Gefälligkeit seines Lateins bedarf keiner Ausschmückung mit poetischen Floskeln. In der Geschichte der lateinischen Verwaltungssprache ist er der letzte einer langen Reihe.

Betrachten wir die Autoren zur Zeit Gregors, so finden wir bei ihnen sehr unterschiedliche Sprach- und Stilrichtungen. Venantius

Fortunatus z. B., der ebenfalls seine Bildung in Italien vor der Invasion der Langobarden erhalten hatte, steht in gewissem Sinne der klassischen Kultur sehr viel näher als Gregor. In seiner Poesie und in seiner Prosa zeigt er eine umfassende Kenntnis der klassischen Dichter. Aber trotz ihrer formalen Eleganz ist Fortunats Sprache schulmäßiger und weniger lebendig als die Sprache Gregors. Fortunat kennt nichts von der Verwaltungstradition, und wenn er Prosabriefe verfaßt, wird sein Stil dunkel, gekünstelt, manieriert und ist voll von literarischen Reminiszenzen. Fortunat hätte niemals gewagt zu behaupten, er setze sich über die Regeln der Grammatiker hinweg. Gregor und Fortunat repräsentieren zwei grundverschiedene Richtungen der antiken Tradition.

Nach dem Tode Gregors des Großen vergingen 150 Jahre, bevor Italien erneut einen großen Schriftsteller hatte. Paulus Diaconus war ebenso der Erbe Gregors wie des Venantius Fortunatus. Er kannte ihre Werke gründlich und verfaßte selbst eine Biographie Gregors und ein Gedicht zu Ehren Fortunats, als er sich zu dessen Grab nach Poitiers begab. Dennoch bemerkt man sogleich, daß Sprache und Stil des Paulus einer neuen Epoche angehören. Der Staat, die Gesellschaft, alles hatte sich verändert, was natürlich Veränderungen in der Sprache zur Folge hatte. Das Latein des Paulus Diaconus ist nicht einfach die mehr oder weniger geglückte Fortsetzung des Lateins Gregors oder Fortunats. Neue Elemente sind hinzugekommen, die vom klassischen Standpunkt aus Neologismen oder Solözismen darstellen, die aber das Latein umgestaltet und zu einem Instrument gemacht haben, dessen man sich in der neuen Gesellschaft, in der Paulus lebte, bedienen konnte. Wenn wir diese neuen Elemente verstehen wollen, müssen wir die Entwicklung der Schriftsprache im 7. Jahrhundert ein wenig näher betrachten.

In dieser Zeit wurde Italien von Byzanz und den Langobarden beherrscht, eine politische Gegebenheit, die zahlreiche Spuren in der Sprache hinterlassen hat. Der Einfluß Griechenlands brachte im Prinzip nichts Neues ins Spiel. In Wellen hatten die Gräzismen Italien zu verschiedenen Zeiten überflutet, und es ist oft schwierig zu erkennen, zu welchem Zeitpunkt ein bestimmter Gräzismus im Lateinischen aufgekommen ist. Im 7. Jahrhundert hat die gesprochene Sprache, vor allem die Süditaliens, viele griechische

Wörter in sich aufgenommen.[2] Doch der byzantinische Einfluß wird auch in den Texten sichtbar. Gregor der Große, der etwas übertreibend sagt, er verstehe nichts von der griechischen Sprache, hat u. a. termini technici wie *cartofilacium*, χαρτοφυλάκιον, *hierochomium*, γηροκομεῖον, *sinthichia*, συντυχία,[3] eingeführt, und andere Gräzismen finden sich in den Texten des darauffolgenden Jahrhunderts. Die Wörter germanischen Ursprungs, die die Langobarden mitgebracht hatten, erscheinen uns barbarischer. Einer der bedeutendsten und kostbarsten Texte, die im 7. Jahrhundert geschrieben worden sind, ist das Edikt des Rothari aus dem Jahre 643. Derjenige, der den lateinischen Text formuliert hat, war gezwungen, sich langobardischer Wörter zu bedienen, um Begriffe der Verwaltung oder des Rechtswesens wiederzugeben, für die das Latein nichts Entsprechendes bereithielt, wie *gastaldius, sculdahis, fara,* usw. Doch er hat auch Wörter wie *campio* und *plovum* verwandt (it. *campione*, „Kämpfer“, lomb. *pyo*, „Pflug“ [4]), obwohl das Latein in diesem Falle äquivalente Wörter besaß.[5]

Aber die lateinische Literatur Italiens unterlag noch einem weiteren fremden Einfluß, der hier erwähnt werden muß. Im Jahre 612 kamen St. Columban und seine irischen Gefährten nach Italien, wo sie kurze Zeit später die Abtei Bobbio gründeten. In ihrer Heimat hatten die Iren von der übrigen christlichen Welt isoliert gelebt. Das Latein war für sie eine Fremdsprache, die sie nicht ohne Mühe mit Hilfe von Grammatiken und Glossaren studierten. In den lateinischen Texten, die in Irland vor dem Jahre 600 geschrieben wurden, ist die Sprache daher von einer seltsamen und wunderlichen Art,

[2] Vgl. G. Rohlfs, Romanische Philologie, II, Heidelberg 1952, S. 19 f.

[3] Beispiele hierzu in meiner Dissertation In registrum Gregorii Magni studia critica, I, Uppsala 1937, S. 156 f.

[4] Siehe Meyer-Lübke, Romanisches etymologisches Wörterbuch.

[5] In einer Reihe von Schriften hat Paul Aebischer gezeigt, wie man die Vorgeschichte der romanischen Sprachen durch das Studium der lateinischen Texte rekonstruieren kann. Vgl. z. B. seine meisterhafte Darstellung des Kampfes zwischen dem langobardischen Wort *barbas* und dem griechischen *thius*, nachdem das lateinische Wort *avunculus* in Italien verdrängt worden war, Ann. della Scuola Norm. Sup. di Pisa, Lettere, ser. II, 5, 1936, Fasc. 1.

charakterisiert vor allem durch eine kuriose Wortwahl. Die irischen Priester und Mönche hatten keinerlei lebendigen Kontakt mit der klassischen Literatur; darüber hinaus besaßen sie nicht dieses natürliche Gespür für die lateinische Sprache, das die lateinischen Völker des Kontinents noch hatten. Alle, die sich die Mühe machen, die insularen Texte des 6. Jahrhunderts zu studieren, können diese Tatsache bestätigen, die wir deshalb hervorheben, weil man sich allzu oft eine falsche Vorstellung von der irischen Kultur in dieser Epoche macht. Man hat sogar behauptet, die irischen Mönche beherrschten das Griechische, weil sie bisweilen griechische Wörter unter die lateinischen mischten. Es ist jedoch offenbar, daß sie sie aus den Glossaren entlehnt haben, ebenso die ungebräuchlichen lateinischen Wörter, die sie gern benutzten. Aber die Iren waren ein sehr begabtes Volk, und als sie während ihrer Reisen auf dem Kontinent mit den Überresten der lateinischen Kultur in Kontakt getreten waren, machten sie sich diese bald zu eigen und nahmen mit viel Erfolg an der Kulturgeschichte teil. Schon St. Columban, der mehr als 20 Jahre in Frankreich und Italien lebte, hatte genügend von der lateinischen Sprache und Literatur gelernt, um sich einen Namen in der Literaturgeschichte zu machen, und ihm folgte eine große Anzahl hervorragender Landsleute.

Das Wirken der Iren in Bobbio wird bisweilen in der lateinischen Literatur Italiens sichtbar. Der gelehrteste aller italienischen Autoren des 7. Jahrhunderts ist Jonas von Susa, der einige Jahre nach dem Tode St. Columbans in Bobbio aufgenommen wurde, wo er seine literarische Ausbildung erhielt. Das bedeutendste Werk des Jonas ist sein ›Leben des hl. Columban‹, dessen erstes Buch mit einer Verherrlichung Irlands beginnt, die in rhythmischen Zeilen wie die der ›Hisperica famina‹ und in derselben wunderlichen Sprache geschrieben ist:[6]

*Undarum immanes moles quo truces latebras*
*Colore et nimio passim crine crispanti,*
*Peplo kana raptim quem dant cerula terga*
*Aequoris spumea cedunt et litora ...*

[6] Siehe E. K. Rand, Ehrengabe Strecker, 1932. Ich zitiere die Werke des Jonas nach der Ausgabe von Krusch, Jonae Vitae sanctorum Columbani, Vedastis, Johannis, Hannover/Leipzig, 1905.

Wir können demnach feststellen, daß sich in den lateinischen Texten, die im 7. Jahrhundert in Italien geschrieben wurden, fremde Einflüsse verschiedener Herkunft in auffallender Weise bemerkbar machen. Doch was dem Latein des 7. Jahrhunderts vor allem eine neue Prägung gibt, ist die Fülle von Vulgarismen. Man liest z. B. in einer Grabinschrift in Rom die Worte *quod sum essere abetis*,[7] wo die Form des Infinitivs *essere* und das Futur *essere abetis* anstelle von *eritis* Vulgarismen darstellen, die fast allen lateinischen Ländern gemeinsam sind. Aber man kann in den Inschriften in Rom auch solche Vulgarismen finden, die für die italienische Redeweise charakteristisch sind, wie die Präposition *da* oder das Pronomen *idipsa* (it. *dessa*).[8] In den literarischen Texten ist die Situation die gleiche. Die Autoren haben mitunter Wörter der Umgangssprache benutzt, um dem Leser das Erfassen des Sinnes zu erleichtern. Im Edikt des Rothari sind so die literarischen Wörter *noverca* und *privigna* durch Wörter der gesprochenen Sprache erklärt worden, 185: *novercam suam id est matrinia . . . privignam quod est filiastra* (vgl. it. *matrigna*, *figliastra*). Der gelehrte Jonas entschuldigt sich, wenn er sich genötigt sieht, ein Wort der Umgangssprache zu verwenden, z. B. wenn er von den *poma parvula quae etiam bullugas vulgo appellant* spricht.[9] Größtenteils jedoch sind die Vulgarismen unbewußt und entstehen aus einer unvollkommenen Kenntnis der Schriftsprache.

Von hier nähern wir uns den kontroversen Problemen, was die Interpretation der unbewußten Vulgarismen angeht. Es ist nicht schwierig, die großen Linien der Entwicklung vom Lateinischen zum Italienischen zu rekonstruieren. Wir kennen den Ausgangspunkt und das Ergebnis zur Genüge. Doch wenn es darum geht, die zeitliche Abfolge dieser Entwicklung zu bestimmen und ihre Einzelheiten zu fixieren, beginnen die Schwierigkeiten. Man muß Haltepunkte in den lateinischen Texten des spätrömischen Reiches und des Mittelalters finden, und alles hängt von der Frage ab, in welchem

[7] Diehl, Inscriptiones Latinae Christianae, 3865.

[8] Diehl, 3855 und 4002 A.

[9] Jonas, ›Vita Columbani‹ I, 9, S. 168, 1; vgl. engad. *paluoga* nach Meyer-Lübke, REW. Das Vorbild des Jonas dürfte Gregor d. Gr. sein; vgl. dessen ›Dialogi‹ II, 18: *vascula quae vulgo flascones vocantur.*

Maße diese Texte die gesprochene Sprache widerspiegeln. Mehrere amerikanische Gelehrte haben z. B. behauptet, man habe in Frankreich und Italien noch im 7. und 8. Jahrhundert beinahe dasselbe Latein gesprochen, das wir in den Texten vorfinden.[10] Sie haben u. a. statistische Untersuchungen über die lateinischen Deklinationen in bestimmten Urkunden angestellt und daraus gefolgert, das klassische Flexionssystem habe bis zur karolingischen Epoche fortbestanden, teilweise neben einem neuen romanischen System. Offensichtlich haben sie den bewahrenden Charakter der Schriftsprache nicht hinreichend berücksichtigt. Je weniger umfassend die Kenntnis der literarischen Sprache war, desto stärker war man abhängig von schriftlichen Quellen und erstarrten Formen, die man oft auswendig lernte, die zu analysieren und gemäß den eigenen Gedanken anzuwenden man jedoch unfähig war. In den Schenkungsurkunden finden wir z. B. oft die alte Formel *cum omnibus ad se pertinentibus*. Der Gebrauch dieser Formel im 7. und 8. Jahrhundert berechtigt uns in keiner Weise zu der Annahme, die Endung *-ibus* sei in der gesprochenen Sprache dieser Epoche noch lebendig gewesen. Es ist bezeichnend für die mechanische Art, in der man eine solche Formel benutzte, daß man sie als solche im nun folgenden Satz bewahrt hat, der einem Papyrus aus Rom entnommen ist und aus dem 7. Jahrhundert stammt[11]: *id est fundus Arturianus ... nec non et fondus Caudicianus in integro et omnibus ad eis generaliter pertinentibus*. Der Schreiber ist nicht fähig gewesen, den Ablativ der Formel abzuändern, obgleich die neue Konstruktion einen Nominativ erfordert. Mechanische Irrtümer dieser Art sind häufig in den Urkunden des frühen Mittelalters und zeigen, daß das Latein dieser Urkunden kaum eine natürliche Sprache ist, die man gesprochen hätte; ihre wichtigsten Elemente sind erstarrte Formeln.[12] Dennoch kann man hier viele Aufschlüsse über die Entwicklung der gesprochenen Sprache finden, doch nur, wenn man die Texte einer strengen

[10] Vgl. H. Muller, L'époque mérovingienne, New York 1945, und M. A. Pei, The Italian Language, New York 1941, S. 143.

[11] Jan-Olof Tjäder, Die nichtliterarischen lateinischen Papyri Italiens aus der Zeit 445—700, I, Lund 1955, S. 332, v. 19.

[12] Vgl. A. Uddholm, Formulae Marculfi, Études sur la langue et le style, Uppsala 1953, S. 26 f.

Prüfung unterwirft und die erstarrten Elemente auszusondern versteht.

Man muß sich gleichermaßen genau Rechenschaft ablegen über die verschiedenen Grade von Vulgarismus, die es gibt. Gewisse Veränderungen, die sich in der gesprochenen Sprache vollzogen hatten, entfernten sich so sehr von der klassischen Sprache, daß man sie niemals in einen geschriebenen Text einbringen konnte, sofern man die Absicht hatte, lateinisch zu schreiben. So unwissend die Autoren waren, sie wollten in Übereinstimmung mit den Schulregeln schreiben, und sie hatten immer gewisse visuelle Erinnerungen an die lateinische Orthographie und die Formen, die sie geschrieben gesehen hatten. Daher erscheinen viele Wörter und Formen, die nach dem Zeugnis der romanischen Sprachen im gesprochenen Latein existiert haben, niemals in den Texten. Nehmen wir ein Beispiel. Die Formen *salvarai* und *prindrai* (= *salvare habeo* und *prehendere habeo*) in den Straßburger Eiden zeigen, daß die beiden Elemente des romanischen Futurs in Gallien sich früh verschmolzen haben. Durch Zufall können wir beweisen, daß diese Verschmelzung sich schon im 7. Jahrhundert vollzogen hatte. Wegen eines Wortspiels hat Fredegar, wie man weiß, die Form *daras* (= *dare habes*) in Anspielung auf den Eigennamen *Daras*[13] gebildet. Aber anderorts finden wir niemals Formen dieser Art in den lateinischen Texten. Sie waren von einer ganz neuen Art und konnten unmöglich auf Papier oder Pergament geboten werden.

Es gab jedoch weniger provozierende Vulgarismen. In der gesprochenen Sprache hatten beispielsweise die Perfekte auf *-si* eine große Ausbreitung erfahren, und man sagte nicht nur *occisi*, sondern weiter *presi, solsi, cursi,* usw. Der Typus, den diese Perfekte darstellen, ist nicht neu; es handelt sich nur um neue Formen, die unter dem Einfluß der Analogie gebildet wurden, und daher finden wir

[13] Fredegar, 77, 20. Die Vulgarismen dieser Art haben oft indirekte Spuren in den Texten hinterlassen. In der gesprochenen Sprache wurde so *do* durch *dao* ersetzt, eine Form, die man in der Schriftsprache nicht verwenden konnte, die jedoch ein Echo fand in *dabo*, das von einigen Autoren anstelle von *do* gebraucht wurde; siehe Hommages à Max Niedermann, Brüssel 1956, S. 252; J. Bastardas Parera, Particularidades sintácticas del latín medieval, Barcelona 1953, S. 145 f.

sie gelegentlich in den lateinischen Texten.[14] Man muß folglich zwischen schweren Vulgarismen wie *daras* und leichteren Vulgarismen wie *occisi* unterscheiden. Nur die Geschichte der letztgenannten können wir in den lateinischen Texten verfolgen.

Doch für die Geschichte der leichten und halblateinischen Vulgarismen ist das Zeugnis der Texte oft schlüssig. Wir können z. B. feststellen, daß die Konstruktion *nescio quid facere* im 7. Jahrhundert gebräuchlich wird, während es kein einziges sicheres Beispiel des Typus *quid facere* gibt, in dem der Infinitiv in einem Hauptsatz vorkommt. Man muß daraus folgern, daß dieser Gebrauch des Infinitivs aus der indirekten Frage entstanden ist und daß man erst nach dem 7. Jahrhundert begonnen hat, den Infinitiv in der direkten Frage zu verwenden.[15] Das steht im Gegensatz zu dem, was man von einem rein theoretischen Ausgangspunkt aus annehmen könnte; man hätte erwartet, den Ursprung eines solchen Gebrauchs im Hauptsatz zu finden. Aber in diesem Falle sind die Tatsachen evident, und man muß die Theorien nach den Tatsachen ausrichten und darf dem Zeugnis der Texte nicht Gewalt antun.[16]

Wenn man in dieser Weise die Entwicklung der gesprochenen Sprache mit Hilfe der lateinischen Texte untersucht, findet man bald heraus, daß diese Entwicklung im 7. Jahrhundert, in dem der Riß zwischen der Schriftsprache und der gesprochenen Sprache entstanden ist, rasch an Gewichtigkeit zugenommen hat. Nach den Gotenkriegen und nach der Invasion der Langobarden war die alte Ordnung Italiens zerbrochen, das Land in kleine Gebiete aufgeteilt und das Volk in die Armut zurückgestoßen. Die kulturelle Situation war nicht mehr so, daß die Schriftsprache einen bewahrenden und lenkenden Einfluß auf die gesprochene Sprache hätte behalten können. Schon im 7. Jahrhundert beginnt die italienische Sprache. Aber trotz

[14] Ich habe auf einige Beispiele hingewiesen in La poésie latine rythmique du haut moyen âge, Stockholm 1954, S. 8.

[15] Siehe Glotta, XXVII, 1939, S. 261 f.

[16] Die Erklärung dieses Infinitivs durch M. Regula, Glotta, XXXII, 1952—53, S. 138 ist also zurückzuweisen. Regula hat einen theoretischen Ausgangspunkt gewählt, und wenn er keinerlei Stütze in den Texten findet, erklärt er ganz einfach, das Zeugnis der Texte sei falsch. In dieser Weise kann man alles beweisen.

allem blieb Italien, vorher das Zentrum der lateinischen Länder, der antiken Tradition treuer als die übrigen Gebiete der Romania. Die Entwicklung des Italienischen vollzog sich nicht mit derselben explosiven Kraft wie beispielsweise die des Französischen.[17]

Doch kehren wir zur Charakteristik des Lateins zurück, das wir in den Texten finden, die im 7. Jahrhundert in Italien geschrieben wurden. Indem die Autoren versuchten, Vulgarismen zu vermeiden und dem klassischen Sprachgebrauch entsprechend zu schreiben, begingen sie oft Fehler entgegengesetzter Art, die man Hyperurbanismen nennt. Jonas z. B. wußte sehr wohl, daß die 5. Deklination der Schriftsprache angehörte, und er wendet sie für die Mehrzahl der Wörter wie *esuries, congeries, requies, sanies* korrekt nach den Schulregeln an. Ein einziges Mal nur ist ihm der Fehler unterlaufen, die umgangssprachliche Form *rabia* (vgl. it. *rabbia*, fr. *rage*) zu benutzen, als er von den *lupi rabiae morbo detenti*[18] sprach. Andererseits glaubt er, sich einen klassischen Stil zum Verdienst anrechnen zu können, wenn er *copies* statt *copia* schreibt: ›Vita Columbani‹ I, 6, p. 163, 1 *ob egregiae doctrinae copiem* (so die Handschrift A 1 a, deren Lesart beibehalten werden muß; *copiam* Krusch); ›Vita Johannis Reomaensis‹ 13, p. 336, 28 *ait se tanti farris cupiem non habere*. Viele Wunderlichkeiten im Bereich der Syntax lassen sich ebenfalls erklären, wenn man sie als Reaktion auf den umgangssprachlichen Gebrauch betrachtet. So sagt man im 7. Jahrhundert nicht *dare ad manducandum*, sondern *dare ad manducare*. Der präpositionale Infinitiv wurde indessen als Vulgarismus empfunden, den es um jeden Preis in einem Text zu vermeiden galt, und so schrieb man schließlich *dare manducandum*. Vgl. ›Origo gentis Langobardorum‹, Script. rer. Lang., p. 10, 35: *ab Italia perrexerat eius iusticiam requirendum;* ein anonymer Verfasser eines Mailänder Hymnus: *fallax ad patibulum quasi solvendum properat*, wo der

[17] Ich habe die Entwicklung des Lateins in Gallien im 7. Jahrhundert skizziert in Syntaktische Forschungen auf dem Gebiete des Spätlateins und des frühen Mittellateins, Uppsala 1943, S. 11 f. Siehe auch Frieda und Robert Politzer, Romance Trends in 7th and 8th Century Latin Documents, Chapel Hill 1953, S. 49.

[18] ›Vita Columbani‹, II, 10, S. 253, 24; ibid., S. 253, 27.

Herausgeber den Vers durch Einfügung der Präposition *ad* vor *solvendum* zerstört hat.[19]

Recht bezeichnend für das Latein des frühen Mittelalters ist darüber hinaus der Gebrauch archaischer und seltener Wörter sowie kühner Neologismen, die sich aus gelehrtem Theoretisieren herleiten. Die ›Etymologiae‹ des heiligen Isidor stellten keine Einzelerscheinung dar. Beinahe überall, wo man noch Latein lehrte, stellte man Theorien über Ursprung und Etymologie der Wörter auf. Dieses Streben nach Wissen drückt sich z. B. bei Jonas aus, wenn er das Wort *anas* erklärt: *alitem ... quam a nando anatem vulgo vocant*[20], eine Erklärung, die auf Varro, ›Lingua Latina‹, 5, 78 zurückgeht. In den Glossaren fand man die ungebräuchlichen Wörter, mit denen man prahlte, und auf dem Wege der Analogie bildete man neue Wörter. Nach *auriga* hat Jonas z. B. *auliga*, „Hofmann“, gebildet, obgleich er auch das gebräuchliche Wort *aulicus*[21] kannte; nach dem Vorbild eines bekannten Typus poetischer Adjektive hat er *remiger* gebildet, ein Wort, das er als Adjektiv und auch als Substantiv an Stelle von *remex*[22] verwendet. Da man die verschiedenen Elemente der zusammengesetzten Wörter wohl gut erkannte und wußte, daß ein Simplex oft einem Kompositum entsprach, hat man sich in Italien sogar die Form *iux* an Stelle von *coniux*[23] gestattet; glücklicherweise wurde dieser Versuch einer Etymologie bald aufgegeben.

Schließlich fand man eine Fülle von Wissen in der Poesie. Schon in der Kaiserzeit hatte die lateinische Prosa eine Menge von Wörtern und Konstruktionen der Poesie entnommen. Während des frühen Mittelalters überschwemmten neue Fluten poetischer Reminiszenzen die Prosa. Die Autoren hatten kein lebendiges Gespür mehr für die verschiedenen Stilarten und vermischten sie unbefangen. So sagt Jonas nicht einfach „am nächsten Morgen“, sondern schreibt lieber *postquam sopor membra laxavit et caecas mundo surgens*

[19] Analecta Hymnica, LI, 139; vgl. Syntaktische Forschungen, S. 225 f.

[20] ›Vita Columbani‹, II, 25, S. 293, 4.

[21] Siehe den Index bei Krusch.

[22] ›Vita Columbani‹, I, 22, S. 201, 4; I, 27, S. 212, 4.

[23] Vgl. den Aufsatz Érudition et spéculation dans la langue latine médiévale, ALMA, XXII, 1952, S. 5 f. [in diesem Bd. S. 377 f.].

*aurora pepulit tenebras,* „nach Gallien reisen" wird zu *arva Gallica planta terere,* statt „wer leben wird, wird sehen" sagt er *videbis prorsus quae dixi si tunc vitam cum superis feres,* usw.[24]

Fassen wir die Gesichtspunkte zusammen, die wir vorgebracht haben. Das Latein, das man in Texten Italiens im 7. Jahrhundert findet, ist durch die Auflösung der Sprache gekennzeichnet. Die Griechen, Langobarden und Iren hatten fremdländische und bisweilen wunderliche Elemente mitgebracht; die immer häufiger auftretenden Vulgarismen zeigen, daß die gesprochene Sprache sich schnell zu einer Art Ur-Italienisch entwickelte; die Autoren reagieren oft auf diese Entwicklung, indem sie Hyperurbanismen bilden; sie tragen eine dunkle Gelehrsamkeit zur Schau, verwenden gern ungebräuchliche Wörter und poetische Floskeln. Man findet hier nicht mehr den klaren, nüchternen und objektiven Stil des heiligen Gregor des Großen. Was überlebt, ist vielmehr der Zweig der antiken Tradition, zu deren Repräsentanten Venantius Fortunatus gehörte. Doch wenn es noch Menschen gab, die die Poesie und die Rhetorik liebten, so kannte doch niemand mehr die klassische Literatur so, wie Fortunat sie gekannt hatte, niemand besaß mehr wie er die Gabe, sich mit bezaubernder Leichtigkeit auszudrücken.

Man muß sich all dessen bewußt sein, um die große geistige Fähigkeit des Paulus Diaconus in ihrem rechten Wert zu würdigen. Man kann bei ihm vereinzelte Beispiele für alle Merkmale finden, die das 7. Jahrhundert charakterisieren; sogar ein Vulgarismus wie die Form *erabamus,* it. *eravamo,* kann in seinen Text einfließen.[25] Doch im allgemeinen hat er Ordnung in die verschiedenartigen Elemente gebracht und einen neuen, persönlichen und gepflegten Stil geschaffen.[26]

Um eine genauere Vorstellung von dem Beitrag zu vermitteln,

[24] Vgl. ›Vita Columbani‹, I, 2, S. 154, 11; ibid., I, 4, S. 160, 16; I, 20, S. 198, 6.

[25] ›Historia Langobardorum‹, V, 40, S. 160, 4.

[26] Zum Stil des Paulus Diaconus siehe D. Bianchi, Di alcuni caratteri stilistici della Historia Langobardorum di Paolo Diacono, in: Memorie storiche forogiuliesi, XL, 1953, S. 1—75; idem, Per il testo della Historia Langobardorum di Paolo Diacono, in: Atti del 2° Congresso internazionale di studi sull'alto medioevo, Spoleto 1953, S. 121 f.

den Paulus leistete, wollen wir hier die Entwicklung der rhythmischen Dichtung untersuchen. Diese Form der Dichtung hatte es schon im spätrömischen Kaiserreich gegeben, und man pflegte sie noch im 7. Jahrhundert. Ein typisches Beispiel dafür ist das Gedicht zum Gedächtnis an Bobulenus,[27] der im Jahre 639 Prior von Bobbio wurde und nach 652 starb. Das Gedicht muß kurze Zeit nach dem Tode des Bobulenus verfaßt worden sein. Der anonyme Autor hat viele Motive und Redewendungen von Jonas[28] und aus der Grab-

[27] Das Gedicht ist von Krusch, MGH Script. rer. Merov., IV, S. 153 ff., veröffentlicht worden. Kruschs Text muß jedoch verbessert werden. So muß man lesen v. 19, 3 *qui, culpantes post correptos, noxa numquam recolit* (= *qui postquam culpantes corripuit, noxam* usw.), v. 20, 1 *serpens latens in frutecta ipsum cum momorserat* (*ipsumque* in den Handschriften, wo die Abbreviaturen für *que* und *cum* verwechselt worden sind). V. 8, 2 sind die Wörter *instanter semper laborandum (= laborando)* beizubehalten, v. 11, 3 schlage ich vor *altera(m) vita(m) ne umquam estuderent voluit*, v. 22, 3 ist Kruschs Konjektur zu verwerfen *(orarium ... suus = orario ... suo)*. Weitere kritische Bemerkungen weiter unten.

[28] Jonas berichtet z. B. über St. Columban, I, 15, S. 177, 11 *evenit, ut unus eorum ... digitum falce praeciderit ... digitum inlitum salivo pristine statim sospitati reddit.* Der Dichter hat dasselbe Wunder Bobulenus zugeschrieben, v. 21:

*Tanta gratia curandi Deus illi contulit,*
*ut a lapide precisus artus unus monachi*
*de saliva ut linivit, sospitati reddidit.*

Wir finden eine ganz spezielle Wendung bei Jonas, Vita Col., I, 4, S. 159, 12 *ignitum igne Domini desiderium, de quo igne Dominus in evangelio loquitur: Ignem veni mittere in terram, quam volo ut ardeat* (vgl. gleichermaßen Vit. Joh., 18, S. 341, 8). Der Dichter hat diese Wendung von Jonas übernommen, v. 10:

*Ignit* (*igne* codd.) *Domini accensus igne amantissimo,*
*quod igne Dominus in terra misit volens ardeat,*
*corda servorum suorum mistico septemplice.*

Vgl. ferner ›Vita Col.‹, I, 7, S. 165, 3 *mortificata Deo membra* und v. 15, 2 *cui sua membra sacra mortificata subdidit (mortifica* ... in der einen Handschrift, *mortificare* in der anderen); ›Vita Col.‹ II, 21, S. 276, 17 *animam iustitiae copia plenam caelos condere* und v. 25, 3 *sese caelos collocavit meritis.* Der ungewöhnliche Gebrauch des Genitivs in den Aus-

poesie[29] übernommen, und es ist nicht unwahrscheinlich, daß er seine abecedarische Form den irischen Hymnen zu Ehren der Heiligen verdankt, die in Bobbio gut bekannt waren. Die Sprache ist ebenso rauh wie bei Jonas. Man kann so die Verwilderung des lateinischen Kasussystems durch den Satz erläutern: *exemplum et confirmavit ipsos quidem perpetis*, 4, 3, wo *exemplum perpetis* als *exemplo perpeti* gedeutet werden muß (Kruschs Erklärung im kritischen Apparat ist falsch), oder durch den Ausdruck *omnibus in domo Dei consistentes* 9, 3 (die Endung *-ibus* war zu dieser Zeit rein literarisch).[30] Das Substantiv *dogma* wird als Femininum behandelt 4, 1 *(dogma totam)* wie *scisma* bei Jonas II, 9, p. 247, 13 *(qua scisma)*. Der Verfasser der Verse verwendet umgangssprachliche Konstruktionen wie *pauperes amator* 17, 1, *regulam conservator* 19, 2, und sein analytisches Streben im Bereich der Etymologie hat ihm die Formen *in tempesta noctis* 23, 1 statt *intempesta nocte*[31] und *butus*

drücken *commendare alicuius, inserere operis, gratus omnium* usw. bei Jonas, ›Vita Col.‹, II, 1, II, 9, I, 3 erklärt, warum der Dichter den Genitiv in v. 1, 2 gewählt hat: *Bobulenus monachorum praefuit coenubii.*

[29] Vgl. z. B. v. 4, 1 *dogma priorum antiquorum ... patravit* und Diehl, Inscr. Lat. Christ., 1054, 9 *priscorum dogma servans patrum*; v. 4, 3 *exemplo confirmavit ipsos perpeti* und Diehl, 1054, 3 *exemplo boni operis docuit cunctos viam salutis;* v. 14, 1 *mitis, bonus ac benignus, vultu semper hilare, pacificusque mansuetus* und Diehl, 3114 *innoces, mansuetus, mites, letus*; v. 17, 1 *pauperes amator* und Diehl, 1103, 5 *pauperum amator.*

[30] (Vgl. oben S. 20 f.; 94). Dieser Satz ist von Krusch falsch verstanden worden, der ihm eine falsche Interpunktion gab. Die Strophe muß folgendermaßen interpretiert werden:

*Igne Domini accensus lucerna emicuit*
*supra candelabrum posita, lumen praebet omnibus*
*in domo Dei consistentes, bona luxit opera;*

*(consistent.s* codd., *consistens* Krusch.) Hier hat der unbekannte Dichter die Worte Gregors d. Gr. wiederholt, ›Dial.‹, II, 1 *ut posita super candelabrum lucerna claresceret, quatenus omnibus qui in domo Dei sunt luceret* (vgl. Matth. 5, 15).

[31] Ich habe diese beiden Konstruktionen behandelt in La poésie latine rythmique, S. 14, und ALMA, XXII, 1952, S. 7 [in diesem Band S. 374 f.].

19, 2 für *imbutus*[32] eingegeben. Jeder Vers muß sich aus zwei Halbversen von 8 + 7 Silben mit einem Paroxytonon vor der Zäsur und einem Proparoxytonon am Versende zusammensetzen. Doch der Autor des Gedichtes gestattet sich mehrere Freiheiten. Er verwendet 14mal 9 statt 8 Silben im ersten Halbvers und 4mal 8 statt 7 Silben im zweiten Halbvers. Die Schlußkadenz ist 2mal vor der Zäsur (1, 1 und 9, 2) und 2mal am Versende (3, 2 und 17, 1) regelwidrig. (Das Wort *adsúevit* 6, 2 muß als ein viersilbiges Proparoxytonon skandiert werden.) Die Akzentuierung ist vor der Schlußkadenz völlig frei, und man findet daher Strophen wie

*Edoctus a sáncto Déi Columbanus praesule*
*cúi post quárto in lóco meruit succedere,*
*ipsius doctrinam séquens rectum tenet tramite(m).*

Im Jahre 698 feierte ein „Stephanus magister" die in jenem Jahre in Pavia versammelte Synode in einem rhythmischen Gedicht, in dem wir dieselbe Wortwahl, dieselbe Grammatik und dieselbe ungeschickte Versbildung wiederfinden.[33] Magister Stephan scheint Dichter am Hofe des Königs Cuningbert gewesen zu sein, auf dessen Anordnung er sein Gedicht verfaßt hatte.

*Mihi ignosce, rex, quaesu, piissime,*
*tua qui iussa nequivi, ut condecet,*
*pangere ore styloque contexere*
*recte, ut valent edissere medrici;*
*scripsi per prosa ut oratiunculam,*

[32] Hier ist zu schreiben: *recordatur butam semper seriem*, „er denkt stets an die Regel, die er gelernt hat". Zu *butus* siehe CGL, IV, S. 595, 20, *series* = *regula* findet sich bei Jonas, ›Vita Col.‹, II, 23, S. 282, 26. Die ursprüngliche Lesart der Handschriften ist *senem*, was sie zu *seriem* ändern; Krusch schrieb *buta seni per senem* nach einer unglücklichen Konjektur Traubes.

Krusch irrte gleichermaßen bezüglich der Zeit, in der das Gedicht verfaßt worden ist. Er glaubt, der Verfasser der Verse habe in der karolingischen Epoche gelebt, weil er nur allgemeine Dinge über seinen Helden erzählt. Doch gerade das ist die normale Anlage der Hymnen zu Ehren der Heiligen.

[33] Strecker veröffentlichte das Gedicht, Poet. Aevi Carol., IV, S. 728.

sagt er in der letzten Strophe, in der er sich für die rhythmische Form entschuldigt. Vielleicht verfaßte Stephan die Grabinschrift für den König, der zwei Jahre später starb.[34] Die Mißbildung dieser Inschrift ist für die Zeit typisch. Wie dem auch sei, wir können hier keinerlei Spur eines Wiederaufblühens der Literatur beobachten.[35]

Ein wenig später jedoch, unter König Liutprand, einem Zeitgenossen u. a. des Flavian, des Lehrers des Paulus Diaconus, ist die Situation verändert. In Mailand verfaßt ein unbekannter Patriot gegen Ende des Episkopates des Theodor (725—739) ein rhythmisches Gedicht, in dem er seiner Heimatstadt huldigt; man zitiert es oft unter dem Titel ›Versus de Mediolano‹[36]. Dieses Gedicht ist in jeder Hinsicht bemerkenswert. Es stammt aus einer Zeit, in der der religiöse Gegensatz zwischen den Langobarden und der romanischen Bevölkerung aufgehoben war, in der die Langobarden sich zu latinisieren begannen und in der der Einfluß der romanischen Bevölkerung vor allem in den Städten zunahm. Der Autor rühmt zuerst, den Regeln der Rhetorik folgend, das äußere Erscheinungsbild Mailands, die Fruchtbarkeit der Ebene, die Stadtmauern, die Tore und die Gebäude der Stadt, und er beschließt diesen Teil des Gedichtes mit den stolzen Worten: *Haec est urbium regina.* Im folgenden hat er sich auch von der christlichen Dichtung leiten lassen. Mailand ist die wahre Hauptstadt Italiens, so sagt er, was eine Spitze gegen Rom, Ravenna und Byzanz zu sein scheint; nach Mailand kommen alle Bischöfe Ausoniens, um ihre Anweisungen ent-

[34] Die Inschrift ist veröffentlicht, Poet. Aevi Carol., IV, p. 726.

[35] Zur Zeit König Cuningberts lebte auch der Grammatiker Felix, von dem Paulus Diaconus spricht, ›Hist. Lang.‹, VI, 7. Ein weiterer Schriftsteller, dessen Name uns bekannt ist, war Maximianus, ein Dichter aus Mailand, der u. a. ein Gedicht zu Ehren des hl. Ambrosius verfaßt hat, Analecta Hymnica, LI, 138. Der Sprache und dem Stil nach zu urteilen, gehört Maximianus derselben Zeit an. Er zeigt auch ein besonderes Interesse für den Kampf des hl. Ambrosius gegen den Arianismus, ein Interesse, das man unter König Cuningbert leicht verstehen kann, später jedoch nicht; siehe M. P. J. van den Hout, M. Cornelii Frontonis epistulae, I, Leiden 1954, S. XVIII.

[36] Das Gedicht wurde veröffentlicht durch L. Traube, Karolingische Dichtungen, Berlin 1888, S. 119 ff.

gegenzunehmen. Dann zählt der Dichter die in der Stadt ruhenden Heiligen auf und hält eine Lobrede auf die ambrosianische Liturgie. Er versäumt nicht, Handel und Gewerbe vorzustellen, und rühmt König Liutprand, Bischof Theodor sowie die rechtschaffenen und treuen Stadtbewohner. Die Schlußstrophen bestehen aus einem Gebet. Zum erstenmal in der Geschichte spricht hier der freie, tätige und fortschrittlich eingestellte Bürger einer mittelalterlichen italienischen Stadt zu uns.[37] Das Latein des Gedichtes ist korrekt, der Versbau entspricht den Regeln. Der Autor hat die freie Akzentuierung, die man in den Gedichten des 7. Jahrhunderts noch findet, nicht gebilligt; er hat ein regelmäßiges Alternieren von betonten und unbetonten Silben im ersten Halbvers eingeführt:

*Alta úrbs et spációsa manet in Italia,*
*fírmitér edíficáta opere mirifico.*

Doch die Silbenzahl ist noch immer nicht in allen Versen gleich. Der Autor hat sich bisweilen erlaubt, in folgender Weise einen Auftakt hinzuzufügen:

*que áb antíquitús vocátur Mediolanum civitas.*

Der anonyme Milanese hat also einen großen Schritt hin zu einer Neuregelung des rhythmischen Verses getan.[38] Paulus Diaconus hat dann das Werk vollendet. Bei ihm ist selbst die Silbenzahl stets regelmäßig, wie wir in der folgenden Strophe feststellen können[39]:

*Alta páce núnc exúltat Ausonia regio*
*Désidérió simúlque Adelchis regnantibus*
*flórentíssimís et píis cum haec annotata sunt.*

Dank Paulus Diaconus hat der rhythmische Fünfzehnsilbler so die Form erlangt, die er das ganze Mittelalter hindurch bei den um die Form bemühten Dichtern behalten hat.

[37] Zur Geschichte der antiken Stadt in Italien siehe zuletzt Edith Ennen, Frühgeschichte der europäischen Stadt, Bonn 1953.

[38] Die Versform ist analysiert worden von W. Meyer, Gesammelte Abhandlungen zur mittellateinischen Rhythmik, III, S. 182 f.

[39] K. Neff, Die Gedichte des Paulus Diaconus, München 1908, S. 10.

Dieser Überblick über die Entwicklung des Lateins in Italien gestattet es uns schließlich, uns eine Vorstellung von dem Ursprung der karolingischen Renaissance zu machen. Man hat oft die Rolle Italiens in dieser Hinsicht unterschätzt. Lange bevor Karl der Große den öffentlichen Unterricht im Frankenreich reformierte, hatten Paulus Diaconus und seine Vorgänger die lateinische Sprache und den lateinischen Vers von neuem gepflegt und sogar neue Formen gefunden, die der neuen Zeit besser angepaßt waren als die Formen der Antike. In Italien war das Leben der antiken Städte niemals ganz erloschen, die Mauern standen noch, das Latein war keine tote Sprache, sondern die schriftliche Form einer Alltagssprache. Vielleicht hat die karolingische Renaissance ihre tiefsten Wurzeln in den italienischen Städten.

Ulla Westerbergh: Chronicon Salernitanum. A Critical Edition with Studies on Literary and Historical Sources and on Language. Diss. Stockholm 1956, S. 223—295. Aus dem Englischen übersetzt von Eva Klopsch.

# ÜBER DIE SPRACHE DES CHRONICON SALERNITANUM*

Von Ulla Westerbergh

## *Orthographie und Phonetik*

Was die Rechtschreibung der Handschrift (Vaticanus Lat. 5001) und ihren phonetischen Hintergrund betrifft, so hat das ›Chronicon Salernitanum‹ nichts absolut Neues zu bieten, sondern bestätigt nur frühere Untersuchungen von Texten mit mehr oder weniger vulgärem Charakter, wie sie durchgeführt wurden von Bonnet für Gregor von Tours, von Haag für Fredegar, von Pirson für Gallische Inschriften, von Slijper für die ›Formulae Andecavenses‹, von Blatt für die ›Acta Andreae et Matthiae‹, von Väänänen für die Pompeianischen Inschriften, von Svennung für die ›Compositiones Lucenses‹; bei den drei letzten handelt es sich um Texte aus Italien. In der Absicht, meinen Lesern das Verständnis des Textes zu erleichtern und ihnen zu helfen, sich eine eigene Meinung über das sprachliche Niveau der Chronik und über den Einfluß der gesprochenen Sprache auf dieses zu bilden, habe ich es für nützlich erachtet, einen Überblick über die Orthographie und die mit ihr zusammenhängenden lautlichen Phänomene zu geben. In welchem Ausmaße die Orthographie der Handschrift auch die Schreibweise des Chronisten selbst repräsentiert, ist nicht leicht zu sagen, da die Kopie, die wir besitzen, etwa 300 Jahre zeitlich von der Urschrift entfernt ist. Aber wie ich später am Vergleich mit privaten Originalurkunden, die in der zweiten Hälfte des 10. Jahrhunderts in den Herzogtümern von Salerno und Benevent geschrieben wurden, zeigen

* [Wie die Verf. S. XII ausführt, wurde das ›Chronicon Salernitanum‹ um d. J. 978 abgefaßt. — Die hinter den Belegen aus dem ›Chron. Sal.‹ angeführten Zahlen beziehen sich auf die Edition Westerberghs (Seite und Zeile), S. 1—184.]

werde, gibt es keine wirklichen Unterschiede. Da die Phänomene hinreichend bekannt sind, habe ich Stellenhinweise und Beispiele so knapp wie möglich gehalten. Orthographische Varianten der Eigennamen sind in der Regel hier nicht erörtert, sondern nur in den Index aufgenommen.

Die Vokale zeigen einen überraschend großen Widerstand gegen den Einfluß der gesprochenen Sprache, und die aufgeführten vulgären Schreibungen sind zahlenmäßig weit geringer als z. B. die in den ›Comp. Luc.‹ und im Cod. Cav. gefundenen.

*e* > *i* in betonter Silbe kommt nur vor in *extimplo, signiter* und *dinique* (abwechselnd mit *denique*); in unbetonter Silbe in *quatinus*[1], obwohl *quatenus* bei weitem gebräuchlicher ist; *indisinenter* 106, 18 rührt her von der Vertauschung der Präfixe *dis-* und *de-*. — Ebenso selten ist *i* > *e*: *decedit* 67, 31 statt *decidit; confrengentes* 72, 24 und *defeciunt* 149, 15. — Diese Gleichsetzung von *i* und *e* hat auch weder das Deklinations- noch das Konjugationssystem bemerkbar beeinflußt. Einige seltene Fälle s. S. 157 f.

*o* > *u* kommt vor 35, 14 *luccio*; 41, 22 *municionem*; 45, 6 *prestularunt*; umgekehrt findet sich 30, 11 *scopolis* für *scopulis*. — Das Vorkommen von *-o* für *-us* oder *-um* werde ich im Zusammenhang mit den Kasus behandeln.

*y* steht häufig für *i* in allen Stellungen; die Umkehrung findet sich 97, 31 *gipso* und 178, 31 *sillabis*.

Die klassischen Diphthonge *ae* und *oe* sind durchgängig durch *e* wiedergegeben: das sogenannte *e* caudata kommt nicht vor. Es gibt nur zwei Ausnahmen: 25, 1 *moenibus* — dieses Beispiel steht in der Grabschrift auf den Herzog Arichis, verfaßt von Paulus Diaconus, und der Diphthong ist konsequent aus der Quelle übernommen — und 153, 16 *moenia*. Diesen Fall kann ich nicht erklären. Vielleicht liegt er ähnlich wie der zuerst erwähnte, doch ist es mir nicht gelungen, die Quelle für die Geschichte von Guidos bemerkenswertem Heldenstück[2] aufzufinden.

[1] Eine vielleicht von *protinus* beeinflußte Schreibweise?

[2] Es ist bemerkenswert, daß nur an dieser Stelle *causa* in der Bedeutung von 'Ding' vorkommt. Überall sonst gebrauchen die Chronisten *res*. Diese Tatsache, verbunden mit dem Auftreten des Diphthonges *oe*, stützt meine Vermutung bezüglich der Urheberschaft der Stelle.

*a* für *au* ist reguläre Entwicklung in *agustalem* 146, 16, so wie *e* für *eu* in *enuchus* 126, 20,[3] aber 21, 22 steht *eunuchus*. In einigen anderen Beispielen erscheint ebenfalls *a* für *au*: 155, 35 *agmentaret*; 82, 6 *arificis*;[4] 72, 2 *natica*; 80, 19 *thesari*[5]. Auf der anderen Seite gibt es Schreibfehler, wie ich glaube, in 9, 31 *adiens* und 12, 1 *Pale*; von einer späteren Hand in *audiens* und *Paule* verbessert und so von mir in den Text aufgenommen. Umgekehrt gibt es *au* für *a* in *protoplausti* 123, 24, was eine höchst gebräuchliche Schreibung dieses Wortes in Handschriften aus allen Ländern ist, s. Blatt 187. — Ich bin nicht sicher, ob *augerentur* 40, 33 statt *agerentur* und *augeret* 84, 30 statt *ageret* wirklich vom Chronisten stammen; ich habe sie lieber für Schreiberfehler genommen und in den Text die klassische Form eingesetzt.

Die Konsonanten scheinen weit mehr dem Einfluß der gesprochenen Sprache unterworfen zu sein, da ihre orthographische Wiedergabe vielgestaltiger und willkürlicher ist als die der Vokale und Diphthonge. Allerdings sind die meisten Schreibweisen und die ihnen zugrundeliegende lautliche Entwicklung wohlbekannt.

Groß ist daher die Inkonsequenz im Gebrauch des Buchstaben *h*: sehr oft ist es ausgelassen und verschiedentlich unrichtig hinzugefügt. *Nihil* wird fast ausnahmslos *nichil* geschrieben, *mihi* öfter *michi*.

*b* und *v* werden ohne Unterscheidung gebraucht nicht nur zwischen Vokalen, sondern auch am Wortanfang und nach Liquiden, was ein charakteristischer Zug der süditalienischen Dialekte ist (Rohlfs I 247 f., 282 f., 435 f.). Man vergleiche de Bartholomaeis Cav. § 4, nach dessen Meinung dieser Wechsel in den Urkunden „auf Schritt und Tritt begegnet".[6] Intervokalisches *v* ist ausgelassen in *abaus* 66, 17, *proaus* 181, 23,[7] *fluius* 81, 24 und *fluio* 89, 10.

[3] Diese Schreibweise findet sich auch in den lateinischen Lunarien; vgl. Niedermann, Gnom. 16, 227 und Svennung, Comp. Luc. 102, A 6.

[4] Vgl. Savj-Lopez, Appunti 40: *arefece*.

[5] Ähnliche Beispiele sind angeführt bei Svennung, Comp. Luc. 102 (§ 12).

[6] Vgl. Capozzoli 13; L. Politzer, On *b* and *v* in Latin and Romance, Word 8, 211—215, New York 1952; ders., On the Central Italian Development *rv* > *rb*, Italica 31, 93—98, Menasha 1954.

[7] Vgl. Appendix Probi: *avus* non *aus*.

Diese Auslassung ist noch heute im Neapolitanischen nicht ungewöhnlich, vgl. Capozzoli 25.

Stimmhafte und stimmlose Verschlußlaute können sich in Wortmitte gegenseitig ersetzen, seltener auch am Wortanfang. Dies ist in allen mittelalterlichen Handschriften häufig. Besonders erwähnenswert ist *-itus* für *-idus*, z. B. *abitus* 40, 30 für *avidus*; *placita* 37, 10; *placitum* 179, 3; *solitum* 153, 20 f. (dreimal); ähnliche Formen finden sich nach Rohlfs I 377 in den süditalienischen Dialekten; Rohlfs führt z. B. für Neapel an *limpeto* < *limpidus, graveto* < *gravidus, luceto* < *lucidus.*

Wenige Spuren hat in unserem Text der Übergang von *g* vor hellem Vokal in konsonantisches *i* hinterlassen: *deiebat* 80, 4; *iessisti* 21, 9; *ingecit* 20, 13. In diese Rubrik kann man auch Schreibungen wie *aiutore* 4, 5, *aiuvandum* 138, 30 und *Madii* 61, 30 aufnehmen.

Ein *t*, gefolgt von *i* + Vokal, wird allgemein *c* geschrieben,[8] und *-cti-* wird zu *-cci-*. Die Aussprache wird fast identisch gewesen sein, da *-ci-* und *-cci-* für einander eintreten können, z. B. *absoluccionem* 5, 30; *dilaccione* 120, 13; *donaccionem* 9, 19; *poccionum* kommt mehrmals vor; *dicioni* wechselt mit *diccioni*; *benedicione* 176, 4; *satisfacionem* 152, 31 und 155, 16. *Etiam* wird vom ersten Schreiber konstant *ecciam* geschrieben, vom zweiten teils *etiam*, teils *eciam.* — Umgekehrte Schreibung liegt vor in *provintiam* 70, 11; *monittionem* 7, 9; *ammonittione* 6, 21. Vgl. Cod. Cav. a. 942 (CLXX) *rattione.*

*-ct-* zwischen Vokalen, das in Italien schon seit langer Zeit aussprachlich zu *-tt-* assimiliert war, wird vom ersten Schreiber abwechselnd durch *-tt-* und *-ct-* wiedergegeben. Der zweite Schreiber gebraucht ausschließlich *-ct-* und hat sogar einige umgekehrte Schreibungen: *mittere* mit Komposita erscheint oft als *mictere*;[9] 110, 8 steht *licteras* und 111, 19 *licteris*; die Vorsilbe *ad-* mit folgendem *t* wird in einigen Fällen *act-* geschrieben, z. B. *actendentes* 110, 11;[10]

[8] Ich muß jedoch einräumen, daß es oft sehr schwer ist, in der Handschrift zwischen *c* und *t* zu unterscheiden.

[9] Diese Schreibweise ist auch von Blatt 179 für die ›Acta Andreae‹ bezeugt.

[10] Vgl. Mussafia, Reg. San. 536: *actendere.*

*acterimus* 130, 22; *actrahebat* 83, 23; *actrivit* 53, 18. — 13, 27 setzt der erste Schreiber *tuictionem* für *tuitionem*, während der zweite *autoritatem* schreibt. Einige Male erscheint *factus* anstatt von *fatus*. — In der Konsonantengruppe *-nct-* haben beide Schreiber sowohl *-nt-*, *-ntt-*, als auch richtig *-nct-*. Umgekehrte Schreibung ist *tancti* 22, 13.

Intervokalisches *-pt-* wurde *-tt-* ausgesprochen; dadurch verschmolz die Aussprache von *-pt-* und *-ct-* und verursachte Verwirrung in der Rechtschreibung, von der de Bartholomaeis einige Beispiele aus dem Cod. Cav. gibt (s. das Ende von § 4); diesen kann ich hinzufügen *haptum* und *aptum*, beides für *actum* a. 978 (CCC und CCCI). Einige der Beispiele finden sich gleichfalls in unserer Chronik: *correctus* 179, 16 = *correptus*; *dictongos* 157, 5, vgl. ital. *dittongo*; vielleicht muß diese Form als eine etymologisierende Schreibung angesehen werden: *dicere* — *dictum* — *dictongos! Inclipta* 72, 1 = *inclita*. — An dieser Stelle möchte ich auch auf das Partizip *dirructus* hinweisen, welches einige Male vorkommt. Es kann ebenso für *dirruptus* stehen wie für *dirutus* (vgl. unten über Verdoppelung). Diese Schreibung gibt es auch bei Erch., der noch außerdem *corructum* für *corruptum* hat (236, 1).[11]

Entsprechend der Tatsache, daß *x* wie *s* ausgesprochen wurde, am frühesten in der Gruppe *-xt-*, aber auch in Wortmitte und -ende, werden *s* und *ss* wiederholt anstatt von *x* gebraucht. Aus den Fällen von umgekehrter Schreibung erwähne ich *extote* 70, 18 = *estote*; *luxtris* 24, 23 = *lustris*; *mox* = *mos* mehrere Male; vgl. *mosque* für *moxque*, z. B. 131, 17; *fessus* wird durchgängig *fexus* geschrieben; *nefandiximus* 151, 31 und *vidixet* 42, 12.[12] — *Haesitabat* erscheint 62, 30 als *excitabat*, und *haesitatione* 157, 33 als *excitacione*. —

[11] Ich finde es merkwürdig, daß Waitz zwar *corructum* in *corruptum* verbessert, aber *dirructum* stehen läßt. *Corructum* ist nicht fehlerhafter als *dirructum*. Ob diese Schreibweise dem Kopisten zuzurechnen ist oder in Wirklichkeit auf Erchempert selbst zurückgeht, kann nicht entschieden werden. Aber nach meiner Meinung darf man nicht die eine Schreibung anerkennen und die andere verwerfen. Vgl. Niedermann, Recueil 58 und 87.

[12] Die beiden letzten Formen von *dixi* beeinflußt?

Schreibungen mit *cx*, wie in *construcxit* 97, 24, gehen nach meiner Meinung auf eine Schulaussprache zurück; da *struxit* allgemein wie *strusit* gesprochen wurde, griff man, um die korrekte Aussprache zu erreichen, zu der Form *strucxit*.

*sc* vor hellem Vokal ist in der Aussprache einem *s* in derselben Stellung angenähert (vgl. Rohlfs I 280 u. 316),[13] was aus Schreibungen wie *asenderat* 24, 13,[14] *presiens* 147, 29, *sedulas* 12, 19 u. 140, 5, deutlich wird — die zwei letzten Beispiele sind von einer späteren Hand in *cedulas* verbessert: vgl. Svennung ›Comp. Luc.‹ 111. — *Silicet* wechselt in etwa 10 Fällen mit *scilicet* ab, erscheint im übrigen aber meist abgekürzt; je einmal stehen *absescerat* 133, 32 und *absescit* 146, 13 für *abscesserat* und *abscessit*. Sehr häufig ist umgekehrte Schreibung: *abscente* und *scitus* mehrfach, einmal *conscripscimus* 21, 17. *Huiuscemodi* wird oft *huiusscemodi* geschrieben; vgl. Cod. Cav. a. 897 (CLX) *stavilisscendam* für *stabiliscendam*.

Schreibweisen wie *mostro, demostro* und *costans* spiegeln die normale phonetische Entwicklung von *-ns* wider. Obwohl aber das Partizip Präsens im Nominativ Singular stark vertreten ist, haben wir hier nur 4 Fälle von *-es* für *-ens*: 35, 11 *cognosces*; 105, 2 *competes*; 149, 18 *sustines*; 159, 18 *advenies*; außerdem nur noch zwei Fälle von *-t-* für *-nt-*: 61, 24 *remanete* und 123, 7 *incunctater*. Angesichts der geringen Häufigkeit solcher Schreibweisen habe ich mir erlaubt, die klassischen Formen in den Text aufzunehmen. — *Istigamenta* 55, 9 kann auf zwei Weisen erklärt werden: Entweder wurde *inst-* zu *ist-*, oder *i-* ist ein prosthetischer Vokal. Persönlich ziehe ich die erste Erklärung vor, da prosthetische Vokale sonst nirgendwo in der Chronik vorkommen, wir aber einige Male auf Formen wie *istar* 79, 2 für *instar*, *inspanus* 113, 24 für *hispanus* und *inspido* 63, 20 für *hispido* treffen. *Princens* 93, 1 interpretiere ich als umgekehrte Schreibung für *princes*, welches häufig statt *princeps* gebraucht wird: vgl. Cod. Cav. a. 798 (II) *magnu princes*, Sven-

[13] Beispiele aus den verschiedenen italienischen Dialekten siehe bei Monaci, Crest. §§ 198, 199, 270, 273, 298; vgl. auch Mussafia, Reg. San. 537 ff. und Savj-Lopez, Appunti 44.

[14] Vgl. Cod. Cav. a. 935 (CLVII) *assendit*; spätere Belege gibt de Bartholomaeis Cav. § 32.

nung, ›Comp. Luc.‹ 110 *ades* für *adeps*. Nach Voigt, Beiträge 17, trug das Siegel von Guaimar III. die Inschrift „Guaimarius princes" (Beginn d. 11. Jh.).

Für Dissimilation zwischen zwei Liquiden bietet die Chronik ein paar bemerkenswerte Beispiele: *r — r celebro* 141, 19 (vgl. aital. *cielabro*, Rohlfs I 524); *exprobans* 34, 12 und *exprobacione* [15] 34, 13; *franganciam* 162, 20 und *fragaret* 171, 3; *fratueles* 139, 8; *frustarentur* [16] 71, 28. — *-l-r plausta* 141, 3 und *plausto* 147, 19 statt *plaustra* und *plaustro* [17]; *sepulchum* 29, 4 und *sepulcha* 33, 18.

Um assimilatorische Hinzufügung einer Liquida wird es sich handeln bei *impletrare* 40, 27; *congregrare* 43, 16; *aproprians* 145, 8; dennoch habe ich diese Formen nur mit großen Bedenken aufgenommen. Vgl. de Bartholomaeis, Cav. § 53, a. 960 (CC IX): *frabrica = fabrica*.

Metathese von Liquiden, welche allgemein in Dialekten vorkommt, mit besonderer Häufigkeit aber in den süditalienischen (Rohlfs I 518), liegt vor in *frabice* 72, 23; *frebis* 92, 27; *strupasset* 20, 16; *strupare* 125, 32; *strupata* 63, 11 und 92, 16; *stripitus* 145, 14. *Frabbica* und *freve* leitet Rohlfs direkt vom neapolitanischen Dialekt ab, während *strupo* schon in älteren Zeiten verbreitet ist. Weitere Beispiele bietet Capozzoli 29.

Rohlfs bezeichnet I 303 ff. und 308 ff. den Wechsel von *fl* und *fr* bzw. von *pl* und *pr* als Eigentümlichkeit einiger mittel- und süditalienischer Dialekte; dazu gehören in unserer Chronik folgende Beispiele: einige Formen von *complehendere* 53, 1; 67, 23 u. a.; *incomplehensibile* 72, 26 und *incomplehensibilia* 128, 9; *platum* 64, 13 u. 25; *fletum* 70, 13 und *fleti* 164, 12.

Mehrere Konsonanten werden unterschiedslos einzeln oder verdoppelt gebraucht, nicht nur *m*, dessen intervokalische Gemination charakteristisch für das Neapolitanische ist (Rohlfs I 369 u. 379; de

[15] Vgl. Thes. V: 2 1798, 53.

[16] Andere dissimilierte Formen dieses Verbums gibt, allerdings nicht ohne Bedenken, Lundström für Irenäus, s. Neue Studien 19.

[17] Vgl. auch Capozzoli 26, der zu Dubletten wie *fenestra* und *fenesta* die Ansicht vertritt, daß *r* nach *st-* schwindet. Siehe *frustarentur*! Vgl. auch Savj-Lopez, Appunti 42.

Bartholomaeis, Cav. § 47), sondern auch *l* — z. B. *tollerare* 162, 33 = die italienische Form — *r, s, c* u. a. Dieselbe orthographische Unsicherheit zeigt Svennung in den ›Comp. Luc.‹ 111 (§ 35) auf.

Wie die meisten mittelalterlichen Handschriften bietet der Vaticanus teils assimilierte, teils unassimilierte Formen. Beachtenswert sind folgende Schreibungen: *oscuro* 90, 25 = *obscuro*; *connominatur* 9, 18 — vgl. z. B. ital. *conoscere*; *sullimissimi* 162, 5 und *sullimes* 179, 26 — vgl. z. B. ital. *sollevare*. Umgekehrte Schreibungen sind u. a. *obsculare* = *osculare* (mehrfach), *stegmatibus* und *stegmate* für *stemmatibus* und *stemmate*. Die Einzelform *stemate* 133, 4 ist wahrscheinlich ein Schreibfehler. Zu *-gm-* für *-mm-* vergleiche Svennung ›Comp. Luc.‹ 109; *gugma* für *gumma, lacmina* für *lammina*. Sehr wahrscheinlich ist die Schreibweise *-gm-* das Ergebnis einer gelehrten Spekulation in Analogie zu *-gn-*, das wie *-nn-* gesprochen wurde; in der regulären lautlichen Entwicklung wird *-gm-* > *-um-* (Rohlfs I 431; Niedermann, Recueil 84 ff.).

Zum Schluß noch einiges über die Endkonsonanten. Die Tatsache, daß auslautende *s, m* und *t* nicht ausgesprochen wurden, hatte weitreichende Folgen für das lateinische Flexionssystem; die Sprache unserer Chronik spiegelt das in ziemlichem Umfange wider. Zwar findet sich hier nicht die gleiche Verwirrung, wie sie de Bartholomaeis für den Codex Cavensis aufzeigt; die korrekten Endungen werden durchaus gebraucht, wenn auch nicht immer in korrekter Weise. Formen wie *gentis nostrem* = *gentis nostrae, bobi* oder *bobit* = *vobis, apus bo* = *apud vos, satisfacimu* = *satisfacimus*, welche de Barth. aus den Urkunden anführt, gibt es hier nicht. Aber wir finden Schreibweisen wie *cum Galli* (= *-is*) 42, 19; *molestia corpori* (= *-is*) 47, 7; *omnipotentis* (= *-i*) *Deo* 98, 24; *venusta forma* (= *-am, -am*) 19, 10 f.; *immensam* (= *-a*) . . . *plebs* 18, 18 f.; *prepete cursum* (= *-u*) 132, 27; *putet* (= *-em*) 16, 9; *nequivit* (= *-vi*) 35, 24 etc. Ich habe es allerdings vorgezogen, dieses Material in meinen grammatischen Überblick aufzunehmen, weil ich glaube, so meinen Lesern eine bessere Vorstellung vom Gebrauch der Flexionsformen geben zu können.

Hier möchte ich nur noch das Auftreten von *d* für auslautendes *t* erwähnen, z. B. *ud* 37, 23; *velud* 87, 31; *iruissed* 34, 21; mehrfach findet sich *capud, reliquid, dereliquid, inquid*;[18] umgekehrt *aut* statt *haud*.

Wie aus diesem Überblick über die Orthographie hervorgeht, ist die Handschrift in der, wie man es nennen darf, traditionellen mittelalterlichen Schreibweise abgefaßt, verrät aber gleichzeitig ihren Ursprung, nämlich Süditalien, durch eine große Zahl von Schreibformen, die aus der süditalienischen Aussprache resultieren. Natürlich wird hier keineswegs die Sprechweise des Chronisten selbst nachgeahmt, noch die der Schreiber. Ähnlich wie bei allen anderen Texten treffen wir hier eine Mischung von klassischer, phonetischer und umgekehrter Schreibung. Dieses trifft nicht nur auf die Orthographie zu, sondern auch auf die Formenlehre und die Syntax, wie ich später zeigen werde. Man vergleiche, was Svennung in seiner Zusammenfassung über die Sprache der ›Compositiones Lucenses‹ sagt (173):

> Aber niemand wird sich einbilden, daß die schriftliche Darstellung die Volkssprache ihrer Zeit vollkommen getreu wiedergäbe. Selten, fast nie, ist es ja einem Autor gelungen, die gemeine Sprache in größerem Umfang schriftlich zu fixieren; auch der Ungelehrteste greift immer wieder nach Formen, Ausdrücken und Satzbau der höheren Sprache, der Schriftsprache.

Nun zu den Grundsätzen meiner Edition. Da die Orthographie der beiden Schreiber sich in mancher Hinsicht widerspricht, wäre es kaum sinnvoll, alle Schreibweisen einfach aus der Handschrift zu übernehmen, sondern man muß auf die eine oder andere Weise angleichen. Pertz, der frühere Herausgeber, brachte den Text weitgehend auf klassische Norm; so setzte er z. B. überall *ae* und *oe* für *e* ein. Diese Methode erscheint mir unrichtig für einen so spät datierten Text wie das ›Chron. Sal.‹ Ein anderer Weg, wie ihn Blatt (›Acta Andreae‹), Hedfors (›Compositiones Lucenses‹) und Josephson (›Casae Litterarum‹) in ihren Editionen einschlugen, ist es, zwar die Handschrift als Norm zu akzeptieren, aber um der besseren Lesbarkeit willen im Text kleine Ergänzungs- und Auslassungszeichen beizufügen, z. B. für Endkonsonanten. Diese Methode bestícht wohl

[18] Zu diesen Formen vgl. Uddholm 45.

auf den ersten Blick, es ist aber, wie Josephson in seiner Dissertation einräumt (S. 81; s. hier auch die ausführliche Erörterung editorischer Prinzipien mit Literaturhinweisen), äußerst schwierig, im Gebrauch dieser Zeichen volle Kongruenz zu erzielen. Besonders ungeschickt finde ich an diesem System, daß der Editor, wenn in der Handschrift irrtümlich *-us-* statt *-um-*, *-it-* statt *-is-* gebraucht ist, usw., auf seine Zeichen verzichten und es dem Leser überlassen muß, die richtige Form aus dem Zusammenhang zu erschließen, es sei denn, er gibt die Erklärung im kritischen Apparat. Aber wie ich oben schon ausgeführt habe, sind die vorkommenden „Irrtümer" meistens von dieser Art, d. h. richtige Formen sind unrichtig angewendet; und deswegen ist die genannte Methode für das ›Chronicon Salernitanum‹ unbrauchbar.

Mein oberster Grundsatz bei der Konstituierung des Textes war es, die Handschrift so getreu wie möglich wiederzugeben, außer es handele sich um augenfällige Schreibfehler. Diesen Grundsatz habe ich auch für Zitate anderer Autoren, die in die Chronik aufgenommen sind, gelten lassen, so für das Arichis-Gedicht von Paulus Diaconus und den Brief von Ludwig II., obwohl ich genau weiß, daß diese Texte in den Originalhandschriften anders geschrieben wurden als in unserem Vaticanus. Ich kann zwar auch nicht nachweisen, daß der Vaticanus den ursprünglichen Zustand der Chronik, so wie sie vom Verfasser geschrieben wurde, bewahrt, aber da es nicht möglich ist, hier Gewißheit zu erlangen, halte ich es für befriedigender, die Chronik in all ihren Teilen so wiederzugeben, wie sie in der ältesten Handschrift überliefert ist. Ich fühle mich nur da zu Korrekturen berechtigt, wo es sich nach meiner Meinung um reine Schreibfehler handelt, mögen sie nun den Lautstand, die Wortform oder die Wortstellung betreffen.

Bei dem Versuch, meinen Hauptgrundsatz zu verwirklichen, stieß ich auf ein neues Problem: Wie sollte ich die Verschiedenheiten in der Orthographie der beiden Schreiber behandeln? Welcher von ihnen hatte sich getreulich an die Vorlage gehalten, und wessen Schreibweise konnte ich zur Richtschnur nehmen? Um zu einer annehmbaren Lösung zu gelangen, untersuchte ich die Orthographie von Privaturkunden aus derselben Gegend (Cod. Cav.). Dabei fand ich heraus, daß die Orthographie des zweiten Schreibers vorwiegend mit gleichzeitigen und älteren Urkunden übereinstimmte: Bis in die Mitte des zehnten Jahrhunderts und gelegentlich noch später finden sich Schreibungen wie *promictemus*, *repromicto*, *demictamus* Seite an Seite mit *predictus* und *supradictus*. Schreibung von *-tt-* statt *-ct-* gibt es nicht vor dem elften Jahrhundert (vgl. de Bartholomaeis § 36), abgesehen von zwei Ausnahmen: a. 981 (CCCXXXV) und a. 983 (CCCLXI) findet sich *finem fattam* für *finem factam* — beide Urkunden stammen vom selben Schreiber, haben fast den gleichen Wortlaut und betreffen dieselben Personen. *Fattam* ist auch das einzige Beispiel in beiden Dokumenten für *tt* anstatt von *ct*; ansonsten gebraucht der Schreiber stets *predictus*, *rectum* usw. Die Orthographie unseres zweiten Schreibers hat also einen hyperkorrekt-konservativen Charakter und ist der Sprache einer Chronik im ganzen mehr angemessen. Deshalb habe ich den zweiten Schreiber zur Textgrundlage gemacht und den ersten Schreiber nach ihm verbessert. Nicht unwesentlich ist auch dabei, daß der zweite Schreiber den Hauptteil, nämlich vier Fünftel der Handschrift, geschrieben hat. Was den zweiten Schreiber allerdings ein wenig suspekt macht, ist, daß er dieselbe Orthographie auch in den aus Erchemperts ›Historia Langobardorum‹ abgeschriebenen Passagen gebraucht. So hat meine Edition durchweg *supradictus*, *factus*, *facturus*, *directus* usw.; *mictere* mit Komposita nur dort, wo der zweite Schreiber es hat, sonst *mittere*. Das beim ersten Schreiber übliche *ecciam* ist normalisiert zu *eciam*, welches im Rest der Chronik überwiegt.

Was die Abkürzungen betrifft, so bin ich folgendermaßen vorgegangen: *sed*, sehr häufig gekürzt, erscheint ausgeschrieben meistens mit *-d*; folgerichtig habe ich diese Schreibung verallgemeinert im Gegensatz zu Pertz, welcher auch dort *set* einsetzte, wo die Handschrift *sed* hat. — *Scilicet*, allgemein in ·ſ· abgekürzt, ist über 10mal *silicet* ausgeschrieben, sehr selten *scilicet*. Also habe ich mich für *silicet* entschieden, ausgenommen in den wenigen Fällen, wo die Handschrift deutlich eine Form mit *sci-* hat (Pertz gebrauchte auch hier *si-*). Der Rest der Kurzformen, z. B. für Relativpronomen, für die Präpositionen *pro*, *pre*, *per*, die Endungen *-us*, *-bus*, *-runt*, *-tur*, ferner *-que* und *modo*, macht keine Schwierigkeiten, da es hier keine Varianten beim ausgeschriebenen Wort gibt.

In einer Hinsicht bin ich bewußt von den oben erwähnten Prinzipien abgewichen: einsilbige Präpositionen sind in der Handschrift mit dem folgenden Wort zusammengeschrieben, ein paarmal auch zweisilbige. In meiner Edition erscheinen die Präpositionen stets getrennt.

[...]

## *Grammatischer Überblick*

### Nomina

#### *Die Deklinationen*

Schon ein flüchtiges Studium der Chronik zeigt, daß der Autor die 5 Deklinationen kannte, wenngleich er beim Gebrauch der Flexionsformen eine gewisse Unsicherheit, nicht nur was die richtige Form, sondern auch, was die Bedeutung der Endungen betrifft, erkennen läßt. Zum großen Teil allerdings ist der vom klassischen Gesichtspunkt aus falsche Gebrauch der Kasusformen auf Veränderungen des Lautstandes zurückzuführen und kann mit Hilfe der romanischen oder besser der italienischen Formen erklärt werden. In der Absicht, die Entwicklung möglichst klar aufzuzeigen, behandele ich die Kasusformen im Zusammenhang mit ihrer Funktion im Satz; vorher werde ich nur noch die Aufmerksamkeit auf einige Beispiele von Wechsel der Deklinationsklasse lenken.

Zahlreich sind die Fälle von Vertauschung des Neutrum pluralis mit dem Femininum singularis. Ich erwähne hier nur *testimonia* als Singular 157, 7 und 179, 7 f. *quia peritis sufficit testimonia ab imperito prolata*; ähnlich 102, 13. Vgl. Rohlfs II 73, wo er das Vorkommen von ital. *testimonia* im Sinn von „Zeuge" erwähnt, verbreitet in Süditalien. — *Iubar* erscheint mit weiblicher Pluralendung in der Bedeutung von „Strahlen" 125, 21 *iuvas soli* (= *-is*) und 155, 17 *suas iubas*. Vgl. CGL IV 414, 27 *Iuva rex sive crista aut splendor omnium siderum.*

Unter den Wörtern der 5. Deklination hat *acies* im Plural ein *-e* 41, 28; 131, 13; 154, 11; 165, 34, im Wechsel mit der regulären Form *acies,* z. B. 124, 10 und 165, 29. In Anbetracht dessen, daß die

Schreibung *acie* stets zusammen mit *utreque* auftritt, halte ich sie für einen Fall von Endungs-Assimilation. Man vergleiche indessen CGL IV 303, 15 und V 590, 38 *acia ala*.

Weitere Sonderfälle unter den Flexionsformen der Substantive siehe im Index [hier nicht abgedruckt] unter „Deklination".

*Feminine Substantive mit Attributen im Neutrum pluralis*

Vorzügliche Beispiele für die Verschmelzung des Femininum singularis mit dem Neutrum pluralis, und zwar nicht nur morphologisch, sondern auch syntaktisch, sind die folgenden, in denen *res* ein Attribut im Neutrum pluralis bei sich hat[1]: 51, 5 f. *re que acciderat intimaverunt principi omnia;*[2] 76, 21 f. *mercimonia secum nimirum gestantes, fictilia vasa sive alia qualibet re*; 84, 11 f. *re qua poscitis nequimus talia facere hodie*; 105, 13 *nos domine antea rem talia operemur, ut . . .*[3]

Die gleiche Ursache gilt für das Auftreten von *opes* mit einem Attribut auf *-a*: 44, 3 *pluraque dapes opesque plurima optinere*; 56, 6 *copiosa opes largire*; 59, 24 f. *multaque opes . . . reppererunt*; 75, 23 *opes varia abstraunt*; 175, 16 *plurima opes essent ditati*; 56, 19 *cum plurima opes*; 101, 22; 104, 29; 173, 12 f.; 94, 33; 97, 8.[4] — Der formelhafte Charakter des Ausdruckes erklärt sich aus der Tatsache, daß *opes* in Akkusativ und Ablativ gleich geschrieben wird.

Eine kollektive Bedeutung hat auch *fruges*, was aus 140, 22 *fruges*

[1] Vgl. 98, 31 *res mira . . . quod . . .*; vgl. Norberg, Beitr. 58 ff.; in den dort gegebenen Beispielen sind *res* und *causa* als neutrale Begriffe aufgefaßt.

[2] Für erstarrtes *omnia* vgl. aber Bastardas 5; Rohlfs II 258 ff.

[3] 51, 5 ff. u. 84, 11 können als Anakoluthe aufgefaßt werden, weil ein Relativsatz zwischen *re* und sein Attribut geschoben ist.

[4] *Opes multas* kommt vor: 11, 16; 62, 23 f.; 62, 26; *opes varias* 75, 19; *opes plurimas* 97, 14; *omnes suas opes* 104, 35; *opes vestras* 105, 1 f. Aber da *opes multa* usw. überwiegt, glaube ich, daß es sich nicht bloß um ein lautliches Phänomen handelt, sondern eher um eine durch die Syntax hervorgerufene Begriffsentstellung; vgl. S. 135.

*aliqua*[5] hervorgeht. 96, 31 *nostra anuet preces* kann ein Schreibfehler sein, der von folgendem *anuet* beeinflußt ist. Man vergleiche jedoch Cod. Cav. a. 960 (CCVII) *preces mea,* hier in einer Urkunde, die sonst keine Zeichen von *s*-Abfall aufweist.[6]

*Die Kasus*

Nominativ: Anomalien jeder Art fallen am meisten auf und interessieren natürlich auch am meisten. Um korrekt zu sein, muß ich vorausschicken, daß fast 90 % aller Haupt- und Fürwörter in nominativischer Funktion die klassisch richtige Endung haben. Was ich hier vorstelle und zu erklären versuche, sind die restlichen 10 %.

Entsprechend der lautlichen Entwicklung in Italien sind Nominativ, Akkusativ und Ablativ Singular der ersten, zweiten und vierten Deklination in einen einzigen *Kasus* zusammengeflossen, wodurch sich das Schwanken zwischen *-a* und *-am, -us, -u, -o* und *-um* in spätlateinischen Texten erklärt. Was aber die dritte Deklination betrifft, so hat die rein lautliche Entwicklung nichts damit zu tun, daß Akkusativ und Ablativ den Platz des Nominativs einnehmen. Obwohl die Vertauschung von Subjekt und Objekt in unserer Chronik weit häufiger in der zweiten und vierten Deklination vorkommt, gibt es doch auch eine große Zahl von Beispielen für Kasusvertauschung in der dritten Deklination. Die Theorie von der Erscheinung des Akkusativs in der Funktion des Nominativs, vorgebracht von Norberg, Beitr. 27 ff., und bekräftigt von Josephson 176 ff. und Gerola, daß nämlich der Akkusativ besonders leicht die Funktion des Nominativs übernimmt in Sätzen mit einem passiven oder intransitiven Verb, läßt sich in hohem Maße durch den Befund unseres Textes bestätigen. Es ist sicherlich kein Zufall, daß von den etwa 140[7] Akkusativen, die einen Nominativ ersetzen, 50 % mit

[5] Vgl. M-L, REW 3546, demzufolge die romanischen Formen von lat. **fruga* abgeleitet sind; s. außerdem Fr. Sturm, Vulg.-lat. *fruga*, ZRPh 48, 114—119, Halle 1928.

[6] 168, 29 f. *suaque . . . fines* ist von mir in *suasque . . . fines* verbessert worden, da der Ausdruck sonst stets *suas fines repedare* lautet.

[7] In dieser Zahl sind nicht nur die eigentlichen Subjekte, sondern auch

einem intransitiven Verb,[8] 25 % mit einem passiven Verb und nur die restlichen 25 % mit einem transitiven Verb stehen. Bemerkenswert ist, daß sogar in der ersten Deklination, wo es nach dem Abfall des Endungs-*m* nur noch eine Kasusendung im Singular gibt, Formen auf *-am* verschiedene Male als Subjekt in Verbindung mit intransitiven oder passiven Verben auftreten.

Ich gebe im folgenden einige ausgewählte Beispiele vom Akkusativ als Subjekt zu intransitiven und passiven Verben. *-am* für *-a*: 23, 20 *spatham illius contremuit*; 28, 18; 35, 10; 35, 23; 45, 8; 147, 13; 171, 1; — 36, 14 *preciosam imposita est coronam*; 36, 12; 160, 33.

*-um* für *-us*, *-u* für *-us* (4. Dekl.), *-o* für *-us* (sehr selten) 27, 29 *ut Samnitum ducatum istius Grimoald dicioni perveniat*; 63, 17; 75, 20; 131, 19 f.; 39, 11; 55, 3; 78, 20; 122, 25; 141, 31; 166, 23; — 45, 18 *cervum ei fuit transmissum* (vgl. 44, 26 *ipse cervus*); 93, 3; 103, 21; 73, 9; 99, 13; 105, 5; 144, 34; 174, 19.[9]

*-em* und *-e* für den Nominativ der 3. Dekl.: 55, 26 f. *astat mihi adhuc vulponem*; 48, 22; 50, 9; 48, 24; 63, 5; 159, 27 f.; 164, 1; — 153, 12 f. *ego meamque coniugem vestramque sororem meumque subiectum populum a Grecis captum fuisset*; 72, 18; 92, 15.

*-as* für *-e* nur einmal: 70, 28 *ubi occultas foveas erant.*

*-os* für *-i* ebenfalls selten (einige zehn Beispiele): 171, 17 *multos . . . interempti sunt*; 105, 21; 98, 25 f.; 148, 4; 164, 18; 170, 3; — 141, 15 . . . *ducentos*; 164, 26 . . . *trecentos viros suumque germano*; 176, 29 . . . *mille quingentos viros.* In den letzten 3 Beispielen ist das Subjekt jeweils ein Zahlwort; das kann meiner Meinung nach den Gebrauch der Endung *-os* begünstigt haben: Die italienischen Formen auf *-o* beeinflußten die lateinischen.[10]

Nun folgen oblique Kasus-Formen in nominativischer Funktion bei transitiven Verben: Bestimmte Wörter oder Wortgruppen schei-

die Prädikate und die Partizipien aus den zusammengesetzten Zeiten des Passivs enthalten.

[8] Zu diesen zähle ich auch das Verbum *esse.*

[9] Einige der Beispiele können auch als unpersönliches Passiv mit Objekt interpretiert werden; vgl. z. B. Blatt 195; Bassols I 198; Gerola 224.

[10] Vgl. z. B. Rohlfs III 202; Monaci, Crest. § 445; dort sind Formen wie *dugento, trescento, secento* aufgeführt.

nen den obliquen Kasus leichter als andere anzunehmen, z. B. *exercitu* (*-um*) 41, 24; 71, 8; 79, 13; 81, 20; vielleicht hat hier der häufige Gebrauch der Phrase *cum suo exercitu* Einfluß gehabt; *unum*, entweder als Zahlwort oder als Artikel, 15, 6; 82, 2; 126, 27; 142, 3 f.; 165, 30; 174, 20; eine große Zahl besteht aus Eigennamen, Titeln und Verwandtschaftsbezeichnungen[11]: 77, 31 *suum cognatum Landolfum, comitem Capuanum*; 66, 31 f. *episcopo sancto monachosque, presbyteros dyaconesque seu nobilissimi viri*; 27, 15 *suo patre*; 40, 26 *ipsum principem*; 11, 14; 19, 33 f.; 56, 10; 75, 1; 79, 34; 92, 18; 94, 31; 99, 17 f.; 105, 30; 105, 35; 142, 3 f.; 148, 27; 159, 4; 170, 21; — 149, 8 *adversus quem dictum principem Aionem* ist vielleicht durch die Präposition verursacht? — 158, 23 *Johannem quem* ist wahrscheinlich eine Assimilation des Schreibers an das *quem*. Ferner haben wir 96, 11 *ipsam*; 133, 8 f *nullum*; 165, 11 *cuneum validum*. — Dieses Schwanken zwischen Nominativ und Akkusativ geht unzweifelhaft auf die gesprochene Sprache zurück; und noch das moderne Italienisch bewahrt Spuren davon: z. B. gehen *uomo* und *moglie* beide auf Nominative zurück, während calabr. *ominu* und südital. *mugliere* die obliquen lat. Formen fortsetzen, s. Rohlfs II 22.

Beispiele, in denen Formen auf *-as* oder *-os* für den Nominativ eintreten, sind, wie ich gezeigt habe, sehr selten. In anderen Fällen finden wir dort, wo die klassische Endung nicht bewahrt wurde, die Plural-Endung der 2. Deklination auf *-is*. Diese Pluralformen kommen hauptsächlich bei Pronomina vor, z. B. 13, 18 *illis*; 16, 6 *ipsis*; 27, 3 *multis*; 41, 6 *cunctisque meis*; — bei Völkernamen, z. B. 40, 31 *Beneventanis*; 41, 20 *Guandalis*; 46, 14 *Aggerentinis*; 58, 12 *non paucis Capuanis*; 73, 8 *Salernitanis*; — bei einzelnen Wörtern: *famulis* 44, 28; 45, 2; 78, 7; 141, 2; *cognatis* 50, 19; 50, 26; 50, 32; 51, 2; *episcopis* 16, 22. Diese Nominative des Plurals finden sich übrigens a) in Verbindung mit Pluralformen der 3. Dekl., z. B. 16, 6; 42, 22 f.; b) gefolgt von *ex* + Ablativ auf *-is*, z. B. 79, 12 f.; 160, 13; c) gefolgt von *cum* + Ablativ auf *-is*, z. B. 73, 8 f.; 168, 14 f. — Es gibt nur ein einziges Beispiel eines femininen Plurals auf *-is*: 76, 11 *rapinis*, dann noch, durch Konjektur,

[11] Vgl. unten den Abschnitt über schablonenhafte Nominative.

180, 9 *caveisque*; dort hat die Handschrift *cave // que*; vgl. 168, 10 f. *locum ubi Cabeis dicitur*.

Ich bin der Meinung, daß diese *-is*-Formen auf hauptsächlich überkorrekter Schreibung beruhen, beeinflußt durch die formale Ähnlichkeit mit dem Plural der 3. Deklination auf *-es*. Ferner mag die rein mechanische Attraktion an einen folgenden Ablativ eine gewisse Rolle gespielt haben.[12]

Über *navium* = *naves* werde ich beim Akkusativ handeln.

Aus den gemachten Beobachtungen schließen wir, daß der Akkusativ Sing. dazu tendiert, den Nominativ zu ersetzen, obgleich der Nominativ Plur. erhalten geblieben ist, wenn auch ersetzt durch eine überkorrekte *is*-Form.

Vokativ: Im Singular werden reguläre Vokativformen gebraucht, z. B. 16, 12 *domne imperator*; 41, 18 *mi princeps*; 177, 32 *dulcissime fili*. 16, 19 und 30, 15 ist der Vokativ durch den Nominativ ersetzt. Der schulmäßige Charakter des Vokativs erhellt aus dem Gebrauch von *mi* 99, 13: *mi domina mitissima*.[13] Bemerkenswert ist ferner, daß im Plural ab und zu dem Nominativ sehr fernstehende Formen vorkommen, z. B. 83, 32 *mei fideles meosque consanguineos*; dasselbe 93, 1 f. und 105, 9 f.; — 58, 18 f. *mei fideles meosque obtimates*; 41, 5 f. *eya consanguinei necnon et ex meis stegmatibus, simulque mei proceres cunctisque meis fidelibus*. Reguläre Formen kommen z. B. 53, 4 und 129, 2 f. vor.

Akkusativ: Nach Prozenten gerechnet sind die Unregelmäßigkeiten beim Akkusativ ungefähr so zahlreich wie beim Nominativ: etwa 10 % haben nicht die klassische Form. In dieser Zahl sind allerdings nicht die Beispiele mit abgefallenem *-m* enthalten; solche Formen, wie z. B. *sua filia, imagine, exercitu, re*, die in der Tat sehr zahlreich sind, habe ich als regulär betrachtet.

Der Singular der 2. Deklination zeigt nur sehr wenige Unregelmäßigkeiten, die sämtlich aus der lautlichen Entwicklung resultieren: *-us* für *-um* 35, 30 *excolere ortus*; 170, 1 *murus illius castelli* — vielleicht Endungs-Assimilation? — Diese beiden Beispiele könnten

[12] Über *is*-Formen in spanischen Urkunden s. Bastardas 27 f., in norditalienischen Urkunden Politzer 77; vgl. Politzer, Romance Trends 26 f.

[13] S. Schmalz-Hofmann 469.

auch zu den Fällen gerechnet werden, in denen *-us* für *-os* eintritt; sie wären allerdings dann die einzigen Formen dieses Typs in der Chronik. 167, 10 *crucifixus*; 165, 17 *locus ille*; dasselbe 165, 21 — ein ungewöhnlicher Gebrauch des Nominativs, den ich nicht erklären kann. — 170, 26 *populusque multum nimis* ist auf die mechanische Verwendung eines biblischen Ausdruckes zurückzuführen; vgl. 171, 32 f. *cum magno apparatu populusque nimis valde.* — 42, 4 nahm ich *telum* in den Text auf an Stelle von *tellus*, welches ich für einen Schreibfehler halte.

*-o* statt *-um* erscheint a) zusammen mit einem Wort der 4. Deklination auf *-u*: 79, 19 *valido exercitu*; 96, 22 *sexu femineo*; 171, 13 *suoque principatu*; b) bei Neutra: 41, 25 *bello*; 56, 8 *munus nostro exiguo*; 84, 19 *sputo*; 50, 29; 55, 16 f.; 122, 8, 137, 34; 141, 2; 146, 16;[14] — 90, 4 *omne ipso loco*; ich glaube, daß *locum* durchaus als Neutrum aufgefaßt werden konnte; man vergleiche den klassischen Plural *loca* und das spätlateinische *locora*;[15] außerdem ist *locum* nicht ungewöhnlich als Subjekt, z. B. 89, 5; 92, 1; 180, 10; — 180, 35 f. *illo igne qui . . . ardebat, iam foras illud per os evomebant*; hier nimmt das neutrale Pronomen *illud* das *illo igne* wieder auf. — Um Endungs-Assimilation handelt es sich bei der *-o*-Form 159, 19 *de equo famello eiecit*; 163, 6 f. *Benevento Petro episcopo... commendavit.* Ob die Assimilation auf den Autor oder auf den Schreiber zurückgeht, wage ich nicht zu entscheiden.

Dieses mit großen Einschränkungen gültige Eintreten von *-o* für *-um* muß man, wie ich es verstehe, im Zusammenhang mit dem Unterschied zwischen maskulinen und neutralen Substantiven sehen, wie er in bestimmten mittelitalienischen Dialekten herrscht, wo *-o* für das Neutrum und *-u* für das Maskulinum reserviert ist,[16] und mit der Differenzierung zwischen dem maskulinen Artikel *lu* und dem neutralen *lo,* wie ihn die süditalienischen Dialekte haben.[17]

[14] Ein Neutrum auf *-o* als Subjekt steht 37, 21 *immoderato silencio.*

[15] S. P. Aebischer, Les pluriels analogiques en *-ora* dans les chartes Latines de l'Italie; ALMA 8, 5—76, bes. S. 50.

[16] Rohlfs I 240 f.; Monaci, Crest. § 176; vgl. auch d'Ovidio, Il ritmo Cassinese 170.

[17] Rohlfs II 133 f.; Monaci, Crest. §§ 378 und 408.

Gleichsilbige Wörter der 3. Dekl. haben im Singular die regulären Formen, mit einer Ausnahme: *navalis exercitus* erscheint 107, 8 als Akkusativ, 122, 26 als logisches Subjekt einer Infinitiv-Konstruktion; 59, 18 durch Konjektur.

Ungleichsilbige Wörter der 3. Dekl. haben oft den Nominativ anstatt des Akkusativs: *civitas* 29, 19; 31, 14; 61, 30; 95, 30; 173, 16 u. a. m.; 29, 11 durch Konjektur; — *humilitas* 37, 6; — *immane temeritas* 162, 24; — *illusio* 17, 5; 50, 6; 48, 17; — *venatio* 44, 32 durch Konjektur; — *falanx* 39, 31; 40, 15; 150, 27 u. a. m.; — *superba gens* 41, 7; 53, 5; — *vox* 50, 5; 92, 29; 141, 12 u. a. m.[18]

Auf der anderen Seite werden neutrale Ablative der 3. Dekl. statt des Akkusativs gebraucht: 106, 5 *moderamine*; 83, 12 *corpore*; 13, 19 *insaciabili pectore*; dasselbe durch Konjektur 62, 16 f.; 21, 16 durch Konjektur *ore naresque*; 35, 17 f. *vellere tuo*; 62, 11 *numerum solidorum et federe*[19] *pactionum*.

Akkusative wie *civitas, illusio* und solche vom Typ *pectore* haben ihre Entsprechungen im Italienischen, z. B. *libertà, podestà, prefazio* sowie *vimine, genere,* welche beide eine gelehrte, vom Lateinischen beeinflußte Richtung repräsentieren.[20] Der Cod. Cav. bietet eine Menge von Beispielen der ersten Art, z. B. a. 940 (CLXV) *propter perturbatio gentis*; a. 958 (CC) *predicta nostra vindictio . . . defensemus*; a. 967 (CCLIII) *per lex*; sehr häufig ist *pars*.

Im Plural der 1. Dekl. findet sich oft die Endung *-e*, z. B. 36, 1 *oves ei commisse*; 126, 7 f. *plurime ecclesie dirructe*; 152, 14 *pate facte eas*; 154, 30 *incole*; 181, 15 *ianue*[21] durch Konjektur.

In gleicher Weise gibt es die Endung *-i* im Plural der 2. Dekl., z. B. 77, 9 *carcerarii*; 140, 9 *isti periuri . . . prosternis*; 86, 17; 125, 2 f.; 176, 16. Diese Pluralformen auf *-e* und *-i* kommen gewiß aus der gesprochenen Sprache; ein Einfluß der benachbarten Wörter im Text ist nicht zu ersehen.

[18] Vgl. 10, 29 f. *ex Foroiulanensis civitas*; 168, 24 f. *cum multitudo hostium*, u. a. m.; vgl. Bastardas 24 f.

[19] *Federa?* Vgl. 8, 11 und 58, 2 *federa*, wo in beiden Fällen die Quelle *federe* hat.

[20] S. Wiese 68 und 69; Rohlfs II 21 und 24 f.

[21] Vgl. 18, 15 f. *in scale*; 61, 21 *in eius platee*; 89, 21 *ab incole*.

Ein überkorrekter Plural auf *-is* wird allgemein auch als Akkusativ gebraucht, und wie beim Nominativ stehen diese Formen gewöhnlich zusammen mit Pluralformen der 3. Dekl. auf *-es* oder ziehen eine Präposition mit Ablativ auf *-is* nach sich. Einige Beispiele: 13, 5 *non paucis e suis proceribus*; 14, 3 *omnes preclarissimis antistites*; 59, 28 *ceterisque illius sequaces*; 133, 20 *aliis Capuanis*; — bei Neutra, z. B. 158, 9 und 159, 33 f. *armis*; dasselbe durch Konjektur 83, 25; 121, 29 und 140, 1; 165, 15 *iaculis*; — bei Wörtern der 1. Dekl. nur selten, z. B. 127, 3 und 161, 18. Der Plural der 3. Dekl. hat manchmal auch für den Akkusativ die Endung *-is*[22]: 82, 6 f. *arificis plurimis*; 75, 11 f. *pluris ... idoneos viros.* Zu beachten ist ferner der Plural *lapis* statt *lapides* 61, 12 und 125, 8.

Zum Schluß möchte ich auf eine merkwürdige Verwendung der Genitiv-Plural-Endung auf *-ium* hinweisen: 59, 15 f. *multarum navium dirige mecum*; 46, 12 f. durch Konjektur *quatenus quippe navium emere.* Für den Nominativ steht diese Form 88, 19 *multas navium honeratas*; 88, 23 *duarum ex eis navium.* — 71, 7 f. *multorum coadunare iussisset hostium*;[23] 170, 24 *hostium congregare iussit.*[24] Es scheint so, als seien *navium* und *hostium* im Nominativ und Akkusativ als Neutrum verstanden worden; ich kann aber nicht erklären, warum. Jedenfalls liegt in diesen Sätzen nach meiner Meinung auch ein partitiver Sinn.[25]

Wir können für den Akkusativ deutlich zwei Tendenzen auf-

[22] Für den Nominativ kommt das nicht vor.

[23] Vgl. MGH Mer. III 116, 16 *ostium suum.*

[24] Aus der Edition von Pertz habe ich einige Genitive eliminiert: 62, 3 *modiorum multorum triticum,* hier hat die Handschrift *triticorum*, eine rein mechanische Attraktion; 66, 21 habe ich *agmen* konjiziert gegen *atque* von Pertz; die Handschrift hat *a///*; 82, 22 *multos* statt *multorum* in der Handschrift.

[25] Es ist merkwürdig, daß in dem Abschnitt 88, 8 f. noch ein weiterer Genitiv als Subjekt vorkommt: 88, 24 *suarum ... rerum.* Danach ist es nicht ganz unwahrscheinlich, daß der Chronist hier einer schriftlichen Quelle folgte, die er Wort für Wort abschrieb und unter deren Einfluß er *navium* auch an anderen Stellen als Nominativ oder Akkusativ gebrauchte. Der Gebrauch der deklinierten Form *opibus* 88, 18 (s. S. 118) spricht auch für meine Meinung, daß dieser Abschnitt von irgendwoher entlehnt ist.

zeigen, die in der Chronik am Werk sind: ein starker Einfluß der gesprochenen Sprache, der oft gehemmt wird durch ein Streben nach Korrektheit; das Ergebnis ist eine Mischung, die ich als Hyperkorrektheit bezeichne.

Genitiv und Dativ — Verschmelzung, Erhaltung und Ersetzung. Genitiv und Dativ, deren Funktionsbereiche eng beieinanderliegen,[26] werden in der Chronik in sehr großem Ausmaß ohne Unterschied gebraucht. Für den Singular der zweiten und dritten Deklination besteht sogar die Tendenz, sie formal eins werden zu lassen. Finden wir einen Genitiv wie *mei abbati* 35, 15, so ist die Form *abbati* anscheinend durch abgefallenes Schluß-*s* verursacht; lesen wir 66, 28: *Dum Alfani abbati delatum fuisset,* so können wir Endungs-Attraktion annehmen. Solche Genitiv-Dativ-Formen kommen immer wieder vor, wobei gewöhnlich ein Nomen der 2. Dekl. mit einem Nomen der 3. Dekl. zusammensteht, z. B. 11, 30 *pro sui regi Desiderii fide*; 31, 14 *ad instar sui genitori*; 43, 12 *consocii vestri itineri*; 97, 33 f. *temporibus iam dicti principi Sikenolfi*; 11, 30 f. *cumque talia regi Karoli delata . . . fuissent*; 95, 12 *Dum patri filiique principibus fuisset cognitum*; 169, 6 f. *Dum autem clementissimi principi Gisulfi* [*intantum*] *intimatum fuisset.*

Selten kommt *-is* statt *-i* vor, z. B. 22, 13 f. *eiusque uxoris et filiis*; 152, 24 *principis nimirum aperuit*; 43, 27; 98, 24. Ferner finden wir Formen auf *-i* ohne irgendeinen Einfluß des umgebenden Textes, z. B. 52, 8 *pro principi funeribus*; 121, 10 f. *unam civitati illius turrem*; sogar in der 2. Deklination, so daß ein echter Genitiv statt eines Dativs steht, z. B. 39, 15 *si domini mei . . . comparet*; 62, 28 f. *viri mei prodendum*; 122, 24 f. *Agareni fasciolum condonavit*; 96, 4 *illius Sergii verba depromsit.* Dieses letzte Beispiel ist deshalb bemerkenswert, weil der Gebrauch des Genitivs für den Dativ bei Pronomina charakteristisch für die romanischen Sprachen ist. In der Tat gibt es Pronomina im Genitiv Singular mit dativischer Bedeutung, so *illius, ipsius* und, in geringerem Maße, *eius, huius, cuius, cuiusdam* auf fast jeder Seite, z. B. 14, 28 *eius approxima-*

[26] Vgl. z. B. Löfstedt, Synt. I² 209 f. u. 402 f.; Norberg, Beitr. 34 f.; Uddholm 108 u. 110.

*verunt*; 28, 11 f. *illius fidem servaret*; 33, 28 f. *ipsius ecclesie preerat*; 55, 30 f. *alia namque cuiusdam viri sociat Ursi*; 71, 22 *huius rei acquiescere maluerunt*. Noch gebräuchlicher sind Genitiv-Plural-Formen an Stelle des Dativs, z. B. *illorum* und *eorum* 14, 15; 14, 17; 16, 7; 18, 25; 21, 27; 163, 9; 165, 9. Noch ein paar andere Formen auf *-orum* gibt es für den Dativ: 75, 1 *aliorum*; 85, 5 *amborum*; 183, 3 *plurimorum*; 81, 22 *Agarenorum*; dasselbe 79, 34; 80, 4; 80, 20; — 154, 16 *Beneventanorum*;[27] dasselbe 156, 13; 154, 19; 138, 6.

Es herrscht also in unserer Chronik die Tendenz vor, in Genitiv und Dativ die Singularformen der Pronomina auf *-ius*, die der Nomina auf *-i* zu bilden;[28] im Plural herrscht *-orum* für die Pronomina vor, während die Nomina gemeinhin die klassischen Endungen bewahren,[29] mit den oben erwähnten Ausnahmen der Formen auf *-orum* und mit Ausnahme einiger weniger sogenannter adnominaler Dative: 12, 21 f. *Cumque . . . duriciam suis militibus cerneret*; 51, 24 *ut . . . suis natis facies cerneret*; und möglicherweise 171, 18 f. *civibus magna instancia precum Domino obsecrant*, obwohl es logisch wäre, die Bürger für das Subjekt des Satzes zu halten.

Der adverbielle Gebrauch des Genitivus possessivus, wie er in dem Ausdruck *sui iuris facere alqm*[30] vorkommt, wird in der

[27] Mit einigem Zögern habe ich 121, 26 die Lesart der Handschrift *Beneventanos preesset* bewahrt. Es stimmt zwar, daß *praeesse* oft in der Chronik mit dem Akkusativ steht (ich verweise auf Norberg, Synt. 137 f.); aber es scheint so, als ob diese Konstruktion in der Chronik eingeschränkt sei auf Substantive und Eigennamen mit geographischer Bedeutung. Es handelt sich um folgende Akkusative: 17, 17 *regnum Romanum;* 21, 20 u. 104, 8 *Constantinopolim*; 34, 11 *ipsum monasterium*; 59, 9 *Siciliam*; 131, 29 u. 151, 24 f. *sanctam Beneventanam sedem*; 139, 22 *Neapolim*; 140, 33 *Salernum Capuamque*; 152, 36 *exteras gentes*; 156, 25 *Salernitanum principatum.*

[28] Vgl. Cod. Cav. a. 940 (CLXV) *principatus domni nostri waimarii principi*; a. 940 (CLXIX) *per rogum ipsius domni presuli*; a. 946 (CLXXII) *tibi nominati iohanni presbiteri*; a. 970 (CCLXIII) *nuntiavimus suprascripti domni Gisolfi gloriosi principi.*

[29] Einige Fälle von *-i* im Dativ Plural sind z. B. 53, 23; 76, 32; 79, 20; 164, 8.

[30] Schmalz-Hofmann 399 f.; Thes. VI 112, 64 f.; vgl. Thes. V 1 962, 74.

Chronik weiter ausgedehnt und zeigt verschiedene Anwendungsformen:

a) mit *optinere* hat er dieselbe Bedeutung wie mit *facere*, z. B. 83, 34 f. *Tamdiu quippe urbem hanc ... expugnemus, donec per vim eam nostris iuris* [*eam*] *videlicet optineamus.*

b) mit *tradere, relinquere* und noch mehr mit *subdere* ergibt sich ein dativischer Sinn: 84, 31 f. ... *medietatem Sikenolfi iuris nimirum tradere*; 85, 16 f.; 85, 24 f.; 183, 4 f.; — 88, 16 f. *Romam quippe beatorum Petri et Pauli iuris reliquid*; 168, 32 f. *nequibat suis iuris per vim illud nimirum subdere*; 169, 12 f.[31]

c) Der formelhafte Charakter dieses Genitivs kommt noch deutlicher zum Ausdruck, wenn er mit *atterere* (*attribere*) gebraucht wird: 82, 12 f. *omnia ... devastant, qualiter eam* (sc. *urbem*) *attribere suorum iuris valerent*; 163, 34 f.; 169, 5 f.[32] — In den drei letzten Beispielen hat *suis* (*suorum*) *iuris* den gleichen Sinn wie *sub sua diccione*, z. B. 144, 12 f. *omnimodis satagebat, quatenus Capuanos sub sua diccione attribere* (= *-ret*).

Es scheint mir klar, daß der Chronist die ursprüngliche Form und Bedeutung dieser Phrase nicht kannte. Sehr wahrscheinlich verstand er sie als eine Dativ-Ablativ-Form des Plurals; jedenfalls läßt sich so die Form der beigefügten Pronomina erklären: *nostris, meis, tuis, suis.* Ich glaube nicht, daß es sich hier um rein mechanische Endungs-Assimilation handelt, denn die pronominalen Genitivendungen werden niemals an die umgebenden Wörter angeglichen, sondern sind im Gegenteil stark genug, um ihrerseits die Umgebung zu beeinflussen, z. B. 21, 16 *sui perentori*; 29, 13 und 31, 14 *sui genitori*; 35, 15 *mei abbati;* 43, 12 *vestri itineri*; s. oben.

Am häufigsten bezeichnet der Genitiv den Besitz, aber der objektive Genitiv sowie auch der partitive sind nicht selten. Sogar der qualitative Genitiv kommt vor, allerdings recht stereotyp. Ich gebe einige Beispiele: 22, 16 f. *mire magnitudinis*; 59, 8 *mire pulcritudinis*; 31, 15 *mire fortitudinis*; 95, 11 *mire altitudinis necnon et forti pulcritudinis*; durch Konjektur 96, 11 f. *forciori* ⟨*pulcritudinis*⟩;

[31] Vgl. 106, 33 f. *minutas civitates sui domini pacifice subicit.*

[32] An den zwei letztgenannten Stellen las Pertz *viris*, was er vermutlich für *viribus* nahm; man vergleiche seine Lesung *viribus* 83, 34 f.; dort hat die Handschrift *iuri/*, verbessert in *iuribus.*

95, 9 *tante fortitudinis* und durch Konjektur 103, 33 *quante fortitudinis* usw.

*ex* nimmt gewöhnlich die Stelle des partitiven Genitivs ein; *de* kommt vor 71, 2 f. *maxima pars Beneventanorum . . . vel de ceteris aliis civitatibus*; durch Konjektur 66, 21 f. *agmen obium, equorum vel ⟨de⟩ ceteris animalibus.* — Der possessive Genitiv wird durch *de* wiedergegeben 38, 22 f. *Maroni volumina . . . sive profecto de aliis sophistis*; 50, 22 f. *equo unus de illustrissimo viro . . . caudam illius turpiter cedere* (= *caed.*) *fecerunt*; 126, 13 *capud de ipso silicet trabe.* — *de* statt des qualitativen Genitivs haben wir 39, 8 f. *de mendaciosa eloquia cunctis . . . se ostendebat.*

Der Dativ als indirektes Objekt wird in seltenen Fällen durch *ad* mit Akkusativ ersetzt, so einige Male bei *mittere* (= klassisch) und bei verba dicendi[33], z. B. 21, 2; 21, 11; 55, 13; 84, 17; 96, 17; 121, 23; 169, 18; ferner 9, 27 f. *ad sacra monachorum cenobia multa est dona largitus*;[34] 52, 13 f. *ad Langobardos fuit austerus.*

Der finale Dativ steht 11, 5 *nuptui* und 35, 17 *despectui*, ist aber sonst von Präpositionen abgelöst worden: *in suffragium, in adiutorium, ad auxilium* und ähnlich.

A b l a t i v — E r h a l t u n g u n d E r s e t z u n g : Obwohl der Ablativ in der lebenden Sprache schon lange aus dem Gebrauch gekommen war, verstand unser Chronist ihn größtenteils richtig anzuwenden.

Der ablativus instrumenti ist häufig anzutreffen, wenn auch einige Male durch Präpositionen ersetzt (*cum, per, in, de*).

Der ablativus modi wechselt ab mit *cum*, z. B. *omni nisu* oder *cum omni nisu*; *more* ist ersetzt durch *ex more* oder *iuxta morem. Mente* + Attribut als adverbieller Ausdruck erscheint ein einziges Mal 154, 10 *alacri mente exierunt*; ziemlich häufig ist dagegen *animo* + Attribut.

Der ablativus causae wird ziemlich oft durch eine Präposition ersetzt (*pre, propter, pro*[35]), ist aber erhalten in Ausdrücken wie

[33] Üblich in der Vulgata, s. Bourciez 107; vgl. Blatt 182.

[34] *Largiri* wird in der Chronik gewöhnlich mit dem Dativ konstruiert oder, in distributivem Sinn, mit *per*: 4, 11 und 93, 17 *per singulos homines.*

[35] *Ob* kommt nur in von anderen Autoren übernommenen Textstellen vor.

*metu perculsus, misericordia motus, necessitate coactus, penitencia ductus.*

Der ablativus qualitatis kommt nur selten vor und bezeichnet stets eine physische Qualität, z. B. 63, 18 f. *repperit eam mestam atque incomposito capite*; 60, 20; 63, 20; 64, 7; 84, 17; 95, 5; 167, 6.

Der ablativus limitationis ist gemeinhin mit einem Adjektiv verbunden, z. B. 93, 16 *statura procerus*; 156, 17 *caritate precipuus*; außerdem noch mit *nomine*.

Der ablativus mensurae erscheint gelegentlich, besonders in dem Ausdruck *non multo post*, z. B. 130, 15. Das erklärt für uns die Unstimmigkeit im Numerus bei *non multo post dies*, was zweimal vorkommt, 99, 28 und 175, 28. Der Korrektor der Handschrift, und mit ihm Pertz, normalisiert in *non multos post dies*. Diese Kontamination geht nach meiner Meinung nicht auf den Schreiber, sondern auf den Chronisten selbst zurück.[36]

Der ablativus separativus wird in lokaler Bedeutung durch Präpositionen (*de, ex, ab*) ausgedrückt, bleibt erhalten in Konstruktionen wie *lumine, luce, vita, manibus privare*; doch findet sich 165, 6 *unus qui a regno Dei privatus est*;[37] 13, 11 f. *Sum fraudatus a genitore tuo piissimo*; *non me fraudavit Dominus de suis natis*; 104, 33 f. *eos lumen celi privare facio*.[38]

Der ablativus comparationis kommt nur in einigen Phrasen vor: 23, 22 *sapiencior ceteris*; ähnlich 41, 29; 72, 5 f.; 127, 31; — 90, 9 *certo certius*; dasselbe 106, 10; 147, 11 f.; 169, 2 f. Wenn eine Komparation nicht durch *quam* ausgedrückt wird, sind noch zwei andere Formen gebräuchlich: *pre ceteris*[39] kommt vor 127, 28; 133, 9 f.;

[36] Im übrigen gibt es noch *per multos dies*, z. B. 34, 19; 180, 26; *per multas dies* 107, 5 f. ist vielleicht ein Schreibfehler, da *dies* im Plural sonst maskulin ist; siehe Mörland 77 mit Stellenangaben und P. Schmid, Zum Geschlecht von *dies* im Spätlatein, Mus. Helv. 1, 123—126. Im Singular ist das Geschlecht variabel, in unserer Chronik meistens feminin; doch gibt es auch Wechsel wie 81, 7 *ab hodierna die* und 98, 30 *usque in hodiernum diem*; 21, 14 *tercia die* und 91, 18 *in die sexto*.

[37] Zu *ab alia re privare (fraudare)* vgl. Lundström, Neue Studien 165.

[38] Zu dieser Konstruktion siehe Norberg, Synt. 115.

[39] S. z. B. Schmalz-Hofmann 427; Bassols I 438.

154, 34; — einen Genitiv Plural[40] haben wir 53, 29 f. *Si storesais talia gessit, princeps ergo terre illius maiora faciet horum;*[41] 75, 2 *necesse fuit, ut quandoque et ipsi peiora horum perciperent*; 94, 22 *Sikenolfi filius Sicone eorum deterior erat.* Im letzen Satz ist *deterior* gleichbedeutend mit *inferior,* das im Spätlatein oft mit dem Dativ konstruiert wird.[42] Soll möglicherweise *eorum,* vielleicht auch *horum,* als dativus comparationis aufzufassen sein, der gerade bei unregelmäßigen Komparativen auftritt?[43] Vgl. besonders Bassols I 435 f.

Einige Dativ-Ablativ-Formen auf *-ibus*: Die im folgenden zu besprechenden Erscheinungen sind durchaus heterogen und haben lediglich die Endung *-ibus* gemeinsam. Diese Endung wird zwar, entsprechend ihrem gelehrten Charakter,[44] oft korrekt gebraucht, neigt aber in gewissem Grade dazu, auf die anderen Kasus überzugreifen.

Eine syntaktische Erklärung mag für folgende Beispiele richtig sein:

52, 1 f. *Si Dei meique benedicionibus adipisci valeatis ...;*[45] hier steht die Form auf *-ibus* analog zum Ablativ bei *perfrui* einige Zeilen weiter unten, 52, 4 f. *Nec Dei meique benedictionibus perfruatis,...*

41, 18 f. *Numquid non ... legisti, quomodo propriis edibus patres nostri liquerunt propter vectigalia ...*; auch in diesem Falle halte ich die Endung *-ibus* für das Resultat einer Analogie: höchst plausibel ist der Einfluß von solchen Verben wie *abire* oder *cedere loco.*

92, 29 f. *Sed dum insolita vox tube suis optimatibus audissent,...* Hier liegt möglicherweise eine Kontamination von aktiver und passiver Konstruktion vor: ... *vox tube suis optimatibus cognita esset* ... und ... *vox*[46] ... *sui optimates audissent.*

[40] S. z. B. Schmalz-Hofmann 428; Bassols I 434.

[41] Vgl. Vulg. Marc. 12, 31 *maius horum* (Plater-White 35).

[42] S. Schmalz-Hofmann 428; Erikson 37; Mörland 112 f.

[43] *Deterior* mit Dativ ist angeführt bei Wölfflin ALL 6, 467.

[44] Zu *-ibus*, ersetzt durch *-is*, vgl. Uddholm 54; Beispiele aus unserer Chronik s. im Index [hier nicht abgedruckt] unter „Deklination".

[45] Vgl. Norberg, Synt. 144.

[46] *Vox* ist als Objekt nicht ungewöhnlich, z. B. 50, 5; 141, 12; s. oben.

96, 21 f. *illo in tempore illius moribus*[47] *sexu femineo* (= *-um -um*) *transcendebant*. Hier bietet sich die Erklärung an, daß dem Chronisten zwei verschiedene Satzkonstruktionen in eine zusammengeflossen sind: ... *illius mores sexum femineum transcendebant*, und ... *illa moribus sexum femineum transcendebat*.

Oft werden die Formen auf *-ibus*, wie Bastardas S. 28 ausführt, zusammen mit solchen auf *-is* gebraucht, so daß keine andere Deutung zulässig ist:

72, 2 *emite ... vina ... diversisque poccionibus*;[48] 134, 27 f. *triginta duobus philosofis ... Beneventum habuisse perhibetur*; 166, 30 f. *Cum vero puer ipse tribus annis gereret ...*

Ohne Einfluß durch Formen auf *-is* kommen Wörter auf *-ibus* in der Funktion von Nominativ oder Akkusativ vor:

39, 5 f. *non sicut antecessores eius, principibus nimirum, se gerebat*; 58, 2 f. *affirmavit, se daturum ... tributum ... atque suos numismatibus* (= *sua numismata*) ... *pre mercimonia graderentur*; 76, 32 *statim plures numismatibus* (= *plura numismata*) *carcerarii* (= *-iis*) *dederunt*;[49] 98, 21 f. *statim calcaribus qui in pedibus episcopi erant innexi, protinus in terra proiecti sunt*; 172, 1 f. *non pauci comitibus*[50] *Adeveltri regi promserunt*.[51]

Sicher ist der Gebrauch der *-ibus*-Formen hauptsächlich auf ein Streben nach Korrektheit zurückzuführen, was ihr willkürliches Auftreten erklärt. Auch im Cod. Cav. erscheinen diese Formen hin

[47] Die Handschrift hat *mor//*, das auf *moribȝ* = *moribus* hindeutet; der Korrektor schreibt *mores*.

[48] Vgl. diese Arbeit S. 199 über die Quellen des ›Chron. Sal.‹ [hier nicht abgedruckt].

[49] Bemerkenswert ist ferner das maskuline Attribut in den beiden letzten Beispielen.

[50] Möglicherweise *ex* oder *e comitibus*; der Korrektor hielt es augenscheinlich für einen Dativ, da er *regi* in *regis* änderte.

[51] In der Pertzschen Ausgabe kommen noch mehr Formen auf *-ibus* vor, die ich aber durch Konjekturen ausgeschieden habe: 38, 25 f. *Tantum* ⟨*de*⟩ *principibus ... huic ... annecto sermoni*; man vergleiche den vorhergehenden Satz: *de regibus obmictamus retexere;* — 61, 16 f. *pro suis civibus veniam poposcebat, atque, eius dicioni demum [civibus] deservirent, ... asserebat;* — zu 66, 21 f. s. oben S. 129.

und wieder, z. B. a. 957 (CXCVII) *nos utrisque partibus convocavimus idoneis hominibus ...*; weiter unten: *semper tu tuisque heredibus*; a. 966 (CCXLIII) *nos iamdictes mulieres convocabimus ipsis viribus nostris ... duobus pecie ... si nos ipsis aut nostris heredibus ...*

Einige besondere Verbal-Konstruktionen: Verbreitet im Spät- und Mittellateinischen sind Konstruktionen, in denen aufgrund von Kontamination oder Analogie ein Verb mit zwei Akkusativ-Objekten besetzt ist; diese Erscheinung ist oft beobachtet und diskutiert worden, siehe z. B. Uddholm 99 f. und Norberg, Synt. 108 f. mit Stellenangaben.

An schon von Wissenschaftlern aufgeführten Verben haben wir in der Chronik *illustrare*[52] 60, 15 und 167, 2 f.; *tradere*[53] 44, 6; *replere*[54] 100, 35 f.; *inungere*[55] 49, 32 f.; *munire*[56] 15, 5; *se subdere*[57] 13, 9 f. An dieser Stelle lautet der Text: *uxorem iam fati principi, Adelperge nomine, ... humiliter se subdedit.* Ich weiß nicht, wie man *Adelperge* erklären soll: ist es ein echter Dativ oder ein Beispiel von Endungs-Attraktion? Dazu muß man wissen, daß eine spätere Hand in *Adelpergam* änderte, während der Akkusativ bei *se subdere* vom Korrektor nicht beanstandet wurde.

Außerdem finden wir in der Chronik *ostendere* mit zwei Objekten, eine Analogie zu *docere — illustrare*: 88, 11 f. *dum ... eum prodigia magna Dominus seperrime nimirum ostenderet.* Eine Art von Kontamination hat wahrscheinlich die Konstruktion 38, 21 f. verursacht: *comparare illos* (i. e. *versus Pauli*) *profecto potuissemus Maroni volumina nimirum Catonique*; kontaminiert ist zu denken *comparare illos voluminibus* mit *comparare illis volumina.*

Auf sehr befremdliche Art ist *percutere* mit zwei Objekten verbunden: 11, 28 f. *Nisi septrum quod manu gesto Arichis percucio pectu, vivere nolo*; 15, 23 f.; 17, 28; — 39, 20 f. *baculum quem in manu gestabat liminarem nempe percussit.* Ich kann nicht anneh-

[52] Norberg, Synt. 110.

[53] Norberg, Synt. 113.

[54] Norberg, Synt. 114.

[55] Mörland 110; Svennung, Unters. 229 f.

[56] Norberg, Synt. 122.

[57] Norberg, Synt. 125.

men, daß es sich hier um ein rein lautliches Phänomen handelt, da *-um* für *-o* und umgekehrt selten vorkommt und offensichtlich besonderen Regeln unterworfen ist.[58] Dagegen spricht auch der ganz regelmäßige Gebrauch in der Chronik. Verführerisch ist es, an Konstruktionen wie Aug. loc. hept. IV 31 S. 586, 11 f. (in Num. 11, 33) zu denken[59]: *Et percussit Dominus* ⟨*populum*⟩ *plagam magnam valde*[60]: *notanda fuit locutio*: *percussit plagam, non percussit plaga, quod est usitatum*; im Afr. z. B. Joinv. 549[61] *li uns le fiert grant coup*; aber die Analogie ist nicht zwingend, da *plagam* und *coup* das Ergebnis einer Handlung bezeichnen, während *sceptrum* und *baculum* das Werkzeug sind. Immerhin stelle ich mir vor, daß Wendungen wie die eben erwähnten die Formulierung *baculum percutere* begünstigt haben. Vielleicht war auch ein Ausdruck wie *baculum inicere in alqm* in des Schreibers Vorstellung gegenwärtig.

Eine andere Redewendung, die den Akkusativ anstatt des ablativus instrumenti hat, ist 11, 27 *nimirum iusiurandum asseruit dicens*; 28, 5 *iusiurandum spopondit omnia esse facturum*; ähnlich 15, 23; 15, 29; 28, 2; 29, 14 f.; 48, 19 f.; 48, 25; 50, 11; 94, 26. Eine rein phonetische Erklärung scheidet hier aus, da der Ablativ *iureiurando* heißt (s. z. B. 46, 25). Ich nehme an, daß der Akkusativ durch Phrasen wie *iusiurandum iurare, iuramentum iurare, sacramentum iurare* angeregt ist,[62] wo der Akkusativ ein Objekt des Inhalts darstellt. In ähnlicher Art 76, 16 f. *inter se iusiurandum exinde sunt firmati*; 81, 19 *iusiurandum inter se sunt nimirum firmati*; ähnlich mit *fedus* 81, 16 *et nimirum inter se sunt fedus uniti*; mit *fidem* 106, 8 *illi cui fidem accommodatus es*; 157, 27 f. *qui fuerat bis terque cum Guaimario fidem accommodatus*; dort ist der Akkusativ aus der Redensart *fidem accommodare alicui* übernommen, obwohl das Verb eine andere Bedeutung, nämlich *adiungere*, hat.

*Ditare* mit zwei Objekten wird auch von Norberg genannt, Synt. 113; das Beispiel in unserer Chronik 175, 16 f. *plurima opes essent*

[58] Vgl. oben S. 123 u. 120.

[59] Zitiert von Müller, Nom. und Akk. 34.

[60] Vulg. . . . *furor Domini . . . percussit eum plaga magna nimis.*

[61] Zitiert von Norberg, Beitr. 18.

[62] S. Müller, Nom. und Akk. 25.

*didati* ist indessen nicht ganz analog, da *plurima opes* niemals dekliniert wird. Man vergleiche 13, 26 *opes dapesque sufficienter habundat*[63]. *Opibus* erscheint nur ein einziges Mal 88, 18, ist aber dort aus einer Quelle entlehnt.

Einen Fall von *afficere* mit zwei Objekten[64] bietet uns die Chronik 50, 20 f. *minas et indignaciones eos vehementer afficiebat*. Fast der gleiche Satz, nur mit *obiurgare*, steht 94, 19 *ei minas indignacionesque eum obiurgare debuerat* — man beachte den Wechsel *ei* — *eum*! —; 164, 21 f. *sed pocius minas indignacionesque eos silicet obiurgaret*. Für mich ist es klar, daß die Wörter *minas indignacionesqe* in den angeführten Sätzen sich selbst zum doppelten Akkusativ angeboten haben, da sie bereits als fertige Wortgruppe aus dem Lib. Pont. (›Chron. Sal.‹ 7, 19 f.) übernommen wurden: *Pocius autem ex contrario minas et indignaciones prefato pontifici et Pipini regi* ⟨*vel*⟩ *cunctis Francis direxit.*[65]

In ähnlicher Weise hat der Chronist den Ablativ *yctu* aus Wendungen wie 20, 23 *fortique hictu percussit* herausgenommen (s. auch 57, 9; 83, 4; 83, 15; usw.) und mit *resistere* verbunden 42, 1 f. *Sed Rampho eius yctu fortiter resistebat*. Normalerweise wird *resistere* mit dem Genitiv-Dativ konstruiert, z. B. 107, 4 *illorum omnimodis resistebant*.

Ein merkwürdiger Dativ erscheint 21, 17 *Proinde huic istorie conscripsimus*; vergleiche auch 31, 19 f. *versibus . . . , quod* (= quos) *nos huic historie scribere curavimus*. Die Kasusform ist fertig übernommen aus Sätzen wie 22, 24 *quod nos huic ystorie inserere fecimus*; 52, 15 f. *quod nos . . . annectere cupimus huic nempe ystorie*; 107, 28 *et tamen illam* (i. e. *epistolam Lodoguici*) *huic ystorie innexere facimus*.

Zuletzt ein paar Worte über die Textstelle 57, 21 f. *pro suis quas redemit ovibus talia demonstravit* (sc. *Deus*), *ut quem ammonitione vel minis atque promissa supplicia non terrent, corrigat nuncians morte*. In dem Relativsatz scheinen sich zwei Konstruktionen zu

[63] *Habundare* mit dem Akkusativ ist jedoch bei Haag, oben S. 48, für Fredegar 161, 27 belegt: *opes habundans*.

[64] Ältere Beispiele gibt Kalén 77 f.

[65] 47, 22 f. sind die Wörter korrekt gebraucht: *minas et indignaciones prefato Siconi et cunctis Aggerentinis inferebat*.

überkreuzen: *quem ammonitione vel minis atque promissis suppliciis terret* (sc. *Deus*) und *quem ammonitio vel mine atque promissa supplicia terrent*. Ich neige zu dieser Deutung und fasse *ammonitione vel minis* als Subjekt auf, besonders wegen der Seltenheit der Endung *-is* im Plural des Femininums.

Erstarrte Nominativ-Formen: Ein vielbesprochenes Thema ist der Gebrauch des Nominativs in der Apposition, siehe z. B. Norberg, Synt. 65 f. und Bastardas 42 f. mit Literaturangaben. In dieser Funktion erscheinen hauptsächlich Titel, Verwandtschaftsbezeichnungen und Eigennamen. Auch in unserer Chronik ist dieser Nominativ häufig, z. B. 178, 15 f. *relicto Neapolim filium suum, vir callidissimus, et ipse Landolfus nomine*; 11, 6; 163, 35. Außerdem gibt es in der Chronik eine Tendenz, bei Wörtern ähnlicher Art die Nominativ-Form auf sämtliche Kasus auszudehnen. Ich gebe einige Beispiele:

a) Statt des Akkusativs 52, 9 f. *assciveruntque erga se quendam crudelissimus vir, Angelmundus nomine*; 142, 4 f. *In hoc loco ille nefandissimus princeps non paucis plagis extincximus*; 5, 22; 9, 30; 61, 19; 107, 12; 149, 6 f. Besonders oft erscheint der Nominativ als Prädikativum, z. B. 15, 13 f. *Ego te ex ultimum imperator*[66] *feci . . . ego te triumphator sine labore feci*; 97, 25 f. *Quo defuncto, Ractulus quidam episcopus ordinarunt*; *cumque hic obisset, Magnaldus episcopus ordinarunt*; 169, 28 *eum in hac sede Salernitana presul constituit.*[67]

b) Statt des Dativs 59, 22 f. *non exigua dona eorum silicet condonavit, sed amplissima plus omnibus Eufimius* (= *-io*) *dedit*; 166, 5 *Guaimarius* (= *-io*) *et Salernitanis victoriam generavit.*

c) Statt des Genitivs 50, 31 f. *factum est namque, ut princeps inde transiret cognatis* (= *principis . . . transirent cognati*); in derselben Verbindung 51, 1 f. *super nates ⟨equorum⟩, super quos equitabant ut diximus princeps cognatis.*

[66] Das handschriftliche *imperatori* korrigierte ich, da es sich hier offenbar um eine rein mechanische Attraktion, hervorgerufen durch das folgende *feci*, handelt.

[67] Von anderer Art ist der Nominativ im Gebrauch mit Verben wie *se ostendere, se cernere*; s. darüber Norberg, Synt. 46 ff.; Beispiele aus der Chronik finden sich auf Seite 58—59.

d) Nach einer Präposition 13, 20 *de fatus Karolus*; 180, 14 f. *cum Maraldi filius Riso et cum Romualt, filius Teurici.*

Dieser Gebrauch des Nominativs ist auch für andere spätlateinische Texte nachgewiesen; für die spanischen Urkunden siehe Bastardas 23 f., für norditalienische Urkunden des 8. Jh. Politzer 73 f.; aus süditalienischen Dokumenten kann ich anführen Cod. Cav. a. 962 (CCXVI) *per Guaiferius comes et maionem castaldum ... ipse Iohannes presbiter cum theodericus notarius ... per theodelgrimus notarius ...* ; a. 947 (CLXXIV) *ante eius vestigiis astantibus Lando gastaldeus et Moncola iudex et aliis novilibus.* — Bastardas hebt das Gekünstelte an diesen Nominativen in Texten aus dem neunten, zehnten und späteren Jahrhunderten hervor und betont, daß das Lateinische eine Lernsprache war und daraus die Vorliebe für den Nominativ zu erklären sei. Diese Tendenz, die sich in der weniger streng regulierten Sprache herausgebildet hatte, setzte sich in der Folge durch bis zu einer Zeit hin, als sie an der gesprochenen Sprache keinen wahren Rückhalt mehr hatte, da die verschiedenen Flexions-Endungen schon zu einer verschmolzen waren. Die echte volkssprachliche Entwicklung zeigt sich im Gebrauch der *-o*-Form im Nominativ, siehe Bastardas 19 f. Diese ist in der Chronik äußerst selten, z. B. 92, 18 *Sergio*; 150, 10 *Urso filio eius*; aber nach meiner Meinung liegt das an den zahlreichen Fällen von Eigennamen in der Chronik,[68] die im Nominativ auf *-um* enden, denn *-um* ist eine „gelehrtere" Variante als *-o* oder *-u*. Man muß das auch im Zusammenhang damit sehen, daß die Endung *-o* für das Neutrum singularis reserviert ist, während *-um* und *-us* beim Maskulinum gebraucht werden; vgl. S. 123. Im Cod. Cav. wechseln *-o* und *-u* mit *-um* und *-us* ab, z. B. a. 968 (CCLIV) *... isengardo filius farecausi ... erat testis isengardo et isenardo et ursu ... erat scripti sadelgrimo et rodelgrimo et audoini et agenardus ... castelmanno ... radoaldu filius verenardi ...*

An einigen Stellen bleibt *fluvius* undekliniert: 57, 2 f. *dum deambulavit iuxta Siler clam fluvius, accipite in manu gerente*; 81, 23 f. *perveneruntque pene* (= *paene*) *fluius qui Tuscianus dicitur*; 98, 8 f. *iuxta fluvius qui Lirinus dicitur.* Möglicherweise sind

[68] Beispiele s. auf S. 121.

die Nominative hier als Kasus-Attraktionen zu den Eigennamen *Siler* (ital. *Sele*), *Tuscianus* und *Lirinus* aufzufassen.

*Nox* für *nocte* steht in der Verbindung *una die unaque nox* 40, 18; 40, 23 und 171, 35. Dieser Gebrauch ist vielleicht durch das Adverb *pernox*[69] beeinflußt, das von archaisierenden spätlateinischen Autoren verwendet wird, z. B. Apul. ›Met.‹ 9, 5 *pernox et per diem*; 5, 6 *et perdia et pernox*; Mart. Cap. 2, 124 *perdia pernoxque*. Vergleiche auch Macr. I 4, 19 *decem viri in duodecim tabulis inusitatissime nox pro noctu*[70] *dixerunt*.

Der Gebrauch von Akkusativ und Dativ bei Ortsnamen: Um die Richtung in eine Stadt, eine Provinz oder ein Land zu bezeichnen, ist der Akkusativ allgemein üblich, und zwar mit regulärer Endung *-am, -um, -em* und *-im*. Ausnahmsweise sind auch Präpositionen (*ad, in*) hinzugefügt. Dieser Akkusativ der Richtung wurde noch auf andere Substantive als nomina propria ausgedehnt — allerdings nirgends auf Personen, ausgenommen vielleicht 74, 33, wo ich *consanguineos suos* als „zu ihren Verwandten" auffasse — und in dieser Verwendung teils mit, teils ohne Präpositionen gebraucht. Oft erscheinen dieselben stereotypen Phrasen wieder und wieder, z. B. *arva sua repedare*[71] 18, 5; 27, 32; 53, 30 f.; 130, 16, usw.; *suas fines repedare* 79, 24; 168, 29 f. 170, 33 f., usw.; *propria reverti* oder *regredi* 97, 8; 84, 27 f.; 146, 2; 154, 2, usw.

*Venire*, gefolgt von einem Akkusativ der Richtung, erscheint z. B. 29, 5 und 162, 18 f. *palacium*; 33, 26 f. und 34, 30 *monasterium*; 105, 26 f. und 164, 2 *locum*; 158, 19 und 158, 21 *portam*;

*properare*, z. B. 39, 19 *stabulum*; 49, 28 *valneum*; 53, 19 *tentorium*; 141, 31 f. *cenobium*;

*pergere*, z. B. 39, 17 f. *stabulum*; 49, 27; 63, 24; 78, 1 und 122, 20 *balneum*; 56, 10 *monasterium*; 141, 24 f. *cenobium*; 152, 13 f. *ecclesiam*;

*regredi*, z. B. 64, 16 und 124, 18 f. *urbem*; 122, 21 *palacium*;

[69] S. Wackernagel, IF 31, 252, A 1.

[70] *Noctu* kommt in der Chronik z. B. 149, 22 vor.

[71] Natürlich beeinflußt durch den Vergilischen Ausdruck *arva repetere*; vgl. diese Arbeit über die Quellen [hier nicht abgedruckt].

*deducere*, z. B. 161, 21 f. und 162, 34 f. *ecclesiam*;
*mittere* 180, 8 f. *locum*.

In übertragenem Sinn findet sich der Akkusativ der Richtung z. B. 73, 20 *dyaconatum honorem . . . sublimasset*; 143, 4 *imperium sunt electi*; 143, 33 f. *imperium est elevatus*; 140, 15 und 158, 8 *agmen uno coacti*.

Dieser Akkusativ der Richtung ist keinesfalls aus der Volkssprache übernommen; es handelt sich vielmehr um ein rein literarisches Phänomen,[72] hervorgerufen durch des Autors Bemühen, Präpositionen zu vermeiden; siehe Textkrit. 10, 19 f. Dieselbe Tendenz zeigt sich im Gebrauch von *usque* ohne *ad*, z. B. 35, 18 f. *Usque cenobii claustra . . . perduxit*; 56, 18; 125, 5; 168, 7. Hier zeigt sich der artifizielle Charakter darin, daß das Endungs-*m* stets erhalten ist. Diesen Gebrauch des Akkusativs gibt es z. B. nicht bei Erchempert; deshalb finden wir an den Stellen, die aus seiner Langobardengeschichte übernommen sind, Konstruktionen, die in der Chronik sonst nicht üblich sind, z. B. 144, 4 f. (Erch. 256, 2) *ad sua reversa sunt*; 139, 9 f. (Erch. 250, 32) *reversi sunt ad propria*.

Um einen Ort, wo etwas ist, zu bezeichnen, werden meistens präpositionale Ausdrücke (*in, apud, per*) gebraucht. Klassische Lokativ-Formen kommen nur zweimal vor: 28, 4 *sic facies et Cumse simulque et Aggerentie*; 44, 12 *Beneventi geniti*. Der Ablativ findet sich 38, 10 f. *inibi predicto monasterio . . . est humatus;* 87, 15 *remanserunt Atraniensi hac*[73] *urbe*; und 125, 24 f. *sanctissima hede . . . degebat*. Außerdem hat der Akkusativ ziemlich oft die Funktion des Lokativs. Ich gebe hier eine einigermaßen vollständige Liste der Beispiele, um die Regelmäßigkeit der Anwendung zu zeigen:

*resedere* 106, 20 *vestibulum*; 147, 8 *ecclesiamque*; 148, 13 f. *propria*;[74]
*requiescere* 155, 28 *thorum proprium*;

[72] Vgl. Schmalz-Hofmann 387; Bassols I 206 mit weiteren Belegen.

[73] Möglicherweise ist ein *in* vor *hac* vom Schreiber übersehen worden.

[74] Vgl. ein Beispiel wie 176, 19 *expeditum equum sedebat*. Analoge Beispiele gibt Müller, Nom. und Akk. 117 und Erikson 24, mit weiteren Belegen.

*manere* 97, 15 *Salernum*; 178, 7 *Neapolim*;[75] 102, 25 *palacium*; — *remanere* 139, 10 *Capuam*; die Quelle, Erchempert, hat *Capua urbe*;

*morare* 93, 25 *Varim*; 173, 25 f. *Calabriam*; — *demorare* 89, 2 *Ragusim*;

*degere* 80, 4 *Tarentum*; 55, 23 *Cumpsiam*; 130, 26 f. *Salernum*; 146, 18 f. *Constantinopolim*;[75] die Quelle, Erchempert, hat *Constantinopolim . . . accessit*; . . . *Cum illo moraretur*; . . . ; 148, 28 f. *anphitheatrum*; 150, 36; 156, 4 und 163, 6 *Beneventum*; 161, 6 *Capuam*; 183, 1 *Amelfim*.

Ein isoliertes Beispiel ist 168, 10 f. *locum ubi tentoria fingere iussit*. Außerdem haben wir noch *Neapolim*[75] in lokativischem Sinn 178, 15 f. *relicto Neapolim filium suum*; 179, 22; 178, 10 f. *Neapolimque exulaverat*.

Wie Funaioli[76] gezeigt hat, ist der lokativische Gebrauch des Akkusativs erst aufgekommen, als die lautliche Entwicklung eine Verschmelzung der Kasus bewirkt hatte. So trägt dieser Akkusativ ursprünglich vulgärsprachlichen Charakter;[77] aber je später ein Text ist, desto mehr müssen wir den Einfluß der klassischen Sprache auf die Schreiber und ihre Bemühungen, Vulgarismen zu vermeiden, berücksichtigen, wobei sie oft in den entgegengesetzten Fehler verfielen. Sicher müssen wir auch einen gewissen analogisierenden Einfluß transitiver Verben wie *incolo* und *habito* in Rechnung stellen; aber ich wage trotzdem zu behaupten, daß dieser Gebrauch des Akkusativs in unserer Chronik hauptsächlich auf Hyperkorrektheit beruht.

Denselben künstlichen Charakter hat, soweit ich es verstehe, der Gebrauch der Endungen *-o* und *-ibus* gleichermaßen zur Bezeichnung der Richtung auf einen Ort wie der Ruhe an einem Ort:

14, 5 *palacio introduci iussit*; 155, 17 *Avellino oppido intro-*

[75] Die Städtenamen auf *-polim* neigen allerdings zur Erstarrung; s. Norberg, Beitr. 52 f.

[76] Der Lokativ und seine Auflösung, ALL 13, 301—372, bes. S. 310, 316 f. u. 323 f.

[77] Vgl. den transitiven Gebrauch von *commemorari* in der Itala (Thes. III 1937, 38 f.); zu *commanere* bei Jordanes s. Werner 69; vgl. auch op. cit. 80, A 8.

*ierunt*; 18, 29 *palaccio adierunt*; 39, 11 f. *Beneventani finibus adiit*; 52, 20; 79, 29; 175, 5 *Avellino oppido adiunt*; 175, 33 f.; 176, 31; durch Konjektur 169, 9.[78]

23, 3 f. *properante ... Campanie finibus*; 104, 23 *Campanie finibus venit*; 130, 17; 172, 24; 173, 15; 173, 21 f.

30, 4 *Kalabrie finibus perambulavi*; 38, 10 f. *qui Aquinensium finibus scitum* (= *situm*) *est*; 158, 16 f. *Nucerie finibus eum ... repperit.*

Ich denke, daß wir es hier mit einem Dativ der Richtung zu tun haben, der einen präpositionalen Ausdruck der gesprochenen Sprache ersetzt, z. B. mit *ad* oder *in*[79]. Wenn es sich nun hier um das grammatische Phänomen der artifiziellen Hyperkorrektheit handelt, dann können wir keine lückenlose Anwendungsmethode erwarten, da der Schreiber ja keinen Rückhalt an der gesprochenen Sprache hatte. Deshalb gibt es auch so auffällige Varianten wie 51, 5 *Dum ... palacium adissent*; 18, 29 *statim palaccio adierunt*; 184, 13 f. *deintus palacium ... manebat.*

## *Präpositionen*

### Kasus-Rektion

Was die von Präpositionen regierten Fälle betrifft, so zeigt die Sprache der Chronik die gleiche Unsicherheit, wie sie in mittelalterlichen Texten vulgären Charakters üblich ist. Für so wohlbekannte Erscheinungen wie die Vertauschung der Termini *in quo* und *in quem*, wie *cum* und *ab* mit dem Akkusativ, *ante* und *per* mit dem Ablativ usw., verweise ich auf das Stichwort „Präpositionen" im Index [hier nicht abgedruckt]. Da die lautliche Entwicklung die

[78] Ich erachte die Lesart der Handschrift *Aquinensium finium* als eine mechanische Attraktion der Endung, die dem Schreiber unterlief. — Vgl. *partibus* + Gen. zur Angabe der Richtung bei Fredegar (Haag 70, oben S. 51).

[79] Zum Dativ der Richtung s. Schmalz-Hofmann 419; Löfstedt Synt. I² 189 f., hier wird der hyperkorrekte Charakter hervorgehoben; Bassols I 339 f.

Ursache für das Schwanken zwischen Akkusativ und Ablativ Singular ist, habe ich diese Formen hier nicht aufgeführt.

An dieser Stelle sollen nur die beiden analogen Sätze 33, 20 f. und 38, 29 f. behandelt werden, *cum iam per evolutis multis quippe temporibus regnasset*, und *cum iam per evolutis aliquod annis Salernitanam sedem ressisset*, wo anscheinend die Kontamination eines präpositionalen Ausdruckes mit einem ablativus absolutus den Ablativ verursacht hat. Mit Vorbehalt neige ich zu folgender Erklärung: vielleicht sollte man *perevolutis* lesen und dieses Wort als das Partizip eines doppelt präfigierten Kompositums, *perevolvo*, auffassen, von dem Blaise ein einziges Beispiel gibt. An solchen Komposita gibt es allerdings in der Chronik sonst nur *coadunare* und *adimplere*; man vergleiche außerdem z. B. 10, 24 f. *Cumque per viginti et octo annos placite Longobardos rexisset.*

## Der Gebrauch der Präpositionen

*De*, *ex* und *ab* werden unterschiedslos gebraucht;[1] folgende Variationen sind gängig: 28, 21 *ab urbe exierunt* — 28, 27 f. *ex urbe egressi sunt* — 90, 27 *egressi de Salerno* — 148, 16 f. *a Capuana urbe expulsi*; 63, 31 *ex stegmatibus* — 64, 1 *de illius stegmatibus*; 73, 18 *eum de iam dicta gloria deviaret* — 63, 32 f. *a perpetrato scelere eum deviaret.*

Ein weiterer vulgärsprachlicher Zug ist die Vermengung von *ab* und *ad*,[2] z. B. 13, 9 *a quondam sui domini filiam venit*; 132, 13 f. *ab solita vergens nequicia immo et sevicia*; vgl. 143, 1 *ad solitam vergens fallacia*; 16, 26 *ad Domino poposcebat*; sonst aber hat in der Chronik *poscere* stets *ab* mit Ablativ; 168, 15 *ab bellum sunt preparati*; diese sehr häufige Phrase hat immer *ad* mit Akkusativ. — *Ad invicem* statt *ab invicem* kommt 8, 12 und 18, 4 vor.[3]

[1] Vgl. z. B. Uddholm 119 mit Belegen.

[2] Vgl. z. B. Schmalz-Hofmann 498; Svennung Unters. 346; Josephson 184 mit weiteren Stellenangaben.

[3] Vgl. *ablata* statt *adlata* 30, 5; 77, 16; 125, 30; *addicare* statt *abdicare* 130, 6.

Zur Bezeichnung der handelnden Personen bei einem passiven Verb dient allgemein *ab, per* ist selten, und *de* kommt überhaupt nicht vor. In erweitertem Bezug wird *ab* bei Adjektiven gebraucht 11, 1 f. *et ille precelsus atque carus ab ipso rege et ab omnibus erat*; man vergleiche ein paar Zeilen weiter unten: *ab omnibus erat dilectus*; — 133, 35 (Erch. 249, 9) *Atmanus, qui a Sangdane exul fuerat.*[4]

*Ad* als Ersatz eines alten Ablativus instrumenti finden wir 18, 20; 74, 8 und 74, 11 *ad tabulam ludebat*; vgl. ital. *giocare a tavola reale.*[5]

*Absque* gibt es nur in wenigen Beispielen: 79, 15 f. und 131, 20 *absque armis,* 137, 33 f. *absque iussione omnipotentis Dei*; 143, 21 *absque mora.* Sonst stets *sine mora, sine dilacione* usw.

Bei der Wahl zwischen *e* und *ex*[6] ist *ex* bevorzugt; *e* wird gebraucht 11, 12 *e proceribus;* 20, 11 *e celo*; 13, 5; 18, 6 f. und 18, 24 *e suis proceribus*; 14, 8 f.; 30, 14; 28, 9; 35, 26; 39, 14; 41, 29. Da *x* und *s* in der Aussprache verschmolzen waren und nur als graphische Varianten gebraucht wurden, konnten Schreibungen entstehen wie 140, 21 *exua urbe*; durch Konjektur 75, 11.[7] Die zusammengeschriebenen Wörter habe ich in meiner Edition in *ex sua* getrennt; ebenso richtig wäre *e sua.*

Die gelehrte Präposition *erga*[8] kommt häufig vor

a) im Sinn von „gegen", „zu . . . hin", z. B. 49, 21 *erga Dei cultores venivolus*; 162, 10 f. *erga suos fremebat*;

b) im Sinne von „neben"[9] und übertragen „auf derselben Seite wie": 49, 32 *erga eum nimirum resedit* (der Korrektor schreibt *iuxta*); 48, 22 f. *et ex meis stegmatibus erga me nullus habeo*; 52, 9 *assciveruntque erga se quendam crudelissimus vir*; 58, 29; 76, 14;

[4] Zu *ab* in Verbindung mit intransitiven Verben und Adjektiven vgl. Thes. I 29, 49 f. u. 30, 30 f.; Svennung, Unters. 338.

[5] Zu instrumentalem *ad* s. Thes. I 551, 50 f.; Schmalz-Hofmann 438; Svennung, Oros. 27; vgl. Thes. I 1521, 41 (Anth. 323, 1) *ludis, nec superas, Ultor, ad aleam*; DuC VIII 6 (charta ann. 1345) *Non possit, nec debeat ludere . . . ad aliquod ludum taxillorum, excepto ad scachos et ad tabulas*; Rohlfs III 89; vgl. auch Sella, Gloss. emil. u. ders., Gloss. ital. s. v. *ludus.*

[6] Vgl. Schmalz-Hofmann 528; Lundström, Neue Studien 121 f.

[7] Die Handschrift hat *ex una.*

[8] Schmalz-Hofmann 520.

[9] Thes. V: 2, 755, 37 f.

c) im Sinn von „in Übereinstimmung mit“ [10]: 20, 5 f. *erga Dei precepta sese coartabat*; 22, 28 *erga Dei cultura sese . . . coartabat*; 126, 21 *erga res humanas audas fuit.*

In der Bedeutung von „neben“ und „in Übereinstimmung mit“ tritt *iuxta* häufiger auf; ital. *giusta*, s. z. B. Brill 100 f.; Rohlfs III 95 f. In lokaler Bedeutung erscheint *secus* [11] 123, 19 *secus illam turrem aditum civitatis fecerunt*; 128, 5; 129, 16.

*In* zur Bezeichnung des Prädikativums [12] haben wir 103, 11 *elegerunt me sibi in principem* (direkte Rede!). Diese Konstruktion ist im Italienischen nicht ungewöhnlich; hier nur eins aus den Beispielen, die Rohlfs III 96 gibt: *hanno te eletto in mio secretario* (Bocc.).

*Infra* und *intra* beeinflußten sich schon früh gegenseitig und konnten einander ersetzen,[13] was man noch an der späteren Entwicklung sieht: ital. *fra* und *tra* werden ohne Unterschied gebraucht. In der Chronik steht nur einmal *infra* für *intra*, 171, 16 f. *infra principatum Salernitanum*; außerdem noch in den aus Erchempert übernommenen Abschnitten, z. B. 139, 8, und in den Versen Ilderichs 137, 1 f. *Principium et finis, primus, novissimus es tu, / quem currunt infra tempora, secla, dies.*

*Pre* in der Bedeutung von klassischem *in* und italienischem *per* haben wir 155, 23 f. *mea nunc anima magnifica est pre omnibus diebus meis.* Dieser Gebrauch geht auf die Vermengung von *pre*, *pro* und *per* zurück.[14]

*Subtus* ist als Präposition 67, 24 gebraucht: *subtus via*; ital. *sotto*, afrz. *soz* [15].

Einen kontaminierten präpositionalen Ausdruck gibt es 100, 5 f.

[10] Thes. V: 2, 755, 73.

[11] Vgl. Schmalz-Hofmann 517 f.; Svennung, Unters. 356: „Echt volkstümlich ist . . . *secus*“.

[12] Vgl. Schmalz-Hofmann 537 f.; Svennung, Oros. 43.

[13] Schmalz-Hofmann 513; Svennung, Unters. 366; Lundström, Neue Studien 123 f.; Uddholm 126; Rohlfs III 95 u. 100.

[14] Schmalz-Hofmann 522 u. 534; Svennung, Unters. 375, 379 u. 643; Rohlfs III 98.

[15] Schmalz-Hofmann 540; Funcke 62; Plater-White 69; Rohlfs III 122; vgl. auch Gamillscheg, Präpositionen und Adverbien im Französischen, ZRPh 68, 209—242, bes. S. 214.

*pro causa dictis princibus*[16]. Man vergleiche z. B. *propter suavitatis gratiam, ob pietatis causa,* zitiert von Svennung, Unters. 336 f.; vgl. Uddholm 132 f.

127, 1 f. lesen wir, der Handschrift folgend: *pene civitatis ... meniam venit. Pene = paene,* und *meniam* ist ein Akkusativ der Richtung; Pertz korrigierte in *pone,* eine Präposition, die in der Chronik nicht vorkommt. Dieselbe Erklärung paßt auf 175, 20 *pene civitatem Beneventanam venerunt.* Pertz interpretierte *pene* als *penes* oder *prope*; ähnlich 81, 23 f. *perveneruntque pene fluius ...* Die vollständige Form *penes* erscheint in der Chronik zweimal, 121, 13 und 152, 18 f., *penes me habeo,* und zwar in klassischer Bedeutung. Es gibt keinen Grund, *penes* einen Richtungssinn beizulegen, den es, soweit ich beurteilen kann, auch nirgendwo anders hat. Im Gegensatz dazu ist der Akkusativ der Richtung in der Chronik recht häufig, s. S. 138 f.

## Zusammengesetzte Präpositionen und Adverbien

Zusammengesetzte Präpositionen, charakteristisch für das Spät- und Mittellatein, fehlen in der Chronik vollständig; in der Tat ein Zeichen von Gelehrsamkeit. Dafür werden aber zwei zusammengesetzte Adverbien als Präpositionen gebraucht:

*aforis* ist gebräuchlich als Adverb,[17] z. B. 34, 13; 59, 1; 70, 25; 159, 12. Als Präposition[18] regiert es den Akkusativ: 43, 4 *aforis portam ... amplicuerunt*; 147, 13 f. *aforis castellum illum ne unam quidem stillam cecidit*; 140, 17; 140, 18 f.; 153, 16. Vgl. ital. *affuori*; s. Rohlfs III 111.

*Deintus* ist gewöhnlich Adverb,[19] z. B. 34, 13; 59, 1; 70, 25; 159, 12. Als Präposition[20] steht es beim Akkusativ 184, 13 f. *deintus palacium cum ambobus nequissimis manebat.*

[16] Die Handschrift hat *principi//*; der Korrektor schreibt *principum.*

[17] Thes. I 1250, 33.

[18] Thes. I 1250, 66 f. gibt Beispiele mit dem Genitiv aus der Itala.

[19] Thes. V: 1, 412, 70 f.

[20] Seit der ›Lex Salica‹ und später, s. Josephson 196 mit Fußnote 3; Gamillscheg ZRPh 68, 215.

Zusammengesetzte Adverbien erscheinen hin und wieder in der Chronik. Solche, die schon im Thes. aufgeführt sind, siehe im Index unter „Adverbien". In den Wörterbüchern anscheinend nicht erwähnt ist *a primitus*[21] 128, 32 f. *pacem cum Agarenis a primitus habebat*. Vgl. *ab antiquitus* und *in primitus* bei Norberg, Beiträge 81 f.

Adverbien, die aus einer Präposition und einem neutralen Adjektiv zusammengesetzt sind, erscheinen ziemlich zahlreich; die meisten davon stehen im Thes., siehe Index. Nur ein Adverb dieser Art fand ich in keinem Wörterbuch: *in patulo* = „öffentlich"; 12, 6 f. *Cumque in patulo omnibus assistentibus proceris talia protulisset verba*; 46, 14 *set dum in patulo nempe exiit*; 52, 6 f. *que nuper in pectore clam gerebant, iam in patulo nimirum pandebant*; 150, 16 *et licet non in patulo, tamen furtim*; 183, 16 f. *et licet non in patulo, et tamen clam*; 38, 3, 38, 6; 39, 25; 40, 7; 49, 29; 50, 28; 59, 11; 65, 23; 66, 7; 70, 25 f.; 182, 19. Vgl. *in propatulo* Thes. VII: 1, 770, 54 f.; laut Lewis-Short findet es sich auch bei Gellius, Apuleius und Nepos.

### *Komparation*

Normalerweise werden der Komparativ und der Superlativ regulär gebildet. Bemerkenswert unter den nicht umschriebenen Formen sind nur die Superlative der Adverbien *saepe* und *crebro*. Von *saepe* heißt der Superlativ in den meisten Fällen *sepissime*, von *crebro creberrime* ebenso wie *crebrissime*; außerdem gibt es eine Form *crebissime* (*-v-*), die auf Dissimilation beruhen kann,[1] obwohl ein gewisser analogisierender Einfluß von *sepissime* nicht zu leugnen ist; dies zeigt sich auch in der Tatsache, daß *sepissime* manchmal durch *seperrime* ersetzt wird: d. h. *sepissime* + *creberrime* = a) *seperrime*, b) *crebissime*! Beispiele:

*seperrime* 33, 29; 39, 9; 50, 19; 52, 25; 65, 23; 73, 28; 79, 27; 82, 22; 88, 11; 91, 24; 97, 5 u. 98, 29;

*crebissime* 13, 17; 62, 30; 44, 23 und 144, 13; die beiden letzten

[21] Die Handschrift hat allerdings *a primatus*.

[1] Vgl. *crebresco* und *crebesco*, *crebrui* und *crebui* (Thes. IV 1123, 67 f.).

Fälle wurden von Pertz ohne zwingenden Grund in *crebrissime* bzw. *crevrissime* umgewandelt;

*crebrissime* z. B. 22, 28; 58, 33; 124, 24; 148, 17; 160, 17; 175, 14; 178, 26.

Die reguläre Form *sepissime* steht z. B. 15, 5; 63, 29; 106, 17; 156, 28; 175, 26; *creberrime* 20, 6; 79, 28; 95, 20; 173, 11.

Ein mangelndes Gefühl für den Sinn der verschiedenen Komparationsstufen, das als charakteristisch für spätlateinische Texte gilt,[2] läßt sich auch in unserem Text an Beispielen aufzeigen. Hand in Hand damit geht die doppelte Komparation,[3] die an folgenden Stellen vorkommt: 45, 23 *plus nimirum magis eum afflico*; 65, 21; 101, 23; *plus magis* bedeutet hier anscheinend „noch mehr". — 29, 27 f. *sed ea plus melius quam ipsa vetustissima fuit, in locum alium edificavit*; 53, 7 . . . *ut plus esset melius consilium quam valitudinem.* Man vergleiche ital. *più meglio,* das im Toskanischen allgemein üblich ist, aber auch in verschiedenen südital. Dialekten vorkommt (s. Rohlfs II 107). Diese Art von Komparation ist sehr verbreitet in den Urkunden, z. B. Cod. Cav. a. 942 (CLXX) *plux magis esset remeliorata*; a. 957 (CXCVII) *magis magisque plus esset ipso argentum quam ipsa rebus baleret.* — Beim Superlativ steht *plus* 29, 19 f. *et plus tutissima civitas quam ista est, inibi construamus.* — Bemerkenswert ist, daß *plus* oder *magis* in der Chronik niemals bei einem Positiv steht.

### *Pronomina*

### Personal-, Reflexiv- und Demonstrativpronomina

M e i : Der Genitiv des Personalpronomens *mei* wird possessiv[1] gebraucht 52, 1 und 52, 4, verbunden mit einem zweiten Genitiv: *Dei meique benedicionibus*; 35, 16 *meique peccatis merentibus*; aber 177, 32 f. *meis peccatis merentibus*; 51, 7 *mei nimirum vestrasque iniurias.*[2]

[2] S. Josephson, 212—214 u. 216 mit Belegen; Uddholm 134.

[3] S. Wölfflin, Komp. 159 f.; Plater-White 67.

[1] Vgl. z. B. Schmalz-Hofmann 393; Uddholm 144.

[2] In den Urkunden des Cod. Cav. finden sich *meique, tuique* und *suique*

Suus: *suus* wird in Einzahl und Mehrzahl sowohl direkt reflexiv als auch nicht reflexiv gebraucht, im letzteren Falle frei alternierend mit *eius, illius, eorum* und *illorum*. Reflexiver Gebrauch dieser zuletzt erwähnten Pronomina ist jedoch sehr sporadisch: 13, 24 f. *eius filias muniens secessit Salernum*; 88, 33 *naviculas illorum ascendunt*; 104, 32 f. *nisi protinus omnes facultates illorum ante meam diccionem presentaverint*, ... ; 161, 11 f. Man vergleiche die italienischen Dialekte, in denen *suo* sämtliche Funktionen von „sein" und „ihr" vertritt, während *loro* = „ihr" (Plur.) der Schriftsprache vorbehalten bleibt, siehe Rohlfs II 147—149.

Hic und Iste: Von diesen beiden Pronomina wurde *iste* in den romanischen Sprachen bewahrt (ital. *questo*, afrz. *cest*, span. *este*), während von *hic* fast nur noch das Neutrum *hoc* übrigblieb (ital. *ciò* u. afrz. *ço* < *ecce hoc*) und dafür *iste* die Bedeutung von *hic* übernahm. Dieser Vorgang spiegelt sich auch in der Sprache der Chronik wider, obwohl *hic* achtmal so oft wie *iste* (210 : 26) vorkommt;[3] beide werden aber wechselweise gebraucht, z. B. in Grimoalds Rede 30, 9 f. *Civitatem hanc preclaram quomodo linquimus? ... et quid exinde peragam nescio, utrum illam perficiam, et ista in qua nunc degimus diruam?* Die Frage 169, 20 f. *placet ei, ut istum castrum comprehendamus?* wird wiederholt 169, 31 f. *velis, ut capiamus hunc castellum?* — Im Nominativ Sing. erscheint maskulines *hic* nur zweimal, 97, 26 und 97, 33 (in annalistischem Text),

im Dativ und Ablativ Seite an Seite mit *et meis, et tuis, et suis; meisque, tuisque* usw. sowie *et mei* usw. sind ganz selten. Einige Beispiele: a. 956 (CXCIV) ... *mihi et ad meis heredibus* ... *mihi meique heredibus* ... *se et suis heredibus* ... *mihi meique heredibus* ... *nobis et ad nostris heredibus* ...; a. 954 (CLXXXIV) ... *obligaberunt se et suis heredibus* ... *obligaberunt se suique heredibus* ...; a. 969 (CCCXIV) *mihi meique eredibus*; a. 970 (CCLXIII) *me meique successoribus*; a. 979 (CCCXIV) *illis autem suique heredibus* ... *illis suique heredibus*. — Die Regelmäßigkeit ist auffallend. Ob die artifizielle Verwendung von *-que* dazu beigetragen hat, die Genitivform *mei* vorzuziehen (beide gehören einem gehobenen Stil an), oder ob die Erscheinung in Wahrheit nur lautlicher Natur ist, das läßt sich schwer entscheiden; ich neige allerdings eher zu der ersten Erklärung.

[3] Vgl. Trager 184: „*iste*, zu allen Zeiten sehr ungebräuchlich ...".

der Plural *hii* einmal in annalistischem Zusammenhang 90, 33 und einmal in narrativem 77, 11, während *iste* und *isti* jeweils fünfmal vorkommen.[4] Die femininen Nominative *haec* und *hae* fehlen völlig; *ista* gibt es dreimal und *iste* einmal.[5] Andererseits dominieren *hanc* und *hac* über *ista*.

In sehr großem Ausmaß werden verschiedene Formen von *hic* in stehenden Wendungen gebraucht, die immer wiederkehren; so erklärt sich die Häufigkeit dieses Pronomens. Mit stehenden Wendungen meine ich z. B. *his dictis, his* oder *hiis*[6] *ita gestis, cum hec agerentur, ad hec, hec ... dixisse sufficiat, audito hoc, in hoc mundo, in hunc mundum, huius mundi,*[7] *de hac luce* oder *vita, hac tempesta*.

Ipse und Ille: *ipse* und *ille* sind beide sehr häufig (etwa 550- bzw. 680mal). An die 400mal ist *ipse* Adjektiv,[8] zum Teil in der klassischen Bedeutung, aber gewöhnlich zur Bezeichnung der Wiederaufnahme; sehr oft erscheint es unnötig in Phrasen wie *ipse predictus, ipse iam fatus, ipse de quo prediximus*, oder es ist Attribut zu einem Eigennamen.[9] In pronominaler Funktion überwiegt die Bedeutung „selbst" und „gerade, eben", wiewohl es manchmal weiter nichts ist als ein Personalpronomen. Ein besonders betontes „selbst" ist immer durch *per semet ipsum* o. ä. wiedergegeben. — Auf der anderen Seite erscheint *ille* meistens (etwa 470mal) als mehr oder weniger betontes Pronomen, wie *ipse* oft nur als Personalpronomen. Das gleiche läßt sich über *ille* als Adjektiv sagen,

[4] *Iste* 40, 2; 52, 18; 53, 10; 98, 3; 179, 20; — *isti* 91, 19; 103, 10; 141, 8; 140, 9; 165, 24; in den beiden letzten Fällen als Objekt gebraucht.

[5] *Ista* 29, 19; 30, 15; 93, 9; — *iste* 143, 25.

[6] *Hiis* gehört zu *hic* und nicht zu *is* — das geht aus Parallelen hervor wie *hec dum gesta fuissent, dum hec patrata fuissent* und *hiis ita gestis, hiis ita patratis*.

[7] *Hic* als Attribut zu *mundus* ist in der Itala gebräuchlich, s. Rönsch I—V 421 f.; vgl. Trager 135; auch in der Vulgata ist diese Verbindung häufig, s. Plater-White 79.

[8] Vgl. Trager 185.

[9] In ähnlicher Weise bezeichnet *ipse* hebräische Namen in der Itala, s. Schmalz-Hofmann 481 u. Rönsch I—V 422 f.; und in der Vulgata, s. Plater-White 79.

doch gibt es einen Unterschied: *ille* ist gebräuchlicher, wenn das Substantiv durch ein peioratives Adjektiv näher bestimmt ist, so daß *ille* mehr betont erscheint mit einem verächtlichen Nebensinn, z. B. 63, 33 und 67, 18 *callidus ille Rofrit*; 125, 23 f. *Tirannus ille Agarenorum rex*; 151, 31 *patricius ille nefandiximus*; 182, 33 f. *illi crudelissimo iuniori Landolfo*; *ipse* hingegen wird zusammengestellt mit *piissimus*, *benignissimus*, *preclarissimus*, *clementissimus* usw., dabei tritt die demonstrative oder vielmehr wiederaufnehmende Bedeutung zurück, z. B. 12, 9; 13, 7; 17, 33; 101, 1; 177, 31; 181, 22. — Aufs Ganze gesehen scheint *ipse* das exakte Äquivalent zum bestimmten Artikel zu sein; das deckt sich voll mit den Beobachtungen verschiedener Romanisten,[10] daß nämlich in Süditalien noch im 10. Jahrhundert *ipse* auf dem besten Wege war, bestimmter Artikel zu werden, dann aber durch das aus dem Norden kommende *ille* verdrängt wurde. Auch für den Cod. Cav. weist de Bartholomaeis *ipse* in der Funktion des Artikels nach, siehe § 66.

I s : Die obliquen Formen von *is* übertreffen zahlenmäßig bei weitem die anderen Pronomina (etwa 870).[11] Im Nominativ dagegen gibt es nur *id* in der Formel *id est*[12] 34, 6 und in dem häufig wiederkehrenden Satz *ut id fieret omnimodis gratulabatur* (*gradiebatur*). Außerdem erscheint *id* in dem erstarrten *idipsum*, siehe unten. — Als Adjektiv kommt *is* selten vor: *eo tempore* 92, 20; 95, 33; 144, 6; 170, 21; 180, 3; *eo ordine* 99, 29; *in ea nocte* 164, 32; *ex ea urbe* 83, 26. — Formen wie *eumque*, *eorumque* usw. statt des einfachen *eum*, *eorum* usw. sind häufig; aber gerade dann, wenn *-que* seinen vollen Wert hat, steht es oft mit den Formen von *is* verbunden.

I d e m : *idem* kommt etwa 100mal vor. Im Sinn von „derselbe“

[10] G. J. Ascoli, Intorno ai continuatori neolatini del lat. *ipsu-*, Arch. Glott. It. 15, 303—316, bes. S. 311 f.; P. Aebischer, Contribution à la protohistoire des articles *ille* et *ipse* dans les langues romanes, Cult. Neol. 8, 181—203, bes. S. 196 f.; Rohlfs II 247 A 2.

[11] Vgl. Trager 184.

[12] *Id est* kommt außerdem noch siebenmal in aus Quellen zitierten Passagen vor; *hoc est* findet sich viermal: 17, 17; 17, 24; 106, 25 u. 161, 23; das letzte Beispiel ist bemerkenswert, weil die beiden vermutlichen Quellen, Paul. I 5 (63, 12) und Erch. 236, 4 *id est* haben.

erscheint es 19mal in *per idem tempus*, in *eodem tempore* 142, 9, in *eadem verba* 126, 30; 151, 23 f. und 160, 26; *eadem hora, ... que, ...* 56, 30. In den übrigen Fällen hat es wiederaufnehmende Bedeutung. — Außer dem regulären *idem* kommen im Nominativ Singular noch *isdem* und *hisdem* vor. Erstarrtes *idem*[13] tritt zweimal, 7, 15 f. und 15, 29 f. für den Dativ ein.

Idipsum: Als Pronomen, und zwar eintretend für *idem*,[14] finden wir *idipsum* 35, 20. In adverbieller Funktion[15] kommt es häufig vor, dabei wie das ital. Pronomen *desso* immer zur Bezeichnung einer Identität, entweder von Handlungen (= *item*[16]) oder von Handelnden (= *idem*); in diesem Fall scheint es manchmal die Gleichzeitigkeit von zwei Handlungen hervorzuheben; man kann es übersetzen mit „außerdem, fernerhin, überdies" oder auch mit „zugleich". Einige Beispiele:

Identität von Handlungen 76, 25 f. *Set dum approximassent* (sc. *Salernitani*) *ubi ipsi carcerarii degebant, voces claras emictebant. Hec aures carcerarii aurientes, idipsum et ipsi voces emiserunt*; — 79, 5 f. *Radelchisi collecta multitudinem hostium ... Salernum pervenit ... Idipsum Sikenolfus valido exercitu congregans, sine mora Beneventanas fines invadunt*; — 86, 27, 94, 16; 151, 30.

Identität der handelnden Personen 55, 5 f. *Uxor vero illius ... promsit tum talia dicta: „Accipite ergo animis ...". Idipsum depromsit talia verba: „Quid est quod dicis exterum?"* — 79, 29 f. *Calabrie finibus adiunt, ... Tarentum veniunt ... idipsum in Apulie finibus perveniunt.* 121, 21 f. *Cumque Beneventani* (= *-os*) *hostiliter insequeretur sua coniuge* (= *-iux*), *atque mulieres illorum omnimodis nimirum fedaret, idipsum Beneventanis* (= *-os*) *variis iniuriis afficeret ...*; — 158, 30; 180, 29.

Beides, Identität der Personen und Gleichzeitigkeit der Handlungen sind betont 22, 29 f. *Nam Argibos ... superavit ..., non in elaccione est ductus, ..., sed Creatori suo, ... immensa gratia exibebat; idipsum inopes et debiles diverso habitu induebant*

[13] Vgl. Grevander 31 f.

[14] Schmalz-Hofmann 482.

[15] Einmal erscheint es dekliniert: 176, 1 *idipsi*; vgl. Svennung, Unters. 325.

[16] Vgl. Norberg, Beitr. 54, A 4.

(= *-bat*). — 155, 3 f. *ilico predictus clericus Iohannes super eum venit lanceaque nisus est, ut eum percuteret, idipsum innuens, ut ab aspectibus illius se eriperet.*

Die gleiche Bedeutung von Identität hat *idem ipse* 50, 10; 85, 20; 122, 32 f.

## Die Relativpronomina

Alle Formen der Relativpronomina außer *quarum* können in der Chronik in der klassischen Bedeutung nachgewiesen werden; am zahlreichsten sind *qui* (im Singular wie im Plural), *quod* und *quo*. Aus den vorkommenden Unregelmäßigkeiten führe ich an:

*quod* gibt es erstarrt in allen möglichen Kombinationen,[17] z. B.: a) 16, 11 *ecclesiam quod . . . sita erat*; 30, 23 *machina quod* — vgl. 127, 14 und 169, 34 *quam* —; 40, 33 *rixam quod*; b) 19, 27 *sermo quod*; 41, 8 f. *censum . . . quod*; 57, 19 *pro reatu quod;* 22, 23 f. und 31, 19 f. *versibus . . . quod*; 27, 30 *sermones quod*; c) 42, 18 *verba quod*; 136, 8 *similia . . . quod*;

*que* ist im Akkusativ fem. gebräuchlicher als *quam*, z. B. 11, 5 *filiam . . . , que nuptui tradidit*; 40, 3 *re que promiserat*; 83, 14 f. *lancea que . . . gerebat*; 91, 20 f. *re que omisimus*; 158, 23 *asta que . . . gerebat*;[18]

*qui* ist manchmal mit einem Femininum verbunden,[19] z. B. 21, 25 *illa qui*; 36, 23 *epistola qui*; 71, 28 *sancta Trophimenis qui*; 182, 3 *illa vero qui*;

*qui* hinter einem Neutrum haben wir z. B. 9, 24; 33, 27 und 38, 10 *monasterium . . . qui*; 172, 15 f. *in oppido, in quo . . . , qui.*

Recht oft verwendet der Chronist die Relativpronomina als Anschlußwörter, manchmal zusammen mit einem Demonstrativum,[20] z. B. 53, 14 *Quem cum eum vidisset Pipinus rex, . . .* ; 82, 4 *Cui protinus est ei responsum*; besonders häufig ist die Verbindung

[17] Vgl. Rohlfs II 229 f.; Uddholm 74 f.

[18] *Quem* ist wohl nur eine graphische Variante 154, 14 f. *veniam . . ., quem adeptus est*; 181, 22 f. *turre, quem . . . construxerat*; vgl. 37, 29 u. 37, 30 *quem* anstelle des neutralen *quae.*

[19] Vgl. Uddholm 73.

[20] S. Schmalz-Hofmann 707 u. 717 f.

*quod ... talia,* z. B. 11, 18; 14, 23; 18, 31; 27, 8; 35, 5; 35, 10; 182, 32; einige Male hat *quod* keine Kasusfunktion mehr, z. B. 40, 17 *Quod ille ut domum rediit*; vgl. 52, 30 f. *Quod cum cuneatis gradientes*; 35, 20 f. *quod ille nimirum ... ad eum venit*; 163, 20 *quod sine mora ... Beneventum adiit.*

## Weitere Besonderheiten

Da auslautendes *t* und *d* abgefallen waren, finden wir Formen wie *quot, quod* und *quo, aliquot, aliquod* und *aliquo* unterschiedslos gebraucht. Interessant sind die Stellen 38, 13 f. und 38, 27 *quove temporibus,* = *quotve temporibus,* was der Korrektor in *quove tempore* bzw. *quibusve temporibus* umänderte; man vergleiche z. B. 170, 16 *quod miracula*; 76, 29 *quolibet munus.*

Die lautliche Entwicklung ließ auch *aliud*[21] mit *alius* und *alium* verschmelzen; 27, 7 f. *aliud suum filium*; 30, 27 *ipsum aliud murum*; 75, 20 *veniet ignotum nostrum aliud*; 79, 34 *unum principem aliud.* Hier zeigt sich eine gelehrte Tendenz; die volkssprachliche Entwicklung geht dahin, die neutralen Formen durch maskuline zu ersetzen: *illum* = *illud,* z. B. 149, 17 *verbum illum*; *eum* = *id,* z. B. 31, 5 *eum* = *indumentum*; 167, 17 *eum* = *palacium illud quod....*

Erstarrte Pronominalformen gibt es in der Chronik wie in vielen spätlateinischen Texten (siehe Norberg, Beitr. 54 f.):

*quidam,* z. B. 20, 7; 75, 8; 96, 24; 97, 29; 100, 14;

*qualiscumque*[22] 76, 11 f. *qualiscumque incommoditate ... gessistis*;

*nullius* statt *nulla* 104, 28 *pro nullius alia re*;

*unius* statt *una* 36, 11 f. *mensis unius die Martis*; vgl. *huius* bei Fredegar, Haag 884[23] (oben S. 28);

[21] Zu *alius* statt *alter* s. Schmalz-Hofmann 419.

[22] Sehr häufig in den Urkunden, z. B. Cod. Cav. a. 961 (CCXII) *qualiscumque tempore*; a. 963 (CCXXI) *per qualiscumque rebus ... per qualiscumque ingenium vel rationem*; a. 910 (CXXVI) u. a. 911 (CXXVII) *per qualiscumque modis*; a. 917 (CXXXIV), a. 935 (LVII) u. a. 946 (LXXII) *de qualiscumque ominibus.*

[23] Zu *huius, eius, illius* usw. in dativischer Funktion vgl. oben.

*ulli* statt *ulla* 87, 30 *nec ulli sagaci relacione*; hier liegt möglicherweise Endungsassimilation vor;[24]

*totidem* = *toti* 67, 11 f. *ipse princeps, . . . , statim accersiri iussit presulem seu presbyteros, idipsum et monachos, quod ⟨per⟩ ipsum missum [quod] abbas Alfanus quesivit, et totidem sacramento iuraverunt, ut. . . .* Da *idem* (*isdem*) für *is*, und *ibidem* für *ibi*[25] eintreten konnte, so könnte *totidem* durchaus ein Synonym von *toti* sein, obgleich ich kein weiteres Beispiel für diese Bedeutung habe.

## Die Pronominaladverbien *exinde* und *inde*

Von diesen beiden konkurrierenden Wörtern bevorzugten sehr viele Autoren *exinde* als das gelehrtere Wort;[26] vgl. frz. *en* und ital. *ne* aus *inde*. Der Chronist gebraucht beide, allerdings *exinde* bei weitem häufiger: etwa 115 *exinde* zu 10 *inde*. Dabei lassen sich verschiedene Bedeutungen von *exinde* (bzw. *inde*) abgrenzen:

a) lokal: 16, 10 *exinde sunt moti*; 84, 21 *mox inde se movit*; 64, 10 *Dum exinde remeas*; 54, 26 *illuc eunte et inde . . . remeante*; 39, 17 f. *Stabulum meum perge, . . , equum exinde tolle*; 105, 19; 178, 13; 45, 27; 65, 25;

b) temporal: 101, 17 f. *Dum talia Salernitani . . . cognovissent, multi ex eis exinde in unum sunt congregati*; 102, 27 f. *Sed cum talia Salernitani cognovissent, ut . . . , exinde in unum coniunti sunt*;

c) partitiv: 130, 9 f. *Cumque pincerna . . . vinum dedisset, exiguum exinde sumpsit*;

d) kausal nach Verben des Affekts: 47, 24 *magnum gaudium exinde nimirum habebat*; 161, 13 f. *Ille vero gavisus est exinde*

[24] In der Pertzschen Edition steht *uterque acie* 490, 35 (= 41, 28). Die Handschrift hat eine Abkürzung, die sowohl *uterque* als auch *utreque* bedeuten kann. Wir finden *utreque acie* voll ausgeschrieben z. B. 131, 13 und 154, 11; *utreque acies* z. B. 124, 10; dementsprechend ziehe ich für die ersterwähnte Stelle auch *utreque* vor.

[25] Vgl. *tantundem* = *tantummodo* in spanischen Texten, s. Norberg, Beitr. 54, A 3.

[26] S. Schmalz-Hofmann 492; Uddholm 141.

*valde*; 60, 10 f. *obanter exinde permanebat*; 162, 15 f. *valde sunt exinde exterriti*; 86, 15 f. *et ipsi valde sunt mirati exinde*; 100, 3 f. *ipse presul exinde mox valde ingemuit*; 179, 26 f. *valde exinde fremebant*; 54, 24 *affligebat se exinde valde*; 45, 14 f. *minime exinde se perturbavit*; 78, 23; 164, 4; 172, 12; 49, 1; 63, 4;[27]

e) instrumental nach *facere* 16, 2 *Quid faciam exinde*; 21, 15; 74, 1;[28]

f) einschränkend: 58, 27 *exinde qualiter ageret, suis fidelibus expiavit*; 159, 31 f. *Illi vero non signiter exinde gesserunt*; 50, 16 f. *ipse Rofrit exinde omnimodis decertabat*; 182, 27 *omni nisu exinde satagebat*; 63, 31 f. *Unde eius optimates eum exinde ... adortabant*; 86, 11 f. *inter se exinde invicem nimirum conloquebatur*; 133, 10 f. *augustum exinde percontatus est*; 177, 35 f. *Et quid tibi, ..., exinde comparet, ...*;[29] 152, 21; 170, 6; 84, 32 f. 49, 15.

An einigen Stellen hat *exinde* proleptische Bedeutung, z. B. 62, 30 f. *crevissime exinde excitabat* (= *haesitabat*), *quatenus ipsum facinum adipiscere valeret*; 94, 16 f. *ille omnimodis satagebat exinde, quatenus ad tante sublimitatis fastigium pervenire*.

Ich kann zwar keine Bedeutungen anführen, die über das hinausgehen, was der Thesaurus zu *inde* und *exinde* bietet, muß aber doch auf den sehr reichhaltigen Gebrauch, den der Chronist von diesen Partikeln macht, hinweisen.[30] In manchen Sätzen ist das Vorkommen so häufig, daß ich von einem stereotypen Flickwort sprechen möchte. Um das klarzumachen, führe ich alle Beispiele von S. 101—104 hintereinander auf: 101, 18 f. *multi ... exinde ... sunt congregati, atque inter se exinde colloquebantur de tanta cupiditate*; 102, 17 *exinde se perturbat*; 102, 22 *Sed ⟨dum⟩ diu exinde ... decertaret*; 102, 28 f. *exinde in unum coniunti sunt*; 102, 35 *exinde se perturbaverunt*; 103, 9 f. *quatenus ... exinde exiliret*; 104, 11 *illos exinde eicere valeret*; 104, 15 f. *exinde ... exflagitatus ... fuisset*.

[27] Vgl. Bocc. Nov. 3 g. 3 *e siamivene doluta*.

[28] Vgl. ital. *non so che me ne fare*.

[29] Vgl. Il Ritmo Cass. 65 *lo mello ci ttende pare*.

[30] Dasselbe vermerkt Bastardas 73 f. für die spanischen Urkunden.

## *Verben*

### Personalendungen[1]

Die lautliche Entwicklung in Italien hat bei den Personalendungen *-m*, *-s* und *-t* einiges Durcheinander verursacht. In der Regel vertritt die dritte Person die erste oder zweite. Da die dritte Person in Anbetracht des Charakters der Chronik beträchtlich überwiegt, sind die Vertauschungen möglicherweise paläographischer Natur:

*t* statt *m*: 16,9 *putet*; 17, 6 *sinat*; 35, 17 *aberet*; 59, 13 *pereat*; 156, 20 *tribuerat*;

*t* statt *s*: 16, 20 *desiderat*; 30, 17 *det*; 50, 9 *habebit*; 55, 17 *deferet*; 69, 1 *iuraverit*; 93, 10 *afflixerit*; 93, 11 *introduxerit*; 182, 24 *sublimaret*;

*t* versehentlich angehängt: 29, 1 *est*; 35, 24 *nequivit*; 152, 25 *conspexit*;

*t* versehentlich weggelassen: 30, 4 *perambulavi*; 48, 1 *adii*; 146, 1 *spopondi*;

*s* statt *t* kommt nur einmal vor, 27, 32 *ais*, und zwar zwischen zwei Sätzen in direkter Rede mit Prädikat in der 2. Pers. Sing.

Die oben angeführten Lesarten außer der letzten habe ich alle in den Text aufgenommen, auch wenn sie unsicher sind. Die beiden folgenden Beispiele von fälschlich angehängtem *t* wurden korrigiert, da ich hier mechanische Endungsattraktion für gegeben ansehe: 39, 21 f. *qui prius caput levavit comprehendit iussit*; 177, 16 *iussit absolvi*, wo ein Buchstabe, wahrscheinlich *t*, hinter *absolvi* ausradiert ist. Vergleiche 11, 33 *eum comprehendi iussit*; 40, 21 *se nimirum iussit absolvi*; und viele andere Parallelen.

In der Hauptsache ebenfalls auf die lautliche Entwicklung zurückzuführen, aber teilweise auch syntaktisch erklärbar ist der Wechsel zwischen dem Infinitiv Präsens und dem Konjunktiv Imperfekt bzw. dem Infinitiv Perfekt und dem Konjunktiv Plusquamperfekt. Häufiger erscheinen Personalendungen angehängt an den Infinitiv, z. B. 48, 20 *promicto talia omnimodis adimplerem*; 50, 28 f. *metuebant plane inter se de tali re in patulo talia panderent*; 137, 31 f.

[1] Vgl. zu diesem Kapitel Blatt 19, A 2 u. 193; Slijper 78 f.

*conspexit suos contra se properarent*; 146, 3 f. *Sed dum cerneret sibi tempus adesset ... et consanguineos suos emulos ibidem non essent.* — In diesen Fällen stimmt die Personalendung mit dem logischen Subjekt des Infinitivs überein;[2] aber noch häufiger gibt es keine solche Übereinstimmung, z. B. 19, 3 f. *iuvenes ... reppererunt hic inde astaret*; 19, 10; 41, 17 f.; 123, 24 f. Der Infinitiv statt eines Verbum finitum scheint manchmal durch den A.c.i. oder durch den ein Verb ergänzenden Infinitiv beeinflußt zu sein, z. B. 56, 14; 59, 2 f.; 62, 6; 94, 17 f.; 144, 12 f.; 169, 12 f.

Im Zusammenhang hiermit steht die Vertauschung von Singular und Plural der Verbalformen.[3] Manchmal haben wir es zwar mit einer Konstruktion ad sensum zu tun, aber diese Erklärung reicht nicht immer aus. Am häufigsten tritt die Vertauschung im Konjunktiv Imperfekt, einem Modus der gebildeten Sprache, auf, kommt aber auch im Konjunktiv Plusqu., Konjunktiv Präs. und im Indikativ Imp. sowie in den zusammengesetzten Zeiten des Passivs vor. Sicherlich handelt es sich manchmal nur um eine graphische Erscheinung: Der Nasal-Strich kann ausgelassen oder irrtümlich hinzugefügt worden sein. In meiner Edition folge ich der Handschrift auch an den Stellen, wo ich in großem Ausmaß die Handschriften der ausgeschriebenen Quellen als Autorität anerkenne. Da, wo es sich als notwendig erwies, gibt der kritische Apparat eine Erklärung.

## Konjugationen

Die Verschmelzung von *e* und *i* mag die Präsensformen *deget* 64, 2 und *deges* 159, 7 verursacht haben. Vergleiche z. B. 147, 4 *degunt*; 153, 4 *degimus*. Bildungen nach der zweiten Konjugation sind jedoch schon viel früher belegt, s. Thes.V: 1 384, 46 und Bonnet 431. Das Präsens *conteret* 128, 17 ist entweder aus der Quelle übernommen oder vom vorausgehenden *ammovet* beeinflußt.

[2] Vgl. Cod. Cav. a. 965 (CCXXX) *illis discerunt alia facere non poterent.*

[3] Das ist ziemlich häufig im Cod. Cav., z. B. a. 956 (CXC) *sicut locus ipse meruerint;* a. 903 (CXVII) *si ipsi nominati ... diacones diebus vite sue habitaverit et permanserit in ipso monasterio ...*

Die für mittelitalienische Dialekte typische Ersetzung der Präsensendung *-ent* durch *-unt*[4] finden wir in der Chronik 101, 33 *deridunt*; vgl. N-W III 271; — 86, 22 *optinunt*; vgl. Uddholm 82; — 107, 2 *prebunt*; vgl. N-W III 269; — 107, 15 *obsedunt*; vgl. N-W III 271; — 162, 34 *valunt*; Pertz vermutete einen Schreibfehler aus *valent* oder *volunt*. Die Textstelle lautet: *Salernitani erga me moliti sunt insurgere, eo quod minime iam amplius seviciam tuam tollerare valunt*. Daß hier auf jeden Fall eine Form von *valere* angebracht ist, geht aus Parallelen wie 156, 31 f. hervor: *Nobiscum [dicentes] inite fedus, quatenus heros noster comprehendamus aliumque principem sublevemus, quia seviciam illius omnimodis sustinere nequimus*; ähnlich 172, 5 f.

Auf der anderen Seite habe ich *repedunt* 170, 34 nicht gelten lassen, sondern in *repedant* verbessert.[5]

*Sinere* hat 46, 11 f. ein nach der zweiten Konjugation gebildetes Futur: *Radechisi plane consanguinei vivere me non sinebunt*[6]. Der Satz ist nach dem Vorbild von Paul. V 8 (148, 19) gebildet: *gens ista perfida me vivere non sinebit*.[7] Vergleiche das Perfekt *sinuit* 125, 6.

*Minuare* statt *minuere*, ital. *menovare*, ist oft belegt, s. z. B. Uddholm 84 mit Stellenangaben. Das Futur lautet 50, 16 *minuabo*, obwohl im Konj. Präs. 50, 12 und 48, 14 *minuas*[8] steht.

*Esse* zeigt einige unklassische Formen: im Indik. Imperf. *erabamus* 129, 28; ital. *eravamo*[9]. Man vergleiche Paul. V 40 (160, 4) *quando nos erabamus iuvenculi*; — im Konj. Präs. *sciat* = *siat* 130, 11; ital. *sia*[10]: *Vestro famulo poculum reddite*; *sciatque vobis*

[4] S. Rohlfs II 298 f.; vgl. Josephson 234 f.

[5] Eine andere mögliche Korrektur ist *repedarunt* oder auch *repetunt*; aber *repedare* tritt am häufigsten in Verbindung mit *suas fines* auf, z. B. 79, 24; 168, 29 f.; 179, 19.

[6] Die Handschrift hat *sineb/t*.

[7] Vgl. Lundström, Neue Studien 34 f. mit Bibliographie.

[8] *Minuare* und *amminuare* sind äußerst häufig in Urkunden aus Süditalien, z. B. Cod. Cav. a. 868 (LXIV); a. 960 (CCVII); a. 962 (CCVIII); a. 979 (CCCXVI).

[9] Vgl. Blatt 134; Wiese 107; Monaci, Crest. § 518.

[10] Vgl. Svennung, Comp. Luc. 129, A 64; Funcke 28; Monaci, Crest. § 509.

*donatum*;[11] durch Konjektur 64, 8 *omnimodis sciat*[12] *occultum.* Diese Form des Konjunktivs wechselt mit dem regulären *sit* ab, z. B. 39, 29 *Sit tibi concessum*; 99, 13 f. *hunc servum tuum tibi sit commendatum*; und mit *fiat*, z. B. 76, 12 *fiat vobis dimissum*; 93, 3 *meum infantulum Siconem* [*per omnia*] *fiat vobis commendatum.*

Es ist bemerkenswert, daß die meisten dieser italienisch-lateinischen Formen in direkter Rede vorkommen.

Zu Komposita von *ire* und *ferre* und zu Rekomposition siehe den Index [hier nicht abgedruckt].

Zur Stammbildung von Perfekt, Präsens und Supinum siehe Textkritik 141, 12 f.

### Abriß der Tempora, Modi und Genera Verbi

T e m p o r a : Das Präsens wechselt frei und oft ziemlich unerwartet mit dem Perfekt ab in der fortlaufenden Erzählung. In der direkten Rede wird der Indikativ Präs. oft in einem futurischmodalen Sinn gebraucht, z. B. in deliberativen Fragen und bei kausativem *facere.* Bemerkenswert sind folgende Varianten: 85, 16 f. *Quid meis iuris . . . traditis* — 85, 21 *quid mihi dabis* — 85, 24 f. *statim illum iuris tuis . . . trado.* Jedenfalls kommt das Futur aller Konjugationen häufig vor, während das romanische Futur ganz fehlt.

Das Perfekt ähnelt manchmal einem Futur wegen des Wechsels von *b* und *v,* z. B. 85, 3 *morabimus* = *moravimus* oder vielmehr *morati sumus.* Zum romanischen Perfekt siehe unter „Partizipien".

Der Indikativ Plusquamperfekt, speziell *fuerat,*[13] tritt gelegentlich für Perfekt oder Imperfekt ein. Man vergleiche 97, 32 *qui ex Nucerie finibus fuerat ortus* mit 97, 35 *Fuit autem ex civitate Latiniana ortus. Fuerat* kommt gewöhnlich in Verbindung mit Verwandtschaftsbezeichnungen vor, z. B. 102, 20 und 157, 14 f. —

[11] Eine andere Interpretation der Stelle: *sciat famulus vester id vobis donatum esse* scheint mir zu weit hergeholt.

[12] Die Handschrift hat *s//at*, der Korrektor *sit*, Pertz *servetur.*

[13] S. Bassols II: 1 369.

Einmal steht das Plusquamperfekt an Stelle des 2. Futurs,[14] 62, 28. — Perfekt sowie Plusquamperfekt haben oft kontrahierte Formen, z. B. 21, 5 *humarunt*; 59, 12 *fedastis*; 151, 26 *fatigasti*; 121, 15 *contaminarat*.

Das 2. Futur wird nur in abhängigen (hypothetischen) Sätzen gebraucht und kann nicht das Futur in Hauptsätzen vertreten; das ist ein typisches Merkmal der Volkssprache, siehe Uddholm 151 mit Belegen.

M o d i : Der Konjunktiv Imp. kommt häufig vor, wechselt aber ohne jeden Bedeutungsunterschied mit dem Konj. Plusqu. ab, der sogar in Finalsätzen zu finden ist, 19, 34 f. und 125, 9 f.

Der Konjunktiv Präs. in der ersten Person Plural steht oft in hortativem Sinn.

Den Imperativ gibt es in allen Konjugationen, das einsilbige *da* 122, 23 und 130, 28; auch fehlen nicht *dic* und *fac*[15]. Erwähnenswert ist, daß 92, 2 *vade* dem Plural *ite* in der Quelle entspricht. Der Imperativ Fut. findet sich nur bei wenigen Verben: 96, 11 u. 169, 21 *scito*; 151, 27 *scitote*; 165, 2 *esto*; 70, 18 u. 130, 7 *estote*; 29, 18; 50, 15; 94, 30 u. 122, 11 *facito*; 123, 6; 135, 20 u. 172, 3 *dicito*; 46, 18 *pergito*.

Den passiven Imperativ haben wir z. B. 166, 16 *memorare*; 149, 15 und 158, 25 *revertere*. Der umgangssprachliche Gebrauch des Infinitivs für den Imperativ kommt 60, 24 u. 63, 25 vor; durch Konjektur 70, 19.

Ein Verbot kann ausgedrückt sein durch

1. Imp. Präs. Plur. oder Imp. Fut. mit den Verneinungen *minime* oder *nequaquam*, z. B. 50, 10; 46, 18; 122, 11; 141, 30;

2. Konj. Präs. Sing. mit den Verneinungen *ne* oder *nil*; z. B. 48, 19 u. 48, 24 f.;

3. Infinitiv — stets nur auf eine Person bezogen — mit den Verneinungen *minime, nihil* oder *nec-nec*, z. B. 46, 22; 60, 18 f.; 165, 2.

Man vergleiche hiermit die italienische Art, Verbote auszudrücken: *non andare* im Singular, *non andate* im Plural; s. Rohlfs II 407 f.

G e n e r a v e r b i : Synthetisches Passiv ist noch in Gebrauch.

[14] Vgl. Uddholm 149.

[15] Vgl. Svennung, ›Comp. Luc.‹ 131 (§ 75).

Im Perfekt und Plusquamperfekt zeigt sich die Tempusverschiebung bei den Passivformen im Nebeneinander von Bildungen wie *traditus fuit* 11, 22 und *capta est* 97, 10 f.; *dum essent congregati* 41, 3 und *dum fuissent ... congregati* 59, 19; dabei sind die Formen mit *fuit, fuerat, fuisset* bei weitem am häufigsten.

Der Infinitiv des Passivs ist häufig vertreten, sogar in der 3. Konjugation; aber die aktiven und passiven Formen werden ohne jeden Bedeutungsunterschied wechselnd gebraucht, vor allem hinter *iubere* und *facere*, z. B. 42, 20 f. *eum comprehendi fecit, atque in aselli dorsum ponere iussit.*

*Fiat* + Part. Perf. vertritt ein Passiv 93, 3 und 76, 12. Diese Art von Passiv ist charakteristisch für die norditalienischen Dialekte; aber auch im Alttoskanischen kommen die erstarrten Konjunktive *fia* und *fiano* = *sarà, saranno,* mit einem Partizip Perf. vor, siehe Rohlfs II 577 f.; vgl. Svennung, ›Comp. Luc.‹ 155 f.; Funcke 31.

Deponentien werden zum größten Teil durch aktive Verben ersetzt; doch zeigt die Sprache der Chronik hier auch eine Anzahl von Hyperkorrektheiten, nämlich okkasionelle Bildungen von Deponentien.[16] Für beide Erscheinungen verweise ich auf den Index unter Genera verbi [hier nicht abgedruckt].

67, 32 f. heißt es: ... *de periurio libet me huic ystorie intexere, ut possit quilibet agnosci omnimodo, quam. ...* Formal ist hier *agnosci* deponential gebraucht,[17] da *quilibet* Subjekt ist; aber in Wirklichkeit handelt es sich nur um eine mechanische Anleihe bei Paulus Diaconus, dessen Worte hier zum zweitenmal verwendet werden. Zum erstenmal stehen sie 34, 8 f. *Libet sane me* ⟨*de*⟩ *eiusdem Karoli humilitate pauca huic istorie inserere, ut poscit* (= *-ss*) *liquidius agnosci, quam ...*; und hier ist *agnosci* ein echtes unpersönliches Passiv.

R e f l e x i v e  V e r b e n : Die reflexive Form tritt bei einigen Verben des Affekts für das Passiv ein: *coangustare se*, vgl. ital.

[16] Wenn Erscheinungen dieser Art in Formen auftreten, die sich nur durch die Endung unterscheiden, dann muß man immer damit rechnen, daß es sich nur um graphische Varianten handelt. In unserer Handschrift sind die Passivendungen in der Regel abgekürzt.

[17] Das Beispiel ist schon von Blatt (161) angeführt.

*angosciarsi,* 63, 25 f.; — *turbare* und *perturbare se,* vgl. ital. *turbarsi,* 12, 22; 45, 15; 60, 10; 62, 25; 63, 4; 102, 17; 102, 35; 151, 22; 163, 15; durch Konjektur 46, 5; — *exterrere se* und *perterrere se,* vgl. ital. *atterrirsi,* 129, 1 u. 162, 4.

Erwähnenswert ist auch *coartare se* = „sich kasteien", 20, 5 f.: *Ipse [se] predictus Arichis erga Dei precepta sese coartabat*; 22,28; 135, 35 f. *in ieiuniis et in vigiliis sese cohartabat.*[18]

An intransitiven Verben kommen in reflexiver Form vor: *credere se,* ital. *credersi,* 95, 28; 179, 28; 180, 26 f.; 183, 17 f.;[19] — *desperare se,* ital. *desperarsi,* 164, 12 f.;[19] — *rebellare se,* ital. *ribellarsi,* wobei die Person, gegen die rebelliert wird, im Dativ steht, 168, 31 f. *Aquinensis castrum suo principi Landolfi se revellavit*; 169, 2 *cum ipsis suo principi se revellaverat.* Vgl. ital. *Scacciarono il Conte suo padre e si rubellarono al re di Francia*;[20] — *fugere sibi,* ital. *fuggirsi,*[21] kommt 166, 4 vor, an einer Stelle, die aus Paulus Diaconus übernommen ist.

Eine passive Form mit dem Reflexivpronomen findet sich 57, 3 f. *cum se unusquisque, . . ., procul sequestrarentur . . .,* vgl. ital. *sequestrarsi*; vgl. Svennung, ›Comp. Luc.‹ 156.

## Übereinstimmung im Numerus

In mittelalterlichen Texten wird oft der Plural eines neutralen Pronomens wie ein Singular behandelt.[22] In der Chronik haben wir Beispiele wie 81, 21 f. *Ut talia Agarenorum intimatum fuisset*; 172, 8 f. *Sed dum talia ⟨patri⟩ matrique que dictum ei fuerat intimasset.*[23]

[18] Das gibt es auch in anderen Texten, z. B. Paul. I 26 (68, 25 f.) *in magna se semper abstinentia coartavit*; Erch. 238, 7 f. *in tanta se districtione corporis animique . . . coartivit.*

[19] S. Norberg, Synt. 162 f.

[20] Monald., S. 540; zitiert bei David 48.

[21] Löfstedt, Synt. II 391.

[22] Norberg, Beitr. 55 f.; Uddholm 147; Bastardas 3 f.

[23] Sehr verbreitet in den süditalienischen Urkunden, z. B. Cod. Cav. a. 942 (CLXX) *obserbantibus ea que in edicti capitulo affixum est*; a. 946

Die indefiniten Relativpronomina sind gewöhnlich ad sensum konstruiert. Man beachte besonders das verbreitete *quicquid repperiri poterant* 80, 15 f.; 81, 23; 94, 6; 175, 11 f. und 184, 10 f.

Es ist auch erwähnenswert, daß bei einer gewissen Kontamination zwischen Aktiv und Passiv das Verb mit dem indirekten (= Dativ-) Objekt übereinstimmt, wenn das unpersönliche Prädikat im Plusquamperfekt Pass. steht: 76, 6 f. *Dum in hunc modum relatum Salernitanis fuissent*; 79, 20 f. *Sed dum Beneventani fuissent cognitum*; 45, 4 *Cum vero Cumsinis fuissent cognitum*; 28, 27 *Sed dum Salernitanis fuissent cognitum.*

Bei einem Subjekt vom Typ „*aliquis cum aliquo*" steht das Prädikat fast ausnahmslos im Plural.

Das Partizip Präsens ist einige Male undekliniert[24] gebraucht: 18, 18 *iuvenes astare fecit floridam etatem habens*; 18, 21 *canos spargens* (= *spargentes* sc. *aquam*) *astare fecit*; 18, 21 f. *senex* (= *-es*) *undique circumstans cum baculis in manibus*; 16, 10; 14, 16; 8, 36; 19, 3 f.; 19, 5; 19, 7; 28, 30; 29, 10; in derselben Art 18, 30 f. *reppererunt adolescens . . . accincti astaret.*[25] — Ich vermute, daß diese undeklinierten Partizipien ein gelehrter Ersatz für umgangssprachliche, undeklinierte Gerundien sind, durch die andere Wörter von gleicher Struktur beeinflußt wurden. Aber warum erscheinen diese undeklinierten Formen nur am Anfang der Chronik, das heißt, in dem vom ersten Schreiber geschriebenen Teil? Entweder hat der erste Schreiber die reguläre Form gegen eine irreguläre vertauscht, z. B. *habentes* gegen *habens*, oder der zweite Schreiber hat Unregelmäßigkeiten dieser Art ausgemerzt, indem er für *habens* das richtige *habentes* einsetzte, wenn wir nicht gar annehmen wollen, daß der Chronist selbst im Verlaufe seiner Arbeit einen Wandel vollzog.

(CLXXII) *si autem noluerimus illut vobis defendere omnia que superius legitur*; a. 947 (CLXXIII) *faciendum exinde omnia quod volueritis.*

[24] Vgl. Löfstedt, Synt. I² 84 f.

[25] Ich habe Zweifel an der Interpretation der Stelle 77, 15 f. *Illi iam demens effecti dixerunt*: *demens* kann heißen *dementes* oder *de mens* statt *de mente.* Vgl. Itala Luc. 2, 48 (cod. d) *de mente facti sunt*, s. Thes. V: 1 476, 9 f. Feminine Substantive der 3. Deklination erscheinen wiederholt undekliniert in der Chronik; s. darüber oben S. 124.

Jedoch weist kein anderes Indiz in diese Richtung. Plausibler ist die Annahme, daß der zweite Schreiber einige Korrekturen vornahm, wenn das auch seine Eignung als Maßstab für den ganzen Text herabmindert. Da wir aber keinen anderen Maßstab haben, müssen wir nichtsdestoweniger das Textbild so akzeptieren, wie es der zweite Schreiber geprägt hat.

Als Pendant zur oben beschriebenen Erscheinung kann der Plural des Partizip Präsens anstelle des Singulars stehen: 7, 22 f. *iter suum profectus est, premittentes*[26] *ante suum occursum validissimos ex suis proceribus*; 14, 2 (... *Arichis* ... *exterruit* ...) *suos missos mittentes*; 91, 1 f. *Deinde incipientes illorum preesse Marinus prefectus solus.* — Möglicherweise kommt diese falsche Kongruenz durch Einfluß der im Plural stehenden Ergänzungen zustande. Vergleiche aber Blatt 63 und 164.

## Partizipien

Das Partizip Präsens in der Funktion eines Verbum finitum ist so zahlreich, daß es den Stil der Chronik mitprägt, indem es ihm eine sowohl gelehrte als auch konventionelle Färbung verleiht. Die Beispiele sind im Index [hier nicht abgedruckt] aufgeführt.[27]

Das Partizip Präsens mit *esse* kommt nur zweimal vor, 7, 14 f. in einer Paraphrase des Lib. Pont. und 173, 29 in einer von Paulus Diaconus entlehnten Passage.

Absolute Partizipialkonstruktionen: Neben einer großen Zahl von regelmäßig konstruierten ablativi absoluti fand ich folgende Arten von Partizipialkonstruktionen:

a) Ist das Substantiv eine handelnde Person, so steht diese im Nominativ und das Partizip im Ablativ,[28] auch wenn das Substantiv identisch mit dem Subjekt des Satzes ist. Ein repräsentatives Beispiel ist 27, 3 f. *Referunt multis* (= *-i*), *quod properante rex Karolus Campanie finibus, statim, ut diximus, ipse Arichis obvia ei*

[26] Die Quelle, Lib. Pont., hat *premittens.*

[27] S. z. B. Josephson 175; Uddholm 155.

[28] Vgl. Biese 91.

*presules misit*. Weitere Beispiele sind: 16, 16; 46, 18; 51, 20; 54, 26; 56, 26 f.; 56, 29 f.; 61, 29 f.; 65, 29 f.; 70, 29; 75, 5; 83, 3; 92, 4; 101, 25; 125, 29; 128, 3; 145, 3. In fast allen diesen Beispielen besteht das Substantiv aus einem Eigennamen oder einem Titel oder aus beidem und steht häufig außerhalb des syntaktischen Zusammenhanges.[29]

Nah verwandt mit obigen Beispielen sind die folgenden: 53, 18 f. *actrivit maximam partem Gallorum, in tantum ut eciam properarent regis tentorium, undique inferente clade*; — 57, 2 f. *dum deambulavit iuxta Siler clam fluvius, accipite in manu gerente*; — 53, 21 f. *reversus est Beneventum, suo principi gaudio nunciante*; — 66, 3 f. *deintus exiit foras, clippeoque baiulante*. Höchst wahrscheinlich sind *clade, accipite, gaudio, clippeo* als graphische Varianten von *cladem, accipitem, gaudium* und *clippeum* aufzufassen. Das ist möglich, weil Neutra oft im Akkusativ auf *-o* statt auf *-um* enden. Die angeführten Beispiele ähneln jedoch denen, die Norberg ›Synt.‹ 188 f. und Uddholm 158 heranziehen, z. B. ›Formulae Marculfi‹ I 22 (57, 5) *iactante denario*, und I 52 (62, 22 f.) ... *faciente revello* ..., wo das Partizip Präsens in der sogenannten medio-passivischen Bedeutung gebraucht ist. Da aber die Beispiele aus der Chronik lautlich erklärt werden können, ziehe ich diese Erklärung als die einfachste vor.

b) Wenn das Substantiv als psychologisches Objekt des Partizips fungiert, dann steht das Substantiv im Akkusativ und das Partizip im Ablativ. Diese Kombination wird allgemein als unpersönliches Passiv mit Objekt bezeichnet; siehe z. B. Bassols I 198; Löfstedt, Komm. 290 f. Die Beispiele in unserem Text sind: 40, 14 f. *idem princeps ascito virum illum qui falanx exploraverat Francorum, eique dixit, ut* ... ; 83, 5 f. *apprehensoque equi retinaculum, celeriter eum Beneventum ducebat*; 20, 12; 27, 8 f.; 49, 11; 56, 15; 77, 3; 81, 3; 98, 23 f.; 127, 11; 154, 25; 178, 15 f. In allen diesen Beispielen überwiegt die aktive Bedeutung, da das Subjekt des Satzes die handelnde Person ist. Damit haben wir die exakte Parallele zu einer im Italienischen verbreiteten Partizipialkonstruktion vom Typus *finito la lettera, il segretario usci* (Grossi); siehe dazu Rohlfs

[29] S. oben unter „Erstarrte Nominativformen".

II 563 und Škerlj in ›L'Italia Dialettale‹ 8, 117—178. Rohlfs nimmt an, daß in diesen italienischen Konstruktionen ein Gerundium *avendo* ausgefallen ist, während Škerlj ihren absoluten Gebrauch hervorhebt und sie, für meine Begriffe zu Recht, mit den lateinischen unpersönlichen Partizipialkonstruktionen des Perfekts in Verbindung bringt; allerdings greift er unnötigerweise auf Sätze zurück, die aus *nuntiato, consulto* mit Infinitiv oder mit konjunktivischem Nebensatz bestehen, weil ihm das fehlende Glied unbekannt ist, nämlich der spät- und mittellateinische Gebrauch des unpersönlichen Part. Perf. Pass. mit einem Objekt. Daß es sich bei diesem nicht um ein lautliches Phänomen handelt, geht aus Beispielen wie 27, 8 f. *audito ammoniccionem*[30] und 49, 11 *ascito eum* hervor[31] — *eum* steht niemals für *eo*; zu *-o* für *-um* siehe auf S. 123.

c) Eine besondere Erklärung erfordert meine Konjektur 125, 15 *Comperta Agarenorum suorum interitu.* Die Handschrift hat *compert/*, der Korrektor schreibt *comperto* und Pertz *comperti.* Die feminine Form *comperta* ist rein mechanisch von 75, 16 übernommen: *Comperta igitur evidencius principis morte*; eine Entlehnung aus Inv. Troph., und noch einmal falsch gebraucht 81, 21 *Comperta igitur evidentius Sikenolfus Agarenorum adventu.*

Der absolute Akkusativ[32] wird nur sehr beschränkt angewendet, an Textstellen unbekannten Ursprungs 9, 21 f. und 9, 27; 23, 12; 123, 31; — in originalen Partien 60, 9 *iam Azzonem defunctum* und 154, 6 *Collatam nobis potestatem*; in den beiden letzten Fällen kann es sich auch nur um graphische Varianten handeln. 19, 8 *inten-*

[30] Die Worte sind eine vage Reminiszenz an Lib. Pont. Steph. II 37 (›Chron. Sal.‹ 8, 6 f.) *eiusdem patris audiens adimplens moniccionem;* vgl. auch 17, 33 *audiens ammoniccionem tantorum patrum.*

[31] Der Cod. Cav. hat eine Menge formelhafter Beispiele von dieser Art, z. B. a. 877 (LXXXI) *fenitum bero mea donatione*; a. 930 (CL) *finitoque vero nostra tradictione*; a. 936 (CLX) *finitoque nostra vicariatione*; a. 940 (CLXVII) *finitoque vero pretium*; a. 957 (CXCVII) *finitoque vero argentum ipsum.* Anschauliche Beispiele für die aktive Bedeutung des Part. Perf. sind: Carta Capuana del 960 (Monaci, Crest. 1, 39 und 65 S. 2 f.) *ille, quo auditus, manifestabit, ut ...*; und *illi, quo auditi, dixerunt, ut ...*

[32] S. Bassols I 198 f. mit Stellenangaben.

*tosque oculos imagine illius videre cupiens* ist ein Beispiel für den sogenannten deskriptiven absoluten Akkusativ; hierzu sei verwiesen auf Norberg ›Synt.‹ 87 f.

*Habere* + Partizip Perfekt[33]: Diese Konstruktion kommt vor mit *habere* in voller Bedeutung 12, 17; 39, 28; 40, 22 f.; 96, 20; 121, 13; 174, 27. 61, 25 f. heißt es: *Sed aliud non erat nisi nimirum arena, et pauca tritici grana super arenam sparsa habebant*; hier ist *sparsa habebant* gleich *sparserant*. Zweifelhaft ist 104, 3 f.: *legacionem Lodoguico miserunt regi, quatenus . . . veniret, et una cum ipsis Agarenis* (= *-os*) *de finibus Italie exturbarent, quia iam valide eam denudatam silicet habent.*[34] Wer ist das Subjekt des letzten Nebensatzes? Entweder die Salernitaner und Beneventaner — dann ist *habent* = *tenent*; oder die Agarener — dann ist *denudatam habent* = *denudaverunt.*

Das Partizip Futur: Wir finden es anstelle eines Infinitiv Präsens 57, 4 f. *ipse Agelmundus conspexit Grimoalt princeps* (= *principem*), *quem ille dudum extinxerat, furentem cum albo equo, sicuti sessurus solitus erat.* Aus dem Zusammenhang kann man hier als mögliche richtige Lesart etwa *sicuti iste* (od. *ipse*) *furere solitus erat* erschließen; ich habe aber Bedenken, eine solche Konjektur in den Text aufzunehmen. Jedenfalls gibt es in dem Satz keinen futurischen Sinn; vgl. Bonnet 653.

Zu erwähnen ist noch das Vorkommen des Part. Futur mit der Endung *-us* statt *-um*: 34, 19 *sese respondit esse facturus*; 37, 16 f. *spopondit . . . esse mansurus.*[35] Obwohl das Subjekt des Verbum finitum nicht identisch ist mit dem des Infinitivs, treffen wir die gleiche Konstruktion 49, 7 *sciat* (sc. *dominus meus*) *omnimodis eum* (= *servum suum*) *ei* (= *sibi*) *esset* (= *-e*) *obediturus.* — Für sonstiges Auftreten des Part. Fut. in verschiedenen Funktionen verweise ich auf den Index [hier nicht abgedruckt].

[33] S. z. B. Uddholm 150; Bassols II: 1 275 f. mit Bibliographie.

[34] *Haberent?* Die Hs. hat *hn̄t.*

[35] S. Norberg, Synt. 46—63; analoge Beispiele s. S. 54.

## Das Gerundium

Außer den zwei Konstruktionen: *locus* + Genitiv des Gerundiums wie 87, 17 f. *habitandique locum eorum Veterim dant*, und *locus* + *ad* + Akk. des Gerund. wie 88, 27 *ad habitandum cum eis locum nimirum darent* kommt *locus* + Akk. des Gerund. ohne *ad*[36] vor an drei fast gleichlautenden Textstellen: 91, 27 f. *Talem minime locum invenit homo, qualem ad secessum, suum dominum occidendum*; 92, 1; 92, 3. — Nach Norberg, ›Synt.‹ 223, sind Akkusative dieser Art als Hyperkorrektheiten aufzufassen, die aus der Absicht entstanden sind, eine Präposition mit dem Infinitiv zu vermeiden. Diese Theorie steht mit der Tendenz des Chronisten im Einklang, lieber bloße Kasus zu setzen als präpositionale Ausdrücke.

Die gleiche Erklärung ist auf 176, 9 anwendbar: *de quo non est nostrum dicendum*. Man vergleiche Cart. Senon. 44 (S. 205, 13) *nostrum est ad suggerendum, vestrum est ad ordinandum*;[37] oder aber man müßte eine kontaminierte Konstruktion annehmen: *est nostrum dicere* + *est nobis dicendum*, die mir allerdings zu mechanisch erscheint.

62, 28 f. heißt es: *Si demumque talia n u n t i a n d u m reiteraverat, sciat ille viri mei prodendum.* — Dieser Gebrauch vom Akkusativ des Gerundiums ist, so wie ich es sehe, eng mit den eben genannten Beispielen verwandt: *nuntiandum* steht für *nuntiare*,[38] wobei *reiterare* wie das klassische *pergere* oder, noch besser, wie ital. *continuare a fare* konstruiert ist, das heißt, der Akkusativ des Gerundiums ersetzt eine Präposition mit Infinitiv in der gesprochenen Sprache.

Es ist eine in spätlateinischen Texten gängige Erscheinung, daß der Akkusativ des Gerundiums, besonders wenn er bei Verben der

[36] S. Uddholm 156; Norberg, Synt. 223 f.

[37] Angeführt von Norberg, Synt. 216.

[38] In dieser Weise von Norberg, Beitr. 37, erklärt; einer der Korrektoren hat *nuntiandum* in *nuntiare* verbessert; diese Konstruktion ist jedoch nicht klassisch. Für *iterare* mit Infinitiv fand ich gerade nur ein Beispiel, Lucr. IV 579; s. dazu Baileys Kommentar.

Bewegung steht, finalen Charakter trägt.[39] So in der Chronik 73, 28 und 163, 8; ansonsten finden wir die Präposition *ad* mit Gerundium oder Gerundivum.

Bemerkenswert ist ferner der Gebrauch eines Gerundiums auf *-um* oder *-o* mit *dirigere* und *mittere* (= „mitteilen lassen") in Verbindungen wie *dicendum dirigere*; z. B. 7, 11 f. *ipse ... sevissimo Aystolfo regi dirigit dicendum,*[40] *si ... potuisset ... eius sedare seviciam.* Das Gerundium ist immer ein Verbum des Sagens, Ankündigens oder Fragens; folglich drückt es einen Zweck aus ebenso wie eine modale Bestimmung. Man vergleiche z. B. 95, 27 *sed pocius eum exflagitandum mittebant, ut ...* und ›Gesta ep. Neap.‹ 57 (431, 25 f.) *Mox autem Andreas consul Franciam direxit, deprȩcans domnum Lhotharium, ut. ...*

Es ist interessant, daß diese Konstruktion auch in der älteren italienischen Literatursprache vorkommt, z. B. ›Decam.‹ 10, 4 *mandolla pregando;*[41] ›Monaci Crest.‹ 49, 8 (S. 117) *inperò vo mando pregando*; 59, 19 (S. 162) *tu ne mandarai dicendo*; 59, 28; 59, 39; 59, 91; 59, 105. Diese und ähnliche Beispiele sind gesammelt von Škerlj, der ein Kapitel seiner Syntax dieser Konstruktion im Altitalienischen gewidmet hat. Škerlj stellt dort fest, daß das Gerundium deutlich einen Zweck ausdrückt und daß *mandare* auch mit *a* oder *per* + Infinitiv konstruiert wird. Er betont auch den gelehrten Charakter dieser Konstruktion, deren Ursprung nach seiner Meinung in der Juristensprache zu suchen ist: *mandare* (in der Bedeutung von „übergeben, anempfehlen, anvertrauen") + Objekt + Gerundivum; eine Erklärung, die ebenso gezwungen wie weit hergeholt ist. Augenscheinlich war ihm die spätlateinische Verwendung des Gerundiums in finalem Sinn unbekannt.

Die zwei parallelen Konstruktionen des Italienischen *mandare dicendo* und *mandare a dire* bestätigen glänzend die Theorie Norbergs (Synt. 226), daß der Gebrauch von Gerundium und Gerundivum in finaler Bedeutung eine Reaktion der Gebildeten gegen den wachsenden Gebrauch des Infinitivs mit Präposition war. Wenn das

[39] Siehe dazu Odelstierna in ihrer Dissertation; Löfstedt, Verm. Studien 191—196; Norberg, Synt. 225—228.

[40] Die Quelle, Lib. Pont., hat *deprecatus est dirigi.*

[41] Zitiert von Rohlfs II 552.

Gerundium mit *mittere* + Objekt[42] vorkommen kann, dann kann es natürlich auch gebraucht werden, wenn *mittere* absolut steht. Daß das Gerundium des Zwecks im Italienischen nur mit *mandare* = „Nachricht geben" vorkommt, läßt sich durch die Tatsache erklären, daß das Gerundium nicht allein den Zweck ausdrückt, sondern auch eine modale Bestimmung, nämlich eine nähere Erläuterung von dem, was *mandare* bedeutet, einschließt.[43] Zum Ausdruck dessen hat das Lateinische das Partizip Präsens, das Italienische das Gerundium. Da die finale Bedeutung überwog, versuchte die Sprache, dieselbe deutlicher auszudrücken; dafür bot sich die Konstruktion *a* + Infinitiv an, welche noch durch zahlreiche Analogien unterstützt wurde, während das finale Gerundium in Italien eine isolierte und gelehrte Erscheinung blieb und zum Verschwinden verurteilt war.

Ich gebe weitere Beispiele aus der Chronik: 27, 13 f. *nunciandum protinus Karoli regi mittunt*; 46, 26 *principi effandum direxit*; 62, 22 f. *Clam dicendo continuo misit ad illam, ut* . . . ; 78, 15 f. *Landolfo intimandum direxit*; 100, 16 f. *Precipiendo tibi dirigo, quatenus* . . . ; 107, 26 f. *de omnia unde illum redarguendum miserat*; 161, 9 f. *monendum suos adfines mictebant*; 4, 24; 66, 30; 67, 1 (zweimal); 78, 18 f.; 86, 14; 104, 24; 107, 19; 129, 13 f.; 157, 11; 157, 29; 158, 4; 163, 19.[44]

Mir scheint es klar, daß die italienische Konstruktion *mandare dicendo*, deren gelehrter Charakter offensichtlich ist, dem lateini-

[42] Beispiele hat Z. B. Odelstierna 34—35; 37—38 und Norberg, Synt. 225—226.

[43] Dies leugnet Škerlj 274.

[44] Vergleiche diese Beispiele mit den folgenden aus der ›Hist. Lang.‹ des Paulus Diaconus: II 5 (75, 17) *legatos mox ad Langobardorum gentem dirigit, mandans, ut* . . .; III 28 (108, 8) *Flavius rex* . . . *legatos ad Childepertum misit, petens* . . .; III 29 (108, 13) *legationem direxit, mandans ei, ut* . . . IV 51 (138, 6) *Godepertus Garipaldum* . . . *ad Grimuald* . . . *direxit, invitans eum, ut* . . .; V 40 (159, 27) *Cunincpert nuntium misit, mandans ei, ut* . . .; VI 6 (167, 18) *misit ad eos, sciscitans, quis* . . .; VI 6 (167, 18) *Tunc illi sicut factum fuerat regi mandaverunt, dicentes, claudum hominem obvium se habuisse.* — Das Partizip Präsens bezeichnet überall einen Zweck und gleichermaßen eine nähere Bestimmung.

schen *mittere* mit finalem Gerundium nachgebildet ist, gleichzeitig aber auch beeinflußt wurde durch *mittere* mit Part. Präsens, das sowohl Zweck wie nähere Bestimmung ausdrückte.

Zu weiteren Beispielen von Gerundium und Gerundivum siehe den Index [hier nicht abgedruckt].

### *Der Akkusativ mit Infinitiv und konkurrierende Bildungen*

In meiner nun folgenden Erörterung des A.c.i. werde ich zuerst die erzählenden Partien und dann die direkte Rede behandeln.

Der A.c.i. nach klassischer Regel ist noch bei einer ziemlich großen Zahl von Verben in Gebrauch: Der Hauptanteil liegt bei *iubere*, aber auch nach *facere* ist der A.c.i. häufig und nach *cernere, conspicere, videre* und *sinere* nicht ungewöhnlich. Analog zu *sinere* kommt *relaxare* in derselben Bedeutung [1] und in derselben Konstruktion vor 56, 10 . . . *ut monasterium pergeret* (= *-re*) *ipsum principem* (Subjekt!) *relaxaret*, eine Anleihe aus dem ›Lib. Pont.‹ (›Chron. Sal.‹ 5, 23). Dies steht im Einklang mit dem volkssprachlichen Gebrauch des A.c.i. nach *fare, lasciare, vedere, udire, sentire*; siehe Rohlfs II 526 f.

Der A.c.i. kommt auch noch mehrfach bei anderen Verben vor,[2] ist aber dort deutlich als gelehrt zu erkennen, weil es sich um Fälle handelt, die nach klassischer Regel einen Nebensatz mit *ut* erforderten; z. B. nach *dicere* 27, 8 f. und 40, 22.

In der Umgangssprache waren Nebensätze mit *quod* oder *quia* starke Rivalen der Infinitivkonstruktionen und der finalen Objektssätze. Der Anstrich von literarischer Kultur, den der Chronist seinem Werk zu geben trachtete, zeigt sich in den zahlreichen, für Infinitivkonstruktionen eintretenden *ut*-Sätzen.[3] Häufig finden wir diese z. B. bei *putare, cognoscere* und *iurare*. Daß der Autor bewußt danach strebte, die umgangssprachlichen *quod*-Sätze zu vermeiden, geht aus der Tatsache hervor, daß er die gelehrte Konjunktion *ut*

[1] Zu *laxare* und *relaxare* = ital. *lasciare*, frz. *laisser*, s. Löfstedt, Komm. 191 f.; Svennung, Unters. 562, A 5; Norberg, Recherches 90 f.

[2] Alle im Index [hier nicht abgedruckt] aufgeführt!

[3] Vgl. Norberg, Beitr. 114, A 2.

zur Einleitung von Ergänzungssätzen auch nach *coercere, gratulare* und *gradire* verwendete. Noch befremdlicher ist *ut* 51, 23 f. *Dum percontarentur a genitore, ut non sicut eri et nudius tercius suis natis facies cerneret,* . . . ; hier schreibt der Korrektor *quod,* während der Zusammenhang in Wirklichkeit *cur* verlangt.

In geringerer Zahl erscheint *quod* mit dem Konjunktiv und noch seltener mit dem Indikativ; selten sind auch *quatenus* und *quia* mit dem Konjunktiv, während *quia* mit dem Indikativ überhaupt nicht vorkommt.

Zusammenfassend kann man sagen, daß der gelehrte Trend, wie er in der Häufigkeit von *ut*-Sätzen und A.c.i.-Konstruktionen, in der Seltenheit von *quia*-Sätzen und im konstanten Gebrauch des Konjunktivs sichtbar wird, sich in den erzählenden Partien stark durchsetzt.

Wir kommen nun zum A.c.i. und seinen Entsprechungen in der direkten Rede. Er kommt hier verschiedene Male vor, hauptsächlich nach *facere* und *sinere,* aber auch bei *iubere, scire, promittere, dicere.*

*Ut*-Sätze werden eingeleitet durch Verben des Versprechens,[4] durch *dicere*[5], *audire*[6], *promere*[7] und durch zwei unpersönliche Ausdrücke[8].

Ein *quatenus*-Satz kommt 182, 23 f. nach *iurare* vor.

*Quod*-Sätze gibt es überhaupt nicht, auch nicht *quia* mit dem Konjunktiv,[9] während *quia* mit dem Indikativ der normale Ersatz für den A.c.i. ist. Einige Stellen, an denen der Chronist in der ersten Person spricht,[10] werden wie direkte Rede behandelt. Die meisten Beispiele sind im Index angegeben [hier nicht abgedruckt].

Was die direkte Rede von den erzählenden Partien unterscheidet, ist das Vorkommen von *quia*-Sätzen mit dem Indikativ, die den klassischen A.c.i. ersetzen. Das ist bedeutend, weil es die Wirklich-

[4] 28, 2; 48, 12 f.; 50, 11; 132, 20 f.

[5] 53, 6 f. u. 91, 34 f.

[6] 47, 28.

[7] 103, 8.

[8] 27, 28 f. *dignum est*; 37, 25 *iustum est.*

[9] 164, 17 f. *quia . . . deduceremus* ist Apodosis in einem irrealen Satzgefüge.

[10] 102, 12; 157, 6 f.; 179, 7.

keit der italienischen Sprache widerspiegelt: In Süditalien überlebt *quia* in der Konjunktion *ca*, welche nach Verben des Sagens und Glaubens gebraucht wird, das heißt dort, wo das klassische Latein Infinitiv-Konstruktionen hatte; siehe dazu Rohlfs III 76.

So sind wir in der Lage, behaupten zu können, daß die direkte Rede in der Chronik bewußt in eine größere, wenn auch nicht volle Übereinstimmung mit der Sprache gebracht wurde, die der Chronist vermutlich selbst sprach.

## *Temporalsätze*

Es gibt in der Chronik einige wichtige Unterschiede zwischen erzählendem Teil und direkter Rede bei Temporalsätzen; sie betreffen den Gebrauch der Konjunktionen und die Wahl der Modi:

In der Erzählung ist *dum*, gewöhnlich in der Bedeutung von *cum*, am häufigsten, dicht gefolgt von *cum*. *Ut* ist nicht allzu selten, *quando* hingegen kommt nur dreimal vor. Was den Modus betrifft, so herrscht allgemein der Konjunktiv vor. *Ut* erscheint einige Male mit dem Indikativ, aber hauptsächlich in stehenden Wendungen. *Donec* und *quando* haben stets den Indikativ; dieser steht aber selten bei *dum*.

In der direkten Rede sind *dum* und *quando* am häufigsten, *cum* kommt nur zweimal vor und das literarische *ut* überhaupt nicht. Der Modus ist stets der Indikativ, wenn der Temporalsatz die Zeit einer Handlung, also eine wirkliche Tatsache angibt — mit einer Ausnahme: *dum* + Konj. 135, 24 f. Demgegenüber steht der Konjunktiv in Sätzen, die Vorzeitigkeit (*antea . . . quam*) oder den Endpunkt einer Handlung ausdrücken (*donec*). Das stimmt bestens mit dem Gebrauch der Modi im Italienischen überein: Der Konjunktiv steht nach *prima che* und *inanzi che* sowie nach *fin che*, der Indikativ dagegen nach *quando*, *come* usw.; siehe Rohlfs II 512 f.

Demzufolge sind in der Erzählung *dum*, *cum* usw. mit dem Konjunktiv als literarische Ausschmückung verwendet worden, während gleichzeitig der Indikativ hinter *ut* eine gelehrte Reminiszenz war. In der direkten Rede spiegeln sich dagegen die Modi der lebenden Sprache wider.

Zu den verschiedenen temporalen Konjunktionen verweise ich auf den Index [hier nicht abgedruckt].

*Konditionalsätze*

Die Hauptarten der Konditionalsätze sind nur im Index aufgeführt, da sie keine Probleme aufwerfen. An dieser Stelle möchte ich zunächst die Aufmerksamkeit auf die Häufigkeit gewisser Phrasen lenken wie *si placet*, z. B. 46, 2 f. *si placet nimirum, et Cumsam cede*; *si comparet*, z. B. 39, 15 f. *Si domini mei prorsus comparet, ego illuc pergo*; 76, 2 f. *Si vestre nobilitati comparet, clam Tarentum mictamus, quatenus . . .* ; *si velis*, z. B. 17, 11 *non dicimus Galliam, sed si velis nos mitte Africam*; sie werden gebraucht, um eine Aufforderung oder einen Vorschlag zu modifizieren; man vergleiche ital. *se vi piace, se vi pare*, frz. *s'il vous plait*.

Zweitens möchte ich eine ziemlich merkwürdige Konstruktion vorstellen, die nur in hypothetischen Sätzen vorkommt:

48, 14 f. heißt es: *ego cum omni nisu omnimodo decertabo, si prosperum Christum fore, ut obtineatis principalem honorem*. Dieselbe Art eines bedingenden Satzes 50, 8 f. *In proximo, si prosperum Christum fore, tuo capiti septatam habebit* (= *-is*) *coronam*; 160, 24 f. *si prosperum Christum nobis fore, in proximo illum vinctum deferimus*. — In indirekter Rede 157, 12 f. *miserunt . . . ut sollicitus se gereret, quatenus si dignum fore, accipiat principatum honorem*; vgl. 169, 23 f. *Volueram, si dignus sum, ex ore eius talia auribus auriret*.

Im Hauptsatz 55, 12 f. *beacius tibi mihique fore, si meos optinebis sermones*; vgl. 60, 26 *Semper salvus eris, si mea monita optinebis*; 55, 14 f. *Si unam ex eis nostro filio sociat, felicius nobis fore*; 102, 33 f. *nobis nostrisque filiis oppressionem fore, si eum ilico non eicimus foras*. — Mit einem Temporalsatz konditionalen Nebensinns 76, 5 f. *nobis vobisque tunc felicius fore, cum tante dignitatis fastigum optinemus*; ein ähnlicher Gedanke ist 54, 17 ausgedrückt: *Dignum fore talem virum tante dignitatis fastigium optinere*.

In allen diesen Beispielen ist die Konstruktion ähnlich: *fore* steht für *erit*, und obwohl es unpersönlich gebraucht ist, steht das Subjekt im Akkusativ. Es war mir nicht möglich, irgendeine Parallele zu dieser Ausdrucksweise in anderen Texten zu finden, so wie ich auch keine rationale Erklärung dafür geben kann. Wohl können Infinitivkonstruktionen nach *si* auch anderswo vorkommen,[1a] sie sind aber als echte Kontaminationen zu werten, was hier nicht möglich ist. Es ist bemerkenswert, daß die gleiche Wortzusammenstellung zweimal in regulären Infinitivkonstruktionen erscheint: 54, 6 f. *adnectentes dignum fore talem virum Beneventanum principem obtinere* und 159, 13 f. *prosperum sibi suique socii minime fore conspiceret,* durch welche der Chronist möglicherweise beeinflußt wurde. Mir scheint, als ob hier lediglich sein Bestreben zutage tritt, seinen Stil mit literarischen Konstruktionen anzureichern: *fore* bezeichnete das Futur und war ein vornehmes Wort; das Subjekt von *fore* sollte im Akkusativ stehen, also schrieb er: *si prosperum Christum fore.*

## *Wortschatz*

In diesem Kapitel erwähne ich in der Regel nur solche Wörter, zu deren Form oder Bedeutung ich etwas mehr beizutragen habe, als schon in spät- und mittellateinischen Wörterbüchern[1] zu finden ist. Formen und Bedeutungen, die zwar in diesen geboten sind, aber nicht im Lewis-Short und im Thesaurus, habe ich nur in den Index aufgenommen [hier nicht abgedruckt].

### Titel

Die in der Chronik vorkommenden Amtsbezeichnungen sind die allgemein in der mittellateinischen Literatur üblichen, und die meisten von ihnen leben noch in den romanischen Sprachen weiter. Da alle schon bekannt sind, gebe ich hier nur ein paar Besonderheiten, die hauptsächlich vom historischen Standpunkt aus interessieren.

[1a] S. Norberg, Synt. 252.

[1] Von solchen habe ich konsultiert: DuC; Bartal; B—J; Sella: Gloss. emil., Gloss. ital.; Souter; Blaise; Arnaldi; Niermeyer.

*rex* und *imperator*: Karl der Große wird manchmal *rex* genannt, z. B. 14, 24; 14, 30; 31, 2, manchmal *imperator*, z. B. 15, 13; 16, 1; so im allgemeinen in der Anrede, z. B. 15, 8; 27, 21. Man beachte die Interpretation des Chronisten 17, 14 f.: *Nam sic* (i. e. *domne imperator*) *eum vocitabant omnes qui aderant in familia sua, quia preciosam coronam in suo prorsum capite gerebat. Imperator quippe omnimodis non dici potest nisi qui regnum Romanum preest, hoc est Constantinopolitanum. Reges Gallorum nunc usurparunt sibi talem nomen; nam antiquitus omnimodis non vocitati* ⟨*sunt*⟩. Er erwähnt auch Karls Krönung 36, 13 f., sagt aber nicht, daß er *imperator augustus* genannt wurde. Von Ludwig II. hingegen und von Otto I. wird das ausdrücklich festgestellt, 104, 19 f. und 172, 20 f.; vor der Krönung werden beide *rex* genannt, z. B. 86, 16 f.; 94, 32; 104, 3 f. bzw. 171, 29; 172, 13, aber hinterher *imperator* oder *augustus*.

*dux* und *princeps*: Während der Zeit des langobardischen Königreiches trug der führende Mann von Benevent den Titel *dux*; Arichis wird noch so genannt, wenn er zusammen mit Desiderius, dem letzten Langobardenkönig, erwähnt wird, z. B. 11, 6 und 11, 24. Nach dem Fall des Königreiches nennt der Chronist Arichis *princeps*; das ist der von diesem wirklich angenommene Titel [2], den seine Nachfolger beibehielten und den nach der Teilung Benevents auch die Fürsten von Salerno übernahmen. Die Frau eines *princeps* heißt *principissa* [3], z. B. 13, 13; 65, 20; 155, 36; 181, 29.

*comes*: Dieser Titel war für den höchsten städtischen Beamten in Gebrauch, der einem *princeps* oder *dux* unterstellt war.[4] Als Städte, die einen *comes* haben, sind genannt Capua, z. B. 58, 8; Compsa, z. B. 45, 10; Amalfi, z. B. 90, 30; Spoleto, z. B. 176, 25.

Germanische Titel: Außer den lateinischen Titeln sind einige germanische Amtsbezeichnungen in Gebrauch:

[2] Vgl. Chron. Ben. 487, 41 *Arechis sedit ann. 29 mens. 6. Iste primus appellatus est princeps*; Voigt, Beiträge 32; Hartmann II: 2 285; Schipa 83 f.

[3] DuC; Bartal; B—J; Arnaldi.

[4] S. DuC.

*marchio*,[5] gebraucht für Guido von Spoleto 153, 10 f. und 153, 18;[6]

*castaldeus, gastaldeus*,[7] ein Stadtpräfekt, z. B. 41, 11; 174, 32; deutlich von geringerem Rang als der *comes*,[8] wie aus 146, 7 f. (= Erch. 260, 15) hervorgeht: *Atenolfum* (= *-us*) *castaldatum Capuanum singulariter suscipiens, continuo se comitem appellari iussit*;

*sculdais*,[9] 'Schultheiß', 'Schulze', kommt 152, 16 und 159, 26 vor. Man vergleiche Paul. VI 24 (172, 25) *rector loci illius quem „schuldahis" lingua propria dicunt*;

*storesayz, storesais, stoleseyz*,[10] wird vom Chronisten selbst 39, 2 f. auf lateinisch umschrieben: *qui ante obtutibus principis seu regibus milites hic inde sedendo perordinat.* Grimoald, der Sohn Ilderichs, der diesen Titel vor seiner Erhebung zum *princeps* von Benevent führte, wird in anderen langobardischen Texten *thesaurarius* genannt, z. B. Erch. 237, 6.

Adlige und Bischöfe: Das allgemeine Wort für „Herr" und „Gebieter" ist *dominus*; es erscheint in der Anrede gewöhnlich mit einem Possessivpronomen. Das volkstümliche *senior* kommt zweimal in direkter Rede vor, 92, 11 und 93, 11; einmal, 156, 32, findet sich *heros*, ein Wort, das der Chronist nur wählt, um dessen Bedeutung erklären zu können.

Die Adligen werden als *proceres, optimates, prelati* und gelegentlich als *iudices* bezeichnet, 87, 26 und 8, 10 (Lib. Pont.); vergl. ital. *giudice*, die Fachbezeichnung für einen lombardischen Herrn, der die Gerichtsbarkeit hatte.[11]

[5] DuC; Bartal; Arnaldi; s. Bezzola 84 f.; vgl. J. Dhondt, Le titre du marquis à l'époque carolingienne, ALMA 19, 407—417.

[6] Diese Passage ist vielleicht entlehnt. 145, 11 ist Guido *dux* genannt an einer Stelle, die aus Erchempert übernommen ist.

[7] DuC; Bartal; Blaise; Arnaldi; vgl. auch E. Gamillscheg, Romania Germanica II 141 f., Berlin—Leipzig 1935 (›Grundriß d. germ. Phil.‹, begründet von H. Paul, 11/2).

[8] Vgl. Schipa 89 A 1.

[9] DuC; Bartal; vgl. Funcke 89.

[10] DuC s. v. *stolizaz*.

[11] DuC; Blaise; Bulle-Rigutini.

Die Bischöfe heißen *episcopi*[12] oder *presules*, in der Geschichte von den beneventanischen Bischöfen und Karl dem Großen ein paarmal *antistites*[13] und auch *pontifices*[14] 40, 25. Mit *electus* wird jemand bezeichnet, der zum Bischof gewählt, aber noch nicht ordiniert ist, 101, 26 und 103, 18.[15]

## Fremdwörter

*Stemma*, stets *stegma* geschrieben, „Stamm", „Geschlecht", wird formelhaft gebraucht: *ex* oder *de meis* (*illius*) *stegmatibus*, was offenbar ganz konkret „Verwandte" heißt. Beispiele: 27, 26; 41, 5; 48, 22 f.; 63, 31; 64, 1.

Das byzantinisch-griechische χελάνδιον kommt im Brief Ludwigs II., 120, 9 in der Form *chelandium*[16] vor, und in der Chronik 107, 11 in der mehr umgangssprachlichen Form *scelandrium*; vgl. afrz. *chalandre*, bei Baxter-Johnson *chelindra* und *kalandra*, in den ›Annales Cafari‹ (12. Jh.) *salandrius*.[17]

Got. *sparwareis* kam über das Provenzalische ins Italienische, *sparviere* = „Sperber".[18] Die Chronik hat 18, 17 durch Korrektur *sprevarios*, die Handschrift *sp/////ios*, von Pertz zu *sparvarios* ergänzt. Wenn diese Konjektur, woran ich nicht zweifle, richtig ist, dann haben wir hier das älteste Beispiel für dieses Wort in Italien. Man vergleiche Bezzola 134, der erst Beispiele aus dem 13. Jahrhundert bringt.

Germ. *spehon*, ital. *spiare*, kommt in der Chronik in der latini-

[12] Vgl. Sainio 58.

[13] DuC; B—J; Souter; Blaise; vgl. Sainio 93. Bei Arnaldi falsch = *proceres*!

[14] Vgl. Sainio 101 f.

[15] DuC; vgl. Arnaldi.

[16] DuC; Sella, Gloss. emil. s. v. *celandria* u. *salandra*; Arnaldi; Niermeyer; vgl. M—L, REW 1869; Bourciez 188 f.

[17] MGH script. XVIII, z. B. 45, 41 u. 46, 35.

[18] DuC; Bartal; B—J; Sella, Gloss. emil., u. ders., Gloss. ital. s. v. *sparaverius*; M—L, REW 8126.

sierten Form *expiare*[19] vor und bedeutet „ausforschen", „ausfragen", z. B. 39, 14; 61, 21; 89, 29. Interessant ist die Stelle 58, 26 f.: *At princeps conversus ad suos, exinde qualiter ageret, suis fidelibus expiavit.* — *Expiare alicui aliquid* in der Bedeutung *quaerere aliquid ab aliquo* korrespondiert genau mit südital. *spiare una cosa ad uno* = „jemanden etwas fragen"; siehe d'Ovidio, ›Il ritmo Cassinese‹ 137.

## Neue Wortbildungen[20]

Das Substantiv *istigamentum*, abgeleitet von *instigare* — vielleicht auch *stigare*, vgl. das Kapitel Phonetik — gibt es in keinem Wörterbuch, auch nicht in ›Thes. Mat.‹. Es steht für *instigatio*[21] 55, 7 f. in der Bedeutung „Aufwiegelung, Anstiftung", ital. *istigamento*: *Ecce dies venit, predo in quo dyrus et audax callidiora pre decessoris sui istigamenta revolvat.*

Ein weiteres in keinem Wörterbuch aufgeführtes Substantiv ist *perturbatus* für *perturbatio*[22] = „Unordnung, Verwirrung", 42, 9 f. *cum magno eiulatu tociusque exercitus perturbatu*[23] *Grimoalt Ramphoni corpus elevans, eumque Beneventum perduxit.*

Drei neue, auf *-im* gebildete Adverbien sind:

*perendim*, 16, 27 f. *Quod iam plane perendim eminencie nostre promisistis, nunc demonstrate.* — Dies ist die Lesart der Handschrift, die ich nach dem Prinzip der Lectio difficilior übernommen habe, während Pertz in *pridie* umänderte, was die richtige Bedeutung,

[19] DuC; Bartal; Arnaldi; M—L, REW 8127; vgl. Brüch 39.

[20] Zu den Wörtern aus diesem und dem folgenden Abschnitt habe ich brieflich das Zettelmaterial des Thesaurus Linguae Latinae konsultiert, im folgenden kurz Thes. Mat. genannt.

[21] Vgl. Cooper 85: „Besonders bemerkenswert ist der Gebrauch von Wörtern auf *-men* und *-mentum*, die den abstrakten Substantiven auf *-io* gleichwertig sind."

[22] Zu Substantiven auf *-us* statt *-io* s. Löfstedt, Verm. Studien 127 f.

[23] Dieses ist die originale Lesart der Handschrift. Ein späterer Korrektor schrieb *perturbatus*, was Pertz in seine Edition aufnahm. Daraus erklärt sich natürlich, warum das Wort z. B. bei Arnaldi fehlt.

nämlich „am Tag vorher", wiedergibt. Diese Bedeutung ist aber auch bezeugt für das seltene Adverb *perendie* — klass. = „übermorgen" — in einigen Belegen des ›Thes. Lat.‹: Isid. Orig. V 30, 22 *perendie id est per ante diem vel in antecessum, id est prius*; dieser muß die Quelle sein für CGL V 575, 37 *perante diem vel inaccessum idest prius*. Man vergleiche Du Cange *perindie* = *pridie* und CGL V 575, 44 *perendie dicitur sicut hodie vel cras*;

*prolixim*, 85, 2 f. *Prolixim tempore huc nimirum morabimus* (= *moravimus* für *morati sumus*). — *Prolixim*, das nirgendwo erwähnt ist, kann heißen „eine lange Zeit"; dann steht *tempore* pleonastisch wie *animo* 140, 1 f. *ubi Agareni sine excitatione degebant, audaciter*[24] *animo properarunt*, und 153, 34 f. *dum foras contra suos emulos audaciter*[24] *animo properabant*. Die Erklärung, die Arnaldi in seinem Wörterbuch vorschlägt, „*prolixus* . . . abl. sing. neutr. *-im*"[25], ist abzulehnen, da es in der Chronik keine Parallele gibt. Vgl. *diu tempore* bei Svennung, ›Unters.‹ 398 f.;[26]

*stipatim*, 103, 5 f. *Dauferium cum suis, ut diximus, hic inde stipatim in throno residere reppererunt*. — Die Handschrift hat *stipat/m*, ein Korrektor *stipatum* und Pertz *stipatis*. Ich meine, das Adverb *stipatim*, analog zu *cuneatim, enucleatim* usw. gebildet, kann heißen „zusammengedrängt" oder „dicht beisammen". Du Cange führt *stipate* = *contracte* auf.[27]

Ein weiteres Adverb, *nominative* in der Bedeutung von *nominatim*, ital. *nominativamente* = „namentlich", ist in einigen Wörterbüchern[28] erwähnt, ich möchte aber berichtigen, was bei Arnaldi über ›Chron. Sal.‹ 40 (= 41, 28 f.) steht. Die Stelle lautet: *unus e Francis audacior ceteris nominative castaldeus adclamans Rampho, ut pariter cum eo singulare certamen iniret*. Arnaldi zitiert „*unus* . . . *castaldeus*", zieht also *castaldeus* zum Subjekt (*unus*), anstatt es dem

[24] Die Hs hat *audacī/* bzw. *audací*, was höchstwahrscheinlich *audaciter* hieß.

[25] Er fügt allerdings in Parenthese hinzu „an pro adv. *prolixe*?"

[26] *Tempore* steht offenbar für ein Adverb *tum* (vgl. Löfstedt, Verm. Stud. 78, A 1), wenn nicht ein oder zwei Wörter durch den Schreiber ausgelassen worden sind: *illo* oder *illo in*.

[27] N—W II 561 hat *stipatim*, abgeleitet von *stipa* = *stuppa*.

[28] DuC; B—J, Arnaldi.

Objekt (*Rampho*) zuzuweisen. Demzufolge übersetzt er *nominative* falsch durch lat. *sane*, ital. *e precisamente*. In Wirklichkeit heißt es „namentlich". Vgl. 47, 13 f. *nominative duos filios suos adclamans*, und 121, 11 f. *nominative Beneventanum principem Adelchisum adclamat*; jedoch 159, 1 *adversarios n o m i n e p r o p r i o adclamabat*. Es gibt nur eine einzige Stelle, an der *nominative* nicht mit *adclamare* zusammensteht, nämlich 122, 25 f. *Dum autem iam factum Agarenum* (= *fatus Agarenus*) ... *cerneret omnis navalis exercitus altrinsecus ad pugnam se prepararet, quatenus Italiam pergeret, et nominative castra* ⟨*metatus*⟩ *Salernum moraret eamque ... expugnaret, ...* Hier ist *nominative* durch „besonders, speziell" zu übersetzen, genau wie ital. *nominativamente*.

*Iusiurare*,[29] 181, 32 f. *putabant principem cum suaque coniuge extinctos, quemadmodum ipsi crudelissimi iusiurabant fuissent* (= *-e*). *Iusiurare* statt des einfachen *iurare* ist offensichtlich von *iusiurandum* hergeleitet. Da es allein für das ›Chron. Sal.‹ bezeugt ist, sollte festgehalten werden, daß Blaise ein Substantiv *iusiuramentum* für *iuramentum* verzeichnet.

Sowohl Du Cange als Arnaldi ziehen die Stelle 76, 15 f. heran: *valde gavisus est, atque ut id fieret omnimodis gradiebatur*, wo *gradiri* (*-re*) die Bedeutung von „sich freuen, glücklich sein" hat.[30] Man beachte die zahlreichen Parallelstellen, an denen *gradiebatur* gegen *gratulabatur* ausgetauscht ist, z. B. 81, 15 f.; 151, 13 f.; 171, 30. Die gleiche Bedeutung zeigt sich 42, 23 f. *aliis* (= *-ii*) *in domibus atque aliis* (= *-ii*) *in prediis gradiebant nimirum et exultabant, et non erant plane qui exterrerent eos*. Mit dieser Stelle vergleiche man etwa 171, 13 f. *omnis populus sub sua dicione positus gaudebant nimirum et exultabant, et non erant plane qui exterrerent eos*.

## Bedeutungslehre

A u s t a u s c h v o n p h o n e t i s c h ä h n l i c h e n W ö r t e r n : Innerhalb der lateinischen Philologie findet mehr und mehr

[29] Arnaldi.
[30] S. M—L; REW 3848.

der Einfluß Beachtung, den Wörter mit ähnlichem Lautstand und benachbarter Bedeutung aufeinander ausüben können; z. B. durch Löfstedt, ›Verm. Studien‹, in dem Kapitel „Etymologisierende Umdeutung und Wortschöpfung", und ›Coniectanea‹ 83; durch Norberg, ›Érudition‹. Der letztere gibt auch Beispiele aus dem ›Chron. Sal.‹. Was dort schon behandelt ist, wurde nur in den Index [hier nicht abgedruckt] aufgenommen. Die Sprache der Chronik hat aber in diesem Bereich noch mehr zu bieten.

Die lautliche Entwicklung von *ĭ* > *ē* erklärt, warum *firmiter* anstelle von *ferme* gebraucht werden konnte: 141, 14 f. . . . *adeo ut exigui ex eis evaderent, qui fuerunt firmiter ducentos.*[31]

Der Gebrauch von *expectare* anstatt *expetere* geht auf eine Verwechslung der Flexionsformen zurück: 156, 5 f. *Avellinum properavit oppidum, et comminanter ab eis iam dictum principem expectabatur* (i. e. *expetebat*). — *Expectare aliquid ab aliquo* = „etwas von jem. erwarten", hat den Sinn bekommen *„expetere aliquid ab aliquo"* = „etwas von jem. verlangen". Man vergleiche z. B. 105, 27 f. *Predictus autem imperator Lodoguicus Ademarium ab ipso principe e x p e t i i t.*[32]

An den folgenden Stellen sind die Perfekte *promisi* und *prompsi* (*promsi*) verwechselt: 54, 14 f. *Dum talia Radechis verba promisisset*; 41, 11 *quidam Maio castaldeus taliter verba depromisit*; durch Konjektur 51, 7 *promisit tunc talia dicta*; der übliche Ausdruck ist *verba promere* oder *depromere*. Das Gegenteil, nämlich *prompsi* statt *promisi*, findet sich 30, 20 *si perficis quod prompsisti, ego te induam ipsum* (i. e. *vestimentum*); 31, 1 f. *Et tunc denique quod dudum regi prompsisti, omnimodis videtur esse completum*; vgl. 30, 14 f. *Quid donum mihi dat dominus meus, sic* (= *si*) *faciam, ut . . . quod regi s p o n d i s t i adimpleas?* — Weitere Beispiele für diese Verwechslung finden wir 61, 1 und 85, 24. An den letzten Stellen ist die Vertauschung leicht verständlich, weil das Versprochene zugleich auch das Gesagte ist. — 9, 20 *Aystulfus rex, de quo promisimus* gehört vielleicht auch hierhin, dann ist *promisimus* = *prompsimus*. Es ist jedoch möglich, daß *promisimus* für *praemisi-*

[31] *Firmiter* = „standhaft" kommt z. B. 104, 2 vor.

[32] *Expectare* = „erwarten" z. B. 82, 32.

*mus* steht, da *pro* und *prae* in Texten mit vulgärsprachlichem Charakter oft verwechselt werden; aber die Chronik gibt dafür keine Beispiele.

*Penuria,* 12, 22 f. . . . *cogitans, qualiter eum de iam dicta penuria liberaret.* — Hier hat der Chronist *penuria* etymologisch mit *poena* und *punire* zusammengebracht, er meint nämlich „Bestrafung", hier speziell die Strafe des Augenausstechens. Diese Bedeutung konnte ich nirgendwo anders finden.[33]

Das seltene Wort *proloquium,* das „Einleitung" oder „Vorhaben, Vorsatz"[34] bedeutet, ist als Synonym zu *proverbium,* „Sprichwort", 149, 16 f. gebraucht: *Et usque hactenus proloquium utuntur Beneventani Salernitanique verbum illum.* Wahrscheinlich wollte der Chronist *proverbium* und *verbum* im selben Satz vermeiden.[35]

*Valitudo,* „Gesundheit", wird 53, 6 dem Wort *consilium* gegenübergestellt, ist also offenbar dem spätlateinischen *validitas,* „Stärke, Kraft", gleichgesetzt, genauso wie *valere* die Bedeutung „stark sein" hat. Die Stelle lautet: *In proverbiis nempe olim a maioris nostris dicebatur, ut plus esset melius consilium quam valitudinem.*[36]

*Verax* hat 47, 14 f. den Sinn von *verus,* „echt, rechtmäßig", übernommen: *filios suos adclamans, quatenus . . . super eos irruerent . . . ac deinde si victores reddirent, veraces eos filios appellare valeret.*[36]

Zweifel habe ich betreffs der Bedeutung von *relatio*; an einigen Stellen scheint es für *ratio* = 'Art und Weise' zu stehen: 15, 7 f. *sagaci relacione in hunc modum respondit*; vergleiche damit 15, 20 *Imperator interea cum se sagaci racione superatum cerneret*; — 38, 5 f. *quicquid obscurius ibidem repperire potuit, mirabili relacione in patulo protulit*; 88, 4 f. *fideli relacione nostre ignavie rescriptum tradere*; 107, 26 f. *de omnia unde illum redarguendum miserat, mira relacione dicta illius compescuit.* — Die Übersetzung

[33] *Penuries* = „Not, Mangel", s. 147, 1; diese Bedeutung kommt auch in den Beispielen aus dem Thes. Mat. vor.

[34] Diese Bedeutung ist in allen 34 Beispielen, die ich aus dem Thes. Mat. erhielt, gegeben.

[35] *Proloquium* kommt sonst in der Chronik nicht vor, *proverbium* einmal, 56, 3.

[36] Das Wort ist anderswo nicht gebraucht.

von *relacione* mit 'auf eine . . . Weise' scheint überall zu passen; da aber jedesmal ein Verb des Sagens oder Schreibens hinzutritt, könnte auch die normale Bedeutung 'Vortrag', 'Berichterstattung' gelten.

B e d e u t u n g s w a n d e l : Einige der hier gegebenen Beispiele sind keine echten semasiologischen Veränderungen, sondern ergeben sich aus dem Zusammenhang, in den der Chronist okkasionell die lateinischen Wörter hineinstellt, oder aus der Konstruktion, deren er sich okkasionell bedient; deshalb können wir auch keine Parallelbeispiele erwarten.

*Carere*, 127, 1 f. *Agarenus ille . . . super eum irruit. Petrus ille iam dictus impetum illius omnimodis caruit.* — Pertz ändert *caruit* in *cavit* um, was recht gut in den Text paßt: 'er vermied' oder 'entzog sich seinem Angriff'; aber ich halte es für wahrscheinlich, daß der Chronist *caruit* in solcher Bedeutung gebraucht hat. Vgl. Thes. III 452, 30 f. *carere i. se abstinere re, loco, non interesse alicui rei*; Lewis-Short gibt „sich von etwas fernhalten, abwesend sein von"; alles Bedeutungen, die nicht weit von 'sich entziehen' oder 'vermeiden' abliegen.

*Conglobatus*, 162, 29 f. *Princeps Guaimarius non signiter gessit, sed conclobatus Bardorum agmine, eum comprehendit.* — *Conglobatus*, das gewöhnlich 'zusammengedrängt' heißt, wird hier von einer Person gesagt und mit dem Ablativ konstruiert, vertritt also etwa *circumdatus*, 'dicht umgeben'. Ein lautliches Phänomen liegt anscheinend nicht vor, das wäre *conclobatus* statt *conglobato*, da *-us* statt *-o* beim Maskulinum selten ist und beim Neutrum gar nicht vorkommt.

*Constringere* = 'bestürmen, umzingeln', s. Textkritik 8, 2 f. [hier nicht abgedruckt].

*Consurgere*, 80, 28 f. *Dum vero una die princeps Sikenolfus cum ipso Apolaffar ad exercitum foras devenissent, necnon vicissim inter se, sicuti mos est, cum equitibus consurgerent, atque exinde utrique gauderent, . . .* — *Consurgere* heißt in der Chronik gewöhnlich 'sich erheben' (in aufrührerischem Sinn), hier aber meint es eine militärische Übung im Frieden.

*Contus*, 176, 13 f. *Set dum in unum adissent, et comes Alemannorum Saxonumque contum gestassent, super eos subito irruit, . . .* — *Contus* ist hier der Stab (Speer), den der Oberkommandierende trägt wie *sceptrum* und *baculum*, z. B. 19, 14 und 130, 33. Dieselbe Bedeutung bei Paul. VI 55 (184, 19 f.): *Hildeprandum ... regem levaverunt. Cui dum contum, sicut moris est, traderent, ...* Vergleiche auch Erch. 237, 32 f. *Grimoalt vero acrius eos insecutus est usque ad portam quae dicitur Capuana, ita ut proprio conto eam percuteret.*[37]

*Gradi*, 58, 2 f. *per scriptam paginam affirmavit, se daturum ilico omni anno tributum ..., atque suos numismatibus* (= *sua numismata*) *in ipsa civitate pre mercimonia graderentur.*[38] — *Gradi* bedeutet hier das 'Umlaufen' von Münzen, was ich nirgendwo sonst angeführt finde. Vgl. Du Cange s. v. *currere* mit Ableitungen und s. v. *ambulare*, Arnaldi s. v. *andare.*

*Inicere*, 66, 1 f. *Dum lorica que suis placuisset oculis, suo corpori induisset, et spatam suo lateri annexisset, caleaque suo capiti posuisset, lanceamque in sua manu iniecisset, ...* — Der Sinn des Satzes ist klar: „Als er den Harnisch, an dem seine Blicke Gefallen gefunden hatten, angezogen hatte, das Schwert an seiner Seite befestigt, den Helm auf den Kopf gesetzt und die Lanze in die Hand genommen hatte, ..." Es scheint ein etwas schwerfälliger Gebrauch von *inicere* zu sein, beeinflußt durch Verbindungen wie *inicere vestem sibi* oder *in aliquem* und *manum in rem inicere.*[39]

*Obsequium*, 135, 35 f. *in ieiuniis et in vigiliis sese cohartabat, in tantum ut in terra positus celestia obsequia auribus auriret atque fidelibus intimaret.* — *Celestia obsequia* = 'die himmlischen Heerscharen', weiter unten als *agmina angelorum* bezeichnet. Vgl. *obsequium* = 'das Gefolge, die Begleiter'.[40] Arnaldi gibt für diese Stelle der Chronik die Bedeutung 'Hymnus'; das paßt zwar besser zu dem Verb *intimare*, aber ich halte es für unnötig, das Wort so zu pressen.

*Parvipendere*, 34, 24 f. *Cumque sese nudatum cerneret, parvipendens quod tegumentum femoris perdidisset, et non valens ferre*

[37] Arnaldi interpretiert *contus* = *ratio*, ital. *conto*, was mir vollkommen unverständlich ist.

[38] DuC gibt zu der Stelle an: *gradere* für *gradi*, ohne sich zur Bedeutung zu äußern.

[39] Arnaldi: „*inicere — intro iacere*"; und zu unserer Stelle: „*iniecisset (= arripuisset)*".

[40] DuC; Souter; Blaise; Arnaldi.

*verecundia, celeriter super eum irruit*; 40, 3 f. *At ille nimirum parvipendens de re que promiserat, dixit.* — *Parvipendere* heißt hier nahezu ‘ungehalten sein’.

*Prepotens*, 127, 29 *et prepotens statura illorum erat una.* — So wie *posse* und *valere* oft gleichbedeutend gebraucht werden, kann hier *prepotens* für *prevalens* oder *prevalidus*[41] gesetzt sein.

*Remittere*, 53, 20 f. *Et sic nimirum callem quam remiserat iterum repedavit.* — Vgl. 30, 6 f. *callem nimirum que reliquerat iterum repedavit*; 62, 13 *callem quam reliquerat iterum repedavit.* Ganz offenbar ist hier *remittere* als Äquivalent zu *relinquere* gebraucht. Wahrscheinlich gilt dieselbe Bedeutung auch für 149, 26 (= Erch. 264, 10) *urbem remisit et ad propria remeavit.*

*Sollicitus se gerere*, 157, 12 f. *Statimque Salernitani Beneventum miserunt ad virum quendam, Sikenolfum nomine, ut sollicitus se gereret, quatenus si dignum fore, accipiat principatum honorem.* — *Sollicitus se gerere* scheint etwa zu bedeuten ‘sich in Bereitschaft halten’, ‘vorbereitet sein’; vgl. Linderbauer 182: *sollicitudinem gerere* = *curam gerere.*

## Der Gebrauch von Synonymen[42]

In den vorangehenden Kapiteln habe ich bei Gelegenheit stilistische Schwankungen im Wortgebrauch des Chronisten aufgezeigt.[43] Zum Abschluß dieses Kapitels über den Wortschatz bringe ich weiteres Material, um das sprachliche Niveau, das der Chronist anstrebte, klar herauszustellen.

Das völlige Fehlen von bestimmten vulgärsprachlichen Wörtern und Bedeutungen ist augenfällig; so gibt es kein Beispiel von *casa*, während *domus* häufig erscheint,[44] ferner einige Male *aedes* in derselben Bedeutung, z. B. 41, 19; 61, 23; 180, 17 f. Das gleiche gilt für *caballus* gegenüber *equus*. *Focus* = ‘Feuer’ erscheint nur einmal in

[41] Arnaldi: „*procerus*“.

[42] Zum folgenden vgl. Lundström, Neue Studien 101—137; Tidner 34 (*ferre*), 111 (*magnus*), 33 (*reperire*), 191, A. 2 (*-que*).

[43] S. die Seiten 144, 148, 154, 177 f.

[44] Vgl. Funcke 73.

einer biblischen Reminiszenz (159, 32), während es für *ignis* mehrere Belege gibt. *Causa* = 'Sache' findet sich 153, 18[45], demgegenüber ist *res* in sehr großer Häufigkeit vertreten.[46] Um 'oft' auszudrücken, bedient sich der Chronist verschiedener Wörter, nur nicht des vulgären *subinde*. Am häufigsten sind *sepissime* und *creberrime*, während *frequenter* 125, 9 vorkommt; 128, 26 wurde das *frequenter* der Quelle durch *crebrissime* ersetzt.

Das literarische *flere* ist mehr als zehnmal verwendet, das vulgäre *plorare* aber tritt nur 177, 32 auf, und zwar in direkter Rede, während in der indirekten Frage *flere* herrscht. Von den beiden Synonymen *reperire* — *invenire* erscheint das literarische *reperire* doppelt so oft wie *invenire*, das volkstümlichere Wort. 'Tragen' ist gewöhnlich durch *gerere* oder *gestare* gegeben, in geringerem Umfang durch *ferre* und dessen Komposita; wir finden aber auch Beispiele von *portare* und *deportare* (etwa fünfmal) und *baiulare* (dreimal), das sind die umgangssprachlichen Wörter.

Zum Gebrauch synonymer Verben ist anzumerken, daß die Beispiele von *degere* — einem Verb, das in den romanischen Sprachen nicht überlebt hat — etwas zahlreicher als die von *morare* und *demorare* und mehr als doppelt so häufig als die von *manere* sind. *Mittere* hat stets die Bedeutung von 'senden' oder 'Nachricht senden'.

*Civitas* und *urbs* sind zahlenmäßig gleich stark vertreten, beide mehr als hundertmal. Auch *oppidum* kommt vor (fünfzehnmal),[47] hauptsächlich auf Avellinum bezogen; siehe den Index [hier nicht abgedruckt]. *Tellus* erscheint ein paarmal statt des gebräuchlichen *terra*, z. B. 46, 19 *tellurem prostrati*; 130, 27 *tellure tenus prostratus*; 139, 31 f. und 143, 2 *Salernitanorum tellus*.

Von dem Wortpaar *magnus* — *grandis* ist *magnus* über hundertmal verwendet, *grandis* nur zehnmal, davon neunmal auf *strepitus* und einmal auf *apparatus* bezogen; allerdings ist auch *cum magno strepitu* und *cum magno apparatu* nicht selten.

Bemerkenswert ist die Vorliebe für *-que* als Bindewort, z. B.

[45] Zu dieser Stelle vgl. das Kapitel Phonetik, A. 2.

[46] Vgl. Textkritik 156, 26 f. [hier nicht abgedruckt].

[47] Vgl. Funcke 73.

139, 27 *vicos montesque collesque insulasque*, wo die Quelle, Erch. 251, 7, *vicos, montes et colles insulasque* hat; 153, 12 f. *ego meamque coniugem vestramque sororem meumque subiectum populum.* Manchmal steht es auch an falscher Stelle, z. B. 39, 16 f. *Erat denique ille audaxque nobilissimo viro*; 59, 20 f. *ab isto meo viroque amico.*[48] Außerdem sind *et, atque* und *ac* nicht ungebräuchlich.

Aus dem hier gegebenen Material schließen wir, daß der Wortschatz unseres Textes nicht eigentlich umgangssprachlich ist; im Gegenteil treffen wir auf das selbe Streben nach Korrektheit, auf das selbe Trachten, Eigentümlichkeiten der gesprochenen Sprache des 10. Jh. zu vermeiden, wie ich es im Kapitel über die Grammatik nachweisen konnte. Obwohl wir oft die gleichen Sätze in verschiedenen Zusammenhängen wiederholt finden, so daß die Sprache etwas starr wirkt, hat der Chronist doch bewußt versucht, seinen Stil zu variieren, und das ist ihm bis zu einem gewissen Grade auch gelungen. Ich gebe nun einige parallele Stellen, an denen diese Tendenz sichtbar wird:

12, 12 f. ... *ubi tam elegantem scriptorem reperire valemus?* — 12, 23 f. *Ubi tam industrissimum atque preclarissimum ⟨poetam⟩ necnon et historiografum invenire queamus?*

156, 33 f. ... *quia seviciam illius omnimodis sustinere nequimus.* — 162, 29 ... *quia minime iam seviciam illius toleramus.* — 162, 33 f. ... *eo quod minime iam amplius seviciam tuam tollerare valunt.* — 172, 7 f. ... *quia seviciam illius sueque coniugi omnimodis sustinere nequimus.*

169, 19 f. *Volueram veraciter agnoscere voluntatem domini mei principis, utrumne placet ei, ut istum castrum comprehendamus, an non?* — 169, 31 f. *Mi princeps, velis, ut capiamus hunc castellum?*

[48] Betreffs *-que* in pleonastischer Verwendung s. den Index [hier nicht abgedruckt].

## *Bibliographie*

(Mit „Nr." wird auf die Bibliographie am Schluß des Bandes S. 425 ff. verwiesen.)

Texte

**Chron. Ben.** = Chronica S. Benedicti Casinensis. Ed. G. Waitz. MGH Lang. pp. 467—488. / **Cod. Cav.** = Codex diplomaticus Cavensis I—VIII. Edd. M. Morcaldi, M. Schiani, S. de Stephano. Mediolani, Neapoli, Pisis 1874—1893. / **Erch.** = Erchemperti Historia Langobardorum Beneventanorum. Ed. G. Waitz. MGH Lang. pp. 231—264. / **Inv. Troph.** = Vita Inventio et Translatio S. Trophimenis. Acta Sanctorum quotquot orbe coluntur ... collegit ... Iohannes Bollandus etc. Iul. II pp. 231—240. Antwerpiae 1719—1731. / **Paul.** = Pauli Historia Langobardorum. Edd. L. Bethmann et G. Waitz. MGH Lang. pp. 12—187.

Angeführte Literatur

**Arnaldi** = Latinitatis Italicae medii aevi inde ab a. CDLXXVI usque ad a. MXXII lexicon imperfectum cura et studio F. Arnaldi. ALMA 10, 1936; 12, 1938 pp. 65—152. ... moderante F. Arnaldi cura et studio M. Turriani. ALMA 20, 1950 pp. 65—206; 21, 1951 pp. 193—360; 23, 1953 pp. 275—301. / **Bartal** = A. Bartal, Glossarium mediae et infimae latinitatis regni Hungariae. Lipsiae 1901. / **de Bartholomaeis, Cav.** = V. de Bartholomaeis, Contributi alla conoscenza de' dialetti dell' Italia meridionale ne' secoli anteriori al XIII. I. Spoglio del 'Codex Diplomaticus Cavensis'. Arch. Glott. It. 15, 1901 pp. 247—274, 327—362. / **Bassols** = M. Bassols de Climent, Sintaxis histórica de la lengua latina. Barcelona 1945—1948. / **Bastardas** = Nr. 211. / **Bezzola** = R. R. Bezzola, Abbozzo di una storia dei gallicismi Italiani nei primi secoli (750—1300). Saggio storico — linguistico. Heidelberg 1925. / **Biese** = Y. M. Biese, Der spätlateinische Akkusativus absolutus und Verwandtes. Diss. Helsingfors 1928. / **B-J** = J. H. Baxter and Ch. Johnson, Medieval Latin Word-List from British and Irish Sources. London 1934. / **Blaise** = A. Blaise, Dictionnaire Latin-Français des Auteurs Chrétiens. « Le Latin Chrétien ». Strasbourg 1954. / **Blatt** = Nr. 86. / **Bonnet** = Nr. 121. / **Bourciez** = E. Bourciez, Eléments de linguistique romane. 4ᵉ éd. Paris 1946. / **Brill** = Nr. 95. / **Brüch** = J. Brüch, Der Einfluss der germanischen Sprachen auf das Vulgärlatein. Heidelberg 1913. / **Bulle-Rigutini** = O. Bulle—Gius. Rigutini, Neues italienisch-deutsches und deutsch-italienisches Wörterbuch. 1—2. Leipzig 1922. / **Capozzoli** = R. Capozzoli, Grammatica del dialetto Napoletano. Napoli 1889. / **CGL** = Corpus glossariorum Latinorum a G. Loewe incohatum edidit G. Goetz. I—VII. Lipsiae-Berolini 1888 bis

1923. / **Cooper** = F. T. Cooper, Word Formation in the Roman sermo plebeius. An historical study of the development of vocabulary in vulgar and late Latin with special reference to the Romance languages. New York 1895. / **David** = R. David, Über die Syntax des Italienischen im Trecento. Diss. Strassburg. Genf 1887. / **DuC** = Glossarium mediae et infimae latinitatis conditum a C. du Fresne, domino du Cange . . . digessit G. A. L. Henschel. Editio nova aucta a L. Favre. I—X. Nouveau tirage. Paris 1937—1938. / **Erikson** = Nr. 299. / **Funcke** = Nr. 85. / **Gerola** = B. M. Gerola, Aspetti della sintassi del nominativo e dell'accusativo nel tardo latino. Atti dell'Istituto Veneto di scienze, lettere ed arti 108 pp. 207—236. Venezia 1950. / **Grevander** = S. Grevander, Untersuchungen zur Sprache der Mulomedicina Chironis. Diss. Lund 1926. (LUÅ) / **Hedfors** = Nr. 47. / **Josephson** = Nr. 35. / **Kalén** = Nr. 306. / **Linderbauer** = Nr. 24. / **Löfstedt, Komm.** = E. Löfstedt, Philologischer Kommentar zur Peregrinatio Aetheriae. Untersuchungen zur Geschichte der lateinischen Sprache. Uppsala 1911. / **Löfstedt, Synt.** = Nr. 360. / **Löfstedt, Verm. Studien** = E. Löfstedt, Vermischte Studien zur lateinischen Sprachkunde und Syntax. Lund 1936. (SHVSL 23). / **L-Sh** = A Latin Dictionary founded on Andrew's edition of Freund's Latin Dictionary. Revised, enlarged and in great part rewritten by Charlton T. Lewis and Charles Short. Oxford 1951 (first edition 1879). / **Lundström, Neue Studien** = S. Lundström, Neue Studien zur lateinischen Irenäusübersetzung. Lund 1948. (LUÅ) / **M-L, REW** = W. Meyer-Lübke, Romanisches etymologisches Wörterbuch. 3. vollst. neubearb. Auflage. Heidelberg 1935. / **Monaci, Crest.** = E. Monaci, Crestomazia Italiana dei primi secoli con prospetto grammaticale e glossario. Città di Castello 1912. / **Mörland** = Nr. 61. / **Mussafia, Reg. San.** = A. Mussafia, Ein altneapolitanisches Regimen sanitatis. Sitzungsberichte der philosophisch-historischen Classe der Kaiserlichen Akademie der Wissenschaften. 106 pp. 507—626. Wien 1884. / **Müller, Nom. und Akk.** = C. F. W. Müller, Syntax des Nominativs und Akkusativs im Lateinischen. Leipzig-Berlin 1908. / **Niedermann, Recueil** = Recueil Max Niedermann. Neuchâtel 1954. / **Niermeyer** = J. F. Niermeyer, Mediae latinitatis lexicon minus. Fasc. 1—2. Leiden 1954—1955. / **Norberg, Beiträge** = D. Norberg, Beiträge zur spätlateinischen Syntax. Uppsala 1944. / **Norberg, Érudition** = D. Norberg, in diesem Band S. 372 ff. / **Norberg, Recherches** = Nr. 376. / **Norberg, Synt.** = Nr. 375. / **N-W** = F. Neue, Formenlehre der lateinischen Sprache. 3. Auflage von C. Wagener. I—IV. Berlin-Leipzig 1892 bis 1905. / **Odelstierna** = I. Odelstierna, De vi futurali ac finali gerundii et gerundivi latini observationes. Diss. Uppsala 1926. / **d'Ovidio, F.**, Il Ritmo Cassinese. Studi Romanzi 8 pp. 101—217. Roma 1912. / **Plater-**

**White** = W. E. Plater and H. J. White, A Grammar of the Vulgate. Oxford 1926. / **Politzer** = Nr. 94. / **Politzer, Romance Trends** = Nr. 380. / **Rohlfs** = Nr. 108. / **Rönsch, I—V** = H. Rönsch, Itala und Vulgata. Das Sprachidiom der urchristlichen Itala und der katholischen Vulgata unter Berücksichtigung der römischen Volkssprache. 2. bericht. und verm. Ausgabe. Marburg 1875. / **Sainio** = M. A. Sainio, Semasiologische Untersuchungen über die Entstehung der christlichen Latinität. Diss. Helsinki 1940. / **Savj-Lopez, Appunti** = P. Savj-Lopez, Appunti di napoletano antico. ZRPh 30, 1906 pp. 26—48. / **Schipa** = M. Schipa, Storia del principato Longobardo di Salerno. Archivio Storico per le provincie Napoletane 12 pp. 79—137, 209—264, 513—588, 740—777. Napoli 1887. / **Schmalz-Hofmann** = Stolz-Schmalz, Lateinische Grammatik. 5. Auflage. Syntax und Stilistik von J. H. Schmalz, neubearb. von J. B. Hofmann. München 1928. (Handbuch der Altertumswissenschaft II 2.) / **Sella, Gloss. emil.** = P. Sella, Glossario latino emiliano. Studi e Testi 74. Città del Vaticano 1937. / **Sella, Gloss. ital.** = P. Sella, Glossario latino italiano. Stato della Chiesa-Veneto-Abruzzi. Studi e Testi 109. Città del Vaticano 1944. / **Škerlj, Syntaxe** = S. Škerlj, Syntaxe du participe présent et du gérondif en vieil italien avec une introduction sur l'emploi du participe présent et de l'ablatif du gérondif en latin. Paris 1927. (Bibliothèque de l'École des Hautes Études. Fasc. 249.) / **Slijper** = Nr. 129. / **Souter** = A. Souter, A Glossary of later Latin to 600 A. D. Oxford 1949. / **Svennung, Comp. Luc.** = Nr. 48. / **Svennung, Oros.** = J. Svennung, Orosiana. Syntaktische, semasiologische und kritische Studien zu Orosius. Diss. Uppsala 1922. (UUÅ) / **Thes.** = Thesaurus linguae Latinae. Lipsiae 1900—. / **Tidner** = E. Tidner, Sprachlicher Kommentar zur lateinischen Didascalia apostolorum. Stockholm 1938. (Kungliga Vitterhets Historie och Antikvitets Akademiens Handlingar 45:1). / **Trager** = Nr. 398. / **Uddholm** = Nr. 140. / **Voigt, Beiträge** = K. Voigt, Beiträge zur Diplomatik der langobardischen Fürsten von Benevent, Capua und Salerno (seit 774), mit einem Anhang: Die Fälschungen im Chronicon Beneventani monasterii S. Sophiae bei Ughelli. Diss. Göttingen 1902. / **Werner** = Nr. 309. / **Wiese** = B. Wiese, Altitalienisches Elementarbuch. Heidelberg 1928.

Ysengrimus. Hrsg. und erklärt von Ernst Voigt. Halle/Saale: Verlag der Buchhandlung des Waisenhauses 1884, S. XXXVIII—LIII (= Abschnitt IV. Grammatik).

# DIE SPRACHE IM ›YSENGRIMUS‹ DES NIVARD VON GENT*

Von Ernst Voigt

## *Aussprache und Schreibung der Wörter*

### a) Nach Vocalen

*i* statt *y* bieten sämtliche Hss. bei *butirum, calibs, Caribdis, cimbalum, clamis, cripta, cristallus, girus, lichnus, limpha, lira, papirus, presbiter, Scitha, sillaba, sinocus,* ebenso bei *inclitus* und fast ausschließlich bei *asilum* (*asellum* DE), *corilus* (*corulus* BE), *Ilas* (*ylas* E), *phisicus* und *timpanum*; *y* statt *i* steht durchweg bei *Hely, ybris* und mit verschwindenden Ausnahmen bei *hyemps* (demgemäß *hyemaliter,* aber meist *hibernus,* vgl. l'hiver), *ydoneus* und *ydolum,* die man vom gr. *ydos* = forma ableitete, ferner bei *Abyron, epygramma, epytritus, Yberus, Ysaydes, Symon, syndo, tyara*; *i* statt *e* findet sich bei den griech. Worten *anachorita* (ABD, *anacoritha* E), *catigeta, ciroteca* (A, *cyroteca* B, *cirotica* C, *cirotheca* D, *cyrotheca* E) und nur in A bei *giometer*; *ii* statt *i* in den Formen *hii, hiis* ist nicht in den Text aufgenommen, da es in A nur zweimal (III 222, V 275) und erst in den jüngeren Hss. regelmäßig erscheint, die einmal auch *ee* statt *ae* bieten (II 405 *hee* BCDE). — *ae* (*æ*) kommt in A nur an 5 Stellen vor (III 111, 158, 206, 222, IV 227), wo *a* zu *e* verzogen wird, *oe* einmal in B (VII 489 *tragoedia*), sonst setzen alle Hss. für *ae* und *oe* ein *e*, dem nur A gelegentlich (40mal, fehlerhaft IV 1034 *caldaicęque*, V 1128 *Cętera*) eine Schleife am Fuß anfügt; dem Schriftcharakter des XII. Jh. gemäß ist dieses 'geschwänzte' *ę* im Text überall durchgeführt. — *eo* statt *eu* steht regelmäßig in *eohe* (so alle Hss. VII 469, während IV 513 Af, auch D[4] im Glossar

* Der ›Ysengrimus‹ wurde i. J. 1148 vollendet.

*eohe*, BD *eoe*, E *ecce* haben, vgl. Glossar) und *feodum*. — A bietet *eia* (I 205, IV 883, aber *eya* V 1307) und *hai*, die jüngeren Hss. hingegen ziehen *eya* und *hay* vor. — Streng unterschieden werden in den Hss., wie im Mlat. überhaupt, *dominus, -na* und *domnus, -na* (vgl. Glossar), *pignora* (III 58, IV 36, 748, V 744, VI 486, 522, VII 145) und *pignera* (III 1137 A, *munera* B, *pignora* CDE, vgl. Placid. ed. Deuerling 78,4-6 *pignora filiorum sunt uel affectuum inter se, pignera, quae creditoribus dantur*, Osb. p. 447 *pignora filiorum*; *pignus, pigneris aliarum rerum* Ioa. de Garl. Synon. I 181 *Pignora natorum dicuntur, pignera rerum*), *quatenus* (modal) und *quatinus* (final, V 42, wo CD irrig *e* schreiben), *tempus* (Zeit) und *timpus* (Schläfe, vgl. Gloss.), *uendico* (beanspruchen, sich aneignen) und *uindico* (rächen, strafen). Alle Hss. ferner bieten die abweichenden Formen *ardalio, creticus, iocundus* (vgl. Rönsch Itala und Vulgata p. 465, Hildebrand Gloss. J 429), *monacordum* (ebenso *monacosmum* bei DuC.), *rumbus* (nur E hat daneben auch *rombus* I 677, 693, 935, vgl. Rönsch p. 466 und DuC.). Das 17mal vorkommende *nondum* bewahrt sein *o* am strengsten in B, demnächst in AC (in A 6mal *nundum*, II 121, IV 684, V 248, 451, 800, VII 553), neigt aber in D und namentlich in E zu der Form *nundum*; es schien somit geraten, die alte Schreibart beizubehalten.

### b) Nach Consonanten

In der Zusammensetzung befolgt die Schreibweise sämtlicher Hss. mit geringen, aber constanten Ausnahmen *(obprobrium, submitto)* das Gesetz der Assimilation, auch in *ammirari* (vgl. Diez Et. W. I 351), *ammissum, ammonere*, in dem durchgängigen *quicquid* und *quicquam*; doch erscheint in *quamquam, tamquam, (n)umquam, numquid, quicumque*, da, wo sie einmal nicht abgekürzt geschrieben werden, in den ältesten Hss. nicht das gutturale *n*, sondern das ursprüngliche *m*, ebenso wie in der Fecunda Ratis. — Die Einschiebung eines vermittelnden *p* wird in allen Hss. durchgeführt zwischen *m* und *t*, *m* und *s*, mit Einschränkung auch zwischen *m* und *n*, nämlich wenn vor dem *m* ein *a* (wie *dampnum*; alle aber haben *amnis* und nur E *scampnum*), *e* (z. B. *contempno*) oder *u* (wie *autumpnus*) steht; bei vorhergehendem *o* setzen nur die jüngeren Hss. und auch diese nur bei *sompnus* (einmal *dompnus* in E, I 439) ein *p* ein; über den Einschub von *c* in *Sclauus* vgl. zu I 48. — Fortfall eines Consonanten zeigt sich im Anlaut von *ceda* (vgl. Diez Et. W. I 121, 129), *tongus* (statt *phthongus*, wie *tisici* Rose Anthim. p. 57), *saltria*; im Inlaut weicht *u* hinter *g* bei *langor* (nur D *languor*), bleibt aber bei *languere*; in den Comp. schwindet *s* in der Regel nach *x* oder *s*, so findet man meist *expectare, expoliare, extare, exerere, exilire, exultare, transilire, transcendere*; *s* fehlt auch in *promucida*; *d* assimiliert sich dem einfachen *s* (*assum*) und schwindet vor *st* (*astare, astringere, aspergere*). — Umstellung begegnet in *tipsana*. — Mit Doppelconsonant werden geschrieben *gracculus* (vgl. p. XXVII [hier nicht abgedruckt]), *littera, nummus, pilleus, quattuor* (die jüngeren Hss. ziehen *quatuor* vor), *sollers, strennuus*, nach AE auch *Emmanuel*, mit einfachem *ilico, milia, operiri*; über die Comp. mit *re-* vgl. p. XXXIII. — Von der gewöhnlichen Schreibweise recht abweichende, in den Hss. aber fast ausnahmslos durchgeführte Eigentümlichkeiten bietet die Aspiration: *ch* findet sich in *archa, Carchinus, Chore, michi, nichil*, *c* aber in *Caldaice, Caldęus, calibs, Caribdis, carta, ciroteca, clamis, corda, (scema) scola*, und *g* statt *ch in catigeta*; *pulcer* und *sepulcrum* schreiben stets BCDEfgi, während A *ch* vorzieht. *th* erscheint durchgängig in *Ethnęus, nothus* (Südwind), *rethor, theloneum, thorus* ('Bett', aber *torus* 'Strick'), *thuribulum*, *t* hingegen in *baratrum, ciroteca, coturnus, Datan* (ABD), *letargus, teta* (*theta* C); in *Satan* und *Satanas* führen erst die jüngeren Hss. *th* durch. *ph* wird teils festgehalten, teils zu *f*, wie in *delfis* (ADE), *diafragma, fantasma* (*ph* nur A I 341), tritt anderseits statt *f* ein in *phanaticus, prophanus* (ABE), *scropha, trophęa*. Ferner ist *h* weggelassen in *armonia, arra, arrabo, ebes, epar, ybris, ydrops, ypocrita* (aspiriert nur in h IV 43, in A IV 928), *irquus, reda, Renus*, hinzugesetzt in *cohercere, habundare* (vgl. Osbern p. 617; daher auch *habunde*, das nur A ohne *h* schreibt), *harena* (AB), *heremus, heremita, hisdem* (die jüngeren *hiisdem*, vgl. Ven. Fort. ed Leo s. u. *hidem*); Schreibformen jüngerer Hss., wie *bacho, honus, honerare, proch, rethe, monacus, stomacus* u. ä. sind vom Texte ferngehalten. — *c* wird regelmäßig gesetzt statt *qu* in *cotidie* und *cocus*, *t* statt *ct* in *artus, artare, multa*, *multare, multrum, ci* in *nuncius* und *inficior* (das man von *facio* ableitete, Osb. p. 205, Ioa. etc.), aber meist *ti* in *contio* und *pretium*, *ch* statt *cch* in *Bachus, bachari, i* statt *ji* in *subicio, adicio* etc. Einzeln merke *haut, quatriduanus* (ABC), *temptare*; *honos* wird nur, wo es prosodisch notwendig ist, nämlich III 183 gebraucht, sonst sind alle Hss. in der Form *honor* einig bis auf III 16, wo daher *honor* (BCDi) wahrscheinlicher ist als *honos* (AE). Über die Tiereigennamen vgl. zu I 1, 3; den Namen des Hasen schreiben AE, meist auch B (der vereinzelt *Gutturo* bietet) *Gutero*, CD *Guttero* (*Guthero* in D III 1196), der Eber heißt in CE *Grimo*, der Hahn in C *Spotinus*, der Esel in DE gewöhnlich *Carchophas*.

Während *Quod si* getrennt geschrieben wird, ziehen die besten Hss. zu éinem Worte zusammen: *abhinc* (2wortig I 622, 1wortig I 794), *adusque* und *quoadusque* (letzteres stets 1wortig in ACDE, 2wortig in B), *amodo* (vgl. Kaulen p. 239), *caudatenus* (ACDE) und *collotenus* (ACE), *detrans* (AD), *dummodo* (1wortig alle II 218, 2wortig AB V 86), *econtra, quandoquidem* (1wortig ABCD III 930, 2wortig ABCE VII 87), *utquid*.

### *Zur Formenlehre*

#### a) Nomen

*arrabo*, das Pap., Ug. und Ioa de Ianua von *arra bona* ableiten, wird VII 277 als Femininum[1] gebraucht; Ugutio lehrt ausdrücklich *hec arrabo*. Der Acc. Plur. von *dęmon* geht in allen Hss. II 229 und VII 605 auf *-ĕs* aus; bei *abbas* findet sich *abbates* V 455 und *abbatas* V 467; *Fresis* hat die griech. Genitivendung IV 503. Die Adjectiva einer Endung haben im Abl. Sing. neben *i* auch das bequemere *e*, so *ebete* V 27, *constante* VI 363, *prudente* V 1221, *sequente* V 629, *uehemente* I 325, *uiuace* II 53; anderseits hat der Comparativ auch, wie im Spätlat., *i* in *maiori* III 167. Der Dat. Sing. der IV. Decl. endet auf *-ui* IV 103, sonst auf *-u*, III 411, V 827, vgl. III 1158, IV 662. Der Flexion entbehren viele Eigennamen, wie das auch nach

[1] Ebenso Varro L. L. 5, 36, 175 und Isidor Et. 9, 7, 5 nach Neue I 680.

Ugutio (cod. Savigny) fol. 167[a] indeclinable *Remis, Sithiu, Mahamet* und besonders die alttestamentlichen. Auch der Singular wird gebraucht von *caula* VI 59 (vgl. Dief. Gloss.) und *libitum* III 593 (vgl. Glossar); über *insidia* vgl. zu VII 574. Eine Erweiterung in der Casusbildung zeigen *iussus*, dessen Acc. Plur. IV 244, und *rogatus*, von dem der Acc. Sing. I 627 (IV 387) vorkommt; über *promptu* ohne *in* vgl. Gl. Übergang in eine andere Declination zeigt sich bei *cola, diaco* und *promucida*, vgl. Glossar.

Die Cardinalia werden mit Vorliebe umschrieben, wobei dann neben dem Adverbium teils regelmäßig das Distributivum (II 302, 675, V 193, 640, 788, VI 40, 435, VII 112 f., 136, 419), teils aber und vorwiegend, wie öfter schon bei den römischen Schriftstellern (Neue II 123 f.), das Cardinale steht (I 94, 110, 752, II 432, 530, 603, III 590, 729, 978, IV 73, 936, 958, V 634, 864, 868, 1068 f., 1262, VI 74, VII 5, 117, 142). Überhaupt ist der Unterschied von Cardinale und Distributivum nirgends streng festgehalten: dieses steht für jenes I 1048, II 8, 240, 299, 485, 556, III 785, 1090, IV 741, V 79, 455 (vgl. Peiper, Waltharius p. 121, Barack, Hrosw. p. 50), jenes steht für dieses I 919, II 15, V 417, 424, 603 f., 617, beide stehen gleichbedeutend nebeneinander I 1013, III 22, V 825, VI 104 f.; das altertümliche *binus* statt *duplex* findet sich I 641, V 61. Anderseits steht das Distributivum einmal nach Ovids Vorgang (Heroid. XI 46) statt des Ordinale, V 1083, öfter in den jüngeren Hss., z.B. V 708, vgl. Pannenborg in den Forschungen XI 175, ebenso das Multiplicativum statt des Ordinal-Adverbiums, so III 635 *bis* 'zum zweiten Male' (wie das spätlat. *secundo* IV 875), *decies* V 830, 1083.

Als Genit. partit. kommt neben *nostrum, uestrum* (II 525, IV 902, V 54) auch *nostri* (III 257, V 603, 1190, VII 269) und *uestri* (V 55) vor. Statt *iidem* und *iisdem* steht im Spätlat. und Mlat. gern *hidem* und *hisdem*, letzteres findet sich III 384, IV 173, 257, V 531, 1013, VI 545, vgl. S. 194.

### b) Verbum

Als Deponens erscheint *cachinnari* V 868 und *uiari* (vgl. Gloss.). Neu sind die Perfecta von *quatio* (IV 535) und *clango* (V 1065,

1067). *bibo* hat, wie im Spätlat., ein Supinum, daher *bibiturus* V 900, 982 (wie Vulg. Matth. XX 22) und *ebibitus* V 600. Abweichende Bildung des Sup. und der von ihm abgeleiteten Formen findet sich bei *edere, fricare* und *mulgere*; neben *esus* I 366, *ambesus* III 995, *obesus* V 1205 bilden alle Hss. das Part. Perf. *comestus* I 381, 412, II 399, VII 265 (vgl. Paucker, Subrelicta p. 25*, Neue II 442 f.), während das Sup. selbst V 1089 *comesum* lautet; zu *fricare* gehört *frixa* III 732, wo *potio* statt *species* steht, vgl. p. XXVII und Kaulen p. 193; *emulgeo* bildet *emulctus* (ABD, *emultus* CE), welches als vereinzelt bei den Alten vorkommend (Neue II 442) auch Ioa. de Ianua bezeugt. — Zu dem vulgären Futurum *partibor* II 515 vgl. Kaulen p. 192, Rönsch p. 292, Neue II 341 f. Der Coniunct. Praes. vertritt öfter den Ind. Fut., zunächst bei *ire* (*eam* : *ibo* Löwe Prodr. p. 421, *exeam* = *exibo* Iudic. VIII 32, Kaulen § 112, *redeam* statt *redibo* Vital. Bles. Amphitruo 117), so hier I 225, VII 383 und wohl II 514, dann in der I. Conjug., vgl. III 392, IV 176, V 418, VI 462, VII 216. Die II Plur. Imper. Fut. auf *-aminor* findet sich beim Deponens II 621, V 129, vgl. Neue II 302. Über *benedicite* 'sei, seid gesegnet' vgl. Glossar. — In den zusammengesetzten Formen des Passivs steht statt *sum, sim, eram, essem, ero, esse* recht häufig *fui, fuerim* u. s. f., wie I 397, 410, 851, 864 etc. Beliebt ist die Umschreibung des Fut. I durch *-urus sum*, wie III 292, 417, 440, 750, 1141 etc., ebenso in der Vulgata (Iob XIX 27, Tob. II 18). — In den Comp. von *ire* finden sich statt *ibis, ibit* auch die Flexionsformen der IV. Coniug. *-ies* und *-iet*, so I 827, III 813, 1070, 1158, IV 583, V 713, vgl. Rönsch p. 292 f., Kaulen p. 193, Neue II 344. Die ungebräuchlichen Formen *fito* und *malens* kommen V 1202 und V 634 vor; über erstere vgl. Rönsch p. 294, Neue II 473. — Neben dem regelmäßigen *odi* (I 911, III 157, 301 etc.) erscheint der Infinitiv *odire* I 713 (vgl. Gloss.); *cęperam* hat wie *oderam* die Bedeutung des (erzählenden) Imperfects, II 109, 188, 203, III 1094, IV 131, 265, V 659, ebenso im Waltharius. — Über *pęniteo* als persönliches Verbum (I 851) vgl. Kaulen p. 161, Koffmane I 70, Kl. lat. Denkm. p. 78. —

### c) Partikeln

Der Kürze halber mag alles Wichtige gleich hier zusammengestellt werden. *non* wird (neben *ne*, z. B. IV 659) auch im Verbot und Wunsch gebraucht III 797, IV 178, 393, 451, VII 541, wie in der Vulgata (Ecclesiasticus XV 11 f., XVI 2, Iob III 4, 6, 9) und sonst im Mlat. (Prora 927, Nig. Spec. 68, 6). *tam-quam* steht öfter statt *eo-quo* vor dem Comparativ, I 257, V 1256, VI 400, 429, wie vereinzelt bei den Alten, *adeo-quam* statt *eo-quo* V 529 f., *eo* fehlt VI 296, beide IV 160. Über das an der Spitze des vergleichenden Nachsatzes meist fehlende *sic, ita* vgl. zu III 1.

*apud* statt *in* c. abl. III 425 (vgl. Rönsch p. 391); *sub* drückt hie und da, wie ὑπό, das Subject des activen Satzes aus, vgl. IV 999, V 37, 1140; *super* wird gebraucht 1. sinnlich, a) oben . . . auf, c. abl. IV 81, VII 345, meist aber, zumal wenn es nachgestellt ist, c. acc., I 734, III 407, IV 1025, V 196, VI 486, VII 86, b) über . . . hin, c. acc., III 959, V 1291; 2. übertragen, a) c. abl., um den Gegenstand des Denkens und Empfindens, bez. ihrer Äußerungen zu bezeichnen, I 435, 702, II 383, 459, 464, III 101, 511, 627, 861, 1064, 1141, IV 150, VII 510, geht aber leicht in die causale Bedeutung über (vgl. Kaulen p. 206) III 983, VII 219, b) c. acc., 'herrschend über', II 240, III 10, 53, V 459, 1088 (vgl. Kaulen, p. 221). — Neben *sine* kommt häufig das vulgäre *absque* vor (24mal). Wie Präpositionen mit dem Genetiv verbunden erscheinen *hinc* 'diesseits' und *illinc* 'jenseits' V 777, 779.

Über *ac* vor Vocalen vgl. p. XXVII; *et* fehlt in der Verbindung zweier Subst. I 763, zweier Verba IV 550, VII 624; *ue-nec* III 885, *-que-nec* IV 403; *nec* fehlt im ersten Gliede des Paares *nec-nec* I 565; *-ue* abundiert versfüllend III 579. Über rhetorische Wiederholung von Adversativpartikeln vgl. zu II 30. *ne* steht statt *ut non* I 723 (vgl. Cato Dist. I 11, 2), II 529, VII 69; *quam primum* statt *cum primum* III 419, V 1115; *sin aliter* statt *si aliter* III 1006, *sin* statt *si non* IV 92, 1021, *sin autem* statt *sin aliter* VII 70 (vgl. Rönsch p. 405), *ac si* ohne vorhergehendes Adverbium der Gleichheit statt *quasi* IV 867; über *si quidem* vgl. zu I 785.

## *Zur Syntax*

### a) Casuslehre

*efficior* wird I 33, IV 830, VII 705 mit dem Prädicatsnominativ, wie *fio,* verbunden, ebenso in der Vulg., z. B. Prouerb. Salom. XIII 20. — Bei der Copula *esse* steht das Adverbium I 845, IV 51, vgl. Kaulen p. 241. — Der Genitiuus comparationis begegnet I 840, VII 8 (Kaulen p. 221, Rönsch p. 435), der Gen. pretii bei *ualere* I 842, VI 256; der Gen. des Personalpronomens statt des Pron. possess. I 318, III 316, IV 536, 769, V 834, vgl. Rönsch p. 418, Kaulen p. 142, Bach zu Ouid. Metam. I 30; *egere* wird 22mal mit dem Gen., 6mal mit dem Abl. verbunden. — Der Dativ der Person steht bei *uetare* IV 239 (I 650), wie bei *prohibere alicui aliquid* im Sinne 'rauben' vgl. C. Barth zur Philippis X 730. Wie (Kaulen p. 227), bei *loqui* I 439 (Rönsch p. 440), bei *deficere* I 743, VII 380 (über *sibi deficere* vgl. zu I 949), wie in der Vulgata (Kaulen, p. 225), fehlt stets bei *proponere* 'sich etwas vornehmen', I 874, 900, 974, II 332, III 207, 1014, IV 452, V 1198, VI 268, VII 409, wie Lib. Sap. VII 10, Hildeb. De Mysterio 1, De Mahumete 46 etc., *benedicere* hat in beiden Bedeutungen sowohl den Acc. als den Dativ, vgl. II 143 und Kaulen p. 223. Über *ferre alicui aliquid* im Sinne 'rauben' vgl. C. Barth zur Philippis X 730. Wie *esse* wird *ire* in der Bedeutung 'gereichen' mit doppeltem Dativ verbunden III 650 (IV 662?), ebenso *uiuere* V 538. — Als Transitiua stets mit dem Acc. construiert werden *assilire* II 494, IV 209, VI 103, 191 (mit *in* c. acc. nur in der Interpolation V 818,2) *immergere* 'hineinträpfeln in . . .' V 832, *incĭdere* I 447, 808, II 535, V 15 f., 171, 211, 795, VI 247, 392, VII 489, 540 (wie im Spätlat.; mit *in* c. acc. nur VII 3), *intercedere* I 329, *petere aliquem* 'bitten' III 652, 741, 834, VI 166 (Rönsch p. 441, Kaulen p. 228). *in* c. acc. steht statt des Prädicatsnomens III 675, *agere aliquem in testem* 'jem. zum Zeugen pressen', vgl. Kaulen § 148. Anstatt des Adverbiums steht der Acc. Neutr. nicht bloß, wie bei den Alten, häufig bei den Verbis der sinnlichen Tätigkeit (I 113, 345, 768, 823, II 414, 444, 589, III 1114, V 423, 733, 740, 778, 886, 901, 1062, VI 8, 192, VII 75, 222, 251, 282, 663), sondern auch für die Zeit;

so das schon classische *longum* V 727, VII 237, 549, 618, ferner *ęternum* III 11, *breue* V 730, *modicum* V 244, 1109, *tantillum* (vgl. Glossar); ja selbst *indubium* wird gewagt VII 292. — Ein neuer Ablat. pretii ist *honesto* III 567, V 461. *in re studere* findet sich III 259, *in re fidere* IV 135, vgl. Kaulen p. 227, 224. Der Ablat. der zeitlichen Ausdehnung steht IV 897 (wie schon Ars am. I 38, Fast. VI 670), V 319, 620, VI 423, 435 (Kaulen p. 232), auf die Frage wann? steht neben dem bloßen Abl. auch *in* c. abl. (I 742, III 354, 737, VI 58), wie in der Vulgata (Kaulen p. 232). Der Abl. findet sich für die räumliche Ausdehnung IV 958, VII 660 (Kaulen p. 220). Auf die Frage wohin? steht der bloße Abl. V 443, VI 217, VII 6, *in* c. abl. in der Wendung *in aure profatur* III 543, wie Gen. XX 8, Job XXXIII 8, Nig. Spec. 60,5, 120,9, daneben auch *in* c. acc. III 647, VI 363, wie Hor. Serm. I 9, 9; vgl. *mordere in lardo* I 383 und überhaupt Rönsch p. 406 f., Kaulen p. 206 f., Rose Anthim. p. 53. — Hypallage der Casus findet sich öfter, vgl. I 1063, II 194, 269, III 40, 159, IV 449, V 365.

## b) Zum Nomen

Adjectivisch gebraucht werden die Subst. *augur* II 42, *popa* (vgl. Glossar) und *uindex* I 1006, VII 587. — In kurzen Aufforderungen an eine Mehrzahl steht neben dem Plural (III 696, IV 992) gern der Singular, um den Befehl jedem einzelnen einzuschärfen, so III 463, IV 617, 991 f. — Gemäß dem Sprachgebrauch der Vulgata kann jedes männliche Adjectivum die Stelle eines Subst. einnehmen, ja sogar, wie I 1012, II 318, 321, III 282, obenein ein adjectivisches Attribut erhalten. Dasselbe gilt vom Neutrum, so *uile* III 859, *utile* V 329, VI 196, vgl. im Glossar *cauum, noxium, parum, plumeum, proficuum* und die oben aufgeführten Adverbia der Zeit. — Der Comparativ steht, wie überhaupt im sinkenden Latein, nicht selten für den Positiv, so bei den Begriffen der Schnelligkeit (III 265, IV 960, V 1043) und des Alters (nach Analogie von *senior* wird *iunior* = *iuuenis* II 458, III 124, 691, 700 verwandt); vgl. ferner I 131, 284, 924, IV 843, 1005, VII 515; IV 670 ist *manet* wegen des Folgenden und VI 296 wohl = *est* (zu III 304) zu deuten. Der

Comparativ erscheint anstatt des Superlativs II 297, III 387. *imus* wird als Positiv behandelt VII 459, vgl. Verg. Georg. I 401, Rönsch, Z. f. österr. G. 1882 p. 337 f. — Das Pronomen person. fehlt öfter, wo es um des Gegensatzes willen auszudrücken war, I 417, 728, III 287, V 311, VII 438. Während *sui, sibi, se* in unserem Gedicht stets reflexiv gebraucht werden,[2] hat *suus* schon im Spätlat. die Schranke der Reflexion fallenlassen und steht ohne Rückbeziehung auf das Subject II 108, 580, III 486, IV 784, V 307, 674, 942, 1114, vgl. Kaulen p. 143, Paucker Subrelicta p. 21, Beger Lateinisch und Romanisch p. 58. Das sonst im Mlat. häufige Ihrzen der angeredeten Person kommt hier nirgends vor. Über *ipse* und *iste* vgl. Glossar. Über die Verrückung des Beziehungswortes in den Relativsatz vgl. zu II 63. Die relative Satzverbindung findet sich innerhalb des Satzgefüges I 950, V 1199; VII 591 sind die Sätze umzudrehen, so daß die Periode mit *Quem* beginnt. *aliquis* steht, wie in der Vulgata (Kaulen p. 147), auch in negativen Sätzen, so III 488, IV 856 und öfter.

### c) Zum Verbum

#### *1. Zum Gebrauche der Tempora*

Überaus häufig wird nach deutschem Sprachgebrauch das Praesens im Sinne der Zukunft gesetzt, z. B. I 249, 349 f., 488, 573, 587, folgerecht auch das Perfectum für das Fut. II, wie I 373. Das Particip. Praes. drückt oft, wie in der Vulgata (Kaulen p. 195), eine vorzeitige Handlung aus, so I 312, 945, II 181, 211, 429, III 248, 279, 290, 480, 867, 978, IV 959, 1023, V 570, 755, 764, 965, 1215 f., VI 175, VII 21, 601. — In den, weil für jede Zeit gültigen, Sentenzen kommt neben dem Praesens nicht bloß das gnomische Perfectum, mit (I 92, III 570, IV 111) oder ohne *sępe* (III 1028, IV 866, V 807 f.), sondern auch das Futurum I vor (I 44, 640, II 646, III 184, 196, 1148, IV 50, 423, VII 418; I 41 sogar Fut. II neben futuralem Praesens). Das ebenso der alten Volkssprache

[2] V 945 kann *sibi* auf den Abt, aber doch auch auf das Subjekt des Satzes bezogen werden.

(Kühner II 110) eigentümliche wie moderne, sowohl deutsche wie französische Fut. I der Wahrscheinlichkeit (Beger p. 93) findet sich I 566 (durch *sicut opinor* verdeutlicht), III 122, 693, V 502. Das dactylisch bequemere Fut. II Act. steht in vulgärer Weise (Kühner II 113 f.) öfter statt des Fut. I, so I 41, 734, II 489, III 442, IV 183, 573, V 335, im Passiv IV 478; das Umgekehrte (nach *postquam*) III 1161, V 957, vgl. IV 840. Hie und da wird das Fut. I statt *uolo* mit dem Inf. Praes. gesetzt, wie III 732, 915, IV 570. Bekannt ist endlich, daß *fore* im Mlat. ganz = *esse* gebraucht wird, so auch hier 22mal, I 445, 639 etc. — Nach dem Vorbild der römischen Dichter und des Spätlat. (Rönsch p. 431) steht, teils um die Versification zu erleichtern, teils um der Abwechslung willen (II 550), häufig der Inf. Perf. statt des Inf. Praes., sogar mit Erweiterung der überkommenen Lizenz beim Acc. c. Inf. (wie I 408, II 622), und da das Praes. stets den Sinn der Zukunft haben kann, auch statt des Inf. Fut. (III 765, V 210). *ausus* wird, wie bei den Alten seit Livius öfter (Kühner II 567, Draeger III 746), hier regelmäßig statt *audens* gebraucht, die Stellen sind I 988, II 36, 439, 561 (sogar statt *ausura*), III 141, 548 (statt *ut cupiuisset, quis ausus fuit*), und ebenso ist III 225, IV 573, VI 184 zu deuten, vgl. Steinmeyer Ahd. Gl. I 24,13, Gengler p. 788. Ähnlich steht *habitum* = *id quod habetur* II 27, III 934; vgl. überhaupt Kaulen p. 195. Das Plusquamperfectum Actiui (selten Pass., wie I 263) steht, wie durchweg im mlat. Hexameter (Grimm und Schmeller Lat. Ged. p. 70, Seiler Ruodlieb p. 121), wegen seiner dactylischen Gefügigkeit gern für das deutsche Präteritum, zumal für das Perf., sowohl im Haupt- wie im Nebensatz (für letzteren vgl. I 947, III 1179, IV 651, V 1257, VI 449, Kaulen p. 252). Die Consecutio temporum wird sehr sorgfältig beobachtet, verletzt nur in Fällen, wo auch die Alten sich größere Freiheit gestatten, nämlich a) der Modus richtet sich nicht nach dem regierenden, sondern mittelst einer Attraction nach einem andern Satz der Periode (II 232, 460, V 20), b) der Modus wird durch die hypothetischen Gesetze beeinflußt, und zwar 1) Auf ein Haupttempus folgt der Coniunct. Imperf. oder Plusq., weil der Nebensatz irreal (oder potential, s. u.) zu denken ist, III 904 (ergänze *si pellem prȩstaret*), IV 413 (erg. *si fas et tempus esset* aus 409), 1027, V 283 (= *etiamsi moriaris*), so auch I 136, VI 11 (*nisi rogasses* = *nisi uero rogauisti, id quod non factum est*); 2) In Sätzen, die vom Coniunct. Imp. irrealis abhangen, kann, da sich dieser auf die Gegenwart bezieht, der Coniunct. Praes. stehen, I 93, 471, 630 f., 641, V 151, VII 395; 3) In Finalsätzen steht nach einem Praeteritum der Coniunct. Praes., um die Fortdauer der erstrebten Wirkung bis in die Gegenwart des Sprechenden zu bezeichnen, IV 924; vgl. für diese Abweichungen Kühner II 784 — 776 f. — 785 f. — 782. — Zuweilen steht der C. Imp. statt des C. Plusq., wie IV 1001, namentlich in irrealen Bedingungssätzen, II 225, III 548, VI 473, das Umgekehrte findet sich II 237, vgl. Rönsch p. 431; ebenso der C. Perf. statt des C. Praes., I 187, 230, 779, III 74, 113 f., 710, 931, V 335 u. ö.

### 2. *Zur Moduslehre*

Voran stehe Kaulens Bemerkung (p. 251): „Fast sämtliche Conjunctionen, welche sonst den Indicativ im Nebensatz bedingen, regieren in der Vulgata teils immer, teils oftmals den Conjunctiv, und zwar ohne daß im letzteren Falle eine Regel für den Gebrauch des einen oder des anderen Modus erkennbar wäre.“ Konnte eine derartige schrankenlose Willkür, durch das sorgfältige Studium der römischen Klassiker als Gegenpol gehemmt, auch nicht in vollem Umfange in die mlat. Poesie einreißen, so hat doch immerhin das sprachliche Vorbild der Vulgata die klare Auffassung der Modusverhältnisse in einem durch die Eigenart der Dichter bestimmten Grade getrübt.

In verallgemeinernden Relativsätzen steht neben dem Indicativ vereinzelt in altlat. (Kühner II 788 Anm. 1) und mlat. (Prora 898, Nig. W. 51,$_{3}$ f., 78,$_{12}$, 109,$_{13}$, 122,$_{6}$, Alan. Parab. III 48, Henric. Sept. II 175, Philippis IV 354) Weise der Conj., so nach *quocumque* V 1033, *uter* (— *libet*) I 468 in einräumendem Sinne, ähnlich nach (*seu*), *seu* III 518. — Gern wird der Gegensatz durch zwei oder mehrere concessive Hauptsätze asyndetisch (vgl. Kühner II 754) ausgedrückt, wo wir *siue, siue* c. ind. erwarten, wie *uelis nolis, queam nequeam*, vgl. I 230, 507, 985, 998, III 424, 851 f., IV 90, 177, V 117, 272, 693, VI 155, VII 486 und Prosaglosse zu Prora 261; II 183—186 sind die Glieder der Disjunction durch *siue* verbunden, III 560 sind statt dessen zwei Ind. Fut. II gesetzt. Über das finale *quatinus* vgl. Glossar. *ut* bez. *ne* kann auch nach *iubeo* (III 148, 233, IV 189, vgl. Rönsch p. 427, Kaulen p. 249) und *ueto* (III 1099, Kühner II 530) stehen; *egeo* ut V 1088, *amo* (= *cupio*) *ut* VI 22. — *quoad* erscheint stets in der Zusammensetzung mit *usque*. Nach den Conj. 'so lange als' findet sich neben dem Indic. (IV 907, VII 220) auch, wie in der Vulgata (Job 32,11, Eclus. 29,5), der Conj. V 963 (VII 383 ist wohl *eas* = ibis). Das einen Zweck oder eine Erwartung ausdrückende *dum, donec, quoadusque* regiert stets den Conj. (13mal); da, wo jene Conj. eine Tatsache bezeichnen sollen, wird neben dem Indic. (8mal) hie und da in nachklassischer Weise (Kühner II 913) der Conj. gesetzt (I 428, III 806, VII 564). Der in der vulg. Sprache beliebte (Kühner II 911, Rönsch p. 400) Gebrauch von *dum* = cum hist. mit Conj. Imp. oder Plusq. steht unserem Gedichte fern, so häufig er sonst im Mlat. ist; wohl aber kommt *dum* = cum, quando mit dem Indic. vor IV 112, V 6, 559, 648, VII 238. — Statt der Subordinierung mit antequam steht zuweilen ein negierter Hauptsatz, so III 310, V 1091. — *quod* und *quia* haben für die objektive Angabe des Grundes neben dem Ind. zuweilen den Conj. (II 278, III 1153 f., IV 833, V 1263, vgl. III 301, IV 107), ebenso *quando* III 626. — Die Objectssätze nach den Verbis sentiendi et declarandi werden neben dem Acc. c. Inf. auch in vulg. Sprechweise (Kaulen, Gesch. der Vulgata p. 139, Handbuch p. 186, 211, Rönsch p. 402, Paucker Spicil. p. 109—112, Bartak p. 111, Kühner II 838 f.) mit *quod* (c. ind. 4mal, c. coni. 14mal), ja, wie seit Lactanz Sitte wird, auch mit *quia* (c. ind. 6mal, c. coni. 3mal, wie Job 19,6) und *quoniam* (nur einmal und zwar c. ind. III 577, c. coni. z. B. Acta Apost. 21,29) gebildet; auch nach *pati* kommt *quod* vor (I 904); nie aber wird, wie bei andern mlat. Dichtern (wie Nigellus W., Alanus, vgl. schon Seiler Ruodlieb p. 129) *quod* im Sinne von ut consecut. gebraucht. Die Conjunctive IV 1001, VI 474 sind von dem 999, bez. 471 vorhergehenden *quod*, *quia* abhängig zu machen, nicht aus der deutschen Form der obliquen Rede (vgl. übrigens Kühner II 1027, Anm. 1) zu erklären. — Bedingungssätze aller drei Kategorien (vgl. I 176; I 848; I 395) werden, wenn sie positiv sind, öfter, wie im Hebräischen und in der Vulgata (Kaulen p. 252, vgl. Eclus. XXXI 12, 21), im classischen

Latein (Kühner II 760 f.) und in den modernen Sprachen, ohne einleitendes *si* oder *dummodo* (für letzteres vgl. I 574, II 589, III 800, IV 62, 603) und dann gern mit Voranstellung des Verb. finit., doch auch ohne Inversion (beides nebeneinander II 514) gebildet; manche Stellen sind streitig, weil sie sich nicht sowohl als Fragesätze deuten lassen (vgl. Kühner a. a. O. Anm. 4), als vielmehr mit dem auffordernden Coni. Perf. (vgl. V 180) zu nah berühren. Vgl. I 176, 395, 547, 574, 609, 848, II 514, 602, III 729, 819, IV 175, 271, 409, 535, 576, V 272, 409; *sin* (*autem*) ist beim zweiten Gliede der hypothetischen Alternative I 845, 971, 982, II 514 zu ergänzen; Parataxe der Glieder einer irrealen Periode begegnet VI 327. — Wie in den deutschen Conj. Imp. und Plusq. die Kategorien der Möglichkeit und der Nichtwirklichkeit ineinander verfließen, so finden sich in unserem Gedicht öfter die Conjunctive der histor. Tempora statt der Coni. Praes. und Perf., sogar dann, wenn durch Zusatz von *forsan, fortasse* die Möglichkeit der Annahme ausdrücklich hervorgehoben wird, wie II 449, 518 f., 607, IV 364, sonst I 137 f., 440, 1018, III 777, V 308; Coni. Praes, im Bedingungssatz, Coni. Imp. im Folgerungssatz kommt IV 409 f., VII 396 vor; vgl. für diese Erscheinungen auch Kühner II 924. So wird die Möglichkeit auch in Concessivsätzen (V 283) und Wunschsätzen (IV·220, V 724) durch den Coni. Imp. ausgedrückt. Anderseits haben deliberative Fragen negativen Characters, trotzdem sie sich auf die Gegenwart beziehen, gern den Coni. Imperf. (II 591, IV 531, 565, 695, V 925, VII 38 f.). Auch in Fragen, die mit Unwillen und Entrüstung eine Annahme abweisen (Kühner II 1006), steht sowohl der Coni. Praes. (II 143, IV 149, 322) und Perf. (I 693, IV 354, V 234, 651), wie der Coni. Imp. (I 641, 660, III 71, IV 380, V 245, VI 76, 311, VII 61) für die Gegenwart, stets ohne *ut*, einmal (IV 354) mit *-ne*. Hat der Folgerungssatz der irrealen Periode die Hilfsverba 'können, müssen', so steht neben dem Indic. (25mal) auch zuweilen der Coni. Imp. oder Plusq. (II 317, III 220, VII 453). *nisi forte* endlich wird III 493, wie im Spätlat. (Draeger II 721) mit dem Coni. verbunden. — *quamquam* hat, wie in der Vulgata (Kaulen p. 252, Draeger II 738), stets den Coni. (I 57, V 1028, VII 446). *licet* wird als reine Conjunction, wie *quamuis* schon bei den Alten (Kühner II 958 f.), sowohl mit den Coni. der Haupttempora

(7mal), wie mit denen der histor. Tempora verbunden, sei es gemäß der Cons. temp. (I 129, II 549, IV 895), sei es gemäß den hypothetischen Gesetzen (I 629, V 283). Bei *cum* aduersatiuum steht teils der Coni. (III 12, 101), teils, wie bei den alten Komikern (Draeger II 742), der Indic. (III 19). — Die indirekten Fragesätze haben meist den Conjunctiv (c. 150mal), werden indessen auch in altlat. (Draeger II 434 ff.), vulgärer (Rönsch p. 428 f., Kaulen p. 247), spätlat. (Leo, Ven. Fort., Ind. s. u. *interrog. indir.*) und mlat. Weise (Hildeb. Mathem. 187—195, Ligurinus I 485, Nig. W. 42,1 v. u., Alexandreis IV 84 f. etc.), öfter mit dem Indic. konstruiert (III 1082, 1168, IV 110, 731, 867, 896, V 201, 335 [*uiderit* = uidebit], 614, 895, 1072, 1229, VII 122, 233, 264, 288, 439, 579, 582 ff.) —. Aus dem Prohibitiuus, wie *ne dixeris*, entwickelte sich rückbildend eine neue Form des Iussivs, also *dixeris* = dic (die allerdings von den parataktischen Bedingungssätzen nicht immer scharf zu unterscheiden ist), so I 186, 382, V 180, VII 524, vgl. III 971, V 272 und die Lesart von C III 729.

### *3. Zu den Nominalformen der Verba*

Der Infinitiv besitzt im Mlat., wie in den modernen Sprachen, eine weit ausgedehntere Herrschaft als im classischen Latein und gewährt dadurch der Darstellung ein hohes Maß von Beweglichkeit. Der bloße Inf. steht als Objekt nicht bloß häufig in vielen bei den Alten nur vereinzelt nachweisbaren Fällen, wie nach *doleo* (nur Hor. carm. IV 4, 62, hier 8mal), sondern auch nach *despicio* (III 985, Eclus. VII 10), *nego* (= nolo, II 184, III 748, 758, IV 556, V 33, 262, VII 396), *refuto* (= dedignor, II 583), *rennuo* (I 201) — *propono* (I 874, 900, III 207), *uoueo* (II 76, IV 24, V 984), *deuoueo* (VII 564), *iuro* (I 879, V 967, vgl. Draeger II 378), *conspiro* (II 355) — *obsecro* (I 877) — *suffero* IV 56 — *formido* (VI 93), *metuo* (II 255, V 848), *pręformido* (I 580), *timeo* (VII 539) — *fingo* (I 937, IV 559), *simulo* (I 869, V 759) — *amitto* (VII 298), *perdo* (I 527) — *luo* (I 118) —. Manche der hierher gehörigen Verba liebt der Dichter in mehr oder minder auxiliarer Weise anzuwenden: *uolo* (I 252, 347, 574, IV 924, VI 78, VII 194), *paro* (VI 5), *nolo*

(III 1006, V 141, 464), *non curo* (I 21, 868, II 29, 139, IV 513, 534, 638, V 105, VI 377), *malo* (III 739) — *incipio* (I 320, III 197, 332, VII 205), *cępi* (VII 659) — *fero* (I 332, 336, 348, II 142, 147, 266, III 932, IV 523, VI 412, 492), *patior* (III 814), *suffero* (V 951), *sustineo* (I 341) — *possum* (I 848, II 40, 246, III 1056, VII 226), *queo* (V 389), *scio* (III 538), *ualeo* (III 833). — In der Abhängigkeit des bloßen Inf. von Adjectiven findet sich im allgemeinen keine Abweichung; hinzuzufügen wären nur die durch Analogien gedeckten *anxius* (IV 126), *potior* (I 603, II 48), *pronus* (VII 300). — Der Infinitiv des Zwecks steht gern nach Verbis der Bewegung (Kühner II 501, Kaulen p. 238), nämlich I 729, II 1, 410, 636, III 406, 773 f., 1021 f., IV 608, V 40, 180, 261, 275, 719, 931, VII 140, 153, außerdem nach *natus* (VI 241, Hor. Ep. I 2, 27) und *dispositus* (III 57, wie *institutus* Hor. carm. III 8, 11). — Manche Infinitive werden in spätlat. (Leo a. a. O. p. 404), mlat. (Barack Hroswitha Einl. p. 52, Baudouin Pamphile p. 242 f., Ecbasis p. 145, Seiler Ruodl. p. 124 etc.) und romanischer Weise (DEW. II 362, Beger p. 52, 104 f.) wie Subst. verwandt, hier finden sich *uelle* (I 101, IV 639), *nolle* (IV 639), *posse* (II 20), *sapere* (IV 670), *intrare* und *reuerti* (V 449); gern steht der Inf., wie schon Hor. Serm. II 5, 69, nach dem adverbialen (vgl. II 516, V 72, 422, VI 93) *pręter* (I 650, IV 239, 460, 842, V 313).

Der Acc. c. Inf. steht in gleichfalls erweitertem Gebrauch als Subject auch nach *contingit* (III 31) und *accidit* (V 605, vgl. Kaulen p. 244 f.), nach *superest* (II 452, wie Nig. W. 81,2 v. u.) und nach *absit* (IV 539), als Object nach *cerno* ('sehen', wie VII 24), *audio* (bei unmittelbarer Wahrnehmung, I 1064), *dubito* (V 470; nach *non dubito* 9mal); nach *paueo* (V 857), *perhorreo* (V 851), *metuo* (I 491 f., II 39, VI 354, natürlich auch, wie schon bei den Alten, nach *formido, timeo, uereor*); nach *impropero* (V 131); nach *decerno* (IV 825) und *propono* (VI 268), *obsecro* (III 1117) und *quęso* (I 233), *innuo* (III 101) und *paciscor* (I 219); endlich nach *dare* (V 30, 934, VII 364, vgl. Kaulen p. 152, 236). Von dem Rechte, den pronominalen Subjectsaccusativ, zumal bei Congruenz der Subjecte auszulassen (Kühner II 516 f.), macht der Dichter, der überhaupt gemäß seinem Stilcharakter die Freiheiten einer zwanglosen und lebhaften Conversation für sich in Anspruch nimmt, einen überaus häufigen Gebrauch nach den Verbis des Sagens (*refero* III 704, *nego* III 157, vgl. *iuro* und *uoueo* p. L), des Meinens (*cogito* VII 12, *credo* II 198, IV 297, V 169, 225, *fingo* VII 153, *puto* II 404, III 1096, IV 107, 331, V 141 etc., *reor* I 392, III 1121, V 386, 761, *spero* II 222, 637, V 1013, vgl. V 13) und des Empfindens (*grator* I 39 — nicht III 1157, wo es den Sinn 'mit Freuden etwas tun' hat und den bloßen Inf. regiert, vgl. Draeger II 333 —, *lętor* I 13, II 237; *gemo* IV 338, *plango* V 123, *queror* I 87, V 1160, 1220) und setzt dann nach dem Vorgange der classischen Dichter die auf das Subject des regierenden Satzes bezügliche Prädicatsbestimmung in den Nominativ (II 649, V 1220 etc.). — Der Nom. c. Inf. findet sich auch nach *cernor* (III 128, 131, 319, IV 196, V 692, 1136, Sedul. II 178 f.), *conspicior* (I 965), *spector* (V 133); nach *scior* (V 350, VI 504, Kühner II 521); nach *permittor* (I 993, IV 371, V 745, Kühner a. a. O.); nach *eligor* (III 986); endlich nach *pręformidor* (II 649) und *timeor* (V 1163 f.).

Das Particip. necessitatis wird, wie überhaupt in der sinkenden Latinität (Kühner II 545) auch im Sinne der Möglichkeit gebraucht, nicht bloß in der dem klassischen Latein am nächsten stehenden negativen Form (II 204, IV 205), sondern auch positiv (I 946, II 14, 392). Eigenartig verwendet der Dichter *uix* c. partic., entweder temporal mit Part. Praes. (statt uix c. Plusq. mit nachfolgendem cum inuersum) VI 185, VII 133, oder consecutiv, um anzudeuten, daß die Wirkung beinahe nicht eintritt, VI 199, VII 168 (eine Folge drückt der Abl. absol. auch VII 338 aus); III 289 gehört *uix* zum Verb. finit. Kühn ist die Konstruktion *prius uiso* (statt priusquam uisus sum) II 435. Zur Verdeutlichung der logischen (causalen, modalen oder concessiven) Beziehung wird nicht nur, wie bei den Alten, *ut, quippe, quasi, ueluti, quamuis,* sondern sogar *licet* (II 345) zum Particip hinzugesetzt. Gemäß dem Sprachgebrauch der Vulgata (Kaulen p. 254, Rönsch, p. 450) und der überhaupt im Spätlat. einreißenden Nachlässigkeit (Kühner II 592) wird in vielen, nur teilweise durch die Autorität der classischen Schriftsteller (Draeger II 779 ff.) zu entschuldigenden Fällen der Ablat. absol. statt des Partic. coniunctum gesetzt, vgl. I 171, 443, II 43, 442, III 57, 99, 499, 748, IV 145, 197, V 175, 515, 535, 1194, VI 159 f., 192, VII 273.

Der Gen. Gerund. steht, wie nach finis, auch nach *euentus* (VI 248) und *meta* (III 3), und, wie nach magister, auch nach dem Nom. propr. des summus magister, *Bernardus* (VI 89), ferner nach den Adj. *audax* (I 197), *facilis* (V 147) und *reuerens* (VI 517), vgl. Kaulen p. 234. Der Dativ. Gerund. hängt von dem gleichsam ein Amt bezeichnenden Subst. *index* (III 369), wie anderseits nach dem Vorbilde der silbernen Latinität von Verben ab, wie ein reiner Finalsatz dienend (I 615, III 457, V 601, VI 528). Gleichfalls dem silbernen Latein angehörig (Draeger, II 794) und nicht als Germanismus aufzufassen ist der Acc. Ger. in der Wendung *nil habet agendum* (IV 185); nach Analogie von curo steht *iubeo* mit dem Acc. c. Gerundiuo (IV 737). Der Abl. Ger. hat im Vulgär- und Spätlatein (Kaulen p. 237 f., Rönsch p. 432 f., Kühner II 562), im Romanischen (Diez Gramm. II 97, Beger p. 81), wie im Mlat. (vgl. z. B. Seiler Ruodlieb p. 126) seine Beschränkung auf das instrumentale Verhältnis aufgegeben und dient als reines Part. Praes. (I 113, 303, 1043, III 507, 529, 1190, IV 251, V 145, 377, 397, 450, 851, VII 48, 319) in jedem, folglich und insofern auch hinwiederum in instrumentalem Sinne (I 31, 905, III 334, 445, 673, IV 321, 965, V 1289, VI 454, VII 550).

Der syntaktische Gebrauch des Supin. I stimmt mit den Alten überein; es finden sich in 21 Stellen 19 erste Supina, darunter folgende in Draegers (II 824 ff.) Verzeichnis fehlende: *allatum* (III 1196), *carptum* (II 513), *comesum* (V 1089), *dictatum* (II 470), *dispositum* (II 464), *emendatum* (III 1093), *expertum* (V 20), *pransum* (V 828), *probatum* (VI 161), *sacratum* (V 1047), *succisum* (VI 25). — Bei der Schwierigkeit, zwischen dem II. Sup. und einem Nomen IV. Declin. im Dativ (wie III 411, V 827) oder im Abl. (wie I 477, III 429, 735, IV 153, V 1098) eine feste Grenze zu ziehen, mag eine Aufzählung der sonst noch hieher beziehbaren Stellen genügen: I 184, 263, 327, 353, 488, 985, III 258, IV 300, 345, 983, V 487, 772, 1277; betrachtet man ferner I 187 *quemnam prępenderis* (= meliorem iudices) *esu*, IV 294 *esu pręualet* (= melius est, vgl. 345) *illud*, II 157 *nec placet* (= bona uidetur) *electu*, II 475 *quid congruat* (= bonum uideatur) *actu*, VI 495 *quid consulis* (= bonum iudicas) *actu*, so könnte es scheinen, als ob — was ich mangels umfassender anderweitiger Observation einstweilen auf sich beruhen lassen muß — im Mlat. das II. Sup. auch nach Verbis, die den Begriff 'gut' in sich enthalten, statthaft wäre.

Diese gedrängte, aber hoffentlich nichts Wesentliches überspringende Zusammenstellung eigentümlicher Abweichungen gewährt uns auch ein Recht zu einem allgemeinen Urteil über die Sprache des Dichters, ja über das Mlat. überhaupt. Das Mlat. ist weder ein willkürliches Kunstprodukt noch das Radebrechen sprachunkundiger Stümper, sondern seinem allgemeinen Wesen nach die organische Fortbildung des in der Kaiserzeit unter dem democratischen Einfluß des alle urbanen Sonderheiten und künstlichen Schranken niederreißenden Christentums zur Herrschaft gelangten Volkslateins, wie es in der Vulgata sein dem catholischen Mittelalter canonisch gültiges Schriftdenkmal erhielt und damit zugleich eine Reihe von Graecismen und Hebraismen in sich aufnahm; in der besonderen Anwendung des einzelnen Schriftstellers eine specifische Färbung gewinnend durch das Studium der classischen Muster, insofern je nach dem Grade desselben und der Empfänglichkeit für dessen Anregungen entweder das Gefühl für die fremdsprachliche Eleganz geweckt und durch den Nachahmungstrieb ausgebildet oder zurückbleibend und verkümmernd von der natürlichen Gegenströmung der jedesmaligen Landessprache verdrängt wurde. Gerade das Nebeneinander dieser disparaten, in ihren Mischungsverhältnissen individuell verschiedenen Bestandteile gibt dem Mlat. sein eigentümlich buntscheckiges Aussehen. Einheit und Folgerichtigkeit hätte nun auf zwiefachem Wege hineingebracht werden können: entweder durch Ausscheidung der vulgärlateinischen sowie muttersprachlichen Elemente und bedingungslose Rückkehr zu den Vorbildern des Goldenen Zeitalters; diese Aufgabe scheiterte an der centralen Stellung der Vulgata und konnte erst von den Humanisten und Neulateinern der Reformationszeit durchgeführt werden — oder durch gänzliche Abkehr von den altclassischen Mustern, wie sie wiederholt von strengen Eiferern empfohlen worden ist, aber bei dem mächtigen Zauber, den die comische, epische und lyrische Poesie der Römer, den Plautus und Terenz, Vergil, Lucan und Statius, Horaz und Ovid auf das Gemüt der auf den Gang der Sprachentwicklung entscheidend einwirkenden Dichter des MA. ausübten, auf die Dauer nicht durchzusetzen war. Und was nun den Dichter des Ysengrimus betrifft, so zeigt er freilich im Sprachgesetz und Sprachschatz eine Fülle vulgärlateinischer, zu einem kleinen Teile auch nationaler Züge in streckenweise bald reichlicherer, bald spärlicherer Verteilung, im allgemeinen aber und vorwiegend beweist er eine eindringende Beschäftigung und gründliche Vertrautheit mit den antiken Meisterwerken, zumal mit Ovid, und steht in seinem sichtbaren Bestreben, dessen zierliche und glatte Darstellung nachzubilden, auf dem Boden der Renaissance und insofern in einem entschiedenen Gegensatze zu seinem großen Zeitgenossen, zu Bernhard von Clairvaux.

M. Valerio: Bucoliche. A cura di Franco Munari, 2ª ed. Firenze: Felice Le Monnier 1970, S. L—LXIV (= Kap. 6—8). Aus dem Italienischen übersetzt von Werner Simon.

# SPRACHE UND STIL DES MARCUS VALERIUS*

Von Franco Munari

## *Sprache*

Die antikisierende Neigung des M. Valerius, schon bei der Wahl der literarischen Gattung und bei der engen Anlehnung an das vergilische Vorbild offenkundig (vgl. den Abschnitt über die klassischen Vorbilder S. LXXVIII**), findet ihren stärksten Ausdruck in der Sprache, die im weitesten Maße diejenige der lateinischen Dichter bis einschließlich Venantius Fortunatus ist. In ihr fehlen völlig oder beinahe völlig bestimmte typische mittelalterliche Wörter, die die anderen zeitgenössischen Dichter nicht scheuen; in ihr fehlen die Neologismen, für die das 12. Jahrhundert so große Vorliebe hatte; in ihr fehlen diejenigen Ausdrücke und Wörter, die von Verfassern wie Matthäus von Vendôme sehr empfohlen und ausgiebig angewandt wurden; und weiter unten werden wir sehen, wie sich diese Absicht, den Spuren der Klassiker zu folgen, auch an den stilistischen Verfahren offenbart oder besser am Fehlen derjenigen stilistischen Verfahren, die in der Person desselben Matthäus von Vendôme einen ihrer berühmtesten Theoretiker hatten (vgl. S. 225 ff.).

Aber M. Valerius war trotz allem ein Mann des Mittelalters, und seine Zugehörigkeit zu einer Epoche, die sehr weit vom klassischen Altertum entfernt war, zeigt sich in zahlreichen nicht nur grammatischen und syntaktischen, sondern auch lexikalischen Besonderheiten. Eine sehr umfangreiche Aufstellung dieser zuletzt genannten

* [Anm. des Hrsg.s: Wie der Verf. S. XLIV f. ausführt, dürften die Bucolica des M. Valerius in der 2. Hälfte des 12. Jhs. entstanden sein.]

** Verweise auf hier nicht übersetzte Stellen meines Buches beziehen sich selbstverständlich auf Seiten der italienischen Originalausgabe. — In der Übersetzung sind ganz geringfügige Änderungen vorgenommen worden.

Besonderheiten findet sich im *Index verborum*. Hier beschränke ich mich darauf, ein paar Beobachtungen allgemeiner Art zu machen und einige besonders auffallende Erscheinungen in Gruppen zusammenzufassen.

M. Valerius benutzt nicht selten Wörter, die im alten Latein, soweit wir es feststellen können, nur in der Prosa vorkamen. Das ist nicht verwunderlich: wenn man Verse in einer Sprache schreibt, die nicht die eigene Muttersprache ist[1] und ohne den *Thesaurus* und den *Forcellini* oder auch nur einen bescheidenen *Gradus ad Parnassum* zur Verfügung zu haben, so ist dies das Geringste, was passieren kann. Ebenso normal ist die Tatsache, daß er, obwohl sein Wortschatz vorwiegend vergilisch und ovidisch ist, sich nicht scheut, Wörter zu benutzen, die für die spätantiken Dichter typisch sind. Im Mittelalter, und besonders im 12. Jahrhundert, wurden Autoren wie Claudian und Sedulius, Arator und Prosper, Maximian und die *Disticha Catonis*, um von so vielen anderen zu schweigen, in den Schulen zusammen und auf gleicher Stufe mit Vergil, Horaz, Ovid, Juvenal usw. gelesen und studiert.

In allein 451 Versen bringt M. Valerius, soviel man sehen kann, 5 *hapax legomena*, von denen 4 sicher sind: Prol. 21 *imposco* (aber vgl. den krit. Apparat z. St.); Prol. 14 *indelimatus*; 4, 93 *sublangueo* (vgl. auch den krit. Apparat z. St.); 1, 91 *subpenetro* (vgl. das Kapitel *Prosodie* S. LXV und den krit. Apparat z. St.); zu diesen kann hinzugefügt werden, wie es auch M. Hélin *ALMA* B. 30 (1960) 110 tut, *subiter* vom *Gothanus* in 4, 87 (der *Erlangensis* hat *subito*). Die Formen *imposco* Prol. 21 (vielleicht von *imploro* und *impetro* be-

[1] Zum Latein als gesprochenen Sprache im Mittelalter vgl. Richard Meister, *Mittellatein als Traditionssprache*, in: *Liber Floridus*, 1—9; L. Bieler, *Das Mittellatein als Sprachproblem*, in: *Lexis* 2 (1949), 98—104; W. von den Steinen, *Das mittelalterliche Latein als historisches Phänomen*, in: *Schweizerische Zeitschrift für Geschichte* 7 (1957), 1—27; Chr. Mohrmann, *Le latin médiéval*, in: *Mohrmann* II, 181—232; Franz Blatt, *L'évolution du latin médiéval*, in: *ALMA* 28 (1958), 201—219; ein Verzeichnis der Meinungen früherer Forscher ist in *Reichenkron* 148—50. Eine ausgezeichnete Geschichte des mittelalterlichen Lateins bringt *Norberg Man.* 13—92. Vgl. jetzt auch M. Hélin, *Latin médiéval — latin vivant*, in: *Mélanges R. Fohalle*, Gembloux 1969, 315—324.

einflußt), *sublangueo* 4, 93 und *subpenetro* 1, 91 erklären sich leicht mit der charakteristischen Vorliebe der Volkssprache für die verba composita (vgl. *Svennung Unters.* 546—7). Bei *indelimatus* Prol. 14 ist es dagegen zweckmäßig, sich einen Augenblick aufzuhalten. Die Lesart von *G*, die *Undelimatis* zu sein scheint (aber der erste Buchstabe ist auf den Aufnahmen unsicher; Lehmann druckte *Unde limatis*), gibt keinen Sinn. Im *Erlangensis* finden wir *Indelimatis*; diese Form, obwohl sie den Lexika unbekannt ist, verdient m. E. in den Text aufgenommen zu werden, aus folgenden Gründen:

1. *delimare* ist in übertragenem Sinn von *expolire* bei Schriftstellern der Spätantike bezeugt (*Thes.* V 458, 1 sqq.), unter ihnen Dracontius *Romul.* 8, 13 *mollia blandifluo delimas dicta palato* (die Worte sind an einen *poeta*, Homer, gerichtet!);

2. unsere Stelle verlangt gerade ein Adjektiv, das 'ungeschliffen', 'unverfeinert', 'unausgefeilt' bedeutet;

3. ein Wort, das allein ein ganzes Hemistichion des Pentameters ausfüllt, steht in völligem Einklang mit dem Stil dieser Gruppe von Versen, wie wir es S. XXXIX—XLII gesehen haben.

Unter den seltenen Wörtern, die bei M. Valerius begegnen, verdienen folgende angeführt zu werden:

4, 19 *blandisonus*: dieses Adjektiv, das in der Antike nicht bezeugt ist (*Thes.* II 2028, 36 sqq. vermerkt nur *blandidicus, -ficus, -fluus, -loquens* und *-loquus*) und in Übereinstimmung mit der mittelalterlichen Vorliebe für zusammengesetzte Wörter (vgl. *Christensen* 26 ff., *Strecker* 56, *Norberg Man.* 72) und mit dem Gebrauch des M. Valerius steht, der auch 4, 4 *dulcisonus*[2] und Prol. 8 sowie ecl. 3, 7 *grandisonus*[3] benutzt, ist einmal im 9. Jahrhundert belegt: Sedul. Scot. *carm.* 2, 35, 4 Traube (*PLC* III 200);

Prol. 16 *commemorabilis*: vgl. *Thes.* III 1828, 12 sqq.; weder von *Habel* noch von *Latham* noch von *Nierm.* verzeichnet;

2, 49 *delumbis*: allem Anschein nach aus Persius 1, 104; vgl. *Thes.*

[2] *Dulcisonus* ist häufig in der Spätantike, vgl. *Thes.* V 1, 2198, 1 sqq., und im Mittelalter, vgl. z. B. *Ysengrimus* 3, 1198; Henricus Septimellensis *Eleg.* 4, 136 und *Latomus* 7 (1948) 54, Zeile 2.

[3] *Grandisonus* ist bezeugt in der Spätantike, vgl. *Thes.* VI 2, 2188, 41 sqq., und im Mittelalter, vgl. *PLC* II 397. 496. 682 und *Ysengrimus* 4, 500; von *Papias* verzeichnet s. v. *grandis*.

V 473, 65 sqq.; von *Papias* verzeichnet; *Habel, Latham* und *Nierm.* unbekannt;

4, 64 *fremesco*: *Thes.* VI 1278, 51—52 verzeichnet ein einziges Beispiel (s.v. fremisco), und auch dieses ist nicht völlig sicher: Claud. Don. *Aen.* 7, 451; *fremesco* ist von *Latham* um das Jahr 1390, *fremisco* von *Neuman* 290 vermerkt;

4, 58. 87 *gemesco/gemisco*: nur bei wenigen Autoren der Spätantike bezeugt (vgl. *Thes.* VI 2, 1749, 21 sqq.), von *Papias* s. v. *gemo* vermerkt und auch *Habel* bekannt; zu den Inkohativa im Mittelalter vgl. *Norberg Man.* 72;

4, 75 *iacinteus* (= *hyacintheus*): *Thes.* VI 3, 3126, 12 sqq. kennt es nur in den Bedeutungen 1. *ad hyacinthum lapidem pertinens, hyacinthis constans* und 2. *hyacinthi similis, caeruleus*; M. Valerius jedoch benutzt es im Zusammenhang mit der Blume und zwar im Sinne des lateinischen *hyacinthinus* (vgl. *Thes.*, ebd., Zeile 16 ff.); diese letzte Form wird ihrerseits von späten Autoren in bezug auf den Stein gebraucht (ebd., Zeile 25 ff.);

Prol. 17 *inconsummabilis*: *Thes.* VII 1014, 81 vermerkt ein einziges Beispiel: Eucher. *laud. her.* 14 (vgl. *Vulg. deut.* 29, 5); es fehlt bei *Habel* und *Nierm.*, ist *Latham* (um 1325) bekannt;

Prol. 20 *irreprehensibilis*: erste Belege in der Itala und bei Tertullian; niemals in der Poesie benutzt, vgl. *Thes.* VII 2, 404, 24;

2, 110 *mulctra, ae*: für die Antike nur in Verg. *ecl.* 3, 30 und Colum. 6, 21, 2; 7, 8, 1; 8, 7, 13 bezeugt. Ein mittelalterliches Beispiel in Baldricus Burgul. *carm.* 188, 45. Von *Papias* s. v. und von *Latham* s. v. *mulctrale* vermerkt; die Formen *mulcra* und *multra* im *NG*;

3, 12 *mulctrarium*: die Lexika kennen nur Verg. *georg.* 3, 177; *mulctrale, is*: nur bei Serv. *ecl.* 3, 30 bezeugt, ist von *Habel* und *Latham* angeführt, ebenso vom *NG*, das auch die Form *mulcrale* aus Hugutio und das Adjektiv *mulctralis* aus Egbert von Lüttich, *Fecunda ratis* 1, 543 (ca. 1022—4) bringt: *Papias* s. v. *mulctra* erwähnt auch *mulctrare, is*;

3, 116 *pulvero*: kommt direkt von Calp. *ecl.* 5, 88, einziges Beispiel, das von den Lexika im Sinne von: 'in Staub verwandeln', 'zerstäuben' angeführt wird; weder bei *Habel* noch bei *Latham* noch bei *Nierm.* zitiert;

2,55 *redamo* (wenn man meine Korrektur gutheißt; vgl. den Apparat): ciceronianischer Neologismus (Lael. 49; vgl. A. Traina, *Atene e Roma* N. S. 2, 1957, S. 97—99), von Apul. *Plat.* 2, 13 und von den späten, heidnischen wie christlichen Schriftstellern wieder aufgenommen; *Habel* vermerkt es nicht, aber *Papias* schreibt *redamat mutuo diligit*; dichterische mittelalterliche Beispiele finden sich bei Rad. Tortarius *ep.* 5, 99; Metellus Tegernseensis *Prol. in Bucolica* V. 1 (S. 304 Jacobson); Bern. Clun. *de octo vitiis* 696 (S. 117 Halvarson); *Carm. Burana* 101, 14 (Hilka-Schumann, Text 2., S. 139); *Werner Beitr.* 142, Anm. 370; Lupatus de Lupatis *carm.* 16, 22. 24 (L. Padrin, *Lupati de Lupatis carmina.* Per nozze Giusti . . . Padua 1887, S. 15); zwei humanistische Beispiele übermittelt mir Sc. Mariotti in E. S. Piccolomini *Chrysis* 467 (S. 37 Boutemy, Brüssel 1939; S. 24 Cecchini, Florenz 1968) und Pontano *Hendec.* 1, 26, 2 (S. 302 Oeschger, Bari 1948); *Latham* s. v. *redamatio* bezeugt das Substantiv *redamor* (= reciprocal love) und das Verb *reamo* im 12. Jahrhundert; *Neuman* 518 führt *redamo i. e. iterum amare* an;

4, 23 *remurmuro*: findet sich in Verg. *aen.* 10, 291; Calp. *ecl.* 4, 28; Stat. *silv.* 5, 1, 153; Fronto *ep. ad Amic.* 2, 7 (S. 181 Van den Hout);

1, 59 *secure*: ziemlich selten, scheint auf die Prosa beschränkt zu sein;

1, 26 *solite*: begegnet in Drac. *Romul.* 6, 66, Coripp. *Ioh.* 4, 283 und bei späten Kirchenschriftstellern, insbesondere des 6. Jahrhunderts; vgl. *Souter*; *Habel* und *Nierm.* unbekannt, von *Latham* um 1440 vermerkt;

2, 29 *vaniloquus*: Beispiele bei Plaut. *Amph.* 379; Sil. 8, 17 und 14, 280; Auson. *epigr.* 21, 4 (S. 328 Peiper); *Anth.* 902, 2 (Datierung ungewiß); Livius und Kirchenschriftstellern; *Habel* und *Latham* unbekannt, die aber *vaniloquium, -ia, -e, -iter* anführen.

Unser Dichter verleiht oft Wörtern, die in der Antike mehr oder weniger häufig bezeugt sind, einen neuen oder wenigstens seltenen Sinn; die notwendigen Hinweise finden sich im kritischen Apparat und im Index.

Im Gegensatz zu vielen mittelalterlichen Schriftstellern meidet M. Valerius den Gebrauch von Wortspielen[4] und die Verwendung von griechischen Wörtern[5]. Ein gewisser Prunk mit griechischer mythologischer sowie geographischer Bildung, dem mittelalterlichen Geschmack entsprechend, zeigt sich dagegen in der Wahl der Personennamen (vgl. den *Index nominum* und Anm. 33), die meistens den römischen Dichtern entnommen, oft genug aber selten oder gar nie in der lateinischen Literatur bezeugt sind (z. B. *Euphilis, Nicotis, Sistis*). Auch diese Einzelheit bestätigt die große Sorgfalt, die M. Valerius beim Versuch, die Illusion des heidnischen Milieus zu wahren, aufgewandt hat (vgl. S. XXXVIII f. [hier nicht abgedruckt] und Anm. 6).

Schließlich ist anzumerken, daß unser Dichter, obwohl er ein geschickter Versifikator ist, zur Vervollständigung des Hexameters oft Pleonasmen benutzt (zu Pleonasmen im Mittelalter vgl. *Strecker* 73, in der Spätantike Löfstedt, *Late Latin* 21—24. 175—8; Beispiele aus karolingischer Zeit gesammelt in *PLC* III 809); die deutlichsten Fälle sind folgende: 4, 42 *denique*; 1, 21 und 3, 64 *en*; 1, 67. 75 und 3, 30. 59 *quoque*; 2, 88 und 3, 63 *simul* (für *simul* hat M. Valerius eine wahre Vorliebe, vgl. 1, 40; 2, 33; 4, 35. 41).

## *Morphologie und Syntax*

Bei der Flexion der griechischen Eigennamen scheinen die mittelalterlichen Dichter keine festen Regeln zu haben (vgl. *Christensen* 35. 73—74). Die Formen, die in den Gedichten des M. Valerius

[4] Mehrere Beispiele bei *Sedgwick*[1] 356. 358—9. Die Wortspiele sind sehr häufig bei Joseph Iscanus (z. B. 1, 19. 37. 72. 119; 2, 288. 420 usw.) sowie bei Guido de Basochis (vgl. *Adolfsson* 286 s. v. Annominationis exempla) und fehlen nicht bei Walter von Ch. (z. B. *Alex.* 7, 381—2; 8, 334. 459 usw.); zu Paulus Diaconus vgl. die Ausgabe von K. Neff (München 1908) Index s. v. *lusus verborum*. Vgl. auch *Norberg Man.* 74—75.

[5] Zu Alanus vgl. *R. de Lage* 154, zu Walter von Ch. *Christensen* 73. — Die griechischen Elemente in der mittelalterlichen Kultur des Abendlandes behandelt B. Bischoff, *Byzant. Zeitschrift* 44 (1951), 27—55 = *Bischoff* II 246—275.

Beachtung verdienen, sind folgende: 2, 77 gen. *Canopos* (für die Neigung im 10. Jahrhundert und in den folgenden, „die Nomina möglichst auf *-os* oder *-on* . . . ausgehen zu lassen" vgl. *Bischoff* II 271; zu den Genitiven auf *-os* bei Walter von Châtillôn vgl. *Christensen* 35); 2, 4. 90 acc. *Eufilĕn*; 1, 61 nom. Licidā (so liest *E*, der *Gothanus* hat *licia*[6]) (es sei denn, daß der Dichter *Licidas* geschrieben hat und das auslautende *s* in den Kodizes ausgefallen ist durch eine Art von Haplographie wegen des anlautenden *f* beim folgenden *fuit*).

In 3, 40 legt die Lesart der Kodizes den Gedanken nahe, daß M. Valerius den Nominativ *Licotas* (d. h. *Lycotas*) anstelle des Vokativs *Licota* gebraucht hat; die Erscheinung ist wohlbekannt, vgl. z. B. *Anth.* 83, 144 *Aeneas ingrate meus, ibid.* 190, 2 *Bumbule parvus* und Sidon. *carm.* 9, 290 *o dignissime Quintianus alter*; vgl. Neue-Wagener³ I 65; *Löfstedt Synt.* I 103; E. Fraenkel, *Horace* (Oxford 1957) S. 19 (und Anm. 6), 244 Anm. 5 und 289 Anm. 1; Svennung, Anredeformen (Uppsala/Wiesbaden 1958) S. 174—335; besonders 246—288; *HS* 24.

In unseren Eklogen finden sich einige Verben mit dem Akkusativ konstruiert, die im klassischen Latein immer oder beinahe immer intransitiv gebraucht sind.[7] Diese sind folgende:

4, 92 *conticescere* 'aufhören zu singen', 'dem Singen ein Ende machen'; in der Antike begegnen nur drei Beispiele, alle spät, mit transitivem Gebrauch von *conticescere* im Sinne von *reticere, celare*, vgl. *Thes.* IV 696, 78 sqq.; *Habel* s. v. 'verschweigen', 'schweigen'; *Nierm.*: „transit.: taire — to keep a secret".

4, 14 *erubescere*: vgl. Verg. *aen.* 2, 541—2 *iura fidemque . . . erubuit* (und Austin z. St.); Prop. 3, 14, 19—20 *Helene nudis capere arma papillis / Fertur nec fratres erubuisse deos*; *Vulg. Luc.* 9, 26 und *Rom.* 1, 16; vgl. *Thes.* V 2, 821, 59 sqq. und *Norberg Synt.*

[6] Auf ein Beispiel des Nominativ Lȳcidă in Lisorius, fr. 23 Happ weist *Mariotti Lux.* 169 und Anm. 4 hin.

[7] Zu intransitiven Verben, die Gregor von Tours transitiv gebraucht, vgl. *Bonnet* 533—5; zum selben Gebrauch im frühen Mittelalter vgl. *Norberg Synt.* 132 ff.

132 ff.; *erubesco* mit Genitiv, wofür *Latham* Beispiele aus dem ausgehenden 8. und aus dem 15. Jahrhundert kennt, ist nur zweimal im Spätlatein bezeugt, vgl. *Thes.* ebd. 822, 31.

2, 4 *favere* (so der *Gothanus*; der *Erlangensis* hat *fovere*, vgl. dazu 2, 56. 60): m. E. nicht zu verwerfen, da die Konstruktion mit dem Akkusativ eines Pronomens bei Cic. *Phil.* 2, 21 *Quod quidem ego favisse me tibi fateor, suasisse ne tu quidem dicis* (vgl. *Thes.* VI, 1, 375, 2—4) bezeugt ist und da Charisius (*gramm.* V S. 386 Barwick) die Reihe der Verben, die ebenso den Dativ wie den Akkusativ regieren, mit den Worten: *faveo tibi, faveo te* abschließt; vgl. auch Alanus, *Anticl.* 7, 343 *faveat . . . pupillos*[8].

2, 93 *hiscere* 'murmeln', 'aussprechen'; im antiken Latein hat es gelegentlich den Akkusativ des inneren Objekts, z. B. Ov. *met.* 13, 231, Iuv. 5, 127 usw. und einmal einen echten eigentlichen Akkusativ, Prop. 3, 3, 3—4 *Reges, Alba, tuos et regum facta tuorum, / Tantum operis, nervis hiscere posse meis*; vgl. *Thes.* VI 3, 2831, 2 sqq.; auch *hiare* ist transitiv gebraucht, Prop. 2, 31, 6 (vgl. Enk z. St.), Pers. 5, 3 und vielleicht Val. Fl. 6, 706; vgl. *Thes.* VI 3, 2813, 57 sqq. — Zu erwähnen ist auch *se mox terra dehiscat* von 3, 15, obwohl es sich nicht um einen wirklich 'transitiven' Gebrauch handelt: in der Antike ist transitives *dehiscere* allein in Avien. *Arat.* 1493 *cornua prima replens et cornua fessa dehiscens* (luna) bezeugt; vgl. *Thes.* V 1, 390, 48, auch *Norberg Synt.* 134.

3, 19 *proludere* im Sinne von 'erscheinen lassen', 'hervortreten

[8] Das Durcheinander von *faveo* und *foveo* ist antik: vgl. *Thes.* VI 1, 373, 7—20 und 1218, 44—46; vgl. auch die Varianten bei Verg. *georg.* 4, 230 (und Servius z. St.) und Liv. 42, 45, 3. — Die Konstruktion von *favere* mit dem Akk. wurde vielleicht dadurch begünstigt, daß ein Akkusativ auch noch bei ähnlichen Verben vorkommt wie z. B. *nocere* (für die Antike vgl. *HS* 33; für das Mittelalter *Strecker* 66 und *Langosch* 56), *prodesse, subvenire, succurrere* usw. (vgl. *Norberg Synt.* 138 und *Man.* 141). Man beachte außerdem, daß das Mittelalter ein transitives Verb *favorare* kennt (vgl. Du Cange und *Blaise* s. v.) und daß bei einem Dichter wie Walter von Ch. Akkusativ-Objekte nach *invidere* (*Alex.* 1, 405 *medium non invidet orbis; 7, 298—9 utque mihi . . . non invideantur honores*) und *parcere* (argum. 1. I, v. 6 *parcendumque ratus hostem sine Marte triumphat*) vorkommen.

lassen', 'herauskommen lassen'; die Lexika scheinen keine Beispiele zu bieten, die sich passend mit unserem vergleichen ließen.

4, 59 *reboare*: vgl. Nemes. *ecl.* 1, 72—4 *te nunc platanus . . . susurrat, / Te pinus; reboat te quidquid carminis echo / Respondet silvae* und vielleicht Lucr. 4, 544 (546 Bailey) *reboat raucum . . . bombum*; transitives *boare* in Apul. *met.* 9, 20 *fidem deum boantem dominum* und 7, 3 *identidem boavi „non non"*; vgl. auch E. Fraenkel, *Plaut. im Plautus* (Berlin 1922) S. 351, Anm. 1. Mittelalterliche Beispiele von transitivem *reboare* und *boare* in Theodulf von Orléans *carm.* 27, 20 *nocturnos reboat bubo inimica sonos*; 25, 132 *qui potis est lyrico multa boare pede*; 44, 12 *carmina . . . lyrico . . . boanda pede* (*PLC* I 491. 486. 542); in der *Passio Petri et Pauli* V. 110 *Hoc commune boant: „Vita fugata, redi!"* (ebd. VI 1, 125); in Albert. Stad. *Troilus* 4, 622 *probra minasque boant* und im Vers des Lupatus de Lupatis *„Karoleas acies et Gallica gesta boantem Cantorem"* (s. C. Foligno, *Epistole inedite di Lovato de'Lovati,* in: *Studi Medievali* 2, 1906—7, 49 V. 4). — *Papias* erklärt *boare* mit *sonare clamare mugire vel vocare*; *Habel* kennt *reboare, reboari* 'widerhallen', 'ertönen', und *Latham* vermerkt *reboatio* im 15. Jahrhundert.

*Emendicatos . . . per agros* von 3, 6 wird man vermutlich mit Mariotti erklären „quos mendicans percurris, cf. Ov. *ars* 1, 735 *vigilatae noctes,* id. *fast.* 4, 109 *vigilati labores,* Catull. 36, 1. 20 *cacata carta,* etc.; part. perf. pass. verbi *emendicandi,* quod M. Valerius pro intransitivo habuit (ut saepius *mendico*)".

In 2, 66 regiert *cavere* den Genitiv *tui*; ich kenne keine anderen Beispiele dieser Konstruktion, aber es ist bekannt, daß sich die mittelalterliche Kasussyntax oft vom klassischen Gebrauch entfernt, vgl. *Strecker* 66.[9] In 1, 67 scheint *sonare* mit Dativ (wenn man

[9] Dieser Gebrauch von *cavere* wurde vielleicht begünstigt durch die Analogie von Verben wie *abstinere* (Hor. *carm.* 3, 27, 69 *„abstineto" dixit „irarum calidaeque rixae"*), *desinere* (Hor. *carm.* 2, 9, 17—18 *desine mollium . . . querellarum*; vgl. *Thes.* V 729, 56), *desistere* (Verg. *aen.* 10, 441 *desistere pugnae,* wenn *pugnae* Genitiv ist; vgl. *Thes.* V 733, 27)

die Korrektur *Coridoni* annimmt) entsprechend zu *assonare alicui* gebildet zu sein.[10] *Certus* von 3, 81 ist mit einfachem Ablativ konstruiert, während der *Thes.* III 920, 15 sqq. nur die Konstruktion mit Genitiv und mit *de* und dem Ablativ vermerkt. In 1, 27 *de sole calor* kommt im wesentlichen *solis calor* gleich, vgl. *Blomgren I* 97. 128 f. und *II* 27. 44.

Im Gebrauch der Pronomina folgt unser Dichter den Gewohnheiten des späten und mittelalterlichen Lateins (vgl. *Strecker* 63, *Svennung Unters.* 294 ff., *Norberg Man.* 103): *iste* = *hic* in Prol. 3 und 1, 10; *hic* ersetzt sehr oft *is* (z. B. 2, 90; 3, 61. 84; 4, 78 *al.*); *ipse* ist manchmal fast pleonastisch (1, 64 und 2, 111); in 3, 110 *suus* =*eius*; *proprius* ersetzt die verschiedenen Possessivpronomina (2, 62 und 3, 108 = *tuus*; 2, 99 = *meus*); *toti* findet sich im Sinne von *omnes* (vgl. *HS* 203) in 1, 16 und 2, 27.

und ähnliche; vgl. *HS* 83, *Löfstedt Synt.* II 417 und *Late Latin* 95—96; Sc. Mariotti, *SIFC* 27—28 (1956) 237.

[10] Der Dat. *Coridonĭ* (so *Lehm.* und in der Überzeugung, daß *G* so las, auch ich in der 1. Auflage) wird leicht verteidigt durch Catull. 64, 247 *Minoidĭ* und 66, 70 *Tethyĭ*; Stat. *Theb.* 3, 521 *Iasonĭ*; ders. *Ach.* 1, 285 *Palladĭ* (vgl. Dilke z. St.) und *silv.* 4, 2, 28 *Doridĭ* (weniger sicher Ov. *epist.* 8, 71, vgl. dazu *Nilsson* 27 Anm. 1, aber *contra* Housman zu Manil. 4, 597 [Addenda, ²IV 132]); vgl. auch *Neue-Wagener* ³I 457; zu *sonare* mit dem Dat., 'mit Gesang auf jemandes Gesang antworten', vgl. Ov. *met.* 3, 507 *planxerunt dryades: plangentibus adsont Echo* und Pers. 1, 102 *reparabilis adsonat Echo.* Aber jetzt, da die Lesart *coridone* auch für *G* gesichert ist, besteht kein Anlaß, seine Zuflucht zu Konjekturen zu nehmen: wenn es sich um einen Dat. auf *-ĕ* wie die von *Norberg Intr.* 9 und *Man.* 53 zitierten handelt, so ist *sonare* im soeben erwähnten Sinne von *assonare* zu erklären; wenn es Ablativ ist, wie ich es für wahrscheinlicher halten möchte, so lassen sich, um nicht von üblichem *sonare* mit dem Abl. zu sprechen, Fälle vergleichen wie Mart. 1, 61, 6 *Nasone Paeligni sonant* und Claud. *carm. min.* 40, 4 *seu Cicerone tonas* (vgl. Sidon. *carm.* 7, 175) oder zweideutige Stellen (wie Ov. *met.* 10, 205 *te lyra pulsa manu, te carmina nostra sonabunt;* Nemes. *ecl.* 1, 15 *te nunc rura sonant* und 4, 41—42 *te sonat omnis silva*), wo es vom rein morphologischen Gesichtspunkt unmöglich ist zu entscheiden, ob es sich um Akkusative oder Ablative handelt.

Entsprechend anderen mittelalterlichen Schriftstellern gebraucht M. Valerius als Deponentien einige Verben, die im antiken Latein aktiv sind (vgl. *HS* 292—3; *Norberg Synt.* 151 ff.; *Strecker* 61):

a) 3, 1 *est erratus*: so der *Erlangensis* im Text; der *Gothanus* hat nicht *erratus*, sondern etwas, das *eruitur* oder *eriatur* zu sein scheint. Der Zusammenhang und das vergilische Vorbild *ecl.* 7, 7 *vir gregis ipse caper deerraverat* deuten darauf hin, daß man mit aller Wahrscheinlichkeit *est erratus* lesen muß; für *errari*, offenkundig durch die Analogie von *vagari* beeinflußt (man möge beachten, daß *Nierm. errovagari* und *errovagus* anführt), bringt der *Thes.* V 2, 806, 71 sqq. nur *Gloss.* II 408, 43 *error* = πλανῶμαι und II 427, 44 ῥέμβομαι *vagor error.*

b) 2, 95 *tendier.*

Diesen Beispielen ist vielleicht auch *iungier* von 3, 88 hinzuzufügen (vgl. Ov. *met.* 7, 168 *deme meis annis et demptos adde parenti* und der Anonymus frg. 7, S. 133 Morel *de nostris annis tibi Iuppiter augeat annos*), obwohl man keineswegs ausschließen kann, daß es ein echtes Passiv ist, von *vitam* regiert.[11]

*Simplex pro composito* (vgl. *HS* 298—9. 720. 756; Löfstedt, *Verm. Studien* 117 ff.; *Svennung Unters.* 546. 550. 589; mittelalterliche Beispiele in *PLC* IV 1176) findet sich häufig: 1, 94 *traxerit* = *contraxerit;* 2, 2 *tulerat* = *attulerat*; 2, 14 (zweimal). 42 und 3, 16 *temnis* = *contemnis*; 2, 44 *capiat* = *incipiat*;[12] 2, 70 *sonaverit* = *resonaverit*; zu 3, 20 *currite* vgl. den krit. App. Natürlich gibt es

[11] *Monaco* 115: „pensiamo che in 3, 88 ... il verbo sia vero passivo, non deponente, tanto più che nei due luoghi citati dal Munari per l'affinità dell'immagine ... soggetto di *adde* e *augeat* non è la persona che esprime il desiderio".

[12] V. 2, 44 ist m. E. nur unter Annahme der Gleichung *capiat* = *incipiat* zu erklären; vgl. *Culex* 391 *conformare locum capit impiger* und vgl. *Thes.* III 329, 82 sqq. *Incipiat numerare* entspricht dann, wenn ich mich nicht täusche, einem einfachen *numeret*; zu periphrastischem *incipere* vgl. *Svennung Unters.* 647 (zu 452 m.); man beachte, daß auch *coepi* oft periphrastisch gebraucht wird, vgl. *HS* 303. 313. 319; *PLC* IV 1171; Löfstedt, *Late Latin* 116. Zu den periphrastischen Verben bei M. Valerius vgl. S. 223 f.

auch Fälle von *compositum pro simplici* (mittelalterliche Beispiele in *PLC* III 802 und IV 1171; vgl. auch *Mariotti Lux.* 169): 3, 45 *reponis* = *ponis* (vgl. 3, 28. 50); zu Prol. 21 *imposco*, 4, 93 *sublangueo* und 1, 91 *subpenetro* s. o. S. 213.

In 1, 14 *fuerim solitus* = *solitus sim*; in 3, 60 *positus fuisset* = *positus esset*, vgl. *HS* 321—2;[13] in 1, 76 *fuisses* = *esses*, vgl. *Christensen* 46; in 4, 62—63, wenn man nicht mit *Skutsch* 31 *eris* in *eras* korrigiert ("The sense suggests a past hypothetical rather than a future, and *esses mersus* on any natural interpretation is a past hypothetical. Why burden our poet with highly dubious syntax when we can have admirable sense and syntax with *eras* for *eris*?"), muß *deflendus eris* = *defleberis* (vgl. *HS* 312—3 und *Strecker* 61) und *esses mersus* = *eris mersus* aufgefaßt werden.

Wechsel von verschiedenen Zeiten in einem und demselben Satz (vgl. *HS* 815—6) findet sich häufig bei M. Valerius ohne irgendeinen ersichtlichen Grund: vgl. 1, 79—80; 2, 39—41; 3, 53—54; 4, 18—26. 47—48. 51—52. Manchmal verbindet sich mit ihm auch die Abwechslung des Modus (vgl. *HS* 816): vgl. 1, 19—20; 2, 24—27. 30—34.[14]

Wie schon in der Volkssprache der Spätantike (vgl. *HS* 380) und dann im Mittelalter (vgl. *Strecker* 61) ist der Ablativ des Gerundium anstelle des Partizip Präsens in 2, 108 *errando* = *errantes* und 4, 56 *miserando* (vgl. den App.) = *miserans* gebraucht; wenn man die Korrektur *tractu* annimmt, auch in 4, 66 *natando* = *natans*.

Was den Gebrauch von Verben in periphrastischer Funktion betrifft (vgl. *HS* 319, *Svennung Unters.* 451 ff. 647, *Strecker* 67), so

[13] *Poni* bedeutet hier einfach *esse*, vgl. *Svennung Unters.* 647 (zu 456, A. 1); *Norberg Man.* 15.

[14] In 3, 30 ist *disces* die paläographisch leichtere Korrektur für die Überlieferung *discet*, und der Moduswechsel ist durch die im Text angeführten Fälle gerechtfertigt. Wollte man *discas* schreiben, so läuft man Gefahr, den Dichter selber zu verbessern.

sind hervorzuheben: 1, 57—58 *exstare novimus* = *exstant*; 3, 60 *positus fuisset* = *fuisset* (vgl. Anm. 13); 4, 43 *esse putetur* = *sit*; 1, 66 *promittere visa (est)* = *promisit* und vielleicht auch 1, 64 *meruit loqui* = *locutus est*; vgl. außerdem 2, 32 *optet praeferre* = *praeferat*, vgl. dazu den Apparat.

*Libet* ist in 2, 25 *mollia prata libebunt* persönlich konstruiert, vgl. *HS* 417, *Norberg Reg. II* 184, *Strecker* 62 und vgl. Ekkehard IV *Liber benedictionum* V. 49 *Scemata lexeos te, cerno, libent* ... (*Faral* S. 91); vgl. auch Johannes de Hauvilla, *Architr*. 8, 312 *licemur* (= uns ist es erlaubt) (ed. P. G. Schmidt, München 1974, S. 260). In 3, 9 überliefern die Kodizes *pudeat iam crimina nullos*; obwohl die Konstruktion mit doppeltem Akkusativ vielleicht nicht völlig unmöglich ist, drucke ich lieber *pudeant iam crimina nullos* wegen des Vergleiches mit Lucan 8, 495 *semper metuet quem saeva pudebunt*; aber man muß bemerken, daß man auch *pudeat iam crimina nullus* lesen könnte; vgl. *Blomgren* I 123—4. Bei 3, 128 glaube ich, daß *uterque iuvatur* der Kodizes im Sinne von *utrumque iuvat* heil ist; die Konstruktion von *iuvor* entspricht derjenigen von *delector* mit dem Infinitiv (vgl. den Apparat).

Nicht zahlreich sind die Fälle von Ellipsen (vgl. *HS* 419 ff., *Svennung Unters*. 524, *Strecker* 61, *Christensen* 40): die Kopula *es* ist in 2, 56 ausgelassen, ebenso *est* in 1, 55 und 3, 21. 107, *sit* in 1, 49 (vgl. Stat. *Theb*. 5, 244—5) und *sint* in 4, 12 (vgl. Ov. *met*. 9, 1—2; Cic. *Att*. 5, 3, 1); in den zusammengesetzten Formen des Passivs ist *est* in 1, 66 ausgelassen. In 3, 9 zu *iurgia tu cuiquam* ist ein Verb wie *iactas* zu ergänzen (vgl. Verg. *aen*. 10, 95 *iurgia iactas*): der elliptische Ausdruck ist hier eine bewußte Nachahmung von Vergil *ecl*. 3, 25 (vgl. auch Verg. *ecl*. 9, 1).[15] In 3, 28 muß man aus dem folgenden *certare* ein *certabo* entnehmen: der Ausdruck scheint absichtlich von einer gebundenen Kürze zu sein.

In 3, 50—51 nimmt der Singular *quod* den Plural *pignora* wieder

[15] Man soll dabei nicht vergessen, daß die 3. Ekloge des M. Valerius ganz der 3. Ekloge Vergils nachgebildet ist; zu der Art, wie der mittelalterliche Dichter den großen Vorgänger nachahmt, vgl. den Abschnitt über die klassischen Vorbilder S. LXXVIII ff.

auf; die Änderung in *quae* wäre leicht, aber fast sicher willkürlich: zur Inkongruenz vgl. *HS* 431—2; *Norberg Beitr.* 57 ff.; A. Uddholm, *Formulae Marculfi*, Diss. Uppsala 1953, S. 75.

In 3, 5—6 *norunt* ... *te* ... *repetentem* und 4, 94 *doluere tacentem* ist das Partizip Präsens anstelle des Infinitiv gebraucht (vgl. *Ernout-Thomas* 282—3 und *Christensen* 51; zu *dolere* mit dem Infinitiv vgl. *HS* 358), es sei denn, daß es sich um periphrastische Verwendung handelt: *repetentem esse* = *repetere* (vgl. *HS* 388—90, *Strecker* 61) mit Ellipse von *esse* (s. o.). In 1, 60 *facio* ist mit dem Akkusativ und Infinitiv konstruiert, vgl. *HS* 354 und *Strecker* 66. In 3, 126 finden wir den Indikativ in indirekter Rede (vgl. *HS* 538, *Strecker* 66), in 4, 46—47 liest man *canit* ... *ut* ... *dedit*, in 3, 108 ist *ne* mit dem Imperativ Präsens konstruiert (vgl. *HS* 340), in 3, 56 *neve* = *et ne* (vgl. Ov. *met.* 1, 72—73. 151. 445; vgl. *Ernout-Thomas* 442).

Erklärendes *quod* begegnet in 1, 74 (vgl. auch 4, 32. 36—38), vgl. *HS* 576, *Svennung Unters.* 499 ff., *Christensen* 47; *licet* mit dem Konjunktiv Präsens in 2, 45 und 3, 4. 15., vgl. *HS* 605; kausales *quando* in 1, 59 und 2, 76, vgl. *HS* 607; *dum* mit dem Konjunktiv Präsens in 1, 19, mit dem Konjunktiv Imperfekt in 2, 7, vgl. *HS* 613—4 und *Strecker* 65; kausales *cum* mit dem Indikativ in 3, 69—70 (vgl. Verg. *aen.* 9, 249), vgl. *HS* 624—5; *donec* mit dem Konjunktiv in 1, 78, vgl. *HS* 629; *ut non* = *ne* in 1, 34, vgl. *HS* 643—4 und *Norberg Beitr.* 113; *ceu* allein, 'wie wenn', mit dem Konjunktiv in 4, 88, vgl. *HS* 634.

## *Stil*

Der Stil des M. Valerius, selbstverständlich insoweit man bei ihm von einem eigenen 'Stil' sprechen darf, ist gekennzeichnet von einer Schlichtheit, die keine Schlamperei ist und sogar manchmal nicht der Raffiniertheit oder geradezu der Preziösität entbehrt. Der Gebrauch der rhetorischen Mittel ist sehr sparsam: einige Anaphern, um den pathetischen Charakter der Lage hervorzuheben (1, 54—56; 2, 30—33. 38—40. 85—86. 92—94; 4, 58—59. 60—61), ein Vers nur aus asyndetisch angereihten Substantiven zusammengesetzt

(3, 68 *silve, prata, greges, segetes, vineta, fluenta*),[16] ein paar Beispiele von Metonymie (3, 104; 4, 25. 57), *credo*, ironisch gebraucht, in 2, 47 und 3, 12 (nach dem Vorbild von Verg. *ecl.* 3, 10), ein gewisser Mißbrauch der Interjektionen *heu* (1, 8. 21. 30. 69. 73; 2, 9. 108; 3, 119; 4, 60. 61) und *ha* (1, 70. 82; 2, 30. 35. 63. 96;

[16] Verse dieser Art sind in der Spätantike häufig: vgl. z. B. Auson. 108, 8—9 (S. 351 P.) *Pectus crura latus ventrem femora inguina suras / Tergum colla humeros . . .*; Paul. Nol. *carm.* 25, 96 *Spe pietate fide pace pudicitia*; Sidon. *carm.* 2, 413—5 . . . *violam cytisum serpylla ligustrum / Lilia narcissos casiam colocasia caltas / Costum malobathrum myrrhas opobalsama tura* (vgl. auch 15, 141—3); Drac. *laud. dei* 2, 1—2 . . . *fons auctor origo / Inventor genitor nutritor rector amator* (noch ausführlicher ebd. 1, 5—8; vgl. Ennod. *carm.* 1, 9, 25—28); ders., *Romul.* 10, 405 *Ursus cervus aper pantherae damma leones* und 571 *Impietas Furiae Luctus Mors Funera Livor*; Luxurius *Anth.* 203, 2 (= 90, 2 Rosenblum S. 164) *Arte opere ingenio divitiis pretio*; Ven. Fort. *carm.* 2, 12, 3 *Carcere caede fame vinclis site frigore flammis* (auch 6, 5, 112; 8, 3, 195. 205. 237; mit Namen von Völkern und Orten 6, 5, 219; *Mart.* 2, 78; *carm. app.* 2, 45); Beispiele aus karolingischer Zeit: Theodulf *carm.* 25, 80 (*PLC* I 485) *Veste habitu specie corpore corde fide*; 28, 42. 103—6. 165—6 (*ebd.* 494. 496. 498). Andere Male ist der Vers ganz aus Adjektiven zusammengesetzt: *Anth.* 83, 124 *Improbe dure nocens crudelis perfide fallax* (in *Anth.* 682 wird der Scherz über ganze 9 Verse ausgedehnt); Sedul. *carm. pasch.* 5, 59—60 . . . *cruente ferox audax insane rebellis / Perfide crudelis fallax venalis inique* (vgl. *Weyman* 126 mit anderen Beispielen); Drac. *Romul.* 7, 12 *Impubes lascivus atrox violentus amoenus*; Ven. Fort. *Mart. praef. II* 23 *Attonitus trepidus hebetans vagus anxius anceps* (auch *carm.* 1, 15, 103). In anderen Fällen ist der Vers ganz mit Verbformen gebildet: *Anth.* 111, 7 *Pugnat ludit amat bacchatur vertitur adstat*; Drac. *Romul.* 10, 142 *Diligat optet amet cupiat suspiret anhelet*; Ennod. *carm.* 1, 4, 94 *Suspiret cupiat discurrat ferveat oret*; Ven. Fort. *Mart.* 1, 164 *Flet gemit accurrit dolet heiulat uritur angit*, ein Vers, der in karolingischer Zeit von Milo in der *Vita S. Amandi* 3, 55 nachgeahmt wurde (*PLC* III 2, 589) *Flet gemit implorat dolet heiulat obsecrat orat*; ein weiteres karolingisches Beispiel in *Vita Leud.* 2, 54 (*PLC* III 1, 26) *Fulgescunt radiant flagrant monstrantur amantur*. Die Erscheinung, die so häufig in der späten Dichtung begegnet, hat nicht wenige Vorgänger schon in archaischer (z. B. Plaut. *Bacch.* 892 sqq. 1088 und *Pseud.* 64—65; Ennius *ann.* 103 V. und *sat.* 5 V.) und klassischer Zeit: Lucr. 1, 685 *concursus motus ordo positura figurae*

3, 95. 122; 4, 62)[17] zur Steigerung des pathetischen Tons der Erzählung. Dies ist alles oder fast alles. Wir sind weit entfernt von den übermäßigen rhetorischen Ausschweifungen, denen wir nicht nur bei den von *Faral* behandelten Verfassern begegnen, sondern auch bei Dichtern von der Größe eines Joseph Iscanus[18], eines

und 744 *Aera solem ignem terras animalia frugis* (vgl. auch 2, 669. 726; 3, 1017; 5, 1192. 1336); Hor. *epist.* 2, 2, 203 *Viribus ingenio specie virtute loco re*; Mart. 2, 27, 3 *Effecte! graviter! cito! nequiter! euge! beate!* (einziges mir bekanntes Beispiel eines Verses, der ganz aus Adverbien besteht); 7, 78, 3 *Sumen aprum leporem boletos ostrea mullos* (Beispiele in anderen Versmaßen: 1, 115; 3. 5; 3, 58, 50; 5, 20, 8—9; 5, 37, 22; 7, 97, 12; 9, 27, 6; 10, 98, 9; 11, 70, 8; 11, 98, 2; 12, 8, 9; 12, 49, 4. 12; 12, 97, 3; Stat. *silv.* 1, 6, 44 und 2, 7, 85—86); Iuv. 3, 76—77 *Grammaticus rhetor geometres pictor aliptes / Augur schoenobates medicus magus* . . . Eine reiche Ernte bietet auch, wie zu erwarten war, die griechische Dichtung: vgl. *AP* 5, 51, 1; 76, 1—2; 135, 1; 181, 8; 6, 196, 1—3; 7, 295, 3; 337, 6; 435, 1; 9, 48; 229, 2; 357, 3; 491; 494; 639, 1; 808, 11; 11, 6, 2; 124, 3; 131, 6; 139, 4; 239, 6; 413, 3—4 (zu bemerken sind die beiden späten Dichtungen *AP* 9, 524 und 525, bei denen der erste und letzte Vers gleich sind und die verbleibenden 24 Hexameter nur aus Asyndeta bestehen) (ein Teil der in dieser Anmerkung angeführten Beispiele wurde von meinem Schüler Edgar Siedschlag in seiner Abhandlung (maschinenschr.) *Catull bei Martial*, Berlin 1968, S. 42 ff. gesammelt). — Viele lateinische Beispiele des 9. Jahrhunderts findet man bei U. Westerbergh, *Beneventan Ninth Century Poetry.* Stockholm 1957 (*Studia Latina Stockholm.*, IV), S. 52 bis 54 und 70; für Amarcius vgl. *K. Manitius* 31 Anm. 62; für Bernardus Cluniac. vgl. *Halvarson* 152 s. v. enumeratio; für Alanus vgl. die Ausgabe von Bossuat, S. 48—49; ein Hinweis bei *Curtius* 289; vgl. auch *Latomus* 11 (1952) 492. Schließlich verweise ich auf *Werner Beitr.* 48, Anm. 120, V. 10—15 (alles Substantive) und *De uxore cerdonis* 415 *fur raptor mechus mendax homicida dolosus* (ed. H. Niewöhner, *Ztschr. für deutsches Altertum* N. F. 53, 1928, S. 92).

[17] *Ha* kommt 11mal im *Ysengrimus* vor; vgl. das Glossar von *Voigt* s. v.

[18] *Sedgwick*[2] 57: "Joseph simply beats the rhetoricians at their own game"; *Raby* II 137: "No one had understood the rules of the game better since the days of Lucan . . . He (Joseph) had no peer as a rhetorician in his own time"; vgl. auch G. B. Riddehough in *Journal of English and Germanic Philology* 46 (1947) 254.

Alanus[19] und auch, obwohl in viel geringerem Maße, eines Walter von Châtillon[20] und eines Hildebert von Lavardin. M. Valerius scheint den Einfluß des Matthäus von Vendôme und seiner für die lateinische hexametrische Dichtung des 12. Jahrhunderts so wichtigen Schule nicht erfahren zu haben. Das bedeutet nicht, daß er fremd gegenüber den kulturellen Hauptströmungen seiner Zeit gestanden und *sic et simpliciter* die Neigungen, die sich mit solcher Kraft im Frankreich jener Jahrzehnte breitmachten, nicht gekannt habe. Ein Umstand trug meiner Meinung nach in entscheidender Weise dazu bei, ihn von der Verfolgung des von so vielen anderen eingeschlagenen Weges abzuhalten. Während sich die größeren zeitgenössischen Dichter meistens an die Epiker der Kaiserzeit anlehnten, bei denen sie eine großartige Entfaltung jener Rhetorik fanden, die so gut ihren eigenen Neigungen entsprach, führte ein angeborener Geschmack für größere Schlichtheit M. Valerius dazu, sich zum Vorbild einen der Rhetorik nicht besonders geneigten Dichter zu wählen; und Vergil seinerseits wirkte auf den Nachahmer dahin, daß er ihn wenn auch nicht unempfänglich, so gewiß doch wenig zugänglich für die Verführungen des im 12. Jahrhundert vorherrschenden Stiles machte. Die enge, aber nicht sklavische Bindung an das große vergilische Vorbild verrät ohne Zweifel das Fehlen einer starken künstlerischen Persönlichkeit; bei den antikisierenden Schriftstellern des 12. Jahrhunderts ist echte, übermächtige dichterische Originalität selten; um dergleichen zu finden, muß man sich anderswohin wenden. Aber wir sollten auch die Kehrseite der Medaille nicht vergessen, die günstige, mäßigende Wirkung, die der Dichter aus Mantua auf den mittelalterlichen Epigonen ausübte, einen Epigonen, der, alles zusammengefaßt, nicht viel schlechter ist als ein Calpurnius oder ein Nemesianus.

[19] *R. de Lage* 131 ff.
[20] *Christensen* 54 ff.

## *Bibliographische Abkürzungen*

(Mit „Nr." wird auf die Bibliographie am Schluß des Bandes S. 425 ff. verwiesen.)

**Adolfsson** = Guido de Basochis, *Liber epistularum,* ed. et adnotationibus instruxit Herbert Adolfsson. Stockholm 1969. / **Bischoff** = B. Bischoff, Mittelalterliche Studien. 2 Bd. Stuttgart 1966—7. / **Blaise** = A. Blaise, Dictionnaire latin-français des auteurs chrétiens. Turhout ²1962. / **Blomgren I** und **II** = Nr. 65. / **Bonnet** = Nr. 121. / **Christensen** = Nr. 165. / **Curtius** = E. R. Curtius, Europäische Literatur und lateinisches Mittelalter. Bern ²1954. / **Ernout-Thomas** = A. Ernout-F. Thomas, Syntaxe latine. Paris ²1959. / **Faral** = E. Faral, *Les arts poétiques du XII^e et du XIII^e siècle.* Paris 1924 (= 1958). / **Habel** = E. Habel-F. Gröbel, Mittellateinisches Glossar. Paderborn ²1959. / **Halvarson** = Bernardus Cluniacensis, *Carmina de Trinitate et de fide catholica, De Castitate servanda, In libros Regum, De octo vitiis,* rec. Katarina Halvarson. Stockholm 1963. / **HS** = Nr. 350. / **Langosch** = Nr. 7. / **Latham** = R. E. Latham, Revided Medieval Latin Word-List from British and Irish Sources. Oxford 1965. / **Lehm.** = Paul Lehmann, Bukolische Dichtungen. *Miscellanea G. Mercati,* vol. IV, S. 58—87. Vatikanstadt 1946. / **Löfstedt, Late Latin** = E. Löfstedt, Late Latin. Oslo 1959. / **Löfstedt, Verm. Studien** = E. Löfstedt, Vermischte Studien zur lat. Sprachkunde und Syntax. Lund 1936. / **Löfstedt Synt.** = Nr. 360. / **K. Manitius** = Sextus Amarcius, *Sermones,* hrsg. von Karl Manitius. Weimar 1969. / **Mariotti Lux.** = Sc. Mariotti, Luxorius e Lisorius. *Riv. di filologia e d'istruz. classica* 92 (1964) 162—172. / **Mohrmann** = Chr. Mohrmann, Études sur le latin des Chrétiens. 3 Bd. Rom 1961—5. / **Monaco** = G. Monaco, Besprechung der 1. Auflage. *Atene e Roma* N. S. 1 (1956) 114—6. / **Neuman** = E. Neuman, Latinskt-svenskt Glossarium efter cod. Ups. C. 20. — I — Uppsala 1918—20 (unvollständig). / **Nierm.** = J. F. Niermeyer, Mediae Latinitatis lexicon minus. Leiden 1954 —. / **Nilsson** = Nils-Ola Nilsson, Metrische Stildifferenzen in den Satiren des Horaz. Diss. Stockholm 1952. / **Norberg Beitr.** = Dag Norberg, Beiträge zur spätlat. Syntax. Uppsala 1944. / **Norberg Intr.** = D. Norberg, Introduction à l'étude de la versification latine médiévale. Stockholm 1958. / **Norberg Man.** = Nr. 16. / **Norberg Reg. I** und **II** = Nr. 79. / **Norberg Synt.** = Nr. 375. / **NG** = Novum glossarium mediae Latinitatis ab a. DCCC usque ad a. MCC. Hafniae 1957 —. / **Papias** = Papias vocabulista. Venetiis 1496 (= Turin 1966). / **PLC** = Monumenta Germaniae Historica — Poetae Latini Aevi Carolini, Bd. I—VI 1. / **Raby** = F. J. E. Raby, A History of Secular Latin Poetry in the Middle

Ages. 2 Bd. Oxford $^{2}$1957. / **R. de Lage** = G. Raynaud de Lage, Alain de Lille, poète du XII$^{e}$ siècle. Montreal-Paris 1951. / **Reichenkron** = Nr. 186. / **Sedgwick**[1] = W. B. Sedgwick, The Style and Vocabulary of the Latin Arts of Poetry of the 12th and 13th Centuries. *Speculum* 3 (1928) 349—381. 615. / **Sedgwick**[2] = W. B. Sedgwick, The *Bellum Troianum* of Joseph of Exeter. *Speculum* 5 (1930) 49—76. 338. / **Skutsch** = O. Skutsch, Textual Studies in the *Bucolics* of Martius Valerius. *Classical, Mediaeval, and Renaissance Studies in Honor of B. L. Ullman*, Bd. II 21—36. Rom 1964. / **Souter** = A. Souter, A Glossary of Later Latin to A. D. 600. Oxford 1949. / **Strecker** = Nr. 20. / **Svennung Unters.** = J. Svennung, Untersuchungen zu Palladius und zur lat. Fach- und Volkssprache. Uppsala 1935. / **Voigt** = *Ysengrimus*, ed. E. Voigt. Halle 1884. / **Werner Beitr.** = J. Werner, Beiträge zur Kunde der lat. Literatur des Mittelalters, aus Handschriften gesammelt. Aarau $^{2}$1905. / **Weyman** = C. Weyman, Beiträge zur Geschichte der christlich-lateinischen Poesie. München 1926.

Udo Kindermann: Laurentius von Durham, Consolatio de morte amici. Diss. Erlangen 1969, S. 89—100.

# SPRACHE UND STIL IN DER ›CONSOLATIO DE MORTE AMICI‹ DES LAURENTIUS VON DURHAM

Von UDO KINDERMANN

Die sprachliche Gestalt der ›Consolatio de morte amici‹ verrät gute Beherrschung des lateinischen Mediums. Der Wortschatz ist weder auffallend reichhaltig noch dürftig, wohltuend empfindet man den Verzicht auf prunkhaften Schmuck mit gelehrten (Glossen-) Wörtern. Die Zahl der Mediävismen im Wortschatz (z. B. *cilicium* 'Bußgewand': m. 15, 5) ist bemerkenswert gering.[1] Ähnliches gilt für grammatische Mediävismen. Auch hier verläßt Laurentius nirgendwo den Rahmen des im 12. Jahrhundert Üblichen, wenn er z. B. nach *scire* sowohl a.c.i. als auch eine Konstruktion mit *quia* zuläßt (pr. 8, 22 und 4, 20) oder das *participium praesentis* durch den *ablativus gerundii* ersetzt (pr. 4, 3). Da eine Behandlung aller Einzelfälle, die in ihrer Gesamtheit dem Text durchaus mittelalterliches Kolorit verleihen, die Liste der bekannten mittellateinischen Lizenzen und Usancen nicht erweitern würde, soll hier darauf verzichtet werden.

## *Colores*

Auffallend dagegen ist der stilistische Schmuck des Werkes. Schon ein erster Blick auf die ›Consolatio‹ lehrt, daß es sich bei ihr um einen hochrhetorischen Text handelt. Um das in dieser Rhetorik

[1] Diese hier so genannten Mediävismen sind überdies zwar durch die Häufigkeit ihres Auftretens für das mittelalterliche Latein charakteristisch, jedoch in aller Regel schon mindestens für das christliche Latein der ausgehenden Antike nachweisbar, *cilicium* (klassisch nur als Stoffart belegt) ebenso wie ein besonders mittelalterlich anmutendes *irreprehensibiliter* (pr. 14, 19; vgl. TLL VII, 405).

Ausdruck findende Stilwollen aber gerecht würdigen zu können, ist es notwendig, sich die stilistischen Maßstäbe vor Augen zu halten, die für Laurentius als einen Autor des 12. Jahrhunderts relevant waren.

Leider läßt sich keine Stilistik ermitteln, der Laurentius direkt gefolgt wäre. Man darf aber sicher annehmen, daß er dem Stilempfinden seines Jahrhunderts weitgehend entsprach, da einer der bedeutendsten Verfasser von Dichtungslehren (deren Regeln auch für Prosatexte gültig waren), der Engländer Galfred von Vinesauf in seinem ›Documentum de modo et arte dictandi et versificandi‹ sowie in ›De coloribus rhetoricis‹ Laurentius als Stilmuster zitiert.[2]

Seine stilistisch-rhetorischen Fähigkeiten erwarb sich Laurentius nicht nur durch die Praxis seiner umfassenden Lektüre klassischer und mittelalterlicher Autoren (s. Biographie), sondern, nach einem Selbstzeugnis, offenbar auch durch theoretische Beschäftigung mit der Rhetorik:

*Nam Trivium, nam Quadrivium ferventius ardens,*
*Viscera rimabar pectoris ima mei.*[3]

Die Rhetorik, das zweite Fach im Trivium, kannte im allgemeinen folgende normative Regeln für einen guten Stil, nach denen sich Laurentius richten mußte und innerhalb derer sein Stil nur gewertet werden kann[4]:

Für literarische Werke gibt es drei *stili* (*characteres*), den *stilus humilis, medius* (*mediocris*) und *grandiloquus*, entsprechend den ciceronianischen und von Augustin in ›De doctrina Christiana‹ wieder aufgenommenen drei *genera dicendi*. Den unteren beiden Stilgattungen wird der leichte rhetorische Redeschmuck (*ornatus*

[2] Im ›Documentum‹ 2, 2, 27 (ed. Faral, S. 276 f.) die *subiectio ad Adam* (= Hypognosticon 1, 93—100); dieselben Verse nochmals zitiert in ›De coloribus‹ unter dem Lemma *subiectio* (Faral, S. 324). Als Beispiel für die *determinatio per plura* sind die Verse Hyp. 1, 123 f. im ›Documentum‹ 2, 3, 58 (Faral, S. 295) zitiert.

[3] Dial. 4, 3 f.

[4] Vgl. F. Quadlbauer, Die antike Theorie der genera dicendi im lateinischen Mittelalter (= Sitzungsberichte der Österreichischen Akademie der Wissenschaften, philosophisch-historische Klasse, Band 241, Abhandlung 2), Wien 1962, S. 159—69.

*facilis*), der oberen der schwere Redeschmuck (*o. difficilis*) zugeordnet, und Ausschmückungsgrad und Stilebene werden austauschbare, deshalb oft nicht geschiedene Begriffe. Außerdem verlangt eine bestimmte soziale Stellung der handelnden oder behandelten Personen ein bestimmtes *genus* (= *stilus* = *ornatus*) und macht so die Verschmelzung ästhetischer, technischer und materialer Kategorien vollständig.

In diesem rhetorisch-poetischen Regelsystem läßt sich die ›Consolatio‹ zunächst einmal technisch dem *ornatus facilis* und damit ästhetisch dem *genus humile* oder *medium* (*stilus humilis* oder *mediocris*) zuweisen. Die typischen Elemente des *ornatus facilis* (Klang-, Wort- und Satzfiguren) finden sich in großer Anzahl: Häufigstes Kunstmittel überhaupt ist die Alliteration:

pr. 1, 1: *Sepe et supra modum multis*
pr. 4, 2: *recreandum reducunt*
m. 14, 7: *furens Filaris,*

doch werden aufdringliche Häufungen, wie sie bisweilen in den ›Dialogi‹ und im ›Hypognosticon‹ vorkommen, gemieden, vgl. Dial. 1, 58: *regnum rege ruente ruit.*

Nächsthäufig ist die Paronomasie benutzt:

pr. 4, 1: *vigilantem, quantum dolor sinit, non autem et letum, quia non desinit*
pr. 4, 10: *videbant etiam et invidebant inimici*
pr. 4, 35: *affectum ad effectum . . . perducam*
pr. 8, 14: *Etsi id ambiguo caret, ambigisne.*

Auch Adnominatio fehlt nicht:

pr. 7, 9: *etsi peccare non puduit, pudet peccasse*
pr. 8, 1: *non reddidit . . . reddere non debuit*
pr. 8, 22: *aut de malis bonos aut de bonis optimos facit.*

Beliebt sind Satz- und Wortparallelismen aller Art. Sie treten so häufig auf, daß man zu der Annahme gelangen kann, sie seien mehr als nur bewußter rhetorischer Schmuck. Es sieht so aus, als ob in ihnen eine freilich nicht nur auf Laurentius beschränkte Gewohnheit, assoziativ zu denken, sich manifestiere. Aus der Fülle der Beispiele:

pr. 1, 5: *ad quod agendum michi suppetit velle, suppetit etiam posse*

pr. 4, 35:

| | | |
|---|---|---|
| *non ex aliquanto* | *verisimilium* | *somniatorem* |
| *sed ex integro* | *veritatis* | *agnitorem* |

pr. 12, 3:

| | | | | |
|---|---|---|---|---|
| *sicut* | *non terret sapientem* | *quod difficilis* | *ac dura* | *minatur* |
| *ita* | *nec demulcet* | *quod hilaris* | *et leta* | *blanditur.* |

Hierher gehören natürlich auch die vielen Chiasmen:

pr. 3, 9: *cuius quanto michi possessio felicior tanto et infelicior amissio*
m. 4, 3: *eurus enim zephiro, zephirus furit obvius euro*
pr. 6, 11: *labuntur facilius et difficilius emendantur.*

Dem Aufbau nach verwandt sind die amplifizierenden und abbreviierenden (Zeugma) Determinationen, die als solche wiederum kennzeichnend galten für den leichteren Redeschmuck:

| | | | |
|---|---|---|---|
| pr. 4, 38: | *cuius tibi* | *conversatio* | *utilis* |
| | | *amicitia* | *stabilis* |
| | | *exhortatio* | *necessaria* |
| | | *fides* | *vera* |
| | | *liberalitas* | *fructuosa* |
| | | *iocunda* | *presentia* (bewußter Wechsel) |
| | *esse videbantur* | | |

| | | |
|---|---|---|
| pr. 3, 5: | *sine superbia* | *nobilem* |
| | *sine iactantia* | *litteratum* |
| | *sine ineptia* | *gravem* |
| | *sine studio* | *facetum* |
| | *sine asperitate* | *constantem* |
| | *sine reprehensione* | *communem domnum Paganum* |

m. 2, 16: *cum tibi sit probitas, tu civibus eius amori.*

Letzteres Mittel, seiner Natur nach eher der Forderung nach Kürze (bzw. dem, was das MA. unter *brevitas* verstand) zugewandt, als dem sich damit kreuzenden Stilideal der Breitenamplifizierung, wird weitaus weniger oft angewandt, weil es Laurentius vom Stoff her mehr an pädagogischer Eindringlichkeit als an verdunkelnder *brevitas* liegen mußte und er selbstverständlich danach auch seine Stilfiguren einzurichten hatte. Unter diesem Gesichtspunkt sollte man auch die anaphorischen Buchstaben- und Wortwiederholungen sehen, wie sie in Alliteration, etymologischer Figur, Anapher und ihrem Gegenstück Epipher auftreten, wennschon sie einfach Elemente des *ornatus facilis* waren und als solche gelehrt wurden.

Als Beispiele mögen genügen:

Derivatio (fig. etym., oft mit Übergang zur Paronomasie):

pr. 1, 1: *vitam agere vitalem*

m. 3, 1: *currere curribus*

pr. 4, 34: *videre videor*

pr. 5, 9: *vincens victores*

Repetitio (Anapher):

pr. 1, 1: *Nulla ... oblectamenta ..., nulla ... illustratio ..., nulla ... tempora* (gleichzeitig Beispiel für isokolischen Parallelismus)

pr. 3, 5: (siehe oben unter Determinatio)

pr. 1, 3: *quo vadam, qualiter evadam, cui me committam vel quam consolationis medicinam admittam.*

Dieses Beispiel einer anaphorischen Adnominatio ist gleichzeitig, in der Form der Paronomasie, ein Übergang in die Epipher (*vadam — evadam, committam — admittam*), die in reiner Form bemerkenswert selten ist. Auch die Schmuckformen der Traductio und Diaphora sind gemieden; sie aber wohl wegen ihres sinnverdunkelnden Charakters.

Laurentius wendet also beinahe alle als für den *ornatus facilis* charakteristisch angesehenen Stilmittel in einem Maße an, daß man sie keinesfalls als zufällig oder unbewußt gebraucht ansprechen kann. Auch hierin weist sich seine ›Consolatio‹ als literarisch ambitioniert und so als über dem Niveau einer reinen Zweckschrift stehend aus (was natürlich schon durch das bloße Vorhandensein von Versen anzunehmen gewesen wäre).

Wie weit aber diese Ambition ging, ist daraus ersichtlich, daß er auch Schmuckmittel der schwierigeren Art verwendete. Nach mittelalterlichen Maßstäben stellt dieser Übergriff in eine andere Stillage jedoch keinen Kunstfehler dar, denn, um zwei der bedeutendsten Autoritäten der Stillehre zu nennen, der Auctor ad Herennium und Augustin empfahlen durchaus die Mischung der Stile, was selbstverständlich durch eine Mischung der *ornatus* realisiert wurde.[5]

[5] ›Ad Herennium‹ 4, 16; für das Mittelalter war das freilich kein Anonymus, sondern Cicero selbst; ›De doctrina Christiana‹ 4, 22, 51.

Typisch für den *ornatus difficilis* sind alle rhetorischen Mittel, die irgendwie unter den Begriff Übertragung (Translatio) subsumiert werden können und oft dunkel, auch blumig, uneigentlich und — je nach Zeitgeschmack — kunstvoll oder künstlich wirken.

Solche Mittel entdeckt man in der ›Consolatio‹:

Oxymora: *cum ratione insanit:* pr. 6, 11,

Contrarietates: *quorum michi nulla obfuerunt, profuerunt universa:* pr. 2, 5,

Metonymien: *consilio divino:* pr. 13, 6,

Personifikationen: *hilaris et leta blanditur* (sc. fortuna): pr. 12, 3,

Synekdochai: *habes . . . amictum* (= Kleidung): m. 2, 18,

Gradationes: *que de cadavere in putredinem, de putredine in vermes, de vermibus in pulverem, de pulvere in nichilum redigetur:* pr. 6, 19

und Metaphern: *quam consolationis medicinam admittam:* pr. 1, 3.

Abgesehen jedoch von den Metaphern (und Bildern und Vergleichen, die auch zum *ornatus facilis* gehören können), sind diese übertragenen Sagensweisen jedoch nicht so auffällig und vor allem auch zahlenmäßig nicht so häufig, daß sie das Bild schweren Redeschmucks ausmachten, wie es etwa in Abbos Bella Parisiacae urbis augenfällig ist. Sie sind eingestreut — man merkt, daß sie auch beherrscht werden — und sie heben das Stilniveau nur um ein wenig an, verleihen ihm wohldosierte Eleganz. Ein Beweis dafür, daß man nicht von schwerem Ornatus sprechen darf, besteht auch in dem Umstand, daß gerade die markantesten Eigentümlichkeiten des *ornatus difficilis* nahezu ausnahmslos fehlen: Dunkles, Fremdartiges, bewußt Neues, Figuren wie Apostrophe, Circuitio, Antonomasie, Hyperbolie, Ironie, Descriptio und Digressio und nicht zuletzt Allegorie, alles Dinge, die Laurentius sehr wohl beherrschte und in seinem erhabenen (*grandiloquum*) Bibelepos auch schon vorher angewandt hatte; eine weise, stoffgerechte Bescheidung also, die sich keineswegs von selbst versteht. Was nun die allerdings häufigen Vergleiche und Metaphern angeht, so bewegen sich die Vergleiche in der Regel in konventionellem antik-patristischem Rahmen, so daß man sie eher dem *ornatus facilis* als dem neuerungssüchtigen *difficilis* zuweisen wird:

m. 4: Vergleich des von Leidenschaften zerwühlten Menschengeistes mit sturmgepeitschtem Meer;
pr. 6, 11: Vergleich der *ratio* mit dem Licht, da sie den Menschen u. U. blendet, wie das Licht bestimmte Vögel;
pr. 11, 4: Vergleich einer schönen Stimme mit dem Gesang von Vögeln;
pr. 2, 10: Vergleich des Dummen mit einem Esel.

Sie sind auch nicht so ausgestaltet und entfaltet, wie das möglich gewesen wäre.

Metaphern gehören zum *ornatus difficilis*, aber man wird sich besonders bei den vielen nachweisbaren Metaphern in der ›Consolatio‹ fragen müssen, welche von ihnen vom Autor intendiert waren und welche nur sprachlich ererbte, verblaßte Metaphern waren, die weder der Autor noch der zeitgenössische Leser bemerkt haben würden, die von einem fremdsprachigen und fremdzeitigen Leser aber erkannt werden. Der ersten Kategorie kommen nur solche zu, die entweder ein neues oder abgelegenes Bild schaffen oder ein gewohntes bewußt deplazieren. Von ihnen aber gibt es nicht viele. Sie treten in größerer Zahl in den Metren auf und tragen das ihre dazu bei, daß die Verse merkbar höheres stilistisches Niveau erreichen als die Prosen, was ihnen nach mittelalterlichem Empfinden *eo ipso* zukam.[6]

Beispiele sind:

m. 2, 19: *exutus puerum*
m. 4, 9—10: (sc. animus) *letis quippe tumet, adversis frangitur, eque spe dilatatur, contraiturque metu*
m. 4, 13—14: *hinc etiam varias, quasi Protheus ipse, figuras induit, estque sibi semper ubique gravis* (sc. animus).

Die Metaphern haben neben ihrer poetischen Funktion im Text der ›Consolatio‹ offensichtlich auch wieder eine pädagogische, die der bildlichen Intensivierung unkonkreter Aussagen.

Sie liegen in dieser Hinsicht in einer Ebene mit den prägnanten Sentenzen und den bekannten Beispielen antiker und christlicher Heroen. Für prominente Zuverlässigkeit wird auf das Beispiel des Regulus (pr. 5, 8—9) verwiesen, für sorgenbereitenden Reichtum

[6] Vgl. P. Klopsch, Prosa und Vers in der mittellateinischen Literatur, in: Mittellateinisches Jahrbuch 3 (1966), S. 9—24.

auf Krösus (pr. 6, 16), für tragischen Ungehorsam auf Phaeton (m. 3, 1) und für Reichtum, der nicht glücklich macht, auf den von Dionys plötzlich in all seinen Reichtum eingesetzten Damokles (pr. 5, 8—9).

Es zeugt nicht von extravagantem künstlerischem Wollen, diese abgegriffenen Beispiele zu zitieren und obendrein noch auf ihre Ausgestaltung nahezu völlig zu verzichten (übrig bleibt eine isokolisch-chiastische Determinatio amplifizierenden Charakters in pr. 5, 9). Dagegen sind sie für die schnelle Vergegenwärtigung eines Gedankenzusammenhangs (z. B. Reichtum — Ehre — Glück) durchaus von Wert; alle sind dem Schüler (*consolandus*) sattsam bekannt, und über die an ihnen exemplarisch gewonnene ethische Einsicht reflektiert er gar nicht mehr: *Exempla quidem, si consentiant rationi, imitanda sunt* (pr. 14, 1). Dazu sind sie geschickt und unaufdringlich in die Gedankenführung eingepaßt und wirken nicht weit hergeholt im Gegensatz zu den elaborierten Exempla eines sich gelehrt gebenden *ornatus difficilis*.

Immer wieder laufen Sätze in eine zusammenfassende Sentenz aus oder bestehen aus solchen, oder es steht eine Sentenz am Beginn eines Gedankenganges:

pr. 4, 15: *Nam suis angi incommodis se ipsum amantis est.*

pr. 13, 12: *Nichil enim sapienti insipienter displicet quod deo placet.*

pr. 14, 1: *Exempla quidem, si consentiant rationi, imitanda sunt.*

Diese Vorliebe für Gnomen läßt sich jedoch besser als aus gängigen Stilvorschriften aus den unmittelbaren Vorbildern des Laurentius für seine ›Consolatio‹ herleiten, hauptsächlich natürlich aus Seneca, aus dem das Mittelalter ganze Sentenzencorpora exzerpierte. Über die didaktische und mnemotechnische Funktion der Sentenzen braucht nichts gesagt zu werden.

Unter stilistischem Gesichtspunkt erwähnenswert sind noch die vielen Zitate aus antiken und patristischen Autoren; allen voran wieder Seneca, Ambrosius und Boethius. Sie sind alle inhaltlich und formal geschickt ausgewählt und syntaktisch und gedanklich ebenso geschickt eingefügt, ohne daß sie dazu unangemessen hätten verändert werden müssen. Für den gebildeten Leser war es ein Vergnügen, sie und auch die in noch größerer Menge vorhandenen bloßen Anklänge wiederzuerkennen. Bei aller Laurentius zuzutrauenden Belesenheit sind sie bisweilen so lang, daß sie damit ausschließen, sie könnten ihm zu eigenem frei verfügbaren Gedankengut geworden sein.

Beispiele für direkte Übernahmen findet man in dem der Edition beigegebenen Similienapparat, der wegen der breiten Literaturkenntnisse des Laurentius notwendigerweise fragmentarisch bleiben und auf die Unzahl indirekter Reminiszenzen verzichten mußte.

Integriert man all diese Fakten, und berücksichtigt man, daß weder die lexikographische noch die grammatikalische Seite des Textes für das zwölfte Jahrhundert außergewöhnliche Abweichungen von der klassischen Latinität aufweisen, so kann man den Stil der ›Consolatio‹ so umreißen:

Es handelt sich um einen literarisch anspruchsvollen Text, der seinen Anspruch durch metrische Einschaltungen und durch allgemeine Verwendung der Mittel des leichteren rhetorischen Schmuckes realisiert. Durch maßvolle Anwendung von Elementen aus der anderen *ornatus*-Sphäre entsteht ein nicht ungewöhnlicher Mischstil, etwa in der Höhe des augustinischen *genus medium.* Die Metra sind geringfügig anspruchsvoller. In Verbindung mit ebensowenig exaltiertem, meist unschöpferischem Wortschatz und klarer hypotaktisch ordnender Grammatik entsteht ein dem belehrenden Stoff angemessener Gesamteindruck, den emphatische Stilwerte und spannungsreiche Wort- und Satzfiguren keineswegs stören. Stoff und rhetorische Formung stehen in sinnvoller Relation zueinander. Ein literarisch begabter Gelehrter eben, mit genügendem Sachwissen, mit ausreichender didaktischer Erfahrung, wie man solches Wissen vermittelt und mit einer Neigung und Fähigkeit zur metrischen Dichtung hat diese Mischung geschaffen. Wirklichen poetischen Höhenflug zu erwarten, hieße einen falschen Maßstab an diesen kleinen, sauber ausgeführten literarischen Lehrdisput anlegen.

## *Cursus*

Neben den rhetorischen colores diente seit der Spätantike die regelmäßige rhythmische Gestaltung der Komma-, Kola- und Satzenden als Schmuckmittel literarisch ambitionierter Prosa. Das theoretische Rüstzeug dazu lieferten die *artes dictaminis* genannten Handbücher, die sich seit dem 11. Jahrhundert von Italien aus rasch über die ganze gebildete Welt Westeuropas verbreiteten. Nach ihren Regeln sollten wohlklingende Sätze am Ende vorzüglich die *cursus velox* genannte Verteilung von betonten und unbetonten Silben (Schema x́xxxxx́x) haben, während den kleineren Pausen im Satz daneben auch ein *cursus planus* (x́xxx́x), *tardus* (x́xxx́xx) oder (besonders nach der Lehre der französischen Schulen) ein *cursus trispondiacus* (x́xxxx́x) vorausgehen sollte.[7] Untersucht man die Satzschlüsse der ›Consolatio‹ des Laurentius, so ergibt sich, daß nicht weniger als 86 % der Sätze in einer der vier geläufigsten Kadenzen enden, und zwar:

im c. *planus* 34 %,
im c. *trispond.* 24 %,
im c. *tardus* 18 %,
im c. *velox* 10 %[8].

Mithin schließen nur 14 % der Sätze irregulär, 4 % von ihnen nach dem später als *cursus medius* anerkannten Muster x́xx́xx.

So erreicht Laurentius eine Eurhythmie des Prosatextes, die, bei lautem Lesen, auch noch für den modernen Leser spürbar ist.

Dennoch glaube ich nicht, daß Laurentius bewußt den Lehren des einen oder anderen *dictator*, wie die Verfasser des *artes dictaminum* genannt wurden, gefolgt ist, da bei ihm gerade der *cursus velox*, den

[7] Zur Geschichte des *cursus* vgl. u. a. H. Bresslau, Handbuch der Urkundenlehre für Deutschland und Italien, Band II, Leipzig 1915; A. C. Clark, The Cursus in Mediaeval and Vulgar Latin, Oxford 1910; A. Marigo, Il cursus nella prosa latina dalle origini cristiane ai tempi di Dante, Padua 1932; W. Meyer, Die rythmische lateinische Prosa, in: Gesammelte Abhandlungen, Band II, Berlin 1905, insbes. S. 236 ff. sowie G. Lindholm, Studien zum mittellateinischen Prosarhythmus. Seine Entwicklung und sein Abklingen in der Briefliteratur Italiens (= Acta universitatis Stockholmiensis, studia Latina Stockholmiensia X), Stockholm 1963, dort auch weitere Literatur.

[8] Bei 100 wahllos herausgegriffenen, aufeinanderfolgenden Sätzen; eingerechnet sind 2 % mehr als viersilbiger Wörter.

die meisten *dictatores* als den schönsten empfehlen, eine so untergeordnete Rolle (10 %) spielt.

Autoren dagegen, die bewußt nach den *dictamen*-Regeln arbeiten — solche finden sich hauptsächlich im Umkreis der Kurie und der kaiserlichen Kanzlei — erreichen größenordnungsmäßig ganz andere Anteile des *cursus velox*:

| | |
|---|---|
| Petrus Damiani, epistulae | 49 % |
| Dante, epistulae | 45 % |
| Cola di Rienzo, epistulae | 84 %[9]. |

Ich möchte eher vermuten, daß Laurentius u. a. durch liturgische Texte und solche aus der päpstlichen Umgebung zwar mit dem Phänomen wohlklingender Prosa vertraut war und wußte, welche Kadenzen bevorzugt wurden, daß er aber die Sätze seiner ›Consolatio‹ mehr nach seinem eigenen Gefühl für Eurhythmie gestaltet hat, als in bewußter Realisierung der strengen *dictamen*-Lehren, die eine wesentlich stärkere Bevorzugung des *cursus velox* gefordert hätten. Die Rhythmisierung findet sich bei ihm nicht nur in den Silben vor den Satzenden, sondern ebenso in den kleineren Einheiten der Periode, aber auch hier nicht konsequent durchgeführt, sondern nur etwa in drei Vierteln der Fälle. Bisweilen unterstützt dabei ein regelmäßig wiederholter *cursus* die Wirkung einer rhetorischen Schmuckfigur, z. B. eines Isokolons: *aditum invenit — celeriter intravit — totam occupavit* (pr. 2, 7); das ist rhythmisch geschickte Wortwahl, die zusätzlich zum asyndetischen Trikolon mit Klimax und Homöoteleuton durch dreifachen *cursus trispondiacus* einen eindringlichen Wiederholungseffekt erzielt. Allerdings lassen sich einzelne *cursus* weder regelmäßig bestimmten rhetorischen Figuren zuordnen noch auch bestimmten Stellen in den Perioden. Der *cursus* ist häufig gebraucht, aber nicht systematisch, sondern individuell.

[9] Zahlen nach Lindholm a. a. O., S. 10, 74, 87.

Franz Blatt: Saxonis Gesta Danorum. Tomus II: Indicem verborum conficiendum curavit F. B. Hauniae: Munksgaard 1957, S. V—XIII (= Inledning). Aus dem Dänischen übersetzt vom Verfasser.

# EINLEITUNG ZU EINEM WÖRTERBUCH ÜBER DIE LATINITÄT SAXOS*

Von Franz Blatt

*Warum gerade ein Saxo-Wörterbuch?*

Während eine ganze Reihe antiker lateinischer Autoren ihre Speziallexika haben, die für das Studium der antiken lateinischen Literatur von unschätzbarem Wert sind, fehlen entsprechende Hilfsmittel für die hochmittelalterliche lateinische Literatur. Zwar finden sich Indices in den Ausgaben der Monumenta Germaniae, diese können aber Speziallexika nicht ersetzen. Der Mangel an Spezialwörterbüchern ist bedauerlich, nicht nur, weil solche Wörterbücher eine wichtige Voraussetzung des großen internationalen mittellateinischen Wörterbuches sind, welches einmal das ›Glossarium mediae et infimae latinitatis‹ des Du Cange ablösen sollte, sondern auch, weil die Autoren des Mittelalters, wenn sie mit größerem oder geringerem Erfolg versuchen, eine außerhalb ihrer eigenen Zeit geschaffene Norm nachzuahmen, besondere Schwierigkeiten darbieten, die sich nicht ohne weiteres durch Benutzung der üblichen lateinischen Wörterbücher überwinden lassen.

In denjenigen mittelalterlichen Texten, die der klassischen Norm am fernsten stehen, treten die Schwierigkeiten besonders deutlich zutage: neue Wörter oder alte Wörter mit neuen Bedeutungen sind für diese Textkategorien charakteristisch, seien es Urkunden, Annalen oder Chroniken. — Mehr verborgen sind die Schwierigkeiten bei denjenigen mittelalterlichen Autoren, die wie Saxo antike Worte und Wendungen benutzen; nicht unähnlich den Autoren der Renaissance suchen sie sich zu lösen von dem mittelalterlichen und beson-

* Der Saxo-Text wird nach der Ausgabe von J. Olrik und H. Ræder, Kopenhagen 1931, zitiert.

ders dem kirchlichen Gepräge ihrer Zeit und ihren nationalen, oft widerspenstigen Stoff dem Rahmen der antiken Kunstprosa anzupassen. In diesen Fällen läßt sich der mittelalterliche Text scheinbar mit Hilfe eines gewöhnlichen lateinischen Wörterbuches bewältigen — aber auch nur scheinbar. Denn ein tieferes Verständnis solcher Texte erreicht man nicht ohne vorausgehende Untersuchungen über die spezifisch mittelalterlichen oder nationalen Eigenheiten, die sich hinter den antikisierenden Worten und Wendungen verbergen.

Die ›Gesta Danorum‹ Saxonis bezeichnen einen ungewöhnlich konsequenten und kühnen Versuch, germanische und mittelalterliche Geschichte in die Form der antiken Kunstprosa zu kleiden. Ebenso wie die Briefschreiber der Waldemarzeit sich des sermo vulgaris enthalten, der in den folgenden Jahrhunderten mehr und mehr um sich greift, so trägt der große dänische Geschichtsschreiber jener Zeit mit vollem Recht den Beinamen Grammaticus.

## *Neologismen*

Bei Saxo finden sich nur äußerst selten Wörter, die nicht im antiken Schrifttum Bürgerrecht haben. Wenn dies dennoch geschieht, sind die neuen Wörter immer in Übereinstimmung mit den Gesetzen der lateinischen Sprache gebildet, seien es neue Verbalsubstantiva auf *-tio*: *collustratio*, *compertio*, *corrixatio*, *flagratio*, *fugatio*, *nidificatio*, *obseratio*, *perplexio*, *resignatio*, *retentatio*, *repertio*, auf *-us* (nach der vierten Deklination): *abiectus*, *insectatus*, *notatus*, *praecessus*, *prolapsus*, *violatus*, auf *-men*(*tum*): *constramentum*, *ductamen*, *sustentamentum*, oder nomina agentis werden mit der Endung *-or* gebildet: *amissor*, *prolator*, *sublator*. Auch nicht Formen des Typus *meticulositas*, *oliditas*, *secunditas*, *veracitas* und *versilitas* weichen von der antiken Norm ab. Einige wenige griechische Wörter, die man vergeblich bei den lateinischen Autoren des Altertums sucht, überschreiten nicht das klassische Maß: *agathum*, *chirotheca*, *contulus* (Deminutiv zu *contus*, κόντος, vgl. *notula*). Gegen lateinisches Sprachgefühl verstoßen auch nicht *bulligo* (von *bullio*, vgl. *prurigo*), oder *subterfugium*. Ausgeprägt christliche Mittelalterwörter wie *sacrista* sind äußerst selten.

Die Adjektiva weichen ebensowenig wie die Substantiva von denjenigen Regeln ab, wonach die antiken Autoren seit jeher diese Wortklasse gebildet haben: *castorius* (von *castor*), *collateralis, concubinarius, iactilis, infallibilis, invariabilis, vadabilis, dissuasorius, miseratorius, solidativus.* Daß das Adverbium *intrinsecus,* adjektivisch verwendet wird, kommt auch bei spätantiken Schriftstellern vor (vgl. Thes. ling. lat. s. v.: „kommt seit Chiron vor"; ähnlich *extrinsecus,* worüber s. E. Löfstedt, Coniectanea I, Uppsala/ Stockholm 1950 p. 52 ff. J. Svennung, Untersuchungen zu Palladius und zur lateinischen Fach- und Volkssprache, Uppsala 1935, p. 399). Von neuen Adjectiva auf *-tus* kommen *furcatus* und *sceptratus* vor. Das Wort *totalis* (*totus*) ist, obwohl neu, in Übereinstimmung mit den Gewohnheiten der lateinischen Sprache gebildet. Auffallend sind die drei Komposita mit dem Praefix *semi-*: *semicaesus, semifusus* und *semivigil.* Mit Hilfe der Praefixe *in-* und *prae-* sind folgende Adjektiva oder Partizipia neugebildet: *incessatus, irrediturus, irrestrictus, praearduus, praenominatus,* nur zwei Adverbia weichen vom klassischen Sprachgebrauch ab: *incidenter* und *saltim* (s. D. Norberg, Bulletin Du Cange XXII [1952] p. 12, in diesem Band S. 380; vgl. indessen A. Önnerfors, Mittellat. Jahrb. VII (1972), S. 81, Anm. 143).

Was die Verba betrifft, sind die Neubildungen selten: *compertio* 4. und *prurito* sind unklassisch, dasselbe gilt folgenden Zusammensetzungen mit Praefixen: *abiecto, collambo, pergenuo, perlingo, permoneo, pernoto* (vermutlich fehlerhaft für *praenoto*), *praesulco, praetaxo, praetento, promeo* und *transequito.*

## *Morphologie und Syntax*

Morphologie und Syntax Saxos bieten fast nie Abweichungen von den antiken Regeln; wenn solche Abweichungen vorkommen, sind sie in der Regel der Aufmerksamkeit früherer Herausgeber entgangen; dies gilt beispielsweise dem mittelalterlichen Lokativ 331, 23 *Ringstadis,* 357, 8 *Roskildis* (siehe In Memoriam Kr. Sandfeld, Kopenhagen 1943 p. 47 ff. über einen spätlateinischen Universalkasus) oder dem typisch mittellateinischen konsekutiven Gebrauch von *quod*: 55, 29 *tam mollis quod se plagis praebere timescat*, 324, 30 *tantum ratio valuit quod* (*ut* edd.) *plebs ... revertendi libertatem arriperet*. Wenn man die geringe Anzahl solcher „Versehen“ bedenkt, besonders in Anbetracht der Länge des Werkes, wird man in das Urteil des Erasmus von Rotterdam einstimmen, den es wundert, in jenen Zeiten einen dänischen Autor zu finden, der mit der lateinischen Sprache so vertraut ist wie Saxo.

## *Die Vorbilder Saxos*

Natürlich schwebte unserem Autor nicht der ciceronianische Sprachgebrauch als Ideal vor; man darf daher nicht mit Gewalt den Text Saxos nach der klassischen Norm abändern. Bei den heidnischen Autoren der silbernen Latinität und der Spätantike sind zum großen Teil diejenigen Lesarten zu belegen, welche Saxo nachgeahmt hat, z. B. 62, 4 *potientes* (nicht *potentes*, vgl. die Lesart des codex Bernensis [9. Jh.] zu Valerius Maximus 3, 2, 20); substantivischer Gebrauch des Adjektivs wie bei Curtius 115, 7 *ululantium more* (Curtius 8, 10, 18), Auslassung der Praeposition *ex* wie bei Valerius Maximus 429, 23 *quem ... conspectu summoverat* (cf. Val. Max. 5, 3 ext. 1), Ablativ für Accusativ 464, 33 *vallo quinquaginta cubitis alto*, wie bei Martianus Capella (*cubitos* edd.), das Verbum *iacere* für *facere* wie bei Plinius: 497, 34 *pontis iaciendi* (*faciendi* Gertz) *fundamenta* etc., vgl. ausführlicher J. Svennung, Arkiv för nordisk filologi 55 (1940), p. 122 ff.

Daß auch der Sprachgebrauch Ciceros oder Vergils nicht immer den strengen Regeln der Grammatik entspricht, ist heute allgemein anerkannt. Madvig (oder besser: die Madvigianer) waren zu Saxos Zeiten noch nicht erfunden; deshalb finden wir im Text der Pariser Ausgabe (a) Ausdrücke, welche die Herausgeber meinten korrigieren zu müssen, obwohl sie bei Cicero und Vergil vorkommen, z. B. den Nominativ des Ausrufs 49, 37 *magna viri sollertia!* (*magnam viri sollertiam* Gertz, cf. Cic. Lael. 63 *o magna vis veritatis*), den Indikativ in abhängigen Fragesätzen 186, 28 *aviditas an ferocitas attulit incertum est* (*attulerit* J. Olrik, aber vgl. Verg. Aen. 2, 739 *erravitne via seu lassa resedit incertum*). Ebenso wie Vergil bei Wahl des

Modus metrische Rücksichten nimmt, so läßt Saxo seine Wahl des Modus durch den Prosarhythmus bestimmen.

Man bemerkt, daß einige der Neubildungen Saxos nur zwei oder dreimal vorkommen, ebenso wie seltenere Wörter überhaupt, z. B. *ciniflo, equiso*; als Beispiele lassen sich anführen *abiecto, amissor, collambo, deliteo, iactilis, irrestrictus, perplexio, praearduus praetento, sacrista, veracitas*. Aus demselben Grund muß man vielleicht 22, 4 *strictim* (*strictum* a, 4 *strictim* edd. vgl. 438, 36) lesen, vgl. J. Svennung l. l. p. 129. Diese Geneigtheit, ein und dasselbe seltene Wort zu wiederholen, um es dann fallen zu lassen, ist von jeher ein Sondermerkmal derjenigen Autoren gewesen, die einen preziösen Stil schreiben; man könnte in dieser Beziehung etwa an Apuleius denken. Ebenso wie Einzelwörter wiederholen sich auch Wortgruppen, z. B. *animi aestus* (306, 15. 506, 28), *deposita ad tempus clementia* (312, 23. 530, 20), dann und wann in leicht variierter Form: 65, 17 *amicissimo vultu benignissimoque sermone exceptum* (vgl. 269, 16 *amicissimo vultu benignissimoque excepit alloquio*), 336, 32 *unius plorabundi amici vocem habuit* (vgl. 356, 15 *unius gemebundi amici vultum habuit*). Variatio sermonis ist ein charakteristischer Zug bei raffinierten Autoren wie Saxo, als Wirkungsmittel schon den Autoren des Altertums bekannt.

In Übereinstimmung hiermit werden im vorliegenden Wörterbuch die verschiedenen lateinischen Synonyma hervorgehoben, die Saxo benutzt, um seine Sprache zu variieren. Als Synonyma werden nur solche Wörter aufgeführt, die Saxo selbst in derselben Bedeutung gebraucht, z. B. 356, 30 *popularium concilium* für 357, 2 *contio*; 120, 14 *agrestis* und 120, 9 *plebeius* und 143, 20 *rusticanus*, siehe Spalte 41 Z. 24 ff. des Wörterbuches. Eine große Rolle für die Feststellung der Bedeutung eines Wortes spielen endlich diejenigen Wörter, die ihm mit rhetorischer Antithese entgegengestellt werden, z. B. 415, 21 *aeger* (opp. 415, 20 *sospes*) oder auch beigeordnet sind, z. B. 133, 17 *centurio* (app. *satrapae*).

## *Der Stil Saxos*

Saxo schildert die Geschichte seines Volkes, so wie er sich denkt, daß ein Römer alten Schlages sie geschildert haben würde. Vom Sänger Hjarne heißt es 143, 9 *'barbarum' condidit metrum* (man vergleiche die Spalte 98 Zeile 24 des Wörterbuches); über diese interpretatio Romana im weiteren Sinne, siehe F. Blatt, Sprachwandel im Latein des Mittelalters, in: Historische Vierteljahrschrift 28 (1931), 38 ff. (Nachdr. Darmstadt 1970). Eine der besonderen Schwierigkeiten bei der Ausarbeitung eines Saxowörterbuches besteht daher darin, soweit als möglich den spezifisch mittelalterlichen Inhalt hinter der antikisierenden Form zu bestimmen. Während Saxos eigene Zeit uns anderweitig bekannt ist, so daß wir in den historischen Abschnitten mit einiger Sicherheit seine Ausdrücke mit den entsprechenden mittelalterlichen identifizieren können, stellt sich ein neues Problem ein, was die Sagenpartien betrifft. Es scheint doch, als ob Saxo — ebenso wie er seine eigene Zeit mit den Augen eines Römers betrachtet — sich die Sagengeschichte im Bilde seiner eigenen Zeit vergegenwärtigt. So bezeichnet das antike *contubernium* bei Saxo eine speziell mittelalterliche Institution (die Gefolgschaft eines Fürsten), in dessen Bilde er die Umgebung des Sagenkönigs Frotho sieht (109, 26 *contubernium Frothonis*, siehe Spalte 191 Zeile 49 des Wörterbuches).

Es kann daher kaum zweifelhaft sein, daß wir 149, 23 lesen müssen: *Ano cognomento Sagittarius, Fridlevum ad secum dimicandum hortatus,* a *Biornone/equestris* (*sequestris* a, *sequioris* edd.) *ordinis viro/regem cum plebeio congredi prohibente lacessitur.* Die Handschrift, welche dem ersten Herausgeber Saxos, Christiern Pedersen, vorlag, hatte vermutlich einen Schrägstrich vor dem Worte *equestris*; der Schrägstrich ist dann als eine *s* longa aufgefaßt worden, wodurch das unbegreifliche *sequestris* der Pariser Ausgabe entstanden ist. Daß eine kritische Bearbeitung dieser Ausgabe es ermöglicht, den Text Saxos herzustellen, geht aus folgenden Stellen hervor: 55, 24 *hoc rerum scelus* (a, *hoc cecum scelus* Svennung op. cit.), 120, 28 *muneratis* (a, *numeratis* Madvig), 157, 25 *nimiae* (a, *minimae* Gertz), 193, 22 *haec* (a, *nec* Madvig), 246, 11 *prioris caeli* (a, *purioris caeli* Gertz), 294, 22 *milites equis omnibus vacui* (a, *milites equisonibus vacui* Olrik), 487, 8 *discissum saxi vinculum* (a, *discissum sacci vinculum* Olrik, cf. 'sekk' Knytlinga) usw. Daß man jedoch nicht ungestraft am Text der Pariser Ausgabe herumkorrigiert, ist u. a. nachgewiesen von L. Weibull, Scandia 7 (1934), 290 ff., 8 (1935), 251 ff., 9 (1936), 257 ff. Der Redaktor des Wörterbuches ist etwas mehr zurückhaltend gewesen in der Anerkennung von 'Verbesserungen' des überlieferten Textes als die Herausgeber, welches u. a. eine Folge von Beobachtungen ist, die während der Ausarbeitung des Wörterbuches angestellt worden sind. Als Beispiele lassen sich folgende Stellen anführen: 31, 12 *nubilo castigavit obiectu* (*nubili* edd., vgl. das Wörterbuch Sp. 540, 17), 39, 27 *celerem captantia saltum* (*raptantia* edd., vgl. Wörterbuch Sp. 687, 30), 42, 2 *larvarum formulas* (*formas* edd., vgl. Wörterbuch Sp. 338, 39) 46, 5 *inexpleta aviditati brachia porrexisse* (*inexpletae* edd., vgl. Wörterbuch Sp. 419, 29), 66, 16 *crederes* (*cerneres* edd., vgl. Wörterbuch Sp. 126, 48), 109, 10 *vir magicae doctus* (*magicae artis* edd., vgl. Wörterbuch Sp. 489, 8), 112, 6 *in annum alterum* (*indidem iterum* edd., vgl. Wörterbuch Sp. 414, 56), 148, 36 *ignara* (*ignava* edd., vgl. Wörterbuch Sp. 384, 23), 168, 6 *cicatricibus consito* (*cicatricibus obsito* edd., vgl. Wörterbuch Sp. 551 Z. 10), 176, 33 *dedecus quem cum maneat perenne* (*dedecus quem commaculat perenne* edd., vgl. Wörterbuch Sp. 151, Z. 24; *commaculat* kommt sonst bei Saxo überhaupt nicht vor, und was die Stellung des Pronomen relativum betrifft, siehe die Ausgabe p. 26, 14. Ferner 196, 17 *sententiae potioris* (*sententiae mitioris* edd., vgl. Wörterbuch Sp. 508 Z. 38), 205, 6 *regnum membratim divisum* (*divulsum* edd., vgl. Wörterbuch Sp. 257 Z. 19), 223, 22 *graviora gradus efficit* (*graviora casus efficit* edd., vgl. Wörterbuch Sp. 359 Z. 1), 242, 31 *probabilis* (*prodigialis* edd., vgl. Wörterbuch Sp. 648 Z. 42. 652 Z. 18), 286, 12 *sors* (*fors* edd., vgl. Wörterbuch Sp. 339, 37), 296, 17 *fugiturus* (*fugitivus* edd., vgl. Wörterbuch Sp. 347 Z. 3), 310, 6 *effluere* (*vitam effluere* edd., vgl. Wörterbuch Sp. 277 Z. 3), 318, 24 *enervi legum indulgentia* (*enervi scelerum indulgentia* edd., vgl. Wörterbuch Sp. 416 Z. 50), 339, 15 *bulla assignatum* (*obsignatum* edd., vgl. Wörterbuch Sp. 339 Z. 15), 340, 17 *imbecillitate* (*imbecillitate corporis* edd., vgl. Wörterbuch Sp. 388 Z. 43), 344, 27 *labili paludis mole* (*labili paludis limo* edd., vgl. Wörterbuch Sp.

481 Z. 3), 356, 27 *cui et* (*cui* edd., vgl. jedoch Thes. ling. lat. V 912, 47: *abundanter* qui et *pro* qui), 363, 36 *perrupta cubiculi parte* (*perrupta cubiculi pariete* edd., vgl. Wörterbuch Sp. 580 Z. 3), 401, 30 *pernicie* (*periculo* edd., vgl. Wörterbuch Sp. 605 Z. 44), 425, 19 *occludebat* (*occultabat* edd., vgl. Wörterbuch Sp. 555 Z. 41), 451, 30 *in quam parvo* (*in quam parvo momento* edd., vgl. Wörterbuch Sp. 512 Z. 7), 459, 21 *virum* (*herum* edd., vgl. Wörterbuch Sp. 371 Z. 5), 458, 25 *situm* (*vicum* edd., vgl. Plin. nat. 12, 85), 473, 2 *eicerent* (*egererent* edd., vgl. Wörterbuch Sp. 277 Z. 52), 509, 30 *obsitae* (*obsignatae* edd., vgl. Wörterbuch Sp. 551 Z. 11).

Wie Saxo teils durch antikisierende Wortwahl, teils durch variatio sermonis die Erscheinungen seiner eigenen Zeit zu verschleiern sucht, ist klar gezeigt in einer berühmten Abhandlung von Curt Weibull, Saxostudier II, in: Historisk tidskrift för Skåneland 7 (1917—21), p. 102 ff. Sven Aggesen, der Genosse (*contubernalis*) Saxos, sagt von seinem Nachfolger, daß er schwitzte (*insudavit*), um in eleganterem Stil als er selbst und mehr ausführlich von aller Taten zu berichten. Während Sven Aggesen weder Bibelzitate noch barbarische Wörter meidet, wird man vergebens solche im Werk Saxos suchen. Saxo ist aber keineswegs der einzige mittelalterliche Autor, der bestrebt ist, die antiken Vorbilder nachzuahmen. Verschiedenes deutet darauf hin, daß zwei Hauptströmungen sich das ganze Mittelalter hindurch geltend machten, eine antikisierende und eine moderne (siehe Blatt, Classical Features in Medieval Latin; in diesem Bd. S. 338 ff.). Einige Autoren nahmen sich vorzugsweise christliche Autoren zum Vorbild, andere zogen es vor, sich den antiken heidnischen Autoren möglichst zu nähern. Aber kein mittelalterlicher Schriftsteller ist in der Nachahmung antiker Vorbilder so konsequent wie Saxo. Er und er allein hat es vermocht, sich dem Einfluß der Vulgata gänzlich zu entziehen, während er bei Quintus Curtius, Valerius Maximus, Justinus und Martianus Capella diejenigen Worte und Wendungen fand, in die er seine Gedanken kleidete. Die mittelalterliche Gesellschaft Dänemarks ist bei Saxo sozusagen über die altrömische gekalkt: der dänische Erzbischof ist für ihn *pontifex,* das Wort *episcopus* fehlt bei ihm, während *antistes* ihm ganz geläufig ist. Die Mannen des Königs heißen *comites* wie bei Tacitus oder auch *familiares* und *famuli.* Die Adligen sind *magnates* oder *optimates, maiores* oder *proceres, nobiles* oder *primores,* die Bauern nennt er *populares, minores* oder *plebei,* wodurch es ihm übrigens gelingt, zu verbergen, daß der Aufstand in Schonen auch andere als nur Bauern umfaßte. Hinter dem Worte *satrapa* birgt sich der nordische Begriff 'ombudsman', die geistlichen sind *scribae.* Liturgische christliche Termini stecken hinter Paraphrasen wie *inchoamentum psallendi facere et primam concentus partem dare,* welches in normalem Mittellatein würde heißen *introitum missae cantare,* und *sacras preces decurrere* (für *horas legere,* die Stundengebete lesen). Es folgt von selbst, daß man bei Saxo die für den stilistischen Humanismus charakteristischen Elemente findet: Latinisierung von Eigennamen (z. B. *viridis sinus* für 'Grönsund'), lateinische Bezeichnungen für nationale Termini technici, die echt römische Datierungsweise. Alte Namen wie *Daci, Scythae* und *Norici* haben bei ihm eine neue Bedeutung, *Curetes* sind für Saxo die Einwohner Kurlands, der Hellespont hat seine Lage verändert (vgl. A. Stender-Petersen, La tradition hellespontiaque chez Saxo (Classica & Mediaevalia 3 [1940] p. 156 ff.). Der erste Monatstag heißt *Kalendae,* der August heißt *Sextilis*!

Man mußte den Schwierigkeiten eines solchen Textes Rechnung tragen. Es erwies sich als notwendig, dem Text Saxos eine für den mittelalterlichen Leser verständliche Form zu geben. Daher verfaßte ein anonymer Autor des 14. Jahrhunderts denn auch, um den Text Saxos zu vulgarisieren, ein sogenanntes ›Compendium Saxonis‹. Diese Schrift ist nicht nur ein Compendium der res gestae Saxonis, sondern teilweise eine Übersetzung des antiken oder besser antikisierenden Lateins ins mittelalterliche. Die antiken Wörter sind großenteils durch mittelalterliche Synonyma ersetzt, wir stoßen nun auf Wörter wie *guerra* und *treuga, placitum* und *cussinus* etc., wo Saxo das antike *bellum* und *induciae, contio* und *pulvinar* verwendete. Das Compendium Saxonis kommt uns daher zu Nutzen, wenn wir ein Wörterbuch über das Latein Saxos auszuarbeiten haben. Denn ein solches Wörterbuch muß bestrebt sein, soweit als möglich die mittelalterlichen Realitäten hinter der antikisierenden Sprache Saxos ausfindig zu machen.

Wenn man übereilte Identifikationen meiden will, ist große Vorsicht jedoch geboten. Die sichere Grundlage für die Identifikation eines antikisierenden Ausdrucks bei Saxo mit einem entsprechenden mittelalterlichen ergibt sich in der Regel aus einem anderen mittelalterlichen Text, der dasselbe Thema behandelt wie Saxo.

Um den mittelalterlichen Inhalt hinter 511, 7 *in templo Lundensi*, wo *templum* offensichtlich von einer christlichen Kirche gebraucht wird, oder hinter *expeditionaria classis* (Aufgebot) nachzuweisen, scheint es nicht notwendig, Parallelstellen anzuführen. Hingegen würde man kaum 320, 27 *custos* mit *sacrista* (320, 34 und 320, 12) identifizieren, wenn es nicht aus Saxos eigenem Text hervorginge, daß die beiden Wörter denselben Inhalt haben, obwohl zwischen ihnen im kanonischen Recht unterschieden wird (vgl. Decretales Gregorii papae IX lib I tit. XXVII de officio custodis/Decretales I 27 de officio sacristae). Ebensowenig würde man 336, 20 *contio* mit *placitum* gleichsetzen, wenn man sich nicht auf mittelalterliche Quellen stützen könnte. Diese werden soweit als möglich nach M. Cl. Gertz, Scriptores minores historiae Danicae (abgekürzt Script. min.) angeführt. Wenn das ›Compendium Saxonis‹ so oft zitiert wird, so deshalb, weil der Verfasser dieser Schrift sich offensichtlich darum bemüht, den Sprachgebrauch Saxos mit echt mittellateinischem Sprachgut zu ersetzen, z. B. 336, 30 *in Wibergica ... contione* (Script. min. I 389, 9 *in Wibergensi placito*) oder 370, 29 *publica id contione exsequi* (Script. min. I 136, 8 *in Urnensi placito*). Nordische Wortformen werden nur in einzelnen besonderen Fällen angeführt, wo ein Saxo-Ausdruck einen mittelalterlichen Terminus technicus deckt. Bei der Wiedergabe von Saxo-Wörtern in nordischer Form wird folgende Terminologie benutzt:

1) *vulgo* bezeichnet, daß Saxo selbst das betreffende nordische Äquivalent gibt, z. B. 29, 29 *annuo feriarum circuitu* (*vulgo Suecice 'fröblot'*), siehe Wörterbuch Sp. 59 Z. 22. Oder 124, 3 *provincia* (*vulgo Norvagice 'fulki'*);

2) *danice, suecice* etc. wird verwendet, wenn im Wörterbuch ein lateinisches Wort mit einem einheimischen wiedergegeben wird, welches anderweitig zur Zeit Saxos oder in mittellateinischem Dänisch (Schwedisch etc.) geläufig gewesen sein muß, z. B. 519, 18 *armiger* (*danice 'á vapn'*), 227, 35 *communes silvas* (*danice 'almænning skogh'*), 322, 16 *census aestivus* (*danice 'mithsumærsgiald'*), 481, 14 *provincia* (*danice 'hæræth'*);

3) *lingua nostra, hodierna* o. ä. bezeichnet, daß ein Saxowort mit einem modernen dänischen Wort erläutert wird, z. B. 64, 20 *cervis iugalibus currum instruat* (Wörterbuch Sp. 128 Z. 57 *lingua nostra* '*rensdyr*'). So wird auch auf modernes Dänisch hingewiesen Wörterbuch Sp. 91 Z. 42 anläßlich des Wortes *aula* ('*hof*'), oder Sp. 767 Z. 20 zur Illustration des Wortes *stipes* ('*budstikke*') und endlich Wörterbuch Sp. 872 Z. 50 anläßlich des Wortes *villicus* ('*bryde*').

Das echt mittelalterliche Äquivalent zu einem antikisierenden Ausdruck Saxos wird ohne nähere Quellenangabe angeführt, wenn das betreffende Wort in denjenigen literarischen Schichten gängig ist, denen es angehört, z. B. *bundo* zu *agrestis* (siehe Wörterbuch Sp. 41 Z. 25). Ähnlich dürfte es angezeigt sein, das in mittelalterlichen Urkunden übliche *dapifer* ('drost') zu Saxo 506, 23 *qui regiae mensae praeerat* anzuführen. Zur weiteren Charakteristik der Sprache Saxos dienen Notizen wie die, welche im Wörterbuch Sp. 206 Z. 26 gegeben sind: *cum ... tum* kommt nie vor, oder zu Sp. 227 Z. 5 *delibero* nie wie in der Urkundensprache in der Bedeutung *libero*. Gelegentlich wird bei einzelnen Wörtern die stilistische Farbe angegeben, z. B. deutet *alipes* auf Vertrautheit mit Virgil, während *diota*, welches sonst in der lateinischen Literatur nicht vorkommt, zeigt, daß Saxo seinen Horaz im Gedächtnis gehabt hat.

## *Antikisierende Strömungen im Mittelalter*

Der stilistische Humanismus Saxos ist, wie oben angedeutet, keineswegs eine isolierte Erscheinung. Er gehört einer großen und nicht immer von der Nachwelt genügend beachteten Richtung an. Der Kenner mittelalterlichen Geisteslebens E. Gilson hat zwar vom klassischen Geschmack Alchuines gesprochen. Alchuine nennt Gottvater *Tonans* wie Juppiter, weil *Tonantis* sich vorzüglich als Hexameterschluß eignet. Bei demselben Alchuine wird der heilige Petrus charakterisiert als *„claviger aetherius portas qui pandit Olympi"*. Die Dichtung der karolingischen Periode ist durchzogen mit antiken Ausdrücken und Versmaßen. Die heiligen Bänder der Priester, die bei den Christen *infulae* heißen, werden *vittae* genannt. Einhard gibt den deutschen Stämmen römische Institutionen (*senatus ac* *populus, primores, proceres, praetoriani*). Er läßt Karl den Großen eine Sammlung von „*barbara*“ *carmina* veranstalten, er läßt ihn über „barbarische“ Völker herrschen, der Ausdruck *dimisso in hiberna exercitu* entspricht besser den Legionen Caesars als dem mittelalterlichen Heerbann. Der Sachse Widukind übernimmt im 10. Jahrhundert die Rolle eines Tacitus, der auf römische Art die Taten eines fremden Volkes interpretiert. Auch er nennt den höchsten Rat seines Volkes *senatus*, sein Land ist eingeteilt in *quaesturae*, er läßt seine Landsleute mit Kohorten Krieg führen. Widukinds *pontifices, templa* und *satrapae* zeugen von klassischen Studien. Der sächsische Geschichtsschreiber hat gewiß Recht, wenn er behauptet, daß in seinem Falle der Mönch nie den Sachsen verdrängt hat.

Der stilistische Humanismus des Mittelalters ist nicht auf eine bestimmte Epoche oder ein bestimmtes Land begrenzt. Er hat seine Vertreter sowohl am Kaiserhof als in der päpstlichen Kanzlei, in England nicht weniger als in den Abteien des europäischen Kontinents. Es folgt von selbst, daß ein Lupus von Ferrières in seinen Briefen die alten Meister nachahmt; es erscheint ihm natürlich, einen gleichzeitigen Bischof, Hincmar von Reims, *praesul* zu benennen — bei denjenigen Autoren, die wir bei Lupus kennenlernen, finden wir dieselbe Mischung von klassischer Bildung und Christentum. Man könnte Theodulphus, Bischof von Orléans, nennen, der ebenfalls tiefe Veneration für die antike Literatur hegte. In der folgenden Zeit treten bei Gerbert von Aurillac und seinem Schüler Richer dieselben antikisierenden Tendenzen deutlich hervor. Richer betrachtet die Lothringer als Belgier (*Belgae*), als ob er ein Zeitgenosse Caesars wäre, der Adel heißt bald *optimates*, bald *principes, magnates, primates* genau wie bei Saxo. In seiner Geschichte St. Gallens geht Ekkehart IV. (11. Jh.) noch weiter: der heilige Petrus tritt auf als *consul coelestis*, der heilige Gallus, Gründer des Klosters, wird zum *praetor* gewählt, die Brüder bilden einen Senat, kleiden sich in ihre *toga praetexta*, usw.

Der Gegensatz zwischen antikisierenden und modernen Autoren wird noch klarer im 12. Jh. Man braucht nur Bernhard von Chartres und seine Schüler zu nennen oder Johannes Sarisberiensis, dessen Polycraticus mit Reminiszenzen Ciceros erfüllt ist, oder den Mönch Aelred, der Cicero nachahmte und drei Bücher über die Freundschaft schrieb, die geistige, natürlich. Bernhard von Chartres, Alexander Neckam und Johannes Sarisberiensis betrachten sich als „Zwerge auf den Schultern der Riesen stehend" — *sicut nani super humeros gigantum* — und die Riesen sind für sie die Autoren der Antike. Sven Aggesen, der Vorläufer Saxos, führt dieses Zitat an, wahrscheinlich ohne dessen Sinn ganz zu verstehen. Die antike Tradition zeigt sich in voller Stärke bei Geoffrey von Monmouth, der eine großzügige Darstellung der Geschichte der englischen Könige gab. Die christlichen Nonnen sind für ihn „junge, Gott geweihte Mädchen (*deo dicatae puellae*)", nicht *sanctimoniales*, die christliche Kirche ist auch für ihn ein *templum*, nicht *ecclesia*, der Erzbischof nennt sich *archipraesul*, nicht *archiepiscopus*, die Periphrase *templa sanctorum in quibus religiosi coetus virorum atque mulierum obsequium deo iuxta Christianam traditionem praestant* (1, 2) zeugt von genau demselben stilistischen Humanismus, den wir bei Saxo antreffen.

Auch ein polnischer Chronist des 13. Jahrhunderts spricht von einem polnischen Senat, dessen *princeps senatus* identisch ist mit dem *castellanus* Krakóws, während die Deputierten den Titel *tribuni* trugen.

### *Metrik*

Saxos Nachahmung antiker Vorbilder ist jedoch keineswegs auf den sprachlichen Ausdruck (Wortwahl, Satzbau etc.) begrenzt. Voll vertraut mit der klassischen Poesie und Prosa dichtet er die nordischen Heldengesänge in antike Verse um. Nur äußerst selten verstößt er gegen die Quantität der Silben (z. B. 136, 4 *spĕcus*, 148, 13 *frĕtus*). Dies ist um so mehr bemerkenswert, wenn man der Rolle eingedenk ist, welche die akzentuierende Poesie das ganze Mittelalter hindurch gespielt hat. Bei Saxo selbst finden wir durchgehend rhythmische Satzschlüsse, obzwar diese nicht immer erkannt worden sind (vgl. B. Axelson, Scandia 9 [1936] p. 204 ff., der unter anderem auch verweist auf 27, 2 *claudicatione mul*[c]*tavit* [a, *mutilavit* edd., zu Unrecht, siehe Wörterbuch Sp. 518 Z. 18, vgl. auch J. Svennung, Arkiv för nordisk filologi 55 [1940] p. 127). Die ersten Bücher Saxos, die den Sagenstoff enthalten, sind von metrischen

Einschlägen erfüllt. Mit Virgilentlehnungen singt Saxo den Preis Seelands. Aber der antike Einfluß zeigt sich am deutlichsten in den Horaznachahmungen. Im 12. Jahrhundert erreicht der Ruhm Horazens seinen Höhepunkt. Es ist das Jahrhundert, in dem Frankreich mehr als je das Geistesleben des Mittelalters beherrscht. Obwohl christlich, ist die Kultur nicht systematisch der Antike feindlich gesinnt. Horaz wird nachgeahmt nicht nur in Paris, sondern auch in St. Amand, Anchin, Arras, St. Bertin, Corbie und Rouen — Horazreminiszenzen häufen sich bei Guibert von Nogent, Hildebert von Le Mans, Hugo von St. Victor, beim Dichter Walter von Châtillon, dessen Alexandreis Saxo bekannt gewesen ist. Als Saxo den Königssohn dem Riesen Gro drohen läßt, legt er ihm horazische Glykonäen in den Mund (I 40, 10 *regum colla potentium/ . . . perdomui* ~ Hor. Carm. 2, 12, 2 *regum colla minacium*), sein Knappe preist ihn in sapphischen Strophen. Es ist wiederum Horaz, der Vorbild ist für Verse, in denen Starkad dem König Ingeld seine Schwächen und fehlende Tatkraft vorhält, indem er ihn an den kriegerischen Geist und die einfachen Sitten seines Vaters erinnert (VI 9, 12) *mensa perstabat modico paratu/exhibens sumptum tenui salino/ne quid externo variaret usu/docta vetustas* ~ Hor. Carm. 2, 16, 13 *vivitur parvo bene qui paternum/splendet in mensa tenui salinum* etc.). Als Hagbarth seine Geliebte fragt, was sie zu tun gedenkt, wenn er stirbt, apostrophiert er sie wie eine antike Göttin (VII, 8, 9 *dic ergo Venus unica/quam voti speciem feres/complexu solito carens*). Unserem Saxo ist der Olymp nicht weniger vertraut als vielen heidnischen Autoren. Sonderbar, daß nicht einmal sein Name erwähnt wird in den bekannten Werken von J. E. Raby, A History of Secular Latin Poetry in the Middle Ages (1934) oder C. H. Haskins, The Renaissance of the Twelfth Century (1927).

## *Stil und Gedanke*

Da Sprache und Stil Ausdruck des Gedankens sind, liegt es nahe zu fragen, ob die angeführten stilistischen und metrischen Tatsachen, die sich ad libitum mit Hilfe des Wörterbuches und des Ausgabenapparates vermehren lassen, irgendwie Ausdruck eines mehr als bloß formellen Humanismus sind. Welches Verhältnis herrscht zwischen der Sprache und dem Gedanken Saxos? Die, wenn auch keineswegs isolierte, so doch ungewöhnlich weitgetriebene archaisierende Tendenz, die sich in jeder Zeile Saxos nachweisen läßt, spiegelt eine alles andere als gewöhnliche Haltung eines Autors des 12. Jahrhunderts wider. Ein markanter Zug in der Physiognomie unseres Autors ist ein gewisser Antiklerikalismus, wenn man diesen Ausdruck überhaupt auf einen Schriftsteller jener Zeiten in Anwendung bringen darf. Wenn Saxo ein Jahrhundert später, während des langen Kampfes zwischen Kirche und Krone, gelebt hätte, hätte er ohne Zweifel auf der Seite des Königs gestanden. Die Tugenden, die er bewundert, sind nicht Demut oder andere sogenannte christliche Tugenden, sondern Tapferkeit, Kriegerlust oder Loyalität des Gefolgsmannes. Vom König Harald III. (Hen) heißt es, daß Gott größeres Wohlgefallen hat an guter Administration als an leerem Aberglauben, daß Gott anständige Rechtsverhältnisse höher schätzt als Weihrauch (*iura quam tura*); er hat es lieber, daß man die Verbrecher als daß man die Kniee beugt (XI 10, 8). Es stimmt hiermit überein, daß Saxo den König Erich III. Lam bemitleidet, der — als sich der Tod ihm näherte — ins Kloster ging und die Königstracht mit der Mönchskutte wechselte (XIV 2, 15 *regiam vestem cuculla permutat*). Endlich fällt es ihm schwer, seine Sympathien für den Krieger Absalon zu verbergen, der — sobald er als Bischof gewählt war — nicht minder als 'pirata' denn als 'pontifex' wirkte, indem er es von geringem Werte ansah, die Religion im Innern des Landes zu schützen, wenn sie von außen bedroht würde, denn es sei wichtiger für den Gottesdienst, die Feinde der Religion zu vernichten, als sich der Ausübung von Zeremonien zu widmen. Über Absalon als Klostergründer schweigt er hingegen gänzlich.

Die Tendenz Saxos tritt am deutlichsten hervor bei einem Vergleich mit dem anonymen Autor des ›Chronicon Roskildense‹. Dieser gehört, wie von modernen Historikern nachgewiesen, zu einem Kreis, der ganz andere Anschauungen als diejenigen Saxos vertritt. Während Saxo nichts übrig hat für den Erzbischof Eskil, dem unverzagten Verteidiger der internationalen Kirche, ist Eskil in den Augen des anonymen Autors das auserwählte Werkzeug Gottes. Die große Schlacht bei Fotevik (4. Juni 1134), in der nicht weniger als fünf Bischöfe ihr Leben ließen, und in der Magnus fiel, der den Herzog Knud getötet hatte, war nach Saxos Meinung die Strafe Gottes. „Ich wage diese Vermutung auszusprechen", sagt er, „daß dieser Sieg gewonnen wurde nicht durch die menschliche Kraft, sondern daß er geschenkt wurde von Gott, der so den Tod eines wirklich frommen Mannes rächte, und nie floß in einem Krieg mehr Bischofsblut" (XIII 11, 10—11). Als der Autor des ›Chronicon Roskildense‹ von derselben Schlacht berichtet, heißt es: „O Jahr des Grauens, o bitterer Tag, Tag des Todes, Tag der Finsternis, schmerzvoll und sorgenschwer, o jener Tag, an dem Magnus getötet wurde, der Sproß Dänemarks, der schönste Jüngling, stark in seiner Kraft, ein froher Geber und dazu weise und ein Freund von Beständigkeit" (vgl. Vulg. Korinth. II 9, 7). König Erich II. Emun, des Kampfes Sieger, wird von Saxo charakterisiert als ein Fürst, der darauf bedacht ist, den durch die Waffen erworbenen Frieden mit Gerechtigkeit zu schmücken und den Gesetzen der Väter ihre alte Kraft wiederzugeben. Der Autor des ›Chronicon Roskildense‹ sieht in ihm den Tyrannen und vergleicht seinen Mörder mit David, der den Riesen Goliath erlegte. Knud IV., der Heilige, der ebenfalls die Macht des Königtums zu stärken suchte, war auch ein Tyrann in den Augen des Autors der Roskildechronik, da er der Bevölkerung neue und ungerechte Gesetze auferlegte. Wenn er später in den Kreis der Heiligen der katholischen Kirche einbezogen wurde, ist dies das Verdienst Saxos und derjenigen, deren Interessen er vertrat: für sie war Königsmord ein größeres Verbrechen als Bischofsmord; Knud der Heilige fiel dem Widerstand gegen die neue Ordnung zum Opfer, die jetzt im Begriff war, sich in Dänemark durchzusetzen, und die er mit Gewalt und übergroßem Eifer zu fördern gesinnt war. Unter der Regierung seines Nachfolgers Oluf herrschte eine Hungersnot im Lande, welche ihm den Beinamen 'Hunger' gab (Oluf Hunger). Was die Hungersnot betrifft, die damals auch andere Länder betraf, ist das ›Chronicon Roskildense‹ sehr zurückhaltend, während Saxo es nicht unterläßt, jenes Unglück als die Strafe des Himmels für den Königsmord darzustellen.

Der Gegensatz zwischen Saxo und dem ›Chronicon Roskildense‹ ist, wie oben beschrieben, vorhanden sowohl im Gedankengang der beiden Autoren als auch in ihrem Stile. Es ist also kaum zufällig, daß der eine der antikisierenden Richtung angehört, während der andere die üblichen kirchlichen Ausdrücke wählt. Das ›Chronicon Roskildense‹, welches voll und ganz die Forderung auf uneingeschränkte Macht der Kirche stützt, wählt seine stilistischen Vorbilder in der christlichen Literatur, in der Vulgata, usw. Saxo sucht, wie zu erwarten, seine Vorbilder anderswo.

Ganz hat ein mittelalterlicher Mensch sich natürlich nicht dem Einfluß der christlichen Welt entziehen können. Aber selbst in der Wahl christlicher Vorbilder zeigt Saxo seine Vorliebe für diejenigen, welche die antiken Muster nachzuahmen suchten. Unter den christlichen Vorbildern findet sich Prudentius, der christliche Gedanken in klassische Verse schmiedete, eine Leistung, der Saxos horazische Wiedergabe nordischer Heldengesänge an die Seite zu stellen ist.

Nur ein dichterischer Zeitgenosse hat Spuren im Werk Saxos hinterlassen, nämlich Walter von Châtillon, dessen Epos die Taten Alexanders in mehr als 5000 Hexametern behandelte, von denen einige sprichwörtlich geworden sind (z. B. V 301 *incidis in Scyllam cupiens vitare Charybdin*). Walters von Châtillon ›Alexandreis‹ war allgemein verbreitet. Wir wissen, daß sich allein in Dänemark zwei Handschriften seines Werkes befanden. Ein Vergleich der ›Alexandreis‹ Walters mit den metrischen Partien Saxos zeigen gewisse Übereinstimmungen. Beide schmücken nicht ungern ihre Hexameter mit Alliterationen und mit langen, seltenen Wörtern des Typus *fluctivagus* o. ä. Wenn von verbalen Übereinstimmungen bei antikisierenden Mittelalterautoren die Rede ist, wird es immer schwierig sein, zu entscheiden, ob diese Übereinstimmungen auf gemeinsame Quellen oder gegenseitige Abhängigkeit deuten.

Die mittelalterlichen Prosaschriftsteller, die Saxo gekannt hat, lassen sich nicht leicht nachweisen, weil er Wörter und Satzbau seiner Quellen bewußt ändert, um sie seinem Stilideal anzugleichen. Wir können dennoch seine Änderungen an gewissen Stellen spüren, wo wir die Quellen kennen; so stützt er sich beispielsweise auf Sven Aggesen in der Schilderung der lex Castrensis ('withærlogh'), er paraphrasiert die Urkundensprache XI 12, 8 *quartam regii numismatis, quartam suae in cives exactionis, quartam aestivi census portionem ei qui pro tempore loci antistes extiterit, muneris loco perpetuo iure possidendam concessit.* Wer mit der Urkundensprache auch nur einigermaßen vertraut ist, erkennt in dieser leichten Periphrase die normale Terminologie der königlichen Kanzlei wieder.

Saxo zitiert ausdrücklich Beda Venerabilis, Paulus Diaconus und Dudo, Canonicus in St. Quentin, dessen normannische Geschichte Ähnlichkeiten mit Saxos eigenem Werk darbietet: beide haben es versucht, antike Stilisten nachzuahmen, beide waren darauf bedacht, ihre mittelalterlichen Quellen möglichst zu verbergen. In seinen ›Notae uberiores in historiam Danicam‹ hat Stephanius stilistische Parallelen zwischen Saxo und Johannes Sarisberiensis nachgewiesen (325, 16 *solutionem celebrare* für *solvere*, 49, 12 *colorare* für *velare, palliare, praetendere*, 38, 24 *minoro* für *diminuo*). Unter den Zeitgenossen Saxos haben wir Geoffrey von Monmouth erwähnt und dabei hervorgehoben, daß beide der antikisierenden Richtung mittellateinischer Autoren angehören. Man könnte hinzufügen, daß beide auf rhythmische Klauseln bedacht sind, daß sich dieselben seltenen Wörter und Konstruktionen bei beiden finden (*deliteo* auch bei Geoffrey 1, 8 *aestuo aggredi* auch bei Geoffrey 1, 9), und daß beide sich von der Geschichte ihres Vaterlandes inspirieren lassen. Geoffrey hat keltische Legenden in lateinischer Form wiedergegeben, so wie Saxo den nordischen Stoff wiedergibt, beide verarbeiten und verschönern ihre Quellen, mündliche sowohl als schriftliche.

Eine andere Übereinstimmung läßt sich zwischen den beiden feststellen; ob sie zufällig ist, läßt sich nicht ohne weiteres sagen. Derselbe pariserische Drucker Josse Bade gab zu Beginn des 16. Jahrhunderts Geoffrey von Monmouth und Saxo heraus (Galfredi Monemutensis Historia regum Britanniae ed. Ivo Cavellatus Parisiis 1508; Saxo Grammaticus, Danorum regum heroumque historiae ed. Christiernus Petri Parisiis 1514), vermutlich weil man in Frankreich die Handschriften ihrer Texte hatte. Zu Geoffreys und Saxos Zeiten war Frankreich der vornehmste Sitz aller Gelehrsamkeit. Es ist wahrscheinlich, daß Saxo in Frankreich gewesen ist. Was das Studium der heidnischen Autoren betrifft, übertraf Orléans alle anderen Städte Frankreichs. Matthaeus von Vendôme schreibt u. a.

*Parisius logicam sibi iactitet, Aurelianis/*
*a u c t o r e s, elegos Vindocinense solum.*

Ovid und Lucan, die uns auch als Vorbilder Saxos bekannt sind, gehören zu den am fleißigsten gelesenen Autoren der Schule von Orléans. Petrus von Blois zitiert Martianus Capella, der ebenfalls zu Saxos stilistischen Vorbildern gehört. Im Jahre 1199 behauptet ein Grammatiker (Alexander de Villadei), daß die Schule von Orléans, die zum Übermaß die heidnischen Götter verherrliche, im Begriff stünde, den Weg zum Paradies zu verfehlen. Dasselbe trifft gewissermaßen auch auf Saxo zu.

Paul Klopsch: Pseudo-Ovidius ›De vetula‹. Untersuchungen und Text. Leiden und Köln: Brill 1967, S. 100—116 (= Mittellateinische Studien, Bd. II).

# DIE SPRACHE DES PSEUDO-OVIDISCHEN GEDICHTS ›DE VETULA‹*

Von Paul Klopsch

## a) Wortschatz

Der ›Vetula‹-Dichter füllt den Raum, den das Grundkonzept (pr. 1, 4 ff.)

*quis modus ipsi*
*Vivendi fuerat, tunc quando vacabat amori,*
*Quare mutavit et quo modo postea vixit*

bietet, mit einer kaum übersehbaren Vielfalt von Themen. Da finden sich Liebesdidaktik und Invektive, erotische Szenen und moralisch-satirische Partien, Schilderungen von Natur und Menschenleben, von weiblicher Schönheit und Häßlichkeit, mathematische, kosmologische und theologische Erörterungen, eine Parodie, ein Schachgedicht, iatromathematische Schemata, eine Comoedia, eine Art Marienhymnus und noch manches andere mehr. Diese Mannigfaltigkeit der Gegenstände spiegelt sich in einer Spannweite des Wortschatzes, dem von der klassischen Dichtersprache bis zum Fachjargon mittelalterlicher Wissenschaften nichts fremd ist. Die Bedenkenlosigkeit, mit der die im Vers nicht einfach zu handhabenden Fachwörter nicht nur lateinischen, sondern auch griechischen und arabischen Ursprungs verwendet sind, ist eines der stilistischen Charakteristika unseres Gedichtes; es gibt hier wenig, wovor der Dichter zurückschreckt.

So begegnen uns denn aus dem Gebiet des Triviums neben den Bezeichnungen der Fächer: I, 45. 56 *grammatica*; I, 57 *dialectica*; I, 67 *rethorica* Termini wie: pr. 2, 3 *pentimemeris;* II, 99 *antifrasis*;

* [Anm. des Hrsg.: Wie der Verf. S. 18 und 78 des Originals ausführt, ist ›De vetula‹ gegen Mitte des 13. Jhs. entstanden.]

III, 80 *abusio*; II, 308 *hyperbola*. Reichhaltiger ist das Arsenal der Fachausdrücke auf dem Gebiete des Quadriviums, der *mathesis* (III, 19. 26) oder *matheses* (II, 74), deren Methode die *demonstratio* (III, 29) ist: I, 615. 817 *arithmetica* und I, 816. II, 23 *arithmeticus*.

Die neue indisch-arabische Rechenkunst erscheint I, 815 als *ludus algebre almucgrabaleque*[1].

Die Termini der Zahlenlehre werden anläßlich der Beschreibung des Zahlenkampf-Spieles (I, 649 *rhythmimachia*) in den von Boethius gebildeten Formen gegeben: I, 655 *pares*; I, 668 *paritas*; I, 654 *imparitas*; I, 659 *multiplices*; I, 661 *supraparticulares* (aus metrischen Gründen statt *superp.*); umschrieben sind die *superpartientes*: I, 663 *qui particulas superaddunt*.

Ferner: I, 675 *pyramidales* und I, 678 *pyramis perfecta* sowie I, 681 f. *pyr. tercurta*; I, 686 *numerus quadratus*; I, 679 *basis*; III, 55. 143 *diametron*; I, 683 *ducere* 'multiplizieren'; II, 21 *geometricus*; I, 662 *quotitas* 'Zahlenwert' (vorher nicht belegt).

Auch in den astronomisch-astrologischen Darlegungen operiert der Verfasser des Gedichtes ausgiebig mit der Fachterminologie: III, 289 *augis* 'Apogäum'; III, 620 *exaltatio*; III, 293 *epizyclus*; III, 292 *cuspis egressa*;[2] III, 601 *punctum vernale*; III, 192 *equator*; *equidiales*.

Ins rein astrologische Gebiet führen: III, 40 *significator*; III, 523. 527 *complecti* 'in Konjunktion stehen'; III, 599 *coniunctio*; III, 464 *domus*; III, 596 *triplicitas*; III, 621 *terminus*; III, 627 *facies*.

Die Astrologen heißen III, 594. 626 *astrorum domini*, III, 489 *domini stellarum*.

Der mehr beiläufigen Behandlung, die der Musik in unserem Gedicht zuteil wird, entspricht es, daß nur ein Terminus im engeren Sinne sich findet: I, 65 *concentus*, das die im 13. Jahrhundert von der Notre-Dame-Schule gepflegten Formen der Mehrstimmigkeit (Organum, Motette, Conductus) bezeichnet, wobei die näheren Angaben *in diversa trahentes* und *vel voce vel usu instrumentorum* an die beiden letztgenannten Gattungen denken lassen.

[1] Entstellt aus *almucabala* (Du Cange s. v.).
[2] Im Vers schon bei Alan. Anticl. IV, 47.

Soweit die 'Septem artes', für die der Dichter auch die Bezeichnung *magisterium* (I, 733) kennt.

Wie sehr der Autor mit der medizinischen Terminologie vertraut ist, zeigen: II, 13 *ruptura syphac* (vgl. Anm. 131); II, 14 *oscea*;[3] III, 262 *humor*; I, 617. 620 *complexio*; I, 44 *receptrix* 'Gebärmutter;[4] III, 264 *homogeneus* 'nicht an einen bestimmten Körperteil gebunden'.

*Melancolia* ist — ein seltener Fall — dem Dichter zu unhandlich, er stutzt es sich III, 264 zu *melia* zurecht; im gleichen Vers erscheint *flegma,* wohl wegen des folgenden vokalischen Anlautes, als *flegmon.*

Im Vers auffallende Bezeichnung aus den Randwissenschaften ist I, 708 *phisiagnomicus.* Die Alchimie ist, obwohl der Dichter recht viel von ihr zu halten scheint, nur kurz genannt (I, 762 *alkimia*), sie hat jedoch einen poetischen Vergleich zu der Schönheitsbeschreibung beigesteuert: II, 298 *argentum vivum.*

Daß der Dichter sich auch des philosophisch-theologischen Wortschatzes seiner Zeit zu bedienen weiß, versteht sich nach den bisherigen Aufzählungen fast von selbst. Auffallendere Bildungen und Bedeutungen sind:

I, 487 *ponere* 'setzen'; I, 477 *concluditur*; III, 81 *questio idiomalis* 'Definitionsfrage'; III, 514 *assertive*; III, 466 *divisio naturalis* bzw. *situalis*; I, 206 f. (II, 137) *lex nature* bzw. *positiva*; I, 474 *individuus* 'Mensch'; I, 83 *virtus intellectiva* bzw. *sensibilis*; III, 112 *independens*; III, 36 *intellectus transcendens*; I, 223 *meditativa* (substantivisch); III, 123. 358 *esse* (substantivisch).

I, 729 sind *laicus* und *philosophus* gegenübergestellt; *theologia* und *theologus* sind, um das antike Kolorit zu wahren, umschrieben durch II, 156 *fasti* bzw. II, 136 (*ii*) *a quibus investigatur natura deorum.*

Seine Vertrautheit mit der Terminologie fast aller wissenschaftlichen Disziplinen seiner Zeit nutzt der Dichter, um möglichst präzis das auszudrücken, was er ausdrücken will. Nur recht selten verrät

[3] Cels. 7, 18 ὄσχεον *Graeci, scrotum nostri vocant.* Der Plural scheint durch metrische Bequemlichkeit bedingt.

[4] Aus Avicennas „Kanon" in der Übersetzung Gerhards von Cremona.

ein Prunken mit dem Fachwort, daß er sich auf sein gelehrtes Vokabular ein wenig zugute tut, so wenn er I, 815 *algebra* und *almucgrabala*, III, 192 *equator* und *equidialis* aufeinanderpackt oder III, 293 *quem nominat ars epicyclum* einfließen läßt.

Am allgemeinen Wortschatz läßt sich eine ähnliche Einstellung des Dichters konstatieren. Kaum jemals sucht er das seltene Wort, um mit weit hergeholter Gelehrsamkeit zu prahlen; man könnte allenfalls auf I, 783 *anabatrum* und II, 150 *holocaustum* verweisen, die sich allerdings beide in damals viel gelesenen Dichtern finden, das erste bei Juvenal (III, 46), das zweite bei Prudentius (Psychom. 784, Apoth. 537).

Im allgemeinen steht, wenn der Autor sich seltener Vokabeln bedient oder zu Neubildungen schreitet, das Streben nach möglichst genauer Kennzeichnung des Sachverhaltes im Vordergrund, so bei

I, 93 *diversicolor* (nach Mart. Capell. I, 14. 67, VIII 811);
I, 717 *scitor* (Claud. Mamert. ›De statu animae‹ I, 11);
III 706 *incorruptio* (in der patristischen Literatur nach Kor 15, 53);
III 140 *manifestatrix* (Johannes Scottus, ›Expos. super Hierarchias Dionysii‹ II, 4, 12. 7, 4 = Migne PL 122, 267. 286);

sowie bei den Neubildungen:

pr. 1, 12 *corredire*;
I, 144 *excusativus;*
II, 153 *ementulus* (nach älterem *ementulare*, Du Cange s. v.);
pr. 2, 2 *subduplicare* (*hexametro pentimemerin* 'Distichen verfassen', vielleicht durch mathematischen Terminus *subduplex* in der Arithmetik des Boethius inspiriert, jedoch in selbständiger Bedeutung verwendet);
III, 805 *concathedrare* (vielleicht induziert durch Aug. c. Petil. III, 75, 69 *concathedraneus* 'der den gleichen Bischofssitz innehatte');
I, 306 *clavellose capitatus.* Hier ist das in der botanischen Fachsprache (Varro, Columella, Plinius maior) beheimatete *capitatus* durch die von *clavellus* abgeleitete Neubildung mit dem in abgeblaßter Bedeutung erscheinenden Suffix *-osus* näher bestimmt. Bei *clavellose* scheint ferner *clavus* mit *clava* vermengt, denn man wird sich die an dieser Stelle beschriebenen Wurfhölzer sicherlich als keulenförmig verdickt vorstellen müssen.
I, 32 *lacrimalia* erscheint als Bestimmung zu *foramina* 'Öffnungen der Sinnesorgane' in neuartiger Verwendung nach *lacrimale* 'Tränendrüse, Tränengang' (Du Cange s. v.); Daniel Becclesiensis, 'Urbanus Magnus'

p. 13 (Blatt s. v.) spricht von *lacrimalia tempora* 'beweinenswerte Zeiten'. In unserem Falle wird man wohl wegen der speziellen medizinischen Bedeutung Neubildung annehmen dürfen.

Wo die selbständige wissenschaftliche Darstellung einen neuen Terminus erheischt, bildet ihn der Dichter in durchaus zweckmäßiger Weise; so entstehen

I, 416 (u. öfter) *punctatura* 'Kombination von Elementen' (Augen beim Würfelspiel);
I, 423 *punctatio* in gleicher Bedeutung, nur wegen der metrischen Bequemlichkeit variiert;
I, 455 *cadendi scema* und in der folgenden Tabelle *cadentia* 'Wurfmöglichkeit';
I, 412. 458, wo 'Häufigkeit einer Kombination' auszudrücken ist, begnügt sich der Dichter mit *virtus*; als Oppositum erscheint
I, 459 *debilitas*.

Eine kleinere Gruppe von meist nur das Suffix ändernden Neubildungen verdankt ihre Entstehung dem Streben nach leichterer Handhabung des Wortes im Vers:

III, 264 *melia* statt *melancolia*;[5]
III, 264 *flegmon* statt *flegma* vor vokalisch anlautendem Wort;
I, 38 *signare* statt *sinificare*;
II, 249 *crispedo* statt *crispitudo*;
III, 49 *temerus* statt *temerarius* (dieses I, 311. 471) nach dem Adverbium;
III, 690 *retrodicere* im Zusammenhang *ut retrodixi* statt *ut supra dixi*;
III, 114 dürfte das seltene, nur aus Hadr. I. Epist. 56 (Migne PL 96, 1217) bekannte *omnipotentatus*, das doch wohl eine Neubildung unseres Dichters darstellt, seine Verwendung der Rücksicht auf den Vers verdanken.

Neubildungen und seltene Wörter in vorwiegend schmückender Funktion sind häufig; zu nennen sind:

III, 247 *vocifer*, das einen Vorläufer Eustath. Bas. hex. 3, 2 (Migne PL 53, 892) hat,
II, 359 *linguipotens*,
II, 59 *mirivocus* und das

[5] Eberh. Bethun. ›Graecismus‹ (ed. J. Wrobel, Breslau (1887) VIII, 221: *Est melan nigrum, dicas melanopiper inde.*

III, 249 als Epitheton zu *stomachus* verwendete *cibator*. Diesem entspricht II 238 *lustrator (oculus)*, wobei *lustrator* 'Durchwanderer' nur bei Apuleius Apol. 22 belegt ist.

II, 302 ist um des Wortspieles willen *colliculus* 'Hügelchen' — vorher nur Martial XII, 25, 4 — herbeigezogen.

Auch I, 736 *philopecunia* wird man hier anreihen dürfen. Hier ist der Dichter zur Neubildung geschritten, um sein Anliegen auf die knappe antithetische Formel *philosophia-philopecunia* zu bringen. Die Anregung könnte *philocosmia* bei Alan gegeben haben. Im übrigen reicht der Wortschatz des Dichters vom hochpoetischen Wort der klassischen Literatur (I, 358 *sons*) bis zu einem latinisierten Vulgarismus wie II, 15 *ovum* 'Hoden', erfaßt biblische Bedeutungen (II, 5 *cognoscere*) ebenso wie romanische (I, 759 *captivus* 'schlecht'). Ein hübsches Beispiel für die Heterogenität des Wortschatzes bietet sich auf engem Raum in der Juristensatire: I, 740 *praetorium* ist in der Bedeutung 'Amtsgebäude' ein gängiges antikes Wort und dient der Herstellung antiken Kolorits; I, 742 *proclamator* 'marktschreierischer Advokat' ist ein überaus seltenes Wort (nur Cic. De orat. I, 202) wird aber in durchaus treffender Weise gebraucht; in I, 743 *emenda* 'Buße' schließlich haben wir einen mittelalterlichen Rechtsterminus vor uns.

## Weitere erwähnenswerte Wortformen und -bedeutungen:

*(laudibus) affere* (II, 406) ist wohl Verwechslung mit *effere* und somit als ausgesprochener sprachlicher Schnitzer zu deuten.

*ager* 'Feld des Schachbrettes' erscheint I, 597 okkasionell statt des häufigeren *campus*.

*(non) alias* (III, 435) '(nicht) aus einem anderen Grunde',

*aula* (I, 52) 'Festsaal' (vgl. Niermeyer s. v. *aula* 1).

*campus* I, 53 — mit *aula* ist offenbar ein geschlossener Raum gemeint — müßte 'Fußboden' bedeuten; das wäre eine sonst nicht nachweisbare Bedeutung, und man wird daher an eine metaphorische Verwendung im Sinne von 'weite Fläche' denken müssen.

*campus* 'Feld des Schachbrettes' (I, 585. 601. 612) wird in unserem Gedicht erstmalig gebraucht. Frühere Bezeichnungen sind *tabula* (Walther 17721. 2123), *locus* (Walther 17721. 15440. 17945) und *punctum* (Walther 10459. 11787). *Campus* ist in dem Krakauer Schachgedicht von 1422 (Walther 380) wieder aufgenommen.

*captare* c. inf. 'auf etwas erpicht sein, etwas beabsichtigen' (I, 100) ist vereinzelt seit der silbernen Latinität vorhanden (z. B. Phaedr. IV, 8, 6; Colum. VIII, 11, 1). Als Vorbild für unseren Dichter kommt besonders

Ov. Metam. X, 58 *prendique et prendere captans* in Betracht, wo man heute im allgemeinen mit dem Marcianus Florentinus 225 *certans* liest.

*castigare* (I, 27) 'fest umschließen, straff formen' nach Ov. am I, 5, 21.

*circumplex, -us* (I, 27) 'Umfassend' nur Plin. n. h. VI, 212. VIII, 32.

*circumscribere* (I, 207. 212. III, 98) 'einschränken, aufheben'.

*condire (in sepulcro)* (pr. 1, 10) läßt sich als mit *condere* 'bestatten' vermengt begreifen. Ohne eine solche Annahme läßt sich auskommen, wenn man *condire* als 'konservieren' auffaßt; Plinius sagt in seinem Bericht über die Auffindung des Numagrabes (n. h. XIII 86 nach Cassius Hemina), die Bücher seien *citrati* (durch Bedecken mit Zitronenblättern konserviert?) gewesen.

*se continuare* (I, 485) scheint aus *se continere* 'sich beherrschen' und *continuare* 'fortfahren' kontaminiert. Oder sollte es sich um einen Romanismus (vgl. E. Löfstedt, Syntactica, Lund 1933, 387 ff.) handeln? Allerdings gibt es frz. *se continuer* nicht.

*continuare* (I, 646) '(beim Mühlespiel) in eine Linie bringen'.

*crista* (II, 255) 'Augenbraue'.

*deducere.* Das ovidische 'bis in eine bestimmte Zeit fortführen' (z. B. Metam. I, 4, Trist. II, 560) ist fortentwickelt zu '(zeitlich) lang hinziehend' (I, 539), 'verlangsamen' (I, 497), 'vertrösten' (II, 414).

*devirare* (II, 24), wohl nach Analogie von *devirginare,* zuerst Alanus, ›Planctus naturae‹ metr. I (S. 429 Wright).

*diiaculare* (I, 308), nirgends belegt, wie auch das zu erwartende *deiaculare* 'durch einen Wurf herunterholen' (Mozley S. 71).

*discolus* (I, 105) gr. δύσκολος Bibelwort (1 Petr. 2, 18) und auf Grund dieser Stelle in mittellateinischen Glossaren (z. B. Papias). In anderer Bedeutung ('Vagant') ›Ecbasis‹ 124.

*eremus, -i* 'Einsamkeit, Einöde', nach Hieron. Epist. 82, 3 (einziger antiker Beleg) im Mlat. eingebürgert (vgl. Niermeyer s. v.)

*(sibi) evolvere* (II, 526) 'bei sich überdenken'. Antik, jedoch nicht häufig. Der Dativ ist singulär.

*factor* (I, 787) wäre in der Bedeutung 'Wähler' neu, die mittellateinische Bedeutung ist 'Beauftragter'. Wahrscheinlicher ist, daß *factor* auf Grund der gleichen lautlichen Entwicklung wie *autor* > *actor* aus *fautor* herzuleiten ist und dessen Bedeutung hat. Vgl. CGIL V, 634, 27 *factorem insinuatorem* (*fautorem* Götz).

*habere* (II, 617) 'bekommen': *quod nummos non dixerit hec habuisse sic a me.* Schon in der antiken Umgangssprache: Cic. Ad Att. IV, 18, 15; *abs te proximas litteras habebam Epheso.*

*imitari (mathesin)* 'studieren' (III, 26), weiterentwickelt aus der Bedeutung 'nachahmen, nachfolgen'.

*incultus* 'ohne aufwendige Pflege' ist I, 30 abgesetzt gegen *neglectus* 'vernachlässigt, ungepflegt'.
*se intromittere de aliqua re* (I, 130) 'sich befassen mit' etw. Du Cange gibt einen Beleg aus einer Urkunde Ottos III. von 995. Vgl. frz. *s'entremettre.*
*lacessire* (I, 303) verbreitet sich seit der Spätantike (Colum. IX 8, 3; Ambros. epist. 6, 1; Gregor von Tours Hist. IX, 8).
*male* (I, 176) 'kaum, nicht'; Blatt s. v. gibt Poeta Saxo I, 233, Hrotsvit Mar. 568.
*mirari de aliqua re* (I, 360).
*multiplicare* (I, 283 *gemellos sibi m.*) ist in dieser Verwendung singulär.
*pinguis* (II, 535 *pingue vinum*) bedeutet eigentlich einen vollen, schweren Wein (vgl. Kießling/Heinze zu Hor. sat. II, 4, 65). Die an unserer Stelle vorliegende abwertende Bedeutung hat der Dichter aus Cels. II, 18, 11 herausgelesen, wo ältere Menschen von *vinum, quod paucorum annorum vel austerum vel pingue est,* abgeraten wird.
*placidus* erscheint I, 689 in der Bedeutung von *placitus.*
*postpositus* (I, 25) 'vergangen, vergessen'.
*potare* 'tränken' ist biblisch (*Ps.* 59, 5) und von dort zu den Kirchenschriftstellern gelangt.
*puella* steht I, 99 als Sammelbezeichnung für Mädchen, Frau und Witwe.
*refundere* (I, 45) 'wiedergeben (nach vorhergegangener Befruchtung), gebären' (Plin. *paneg.* 31 'wiedergeben').
*(lepores) retrovertere* (I, 298) 'auf den Rücken drehen' = 'erlegen' (?).
*rudis* (II, 457) 'dummer Mensch' als Bezeichnung für einen Diener ist eine recht harte Substantivierung (sie ist in der Hss.-Gruppe *o* durch *cliens* ersetzt). Eine ähnliche Gleichsetzung: CGIL V, 314, 32 *nurus : bruta.*
*sententia* (I, 97) 'Inhalt des Buches'.
*similis, dissimilis* (I, 427 ff.) 'mathematisch gleich, ungleich'.
*successio* 'Ablauf' (I, 500).
*superstare* = *superesse* (III, 353).
*tempus* (I, 253) 'Jahreszeit', vgl. die zahlreichen romanischen Zusammensetzungen vom Typ frz. *printemps.*
*tenere de aliqa re* (III, 68) 'im Sinne haben, denken', ferner *teneor esse obnoxius.*
*tarde* (II, 647) 'spät'.
*timpus* (II, 248) 'Schläfe' differenziert von *tempus* 'Zeit'. Vgl. O. Keller, Grammatische Aufsätze (Leipzig 1895) 123 f.
*trahere* (I, 65) intransitiv: 'sich bewegen' (von einer Melodie).
*unde* (pr. 2, 1) = *cur.*
*uti* (I, 378) 'verbrauchen'.
*valetudo* (I, 140) 'Krankheit'.

*venari* tritt in gegenüber dem antiken Gebrauch weit fortentwickelten Bedeutungen auf: III, 684 'suchen', 'forschen' (Synonym: *perscrutari*), III, 492 'bekommen, erhalten'.

*venire* (I, 425 u. ö.) 'sich ergeben, fallen (beim Würfelspiel)'.

*vestigia agere, mutare* (I, 294) 'die Fährte verfolgen, wechseln'.

*votum* (I, 768) 'Stimme (bei der Wahl)', vgl. Du Cange s. v. *votum* 2.

## *b) Syntax*

Eine Zusammenstellung der in einem mittellateinischen Text auftretenden syntaktischen Besonderheiten — man schreibt das Wort 'Besonderheiten' nur ungern nieder, denn meist handelt es sich um mittellateinisch recht verbreitete Erscheinungen, die nur im Hinblick auf den klassischen Gebrauch 'Besonderheiten' sind —, leistet in der gegenwärtigen Situation der Forschung weniger einen Beitrag zur Erhellung des untersuchten Textes als vielmehr einen Vorschuß auf eine künftige mittellateinische Grammatik. Erst wenn einmal genügend grammatisches Material, und zwar nicht nur aus dem mittelalterlichen Vulgärlatein, sondern auch aus den Jahrhunderten des hohen und späten Mittelalters zusammengestellt ist, wird man jedem Denkmal seinen Platz in der 'mittelalterlichen' Entwicklung der lateinischen Sprache zuweisen können; vorher wird man sich mit einem allgemeinen Eindruck von der Klassizität bzw. dem 'mittelalterlichen' Sprachcharakter des Textes zufriedengeben müssen. Unter diesen Gesichtspunkten geben wir die folgende Liste syntaktischer Erscheinungen.

### I. Das Nomen

A. Nominale Kategorien:

1. Als substantivierte Infinitive erscheinen außer *esse* noch
   *habere* (I, 764 *propter habere studeret*),
   *accelerare* (II, 467 *accelerare meum*) und
   *meminisse* (III, 410 *huius . . . merear meminisse*).
2. Adjektivisch gebrauchte Substantive sind neben *amicus* (I, 39; II, 84): II, 238 *lustrator (oculus)*, III, 249 *(stomachus) cibator*.
3. Harte Substantivierung eines Adjektivs: I, 271 *furiis agitatus*.

B. Genus und Numerus:
*celum* 'Himmelssphäre' hat maskulinen Plural:
III, 180 *celos . . . omnes* (III, 178 *celum*). Vereinzelt schon bei Lucrez (II, 1097), häufiger in der christlichen Latinität; besonders verbreitet wohl durch Isidor Etym. III 32, 2.

C. Adjektiv (Komparation):

1. Komparativ in superlativischer Funktion (vgl. Svennung, Palladius,[6] S. 277 ff.):
II, 394—96 *melior . . . media . . . peior*, ähnlich
I, 412 f. *maiores . . . medii . . . minores*;
II, 104 *nequior super omnes*, ähnlich
II, 362 *pre cunctis utiliorem*;
III, 573 *probabiliorem*.
Daneben stehen korrekte Bedeutungen wie
I, 193 f. *melior, peior*, I, 573 *miserabilior*,
II, 496 *mirabilior*, I, 648 *nobiliores*,
I, 757 *iustissima*, I, 765 *largissima*,
II, 364 *plurima*, III, 809 *maxima*,
I, 191 ff. *felix . . . felicior . . . felicissimus*.
2. Zusammenstellung von Komparativ und Positiv:
I, 414 f. *quanto . . . propiores, Tanto prestantes et sepius advenientes.*
3. Neben den regulären Steigerungsformen stehen umschriebene:
II, 262 *plus depressa* und II, 379 *plus . . . difficilem*; I, 254 f. stehen *plus gravis* und *levior* parallel.
Auch mit *magis* sind Komparative gebildet:
II, 671 f. *aptior . . . munda magis . . . melioris odoris.*
Umschriebene Superlative:
I, 753 *multum cara*, III, 557 *difficilis super omnes.*
4. Zur Steigerung von Verben dienen sowohl *magis* als auch *plus*:
I, 16 f. *magis . . . vellem . . . concordem magis*,
II, 373 *magis eligo*,
II, 725 *plus timeo*,
I, 152 *non tantum dolet hec quam rivali magis ille* (*tantum* für *tam* auch II, 631 ff. *tantum dura*; hier sei auch auf III, 2 ff. *nec . . . plus* statt *non iam* hingewiesen).

D. Zahlwörter und Angrenzendes:

1. *unus* dem unbestimmten Artikel angenähert (vgl. Svennung, Palladius S. 289):

[6] J. Svennung, Untersuchungen zu Palladius und zur lateinischen Volkssprache, Uppsala 1935.

III, 611 *una . . . talis,* in der Bedeutung 'einzig': I, 190 *una inimica sibi*; *nullus* statt *nemo*: pr. 1, 13; III, 514.

2. *ambo* statt *uterque*: II, 354 (Plural *ambe* I, 686).
3. *binus* statt *duplex*: I, 660.
4. *Distributivum* statt *Ordinale* (vgl. Svennung, Palladius S. 292 ff.): III, 612 *anno bis duodeno.*
5. *nonnullus* substantivisch im Singular: I, 380 *vidi nonnullum, cuius . . .* (Forcellini gibt als einziges Beispiel Seren. Sammon. X, 12).

E. Pronomina:

1. Personalia erscheinen abgeschwächt, jedoch nicht in Nahstellung:
I, 372 *vidi multotiens ego de patre paupere natum,*
II, 410 *tu sic debueras . . . dixisse.*
2. Reflexivum statt des Demonstrativums z. B.:
I, 23 *iuvabat esse sui memorem,*
I, 190 *fuisti una inimica sibi,*
II, 287 *sibi conveniens persona,*
III, 615 *de parte sua*; umgekehrt,
I, 318 *haurit, quod eum reparet.*
3. Demonstrativa:
*is* vertreten durch:
*ille* z. B. I, 365 *illa se excusat,*
*iste* z. B. I, 685 *iste pyramides sunt reges,*
*idem* und *ipse* z. B. I, 157 f. *nec erit, qui compatietur eidem . . . nec iudex audiet ipsum.*
4. Indefinita:
Auffälligere Enklisen von *quis*:
III, 687 *ad quid tale volendum,*
III, 239 *et quibus est servire datum.*
Verallgemeinerndes Relativum in indefiniter Verwendung:
pr. 1, 3 *utcumque,*
I, 3 *credebam quemcumque virum,*
I, 76 *aspectus horum quoscumque iuvaret.*
Synonyma von *quisque* sind *quilibet* und *unusquisque*:
I, 726 f. *sed nunc vix modicum de qualibet arte moderni degustant et vix a limine quamque salutant,*
I, 15 *unusquisque sibi, quod mavult, eligit.*
*quisque* auf einen Plural bezogen:
III, 387 *pena . . . actores quemque sequatur.*
Statt *ne quis* steht *ut neuter* I, 230 (vgl. III, 438 *et nullus*).
5. Häufung von Pronomina:
pr. 2, 1 *quod opus istud (= hoc opus).*

F. Kasuslehre:

1. Genitiv:

Ausweitung des Gen. obiectivus bzw. possessivus:
I, 790 *meritum patrie* 'Verdienst um das Vaterland',
I, 725 *vie causarum* 'Wege zu den Gründen',
I, 279 *aque submersio* 'Untertauchen im Wasser',
I, 324 *ripe canibus* 'den Hunden am Ufer'.

Der Genitiv bei *sequax* ist ursprünglich — vgl. die ältesten Belege Cassiodor ›Hist. eccl.‹ I, 13. VI, 23 — objektiver Genitiv beim substantivierten Adjektiv ('Anhänger'), so auch bei unserem Autor I, 368 *sequaces ludi*; daraus ergibt sich dann der Genetiv bei rein adjektivischem Gebrauch (III, 19 *iocos mathesis sequaces*), vielleicht unter dem Einfluß der Genitive bei *peritus, particeps* u. ä. Umschreibung des partitiven Genitivs durch *de* (Svennung, Palladius S. 209) tritt vereinzelt auf:
III, 152 ff. *plus de luce, ... plus de materia* etc.

2. Dativ

bei *loqui*: III, 456 *vulgo loqui* (poetisch vereinzelt seit der silbenen Latinität: Lucan. IV, 491, Statius Theb. XII, 26, Silius Ital. XVI, 320),
bei *sequi*: III, 286 *Lune sequitur mare motum* (Selten; ich kann als Parallelen nur VT (Itala) Tob. 6, 1 und Ven.Fort. IV, 26, 146 beibringen),
bei *iubere*: II, 370 *te iussisse michi* (vgl. Löfstedt, Aetheria,[7] S. 151),
bei *revereri*: III, 37 *cui reverendum* (ohne Parallele).

3. Akkusativ

bei *concordare*: I, 17 f. *concordem magis unam quam multas* (ohne Parallele).
Akkusative der Beziehung:
II, 63 *degener ... genus,*
II, 425 *lota caput.*

4. Ablativ:

Abl. modi (bei *cum*) ist deutlich vom Abl. instrumenti geschieden:
I, 357 *(pisces) transfigere pectine ... cum face succensa*; ein ähnlicher Abl. modi:
I, 249 *fontes ... cum saltu ... scatentes.*
Abl. modi statt eines zu erwartenden Abl. instrumenti:
I, 497 *speciem ludi, cum qua deducitur alea pernix.*
Separativer Ablativ:
I, 113 *integra famā* (Propert. IV, 0, 57 *rugis integer*)

[7] E. Löfstedt, Philol. Kommentar zur ›Peregrinatio Aetheriae‹, Uppsala 1911.

I, 610 *miles utroque* (statt *ex utr.*) *saltum componit.*

Abl. loci ohne Präposition:

I, 99 *lectus, quo posset se velle premi.*

Unscharf ist der Ablativ I, 6 *omnes ... venerans unius odore* (kausal, instrumental, modal?).

5. Nominativ statt Vokativ:

II, 419 *o precare meus* (biblisch: VT Judith 12, 4; Ps. 77, 1 *dominus meus, populus meus*).

G. Präpositionen:

*ad aliquam rem laborare* (II, 232, jedoch parallel zu *descendere ad*),
*de aliqua re inspicere* (I, 443),
*non sit humili de plebe* (I, 131),
*de sursum* (III, 425, vgl. Svennung, Palladius S. 329),
*in ante* 'vorwärts' (I, 605, vgl. Löfstedt, Aetheria S. 269; daneben an gleicher Stelle das häufigere, seit Verg. Aen. VI, 677 *ante tulit gressum* in gleicher Bedeutung belegte *ante*),
*in sero* 'am späten Abend' (II, 458),
*in omnibus annis viginti* 'alle zwanzig Jahre' (III, 594 f.),
*magnis in sumptibus* 'unter großem Aufwand' (I, 700),
*pre cunctis utiliorem* (II, 362, vgl. weiter unten *super*),
*preter motum* = *sine, absque motu* (III, 362; vgl. J. H. Schmalz, Sprachliche Bemerkungen zu Palladius Opus agriculturae, Glotta 6/1915, 174—90, hier 186.
*pro valitudine vera seu commenticia* (I, 140; kausal),
*sub brevitate* 'in Kürze' (vgl. Leumann/Hofmann/Szantyr, Lat. Gramm. 2, München 1963, 279),
*super optato vici* (II, 683),
*nequior super omnes* (II, 104).

## II. Das Verbum

A. Infinitivkonstruktionen bei:

*compellere:* I, 554 *compellesne deos contraria velle* (seit Ov. Fast. III, 860),
*dignus:* III, 578 *nulla creata res est digna coli* (klassisch nur in der Poesie, bei Ovid nicht selten),
*facere:* I, 26 *vestibus ornari ... faciebat* (ferner I, 51 f.; I, 707; II, 223; vereinzelt schon in klassischer Poesie, so Verg. Aen. II, 538 f.: *me cernere letum fecisti*), *habere* 'imstande sein': III, 475 *habet generari* (vereinzelt in klassischer Dichtung, häufiger bei den Kirchenschriftstel-

lern; vgl. Kühner/Stegmann[8] 1, 676 und Löfstedt, Syntactica[9] 2, 65), *optare:* III, 449 *opto mori* (schon in klassischer Poesie; vgl. Kühner/Stegmann 1, 676),
*potens:* I, 74 *videre potens silvas* und öfter (vereinzelt antik: Enn. Ann. 333; Manil. V, 168; Silius Ital. XI, 594 f.; Apul. Metam. II, 8).

B. Ablativus gerundii statt des Partizips:
I, 233 *quasi commoriendo iacerent* (vgl. Svennung, Palladius S. 425; dort weitere Lit.).

C. Genus verbi:
pr. 2, 5 *serviti . . . amoris* 'der Liebe, der (von mir) gedient worden ist' (vgl. Svennung, Palladius S. 446). Oder sollte *servitus* als aktivisches 'gedient haben' aufzufassen sein?

D. Umschreibung finiter Formen:
I, 775 f. *fit electus* (statt *eligitur*),
III, 553 *mutativa est* (statt *mutat*).
Umschriebene Futura:
III, 548 *est inducturus,* III, 795 *resurrecturi sunt.*

E. Modus

1. Verben des Könnens, Wollens und Müssens treten häufig in den Konjunktiv des Imperfekts:
I, 17 *vellem* (parallel: *concordem*),
I, 80 *si dives erat, qui visum pascere posset, Ditior alonge, qui pascere sufficiebat.*
I, 72 f. *si vellem . . . si vellem . . . si mallem* (gleich iterativem *cum volebam*),
I, 98 f. *illic lectus erat, quo posset se velle premi,*
I, 586 *possemus* (in der Umgebung präsentische Consecutio temporum),
II, 518 *non tamen inveni, que vellet amabilitati respondere mee* (oder konsekutiver Nebensinn des Relativsatzes?),
II, 548 f. *tot mala non posset habere, quod michi sufficiens posset vindicta videri,*
II, 602 f. *scire . . . illam nollem,*
III, 514 *quam nullus describere posset,*
III, 590 *felix, qui posset,*
III, 644 *felix, cui . . . pateret,*
III, 671 *novi, quod homo fieri deus unquam non posset.*
— Weitere Beispiele bei den konditionalen Nebensätzen

[8] R. Kühner/C. Stegmann, Ausführliche Grammatik der lat. Sprache: Satzlehre, Hannover $^{3}$1955.
[9] E. Löfstedt, Syntactica I. II., Lund 1911/1956.

2. Coniunctivus iterativus:
I, 58 *ubi . . . exigeret.*
3. Konjunktiv im Ausruf:
II, 470 f. *quanta . . . dulcedo . . . medullas tunc demulceret*! Vgl. II, 367 ff.
4. Moduswechsel in indirekter Rede:
II, 607 ff. *fingam, quod me . . . videris . . . et . . . Quesieris causam, qua comperta voluisti* (Wechsel der Erzählhaltung)
5. Auffällige Attractio modi:
I, 137 *nec vadit, quia voverit, — immo vovet, quia vadat* (*vadat* ist durch die finale Färbung des Gedankens 'weil sie wallfahrten möchte' bedingt, *voverit* läßt sich nur attrahiert verstehen).
6. Relativsätze mit konsekutivem Sinn:
III, 125 *nec habet, Per quod in ipsius veniatur cognitionem.*
Weitere Fälle sind unsicher, so
III, 530 *Esse fides debet, que nullam confiteatur,*
III, 675 f. *duo ponit, Et, quo ab eterno duraverit hactenus, et, quod Duret in eternum.*
7. Unklar:
III, 160 f. *Inque novem celos extrinseca dividitur pars, Quorum forma quasi tunicatim contineat se.*

F. Tempus
1. Präsens statt des Futurums:
I, 427 ff. folgt auf das Fut. II *fuerint* das Praesens *sunt*, doch folgt I, 434 *produces* (in einem Rechenbeispiel).
2. Plusquamperfekt statt des Imperfekts:
I, 49 ff. *tanta inclinatio nostra Naturaliter est ad sexum femineum, qui . . . letum me fecerat,*
II, 410 *tu . . . sic . . . debueras . . . dixisse.*
3. Infinitivus perfecti statt praesentis:
II, 159 *Quod legisse potes in quodam codice,*
II, 230 f. *ad eam . . . particulatim descendisse velim,*
II, 410 *debueras . . . sic dixisse.*
In dieser klassischen Poesie auch in bejahten Sätzen nicht selten.
4. Coniunctivus perfecti statt praesentis:
III, 25 *non nisi pauci Sunt hodie, mathesim qui censuerint imitandam.*
5. Coniunctivus imperfecti statt plusquamperfecti:
III, 640 f. *ubi fieri coniunctio maxima posset, . . . si forte fuisset.*
6. Coniunctivus perfecti statt plusquamperfecti:
I, 183 *utinam tu defueris.*

7. Statt der 1. sing. coni. perf. act. steht die 1. sing. fut. II:
II, 684 *memor, ... quod tarde vicero, tristor* (singulär).
8. Perfectum passivi mit Formen von *fui* gebildet:
II, 400 *nacta fuerit*; II, 498 f. *mutata fuerit*,
II, 715 *confessa fuisset*; III, 574 *decepti fuerint*.
9. Zeitenfolge im Nebensatz:
Präteritale Consecutio nach Praesens historicum:
II, 397 f. *optat dampna sibi, nisi ... exequeretur*
II, 526 *evolvo michi, que vindicta placeret*,
II, 286 f. *concessura videtur, quicquid ... rogaret*.
Handlung des Nebensatzes ist auf die Gegenwart bezogen:
III, 129 f. *cum non possit, ... voluit*,
III, 266 *dixerunt, quod ... debeat ... atque ... sit ... habiturus*.
Statt im Konjunktiv des Praesens stehen Verben des Könnens und Wollens meist im Konjunktiv des Imperfekts; sie beeinflussen nicht selten auch ihre Umgebung:
I, 526. 528 (beeinflussen 529 *contigeret*); weitere Beispiele: I, 567; II, 725; III, 590 (wirkt auf 592 *esset*); III, 681. 685. 686. 689.
Beeinflussung durch ein nachfolgendes *vellet* liegt anscheinend I, 546 f. vor: *nullus ... lusor tanto ... furore torquetur, quin ... defervesceret ira, si ... perdita reddere vellet*.
Durch weite Entfernung vom übergeordneten Verbum und damit einhergehenden Wechsel der Erzählhaltung erklärt sich die von I, 247 *(tunc ... mos erat)* abhängende Zeitenfolge I, 266 *oblectarentur* (noch korrekt), I, 296 *parcatur*. Attrahiert ist III, 230 f. *et victus ab hiis elementis Sic dictus, quia sit mundi maioris ad instar Factus* (Attractio temporis et modi).
Nicht erklärbar ist:
I, 197 *quamvis solerem, ... reputo*.

G. Syntax der Nebensätze

1. Abhängige Aussagesätze
Die Tendenz des Autors geht dahin, abhängige Aussagesätze in den Akkusativ bzw. Nominativ mit Infinitiv zu stellen; das zeigt nicht nur die um das Doppelte größere Häufigkeit der Infinitivkonstruktionen gegenüber den *quod*-Sätzen (Verhältnis etwa 100 : 50), sondern auch die Tatsache, daß quod-Konstruktionen mit nachlassender Sorgfalt des Dichters, von der zweiten Hälfte des zweiten Buches an, in größerer Dichte auftreten. Besonders finden wir *quod*-Sätze da, wo durch den A. c. i. eine bestimmte Färbung des Gedankens, z. B. ein hypothetisches, finales oder obliques Verhältnis oder auch die Zweifelhaftigkeit einer Behauptung verschleiert würde. In solchen

Fällen — sie machen etwa die Hälfte der 50 Belege aus — steht das Prädikat des *quod*-Satzes im Konjunktiv. Die indikativischen *quod*-Sätze haben eine andere Funktion: Sie geben unbezweifelbare oder als unbezweifelbar dargestellte Tatsachen; ihr Anwendungsbereich ist vor allem die Argumentation. So stehen neben den 42 Infinitivkonstruktionen des ersten Buches 6 *quod*-Sätze, davon 2 konjunktivische:

I, 16 f. *de me scio, quod magis unam Vellem quam nullam, quod concordem magis unam Quam multas* (potentiales Verhältnis),

I, 199 f. *voluit ... insinuare nature pater ... se velle, quod usque propagarentur animalia* (Finalität und Obliquität).

Die indikativischen Belege finden sich größtenteils in den Räsonnements über die Spiele:

I, 464 *respondes, quod ...*,

I, 477 *concluditur, quod ...*,

I, 731 *connumerant inter proverbia, quod ...*,

I, 780 *sicque vides, quod ...* (Abschluß einer Erörterung).

Einige weitere charakteristische Beispiele:

II, 109 f. *Et dicunt etiam, quod naturaliter omnis Est piger eunuchus et quod timidusque rapaxque* (soll als Tatsache erscheinen),

III, 50 ff. *constat, quod ... compositus tamen est motus* (ähnlich III, 59 ff.),

III, 92 f. *Quocirca dico, quod causa sui nichil esse Principiumve potest,*

III, 714 f. *Nam de predictis quidam dixere prophetis, Quod deus est trinus* (Glaubenswahrheit),

II, 117 *Virtutes quod habere queat, non est leve credi* (verneinter hypothetischer Gedanke),

II, 129 *impossibile est, quod perducatur ad actum* (wie vorhergehendes Beispiel),

III, 784 ff. *Fas etenim non est, quod Reliquias alibi locet* (ebenso III, 800 f.),

III, 665 f. *dixerunt, quod sic de virgine nasci Debeat unus homo* (aus der Rolle des nicht erkennenden Ovid geschrieben),

II, 329 f. *puto, quod nullus cultus nullusque paratus Aptior esset ei, quam si sine vestibus esset* (Irrealität).

Daß die Wahl des Modus in den *quod*-Sätzen bisweilen von anderen Gesichtspunkten als dem des Sinnes aus erfolgt, zeigt II, 410 ff.:

*... fidem dat,*
*Quod sic dixisset, testesque deos vocat omnes,*
*Quod non mentitur ...*

2. Abhängige Fragesätze

In abhängigen Fragesätzen ist der Konjunktiv bevorzugt, doch ist der vulgäre, sich seit dem Spätlatein mehr und mehr durchsetzende Indikativ bei unserem Autor nicht ganz selten. Oft scheint metrische Bequemlichkeit für die Wahl des Modus ausschlaggebend gewesen zu sein; das zeigt z. B. II, 399 ff., wo in einer Umgebung von 6 korrekten indirekten Fragesätzen das doppelt subordinierte *cur ... non vidit* (II, 404) im Indikativ erscheint. In enger Nachbarschaft finden sich Indikativ und Konjunktiv auch I, 718 f. *Queque quid afferret, clarebat apud studiosos; Qualiter in magno regnat mensura, sciebant.*

Weitere Beispiele für Indikativ: pr. 1, 5 (vielleicht durch Annäherung an Relativsatz bedingt), I, 458; II, 554. 681 (Annäherung an Relativsatz), III, 32.

Abhängige Entscheidungsfragen sind stets mit *si* 'ob' eingeleitet:

II, 554 *Necdum compereram, sibi si mea sollicitudo . . . innotuerat,*

III, 680 *nescio, si deus esse vellet homo,*

III, 685 *perscrutor, si possem.*

Abhängige Wahlfragen sind gegliedert durch *an ... vel* (II, 22. 641), *utrum ... vel* (III, 88) und *utrum ... necne* (III, 48).

Eine merkwürdige Vermengung von Wahlfrage und *Quod*-Satz findet sich I, 462 f.:

*Dico tibi brevibus casu non posse carere,*
*Quod tibi vel socio concedat sors meliorem.*

3. Finale Nebensätze und abhängige Begehrssätze sind stets durch *ut* mit Konjunktiv eingeleitet; bemerkenswert sind *cogere, ut* (I, 513, III, 135) und allenfalls *opus est, ut* (III, 803). Verneint sind diese Sätze in der Regel durch *ne*, doch tritt bei verneintem Vordersatz vereinzelt auch *quin* auf:

I, 176 *illi ... me male credam, quin ... dando sit prona veneno,*

II, 559 *prohibere patrem non possum, quin ... sit iungenda,*

II, 561 f. *pertinet ad me, Cum iungi nequeat, quin me disiungat in ipso,*

III, 84 *non possum cogi, quin credam.*

In wenigen Fällen tritt *quod* an Stelle des finalen *ut*:

II, 629 f. *Sed volui domine mea sic exponere large Tam specie quam re, quod me censeret amandum.*

Hier ist *quod* offenbar durch das voraufgehende *sic* induziert, wie überhaupt bei allen Verwechslungen von *ut/quod* und *ne/quin* an den Einfluß der konsekutiven Nebensätze zu denken ist.

In ähnlicher Weise wie beim vorigen Beispiel ist *ut* unter dem Einfluß eines vorausgehenden *id* zu *quod* verschoben:

III, 793 f. *nec ad id, quod sic prelata resurgat, oportet Exspectare statum motus.*
Nicht durch eine derartige Beeinflussung zu erklären ist:
III, 807 f. *Pro nobis te non pigeat suadere, quod ad se Nos trahat.*
Ein durch das Nebeneinander der verschiedenen Verwendungsweisen besonders instruktives Beispiel bietet I, 316 ff.:

*Cum longo cursu iam deficit alitus oris*
*Speque renascendi seque ut refrigeret, haurit,*
*Non quod eum reparetve fuge reparetve labori,*
*Sed quod sic fauces sitibundas impleat, ut non*
*Confortetur eo sua virtus, immo voluptas ...*

Auf das finale *ut* (317) folgt ein *quod* (318), dessen Charakter zwischen konsekutiv und hypothetisch verneint schillert; das nächste *quod* (319) schwankt zwischen konsekutivem und finalem Sinn, und schließlich wird mit *ut non* (319) eindeutig eine Folge gegeben.

4. Konsekutivsätze
In konsekutiven Nebensätzen treten *ut* und *quod* gleichermaßen auf, wobei das zahlenmäßig ein wenig überwiegende *ut* besonders, jedoch durchaus nicht ausschließlich, in stehenden Verbindungen wie *sic ... ut* und *fit, ut* auftritt; andererseits ist auch *sic ... quod* (z. B. I, 220) vorhanden (vgl. Löfstedt, Studien[10] S. 17). Während konsekutives *ut* stets den Konjunktiv bedingt, steht nach *quod* in einigen Fällen der Indikativ: I, 257; II, 286; III, 87. 120. 158. 169. 661. Ein Beleg verdient wegen der engen Nachbarschaft zweier verschiedengestaltiger Konsekutivsätze unser Interesse:
III, 168 f. *... ut in hiis contrarietas sit Tanta, quod unicus est ...*
Bemerkenswert ist schließlich III, 778 ff.: *digna, ... quod ... te vellet honorificare.* Verneint sind die Folgesätze bei bejahtem Vordersatz durch *ut non* (I, 319) oder *quod non* (III, 717), bei verneintem Vordersatz stets durch *quin* mit Konjunktiv (I, 30. 244; II, 19. 535. 626; III, 93).
Konsekutiver Nebensinn der Relativsätze wird bisweilen (I, 764 *nullus, ... qui propter habere studeret*), jedoch nicht immer (II, 122 f. *sunt aliqui, qui ... reputant*) durch den Konjunktiv ausgedrückt.

5. Kausalsätze
Meistgebrauchte subordinierende kausale Konjunktion ist *quia*; es

[10] E. Löfstedt, Vermischte Studien zur lat. Sprachkunde und Syntax, Lund 1936.

folgen der Häufigkeit nach *cum, quod* und *quoniam* (Zahlenverhältnis etwa 65:24:9:6).

Auf *quod* ist bei rein kausaler Verwendung regelmäßig durch *eo, ideo, idcirco, propterea* oder *quare* hingewiesen.[11] Wo ein solcher Hinweis zu fehlen scheint, hat der Dichter die faktische Komponente des *quod* stärker empfunden, so etwa III, 323. 439. Rein faktisches *quod* findet sich z. B. I, 546 *cuius habe signum, quod* . . .

Verneinte Kausalsätze, eingeleitet durch *non quia* und *non quod*, stehen im Konjunktiv.

Ein Relativsatz mit kausalem Nebensinn, eingeleitet durch *utpote qui*, steht I, 724 im Indikativ.

6. Konzessivsätze

Sie werden durch *cum, licet* und *quamvis* eingeleitet und stehen stets im Konjunktiv; *quamquam* tritt nicht auf; *quamvis* steht nicht nur beim Adjektiv und Adverb, sondern auch beim Verbum (I, 773, II, 197. 212).

7. Temporale Konjunktionen

*cum* historicum ist — das ist im Grunde aus der selten in einer Erzählform verharrenden Anlage des Gedichtes zu erklären — nur einmal (II, 355) belegt; in gleicher Bedeutung erscheinen je einmal *ubi* (II, 614, gleichfalls mit Konjunktiv) und *postquam* (II, 415, mit Indikativ des Imperfekts). Mit dem Indikativ des Futurs (I oder II) erscheint *cum* in der Bedeutung '(zu der Zeit), wenn' (I, 606. 699; II, 593; III, 346. 596). Stärker konditional gefärbt ist *cum* mit folgendem Indicativus praesentis: II, 291. 680 und besonders (in einer mathematischen Darlegung) I, 430.

Ein recht unscharfes, wohl modal gefärbtes *cum* erscheint III, 468: *planete; Qui cum sint septem, duo sunt ibi lumina magna* . . .

*ubi* tritt in der Bedeutung 'sobald, wenn' mit folgendem Futurum exactum (III, 329), in der Bedeutung 'sooft', 'wenn' mit iterativem Konjunktiv (I, 58) auf.

*quando* tendiert überall zu konditionaler Verwendung hin, so III, 215 und besonders in den Rechenexempeln I, 427. 445.

*priusquam* erscheint einmal: III, 410 *priusquam adveniant anni* (nach VT Ecclesiastes 12, 1 *antequam*).

*postquam* 'nachdem' findet sich einmal mit Ind. plusquamperf. (II, 563 *postquam viginti circiter annos cum sponso fuerat*), einmal mit Fut. II (III, 777 ff. *nisi digna fores . . ., quod filius . . ., postquam surrexerit et*

[11] Eine Ausnahme bildet II, 219, wo aber *hinc, quia . . . inde, quod* korrespondieren.

*de Morte triumpharit, te vellet honorificare*), einmal schließlich mit dem Ind praes. (III, 320 *postquam incipit esse, durat*), eine offenbar durch den Zwang des Metrums erforderte Notlösung.
*dum* mit dem Indikativ steht in der Bedeutung ‘wenn, während, indem’: I, 121. 216 (coni. obliquus). 300. 537, II, 258, III, 787 (coni. irrealis). Mit Konjunktiv bedeutet es ‘solange’ (I, 13), ‘bis’ (I, 330) sowie terminativ ‘wenn nur’ (I, 197: *dummodo* I, 628. 747).
*donec* ist nur in der Bedeutung ‘bis’ mit dem Konjunktiv des Präsens anzutreffen; *quoad* tritt nur präpositional erstarrt auf (z. B. I, 124).
*simulac* ‘sobald’ (II, 447 mit ind. perf.), abgeschwächt (‘als’) pr. 1, 7.

8. Vergleichssätze
Indikativische Vergleichssätze sind durch *sicut* und seltener (nur III, 41. 64 *prout vult*) durch *prout* eingeleitet, hypothetische durch *tamquam si, quasi, ac si, velut si* mit potentialem oder irrealem Konjunktiv: I, 89. 566; II, 320; III, 515. 710. 741. 746.

9. Konditionalsätze
Der Ausdruck der konditionalen Verhältnisse entspricht im wesentlichen dem klassischen Gebrauch; das gilt besonders für die indefiniten (‘realen’) und die irrealen Fälle.
Dem potentialen Konjunktiv des bedingenden Satzes folgt im bedingten Satz der Indikativ des Präsens oder das Futurum, wie es bereits in der Umgangssprache der klassischen Zeit die Regel ist (Kühner/Stegmann 2, 395); ein rein durchgeführter Potentialis erscheint nur einmal: I, 154 *si prepossit ..., purget adulterium.*
Daß Indefinitus und Potentialis nicht deutlich geschieden sind, zeigt III, 96 ff.:

*... quid enim iuvat esse deum, si*
*Non est omnipotens, deitasque quid addit eidem,*
*Omnipotentia si circumscribatur ab ipso?*

Besonderheiten hängen zum großen Teil mit der oben erwähnten Tendenz der Verben des Könnens und Müssens zusammen, in den Konjunktiv des Imperfekts zu treten, etwa
I, 72 *ubi lux, si vellem (= cum volebam) multa vigeret ...*, wo man allerdings auch an iterativen Konjunktiv denken kann, oder
I, 525 f. *Donec tot teneat captivas quot recipi vix Possent in castris, etiam si castra vacarent*; vgl. auch III, 77—81. Vielleicht ist hierher zu rechnen auch III, 640 f. ... *ubi fieri coniunctio maxima posset, Principio signi propior si forte fuisset* (zu erwarten wäre *potuisset*). Irregulär ist I, 76 f.:

*Si tamen aspectus horum quoscumque iuvaret,*
*Quantumcumque iuvet aspectus longus eorum,* ...

*si* ‘selbst wenn’: II, 229 *forma moveret Ypolitum, si non oculos sibi tollere vellet.*

*nisi* in stark adversativer Bedeutung: II, 100 *Est etiam monstrum morale, nisi quia mores Dicendi non sunt* ‘es sei denn, daß man nicht von Sitten reden kann, ...’.

*si non* statt *nisi*: I, 480, II, 342.

Unsere Zusammenstellungen zur Syntax der ›Vetula‹ entsprechen dem bei der Betrachtung des Wortschatzes gewonnenen Bild. Unser Autor bedient sich der Möglichkeiten, die die Sprache bietet, in ihrer vollen Breite; er kennt keine in stilistischen Erwägungen begründete Einengung, und ihm ist jedes Mittel recht, das dem präzisen Ausdruck dessen dient, was er sagen will — ein ganz und gar unklassizistischer Standpunkt.

Martin Ph. Hubert, O. P.: Quelques aspects du latin philosophique aux XIIe et XIIIe siècles, in: Revue des Études Latines 27 (1949), p. 211—233. Aus dem Französischen übersetzt von Doris Becker-Werner.

# EINIGE ASPEKTE DES PHILOSOPHISCHEN LATEINS IM 12. UND 13. JAHRHUNDERT

Von Martin Ph. Hubert, O. P.

Nur wenige Sprachforscher haben sich dem Studium des mittelalterlichen Lateins gewidmet; jedenfalls ist in den Arbeiten, die man dennoch diesem Thema gewidmet hat, der auf die philosophische Sprache verwandte Teil fast gleich Null.[1] Wenn die Philologen sich für das Mittelalter interessieren, untersuchen sie vornehmlich den in sprachlicher Hinsicht wichtigsten Zeitpunkt, als die Sprache des Kaiserreiches sich in die verschiedenen romanischen Dialekte verzweigt, und die Philosophiehistoriker interessieren sich vor allem für die Wörter, insofern sie Träger der Gedanken sind.[2] Im übrigen ist die Aufgabe schwierig: unedierte Texte gibt es in einer Unzahl, die Editionen sind oft mittelmäßig, Repertorien sind noch zu erstellen. Wozu also Eigentümlichkeiten analysieren, die vielleicht

[1] So haben wir in einem Werk wie K. Strecker, Introduction à l'étude du latin médiéval, übers. P. van de Woestijne, Lille-Genève 1948, nicht mehr über die philosophische Sprache notiert als in den Artikeln, die die ›Revue des Études latines‹ seit ihrer Gründung dem mittelalterlichen Latein widmet. In ihrer Rezension der Arbeit Streckers (Revue des Études latines, XXIV [1946], p. 386—387) schlug Ch. Mohrmann dem Verfasser vor, die Wörter im Wörterverzeichnis danach zu unterscheiden, ob sie Vulgärlatein, christliches Latein oder Entlehnungen aus den Nationalsprachen oder Neologismen sind. In diesem letzten Falle könnte man noch weiter gehen; es wäre von großer Bedeutung, wenn man in einer Einführung dieser Art eine wenn auch nur kurzgefaßte Liste der Wörter hätte, von denen man weiß, daß sie juridischen, monastischen, militärischen, schulischen und . . . auch philosophischen Ursprungs sind.

[2] In ebendiesem Sinne veröffentlichte D. Chenu einen Aufruf zugunsten der mittelalterlichen philosophischen Lexikographie; cf. Revue des Sciences philosophiques et théologiques, 16 (1927), p. 435—436.

nichts als flüchtiges Verlesen oder handschriftliche Fehler sind? Außerdem läßt sich die mittelalterliche Philosophie bis in ihre Probleme und Texte hinein, ganz zu schweigen von ihren Wirkungskreisen und ihren Arbeitsmitteln, im allgemeinen nicht vom theologischen Denken lösen. Allein ein sehr guter Theologe und zugleich sachkundiger Mediävist kann sich z. B. an eine Untersuchung über die Entwicklung des Wortschatzes wagen. Doch ein solcher Mann ist für gewöhnlich zu größeren Aufgaben berufen, und die Sprachforschung erscheint ihm gegebenenfalls nur als Erholung für Mußestunden, die es niemals gibt. Die Strecke ist gleichsam schon verlassen, kaum daß sie abgesteckt wurde. Man wird es daher einem Nichtspezialisten verzeihen, daß er sich hier vorwagt, um hierfür besser Qualifizierte auf noch schlummernde Reichtümer aufmerksam zu machen.[3]

Diese Darstellung hat das Ziel, die folgenden Punkte festzuhalten: die Existenz einer philosophischen Fachsprache in mittelalterlichem Latein —, die Quellen und die Prozesse der Erneuerung ihres Wortschatzes —, den Beitrag der Übersetzer bei der Bildung dieser Sprache —, die oft tückischen Probleme, die hier bei vielen Wörtern durch die Überlagerungen von zutiefst heterogenen Strömungen des Denkens entstehen —, schließlich das Aufzeigen bestimmter Ursachen, die im Mittelalter zu einem Bruch mit dem ureigenen Geist des klassischen Lateins geführt haben.

Hebt sich im Schoße der speziellen Sprache der Geistlichen, wie das Mittellatein es war, die philosophische Sprache als Fachsprache ab? Um diese Frage zu beantworten, müssen wir zunächst ein paar methodische Bemerkungen machen. Gehen wir von der Definition J. Vendryès' aus, in der er in so klarer Weise darlegt, wie der 'Endzweck' das Wirken und die Formen einer Fachsprache bestimmt:

[3] Ich lege Wert darauf, hier M. Marouzeau meine besondere Dankbarkeit auszudrücken; seine Ermutigung hat mich zu dem Entschluß gebracht, einige Bemerkungen zu verfassen. Außerdem muß ich die Unterstützung und die Ratschläge meiner Mitbrüder erwähnen, besonders P. Regis', des Direktors des Institut des Études médiévales (Montreal/Kanada), und vor allen die außerordentliche, väterliche Großzügigkeit P. Chenus, der mir das Manuskript eines vor der Publikation stehenden Werkes zur Benutzung nach meinem Gutdünken überlassen hat.

Die Fachsprachen verdanken ihre Existenz der Notwendigkeit, Gegenstände oder Begriffe zu bezeichnen, die im alltäglichen Sprachgebrauch keinen Namen haben; aber sie antworten auch auf das Bedürfnis, 'wissenschaftlich', d. h. mit einem exakteren Terminus, der allen Doppelsinn ausschließt, solche Gegenstände zu benennen, die die Alltagssprache schon sehr gut bezeichnet. Daher erfinden sie bald spezielle Wörter, bald verwenden sie die Wörter der Alltagssprache in einem speziellen Sinne; so die Physiker, wenn sie von 'Masse', 'Geschwindigkeit' oder 'Kraft' sprechen.[4]

Man kann also das Bedürfnis nach einer Fachsprache vermuten, sobald man Zeuge einer Selektion und Reflexion ist, die um einen Gegenstand des Denkens kreisen und den Weg über die Empirie zur Theorie, über die Kunst zur Wissenschaft und über halbbewußte Vorgänge zu einer reflektierten Methode nehmen. Man ist der Gewißheit nahe, daß diese Sprache existiert, sobald die Autoren das Stadium der kritischen Rückbesinnung auf die von ihnen angewandten Methoden erreicht haben. Es besteht dann völlige Klarheit darüber, wenn sie in den methodologischen Kapiteln die Methoden und Gesetze des Ausdrucks erörtern.

Wenn man sich also an eine ausführliche Erforschung der Texte begibt, so spricht man dann zu Recht von einer Fachsprache: 1) wenn man die Erfindung neuer Wörter zu ganz bestimmten Zwecken beobachtet; 2) wenn in Fachbüchern die besondere Bedeutung eines Wortes mittels einer Definition hervorgehoben wird; 3) wenn man in einer bestimmten Umgebung oder bei einem vorgegebenen Autor in einem fachlich orientierten Kontext eine gewisse Beständigkeit in einer klar umrissenen Bedeutung eines Wortes verzeichnet, das außerdem der Alltagssprache angehört. Folglich würde es eine schlechte Methode verraten, würde man die fachliche Spezialbedeutung eines Wortes unter dem Vorwand ablehnen, man könne aus den Schriften desselben Autors oder seiner Zeitgenossen, freilich in nicht fachgebundenem Kontext, Verwendungen dieses Wortes zitieren, bei denen es sich durch Bedeutungen, die dieser fachlichen Bedeutung mehr oder weniger nahe kommen, als der Alltagssprache

[4] Le langage, Paris 1921, p. 294—295.

angehörig erweist.[5] Man kann also der Erstellung und dem Gebrauch lexikographischer Inventarien gar nicht genügend Unterscheidungsmöglichkeiten beigeben; es ist notwendig, hier jedesmal die Beständigkeit der Verwendung eines Wortes im Zusammenhang festgelegter oder fachgebundener Kontexte zu beurteilen. Später, wenn die Existenz eines Speziallexikons erreicht ist, wird man an die schwierigere Erforschung der Syntax gehen, da die Fachbedürfnisse möglicherweise ganz eigene Wendungen hervorgebracht haben.

Was unser Thema angeht, so können wir dieses Stadium der Wahrscheinlichkeit einer Fachsprache sogleich übergehen. Daher die klare Feststellung, daß das Denken in den letzten Jahren des 11. Jahrhunderts reflektierend, spekulativ und mit Vorbedacht methodisch wird; unablässig definiert man hier die Wörter mit einer Genauigkeit, die aus dem *Organon* kommt. Bezüglich der methodischen Überlegungen und Forschungen braucht man sich nur an die Bemühungen eines hl. Anselm[6] zu erinnern, an die Prologe eines Peter Abälard,[7] eines Hugo von St. Viktor,[8] an die Genauigkeit eines Johannes von Salisbury.[9] Die 'klassische' Epoche des 13. Jahrhunderts wird sich, wenigstens bei den größten Autoren, nur noch mehr der Exaktheit des Ausdrucks und der Sorge um die Methoden widmen.

[5] *Section* ist ein Wort aus dem alltäglichen Französisch; es hat in fortschreitendem Maße genauere, dann technische Bedeutungen, wenn man vom Alltagsleben zum Transportwesen im allgemeinen, zur Flußschiffahrt, zur Armee, zur Architektur und zur Geometrie übergeht. *Groupe* ist noch gebräuchlicher. Man begegnet diesem Wort indessen in so eng begrenzten Bedeutungen, daß sie jede Doppelsinnigkeiten ausschließen. Für einen Zoologen oder Botaniker ist es nicht mit *classe*, *branche* oder *famille* austauschbar. Für den Mathematiker ist es etwas anderes als *ensemble*. Wenn in der Armee von gestern der Chef einer Schwadron erforderlich war, um das zu befehligen, was das Wort in der Artillerie bezeichnete, so genügte in der Infanterie dafür ein Korporal.

[6] P. Vignaux, Structure et sens du Monologion. Revue des Sc. phil. et théol., 31 (1947), p. 192—212.

[7] ›Sic et Non‹. Prolog. P. L., 178, c. 1339 sq.

[8] ›Didascalion‹. P. L., 176, c. 741 sq.

[9] ›Metalogicon‹. ed. Webb, p. 54.

Es stellt sich indessen ein existentielles Problem. Wenn man auch in diesem Zeitalter, in dem das Abendland unter dem Gesetz des Christentums lebt, in den Kreisen der Troubadours Künstler und gebildete Laien antrifft, so ist der Stand des Gelehrten, des Denkers, in der Praxis doch mit dem des Geistlichen verbunden; die *intelligenzia* ist hier kirchlich. Die philosophische Spekulation ist mehr oder weniger theologischen Zwecken untergeordnet. Lange Zeit hindurch bleiben die Themen der beiden Wissenschaften miteinander vermischt. Man muß auf Albertus Magnus, Bonaventura und Thomas von Aquin warten, um zu sehen, daß die Grenzen der beiden Wissenschaften zueinander mit ausschlaggebender Methode und Klarheit festgesetzt werden. Es wäre daher eine schwierige Untersuchung durchzuführen, um die sprachlichen Vorboten dieser Unterscheidung aufzudecken. Bei dieser Art von Dingen geht das unbewußte Stadium dem bewußten voraus, und die Sprache behält Spuren davon zurück. Wir können uns im Rahmen dieses Aufsatzes nicht an eine solche Untersuchung begeben.[10] Wir werden uns daher bemühen, vorsichtig zu Werke gehen, wenn wir, und zwar nicht ganz risikolos, eine bisweilen anachronistische und oft verfrühte Unterscheidung zwischen Philosophie und Theologie ansetzen. Das Wichtigste ist, daß man sich dessen bewußt ist und sich auch hier noch vor den Kategorien hütet; doch ohne diesen Schritt bliebe man

[10] Die augenblicklichen Untersuchungen über die Fakultät der Künste werden es vielleicht eines Tages gestatten, eine Sprache der Besucher dieser Fakultät von der der Theologen oder der Dekretalisten zu unterscheiden. Doch es wird deshalb nicht weniger wahr bleiben, daß die meisten unter den eigenständigen Denkern der mittelalterlichen Philosophie Theologen waren. Wenn sie also eine philosophische Sprache hatten, so muß diese aus einem Gemisch, in dem die theologische Sprache dominiert, herausgezogen werden. Eine Aufgabe, die immer recht heikel und gewagt sein wird. Wenn es uns erlaubt ist, eine willkürliche Hypothese aufzustellen, so würde man vielleicht einen klareren Gegensatz zwischen den Ausdrucksweisen der Studenten der einen und der anderen Fakultät finden, insofern es überhaupt möglich sein wird, diese Ausdrucksweisen wiederzufinden und sie zu erkennen in den Zusätzen, Marginalglossen, Skizzen und Notizen jeder Art, oder in der Literatur der Farcen, Parodien, Lieder, Komödien etc.

im Rahmen des Allgemeinen. Es gibt reine oder wissenschaftliche Philosophien, die sich so sehr gereinigt haben, daß sie sich der Substanz, die die wahren Philosophien ausmacht, entleert haben. Obwohl in seinem Wesen und in seiner Ausrichtung theologisch, verliert das mittelalterliche Denken dennoch nicht seinen echten philosophischen Wert. Die Theologie infiziert die Philosophie nicht mehr, als es zu anderen Zeiten die Mythologie, das polytheistische Heidentum, die Literatur, die Historie, die Naturwissenschaften, die Mathematik oder die Biologie taten, von der Politik ganz zu schweigen.

Der Wortschatz der mittelalterlichen Philosophie steht in der Schuld der klassischen Latinität: jeder Geistliche erhält bei seinem Aufenthalt in der Fakultät der Künste und besonders im Laufe des *Trivium* eine echte klassische Bildung. Dort begegnet er Cicero und Ovid, Vergil und Seneca. Er lernt sogar, die verschiedenen literarischen Gattungen der Antike praktisch zu betreiben, er kennt die Periode und den *cursus*. Aber er wird diese Verfahren nur in ganz bestimmten Fällen anwenden. Er wird jede der *artes dictandi, aregandi, praedicandi, poeticae* etc. beachten, etwa so, wie man in der griechischen Epoche seine 'Ausdrucksweise' gemäß der Gattung, in der man schrieb, veränderte. Wenn unser Kleriker mit der Philosophie oder der Theologie beginnt, übernimmt er die Sprache der Weisen, dieses gesäuberte Latein, bei dem er anscheinend alle Kunstfertigkeit der Literatur und die ganze Wissenschaft der lateinischen Antike vergessen hat. Je weiter man vom 12. zum 13. Jahrhundert fortschreitet, desto mehr bestätigt sich dieser Unterschied: das Bewußtsein der Exaktheit, welche die 'Wissenschaften', die man betreibt, fordern, zwingt dazu, 'formal' zu sprechen.[11] Man darf sich hierin nicht täuschen: wenn in den Schriften eines hl. Bernhard ein so verlockender Teil an Bildern und Bezeichnungen noch vorhanden ist, so ist Bernhard dennoch bereits Scholastiker, und noch ein Jahrhundert später verbirgt ein hl. Bonaventura unter jedem der Epitheta, mit denen er in einigen seiner Werke nicht spart, eine

[11] Doch *formaliter loqui* ist etwas anderes als *procedere syllogistice*; der Ausdruck bezeichnet den Tenor, den die Exaktheit des Ausdrucks und die strenge Nüchternheit des Denkens dem Stil verleiht.

sehr klar definierte Bedeutung.[12] Bei solchen Meistern geht man fehl, wenn man voreilig auf einen literarischen Einfall und auf stilistische Kunstgriffe schließt. Man befindet sich mitten in einem Fachgebiet, einem exakten Fachgebiet, das nichts mit mystisch-lyrischen nächtlichen Gedankenabschweifungen der mittelalterlichen Dekadenz zu tun hat.

Wir wollen rasch zu den Begriffen übergehen, die sich auf allgemeine Unterrichtsformen beziehen und die in Abständen von wenigen Zeilen die philosophischen Schriften durchziehen: *lectio, quaestio, disputatio, praedicatio, glossa,*[13] *facultas, editio.* Es handelt sich hier um Tätigkeiten, die im Bereich des Faches definiert und geregelt sind; jeder Mediävist weiß, daß man in grober Weise gegen den Sinn verstoßen würde, wollte man die kirchlichen Verbote des *legere libros aristotelicos* als Verbannung auf den Index

[12] So beschwören *angelicus* und *seraphicus*, weit davon entfernt, bedeutungsgleich zu sein, sehr verschiedene Etappen auf dem Wege der Seele hinauf zu Gott. *Roboratio* und *confortatio* könnten auf den ersten Blick als Synonyme in einer moralischen Bedeutung erscheinen. In ein und demselben Kontext bilden sie indessen, in anderer Weise freilich, einen Gegensatz. Siehe zu diesem Thema die Übersicht bei E. Gilson, La philosophie de S. Bonaventure, 2. Aufl., Paris 1943, p. 364, n. 5.

[13] Außer den angegebenen Handbüchern (Anm. 21) vgl.:
— zur *lectio* und den *glossae:* C. Spicq, Esquisse d'une histoire de l'exégèse latine au moyen âge (Bibl. Thomiste, XXVI), Paris 1944, p. 67 ff.;
— zu den *quaestiones disputatae*: R.-M. Martin, Oeuvre de Robert de Melun. T. I: Spicilegium Sacrum Lovaniense, fasc. 13. p. XXXIV—XLVI;
— zu den *quodlibeta*: die Einleitung zu den beiden Bänden von P. Glorieux, La littérature quodlibétique (Bibl. Thomiste, V und XXI), Paris 1925 und 1935;
— über die Predigten: den bedeutenden Aufsatz von E. Gilson, Michel Menot et la technique du sermon médiéval, in: Idées et les lettres, Paris 1932, p. 93—154; oder die ausführlicheren Arbeiten von Th. Charland, Les auteurs des artes praedicandi au XIIe siècle, in: Études d'histoire littéraire et doctrinale du XIIIe siècle, Publication de l'Institut d'Études médiévales d'Ottawa, I. Ottawa, Paris 1932, p. 41—60, und Les Artes praedicandi, Publ. de l'I. É. M. d'Ottawa, VII. Ottawa, Paris 1937;
— über *editio, facultas, dicere*: Landgraf, Mediaeval Studies, VIII (1946), p. 53—67.

deuten, was übrigens anachronistisch wäre; dies zielt nicht auf die private Lektüre, sondern auf das, was wir als 'Lehrplan' bezeichnen würden, und zwar mit der Nuance, daß man von einem Autor, der Gegenstand der *lectio* ist, annimmt, er enthalte im ganzen gesehen die Wahrheit und besitze die *auctoritas*, die im übrigen viele Abstufungen zuläßt.[14] Jeder Arbeitsvorgang erlaubt die gebräuchliche Verwendung von termini technici: *responsor* bezeichnet den Bakkalaureus und *respondere* dessen Rolle am ersten Tag einer *quaestio disputata*, während *determinare* und *determinatio* sich auf die Aufgabe beziehen, die am zweiten Tag das Privileg des Lehrers ist, an dessen Lehrstuhl die Streitfrage erörtert wird. Viele Termini, wie *tenere, valere, sufficiens, probalilis* lassen ihre unmittelbare Quelle, das *Organon*, durchscheinen, so: διορίζειν *determinare*, ὀρθῶς λέγειν *recte dicere*, ἀπαντᾶν *obviare*, ἐνιστάναι *instare*, etc., deren lateinische Entsprechungen zu einem beachtlichen Teil auf Boethius zurückgehen.[15] Doch seit dem 12. Jahrhundert haben sie eine neue Kraft und eine neue Angemessenheit gewonnen. Schon im letzten Viertel des 13. Jahrhunderts indessen spiegelt sich die Atemnot des Denkens durch eine Erstarrung der Bedeutungen und durch Vermischungen wider, die der Vermehrung der Fachausdrücke zuzuschreiben sind.

Wir befinden uns mitten unter Spezialisten, Gelehrten, wo man die Klarheit der Darlegungen dem Wunsch zu gefallen vorzieht. Das Publikum ist zur Anstrengung entschlossen; man versucht nicht, es durch die Form hinzureißen; in der geschickten Anordnung und im Zutreffen der Gedanken meint man die Schönheit zu finden. Daher akzeptiert man eine scheinbare Monotonie. Man wiederholt

[14] M.-D. Chenu, Auctor, actor, autor, in: Arch. lat. medii aevi (Bull. du Cange), 3 (1927), p. 81—86; Les « Philosophes » dans la philosophie chrétienne médiévale, in: Rev. des Sc. phil. et théol., 26 (1937), p. 27—40; Antiqui Moderni: Ibid., 17 (1928), p. 82—94; *Authentica* et *Magistralia*, deux lieux théologiques aux XII$^{e}$—XIII$^{e}$ siècles, in: Divus Thomas, 28 (1925), p. 257—285; La Théologie comme Science au XIII$^{e}$ siècle (2. Aufl. pro manuscripto: 1943), c. I, Paris.

[15] F.-A. Blanche, Le vocabulaire de l'argumentation et la structure de l'article dans les ouvrages de S. Thomas, in: Revue des Sc. phil. et théol., 14 (1925), p. 167—187.

folglich die *item, amplius, praeterea, deinde quaeritur, sed contra dicitur* mit ebenso großer Unbekümmertheit wie die Maurermeister dieser Zeit von Joch zu Joch dieselben Spitzbogenadern zur Stützung der Gewölbe wiederholten. Wir befinden uns hier, das darf nicht vergessen werden, in einer Ordnung des Unterrichts und der Arbeit, die hauptsächlich mündlich und zu einem großen Teil improvisiert sind. Schließlich muß auch die handschriftliche Situation des gesamten Buchwesens berücksichtigt werden. Es ist so bequem, mit diesen stereotypen Wörtern im scheinbaren Wirrwarr einer Handschrift die Einteilungen eines Werkes zu finden, in dem man irgendeinen Anhaltspunkt sucht.

Wenn wir zum Wortschatz der Begriffe im eigentlichen Sinne kommen, so stellen wir fest, daß er ein treuer Zeuge für die Unsicherheiten und die Entdeckungen des Denkens und der Methoden ist. So wird die Wissenschaft, die sich nach und nach im Angesicht der Philosophie zwischen den Initiativen des hl. Anselm, Abälards sowie Hugos von St. Viktor und den methodologischen Ausführungen eines Albertus Magnus, eines Bonaventura und eines Thomas von Aquin begründet hat, nacheinander *sacra scriptura, sacra pagina* und *divinitas* genannt, um über *sacra sapientia* zur *sacra doctrina* des Prologs der *Summa Theologica* zu führen. Erst später wird Abälards Terminus *theologia* die anderen ersetzen, nicht immer ohne Doppelsinnigkeit. Man könnte für jedes dieser Wörter die historische und ideologische Bedeutung ebenso wie die methodologischen Möglichkeiten aufzeigen,[16] die sie unterstellen. Parallel dazu könnte man das schwankende Schicksal der Termini wie *scientia* und *sapientia* behandeln.

Andere Wörter haben sehr unterschiedliche fachbezogene Bedeutungen: so bezog sich *collatio,* das mehrere monastische Tätigkeiten[17] bezeichnete, auf die schulische Übung, die in der abendlichen Wiedergabe des wichtigsten *sermo* vom Vormittag bestand,

[16] M.-D. Chenu, La théologie comme science (cf. Anm. 14), passim.

[17] Die geistliche Unterhaltung am Abend (*collatio* = Zusammenschluß), daher geistliche Lesung, dann das am Abend abgehaltene Kapitel und an anderen Stellen die Abendmahlzeit (cf. franz. *collation*). Über den analogen Fall von *disciplina* ist nachzulesen bei M.-D. Chenu, Revue des Sc. phil. et théol., 25 (1936), p. 686—692.

oder auch auf die gleichfalls am Abend stattfindende Wiederholung der Vorlesung, die der Lehrer am Morgen gehalten hatte. Doch man muß darauf hinweisen, daß jede dieser fachbezogenen Bedeutungen genaue Bestimmungen, ja sogar Definitionen, voraussetzt.[18]

Bevor wir den Wortschatz verlassen, wollen wir auf einen der Vorgänge der Wortbildung aufmerksam machen. Einige Wörter entstanden aus dem Erstarren eines ursprünglich analytischen Ausdrucks des Typus, der im Französischen häufig vorkommt: *le quant-à-soi, un à peu près*. Hier zwei berühmte Beispiele dafür: *quodlibeta* bezeichnete die außerordentlichen Veranstaltungen gelehrter Streitgespräche, in denen Lehrer und Bakkalaureus gemeinsam aus dem Stegreif auf Probleme antworteten, die *de „quodlibet ad voluntatem cuiuslibet"* gestellt wurden, wie Humbert von Romans[19] sagt; *postillae* ist wahrscheinlich aus dem Jargon der Predigerbrüder hervorgegangen, die Hugo von Saint-Cher im Jakobs-Kloster versammelte; er stattete auch im 2. Viertel des 13. Jahrhunderts die Prediger und Theologen mit einer revidierten Bibel aus, die in Verse eingeteilt und durch analytische und onomastische Tafeln erweitert war; man bezeichnete mit *postillae* das Verfahren des Kommentars in Form zusammenhängender Anmerkungen, das zweifellos auf Betreiben Hugos von Saint-Cher die diskontinuierlichen Erklärungen ersetzt hatte. Hier begann jede Anmerkung tatsächlich mit der Formel *Post illa verba*.[20] Die bisher genannten Wörter stammen aus dem Schulleben; die Arbeit der Übersetzer war auf andere Weise wirksamer für die Bereicherung des Wortschatzes.

Man kennt die entscheidende Rolle, die die Übersetzungen griechischer Autoren in der letzten und abschließenden der 'Renaissancen' hatten, die das frühe Mittelalter von einem Ende zum anderen abstecken.[21] Sogar die Umstände dieser Tätigkeit haben eine wich-

[18] M.-D. Chenu, Collectio-Collatio: Ibid., 16 (1927), p. 436—446, und G. Paré, A. Brunet, P. Tremblaye, La renaissance du XII$^{e}$ siècle. Les écoles et l'enseignement, Paris, Ottawa 1933, p. 123.

[19] Opera de vita regulari, ed. Berthier, Rom, 1888—1889, t. II, p. 260.

[20] C. Spicq, Esquisse . .. (cf. Anm. 13), p. 69.

[21] Hierzu in den guten Handbüchern: É. Gilson, La philosophie du moyen âge des origines patristiques à la fin du moyen âge, 2. Aufl., Paris

tige Rolle in der Sprachgeschichte gespielt. Die im Kontakt mit dem hellenistischen Vorderen Orient wiedergefundenen griechischen Texte stellten nicht immer als erste die Tradition zwischen dem antiken und dem 'neuen Athen'[22] wieder her. Andere gelangten über die Grenze, die damals die Almohaden vom erobernden Kastilien trennte. Und jene brachten heikle Probleme mit sich. Die naturwissenschaftlichen, medizinischen, logischen, metaphysischen Werke, die man in Toledo sammelt und übersetzt, sind in arabischer Sprache geschrieben, wohin sie meist aus dem Griechischen über die Vermittlung des Syrischen gekommen sind. Das sollte nicht ihre letzte Umwandlung sein. Nach Pater Thérys'[23] Forschungen hat angeblich Gundissalinus, als er sich entschließt, dem Abendland die griechischen Schätze, die die arabischen Bücher enthalten, zugänglich zu machen, selbst nicht genügend Arabisch gekonnt, um ganz alleine ans Werk zu gehen. Er hatte sich deshalb mit dem konvertierten Juden Ibn-Daud, *alias* Johannes von Sevilla zusammengetan. Dieser konnte Arabisch und Kastilisch, Gundissalinus Kastilisch und Lateinisch. Die Analyse der Fehler hat es gestattet, mit einer gewissen Wahrscheinlichkeit ihre Arbeitsweise zu rekonstruieren: Ibn Daud übersetzte laut das Arabische ins Kastilische, und Gundissalinus übersetzte das Kastilische ins Lateinische. Wie groß auch immer die Intelligenz und der Fleiß dieser Männer gewesen sein mögen, man merkt der Übersetzung diese vierfache Vermittlung zwischen dem griechischen Original und seiner lateinischen Übersetzung an, und es blieben viele dunkle Stellen darin.[24] Die

1944, p. 782; M. de Wulf, Histoire de la philosophie médiévale, Louvain, Paris 1934—1947, 3 vol. Ferner die ungezählten Arbeiten von M. Grabmann.

[22] Zur *translatio studii* und Paris — Neues Athen siehe É. Gilson, Les idées et les lettres (cf. n. 13). Humanisme médiéval et Renaissance, p. 183 sq. Ebenso: La philosophie du moyen âge . . ., 2. Aufl., p. 193 sq. Man findet außerdem den Versuch einer Aufstellung der Übersetzungen aus dem Griechischen in J. T. Muckle, Greek Works translated into latin before 1350, in: Mediaeval Studies, IV (1942), p. 33—42, und V (1943), p. 102—114.

[23] G. Théry, Tolède . . ., ed. Heintz, Oran 1944, p. 159.

[24] Man muß eine weitere Quelle der Schwierigkeiten hinzufügen: die

späteren Generationen, die daran Anstoß nahmen, wollten bessere Texte; so revidierte und vervollständigte ein Gerhard von Cremona, der Arabisch konnte, das von Gundissalinus begründete Corpus und verglich es sogar, wenn es ihm möglich war, mit den griechischen Texten selbst. Zahlreich sind am Ende des 12. und im Laufe des 13. Jahrhunderts die Forscher, die sich der Suche nach griechischen Handschriften und deren Benutzung widmeten. Die Arbeit, die sowohl in der Übersetzung als auch in der Korrektur bereits vorhandener Übersetzungen bestand, wird sich bis zu Wilhelm von Moerbecke fortsetzen, der den Höhepunkt dieser Bemühungen bildet.[25]

Zu jeder Zeit hat die Übersetzung aus dem Griechischen ins Lateinische eine ganze Fülle von Schwierigkeiten hervorgerufen, die man in mehreren Darstellungen Poncelets[26] erwähnt findet. Die Menschen des Mittelalters begegneten denselben Schwierigkeiten wie Cicero. Doch diese Schwierigkeiten waren um all die Fallen und Dunkelheiten als Folgeerscheinung der Vermittlungen angewachsen, die sie, wie wir gerade sahen, von den ursprünglichen Texten trennten. Die Scholastiker waren darüber hinaus im Vergleich zu Cicero in der ungünstigen Lage, daß sie nicht nur nicht wie er einen langanhaltenden Kontakt mit den Griechen selbst durch den Besuch griechischer Schulen in ihrer Jugend hatten aufnehmen können,

große Fülle des arabischen philosophischen Vokabulars; schon bloß für den Begriff 'Wesen' hat man zehn verschiedene Wörter notieren können: A.-M. Goichon, La distinction de l'essence et de l'existence d'après IBN SĪNĀ, Paris, 1937, p. 29—49. Das ›Lexique de la langue philosophique d'IBN SĪNĀ‹ desselben Verfassers, Paris 1938, nennt 792 Wörter.

[25] Zu den Verbesserungen siehe z. B. die Bemerkungen von D. Salman, Bulletin Thomiste, V (1937), p. 97 sq. (Nr. 131), oder L. Minio-Paluello, Henri Aristippe, Guillaume de Moerbecke et les traductions latines médiévales des « Meteorologiques » et du « De generatione et corruptione » d'Aristote: Revue philosophique de Louvain, 45 (1937), p. 206 bis 235. Vgl. auch die Texte, die am Ende dieses Aufsatzes als Anhang beigefügt sind.

[26] Hier selbst, p. 32 (Revue des Études latines 27, 1949) und Cicéron traducteur de Platon: Revue des Études latines XXV (1947), p. 178—195; Précision et intensité dans la prose latine: Ibid., XXVI (1948), p. 134 bis 156.

sondern auch daß die abgebrochene Tradition nur durch Bücher oder bestenfalls durch einige seltene Reisen in byzantinische Länder neu geknüpft werden konnte.

Und nun, nach den Scholastikern des 8. und 9. Jahrhunderts, führen die Lehrer an den Fakultäten der Künste und der Theologie ihre Arbeit in völlig anderer Weise aus. Cicero setzt den Hauptinhalt des griechischen Textes um, indem er pragmatische und abstrakte Verkürzungen benutzt, die rednerisch gleichwertige Dinge und geniale Annäherungen darstellen; die Scholastiker entscheiden sich in immer nachdrücklicherer Weise für eine genaue, wörtliche und formale Übersetzung.

Das erste Problem bestand darin, das Fachvokabular zu übersetzen. Einige der Übersetzer, die sich mit dem Griechischen beschäftigten, bedienten sich überreichlich der reinen Übersetzung: Johannes Scotus Eriugena greift in seinen Übersetzungen des Pseudo-Dionysius unbekümmert auf diese Praxis zurück, oft zweifellos, weil er den Text schlecht versteht. Im Gegensatz dazu zeigt Wilhelm von Moerbecke eine ganz klare Reaktion gegen seine Vorgänger; seine Aristotelesübersetzungen werden durch griechische Wörter überladen; das Griechische ist ihm so vertraut geworden, daß er unfähig wird, sich mit lateinischen Wörtern zu begnügen. Einige griechische Wörter gingen so in die lateinische Sprache über, freilich in beschränkter Zahl. Die führende Rolle spielten diejenigen, die die Übertragung praktizierten. Der wertvolle erste Band der ›Dionysiaca‹ [27] gestattete es, Einblick in die Arbeitsweise zu gewinnen, die Johannes Sarazenus beim platonisierenden Wortschatz des Dionysius anwandte. Seine Überarbeitung der Übersetzung des Scotus Eriugena ersetzt *analogia* durch *proportio*, *anagogice* durch *sursumactiue*, *theoria* durch *contemplatio*, *synaxis* durch *congregatio*, *teletarum teleta* durch *perfectio perfectionum*, *photisma* durch *illuminatio*, *schemata* durch *figura*, *theosophi* durch *periti deitatis*, *symbola* durch *signa*, *theatrum* durch *tabernaculum*, *sophia* durch *sapientia*, etc.[28] Diese einfache Aufzählung läßt ermessen, was die

[27] Chevallier, Dionysiaca, Paris 1937. Als Anhang findet man einen kurzen Auszug aus dieser Arbeit.

[28] G. Théry, Jean Sarrazin « traducteur » de Scot Érigène, in: Studia Mediaevalia (Mélanges R.-J. Martin), Bruges (1948), p. 372.

neue Übersetzung an Klarheit und auch an Doppelsinnigkeit gewann, wenn man die Hauptschwierigkeiten bedenkt, die die Lehre des Pseudo-Areopagita enthält. Von nun an haben folglich mehrere hundert Wörter einen direkten Bezug zu einem griechischen oder arabischen Autor. Hinter diesen Wörtern wird man Avicenna oder Averroes, Simplicius oder Philopon ebenso erkennen können wie Plato hinter *idea* und *illuminatio* oder Aristoteles in *habitus, accidens, intellectus agens, materia-forma* etc. Die Arbeit in diesem Bereich ist immens und kann nicht auf vorsichtiges Tasten verzichten. Keinerlei Gesamtuntersuchung dieses sprachlichen Aspekts der Übersetzungen ist bislang erfolgt; doch es gibt eine Fülle von Monographien, die anläßlich eines Lehrgegenstandes den lateinischen Wortschatz untersuchen, wobei sie mitunter bis zu den griechischen Quellen zurückgehen.[29]

Dennoch fuhren sich diejenigen unter den Übersetzern, die sich am meisten mit dem Lateinischen beschäftigten, an gewissen Wörtern ohne zufriedenstellende Entsprechungen fest. Und so findet man in dem Werk, das bezüglich der Kunstfertigkeiten das nüchternste und außerdem das vollkommenste seiner Zeit ist, in dieser ›Summa theologica‹, in der der Aquinate darauf zielt, ein Handbuch für Neulinge zu schaffen, eine geringe Anzahl griechischer Wörter, die nicht nur als Zeugen der Ideengeschichte dastehen, sondern die lateinischen Synonymen, die man für mangelhaft hielt, vorgezogen worden waren: z. B. *theandrica, synderesis, epicheia, synesis, eubonlia, gnome,* etc. Zumindest behält er sie parallel zu einem lateinischen Wort bei, wie *hypostasis* neben *persona, phantasia* neben *imaginatio* . . . Man begegnet natürlich auch einer Anzahl griechischer Wörter, die von den lateinischen und besonders den christlichen Kreisen der früheren Epochen übernommen worden waren. Doch zu der Zeit, in der wir uns befinden, bilden sie einen wesentlichen Bestandteil des gemeinsamen lateinischen Erbes.

[29] Es kann hier nicht darum gehen, eine wenn auch nur summarische Bibliographie zu geben. Man braucht sich nur an das ›Bulletin Thomiste‹, die ›Recherches de théologie ancienne et médiévale‹, das ›Bulletin de théologie ancienne et médiévale‹, die ›Revue philosophique de Louvain‹ (früher ›Revue néoscolastique‹) und wegen der Jahrestabellen an die Berichte der ›Revue des Sc. phil. et théol.‹ zu wenden.

Andere Probleme stellten sich nun nicht mehr durch die Anpassung eines Fachvokabulars, sondern durch das Wesen der griechischen Sprache selbst. Poncelet hat die Aufmerksamkeit auf die Schwierigkeiten gelenkt, die das Ungleichgewicht der Präpositionen in den beiden Sprachen hervorrief.[30] Ferner besteht das Problem des griechischen Artikels, eines grammatischen Instruments, das im ganzen genommen eine Aufgabe wahrnimmt, die analog zum Verfahren der Mathematiker steht, etwas in Klammern zu setzen, da es erlaubt, jedes beliebige Element der Sprache mittels einer einfachen Präposition zu einem ganz Satzglied zu machen, indem man ihm das τὸ voransetzt. Die Sprache Platons und des Aristoteles verfügte damit über eine Skala von Abstraktionen, die vom konkreten Ausdruck der Handlung bis zum rein abstrakten Wort reicht. Nach den Angaben Wilhelms von Moerbecke oder nach einer noch älteren Überlieferung unterstreicht der hl. Thomas den Wert dieser Annehmlichkeit für die Wissenschaft.[31]

Das Eindringen besonders der aristotelischen Schriften übte mit den τί ἐστι, τὸ ἐν ἔστι, τὸ ποῖος, τὸ προς τι, κ.τ.λ den Scharfsinn der Übersetzer. Mit List vermieden es die Übersetzer, diese Ausdrücke wiederzugeben, wozu wir im modernen Französisch ebenfalls sehr neigen und wie auch die niedergehende Scholastik des 14. und 15. Jahrhunderts verfuhr, indem sie bereits in die Fachsprache integrierte Abstrakta benutzte, wie *quantitas, quidditas, existentia, qualitas.* Sie bemühten sich, den analytischen Geschmack, der dem Konkreten nähersteht, der Ausdrücke des Stagiriten zu bewahren. Daher das Anschwellen von Ausdrücken wie: *hoc aliquid* für τό τι, *quodquid est* für τὸ τί ἐστι, *per se* für καθ' ἑαυτόν, *ad aliquid* für τὸ πρός τι, *simpliciter* für ἁπλῶς, *secundum quid* für κατα τι und καθ' ἕκαστον, *quomodo sit* für πῶς ἐστίν, *hoc quia* für τὸ ὅτι, *hoc propter quid* für τὸ διότι, *ut in pluribus* für ὡς ἐπὶ τὸ πολύ.[32]

[30] Bekanntgabe aus dem Jahre 1949 an der Société des Études latines.

[31] Commentaire sur le Perihermeneias, I, 5, 5.

[32] Der Index von R. Klibansky, Plato Latinus. I: Meno interprete Henrico Aristippo, ist recht überzeugend durch die angewandten Verfahren, folgende Wörter wiederzugeben: ἄν: *utique, sane, autem, unquam,* etc. (p. 56), αὐτός: *ipse, is, hic, ipsemet, ille, idem* (p. 57), ὁ: *qui, is qui, hic, qui est, uidelicet, quia, quilibet,* etc. (p. 67), etc.

Die *quod, quia, secundum quid, quantum ad* vervielfachen sich und ebenso der seltsame Gebrauch des Wortes *ly*, eines Ersatzes für den fehlenden Artikel, das für uns einem In-Anführungszeichen-Setzen oder dem Kursivdruck gleichkommt. Hier ein Beispiel dafür aus dem Traktat über die Trinität aus der ›Summa theologica‹: *Melius est quod (Filius) dicatur* semper natus; *ut ly* semper *designet permanentiam aeternitatis et ly* natus *perfectionem geniti.*[33] Es handelt sich hierbei um mehr als einen Kunstgriff des Übersetzers mit seinen zufälligen Folgen. Ein Text des Roland von Cremona zeigt uns diesen als des Gebrauchs des *ly* sowohl in seiner methodologischen und doktrinären Bedeutung als auch in der sprachlichen Resonanz in den verschiedenen Sprachen seiner Zeit sehr bewußt.[34] Die Partizipien und die Infinitive sichern, wenn man sie in ihren rein nominalen Funktionen benutzt, andere Zwischennuancen der Abstraktion; so *hominem esse* = ἀνθρώπῳ εἶναι.[35] Sogar die alltäg-

[33] Sum. Th., I a, q. 42, a. 3, ad 4 um. Hier weitere Beispiele. Das erste stammt aus demselben Traktat: „Haec est falsa: *Pater genuit se deum*; Quia ly *se*, cum sit reciprocum, refert idem suppositum ... Quidam concedunt istam: *genuit alium deum;* ita quod ly *alius* sit substantiuum et ly *deum* appositiue construatur cum eo (nempe *alium* qui est *deus*); sed hic est improprius modus loquendi et euitandus ne detur occasio errandi." I a, q. 39, a. 4, ad 4 m — „Vt sic det (apostolus Paulus) intelligere quod ly *ut* ponitur consecutiue." Sup. Rom. ch. 3, lec. I, v. 5.

In anderen Fällen liegt der Artikel ganz deutlich sichtbar unter dem Demonstrativum *hic* oder *ille.* So I a, q. 39, a. 8, c. zu 4/5: Secundum uero quartam considerationem prout consideratur Deus in habitudine ad suos effectus, sumitur *illa* appropriatio *ex quo, per quam,* et *in quo. Haec* enim praepositio *ex* aliquando importat habitudinem quamdam causae materialis ... Haec uero praepositio *per* designat quidem quandoque causam mediam, sicut dicimus quod faber operatur per martellum et sic ly *per* quandoque non est appropriatum sed proprium Filii ... Vnde sicut sapientia et ars approprientur Filio, ita et ly *per quem.* Haec uero propositio *in* denotat propie habitudinem continentis, etc."

[34] F. Ehrlé, S. Domenico. Le origini del primo studio generale del suo Ordine a Parigi e la Somma teologica del primo Maestro Rolando da Cremona, in: Miscellanea Dominicana, Rom 1923, p. 104 (Auszug p. 24), und der lange Text, der ibid., n. 3, zitiert ist.

[35] Dieser seinem Wesen nach griechische Gebrauch des Dativs hat wegen

lichsten Interrogativa erhalten schließlich die fachgebundene Bedeutung von Werkzeugen der Logik, und auch diese Bedeutung stammt aus dem Griechischen; so: *utrum* = πότερον, *an est* = εἰ ἔστι, *quid sit* = τί ἐστι.[36] Eine spätere Etappe zeichnet sich schon im 13. Jahrhundert mit der Bildung solcher Abstrakta ab, die diese analytischen Ausdrücke zum Erstarren bringt: die einen sind noch recht geglückt, wie *quidditas*, andere sind sprachlich grob, wie *haecceitas*. Auch hier wird die Dekadenz Mißbrauch mit dem Verfahren treiben.

Die extreme Komplexität der ideologischen Überlieferungen, die das philosophische Vokabular beinhaltet, ist einer der charakteristischsten Aspekte des mittelalterlichen Lateins. Man befindet sich nunmehr an einem Zusammenfluß der Geistesgeschichte. Ströme aus den entgegengesetztesten Richtungen vermischen sowohl ihre eigenen Wasser als auch das Schwemmland, das sie mit sich führen. Unter der Oberfläche der Wörter findet man so verschiedenartige Empfindungsweisen und Philosophien wie die Thora und Aristoteles, die Septuaginta und Seneca, Dionysius Areopagita und Isidor von Sevilla, St. Augustinus und die Judäo-Araber des Hochmittelalters, Platon und Aristoteles, Simplicius und die Viktoriner, St. Johannes Damascenus und Cicero, St. Gregor und Hippokrates, Euklid und Hrabanus Maurus, Boethius und Gratian.

Eines der charakteristischsten Beispiele ist zweifellos die Schwankung des Wortschatzes, der sich auf die Philosophie des Seins bezieht.[37] Wieviel Vorsichtsmaßnahmen sind zu ergreifen, um in irgendeinem mittelalterlichen Text *essentia, esse, ens, existentia, substantia, subsistentia,* etc. zu interpretieren! Die Unsicherheiten und die Doppelsinnigkeiten, die Definitionen und die Möglichkeiten, welche die sorgfältige Untersuchung dieser Wörter enthüllt, zeich-

des metaphysischen Problems, das er in der Interpretation des Aristoteles stellt, den Übersetzern eine Schwierigkeit bereitet, die um ihrer selbst willen zu untersuchen interessant wäre; cf. z. B. *quo est omnia fieri* = τῷ πάντα γίνεσθαι; *in omnia facere* = τῷ πάντα ποιεῖν; *animali esse* = τὸ ζώῳ εἶναι; siehe einige Beispiele dieser Art bei L. Schütz, Thomas Lexikon . . ., Paderborn 1895, p. 279.

[36] F.-A. Blanche (cf. n. 3), p. 167—168.

[37] Siehe den ersten Text des Anhangs am Ende dieser Untersuchung.

nen die Geschichte der mittelalterlichen Metaphysik von der Niederlage der Mittelmäßigen bis zu den größten Erfolgen. Es ist eine ganze historische und methodologische Welt, die aufersteht.[38]

Im logisch-psychologischen Bereich verbirgt der Gegensatz *credulitas-imaginatio* die komplexe Geschichte der Durchsetzung einer aristotelischen Theorie mit stoischen Kategorien in arabischer Umgebung, da σύνθεσις-διαίρεσις des Aristoteles eine seltsame Mischung mit φαντασία-συγκατάθεσις der Stoiker unter der Maske der arabischen Wörter taṣdiq-taṣwwor bewirkt hatte. Das Erstaunlichste ist überdies, daß durch die bloße Kenntnis des Aristoteles und das Eindringen seines Geistes ein Thomas von Aquin in der Praxis diesen Knoten entwirrt hat, ohne die historischen Kenntnisse zu besitzen, über die wir verfügen.[39]

Bei den Übersetzern des Averroes (13. Jahrhundert) bezeichnet *formatio* in der gleichen Bedeutung wie *informatio* die erste Tätigkeit des Geistes, die νόησις τῶν ἀδιαιρέτων, welche die Logik des Stagiriten lehrt, während die Übersetzer des Avicenna (12. Jahrhundert) das Wort mit *imaginatio* wiedergegeben hatten. Nun bezieht sich aber *formatio* außerdem auf *forma*, das im peripatetischen Hylemorphismus — und das ist lobenswert — gleichzeitig μορφή als Prinzip des Seins, εἶδος als Prinzip der Erkenntnis und φύσις als Prinzip der Bewegung heraufbeschwört. Doch das Wort bezieht sich gleichermaßen auf einen Platonismus, den der Lehrer der abendländischen Philosophie, St. Augustinus, verbreitet. Durch ihn führt uns die tiefe Verwandtschaft von *forma* mit *idea*, *species*, *ratio* in eine Metaphysik der Teilhabe an den ewigen, schöpferischen, mustergültigen Ideen eines Schöpfergottes, der ganz anders ist als der 'Urbeweger' des Lykaions. Das ist auf psychologischer Ebene der gesamte Gegensatz zwischen der Erleuchtung des Platonismus und

[38] É. Gilson, Notes sur le vocabulaire de l'Être: Mediaeval Studies, VIII (1946), p. 150—158; P. Klubertanz, Esse and Existere, in: S. Bonaventure: Mediaeval Studies, VIII (1946), p. 169—188; oder besser É. Gilson in: L'Être et l'Essence, Paris 1948, l'Introduction sur le vocabulaire de l'Être, p. 10—20.

[39] M.-D. Chenu, Un vestige du stoicisme: Revue des Sc. phil. et théol., 27 (1938), p. 63—68), und M.-O. Chenu, Imaginatio, in: Miscellanea Giovanni Mercati, Studi e Testi 122, Vatikanstadt 1946, t. II, p. 593—602.

der Erkenntnis nach Aristoteles. Obgleich Zeitgenosse und gleichsam Mitschüler des hl. Thomas, wird ein hl. Bonaventura dem Begriff *formatio* Nuancen geben, die seinem Wesen gemäß sind.

Letztes Beispiel: der Konflikt *mens, spiritus, anima.* Hinter diesen Wörtern verbergen sich drei griechische Wörter: ψυχή, πνεῦμα, νοῦς; aber sie repräsentieren fünf nicht übereinstimmende Denkweisen: die paulinische, die medizinische, die aristotelische, die dionysische und die augustinische Strömung. Die christliche Tradition bleibt der paulinischen Trilogie σάρξ, ψυχή, πνεῦμα sehr verbunden, wo πνεῦμα-*spiritus* den Gipfel der Seele heraufbeschwört, dort wo sie das Körperliche übersteigt. Doch derselbe πνεῦμα-*spiritus* bezieht sich in der Terminologie der Physiologen und teilweise auch des hl. Augustinus auf das animalische Leben und bezeichnet im Mittelalter den Bereich der Vorstellungen, der der Seele und dem Körper gemeinsam ist. Dasselbe animalische Leben ist indessen im aristotelischen Sprachgebrauch ψυχή-*anima.* Dagegen bezeichnet diese selbe ψυχή-*anima* in der christlichen Sprache die unsterbliche Seele des Menschen. Im Gegensatz dazu beschränkt νοῦς sich allein auf den Bereich der Erkenntnistheorien; aber der Begriff νοῦς ist gespalten in *intellectus* in der aristotelischen und *mens* in der vom Pseudo-Dionysius ausgehenden mystischen Strömung. Und nun bildet derselbe Begriff *mens* einen Doppelsinn mit der augustinischen Lehre, die von der Erfahrung genährt ist. Dieses Schema ist summarisch; es würde zahlreiche Nuancierungen erfordern; doch es hebt hinreichend die Komplexität eines Problems hervor, dessen sich die Menschen des Mittelalters voll bewußt waren, denn sie besaßen seine fünf Quellen. Nun handelt es sich dabei aber, darauf muß man hinweisen, nicht um eine Vermischung der Bedeutungen eines allgemein gebräuchlichen, schlecht spezifizierten Wortes in einer Umgangssprache, sondern um das Zusammenstoßen mehrerer Fachsprachen, eine jede schwer beladen mit einer langen Vergangenheit und mit ganz eigenen philosophischen Konzeptionen.

Diese Probleme sind zeitlos; wir kennen die endlosen Streitigkeiten in bezug auf das Symbol zwischen den Philosophen, die lernten, es in einem antiken, religiösen oder literarischen Kontext zu denken, und denen, die es in den mathematischen Wissenschaften kennenlernten und studierten. Die kleinen Geister meistern solche

Doppelsinnigkeiten nicht, stellen sie gegeneinander und bekämpfen einander im Mittelalter wie heute. Aber die oft kühnen Lösungen, die in diesen Fällen von den großen Meistern übernommen wurden, qualifizieren das mittelalterliche Latein als eine authentische und eigenständige philosophische Sprache.

Man müßte den gesamten Wortschatz analysieren, den in der Philosophie die Scholastiker verwenden. Die scheinbar harmlosesten Wörter können sich als von einer unerwarteten semantischen Kraft erweisen. So: *virtus*, wo δύναμις und ἀρετή dem lateinischen Moralismus begegnen; *scientia*, das einen neuen und beachtlichen Zusatz an Verständlichkeit erhält, als es die Entsprechung der 'ἐπιστήμη des Aristoteles wird; *ius*, über die verschiedenen Rechtstheorien hinaus mit der *iustitia* verbunden und von daher deren lateinisches Erbe, das sich auf einen ganzen griechischen Komplex von δίκη, θέμις, δικαιοσύνη bezog und welches das christliche Latein hatte stark anschwellen lassen mit moralischen Bedeutungen durch einen semantischen Einfluß, der sehr weit ins Alte Testament zurückging; diese selbe *iustitia* war offensichtlich mit *iudicare* verwandt, dessen philosophischer Inhalt sich partiell von κρίνειν herleitete; doch dieses griechische Wort hatte gleichermaßen die Gruppe *cernere, certum, certitudo* befruchtet; *aevum* ebenfalls, wo die Naturwissenschaften und die Mystik, die Philosophie und die Schrift sich überlagerten; *anima* und *natura*, deren wechselnde Bedeutungen je nach den Kontexten der Schulen man kennt; *separatio* in seinem Gegensatz zu *abstractio*;[40] *status*;[41] *resolutio* und *compositio*;[42] *materia*;[43]

[40] L.-B. Geiger, Abstraction et séparation d'après S. Thomas in De Trinitate q. 5, a. 3. Rev. des Sc. phil. et théol., 31 (1947), p. 3—40; L.-M. Régis, La philosophie de la Nature. Quelques apories § I: L'abstraction, ses degrés, in: Études et recherches de philosophie Heft I, Ottawa 1936, p. 128—141.

[41] J.-A. Robilliard, Sur la notion de condition (status) dans S. Thomas: Rev. des Sc. phil. et théol., 25 (1936), p. 104—107; J. O'Connor, The Quest for Wisdom, New York 1947. Index.

[42] L.-M. Régis, Analyse et synthèse dans l'œuvre de S. Thomas, in: Studia Mediaevalia (Mélanges R.-J. Martin), Brügge (1948), p. 303—330.

[43] É. Gilson, Note sur les noms de la matière chez Gilbert de la Porrée: Revue du Moyen Age latin, 2 (1946), p. 173—176.

*intentio*;[44] *sufficiens*;[45] *probabilis*;[46] *sententia* mit den unterschiedlichen Einflüssen und Bedeutungen; ganz zu schweigen von der ungreifbaren *ratio*.[47] Das ist eine ganze Welt,[48] und wie fruchtbar sie ist![49]

Die tiefgreifende Veränderung des Geistes der lateinischen Sprache, der wir begegnet sind, kann nicht von der Realität der Zeit getrennt werden. Sie findet in der Epoche des großen Aufschwungs des Abendlandes statt, als die lateinischen Kreuzfahrer und Kaufleute zur Eroberung des Vorderen Orients aufbrechen, zur Zeit, als die Missionare predigen oder Kirchen gründen an den Ufern des Baltischen Meeres und in den Winkeln der Karpaten, in Marokko, Äthiopien, Armenien, Indien, in der „Tartarei", in China, während die Architekten die unzähligen romanischen und gotischen Bauwerke errichten, und parallel zum Entstehen der Nationalliteraturen. Dieser kraftvolle jugendliche Aufschwung hat im Bereich des Geistes den ehrgeizigen Willen, die Welt intellektuell

[44] A. Hayen, L'intentionnel dans la philosophie de S. Thomas, Brüssel, Paris 1942, c. 1, A: La terminologie chez les contemporains de S. Thomas, p. 31—53. Der Verfasser unterscheidet fünf Bedeutungen, die er auf Augustin, Avicenna und Averroes zurückführt. Siehe ferner H.-D. Simonin, La notion d'*intention* dans l'œuvre de S. Thomas d'Aquin, in: Revue des Sc. phil. et théol., 19 (1930), p. 445—461.

[45] M.-D. Chenu, Sufficiens: Ibid., 32 (1933), p. 251—259.

[46] Th. Deman, Probabilis: Ibid., 32 (1933), p. 260—290.

[47] J. Peghaire, *Intellectus* et *Ratio* selon S. Thomas d'Aquin, Publ. Inst. Études médiévales d'Ottawa, VI, Paris 1936: Les sens divers de *ratio* et *intellectus*, p. 13—25.

[48] Der Sprachforscher müßte viel nachlesen in Werken wie O. Lottin, Psychologie et morale aux XII^e et XIII^e siècles, 2 vol., Louvain 1942, 1948; J. de Ghellinck, Patristique et Moyen Age. Études d'Histoire littéraire et doctrinale, 3 vol., Brüssel, Paris 1946—1948; oder sogar in einer einfachen Untersuchung wie A. Landgraf, Grundlagen für ein Verständnis der Bußlehre der Früh- und Hochscholastik, in: Zeitschrift für Katholische Theologie, 51 (1927), p. 161—194.

[49] A. Meillet sah im mittelalterlichen Latein den wichtigsten Ort, an dem man untersuchen müßte, wie sich der europäische Wortschatz gebildet hat: Bull. de la Soc. de linguistique, n. 80, p. 100, zitiert in: Revue des Études latines, VI (1928), p. 29.

zu erobern. Jede Generation vergrößert die eroberten Länder und drückt hier jedesmal mehr ihren eigenen Stempel auf. Während sie vorgibt, die Nachfolge der doppelten, griechisch-lateinischen Vergangenheit anzutreten, gleicht diese Jugend eher ihre Lehrmeister an und formt sie um, als daß sie ihnen folgt. Sie versucht nicht, eine abgeschlossene Vergangenheit zu wiederholen. Ihre unbändige Jugendkraft bewahrt sie vor dem Konventionellen der Alten. Sie benutzt die Alten '*reverenter*', d. h. mit einer Erkenntnis ihres Denkens, die eine klare und nuancierte Unabhängigkeit angesichts ihrer Autorität nicht ausschließt. Diese Freiheit sogar im Herzen der Treue zur Tradition wirkte sich auf einer unbewußten Ebene im Gebrauch und in den Umformungen der lateinischen Sprache aus.[50] Die fachliche Spezifizierung zahlreicher Begriffe, das Streben, das semantische Rüstzeug für genaue Übersetzungen zu erstellen, die Auswahlmöglichkeiten und die Anrufungen der Lehrmeister angesichts der Komplexität und der Doppelsinnigkeiten des Wortschatzes haben die Sprache Vergils und Caesars in eine Richtung gebracht, die umgekehrt zu derjenigen verlief, die Lukrez und Cicero ihr gegeben hatten. Die Sprache der Redner und Dichter weicht der Sprache der Metaphysiker und Logiker. Dieses Faktum läßt sich nicht leugnen. Die Ursachen hierfür sind sicherlich komplex.[51]

Die älteste dieser Ursachen ist mit dem Christentum selbst verbunden. Das Christentum beruht auf einer Offenbarung, die in einem Buch enthalten ist: der Bibel. Die Tatsache, daß man diese gänzlich als Werk Gottes und zugleich gänzlich als Werk ihrer menschlichen Redaktoren betrachtet, bringt eine Achtung und eine

[50] M.-D. Chenu, La théologie comme science . . ., und die unter Anm. 40 erwähnten Aufsätze.

[51] Man muß sich in solchen Fällen vor allem davor hüten, Erhebungen zu systematisieren und zu generalisieren, die zwar wahr sind, aber doch nur partiell bleiben. Was folgt, ist also als Angabe von Richtungen, aus denen einige konvergierende Anstöße kommen, aufzufassen. Doch wir behaupten weder, die Faktoren erschöpfend zu behandeln, die an dieser Wende zusammenkamen, noch deren Bedeutung zu bestimmen; das wäre naiv und überstiege den Grad an Gewißheit, der augenblicklich in diesem Stoff möglich ist.

Aufmerksamkeit mit sich, die sich sogar an den Buchstaben des Textes heften. Wenngleich die großen geoffenbarten Wahrheiten sich leicht aus dem Zusammenhang herauslösen, hat doch das geringste der Details seinen eigenen Wert, um sowohl die Absichten des Menschen, der sie redigiert hat, als auch die göttliche Inspiration, die sie eingegeben hat, zu vertiefen. Aus diesem Grunde verstärkt sich bereits im Anfang, in den ersten Übersetzungen der Bibel ins Lateinische, die Sorge, den heiligen Text Wort für Wort zu übertragen, indem man sogar die Syntax und die Wortstellung respektierte. Die Kreise des Volkes, in denen die Arbeit sich vollzog,[52] erleichterten diesen Bruch mit der literarischen Tradition. Und später bewahrt selbst ein hl. Hieronymus, obwohl in Reaktion gegen diesen engen Buchstabensinn, nicht weniger dessen Geist für seine Übersetzung der Schrift, „*ubi,*" sagt er, „*et verborum ordo mysterium est.*"[53] Diese Ablehnung jeglicher Paraphrase, dieses Vorbild einer Übersetzung, die übergenau wortgetreu ist, haben gewiß das Ideal beeinflußt, das die mittelalterlichen Übersetzer anstrebten, als sie sich an die Werke des christlichen oder heidnischen Hellenismus heranwagten. Selbst die Methodologie des Schulunterrichts konnte sie in dieser Haltung nur bestärken. Seit der karolingischen Renaissance, als die Entdeckung der Grammatik die Rolle eines Stimulans analog zu der des *Organon* im 12. Jahrhundert gespielt hatte, „las" man die Texte wie die Bibel, d. h. mit einer Beachtung der geringsten Details, die uns erstaunt und die uns von einer bisweilen übertriebenen Kurzsichtigkeit erscheint. Die Übersetzer hatten dort wenigstens den Wert und die Bedeutung der kleinsten Sprachelemente kennengelernt. Wenn einige ihrer Kriterien uns vielleicht altmodisch erscheinen, so war diese schon unbewußt gewordene Sorgfalt für sie eine Tugend aufgrund der Achtung vor den zu übersetzenden Texten, die sie ihnen auferlegte. In einem Wort, die Ordnung der *lectio* machte die Übersetzer innerlich zu einer übertriebenen Treue gegenüber der Vorlage bereit.

[52] Ch. Mohrmann hat zu viele schöne Ausführungen sowohl in dieser Zeitschrift als auch in den ›Vigiliae Christianae‹ geboten, als daß es nötig wäre, darauf einzugehen.

[53] Cuendet, Cicéron et S. Jérôme traducteurs, in: Revue des Études latines, X (1932), p. 380—400.

Wenn man andererseits die lobenswerte Unterscheidung zwischen zwei Strömungen des griechischen Denkens kennenlernt, die kürzlich zur Geltung gebracht wurde,[54] nämlich die Unterscheidung zwischen der dialektischen und der rhetorischen Tendenz, verkörpert durch die von Platon bzw. Isokrates ausgehenden Traditionen, so hat es den Anschein, daß die Lateiner der klassischen Zeit als Psychologen oder Praktiker hauptsächlich die rhetorische Tradition wegen ihrer Wirksamkeit im täglichen Leben und wegen ihrer literarischen Hilfsmittel aufgriffen. Folglich kennzeichnet sich ihre Philosophie durch eine Sprache mit sehr weitgefaßten und wenig spezialisierten Bedeutungen, unterstützt durch einen recht ungenauen Wortschatz und eine echte, jedoch ein wenig kurze Abstraktion. Die Menschen des Mittelalters dagegen ergriffen freudig alles, was sowohl von der platonischen als auch von der aristotelischen Dialektik zu ihnen gelangte. Sie bildeten daher ihre philosophische Sprache mit der zweifachen Sorge um fachliche Präzision und um exakte und nunancierte Abstraktion. Eine kahle Syntax und ein Stil ohne Ausschmückungen unterstützen hier die Konzentration des Denkens, während eine ganze Reihe von analytischen Ausdrücken der Tiefe einer Metaphysik entspricht, in der die Transzendenz der Begriffe es erlaubt, ihre Immanenz im Konkreten aufrechtzuerhalten.

In ihrer wirksamen und konstruktiven Phase beginnt diese Arbeit mit dem 12. Jahrhundert, doch würde man zweifellos den dafür in sprachlicher Hinsicht entscheidenden Augenblick zu einem sehr viel älteren Zeitpunkt finden, bei Boethius. Dieser zwar nicht überragende Geist, der aber einen Anfang setzte und die Dinge allgemein bekannt machte, mit einem äußerst klaren Blick für die Verhältnisse, in denen er lebte, hat nicht allein klare Informationen, Arbeitspläne sowie methodologische und fachliche Konzeptionen neu zusammengestellt für seine Nachfolger; er ist es anscheinend auch gewesen, der der philosophischen Sprache eine neue Richtung gab. Er befindet sich so sehr am Umkehrpunkt der Entwicklung des Lateins, daß man hat anmerken können, daß die Neuerungen, die

[54] I. Marrou, Histoire de l'éducation dans l'antiquité, 1. Teil, c. V, VI, VII, und früher, Jäger, Paideia III, Oxford 1945, p. 45—155.

sich in seinen Kommentaren zeigen, d. h. dort, wo er am meisten Übersetzer ist gemäß der von uns dargelegten christlichen Tradition, sich nicht in seinen anderen Werken finden.[55] In diesen Werken will er der klassischen Tradition treu bleiben. Man darf annehmen, daß dieser alte Römer, der wahrscheinlich einen politischen „Widerstand" gegen das neue Zeitalter mit seinem Leben bezahlte, eine in einzigartiger Weise energische Tat vollbringen mußte, um in klarer Einsicht in die intellektuellen und kulturellen Gegebenheiten in dieser Weise mit einer Latinität zu brechen, der er durch das Innerste seiner eigenen Person verbunden war. Aber er besaß dort, in der Sprache, ein Instrument, das sechs Jahrhunderte später eine einzigartige Fruchtbarkeit erlangen sollte.

Trotzdem kann man doch nicht leugnen, daß das mittelalterliche Latein für mit der klassischen Literatur Vertraute ein Ärgernis ist. Es bricht mit dem Kostbarsten und Urspünglichsten im Geist der Sprache*. Es ist vielleicht nicht ohne Bezug, wenn man die Tatsache unter dem Aspekt der Psychologie der Völker betrachtet. Obwohl das Latein des 12. und 13. Jahrhunderts fortfuhr, sich direkt aus der romanischen Literatur zu nähren, so war es doch zunächst die lebendige Sprache der Gesamtheit der Denker des lateinischen Abendlandes, eines katholischen Kreises im griechischen Sinne des Wortes, wir würden heute sagen: eines internationalen Kreises. Dort, in ein und derselben Korporation finden sich Lehrer und Schüler jenseits aller sozialen und nationalen Verschiedenheit gleichermaßen als Brüder im Eifer und in der Pflege des Wissens wie auch in der Zugehörigkeit zur ebenfalls „katholischen" Kirche. Unter diesen Menschen, deren sprachliche Herkunft um so verschiedener war, als die romanischen und germanischen Dialekte sich noch nicht in den Nationalsprachen zusammengeschlossen hatten, war das Latein das Symbol und das Instrument ihrer Einheit, ihrer Arbeit und ihres geistigen Austauschs. Mehr noch, die modernen

[55] E. Gilson macht darauf aufmerksam; Mediaeval Studies, VIII (loc. cit., n. 38), p. 151 sq.

* [Anm. des Hrsg.: Diese und ähnliche Behauptungen des Verf. sind durch und durch unzutreffend, vgl. z. B. in diesem Bd. den einleitenden Aufsatz Löfstedts. Möglicherweise könnten sie für das philosophische Latein des späteren Mittelalters gelten.]

Sprachen haben damals trotz ihres beginnenden Reizes, der für die Literatur schon genügt, noch keinen Wortschatz und erst recht noch keine Syntax gebildet, die in der Lage gewesen wäre, die Bedürfnisse eines tiefgehenden Denkens zu befriedigen. Das Latein drängt sich auf als die einzige Sprache, in der man abstrakt denken, etwas darlegen und mit Kraft und Nuancierung etwas verfassen kann. Doch das war nicht ohne Gegenpol. Wenn es in den Schulen und Universitäten auch einige Lehrer gab, die aus jenem italienischen Territorium stammten, aus dem das gemeinsame Idiom kam, so waren doch die meisten Franzosen, Engländer, Deutsche, Briten, Okzitanier, Flamen und sogar Skandinavier. Sie mußten notwendigerweise ein wenig von den Hilfsmitteln ihres Denkens und ihres Heimatdialektes beisteuern. Sie mußten ebenso das Prestige und die „Atmosphäre" dieser Stadt Paris erfahren, die bereits so ganz und gar französisch war, wo ihre Tätigkeit sich vollzog. Und das geschah nicht, so meinen wir, ohne in gewisser Weise zu dieser neuen Ausrichtung der lateinischen Sprache beizutragen. Der Fortgang der Geschichte scheint es zu bestätigen. Wenn andere Ursachen das abendländische Denken auch dazu führen werden, seine Hauptquellen in Italien zu finden, wird der Geist der Rhetorik wieder den Primat in der lateinischen Sprache an sich nehmen: das wird die Renaissance sein, der Kreis wird sich schließen. Doch wenn das Latein dann die alte Reinheit und den alten Reichtum wiederfindet, wird es, überholt von der Sprache Dantes und den anderen Literatursprachen, allmählich alle Kraft verlieren. Die perfekte Sprache der Humanisten wird nicht mehr die schöpferische Lebendigkeit der Sprache der Scholastiker besitzen; das Latein ist von nun an eine tote Sprache. Im Mittelalter war es eine Sprache, die noch überlebte; für die Denker und die Gelehrten war es lebendig geblieben.

Und als lebendige Sprache war das mittelalterliche Latein eine gelungene Weiterentwicklung. Anscheinend unpersönlich wie die Kunst dieser Zeit, offenbart es sich dem aufmerksamen Betrachter als mannigfaltig. Nicht nur setzt sich im Mittelalter eine rhetorische und poetische Tradition fort, sondern das philosophische Latein zeigt von einem Autor zum anderen feine Nuancen: die Bündigkeit eines Wilhelm von Auxerre bildet einen Gegensatz zur natürlichen

Redefertigkeit eines Wilhelm von Auvergne, eine bestimmte Seite Abälards erweckt den Anschein, aus der geschickten Feder eines unserer klassischen Rationalisten zu stammen, verglichen mit dem mitreißenden, jedoch gut ausgefeilten Schwung des hl. Bernhard. Die blumenreiche Kraft des hl. Bonaventura vermischt sich nicht mit der gelehrten und mitunter ungestümen Gewichtigkeit eines Albertus Magnus. Und wenn Thomas von Aquin in seinen größeren Werken derjenige genannt werden konnte, der *„semper formaliter loquitur"* (Cajetan), so zeigen die kleineren Werke dieses selben „allgemeinen Lehrers" seine Virtuosität in anderen literarischen, rhetorischen, ja sogar poetischen Gattungen.

*Semper formaliter loquitur.* So stellt sich eben das Ideal des mittelalterlichen philosophischen Lateins dar. Das war auch seine Größe. Das wird seine Anziehungskraft für diejenigen sein, die danach streben, seine sprachlichen Grundlagen wiederzufinden.

*Anhang:*

Die beiden folgenden Aufstellungen zeigen die von den mittelalterlichen Übersetzern ausgeführte Korrekturarbeit.

I. Von Hilduin zu Robert Grosseteste. Veränderungen rings um das Sein. Nach der Synopse des Dionysius: ›Dionysiaca‹ p. 113 (cf. Anm. 27).

α) Hilduin: Vt puta quia *qui est* est deus subersubstantialiter

Scottus Eriugena: Vt quoniam *ON* est deus super essentialiter

Johannes Sarazenus: Puta quoniam *existens* est deus supersubstantialiter

Robert Grosseteste: Velut quod *ens* est deus supersubstantialiter

griechisch: Οἷον ἐπειδὴ ὁ ὢν'εστὶν ὁ θεὸς ὑπερουσίως

β) H: illud quod unum est de ejus traductione multis existentibus

E: unum ON illud ex se adductione multorum existentium*

* Fortsetzung auf S. 312.

| Metaphysica Vetustissima (XIIe s.). Lacombe. N° 38. | Metaphysica Medie Translationis (circa 1210). Lacombe. N° 39. |
|---|---|
| 1. Omnes homines scire desiderant natura | 1. Omnes homines natura scire desiderant |
| 2. Signum autem est sensuum dilectio | 2. Signum autem est sensuum dilectio |
| 3. *Et namque sine utilitate* diliguntur propter se ipsos et maxime aliorum qui est per oculos; | 3. *preter enim et utilitatem* propter se ipsos diliguntur et maxime aliorum qui est per oculos |
| 4. non enim solum ut agamus sed et nichil *debentes* agere ipsum videre *desideramus* pre omnibus, ut dicam, aliis. | 4. Non enim solum ut agamus sed et nichil agere *convenientes*, ipsum videre pre omnibus, ut dicam, aliis *concupiscimus*. |
| 5. Causa autem est *quoniam* maxime facit cognoscere nos hic sensuum et multas *ostendit* differentias. | 5. Causa autem est *quod* hic facit et multas differentias maxime sensuum cognoscere nos *demonstrat*. |
| 6. Natura quidem igitur sensum habentia sunt animalia. | 6. Animalia quidem igitur natura sensuum habentia fiunt |
| 7. ex sensu autem *aliis* quidem ipsorum *non insit* memoria, quibusdam autem sit (= fit), | 7. Sed ex sensu *quidem* quibusdam *horum* memoria *facta non est*, quibusam vero fit. |
| et propter hoc alia qui⟨dem⟩ prudencia, alia vero disciplinabiliora non possibilibus memorare sunt. | Et propter hoc quidem alia prudentia sunt, alia vero non memorare possibilibus disciplinabiliora |
| 8. Prudentia quidem *sine doctrina* sunt quecumque non *possibiliora* (al. ms.: *possibilia*) *sunt sonos audire* ut apes | 8. Prudentia quidem sunt sine *disciplina* quecumque *sonos non audire possibilia sunt*, ut apes |
| 9. et si aliquod huiusmodi aliud genus animalium est; | 9. et si aliquod animalium genus aliud huiusmodi est; |
| 10. addiscunt autem *quecumque intra memoriam* et hunc habent sensum. | 10. addiscunt autem *quecumque iuxta memoriam* et hunc habent sensum. |
| 11. Alia quidem igitur fantasiis vivunt et memoriis, *experimento* autem participant parum. | 11. Alia quidem igitur *ymaginationibus* et memoriis vivunt, *experimenti* autem parum participant. |

| Metaphysica Vetus (ante 1230). Lacombe. N° 40. | Metaphysica Nove Translationis G. de Moerbecke (circa 1270). Lacombe N° 42. |
|---|---|
| 1. Omnes homines natura scire desiderant. | 1. Omnes homines natura scire desiderant. |
| 2. Signum autem est sensuum dilectio. | 2. Signum autem est sensuum dilectio. |
| 3. *preter enim utilitatem* propter se ipsos diliguntur et maxime aliorum qui est per oculos. | 3. *Preter enim et utilitatem* propter se ipsos diliguntur et maxime aliorum, qui est per oculos. |
| 4. Non enim solum ut agamus, sed et *si* nichil agere *convenientes* hoc ipsum videre pro omnibus aliis, ut dicunt, *concupiscimus.* | 4. Non enim solum ut agamus, sed et nichil agere *debentes* ipsum videre pre omnibus, ut dicam, aliis *eligimus.* |
| 5. Causa autem est, *quod* hic maxime sensuum nos *scire* (al. ms.: cognoscere) facit et multas differentias demonstrat. | 5. Causa autem est *quia* hic maxime sensuum cognoscere nos facit, et multas differentias demonstrat. |
| 6. Animalia *itaque* natura habentia sensum fiunt. | 6. Animalia quidem igitur natura sensum habencia fiunt. |
| 7. Sed ex sensu quibusdam quidem horum memoria *est facta,* quibusdam vero non sit, | 7. *Ex sensibus* autem quibusdam quidem *ipsorum* memoria *infit* (al. ms.: *non fit*), quibusdam vero fit, |
| et propter ⟨hoc⟩ quidem *animalia* prudentia sunt, alia vero non memorare possibilibus disciplinabiliora. | et propter hoc quidam alia quidem prudencia sunt, alia vero disciplinabiliora *non potentibus* memorari. |
| 8. Prudentia vero sine disciplina quecumque non sonos audire possibilia sunt, ut apes. | 8. Prudentia quidem sunt *sine addiscere* quecumque sonos audire non *potencia* sunt, ut apis. |
| 9. Et si aliquod animalium *huius* genus est, | 9. Et *utique* si aliquod aliud genus animalium huiusmodi est; |
| 10. addiscunt autem *iuxta memoriam* et hunc habent sensum. | 10. addiscunt autem *quecumque cum memoria* et hunc habent sensum; |
| 11. Alia quidem igitur imaginationibus et memoriis vivunt, *experientie* autem parum participant. | 11. alia quidem igitur imaginacionibus et memoriis vivunt, *experimenti* autem parum participant. |

S: unum existens illud quia ex ipso multa existentia deducuntur

R: unum ens illud, ea quae ex ipso adductione multorum entium

griechisch: τὸ ἕν ὂν ἐκεῖνο τῇ ἐξ αὐτοῦ παραγωγῇ τῶν πολλῶν ὄντων

II. Von der ›Metaphysica Vetustissima‹ zur ›Metaphysica Nova‹ des Wilhelm von Moerbecke. Die Arbeit erstreckt sich auf den griechischen Text. Nach G. Lacombe, Aristoteles Latinus, t. I, Rom 1939, p. 149—152. Text 38, 39, 40, 42 und p. 60—61, zur Identifizierung der Übersetzer. Zum entsprechenden griechischen Text vgl. den Anfang des Buches A der ›Metaphysik‹ des Aristoteles, ed. Bekker, 980, a, 22.

Es wären viele Bemerkungen zu dieser kurzen Gegenüberstellung zu machen. Wir wollen auf die Ängstlichkeit bei der Abänderung der Wortstellung hinweisen. Für αἱρούμεθα (4) zieht Wilhelm von Moerbecke *eligimus* vor, denn *desideramus* ist zu moralisch und sogar christlich, mehr noch *concupiscimus,* das rein theologisch klingt. *Quod, quoniam, quia* geben ὅτι (5) wieder. Wilhelm von Moerbecke entscheidet sich für *potentibus, potencias* gegen *possibilia,* um δυναμένων, δύναται (7, 8) zu übersetzen. Es gibt Schwankungen bei der Übersetzung von πρὸ + Dativ (10): *intra, juxta, cum.* Sehr instruktiv ist die aufeinanderfolgende Wahl von *doctrina* und *disciplina,* beide mit dem ganzen monastischen, schulischen, universitären und sogar asketischen Erbe beladen. Wilhelm von Moerbecke ersetzt sie durch einen Begriff, der weniger mit christlicher und emotionaler Erinnerung beladen, sondern rein philosophisch geprägt ist, *addiscere* als Wiedergabe des griechischen μανθάνειν (8). Wie überzeugend für die Untersuchung des Begriffs der Mitwirkung ist die Gegenüberstellung von *experimento, experimentie, experimenti,* die in unterschiedlicher Weise die Lehre wiedergibt, die in dem hier scheinbar kraftlosen Ausdruck ἐμπειρίας δὲ μετέχει μικρὸν (11) verborgen ist.

Deutsches Archiv für Erforschung des Mittelalters 9 (1952), S. 332—352.

# WORT UND BEDEUTUNG IM MITTELALTERLICHEN LATEIN*

Von Walter Stach

Die Forderung sachgemäßer Quelleninterpretation hat in den letzten Jahren eine Wendung genommen, die mittelalterliche Geschichte und mittellateinische Philologie auf eine neue Weise zusammenführt. Das Verhältnis der verschrifteten Inhalte zur gelebten Geschichte hat sich nach der sprachlichen Seite als weit verwickelter erwiesen, als das der älteren Forschung bewußt gewesen ist. Gewiß hat man es von jeher beklagt, daß bis ins Hochmittelalter die Muttersprache in den geschichtlichen Denkmälern schweigt. Georg Baesecke sprach von der grausamen Kluft, die das Latein vor die schriftliche Anwendung des Deutschen gelegt hat, und wenn Arnold Toynbee und Ernst Robert Curtius recht hätten, wäre es der Beweis der eigenen kulturellen Unfruchtbarkeit, daß die germanischen Sieger über das Römische Reich im Gefolge der Kirche Latein gelernt haben. Aber nicht in der Doppelsprachigkeit der frühmittelalterlichen Romania liegt das Problem, das die Forschung im Rahmen der deutschen Geschichte beschäftigt, sondern in der späteren Rolle des Lateinischen auf dem Boden der nichtromanischen Welt. Daß in diesem Nachleben der römischen Literatursprache zwei heterogene Ausdruckssysteme zusammenstoßen, hat man in der Kritik der mittelalterlichen Geschichtsquellen lange Zeit nicht recht beachtet. Eine Studie wie die von Carl Hegel über ›Lateinische Wörter und deutsche Begriffe‹ blieb vereinzelt und ohne Nachhall.[1]

* Die nachstehenden Ausführungen entsprechen dem Referat, das ich auf dem Historikertag 1951 in der Sektion „Mittelalterliche Geschichte und Mittellatein“ vorgetragen habe. Für den Druck sind die Stellenhinweise und Anmerkungen hinzugesetzt, und der Text ist um weniges erweitert.

[1] NA. 18 (1893), 209 ff.

Nicht anders erging es Philipp Heck mit seinen Erwägungen unter dem heute zum Schlagwort gewordenen Titel: ›Übersetzungsprobleme im frühen Mittelalter‹.[2] Das Phänomen der Imitatio fesselte das Forschungsinteresse, und die humanistisch anmutende Nachahmung der römisch-klassischen Vorbilder täuschte über den Anachronismus antikisierender Darstellungsweise hinweg. Nur allmählich ist man des Zwiespaltes innegeworden, und es ist das Verdienst hauptsächlich Walter Schlesingers, daß er die schwelende Problematik energisch angefacht hat. In seinen Untersuchungen zur ›Entstehung der Landesherrschaft‹ wird als Vorbedingung für das Verständnis des mittelalterlichen politischen Lebens gefordert, daß man sich von dem „Latinismus" der rechts- und verfassungsgeschichtlichen Quellen löse und den germanisch-deutschen Entsprechungen nachspüre, die das lateinische Sprachgewand nur indirekt zum Ausdruck gebracht habe.[3] Zu diesem Zweck zieht Schlesinger zum erstenmal systematisch das Wortgut der althochdeutschen Glossen zu Rate, die in der Tat am ehesten Auskunft geben können, welche Inhalte man damals mit den Lateinwörtern verband. Dafür ein Beispiel! Wenn in den Glossen *res publica* mit 'kuningrihhi' oder 'hertuom' interpretiert wird, so treten die antike und die mittelalterliche Begriffswelt auseinander. Auf der einen Seite steht eine Bezeichnung für den Staat, die diesen, im Gegensatz zur *res privata*, als die Angelegenheit des *populus* definiert (*publicus* < *poplicus*); auf der andern Seite stehen Wortbegriffe, die den Staat gleichsam von der Spitze her denken und sein Wesen als Herrschaft charakterisieren.[4] Wie man sieht, fällt interpretatorisch die Absetzung des mittelalterlichen Wortsinnes von der genuinen Bedeutung des Lateinwortes nicht wenig ins Gewicht.

Es schlägt in dieselbe Kerbe, wenn der Germanist Otto Plaßmann erklärt, es sei unfruchtbar, ja sinnlos, die Texte deutscher Geschichtsschreiber in lateinischer Sprache ausschließlich vom Lateinischen her zu betrachten.[5] Plaßmann ist es dabei in erster Linie um episches

[2] 1931 erschienen, aber bis auf W. Schlesinger so gut wie unbeachtet.

[3] W. Schlesinger, Die Entstehung der Landesherrschaft 1 (1941) S. 9 ff.

[4] Ebd. S. 113 ff.

[5] J. O. Plaßmann, „Der Toten Tatenruhm", Germanien Jg. 1942, 339 Anm. 1.

Formelgut der germanischen Dichtung zu tun, das in latinisierter Gestalt in der mittelalterlichen Geschichtsüberlieferung lebendig sei, namentlich bei Widukind von Korvei.[6] Die Handhabe zur Identifizierung sollen Parallelen zum Heliand bieten, und die Forschung wird vor die Entscheidung gestellt, ob man bei methodischer Interpretation den heimischen Analogien oder der Lateintradition den Vorrang zugestehen soll. Instruktiv für den Gegensatz ist der Einspruch, den Carl Erdmann unter Berufung auf die Vorgeschichte der Wörter *imperator* und *rerum dominus* gegen die Gleichsetzungen Plaßmanns mit altsächsisch 'heritogo' und 'mundboro' sowie 'sakono waldand' erhoben hat.[7] An die Seite Plaßmanns ist neuerdings Helmut Beumann getreten, der in seinem Widukind-Buch gegen die Einwände Erdmanns geltend macht: Entlehnung aus der antiken Literatur schlösse keineswegs aus, daß der Autor des Mittelalters dabei an Begriffe seiner Muttersprache gedacht habe und den antiken Terminus entsprechend interpretiere.[8]

Unter einem neuen Gesichtspunkt wird man schließlich durch Herbert Grundmann in die Spannungen zwischen der volkstümlichen Geschichtsauffassung und der lateinischen Ausdrucksweise versetzt.[9] Er vergleicht eine Verdeutschung des 15. Jahrhunderts zum Memoriale des Alexander von Roes mit dem Original und kommt zu der vielsagenden Feststellung, daß selbst im Spätmittelalter das lateinische Buchwissen um die Geschichte und die geschichtliche Vorstellungswelt des Volkes noch keineswegs identisch waren. Zentrale Lateinbegriffe, wie *ecclesia, sacerdotium, regnum, imperium, translatio imperii,* haben dem Übersetzer trotz seiner Gewandtheit zu schaffen gemacht: ein Hinweis, daß erst recht in den früheren Jahrhunderten das in der lateinischen Literatur gespiegelte

[6] Ders., Von der germanischen Totenehrung, ebd. 83 ff. — Vom germanischen Kaisertitel, ebd. 393 ff. — Reich und Gefolgschaft im 10. Jahrhundert, ebd. 1943, 154 ff. — Odal, Odalrune und Schaub, ebd. 273 ff.

[7] C. Erdmann, DA. 6 (1943), 633 ff.

[8] H. Beumann, Widukind von Korvei (1950), S. 232 f.

[9] H. Grundmann, Übersetzungsprobleme im Spätmittelalter, Zs. dt. Philologie 70 (1947/48), 113 ff. — Neuerdings H. Helbig, Fideles Dei et regis, Zur Bedeutungsentwicklung von Glaube und Treue im hohen Mittelalter, Arch. Kulturgesch. 33 (1951), 275 ff.

Geschichtsbild und das Geschichtsbewußtsein der Laien und damit der führenden Adelsschicht nicht der gleichen Provinz des geistigen Lebens angehört haben.

Für die Erforschung des Mittellatein bedeutet dieses Gespräch in allen seinen Phasen einen mächtigen Antrieb. Der Sinnbezug der Lateinwörter in den Quellen des deutschen Mittelalters ist derart hintergründig und fragwürdig geworden, daß es an der Zeit scheint, der Problematik auch sprachwissenschaftlich näherzutreten. Es geht um die Semantik der gemeinmittelalterlichen Latinität, ein Kapitel lateinischer Wortgeschichte, das man über Spätantike und Frühmittelalter bisher nur wenig berücksichtigt hat, ausgenommen Franz Blatt, dessen Strukturanalyse zum „Sprachwandel im Latein des Mittelalters" sich auf den gesamten Wortschatz erstreckt.[10] In Ergänzung dazu möchte ich versuchen, den Anteil der mittellateinischen Philologie an dem jüngsten Problem der mittelalterlichen Quellenkritik zur Aussprache zu bringen. Wir fragen im Hinblick auf die geschichtlichen Denkmäler nach dem Verhältnis von Wort und Bedeutung im mittelalterlichen Latein. Das bedeutet wortgeschichtlich die Frage nach den geistigen Kräften, die im mittellateinischen Wortschatz grundlegend waren.

Der Dialekt der latinischen Bauern, noch um die Wende zum dritten vorchristlichen Jahrhundert auf einen Umkreis von kaum 3000 qkm beschränkt, überwand im Zuge der politischen Einung das Sprachengemisch Italiens und stieg mit der Expansion des Imperiums zur Reichssprache der westlichen Mittelmeerwelt empor. In dieser Stellung wurde Latein die Sprache der römischen Kirche und hat den Zusammenbruch der Römerherrschaft überdauert. Es überschritt posthum mit der christlichen Mission den antiken Raum, erfaßte auch die germanische Welt und ihre östlichen Anrainer und wurde in der ganzen Weite des mittelalterlichen Orbis Christianus zum Träger der Bildung.[11] Auf dem Weg durch die Jahrhunderte konnte

[10] F. Blatt, HV. 28 (1934), 22 ff. Behandelt werden die nationalen Eigenheiten des ma. Latein, der sozialgeschichtlich bedingte Umbau des Wortschatzes, die semantischen Einflüsse des ma. Wissenschaftsbetriebes und das Nachleben antiker lexikologischer Momente.

[11] Auch Palästina gehörte seit den Kreuzzügen dazu. Vgl. den Hinweis P. Lehmanns (Erforschung des Mittelalters, Ausgewählte Abhandlungen

das Bedeutungsgefüge des Wortschatzes nicht das bleiben, was es von Haus aus war: der Ausdruck für das Weltbild des römischen Volkes.

Den ersten grundstürzenden Wandel führte die Christianisierung des römischen Westens herbei. Sie formte die Nationalsprache Roms zum klassischen Organ des christlichen Glaubens, des christlichen Kultus, der christlichen Dichtung und Wissenschaft. Der langwierige und mehrschichtige Prozeß, verflochten in die profane Entwicklung der spätantiken Latinität, setzte mit der Vetus Latina weit vor Hieronymus ein und spann sich fort bis zum christlichen Enzyklopädismus Isidors von Sevilla.[12] Die semantische Verschiebung, die sich daraus ergab, war beträchtlich. Die Wörter in der christlichen Sphäre wurden, wie man gesagt hat, zu Homonymen ihrer selbst.[13] Zu der inneren Umformung kam die Fülle des griechisch-orientalischen Lehnsguts, das aus den rezipierten Texten in den Sprachgebrauch des Westens überging.

Das ist die Zone der antiken Latinität, in der das Mittelalter geschichtlich wurzelt. Es ist nicht die Latinität der klassischen Epoche, mit der man das Mittellatein häufig zu Unrecht konfrontiert. Das Christenlatein der Spätantike, von Vulgata und Liturgie, von Kirchenvätern und Konzilsakten in zeitloser Präsenz dokumentiert, war auch später der Quell, aus dem sich der mittellateinische Sprachgebrauch vornehmlich speiste.[14] Wohl kam seit dem 9. Jahrhundert eine stoßweise immer mehr anschwellende Gegenströmung

u. Aufsätze 1941, S. 70) auf ein Bücherverzeichnis des 12./13. Jh. aus Nazareth (Stadtbibl. Erfurt).

[12] Aufgabe künftiger Forschung ist für diese Periode die Abgrenzung des typisch Christlichen vom individuellen Sprachgebrauch und die Scheidung des ausschließlich Christlichen vom Spätlatein im allgemeinen. Vgl. J. de Ghellinck, Latin chrétien ou langue latine des chrétiens? Études classiques 8 (1939), 449 ff.; 12 (1944), 286 ff.

[13] M. Bonnet, Le latin de Grégoire de Tours (1890), S. 243.

[14] P. Lehmann, Erforschung des Mittelalters S. 64: Die Latinität des Mittelalters ist nicht etwa vorwiegend eine künstliche Nachahmung derjenigen Ausdrucksweise, der sich die Kunstschriftsteller des Augusteischen Zeitalters bedienten. Der direkte historische Ausgangspunkt war nicht die Sprache eines Cicero, eines Vergilius und Lucanus, sondern das Spätlatein.

auf, die auch in der Wortwahl geflissentlich auf das Vorbild der römischen Klassiker zurückgriff.[15] Was es mit dieser Rückläufigkeit semantisch auf sich hat, wird uns noch näher beschäftigen. Für die Breite der literarischen Produktion blieb der Zusammenhang mit dem antiken Christenlatein gleichwohl bis ins Spätmittelalter bestehen. Im Bereich der Geschichtsschreibung hat das unlängst Leonid Arbusow im Hinblick vor allem auf die liturgischen Bücher in erstaunlichem Ausmaß aufzeigen können und damit der Forschung neue Ziele gesteckt.[16] Auch die Scholastik und Mystik, die in Wort und Begriff die stärkste Schöpferkraft bewiesen haben, waren mit der christlichen Lateintradition aufs engste verbunden.[17]

Die zweite umgestaltende Kraft, die den mittelalterlichen Wortschatz idiomatisch geprägt hat, kam aus dem Kontakt mit der germanischen Welt. In den Reichsgründungen des Frühmittelalters gingen die großen Stammesverbände mit der westlichen Romania in eine politische und kulturelle Lebensgemeinschaft ein. Das hatte sprachlich tiefgehende und weittragende Folgen. Entscheidend für die abendländische Entwicklung wurde infolge der fränkischen Machtentfaltung die germanisch-romanische Schicksalsgemeinschaft zwischen Loire und Rhein. Unter dem Einfluß der germanischen Artikulation gliederte sich aus der Einheit des Galloromanischen das Französische aus und setzte sich vom Provenzalischen ab. Unter dem Einfluß der romanischen Nachbarschaft entfaltete sich das Germanische im fränkischen Machtbereich zu eigener Lautgestalt, und Hoch- und Niederdeutsch traten auseinander. Dies die überzeugenden Thesen bei Walther v. Wartburg und Theodor Frings.[18] Aus demselben Wirkungszusammenhang entstand nun auch das

[15] Zu dieser Gegensätzlichkeit der literarischen Strömungen vgl. O. Schumann, Die lateinische Literatur als geschichtliche Gesamterscheinung, Roman. Forsch. 60 (1947), 608 ff.

[16] L. Arbusow, Das entlehnte Sprachgut in Heinrichs ›Chronicon Livoniae‹, DA. 8 (1950), 100 ff.

[17] Ausgezeichnetes darüber bei F. Blatt, Sprachwandel S. 40 ff.

[18] Grundlegend W. v. Wartburg, Die Ausgliederung der romanischen Sprachräume, Zs. roman. Philologie 56 (1936), 1 ff. — Vgl. Th. Frings, ebd. 59 (1939), 257 ff. und Beitr. z. Gesch. dt. Sprache u. Lit. 63 (1940), 1 ff.

Frankenlatein: die Verwachsung des lateinischen Wortschatzes mit den Begriffen der politisch maßgeblichen fränkischen Schicht. Hier nahm der abendländische Sprachenausgleich, den Werner Betz von der althochdeutschen Benediktinerregel her als Forschungsthema proklamiert, seinen zukunftsträchtigen Anfang.[19] Die Amalgamierung der beiden Ausdruckssysteme, des lateinischen mit dem germanischen, trat in dem fränkisch kolonisierten Raum schon um die Wende vom 4. zum 5. Jahrhundert ein und gehörte auch noch im nächsten Jahrhundert dem mündlichen Sprachgebrauch an. Für uns verkörpert sich der Vorgang allerdings nur im Medium der Verschriftung, gebrochen zudem durch das Bemühen, das Schriftlatein einer versinkenden Zeit, soweit man bildungsmäßig noch dazu imstande war, künstlich zu konservieren. Immerhin vermitteln die Erzeugnisse der merowingisch-karolingischen Kanzlei einen lebendigen Eindruck, wie sich der aus der Antike ererbte Wortschatz der veränderten Kulturlage angepaßt hat. Leider ist die Geschichte der fränkischen Kanzleisprache noch nicht geschrieben. Sie wäre wichtig genug.[20] Sie hätte auch zu klären, ob bei dieser ersten umfassenden Einsenkung des Lateinischen in die entstehende abendländische Welt Lehnübersetzung und Lehnbedeutungswandel eine Rolle gespielt haben. Nach den Glossarien der kritischen Ausgaben sieht es aus, als hätte man sich darauf beschränkt, dort, wo Wort und Sache dem Lateinischen fremd waren, das Frankenwort äußerlich durch Suffix und Endung einzufärben: *nova rebus novis nomina*, ein Grundsatz, den in diesem Falle selbst Cicero gebilligt hätte (nat. deor. I, 44). Die Sachgebiete, auf denen die Neuwörter auftreten, beziehen sich ebenso auf Dinge des Alltags wie auf Begriffe der Wirtschaft und des kriegerischen und staatlichen Lebens. Das zeigt sich auch in den Reliktwörtern der nordfranzösischen Kontaktzone und den Kultur-

[19] W. Betz, Die Lehnbildungen und der abendländische Sprachenausgleich, Beitr. z. Gesch. dt. Sprache u. Lit. 67 (1944), 275 ff. — Wieder aufgenommen in seinem Buche: Deutsch und Lateinisch (1949), S. 9 ff.

[20] Nicht nur in lexikologischer Hinsicht. Ich erinnere an den Einspruch von J. Jud und L. Spitzer (Wörter u. Sachen 4, 116) gegen den Versuch von W. Winkler, die Entstehung des ›Cap. de villis‹ an Hand des Sprachgebrauches zu lokalisieren.

lehnwörtern, die aus dem Frankenlatein — zumeist auf dem Wege über die fränkische Verwaltung — in die westromanischen Sprachen eingedrungen sind.[21]

Es scheint mir fragwürdig, wenn man bei diesem Sachverhalt von Übersetzung spricht, wie Philipp Heck und anschließend Walter Schlesinger, bei dem es besonders zugespitzt heißt:

> Der Schreiber von Volksrechten oder Kapitularien oder Urkunden hatte die Aufgabe, eine Terminologie anzuwenden, die für Dinge und Zustände einer gänzlich anderen Welt geschaffen war.

Es sei das umgekehrte Verhältnis wie bei den Wörtern und Begriffen, die die christliche Mission betreffen.

> Während die Missionare sich bemühen mußten, das festgefügte, durch lateinische Wörter ausgedrückte Gebäude christlich kirchlicher Begriffe in die Volkssprache zu übersetzen, mußten die Schreiber der Rechtsdenkmäler sich bemühen, das festgefügte, durch Wörter der Volkssprache ausgedrückte Gebäude germanisch-deutscher Staats- und Rechtsbegriffe ins Lateinische zu übersetzen.[22]

Damit scheinen mir die Dinge lexikologisch auf ein falsches Gleis geschoben. In welches Latein sollte man damals übersetzt haben? Etwa ins klassische? Oder ins Juristenlatein nach Art der Justinianischen Kodifikation? Übersetzung, das Wort im technischen

[21] Grundlegend E. Gamillscheg, Romania Germanica 1 (1934). Ebd. S. 152: Die fränkischen Ausdrücke der neuen Staats- und Rechtsverwaltung wurden schon im 5. Jh. von den Franken in den lateinischen Formenbau eingefügt und wurden als Ausdrücke, denen das Lateinische nichts Gleichwertiges, genau Entsprechendes zur Seite zu stellen hatte, von den Franken wie Romanen beim Lateinsprechen gebraucht. Es sind dies die fränkischen Kulturlehnwörter, die auf dem Wege über das Mittellatein überall hindrangen, wo sich der fränkische Kultureinfluß bemerkbar machte. — Lehrreich, methodisch sowohl wie für den Weg, den das Wandergut nahm: P. Aebischer, Zs. roman. Philologie 61 (1941), 122 ff., zum Eindringen von *foresta* „Bannwald" in Italien, mit dem an Hand der Ukk. unwiderleglich geführten Beweis, daß ital. *foresta* „Wald", „Forst" aus dem Wortschatz der deutschen Könige stammt.

[22] W. Schlesinger, Landesherrschaft S. 10 f.

Sinne genommen, kommt nach meinem Dafürhalten nicht einmal für die Redaktion der Stammesrechte in Frage, obwohl der Übersetzungsgedanke bei Philipp Heck gerade darauf gemünzt ist. Wenn beispielshalber im ersten Titel der Lex Salica der Begriff der Parteiladung durch das Frankenwort *mannitio* und nicht durch *litis contestatio* oder sonst einen Fachausdruck der römischen Rechtssprache bezeichnet ist, oder wenn der Begriff der echten Not durch fränkisches *sunnis* und nicht durch lateinisches *necessitas excusabilis* (l. 6 C. 10, 65) oder ähnlich ausgedrückt wird, so ist das nicht Übersetzung, sondern die unmittelbare Wiedergabe des Gemeinten durch Latinisierung der heimischen Termini. Ich kann mich in diesem entscheidenden Punkt auf die Abhandlung von Georg Baesecke über ›Die deutschen Worte der germanischen Gesetze‹ berufen.[23] Dort ist der Nachweis erbracht, daß das fränkische Recht schon bei der ältesten Niederschrift, soweit das Terminologische reicht, in einem latinisierten Deutsch gelebt hat, während der übrige Inhalt, wie auch Vorbild und Antrieb zur schriftlichen Abfassung, merowingisch-lateinisch waren. Mithin liegt das Fränkische nicht unmittelbar, sondern seitlich vor der Verschriftung. Demgemäß sind auch die später niedergeschriebenen Leges nicht in dem unterstellten Sinn übersetzt, und noch weniger ist das bei den kanzlistischen Verlautbarungen in Kapitularien und Urkunden der Fall. Ihr Inhalt ist samt und sonders in dem frankogallischen Mischlatein redigiert, auf das man in der Kanzlei seit Generationen eingespielt war.

Trotzdem entfällt das von Walter Schlesinger formulierte Problem keineswegs. Aber es ist im Kern ein Problem der mittelalterlichen Renaissancen. Schon in karolingischer Zeit blieb man nicht bei der Forderung grammatischer Korrektheit stehen. Bereits die nächste Generation ging über die anfänglichen Ziele hinaus. Unter dem Einfluß der wachsenden Erudition begann der Kampf gegen die merowingische Barbarisierung des Wortschatzes. Das ist die dritte Kraft, die auf den mittelalterlichen Wortgebrauch fermentierend eingewirkt hat, wenn auch beschränkt auf die Höhen der Produktion. Hier, im Gefolge der literarischen Rezeptionen, entstand jener eigentümliche Widerstreit zwischen Wort und Bedeutung, auf den

[23] Beitr. z. Gesch. dt. Sprache u. Lit. 59 (1935), 1 ff.

Carl Hegel sowohl wie Walter Schlesinger zielen. Nicht, daß ein Wort im mündlichen Umgang seinen Begriffsumfang verengert oder erweitert hätte, wie das in den lebenden Sprachen die Regel ist. In der Praxis des Alltags kam die reaktionäre Tendenz nur wenig zur Geltung. Vielmehr setzten sich die Anleihen bei den Volkssprachen auch weiterhin fort. Kein Land im mittelalterlichen Europa, das nicht seinen Ableger im mittellateinischen Wörterbuch hätte.[24] Aber während sich dabei der Einklang von Wort und Bedeutung von selber versteht, ist die Sachlage bei der archaisierenden Wiedergabe aktueller Begriffe spezifisch deutschen Inhalts wesentlich anders. Denn hier wurde die Gegenwartsbedeutung, für die dem Latein Schreibenden in seiner Muttersprache eine ganz bestimmte Bezeichnung geläufig war, auf ein Lateinwort umgelegt, das in einer fremden Kulturwelt, nicht damals, sondern vorzeiten, einen anderen, wenn auch ähnlichen Inhalt gehabt hatte. Das Lateinwort erscheint künstlich und in einer für uns nicht ohne weiteres durchsichtigen Weise prägnant gebraucht. Auf die Geschichtsquellen angewandt: die Zeitgenossen haben aus der Anschauung der Dinge gewußt, was z. B. Widukind von Korvei gewollt hat, wenn er im damaligen Sachsen von *urbes* oder von *moenia* sprach oder wenn er die *virtus* seiner sächsischen Herrscher rühmte. Wir wissen das nicht. Wir kennen zunächst nur den Inhalt, den die Wörter im Altertum hatten und müssen den mittelalterlich gemeinten Sinn erschließen. Ein Sachverhalt von größtem Gewicht, den uns ein einfaches Beispiel verdeutlichen soll.

Die fränkischen Reichsannalen (741—829) sind uns in einer Doppelredaktion überliefert.[25] Eine ältere Fassung, schlicht und sprachlich unbeholfen, ist zum mindesten in der Partie bis 801 mit

[24] Darüber eingehend F. Blatt, Sprachwandel S. 22 ff., mit dem nachdrücklichen Hinweis, wie schwierig es ist, solches ursprünglich landessprachlich bedingte Wortgut für die Herkunft eines Denkmals auszuwerten. Wenn beispielshalber W. Schlesinger (Landesherrschaft S. 95) quellenkritisch ins Feld führt, daß *minare* '(Vieh) treiben' spezifisch westfränkisch sei, so ist dem entgegenzuhalten, daß das Wort ebenso 'ostfränkisch' vorkommt (z. B. bei Thietmar von Merseburg).

[25] Annales regni Francorum, rec. F. Kurze, MG. SS. rer. Germ. 1895, Neudruck 1950.

dem Anspruch auf literarisches Niveau noch einmal überarbeitet worden. Die zweite Redaktion stammt aus der Werkstatt der karolingischen Sprachmeisterei, für die auf rechtlichem Gebiet die Lex Salica Emendata Gelegenheit zu ähnlichen Beobachtungen böte. Man hat nun bis ins kleinste und letzte festgestellt, daß bei der Überarbeitung Cäsar, Livius, Tacitus und womöglich noch andere Autoren des Altertums Pate gestanden haben.[26] Am auffälligsten ist folgender Fall. Zum Jahre 777 hat es vordem geheißen: *ex omni parte Saxoniae undique Saxones convenerunt.* Dafür schrieb der Emendator (bei ihm ist vom König die Rede): *eo cum venisset, totum perfidae gentis senatum ac populum quem ad se venire iusserat.* Hier wird die Problematik akut. Was soll die Abwandlung der antiken Formel *senatus populusque Romanus* in bezug auf die Sachsen des 8. Jahrhunderts, die auf dem Maifeld von Paderborn erschienen? Ist das ein schreiender Anachronismus, geboren aus dem Bestreben, der Darstellung durch eine Anleihe bei den Historiographen des Altertums die Patina echter Geschichtsschreibung zu geben? Oder hätte der Redaktor sogar dabei an Begriffe der Muttersprache gedacht? Ich setze die Entscheidung vorderhand aus und knüpfe zunächst an Wortverbesserungen an, die durchsichtiger sind.

In der älteren Fassung ist an elf Stellen von *scara* die Rede.[27] Das Wort entsprach dem Gebrauch der vorkarolingischen Latinität. Damals hatte man aus dem Fränkischen ein Lehnwort gebildet: *scara.* Das Neuwort war den Geschichtsschreibern ebenso vertraut wie der Kanzlei und ist aus dem Frankenlatein auch in die romanische Nachbarschaft gewandert.[28] Dem Sinne nach ein Mengebegriff besagt es technisch: Heeresteil, Heeresabteilung oder auch Heerhaufe schlechthin, ganz wie mittelhochdeutsch *schar,* für das Lexer anführt: Abteilung des Heeres, geordnet aufgestellter Heeresteil, Schar, Menge, Haufen überhaupt. Den Gegensatz bildet der Heerbann im ganzen, das 'Heer', althochdeutsch *heri.* Mit den gleichsinnigen Komplemen-

[26] Über diese historiographischen Reminiszenzen M. Manitius (NA. 7, 517 ff.) und R. Dorr (ebd. 10, 241 ff.).

[27] Vgl. das Stellenverzeichnis im Glossar der Ausgabe von F. Kurze.

[28] E. Gamillscheg, Romania Germanica 1, S. 172 f.; 380 f. — Zur gleichen Sippe gehören *scario, scaranus, (e)scaritus.*

tärbegriffen *exercitus* — *manus* bestreitet ein sachverständiger Gewährsmann wie Nithard ziemlich stereotyp seine Feldzugsberichte, vielleicht ein Hinweis, daß bei ihm *manus* als Ersatzwort für *scara* fungiert.[29] Jedenfalls sucht man frankolateinisches *scara* in seinen Historiae vergebens. Wie verpönt in der Tat der Barbarismus nach den neuen Begriffen von Sprachreinheit war, dafür ist der Emendator unserer Annalen Zeuge. Er machte auf den vulgären Ausdruck förmlich Jagd und brachte ihn restlos zur Strecke. Bald griff er zum Ersatz nach dem allgemeinsten Oberbegriff, dem sich technisch gemeintes *scara* logisch einordnen läßt; so *cum Francorum copiis* oder noch farbloser *Franci* für *scara Francisca* oder *scara Francorum*. Bald half er sich mit einer sachlich benachbarten Wendung, wie *disposito Francorum praesidio*. Bald setzte er *pars exercitus* dafür ein, so daß man sich versucht fühlt, an Lehnübersetzung zu denken; denn *scara*, zu 'scheren' gestellt, ist ja nach seiner Grundbedeutung 'Abschnitt', 'Teil'.

Doch damit sind die semantischen Ersatzmittel, deren man sich in dieser Richtung seit dem 9. Jahrhundert bedient hat, noch nicht erschöpft. Bruno Krusch notiert zu *scara de electis viris* bei Fredegar (IV, 74), daß Aimoin (IV, 26) zu *scara* bessernd hinzufügt: *quam nos turmam vel cuneum appellare possumus*. Du Cange zitiert aus einem Briefe Hinkmars von Reims: *bellatorum acies, quas vulgari sermone scaras vocamus*. Das illustriert einen weiteren Kunstgriff, wie man das Ausdruckssystem des Altertums für die Gegenwart mobilisierte. Ein technischer Begriff der römischen Militärsprache wurde über ein Jahrtausend hinweg auf eine Einrichtung der neuen Zeit angewandt. Fast möchte man sagen: Ausdrücke antiker Prägung, die bei guten Schriftstellern zwar synonym, aber nicht vertauschbar waren, sind insgesamt auf die Ebene von *scara* projiziert und zu Isonymen geworden. Das findet im ganzen Mittelalter ein Echo. Im Waltharius ist *cuneus* nicht etwa die keilförmige Schlachtordnung, sondern allgemein 'Heerhaufe' (v. 18 u. ö.). Bei Widukind von Korvei liest man von *equitum duae acies*, zwei 'Fähnlein' Reitern (III, 69). Otto von Freising spricht von der *acies regis*, der

[29] Daneben in gleicher Funktion die entsprechenden Umschreibungen *omnes copiae* und *pars exercitus*.

'Königsschar' (GFr. I, 32). Otto von St. Blasien nennt *acies* eine in den Hinterhalt gelegte Reserveabteilung (Chr. 23). Ebenda findet sich der *exercitus per turmas suas extentus* (Chr. 11). Und damit nicht genug. Otto von Freising (GFr. I, 33) gebraucht *acies* im Wechsel mit *legio,* das uns auch sonst im Sinne von *scara* begegnet, so auf Schritt und Tritt bei Widukind. Ja, sogar *ala* taucht in diesem Zusammenhang bei Otto auf: *alae in capite* und *alae posteriores* (GFr. I, 33). „Scharen an der Spitze" und „die letzten Scharen" wird in den ›Geschichtsschreibern der deutschen Vorzeit‹ übersetzt; ob mit Recht, steht noch dahin.

Wie soll man das Durcheinander erklären? Hat man *acies, ala, cuneus, legio turma* ad hoc auf das Prokrustesbett semantischer Äquivalenz geworfen, um für Begriffe der eigenen Zeit einen gut lateinisch klingenden Ausdruck zu beschaffen? Wäre das wirklich aus lauter Barbarismenscheu und mit barer Willkür geschehen, dann wäre aus der Sprache Roms in der Hand der mittelalterlichen Geschichtsschreiber, soweit es sich um die Wiedergabe von gegenwartsgebundenen Dingen und Begriffen handelt, so etwas wie ein germanisiertes Volapük geworden. Ich muß gestehen, daß sich meine Erwägungen geraume Zeit in dieser Richtung bewegt haben. Ich war auf das stärkste beeindruckt von der hervorragenden Studie Ferdinand Lots: ›A quelle époque a-t-on cessé de parler latin?‹ Dort ist in der Tat das Latein seit karolingischer Zeit als 'langue auxiliaire' mit den modernen Welthilfssprachen auf eine Stufe gestellt, mit diesen künstlichen Verständigungsmitteln, deren man sich auf einem Kongreß bedient, um sie am Ausgang zu vergessen.[30] Doch ich stieß bei meiner latinistischen Mitarbeit am Althochdeutschen Wörterbuch immer wieder auf das gegenteilige Zeugnis der Glossen. Das hat mein Urteil ins Wanken gebracht. Ihre Aussagen sind, wie es mir scheint, mit bloßer semantischer Willkür im mittellateinischen Wortgebrauch nicht zu vereinbaren. Zwar steckt mein Versuch einer lexikologischen Auswertung nach der Lateinseite, der für das Mittellateinische Wörterbuch durchgeführt werden soll, noch in den Anfängen. Immerhin darf ich schon jetzt von einem begründeten Eindruck sprechen, und mit dieser Einschränkung stelle ich für den in

[30] ALMA. (Bulletin Du Cange) 6 (1931), 150.

Rede stehenden Bedeutungskomplex folgende Analyse zur Diskussion.

Zunächst der Quellenbefund. Nahezu einhellig ist die Übersetzung von *legio* durch *scara* (Gl 1, 726, 6; 2, 633, 56; 3, 428, 13; 717, 2; 4, 148, 50; vgl. Np 87, 5).[31] Allerdings ist damit noch keine Bedeutungsgleichung gegeben. Denn wenn die Glosse lautet: *legio/ scara*, so will das an sich besagen: Was bei den Römern *legio* hieß, wird bei uns *scara* genannt. Aber da Widukind von Korvei, Lampert von Hersfeld und andere in diesem Sinne *legio* schreiben, bleibt an der begrifflichen Ineinssetzung kein Zweifel: mit *legio* ist *scara* gemeint. Entsprechendes gilt für *acies, cuneus, turma*. Zu *acies* gehören als Interpretamente *scara* (Gl 1, 702, 63; 3, 135, 10; 183, 23; 382, 54; 395, 40; desgl. Nb 21, 6), *folk* (Gl 2, 758, 41) und *heri* (Gl 2, 266, 18). Zu *cuneus* gehören *scara* (Gl 1, 413, 10; 4, 286, 17), *folk* (Gl 1, 410, 21; 410, 45; 2, 439, 2; 549, 4) und *heriganozscaf* (Gl. 2, 758, 43). Zu *turma* gehört *folk* (Gl 1, 460, 24; 462, 60; 2, 637, 65), ein Wort, das, wie sich noch zeigen wird, auch sonst als Interpretament bei einer militärischen Untergliederung erscheint. Somit finden die Angaben Hinkmars und Aimoins, wonach sich *acies*, *cuneus* und *turma* promiscue um *scara* gruppieren, auf seiten der Glossen ihre Bestätigung.[32] Es fragt sich, ob auch *ala* zu dieser Gruppe gehört. Das ist unwahrscheinlich. Hinkmar und Aimoin haben es nicht mit angeführt, und die Glossen sprechen dagegen. Mit einer einzigen Ausnahme, die für unsern Zusammenhang irrelevant ist (*ala/heri* Gl 2, 399, 32), wird *ala* durchgängig mit *girit* übersetzt (Gl 2, 483, 45; 547, 3; 653, 20; 669, 2; 33; 747, 26; 4, 129, 43). Mithin eignet dem Wort auch mittelalterlich noch immer das Merkmal des Berittenseins, der Gegensatz zum Fußvolk, und die Verwendung des

[31] Die Auflösung der im Folgenden gebrauchten Siglen bei der Anführung ahd. Denkmäler siehe Beitr. z. Gesch. dt. Sprache u. Lit. 67 (1944) 403 f. — Die Glossenhinweise (Gl) beziehen sich auf E. Steinmeyer u. E. Sievers, Die althochdeutschen Glossen. 5 Bände (1879—1922). Das Werk hat bekanntlich kein Register. Die Zitate beruhen auf eigener Zusammenstellung. Daß sie vollständig sind, verdanke ich E. Karg-Gasterstädt, die das druckfertige Ms. an Hand der Sammlungen des Althochdeutschen Wörterbuches überprüft hat.

[32] Vgl. unten die Belege zu den Lemmata *cohors* und *manipulus*.

Wortes bei Otto von Freising und anderswo ist danach bestimmter zu fassen.[33]

Nach alledem kommt der Wortgebrauch bei den Geschichtsschreibern mit dem Zeugnis der Glossen in bemerkenswerter Weise überein. Hier wie dort ist der Reichtum an präzisen technischen Synonymen, den die militärische Fachsprache des Altertums aufwies, zum Begriff des kriegerischen Aufgebots zusammengeschrumpft. Es kann in seiner Gesamtheit gemeint sein oder auch im Sinne eines Teiles, einer Untereinheit, taktisch oder organisatorisch. Dem weiteren Umfang lassen sich *heri* und *heriganzscaf* zuordnen, dem engeren *scara* und wohl auch *folk*[34]. Für die Lateinwörter ergibt sich, daß *legio* dem *scara* entspricht, wie *turma* dem *folk*,[35] während *acies* und *cuneus* sowohl die engere wie auch die weitere Bedeutung wiedergeben können. Das bestätigt sich, wenn man die Probe aufs Exempel macht und die Gruppe an Hand der Lemmata *exercitus* einerseits und *cohors* und *manipulus* andererseits überprüft. Hier kommt althochdeutsch der Unterschied des Ganzen und seiner Teile mit aller Deutlichkeit zum Ausdruck. Zu *exercitus* gehört als Interpretament nur *heri* (Gl 1, 144, 3; 731, 56; 3, 183, 22; 395, 43; 428, 12; desgl. H 26, 4, 4; Nb 20, 29. Np Cant. Moysi 4, S 305, 16; F 15, 16; vgl. auch Tat., Reg.). Da aber *heri* und das bedeutungsgleiche *heriganozscaf* auch bei *acies* und *cuneus* stehen, drücken *acies* und *cuneus* auch *exercitus* aus. Und wenn andererseits *scara* und *folk*, die wir ebenfalls bei *acies* und *cuneus* antreffen, auch bei den Wörtern *cohors* und *manipulus* auftauchen, so kann mit *acies* oder *cuneus* ebensogut der Teil eines Heeres gemeint sein (*cohors/scara*: Gl 2, 522, 29; 592, 43; 609, 74; *cohors/folk*: Gl 1, 704, 42; 751, 43; 2, 633, 54; *manipulus/scara*: Gl 2, 32, 33; 35, 35; 774, 56; *manipulus/folk*: Gl 2, 774, 56). Dabei fällt ins Gewicht, wie das die gelegentlich beigefügten Belege aus den zusammenhängenden althochdeut-

[33] Zur Sache vgl. die Ausführungen über Taktik der ma. Heere bei W. Erben, Kriegsgeschichte des Mittelalters (1929), S. 75 ff.

[34] Vgl. *driu folch* (Gl 1, 410, 45) und *drio scara* (Gl 1, 413, 10) beim gleichen Lemma *tres cunei.*

[35] Der engeren Bedeutung entspricht auch *phalanx*, das mit *scara* und *legio* korrespondiert (Gl 1, 401, 21; 2, 429, 6; 477, 49; 534, 34; 594, 34; 616, 17; 4, 126, 50; 266, 17; 267, 1).

schen Texten beleuchten (Notker, Murbacher Hymnen, Tatian, Benediktinerregel usw.), daß Glossen und althochdeutsche Übersetzungsliteratur zusammenstimmen. Der Brauch, den wir festgestellt haben, galt allgemein.[36]

Was hat uns das Ergebnis zu sagen? Auf den materiellen Ertrag kommt es nicht an. Wichtig ist die symptomatische Bedeutung für das Ganze. Der Zusammenklang von Deutsch und Latein, auf den wir im Punkte Wortbedeutung gestoßen sind, läßt darauf schließen, daß sich die glossographische Exegese und die Semantik im Lateingebrauch im Grunde gegenseitig bedingen. Nicht, daß im Durchschnitt der Fälle ein Autor ad hoc in den Sprachschatz des Altertums hineingriff, um für einen heimischen Wortbegriff einen lateinischen Decknamen zu finden. Vielmehr bewegte sich der Wortgebrauch in der Regel in Gleisen, die von der mittelalterlichen Gelehrsamkeit gemeinschaftlich gebahnt wurden. Die Harmonisierung stammt aus der Schule. Die Überbleibsel dieser Bemühung sind die Glossen. Sie zeigen uns den bedeutungsgeschichtlichen Synkretismus in statu nascendi. Die Interpretamente sind zum guten Teil semantisch ein Kompromiß. Man sieht, wie sich schon bei der Lektüre und Auslegung der antiken Texte die Vorstellungswelt der Gegenwart mit dem Wortschatz des römischen Altertums verquickte. Ein Beispiel mag verdeutlichen, wie ich das meine. Wenn in den Hildesheimer Canones-Glossen (Gl 2, 142, 21) *patrimonium* mit *fatererbi* erläutert wird, so ist das der Sache nach falsch. Denn der kommentierte Text (Conc. Chalc. III) verbietet den Geistlichen, sich mit der Verwaltung fremden Besitztums zu befassen (*propter avaritiam patri-*

[36] Die Analyse, die nicht den Anspruch erhebt, auch die deutsche Seite bedeutungsgeschichtlich zu klären, ist absichtlich auf Belege beschränkt, in denen mir der technische Sinn gewährleistet scheint. Daß dieselben Wörter daneben in freier, untechnischer Verwendung gebraucht wurden, auch die lateinischen, wie *legio* und *exercitus,* versteht sich von selbst. Sie fungieren dann als Mengebegriff *(menigi).* Das gilt auch für *folk.* Gänzlich abgesehen habe ich von *gisamani.* Es findet sich bei *exercitus* (Gl 2, 678, 26; es ist von Raben die Rede) wie auch bei *cuneus* (Gl 2, 533, 11; 3, 410, 55) und *phalanx* (Gl 3, 254, 20; 4, 126, 31; 142, 15; 155, 5). Trotzdem zweifle ich, daß es jemals im strengen Sinne militärischer Fachausdruck war. Vgl. die Ausführungen zu *samanunga* bei W. Betz, Deutsch und Lateinisch S. 39 f.

*moniorum sollicitudines assumentes*). Mit *patrimonium* ist also der Begriff 'Privateigentum' gemeint, und *fatererbi* hat niemals in der Art des römischen Rechtswortes den weiteren Umfang 'Besitztum im allgemeinen' ausdrücken können. Trotzdem hat das Interpretament seinen guten Sinn, sobald man in Erwägung zieht, daß der Glossator die kanonische Vorschrift gemäß der eigenen Lebenswirklichkeit aufgefaßt hat. Gab es doch im deutschen Recht noch bis ins Hochmittelalter keine Beauftragung oder Stellvertretung in der Ausübung von Vermögensrechten, es sei denn im Falle der Vormundschaft für einen unmündigen Erben. Dann stand der Nießbrauch des *fatererbi* bis zum Zeitpunkt der Volljährigkeit dem nächsten Verwandten zu. In diesem Sinne hat sich der Glossator die römische Situation zurechtgelegt und damit die *sollicitudo patrimonii* gleichsam verdeutscht. Ähnliches findet sich immer wieder, auch außerhalb der Glossen. Ich erinnere an Widukind von Korvei, der altsächsisch *irmin* mit dem griechischen Götternamen 'Hermes' sprachlich vereinerleit.[37] Darf man das für typisch nehmen — darüber wird der Fortgang der Forschung entscheiden —, so gibt es für den Zusammenklang der Glossen mit dem idiomatischen Sinnbezug der Lateinwörter im Quellenbereich des deutschen Mittelalters nur die eine Erklärung: Eine massive Interpretatio Germanica, die unserem historisierten Denken nur allzu naiv erscheint, hat für beide Seiten die Voraussetzung gebildet, für die geistige Aneignung der aus dem Altertum überlieferten Texte und zugleich für die Anpassung des antiken Wortschatzes an die gewandelte Kulturwelt.

Nun könnte man einwenden, derlei Untersuchungen lohnten sich nur für die mittellateinische Philologie. In der Kritik der Geschichtsschreiber sei man bisher auch ohne den Umweg über die Glossen recht gut zu Fache gekommen. Das ist im großen und ganzen zweifellos richtig. Daß zum Beispiel *urbs* und *civitas* in der ›Sachsengeschichte‹ Widukinds nicht 'Stadt' bedeuten können,

[37] Sachsengeschichte I, 12: Hirmin vel Hermis Graece Mars dicitur, quo vocabulo ad laudem vel ad vituperationem usque hodie etiam ignorantes utimur. Dazu W. Bulst, HV. 28 (1934), 186: Ein Historiker hat zu fragen und zu verstehn, welches andere Verhältnis zur Sprache und Sprachbewußtsein in solchen mittelalterlichen (wie antiken) „falschen" Etymologien sich ausdrückt.

braucht man in der Tat nicht erst aus den Glossen zu lernen. Aber ob aus der Tatsache Willkür und Unverstand des Autors sprechen oder ein idiomatischer Usus, wird doch erst dann ersichtlich, wenn man beobachtet, daß damals auch die Übersetzer ins Deutsche die beiden Wörter mit *burg*, zu *bergan* gehörig, interpretiert haben (*civitas/burg*: Gl 1, 209, 27; 219, 8; 268, 27; 379, 44; 410, 8; 731, 43; 736, 1; 3, 2, 5; 16, 49; 352, 2; 381, 14; 428, 40; 4, 290, 62; desgl. Wa 51, 3; Gl 130; *urbs/burg*: Gl 1, 541, 62; 426, 41). Oder wenn Wilhelm Wattenbach gegen Carl Hegel geltend gemacht hat, daß mit *moenia* bei Widukind (I, 35; III, 46) und in den Fuldaer Annalen (z. J. 869) nicht 'Befestigungen', sondern 'Behausungen' gemeint sind, da es ja von den fliehenden Ungarn heißt: *cum moeniis pariter concremantur*, so gewähren auch da die Glossen wortkundlich Aufschluß.[38] Sie geben *moenia* in übertragener Bedeutung mit *gezimbar* wieder (Gl 2, 168, 28; 3, 124, 13; 209, 24). Das Wort ist zu *zimbar* 'Bauholz' und *zimberen* 'aus Holz erbauen' zu stellen, und es bezeugt als Entsprechung von *moenia*, wie eng sich das Lateinwort mit der dem mittelalterlichen Anschauungskreise geläufigen Vorstellung 'Wohnbau aus Holz' verkoppelt hat. —

Ich fasse zusammen und frage: Läßt sich an Hand dieser und ähnlicher Beobachtungen die mittelalterliche Begegnung von Deutsch und Latein lexikologisch erfassen? Zwar bin ich mir dessen bewußt, daß es zu einer wirklichen Antwort zu früh ist, weil sie die volle Bewältigung des glossographischen Quellenstoffes voraussetzt. Aber im Sinne einer Arbeitshypothese glaube ich Folgendes sagen zu dürfen. Indem man das Lateinische vom Mutterboden der Romania in die Länder rechts des Rheines verpflanzte, gab man den Anstoß zu einer semantischen Gärung von Jahrhunderten. Die Folgen für den deutschen Sprachkörper zu klären, ist die Germanistik seit ihrer Begründung mit bewundernswertem Erfolg bemüht. Doch ging der Vorgang gleichermaßen den Wortgebrauch im Lateinischen an. Wie sich das Deutsche weiten, strecken und schmeidigen mußte, um die in den fremden Handschriften investierte Formen- und Gedankenwelt in das muttersprachliche Ausdrucksvermögen einzubeziehen,

[38] Vgl. W. Wattenbach, Deutschlands Geschichtsquellen im Mittelalter 1[7] (1904), 366 Anm. 1.

mußte man auch die Buchsprache des alten Rom deuten, biegen und kneten, bevor man imstande war, auch die heimischen Inhalte darin wiederzugeben. Es wäre lehrreich, die beiden Seiten des Vorganges miteinander zu vergleichen, der bei aller Ähnlichkeit hüben und drüben so verschieden war wie der Lauf der Natur und die Wege der Kunst. Doch die Einwirkungen auf das Deutsche, die in der althochdeutschen Periode von der inneren Aneignung des christlichen Glaubens und von der Versenkung in die römische Literatur ausgegangen sind, müssen hier außer Betracht bleiben. Auf der Lateinseite ergab sich als allgemeine Folge eine für den mittelalterlichen Lateingebrauch charakteristische Spannung zwischen dem überlieferten Wortschatz und den Funktionen, die ihm die Gegenwart auferlegt hat. Die Wortbegriffe des Altertums blieben neben der aktuellen Nutzanwendung erhalten, und der historische Gehalt, ganz gleich, wo man ihn hernahm, ob aus dem Altlatein, der klassischen Epoche oder dem Spätlatein, konnte jederzeit auch in der eigenen Produktion wieder lebendig gemacht werden. So stößt man, um auf eins unserer Ausgangsbeispiele zurückzugreifen, in den Glossae Salomonis (Gl 4, 129, 43) auf *turma,* das nicht, wie anderweitig, mit *folk* korrespondiert, sondern, dem römischen Begriff entsprechend, zusammen mit *ala* durch *girit* interpretiert ist. Auch der Widerstreit von genuin und idiomatisch gemeintem *beneficium* ('Wohltat' oder 'Lehen') gehört bedeutungsgeschichtlich hierher, samt der tumultuarischen Szene, die auf dem Reichstag von Besançon 1157 bei der Auslegung des Wortes durch Reinald von Dassel entstand (Rahewin, GFr. III, 9 f.).

Nach der Erfahrung mit lebenden Sprachen könnte man versucht sein, die Anreicherung der Lateinwörter mit deutschen Bezügen als Germanisierung anzusprechen. Wohl kaum mit Recht. Das lehrt allein schon die Tendenz zur Beharrung beim historischen Bestand. Der Bedeutungszuwachs spielte sich in literarischer Sphäre ab, und die zusätzlichen Funktionen waren sozusagen akzidental. Zumeist dürfte eine vermeintliche Gleichheit von Deutsch und Latein die semantische Kluft von Raum und Zeit überbrückt haben. *res publica* z. B. deutete man eben nicht als *res populi,* sondern verstand es als *hertuom.* Auf dem Boden einer solchen naiven Interpretatio Germanica wäre es verfehlt, von künstlicher Anitikisierung zu sprechen.[39] Weder haben wir Grund, bei dem spontanen Akt stilistische Motive in Ansatz zu bringen, noch haben wir das Recht, bei der Aufhellung des mittelalterlich gemeinten Wortsinnes an die Latinität des Altertums anzuknüpfen. Vielmehr hängt alles an der damaligen Auffassung des betreffenden Lateinwortes, d. h. an der muttersprachlichen Entsprechung, die zwischen dem Wort der Antike und der mittelalterlichen Bedeutung die Brücke schlug. Das missing link wird man in vielen Fällen erraten können. Trotzdem wäre es vorwissenschaftlich, die Möglichkeit exakter Untersuchung zu überspringen. Sie bietet sich in der altdeutschen Übersetzungsliteratur, zumal in der Fülle der Glossen. Wenn irgendwo, so ist hier Gewißheit zu holen, wie man einen bestimmten lateinischen Ausdruck tatsächlich interpretiert hat. Auf das „tatsächlich" kommt es an. In diesem Punkte trenne ich mich grundsätzlich von den Erwägungen, die Otto Plaßmann und sein Mitstreiter Helmut Beumann auf das gleiche Ziel hin angestellt haben.[40] Otto Plaßmann beruft sich unausgesetzt auf die Rückübersetzbarkeit einer lateinischen Formulierung. Auf welchen Holzweg diese Probe führt, selbst wenn dabei die schönste altsächsische Langzeile zum Vorschein kommt, dürfte zur Genüge das Fiasko Rudolf Koegels gezeigt haben, als er auf gleiche Weise im Ruodlieb die Sprache des höfi-

[39] Interpretatio Germanica in dem dargelegten Sinn scheint mir eine res sui generis. Wenn dagegen F. Blatt (Sprachwandel S. 38) in dem ma. Verfahren die Fortsetzung der antiken Interpretatio Romana sieht, „d. h. derjenigen Mentalität, welche auf Grund teilweiser Ähnlichkeit zwischen fremden und bodenständigen Erscheinungen nicht nur göttlicher Art auf völlige Identiät schließt", so kann ich ihm in diesem Punkte nicht folgen. In römischer Zeit war das Beherrschende das Lateinwort, das im Kontakt mit andern lebenden Sprachen zu einem Fremdbegriff in apperzeptive Beziehung trat. Im Mittelalter dagegen handelte es sich um das literarisch investierte Traditionsgut eines fremden Ausdruckssystems, das dem geistigen und künstlerischen Bedürfnis der eigenen Lebenswirklichkeit dienstbar gemacht wurde, obwohl es in allen zeitbezogenen Inhalten von der geschichtlichen Entwicklung überholt war, ausgenommen allein den Bereich des christlichen Glaubens und der Kirche.

[40] Die nähere Begründung muß ich einem künftigen Aufsatz vorbehalten: Germanismen im Mittellatein?

schen Epos entdeckte.[41] Ebensowenig weiß ich methodisch mit dem Argument Helmut Beumanns etwas anzufangen, daß ein Autor sogar bei einer nachweislichen Entlehnung aus der antiken Literatur in Wahrheit an Begriffe der Muttersprache gedacht haben könnte.[41a] Möglich ist das, aber wissenschaftlich verwertbar ist im Rahmen des Möglichen doch nur das, was sich quellenmäßig nachweisen läßt.

Vorsicht bei dem Operieren mit heimischen Analogien ist um so mehr geboten, als die Interpretatio Germanica durchaus kein Universalschlüssel ist. Die sozusagen organische Anverwandlung der Lateinwörter konkurrierte durchweg mit dem Stilprinzip der Imitatio. Denn das Bestreben, das Altertum in der eigenen Produktion zu kopieren, erstreckte sich auch auf die Wortwahl. Antikisierung war hier das oberste Ziel, Antikisierung um jeden Preis, nicht selten sogar um den der Sinnhaftigkeit.[42] Ein Muster dieser Art bietet das Beispiel, von dem ich in den Fränkischen Reichsannalen ausgegangen bin: *senatus ac populus perfidae gentis*. Obwohl in den Glossen *senatus* unter anderem mit *gumiski* interpretiert wird, *gumiski* zu *gomo* gehörig und im Sinne von *procer* verstanden, hängt die Formel völlig in der Luft.[43] Und sie verrät sich schon in der gedankenlosen Abundanz *populus gentis* als das, was sie ist: eine literarische Reminiszenz als rhetorisches Schmuckmittel. Dem Emendator war es um den Effekt zu tun und nicht um die Sache. Ähnlich und doch wiederum anders verhält es sich, wenn Otto von

[41] Vgl. H. Ottinger, Zum Latein des Ruodlieb, HV. 26 (1931), 449 ff. — Vordem hatte sich schon P. v. Winterfeld gegen die Methode gewandt.

[41a] Vgl. o. Anm. 8.

[42] Dies zugleich gegen H. Beumann gesagt, der mir in seinen „Ehrenrettungen" der ma. Geschichtsschreiber entschieden zu weit geht. Ich bekenne mich durchaus zu dem „Gipfel der Verständnislosigkeit gegenüber dem literarischen Phänomen der ‚Entlehnung'", den H. Beumann (Widukind S. 222 Anm. 2) an Albert Hauck brandmarken zu müssen glaubt, weil dieser zu Widukind bemerkt hat, er sei „im Stande gewesen, etwas Sinnloses zu behaupten, um eine Phrase, die ihm gefallen hatte, zu verwenden".

[43] Vgl. E. G. Graff, Althochdeutscher Sprachschatz 4 (1838), 199 ff. und Gl 1, 662, 14; 2, 583, 67; 587, 71; 589, 51; 712, 15. Wie mir E. Karg-Gasterstädt dazu mitteilt, steckt *gumiski* wahrscheinlich auch in *gumst* Gl 4, 159, 58.

Freising (GFr. I, 13) den im Kampfe gefallenen Grafen Emich von Leiningen *caeterorum primipilarius* nennt. Sachlich besteht an der gegenwartsbezogenen Sinngebung kein Zweifel. Graf Emich war Bannerträger der Mainzer Kirche. Aber sprachlich ist der gewählte Ausdruck keineswegs glücklich. Hieße es nicht in einer der althochdeutschen Glossen: *primipili i. signi i. uano* (Gl 2, 609, 75), könnte man schwerlich entscheiden, ob nun Otto mit seiner vox obsoleta mittelhochdeutsch *houbetman* (*scario*) oder *venre* (*signifer, vexillifer*) ausdrücken wollte. Hier, wie schon im vorigen Fall, verbietet es sich, den Befund aus naiver Interpretatio Germanica zu erklären. Die Entsprechung gründete sich vielmehr auf eine bewußte und künstlich hergestellte Ideenassoziation. Man vertauschte den eigentlichen mit einem uneigentlichen Ausdruck, wie das in der Richtung jener libido variandi lag, die das Mittelalter aus der spätantiken Rhetorik geerbt hat.

Diese literarisch-artifiziellen Sinngebungen nahmen immer mehr zu, je mehr der mittelalterliche Lateingebrauch zur Repristination der römischen Klassik neigte. Am Ende solcher Pseudosemantik standen schließlich die puristischen Verstiegenheiten des Humanismus. Bekannt dafür ist die ›Geschichte Venedigs‹ des gefeierten Ciceronianers Pietro Bembo.[44] Bembo machte mit der gewaltsamen Antikisierung nicht einmal vor dem traditionsgeheiligten Bereich der Kirche und des christlichen Glaubens Halt. Aus *fides Christiana* wurde bei ihm *persuasio,* ein Ausdruck, mit dem man vordem eine Häresie gekennzeichnet hatte. Aus *excommunicare* wurde *aqua et igni interdicere,* aus *morituro peccata remittere* wurde *deos superos manesque illi placare,* und den Senat von Venedig ließ Bembo an Papst Julius II. schreiben, er solle sich auf den Beistand der unsterblichen Götter verlassen, deren Stellvertretung er auf Erden ausübe. Das ist säkularisiertes Latein, aber nicht mehr Mittellatein. Mit der Alleinherrschaft dieser reaktionären Stiltendenz war das mittelalterliche lateinische Schrifttum zu Ende.[45]

[44] Außer F. Blatt (Sprachwandel S. 39) vgl. E. Norden, Die antike Kunstprosa 2 (1918), 775 ff.

[45] F. Blatt läßt die Paganisierung des kirchlichen Sprachgebrauches als Kriterium des Humanistenlatein nicht gelten. Man könne darin ebensogut

Zum Schluß eine Frage, die freilich mehr den Philologen als den Historiker angeht. Kann man die Bedeutungsverschiebungen, die dem Latein bei seiner Anwendung auf die deutsche Kulturwelt des Mittelalters widerfahren sind, Bedeutungswandel nennen, und zwar nicht bloß irgendwie metaphorisch, sondern gleichgesetzt mit der semantischen Entwicklung lebender Sprachen? Das ist weithin üblich. Aber mir scheint es zweifelhaft. Grundsätzliches dazu hat jüngst Richard Meister in seinem Aufsatz über ›Mittellatein als Traditionssprache‹ ausgeführt.[46] Er glaubt den Streit um die Natur des Mittellateinischen dahin entscheiden zu können, daß es ebensowenig als eine tote wie als eine lebende Sprache zu bezeichnen sei; es stelle einen eigenen sprachlichen Typus dar. Darin hat er unbedingt recht. Aber wenn er Ludwig Traube den Vorwurf macht, er habe vorschnell das mittelalterliche Latein zum Leichnam erklärt, so scheint es mir nicht minder ein Vor-Urteil, wenn Richard Meister seinerseits behauptet, es habe sich durchaus nach Art und Gesetzlichkeit der lebenden Sprachen verwandelt. Mein eigener Eindruck geht dahin: Im mittelalterlichen Lateingebrauch greifen zwei verschiedene semantische Systeme ineinander, ein organisches, das sich φύσει entfaltet, und ein literarisch-artifizielles, das θέσει entsteht. Zum ersten gehören alle Lehnwörter und Lehnübersetzungen. Sie entnehmen aus der Sprache des Volkes einen spezifisch mittelalterlichen Wortbegriff auf einer bestimmten Stufe seiner Bedeutung, der sich in Tuchfühlung mit dem Ursprungswort auch lateinisch weiterentwickeln kann. Hier ist der Terminus Bedeutungswandel im Sinne

eine Christianisierung des heidnischen Latein erblicken. Außerdem sei die Erscheinung nicht auf die Renaissance beschränkt, sondern habe ihre Wurzeln im Mittelalter. Aber sind die Wurzeln die Früchte? Wenn ein so kultivierter Stilist wie Saxo Grammaticus kirchliche Ausdrücke durch hochlateinisch gemeinte Umschreibungen umging, so blieb das inhaltlich indifferent. So in der Wendung, auf die F. Blatt sich beruft: *inchoamentum psallendi facere et primam concentus partem dare* für *introitum misse cantare.* Etwas anderes, und zwar etwas qualitativ anderes, ist es, wenn Bembo ein Christenwort mit seinem heidnischen Gegenstück vertauscht und damit den christlichen Begriff um sein Ethos bringt.

[46] Liber Floridus. Mittellateinische Studien, P. Lehmann zum 65. Geburtstag gewidmet (1950), S. 1 ff.

der Sprachgeschichte am Platze. Aber man muß hinzufügen: Träger des Vorgangs war nicht das Schriftlatein, sondern die Volkssprache, die sich im lateinischen Wortschatz eingenistet hat. Ich nenne als beliebige Beispiele *senior* in seinen semantischen Beziehungen zu der romanischen Gruppe *sire/seigneur* und zu deutsch *hêrro-hĕr* oder *princeps* als Gegenstück zu *furisto-vürst*, das mit der Terminologie der Kanzleisprache Hand in Hand ging.[47] Auf das zweite semantische System, das artifizielle, entfällt der gesamte Lehnwandel, den ich unter den Gesichtspunkten Imitatio und Interpretatio Germanica zu beschreiben versucht habe. Das war ein Bedeutungswandel auf Pergament, ganz gleich, ob sich der Vorgang spontan oder reflektiert vollzogen hat. Das Wort des Altertums war wie ein vorgeformtes Gefäß, dem das deutsche Mittelalter ein frisches Etikett aufgeklebt hat. Dabei kann man durchaus mit Franz Blatt von der mittellateinischen Wortforschung verlangen, daß sie

> scheide zwischen den durch kontinuierliche Entwicklung zustande gekommenen neuen Bedeutungen gewisser für das Mittellatein charakteristischer Wörter (*comes, dux, miles, tribunus, beneficium* usw.) und den künstlichen, archaisierenden Bestrebungen einzelner Autoren (*quaestores* und *satrapae* als Bezeichnung königlicher Beamten).[48]

Das entspricht der grundsätzlichen Scheidung von okkasionellem und usuellem Bedeutungsgebrauch, die schon Hermann Paul in seinen ›Prinzipien der Sprachgeschichte‹ vorgeschlagen hat. Die Bedeutungsverschiebung im mittellateinischen Sprachgebrauch ist dann usuell, wenn die Beziehung zu einem volkssprachlichen Wortbegriff so fest assoziiert war, daß es keines besonderen Gedankenzusammenhanges bedurfte, um den Sinn in dieser Richtung zu

[47] Zu *princeps* zuletzt H. Beumann, ZRG. Germ. Abt. 66 (1948), 27 ff. Zu *senior* habe ich in Zusammenhang mit einer noch ungedruckten Studie von W. Schlesinger, Hêrro < senior? (1946 Th. Frings zum 60. Geburtstag im Ms. überreicht), eine eigene wortgeschichtliche Untersuchung durchgeführt, die der herrschenden Meinung, begründet durch E. Richter, Senior-Sire, Wörter und Sachen 12 (1929), 114 ff., auf der Lateinseite in allen wesentlichen Punkten widerspricht.

[48] F. Blatt, Sprachwandel S. 39.

determinieren. Fälle dieser Art grenzen in der Tat an den Sachverhalt, den wir in der Geschichte lebender Sprachen Bedeutungswandel nennen. Aber auch dann noch kann die Analogie nicht darüber hinwegtäuschen, daß das, was im Effekt als Bedeutungswandel erscheint, im Grunde genommen auf literarischer Konvention beruht. Die genuinen Lateinwörter haben in ihrer postumen Existenz keine Geschichte, sondern nur noch ein literarisch bedingtes Schicksal. Das, was daran geschichtlich anmutet, ist in Wahrheit der Widerschein, der aus der Umwelt der Volkssprachen in den Lateingebrauch einstrahlt. Um so wesentlicher ist es, daß die mittellateinische Wortforschung diesen Zusammenhängen nachgeht. Denn sie sind es, in denen das Latein des Mittelalters wirklich lebt.

Franz Blatt: Classical Features in Medieval Latin, in: Classica et Mediaevalia V (1942), 48—69; VIII (1946), 279—290. Aus dem Englischen übersetzt von Udo Kindermann.

# ANTIKE ZÜGE IM MITTELLATEIN*

Von Franz Blatt

Es ist von Nutzen, dann und wann die Notwendigkeit zu betonen, die lateinische Sprache in einer Zusammenschau zu sehen. Bei synoptischer Betrachtungsweise erscheint zunächst einmal die Trennungslinie, die die Sprache der Antike von der des Mittelalters scheidet, nicht so scharf zu sein, wie das oft angenommen wird, dann aber auch, daß Erscheinungen, die man gewöhnlich als mittelalterlich klassifiziert, noch in den Werken der Autoren des 16. und 17. Jahrhunderts vorkommen, während andererseits 'charakteristische' Erscheinungen des Humanistenlateins nicht selten in der mittelalterlichen Literatur zu belegen sind.

So konnte unlängst O. Kluge zeigen,[1] daß Luther, Melanchthon und viele andere Gebildete im 16. Jahrhundert sich in Vokabular und Stil nach mittelalterlichem Gebrauch richten. R. Herndon Fife[2] beschreibt diesen Gebrauch so: Die Freiheit in den syntaktischen Verbindungen hatte dem Stil der Theologen eine Ausdruckskraft ermöglicht, die weit über die starren Formeln ciceronianischen Lateins hinausging. Es ist bezeichnend, daß Melanchthon einmal sagen konnte, die Sprache der Scholastiker sei trocken und mager in ihrem Vokabular, aber fruchtbar in ihrem Ausdruck der Gedankengänge.[3]

* Die Zitierweise in Text und Anmerkungen entspricht den Gepflogenheiten des Originals.

*Abkürzungen:* Rer. Brit. Script. = Rerum Britannicarum Medii Aevi Scriptores. MGH. = Monumenta Germaniae Historica. UB. = Urkundenbuch. Dipl. Dan. = Diplomatarium Danicum. Bull. Dan. = Bullarium Danicum.

[1] Glotta 23 (1934), 18 ff.

[2] Germanic Review 6 (1931), 220.

[3] Or. de Art. Lib. (1517), 1 c.

Ebenso wie Dante eine Aussage des Inhalts „Ich glaube, daß ihre Beweiskraft nichtig ist“ lateinisch so formuliert: „dico quod sua probatio nulla est“, so ersetzt auch Melanchthon die klassische a.c.i.-Konstruktion bedenkenlos durch einen Nebensatz. Es ist wohlbekannt, daß im Vulgärlatein und im Mittellatein Konsekutivsätze oft im Indikativ stehen; der berühmte Humanist Reuchlin schreibt in einem Brief an Spalatin, daß er einige seltene griechische und hebräische Bücher an die Großmutter Melanchthons schicken wollte, daß aber einige junge Gecken den Wagen mit den Büchern mit derartigem Getümmel zurückgeholt hätten, daß nicht einmal die Mehrheit der Anwesenden ihnen Einhalt zu gebieten gewagt hätte — lateinisch drückt er das so aus: *sed nebulones civitatis, homines banausi, quadrigam eandem cum libris reduxerunt cum magno tumultu, ut nec maioritas ausa f u e r a t resistere.*

Am Beispiel des Copernicus hat der Verfasser dieses Aufsatzes gezeigt, daß die mittelalterliche Tradition auch in der naturwissenschaftlichen Literatur der Renaissance fortlebte; an Unklassischem, das Copernicus und der scholastischen Literatur gemeinsam ist, will ich neben orthographischen Erscheinungen wie *y* statt *i*, Falschschreibung griechischer Eigennamen, Konsonantengemination (*littore, legittimus* usw.) nur erwähnen: Gebrauch von indikativischen und konjunktivischen Nebensätzen statt a. c. i., *facio* + Infinitiv, Indikativ in indirekten Fragesätzen, irreguläre Consecutio temporum, Reflexivpronomen statt Demonstrativpronomen, Formen des Plusquamperfekts bei der Bildung des Konjunktivs Imperfekt usw. Auch im Bereich des Wortschatzes ähnelt der Stil der Renaissancegelehrten mehr dem der mittelalterlichen Philosophensprache als dem Ciceros; Wörter wie *circumscribilis, visibilis, insectilis, aequidialis* usw. klingen typisch mittelalterlich. Dieser sprachlichen Beziehung zwischen Mittelalter und Renaissance entspricht auch eine technische. Die Unregelmäßigkeit der Planetenbahnen wird von Copernicus und Ptolemäus gleich erklärt, und, von einzelnem abgesehen, zitiert Copernicus immer und immer wieder seine Vorgänger und die Auctoritates — in echt mittelalterlicher Weise. Er kennt nicht die Gesetze der Massenträgheit, er erklärt die Gravitation wie die Scholastiker als eine Art Anziehung, durch die die Vorsehung alle Körper zueinander hin streben läßt, er hat die aristotelische Vorstellung des Kreises als der perfekten der geometrischen Figuren: All das verbindet Copernicus mit der mittelalterlichen Naturwissenschaft. Bei den Gelehrten des 16. und 17. Jahrhunderts sind Vorstellungen wie *vis, impressio, potentia* immer noch begrifflich doppeldeutig und unscharf, und noch zur Zeit eines Galilei und eines Descartes prägte man Wörter wie *toticipatio, comprincipiatio, coessentiatio* nach gut mittelalterlichem Stil.

## *I. Personen- und Ortsnamen*

Gewöhnlich betrachtet man latinisierte oder gräzisierte Personen- und Ortsnamen als auffälliges Charakteristikum der Zeit nach dem Mittelalter; Melanchthon statt Schwarzerd, Eleutherius statt Luther und Herbipolis statt Würzburg sind schöne Beispiele der wohlbekannten Tendenz, zu antikisieren. In Dänemark gibt es um 1585 einen Schulmeister aus der Stadt Odense, einen gewissen Filip Schröder mit dem Beinamen *Megapolitanus*, d. h. aus Mecklenburg. In einer Handschrift aus Uppsala heißt er sogar Philippus *Sertorius* Megapolitanus, es hat also nicht nur der Beiname, sondern auch der Familienname — er müßte eigentlich *Sartorius* lauten — eine klassisch klingende Form angenommen.[4] Die Gymnasiasten im dänischen Ribe befaßten sich ganz besonders mit der Antikisierung von Namen; so kleidet sich ein dänischer Lars — etymologisch herzuleiten aus einem lateinischen *Laurentius* — in die homerische Gewandung eines *Laertius*, und ein dänischer Palle verkleidet sich in einen *Palemus*. Ein Jens nennt sich *Janus*, obwohl Jens an sich ein danisiertes *Johannes* ist, und gibt Jens Pedersen Ølgod (Ølgod = dän. Ortsname[5]) wieder als *Janus Petri Cythagatus*, wohl aus dem Bestreben heraus, durch eine Transposition in so etwas wie Griechisch teilzuhaben an der Unvergänglichkeit.[6]

Aber diese antikisierenden Tendenzen sind auch schon aus dem

[4] Uppsala B 65, fol. 1; Uppsala H 124 4° heißt er Niclas Schröder Mechopolitanus.

[5] I. P. Trap, Kongeriget Danmark VIII 497.

[6] Fra Ribe Amt VIII (1932), 474 ff.

Mittelalter bekannt, sowohl bei Personen- als auch bei Ortsnamen. Wir wollen das im folgenden etwas näher untersuchen.

In mittelalterlichen Texten aus allen Bereichen lassen sich latinisierte Personennamen aufzeigen. In der anspruchsloseren Form bestehen sie in der bloßen Anfügung eines lateinischen Suffixes an einen nicht-lateinischen Stamm, z. B. Lotar-*ius*, Ro(t)bert-*us*, Cnut-*o*, La(u)g(h)-*o*, Eric-*us*, Enar-*us*. Besonders schön lassen sich die noch recht barbarischen Namenformen der Merowingerzeit, bei denen wirklich nur das Suffix lateinisch ist, mit denen der Karolingerzeit vergleichen, die ihrem ganzen Lautstand nach schon eher in lateinische Texte eingepaßt werden können; ein merowingischer *Chlodowicus* heißt unter Karl dem Großen *(H)ludowicus*, ein *Chlotacharius* des sechsten Jahrhunderts wird ab dem neunten zu einem *(H)lotarius*, *Chrothobertus* wird *(H)rotbertus* usw.

Weitergehende Latinisierungen in der Form von Lehnübersetzungen sind seltener, aber immer noch hinreichend gut aus allen Ländern Europas zu belegen. Prinz Reginald von Montroyal wird *princeps Reginaldus Montis regalis* genannt;[7] der Franziskaner Adam Marisco erwähnt einen *magister Lupus archidiaconus Lincolniae*, der 1248 von Gloucester dorthin hatte gehen müssen.[8] In germanischen Reichsteilen gibt es diese Tiernamen häufig als Zu-Namen zu Personennamen; so findet man Arnoldus *Vulpes* (Arnold Vos),[9] Hugo *Ursus* (Hugo Bere),[10] Godescalcus *Lupus* (Wolf),[11] Petrus *Foca* (Peter Sael),[12] Petrus *Formica* (Myre).[13] Aus dem französischsprachigen Gebiet, aber nicht auf dieses beschränkt, wären andere Arten von Zunamen zu erwähnen: Petrus *Cementarius* (Pierre le Maçon), Joannes *Candidus* (Jean le Blanc), Galterus *qui bibit aquam* (Gautier Boileau) usw.[14] In Dänemark gibt es einen Jon

[7] ›De expugnatione terre sancte per Saladinum libellus‹, S. 218 (12. Jh.), Rer. Brit. Script.

[8] Monumenta Franciscana S. 190 (ep. 77), Rer. Brit. Script.

[9] 1267 Juli 24, Westfälisches UB. VI Nr. 877.

[10] 1264 Juni 29, Westfälisches UB. VI Nr. 806.

[11] 1224, Westfälisches UB. III 205.

[12] 1267 August 3, Dipl. Dan. II 2, 82.

[13] 1299 Juli 15, Dipl. Dan. II 5, 51.

[14] Giry, Manuel de Diplomatique S. 375.

dictus *Longus* (Lange),[15] einen Sueno *Rusticus* (Bauer),[16] einen Jonas *Sutor* (Schneider)[17] und einen Johannes *Rufus* (Rød = Rot);[18] übrigens können auch die „Vornamen" in mehr oder minder antikisierter Form vorkommen, weswegen z. B. ein und dasselbe Mitglied der dänischen Familie Litlae in ein und demselben lateinischen Denkmal als *Iohannes* Litlae und als *Ioon* Litlae figuriert.[19]

Auch in der Wahl der „Vornamen" lassen sich antikisierende Tendenzen bemerken, etwa bei *Quintus, Sextus, Maximus*; daraus Schlußfolgerungen zu ziehen, bedarf aber großer Vorsicht, da stets damit zu rechnen ist, daß es spätantike christliche Heilige mit heidnischen Namen gab, auf die dann diese heidnischen Namen des Mittelalters eventuell zurückgehen.[20]

Die Neigung, gut antike Namen zu geben, läßt sich sogar noch weiter zurückverfolgen, nämlich bis zu den griechischen und lateinischen Wiedergaben biblischer Namen. Diese werden nicht nur mit griechischen und lateinischen Endungen versehen (Jacob-*us*, Lazar-*us*; *Adae* und *Abrahae* als Genitive zu Adam und Abraham), sondern erfahren manchmal sogar eine Substitution durch echte antike Namen: Ἰάσων statt Ἰησοῦς, Σίμων statt Συμεών, Κλεοπᾶς statt Κλωπᾶς, Μαρία statt Μαριάμ.[21]

Weit häufiger als Personennamen werden geographische und Völkernamen latinisiert. Dies hat einen besonderen Grund. Es besteht nämlich ein merkwürdiger Kontrast zwischen der Neigung mittelalterlicher Gelehrter, sich bei der Schaffung einer geographischen Nomenklatur an antike Vorbilder anzulehnen, und der außerordentlichen Ignoranz ebenderselben Gelehrten auf dem Gebiete der Geographie. Hier erscheint der Verfall des Wissens im Mittelalter und der Unterschied zwischen Antike und Mittelalter so

[15] 1291 April 15 (vgl. Marius Kristensen, Gamle danske Personnavne).

[16] 1299 März 4.

[17] 1374 April 8, Ribe.

[18] Dipl. Dan. II 1 90, 21.

[19] Dipl. Dan. II 2 Nr. 387.

[20] Giry, Manuel de Diplomatique S. 353.

[21] Blass-Debrunner, Grammatik des neutestamentlichen Griechisch 6 (1931), S. 32.

deutlich wie in keinem anderen Bereich. Antike Formen blieben hier bestehen, den Geist der Antike hatte man verloren. Es ist bekannt, daß man zur Zeit des Ptolemäus mehr über Indien wußte als Mercator am Ende des 16. Jahrhunderts; Ptolemäus berichtet von der Karawanenstraße nach China, und dies war der stärkste Anstoß für die Seefahrer des 15. Jahrhunderts, einen westlichen Seeweg nach Indien zu suchen.[22] Die geographischen Vorstellungen, die für das mittelalterliche Weltbild wesentlich wurden — sie stammen aus den Werken Cassiodors[23] und Isidors Origines[24] —, vergleichen die Erde mit einem Rad: *orbis ... quia sicut rota est.* Diesen Vorstellungen entsprechen die sog. Rad-Karten oder T-Karten, die Jerusalem als den Nabel der Welt zeigen, den östlichen Halbkreis für Asien reservieren und den westlichen Halbkreis mit dem Mittelmeerraum in zwei Sektoren für Europa und Afrika aufteilen (vgl. Abb. 1). Sie lassen im Gegensatz zu antiken Karten jedes Bemühen vermissen, Proportionen oder Entfernungen richtig wiederzugeben. Wenn es nun aber schon für die Kartographen so schwierig war, ein einigermaßen klares Bild von den verschiedenen Ländern der Welt zu gewinnen, so ist es auch nicht verwunderlich, daß die zeitgenössischen Historiker sich recht vagen Vorstellungen über die wechselseitige Lage der von ihnen beschriebenen Länder hingaben. Dieses Unwissen trifft man besonders dann an, wenn es um Gegenden geht, die nicht im antiken Weltbild inbegriffen gewesen waren, z. B. germanische und slawische Länder und deren Bewohner. Es nimmt wunder, daß die Kenntnis der Geographie nicht von den Expeditionen byzantinischer Reisender nach Innerasien profitierte, nicht von Cosmas' Reisen nach Äthiopien und vielleicht Indien, nicht von den Vorstößen christlicher Missionare nach Medien, Sogdien, Indien, Nubien usw. Man weiß, daß die Erkundungsfahrten irischer Mönche und der Wikinger im atlantischen Bereich keine Spuren in der mittelalterlichen Geographie hinterlassen haben; mittelalterliche Germanen- und Slawenhistoriker mußten jedoch notwendigerweise neue Örtlichkeiten und neue Namen von Volksstämmen in ihre Be-

[22] O. Peschel-S. Ruge, Geschichte der Erdkunde, München 1877.

[23] Migne, Patrologia Latina 70, 553.

[24] Etymologiae Isidori rec. Lindsay XIV 2, 1.

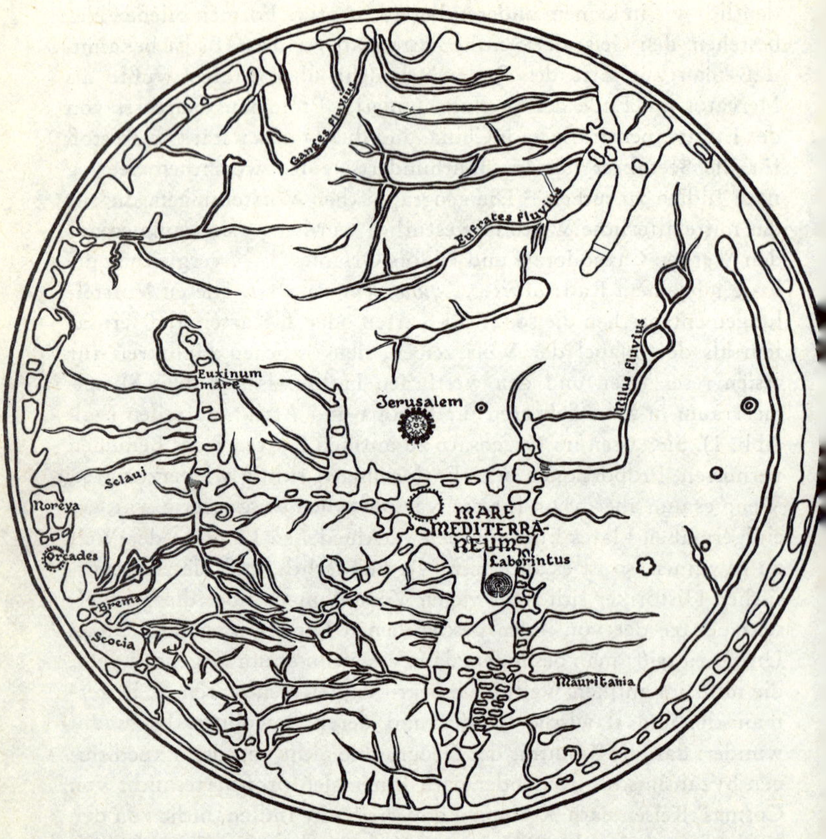


Abb. 1. Die *Hereforder Weltkarte* (13. Jh.) zeigt wohl am besten, wie die mittelalterlichen Kartographen die Erde darstellten. Man beachte, wie nahe die Baltischen Länder ans Schwarze Meer gerückt wurden; hier wie bei den Ländern des antiken Kulturkreises wird der Mangel an Proportionalität deutlich. Palästina ist der Nabel der Welt, Asien beansprucht einen Halbkreis, der andere nimmt Europa und Afrika auf. Wo heutige Karten den Norden zeigen, haben mittelalterliche gewöhnlich den Osten (= *oriens*, vgl. 'Orientierung').

schreibungen aufnehmen. In diesem Zusammenhang muß man sich vor Augen halten, daß seit Ptolemäus und bis ins mittlere 16. Jahrhundert die Landentfernung zwischen Ostsee und Schwarzem Meer als viel geringer angenommen wurde, als sie in Wirklichkeit ist; daß man glaubte, das Asowsche Meer (die Mäotischen Sümpfe) erstrecke sich bis weit ins Innere Rußlands und, ganz allgemein, daß Nordeuropa kaum Raum genug bot für all die verschiedenen Völkerschaften, die die Schwelle zur Geschichtlichkeit in der ersten Zeit des Christentums überschritten. Und auch daran sollte man denken, daß schon die Antike durch gleiche Namengebung neu auftretende Gestalten mit bereits bekannten identifizierte und neu entdeckte Länder ebenfalls. Wenn also ein weit entfernter Gebietsteil den gleichen Namen trug wie eine Örtlichkeit innerhalb des traditionellen Herrschaftsbereiches, dann kann man das zum Teil als Ergebnis der Kolonisation erklären, bei der ein alter Name bewußt auf eine neue Örtlichkeit übertragen wurde,[25] zum Teil aus einem Einbürgerungsbestreben, das einen fremden Namen mit einem antik gebräuchlichen offenbar nur wegen einer gewissen klanglichen Ähnlichkeit identifizierte.[26] Seit dem klassischen Altertum pflegten lateinische und griechische Autoren fremde Ortsnamen ihrer eigenen Sprache anzupassen. Wenn Polybius und Cicero von Jerusalem sprechen, nennen sie es *Hierosolyma*; ebenso halten es viele christliche Autoren. Diese hellenisierte Form findet sich in den Apokryphen des Alten und Neuen Testaments.[27] Einige Autoren wie Josephus, Plutarch und Cassius Dio zerlegen dann Hierosolyma in Ἱερὰ Σόλυμα, entweder weil sie es mißverstehen oder aus einer Vorliebe für etymologische Ausdeutung. Diese Vorliebe teilt das Mittelalter allgemein,[28] und manche Autoren lassen das ἱερά weg und kommen so zu einer Form Σόλυμα, vielleicht unter dem Einfluß des

[25] Vgl. Peschel-Ruge (zit. Anm. 22), S. 16.

[26] So z. B., wenn Ptolemäus an der südwestindischen Malabar-Küste ein Theophila und ein Byzantium ansiedelt: Letzteres ist wohl nur ein Reflex des Sanskrit-Wortes viğanta.

[27] Schütz, Ἰερουσαλήμ und Ἱεροσόλυμα im Neuen Testament (Zeitschrift f. die neutestamentliche Wissenschaft 11 [1910], 169—187).

[28] Vgl. S. 350 f.

Volksnamens der Σόλυμοι. Andere biblische Ortsnamen werden in mehr oder minder griechischer bzw. lateinischer Form wiedergegeben: Altbekannte Namen wie Tyrus, Sidon, Azotus, Jordanes und Damascus sind sowieso deklinabel, ebenso einige auf *-a* endende, während andere wie Bethfage, Sion usw. unverändert übernommen werden.[29]

Gleichermaßen begegnen wir bei mittelalterlichen Autoren verschiedenen Fällen und verschiedenen Arten antikisierender Bemühungen im Bereich der geographischen Namengebung. Da gibt es den Fall der nur leichten Anpassung an den lateinischen Kontext, indem den fremden Ortsnamen lateinische Suffixe angehängt werden, damit das lateinische Flexionssystem ungestört durchgehalten werden kann. Schon die antiken Römer hatten mit den Suffixen ein bequemes Werkzeug zur Hand, Ortsnamen der eroberten Gebiete zu latinisieren, etwa *Londinium* (London), *Gernemutha* (Yarmouth), um nur ein paar Beispiele aus England zu nennen. Dieses Verfahren blieb das ganze Mittelalter hindurch weithin sehr beliebt; aus dem englischen Bereich wären hier allein in den ›Gesta Pontificum‹ des Wilhelm von Malmesbury zu nennen: 1, 1 *Lundonia* (London); 1, 42 *Humbra* (Humber); 2, 73 *Dofera* (Dover); 2, 75 *Linco(l)nia* (Lincoln); 4, 175 *Coventreia* (Coventry); 4, 176 *Legrecestra* (Leicester); 4, 177 *Dorcecestra* (Dorchester) — dies, obwohl man sicherlich wußte, daß die zweite Namenskomponente aus lateinischem *castrum* stammt. Aus Dänemark ist der Name der Stadt Ribe zu erwähnen: *Ripa, Ripae*,[30] oder die Bezeichnungen *Sora* (für Sorø)[31], *Syra* für die Insel Sejrø[32] oder *Funis* für die große Insel Fünen.[33] Im späteren norddeutschen, ursprünglich aber slawischen Siedlungsgebiet wird der Flußname Peene zu *Penis, Panis*[34] latinisiert, und der Stammesname *Circipanenses* bezeichnet nicht etwa, wie man

[29] Blass-Debrunner, S. 34.

[30] Saxo Grammaticus, ›Gesta Danorum‹, hrsg. v. Olrik-Raeder, S. 282,8. Dipl. Dan. II 4 Nr. 15,25 usw.

[31] M. Cl. Gertz, Scriptores minores historie Danice I 453,29.

[32] M. Cl. Gertz, Scriptores minores historie Danice I 27,19.

[33] Ein Beispiel für diese Form statt Fionia liefert Adam von Bremen.

[34] Adam von Bremen II 16, S. 71,20 Schmeidler. II 21, S. 77,5.

annehmen sollte, die Leute, die auf beiden Seiten der Peene leben (von *circum*), sondern den Stamm jenseits der Peene (aus slaw. čerzъ = jenseits).[35]

Damit ist das Latinisieren über eine elementare Stufe hinausgegangen; eine entsprechende, ziemlich starke Latinisierung ist *Semigallia* für die Landschaft Samgallen in Lettland[36] oder *Lagenia* für die irische Provinz Leinster (Leighin)[37] oder *Laurissa* für Lorsch, wie es in den Handschriften dieser Abtei heißt.[38] — So wie andere Vorstellungen in mittelalterlichen Texten einmal in völlig klassischem Latein, einmal mit mittellateinischen Vokabeln und einmal volkssprachlich ausgedrückt werden, je nach der Stillage des Textes[39], ebenso variieren auch die Formen geographischer Namen: Neben der Form *Semigallia* mit ihrer eindeutigen Assoziation *Gallia* gibt es auch *Semgalla*[40] und neben *Laurissa* z. B. auch das unantik klingende *Lauresham*[41]. Der Norweger Eiliv Skard hat darauf hingewiesen, daß gewöhnlich Bergen mit *Bergae* wiedergegeben wurde, so von Ordericus Vitalis und dem norwegischen Geschichtsschreiber Theoderic, daß dieser Stadtname aber auch in längerer Form vorkommt als *Berginum* bei Saxo Grammaticus und *Bergonia* in der antikisierenden ›Historia Norwegiae‹ (die auch von *Biarmonia*, *Gautonia* und, statt Throndheim wie bei Theoderic, von *Throndemia* spricht); ähnlich gibt es für den alten skandinavischen Bischofs-

[35] Saxo Grammaticus, S. 497,8 ff., vgl. L. Niederle, Manuel de l'Antiquité Slave I 150.

[36] Bull. Dan. Nr. 194.

[37] Giraldus Cambrensis, ›Topographia Iberniae‹, Rer. Brit. Script.

[38] Vat. Pal. Lat. 814 (9./10. Jh.) fol. 145$^{v}$.

[39] Historische Vierteljahrsschrift 28 (1933), S. 30 ff. Es gibt stets eine gewisse Anzahl mittelalterlicher Autoren, bei denen man antikisierende Züge besonders erwarten wird, z. B. bei Saxo Grammaticus (›Gesta Danorum‹) und seinem Vorbild Galfrid von Monmouth (›Historia Britonum‹); beide zeichnen sich durch Umschreibungen vom Typ *deo dicate puelle* statt *sanctimoniales* (›Hist. Brit.‹ IX 13) und durch die Wahl antiker Begriffe aus.

[40] Saxo, S. 227,29.

[41] Vat. Pal. Lat. 814 (9./10. Jh.) fol. 1$^{r}$. Codex de monasterio sancti Nazarii quod nominatur Lauresham.

sitz Lund ein *Lundae* bei Theoderic und ein *Lundonia*[42] in der ›Historia Norwegiae‹. Die Halbinsel Jütland kennt man in einer mehr autochtonen Form als *Iutlandia*, in einer stärker latinisierten als *Iucia*; neben *Parisius, Roschildis, Hafnis* als Indeklinabilia gibt es Formen, die sich besser in einem Text mit gutem Latein bringen lassen; dennoch ist es überflüssig, indeklinable Namen korrigieren zu wollen, wie das manchmal geschieht.[43] Überhaupt ist größte Vorsicht am Platze, wenn man es mit Eigennamen zu tun hat.

Ihren höchsten Grad erreicht die Latinisierung auch hier in sogenannten Lehnübersetzungen, für die ich einige mittelalterliche Beispiele folgen lasse.

*Viridis terra* für Grönland findet sich in der, wie schon bemerkt, antikisierenden ›Historia Norwegiae‹ (S. 75, 7 Storm): *ab istis vero viridis terra congelatis scopulis dirimitur.*

*Glacialis insula, glaciei terra* für Island erscheinen häufig in mittelalterlichen nordischen Texten, die höhere stilistische Ambitionen verfolgen, so bei Saxo und in der ›Historia Norwegiae‹; in dieser 75, 3: *quidam tamen nautae cum de glaciali insula ad Norwegiam remeare studuissent* — und 93, 6: *Islandia interpretatur glaciei terra*; bei Saxo 7, 30: *insula quae glacialis dicitur magno circumfusa reperitur Oceano.*

*Mons casulae* für den Hekla auf Island, da *casula* ebenso wie „hekla" 'Umhang mit Kapuze' bedeutet, in der ›Hist. Norw.‹ 93, 9: *inter quos mons casulae ad instar Aetnae . . . sulfureas eructat faces.*

*Ovium insulae* für die Färöer, ebenfalls in der ›Hist. Norw.‹, 92, 8: *insula ovium . . . quas patria lingua Faereyar incolae appellant.*

*Oriens* ist nach Kretschmer, Glotta 26 (1938) S. 222, die ursprüngliche lateinische Bezeichnung für Österreich, das Land im Osten von Bayern; dementsprechend heißen seine Bewohner *orientales.* Die lateinischen Namen für Österreich zwischen Karl dem Dicken (883) und dem Markgrafen Leopold III., der 1115 *orientalis regionis*

[42] Skrifter utg. af det Norske Videnskaps-Akademi 1930 II 2 Nr. 5 Målet i Historia Norwegiae S. 12 ff.

[43] Z. B. Acta Processus Litium, hrsg. v. Krarup-Norvin, S. 263,32.

*marchio* heißt, sind *Oriens, orientalis pars Bavariae, orientalis plaga, orientalis regio,* auf deutsch heißt es *Ostarichi.*

*Campania* ist der mittellateinische Name für Polen, 'Die Ebene'; viele andere Örtlichkeiten im slawischen Bereich werden ähnlich bezeichnet (polje usw.), vgl. R. Kleinpaul, Länder- und Völkernamen, Leipzig 1910.

*Australes, meridionales insulae* nennt Saxo (255, 1), der am meisten antikisierende mittellateinische Autor, die Hebriden (Suðreyjar); er hat auch

*Mercatorum, negotiatorum portus* für Kopenhagen (S. 457, 25 f., S. 499, 31) und

*Antiqua urbs* für Oldenburg in Holstein (S. 495, 7 ff.).

*Montes* für Bergen auf Rügen steht im Lübeckischen UB II 111 (S. 95): in *advocacia montium.*

*Herbipolis* taucht schon im 11. Jahrhundert neben *Wirzi(a)burg* auf und bleibt im ganzen Mittelalter gebräuchlich, z. B. in der ›Constitutio‹ Friedrichs II. vom 11.—13. Mai 1216 (MGH Legum sectio II 70, 8): *Herbipolis,* im Lübeckischen UB I 505, S. 460: Datum *Herbipole* (Rudolf I., 1287 März 29).

*Parthenopolis* für Magdeburg kann aus Texten des 11. Jahrhunderts belegt werden, z. B. in den ›Diplomata regum et imperatorum‹ III 295, 42: *Dagino sanctę, Parthenopolitane aecclesiae archiepiscopus signo sancte crucis subscripsi* (Heinrich II, 1013) oder ebenda IV 30, 9: *Hunfridi Parthenopolitane sedis archiepiscopi* (1025 Mai 4), wobei es sich hier um einen Brief handelt, der auch noch auf andere Weise unklassische Formen zu meiden sucht und daher z. B. *Unwani Premensis ecclesiae archiepiscopus* schreibt (statt Bremensis, da *br* am Wortanfang im Lateinischen selten ist).

Daß man auch im romanischen Gebiet antikisierende Lehnübersetzungen verwandte, wird klar, wenn französische Ortsnamen, die mit château, chêne, fontaine, roche (oder castel, quesne) zusammengesetzt sind, in lateinischen Texten als *castrum, quercus, fons, rupes* erscheinen, obwohl sie ursprünglich aus *castellum, casnus, fontana, roca* entstanden waren.[44]

Die bisher genannten Latinisierungen bzw. Gräzisierungen, die

[44] Vgl. Giry, Manuel de Diplomatique 2, S. 404.

um viele Beispiele vermehrt werden könnten, sind jedenfalls regulär; dennoch ist die Bedeutung der Ortsnamen nicht immer so durchsichtig wie in den zitierten Fällen, und zwar meistens dann, wenn der mittellateinische Autor einen Ortsnamen gemäß der von ihm angesetzten etymologischen Bedeutung von dessen Bestandteilen in antike Form brachte.

Ich lasse einige Beispiele solch irregulärer Latinisierungen folgen: *Marcipolis* für Merseburg ist nicht so häufig, findet sich aber bis ins 12. Jahrhundert, z. B. in Helmolds Slawenchronik I 29: *porro Rodulfus vulneratus in manu dextera fugit Marcipolim mortique iam proximus dixit ad familiares suos,* oder ebenda I 73 *propter hos compacandos denunciavit rex curiam apud Marcipolim, civitatem Saxonie.* Merkwürdig ist, daß gerade Saxo (S. 387, 1) die dem Volkssprachigen näherstehende Form *Mersburgum* beibehält; immerhin versucht er sich kaum je in falschen etymologischen Herleitungen wie viele seiner Zeitgenossen (mit einer Ausnahme, s. u.).

Falsche Etymologien und als ihr Resultat ganz phantastische Latinisierungen sind aus allen Ländern Europas bekannt, sogar in recht zahlreichen Beispielen aus der Romania. So gibt es im französischen Departement Eure-et-Loire einen Ort Marville, von dem man weiß, daß er aus einem *Manulfi Villa* entstand; nichtsdestoweniger erscheint er seit dem 10. Jahrhundert in lateinischen Texten als *mater villa.* Arleuf im Departement Nièvre, ein Ortsname ziemlich dunkler Herkunft, findet sich 1317 als *aridus locus. Bonus oculus* steht für Bonneuil (Seine-et-Oise), das in merowingischen und karolingischen Texten noch *Bono(g)ilum* hieß und damit keltischen Ursprung verrät. Im Jahre 1110 wird Chenecbé (Vienne) — das alte *Chinipiacum* — als *Canutum caput* bezeichnet. Besonders gedeihen solche falschen Latinisierungen natürlich da, wo die Geschichte des Ortsnamens ganz im dunklen liegt. So wird Commequiers (Vendée) übersetzt in *Quid mihi quaeris* (quoi me quiers?), Sannois (Seine-et-Oise) in *Centum nuces* (cent noix) usw. Es überrascht nicht, im sprachlich weniger gebildeten Norden Europas zahlreiche Fälle dieser Art anzutreffen: *Locus Dei* für Løgum, *Tutavallis* für Tvis, *Vitaeschola* für Vitskøl, *Carainsula* für Øm, *Oratorium* für Voer, *Schola Dei* für Ihlow usw. Sogar dem gelehrten und sorgfältigen Saxo unterläuft schon einmal ein Fehler, wenn er einen skandinavischen Ortsnamen übersetzt: Sein *Laneus campus* (Uldager) steht eigentlich für Ulleraker in Schonen.[45]

Die letzte, aber interessanteste Gruppe von Latinisierungen umfaßt bestimmte antike geographische Begriffe, die einen anderen Inhalt erhielten. Hier kann es sich um rein stilistische Fragen handeln, dennoch können sich an den Bedeutungswandel antiker Namen auch bestimmte historische oder geographische Mißverständnisse anschließen.

Es ist unwahrscheinlich, daß der mittelalterliche Autor, der die Namensform *Parthenopolis* schuf, auch nur einen Gedanken daran verschwendete, daß es eine gleichnamige Stadt schon im antiken Makedonien gegeben habe, oder daß diejenigen, die Mecklenburg *Mega(lo)polis* (auch *Magnopolis*) nannten, an die verschiedenen antiken Städte, die *Megalopolis* hießen, dachten. Andererseits gibt es eine Reihe antiker Orts- und Völkernamen, die im Mittelalter weiterbenutzt wurden, aber neue Länder und Völker bezeichneten. Diese Erscheinung ist wohl auf den Wunsch zurückzuführen, eine neue Örtlichkeit mit einem Wort in Verbindung zu bringen, das man schon kannte; die Verbindung wird zum Teil durch lautliche Assoziationen hergestellt, zum Teil durch die Konfusion geographischer Begriffe.

Rein phonetische Gründe waren wohl für die Kontamination von *Burdigalensis* (aus Burdigala = Bordeaux) und *Burglanensis* (aus der dänischen Bischofsstadt Børglum) ausschlaggebend.[46] Sicherlich auch aus hauptsächlich lautlichen Gründen nennt Saxo Grammaticus die Norweger und Normannen mit dem Namen *Norici*,[47] der an die Bewohner der römischen Alpenprovinz Noricum erinnert. Rein lautlich ist bei demselben Autor *Curetes*[48] für die Bewohner von Kurland zu erklären, die natürlich nichts mit den antiken Jupiterpriestern zu tun haben. — Der Ortsname *Roma* bei Vejle in Dänemark ist dagegen wohl rein zufällig entstanden.[49]

[45] Saxo, S. 253, 27: *'Laneus Campus' nomen per errorem Saxonis positum pro Ulleraker Suetiae.*

[46] Acta Pontificum Dan. Nr. 1870 (1445 April 3).

[47] S. 218,15. 362,30. 547,1.

[48] S. 23,31. 37,5 ff.

[49] Dipl. Dan. II 5 Nr. 50.

Etwas ganz anderes als lautliche Identifikation liegt bei den Namen vor, zu deren Verständnis man unbedingt eine mittelalterliche Weltkarte konsultieren muß.

Denkt man an die mittelalterlichen geographischen Vorstellungen — bei denen stets die geringe Landentfernung zwischen Ostsee und Schwarzem Meer eine Rolle spielt — so wird man leicht verstehen, daß man „Skythen" bis an der Ostseeküste vorfindet. Seit langem ist bekannt, daß Saxo mit *Scithe* = Scythae den finnisch-estnischen Stamm der Tschuden meinte.[50] Auch Adam von Bremen benützt „skythisch" für alles, was an die Ostsee grenzt. Unlängst wies Stender-Petersen in dieser Zeitschrift darauf hin, daß Saxo Grammaticus, der prononcierte Klassizist, *Hellespontus* in ganz besonderer Bedeutung gebraucht: nicht etwa um die wohlbekannte Meerenge zu bezeichnen — sondern das Baltikum.[51] Daran ist zu denken, wenn man schon in relativ früher Zeit Dänemark und die Dänen als *Dacia* und *Daci* neben *Dania* und *Dani* bei den mittelalterlichen Autoren genannt findet. Diese Erscheinung erfährt seit einigen Jahren Beachtung; so gab Viggo Brøndal eine genaue Beschreibung dieses Gebrauchs in seinem Aufsatz über den Namen Dänemark. Er erinnert an die ähnliche Erscheinung bei dem Gotenhistoriker Jordanes, der sein Werk *Getica* nennt.

Auf ganz ähnliche Weise — wahrscheinlich sogar in direkter Nachahmung des Jordanes — wurden die Dänen mit den Daziern identifiziert; der Volksüberlieferung nach waren die Goten ebenso Skandinavier wie die Dänen; also wurden sie mit den Dänen in ebenso nahe Beziehung gesetzt wie die Getae mit den Daci.[52]

Daß die Dänen mit den Daziern identifiziert wurden, ist wahrscheinlich nicht nur ein Ausfluß der stilistischen Bestrebung, einen Volksnamen mit irgendeinem ähnlich klingenden antiken gleichzusetzen, sondern es waren daran von Anfang an geographische oder historische Mißverständnisse beteiligt. Daß dem so ist, erhellt wünschenswert deutlich aus der Normannengeschichte des Dudo von

[50] A. Stender-Petersen, Acta Jutlandica VI (1934), S. 112.

[51] Classica et Mediaevalia III (1940), 168 ff.

[52] Danske Studier 1920, S. 17 ff., S. 23.

St. Quentin, deren Einleitungskapitel die geographischen Vorstellungen der Zeit widerspiegelt[53]:

Nach Beschreibüng des ganzen, gewaltigen Erdkreises und nach kluger Berechnung von Umfang und Oberfläche der Erde teilten die Kosmographen ... deren allseits vom endlosen Band des Ozeans umgürtete Oberfläche in drei Teile, nämlich Asien, Europa und Afrika. Europa ist von einer großen Anzahl von Flußläufen durchzogen, es zerfällt in Provinzen mit verschiedenen Namen und durch trennende Grenzen in einzelne Länder. Ein besonders großes davon, das sich vor den anderen durch die ungeheuere Vielzahl seiner Bewohner auszeichnet, heißt Germanien. Dort entspringt am Berg Athnoe (Abnoe?) der Fluß Hyster, der sechzig Nebenflüsse aufnimmt, anschwillt und in starker Strömung von Süden nach Osten (!) fließt, Germanien von Skythien trennend, bis er ins Skythische Meer mündet, und er heißt auch Danubius (Donau). *In dem weiten Raum zwischen dem Lauf der Donau und ihrem Mündungsgebiet am Skythischen Meer leben verstreut wilde Barbarenstämme, die auf verschiedene Art von der beiderseits vom Ozean umflossenen Insel Canza (Skandinavien) hervorgebrochen sein sollen,* wie ein Bienenschwarm aus seinem Stock, schnell wie ein Schwert die Scheide verläßt — so, wie es Barbaren eben tun.[54] Dort erstreckt sich das endlos weite Alanien, ist das überaus reiche Dazien gelegen und das weit ausgedehnte Getien. Dazien liegt in der Mitte, ringförmig, wie eine Stadt, von der Mauer riesiger, alpenähnlicher Berge umgeben ...

Dudo, der kurz nach dem Jahre 1000 schreibt, bringt daher die Volksstämme an der unteren Donau mit der Halbinsel Skandinavien (Scanza insula) in Verbindung, und wir brauchen uns nicht zu wundern, wenn er im dritten Kapitel des ersten Buches ganz folgerichtig die Daci einfach mit den Dani identifiziert: Daci nuncupantur a suis Danai vel Dani. Die älteste Quelle für die Gleichsetzung *Daci(a)* und *Dani(a)* und verläßlichste ist jedoch ein Vergilscholion: Schol.

[53] Dudonis Sancti Quintini de moribus et actis primorum Normanniae ducum, nouvelle edition par M. Jules Lair, Caen 1865, I, 1 (S. 129).

[54] *In copiosa igitur intercapedine a Danubio ad Scythici ponti usque confinium diffusae, commorantur ferae gentes et barbarae, quae ex Canza (= Scanza) insula, Oceano hinc inde circumsepta, velut examen apium ex canistro seu gladius e vagina, diversitate multimoda dicuntur prosiluisse, consuetudine barbarica.*

Verg. Georg. 2, 497 (S. 993) Dacus regio est Scythiae a qua populi Daci vel Dani ... idem etiam (hier = enim) populi ... videntur esse illi qui et Normanni. Der Codex Bernensis, der dieses Scholion bietet, stammt aus dem 9. bis 10. Jahrhundert, die Erklärung der Stelle wahrscheinlich aus noch früherer Zeit. Der Verfasser der Berner Scholien lebte in England.[55]

Wie gesagt benutzte Jordanes den alten Stammesnamen *Getae*, um damit die Goten zu bezeichnen. Diese Gleichsetzung — übrigens besonders bei griechischen, aber auch bei lateinischen Autoren der Spätantike und des Mittelalters zu finden[56] — ist nur eine unter den vielen, die dem Namen Getae widerfuhren, denn sowohl bei den Autoren des griechischen als des lateinischen Mittelalters kann er verschiedene slawische Völker bezeichnen. Der Erzdiakon Thomas, Verfasser einer Geschichte von Salona, sagt z. B.: *in terra Getarum quae nunc Servia seu Rasia nuncupatur*. Auch Litauer und Pruzzen heißen *Getae*, so bei Ermoldus Nigellus oder dem polnischen Bischof Vincentius Kadłubek in seiner Chronik von ca. 1220: *Gete dicuntur omnes Lithuani, Prutheni et alie ibidem gentes.*[57]

*Goti*, der mit Getae nahezu synonyme Völkername, wird schon bei Jordanes auf die Skythen angewandt (Getica 44): *tunc ut fertur Vesosis Scythis lacrimabile sibi potius intulit bellum* ... (47) *hic ergo Gothis morantibus Vesosis Aegyptiorum rex in bellum inruit.* Goten heißen neben Geten einige Slawenvölker bei den mittellateinischen Autoren. Goten als Name für einen slawischen Stamm läßt sich bis ins elfte Jahrhundert zurückverfolgen. In einer ins Jahr 1063 datierbaren Urkunde der Synode von Spoleto heißen die das Kirchenslawische benutzenden Kroaten 'Goten'.[58] Ähnlich werden

[55] Hagen, Fleckeisens Jahrb. f. Philologie u. Pädagogik 4 (1867), S. 479.

[56] Inscriptiones christianae veteres, hrsg. v. C. Diehl 1891: *dum peritura Getae posuissent castra sub urbe.* Vgl. den Artikel ›Geticus‹ in Pauly-Wissowas Realencyclopädie. Dudo I 1 Getae qui et Gothi, während schon Hieronymus 'Goti qui et Gite' hat.

[57] P. Kretschmer, Zum Balkan-Skythischen in der Glotta 24 (X 1935) S. 8, Anm. 1.

[58] Fr. Rački, Documenta historiae chroaticae periodum antiquam

der Goten- und der Slaweneinfall nach Dalmatien durcheinandergebracht; die Slawen heißen Goten in der Schrift des Priesters von Dioklea [59] — Gothi qui et Sclavi —, im Werk des Erzdiakons Thomas und an verschiedenen anderen Stellen. Schließlich kann *Gothi(a)* bei Adam von Bremen und mittelalterlichen dänischen Autoren auch (die) Schweden bedeuten, z. B. bei Adam IV 21 (Schol. 126): *Gothelba fluvius a Nordmannis Gothiam separat.*

Allgemein heißt Schweden *Suecia*, seine Bewohner *Sueci*; dennoch findet man dafür auch *Suevi(a)* bei Adam von Bremen und an anderen Orten [60]. Daß diese Gleichsetzung nicht nur lautliche Gründe hat, sondern daß ihr auch ein historisches Mißverständnis zugrunde liegt, erhellt aus einer Erklärung auf der Ebstorfer Weltkarte: *esse Swevorum circa haec montana* (= hos montes) *habitantium, a quibus illi nunc Alamanni dicuntur*; *qui ab istis montanis* (= montibus) *ad Sweoniam inter(iorem) secesserunt, Northmanni dicuntur*, d. h. dieses Gebiet gehört den Suevi, die in dieser gebirgigen Region leben, nach der sie jetzt Alemanni heißen; diejenigen aber, die aus der gebirgigen Region ins innere Suevia zogen, heißen Normannen (!). *Ab illis Nortmannis qui trans Daniam habitant venerunt isti Northmanni qui Franciam incolunt et ab his nuper Aquila accepit tertios Normannos*, d. h.: von den Normannen, die jenseits von Dänemark leben, stammen die Normannen, die in Frankreich wohnen, und von diesen wieder erhielt unlängst Aquila die dritten Normannen.[60a]

Dieser Kartentext bestätigt sehr schön das niederschmetternde Urteil, das M. J. Lair, der zweifelsohne Fachmann für diese Zeit der mittelalterlichen Geschichte ist, über die naturwissenschaftlichen Kenntnisse des zehnten und elften Jahrhunderts gesprochen hat [61]:

illustrantia (Monumenta spectantia historiam Sclavorum meridionalium [vol. VII] Zagrabiae 1877), 206.

[59] Nicht auf kroatisch, sondern nur in der lateinischen Übersetzung des Marcus Marulus (Marko Marulić) erhalten. Marco Marulić (1460—1528) ist der erste bekannte dalmatinische Autor von Bedeutung.

[60] Z. B. im Pommerschen UB. IV 42 Nr. 2023 (1302 März 29).

[60a] [Anm. d. Übs.: Ist Aquila = aquilo (Nord)? Dann wäre wohl England gemeint.]

[61] Französisches Vorwort zur (in Anm. 53 genannten) Dudo-Ausgabe.

Was die Geographie angeht, so scheinen, nach der Ansicht D. Rivets zum wissenschaftlichen Niveau des 10. Jahrhunderts, selten auch nur Grundkenntnisse darin vorhanden gewesen zu sein. Das gilt auch für Dudo: Nichts ist mehr durcheinander als seine Geographie, was insbesondere daher rührt, daß er von ihm unbekannten Gegenden spricht und dann bei den antiken Autoren ein Wissen sucht, das ihm selbst abgeht. Die Autoren der Antike nun hatten kaum Kenntnisse über die Länder des Nordens, aber nicht einmal das wenige, das sie tatsächlich darüber wußten, vermochte Dudo aus ihren Werken zu entnehmen. Die Unkenntnis war so groß, daß man alles durcheinanderbrachte, auch Nord und Süd: Die Dänen (Dani) nannte man Daker (Daci) und die Schweden (Sueci) Sueben (Suevi).

Schließlich kam es soweit, daß mittelalterliche Autoren, die von den Kulturzentren entfernte Gebiete der Erde beschrieben, oft weniger über die Länder der Germanen und Slawen wußten als die Europäer des 15. und 16. Jahrhunderts über den amerikanischen Kontinent. Natürlich gibt es da Abstufungen, und manch ein Autor weiß von Dingen zu berichten, die wir bei anderen vergeblich suchen. Dennoch kann man soviel mit Sicherheit sagen, daß die geographische Namengebung des Mittelalters unzuverlässig ist, entsprechend den ziemlich verschwommenen Vorstellungen des Mittelalters von der Geographie. Die verschiedenen Eigentümlichkeiten bei der geographischen Namengebung wurden bisher nur hier und da erwähnt, ohne daß man die allgemeine Tendenz dahinter bemerkt hätte, mittelalterliche Topographie mit antiker Nomenklatur zu bewältigen, und ohne daß man diese Tendenz mit dem Stand der geographischen Wissenschaft in Verbindung gebracht hätte.

Mit den oben gemachten Ausführungen über Daci, Swevi, Gete, Gothi als Namen von anderen als den damit ursprünglich bezeichneten Völkern sind folgende Beobachtungen zu vergleichen, die Kretschmer vor einigen Jahren veröffentlichte[62]: Der Ortsname *Istria* begegnet nicht nur als Bezeichnung für jene wohlbekannte Halbinsel in der Adria, sondern auch für Österreich. Letztes erscheint in mittelalterlichen Quellen allgemein als *Austria*, einem

[62] Glotta 26 (1938) S. 218 ff.

hybrid gebildeten Namen aus deutschem „öst ..." [63] und dem gewöhnlichen lateinischen Suffix zur Bezeichnung eines Landes (Ital-*ia*, Gall-*ia*, German-*ia* usw.). Kretschmer hatte Istria als Namen des Landes an der oberen Donau zweimal in den sogenannten Wessobrunner Glossen [64] gefunden und darauf die faszinierende Hypothese aufgebaut, daß Istria hier das Land zu beiden Seiten des Ister, der Donau, bezeichne, die ja schon von den antiken Autoren Ister genannt worden sei. Man kann jedoch aus anderem Vorkommen schließen, daß Ister synonym für Auster verwandt wurde und Istria synonym für Austria; so schreibt etwa der Geograph Guido im 66. Kapitel: *prima igitur provincia Italiae Liguria est. ... secunda Histria cum Neustria, quae Venetiarum antiqua dignoscitur.* Für gewöhnlich heißt der Gegensatz zu Neustria eben Austria. Noch ein Beispiel: Der Dichter Alcimus Avitus nennt einen Ostgoten (Austrogotus) *Histrogotus.*[65]

Es besteht kein Zweifel daran, daß man Istria statt Austria sagen konnte; den Grund dafür anzugeben, ist jedoch recht schwierig. Ich habe zwei Gründe dafür, nicht der Interpretation Istria = Land am Ister zu folgen: erstens, weil es keinen weiteren Beleg aus jener Zeit gibt, daß ein Land nach einem Fluß benannt worden wäre, zweitens, weil Ister vorzugsweise den Unterlauf der Donau bezeichnete und Istria daher eher einen Namen für Rumänien als für Österreich abgegeben hätte. Wie ist aber dann die Identifikation von Istria und Austria zu erklären? Man kann annehmen, daß selbst hier der Wunsch, eine dem Lateinischen widerstrebende Form zu vermeiden, für den Schreiber den Ausschlag gab, einem hybriden Austria ein Istria vorzuziehen. Die Ebstorfer Karte beweist, daß Istria und Austria eine Doppelform desselben Namens waren, indem sie auf dem als Austria bezeichneten Gebiet eine Stadt *Bola* einzeichnet, hinter der sich nichts anderes als Pola (Pulj) auf Istrien verbirgt (vgl. Abb. 2).

[63] Ableitungen aus latein. *auster* bedeuten antik und mittellateinisch süd-'.

[64] Dort heißt es auf fol. 62a: *Arnoricus* (= ager Noricus). *peigirolant. Istrie. peigirae.* Mit anderen Worten: Wir haben hier zwei Namen für Bayern, nämlich 1) *ager Noricus, Noricum* und 2) *Istria,* wobei sich letztes zweifellos auf die Bayerische Ostmark oder Österreich bezieht.

[65] MGH Auct. ant. VI 2, 195 Hs. E.

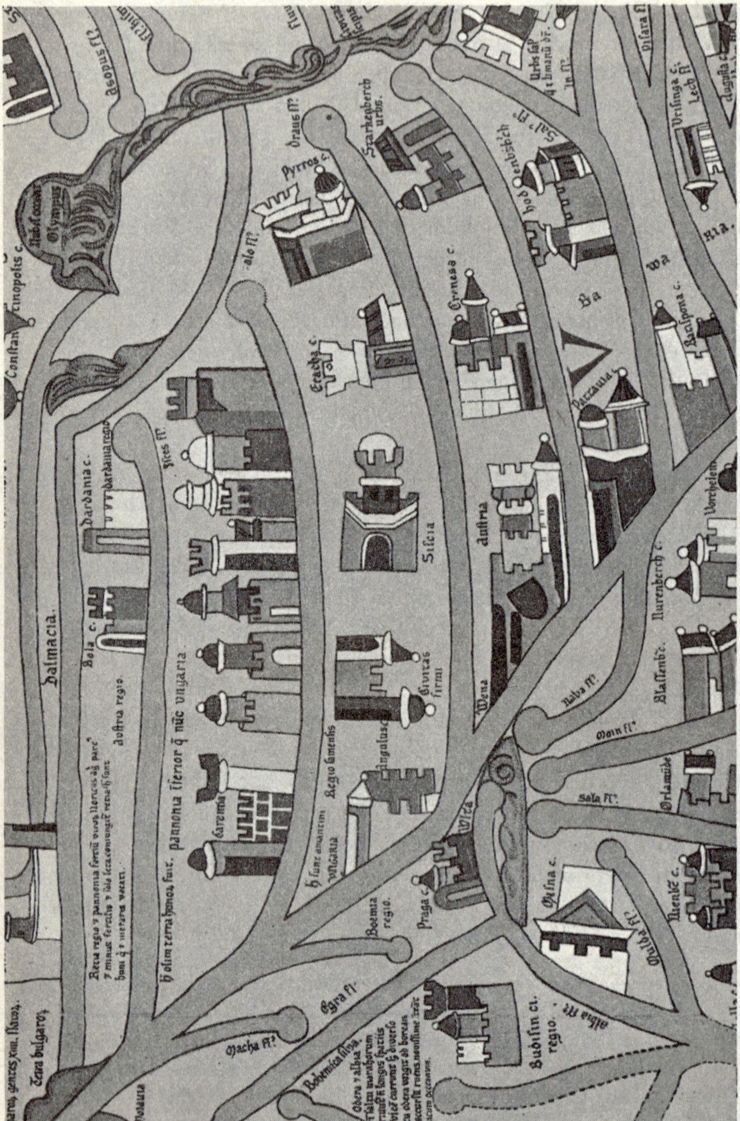


Abb. 2. Ein Teil der *Ebstorfer Karte*, der die Kontamination von Austria und Istria zeigt: Die Stadt Bola (= Pola, Pulj) ist in einem Land eingezeichnet, das Austria regio heißt.

Ein anderes Beispiel für die Unzuverlässigkeit geographischer Namengebung im Mittelalter ist der Gebrauch von *Austria* und *Neustria*, hier nicht zur Bezeichnung des östlichen bzw. westlichen Teiles des fränkischen Reiches, sondern der östlichen bzw. westlichen Lombardei, wie man ihn schon bei Liutprand (MGH LL IV 108, 2, praef.) antrifft: *una cum omnibus iudicibus tam de Austriae et Neustriae partibus necnon et de Tusciae finibus*. Da nun *Neustria* der spezifische Name für das neue *Austria* ist und die korrespondierenden Namen *Austria-Neustria* nicht als Appellativa eines jeden östlichen und westlichen Landes angesehen werden können, sollte man es für sicher annehmen, daß hier wiederum eine der geographischen Namen-Übernahmen vorliegt, an denen die mittelalterliche Literatur überaus reich ist.

Daß man das fränkische Reich *Gallia* nannte und Deutschland *Germania*, überrascht nicht weiter, wohl aber der Name *Pyrenaei montes*, gewöhnlich für das Gebirge zwischen Frankreich und Spanien gebraucht, als Bezeichnung für die Alpen bei einem der größten Historiker des Mittelalters, bei Otto von Freising. Allerdings scheint selbst dies weniger überraschend, wenn man dabei an die Ignoranz in geographischen Dingen und deren verwaschene Nomenklatur denkt, die nahezu alle mittelalterlichen Autoren auszeichnet, und für die ich ein paar Belege zu bringen mich bemühte.

## *II. Datumsangaben*[66]

Mittelalterliche Hinwendung zur Antike ist weder im sprachlichen noch im philosophischen Bereich eine einfach und leicht zugängliche Erscheinung. Vom hervorragendsten bis hinab zum bescheidensten ahmen alle lateinischen Autoren des Mittelalters irgendwie antike Vorbilder nach, und oft findet man ebenso antike Ausdrucksweise mit christlich-mittelalterlicher vermengt wie antikes mit mittelalterlichem Gedankengut. Sprachliche Formulierungen, die man ohne weiteres als ‘modern’, das heißt unantik oder kirchenlateinisch einstufen würde, liest man häufig in durchaus antikisie-

[66] Siehe Classica et Mediaevalia V (1942), S. 48 ff.

renden Texten, und 'alte', d. h. antikisierende bzw. antike, bleiben Jahrhunderte hindurch neben den neu aufgekommenen Ausdrucksweisen am Leben.

Die Rückorientierung an der Antike im sprachlichen Bereich läßt sich auf zweierlei Art aufzeigen: Entweder man geht von einem mittelalterlichen Text als Grundlage aus und versucht dessen antikisierende Tendenzen nachzuweisen [67] — wobei man natürlich die Elemente schon kennen muß, mit denen ein mittelalterlicher Autor antikes Kolorit aufträgt —, oder man wählt ebendiese antikisierenden Elemente als Ausgangspunkt für seine sprachlichen Untersuchungen. So bin ich hinsichtlich der Eigennamen verfahren [68] und habe festgestellt, daß eine Reihe von Eigennamen, die das Mittelalter von der Antike übernommen hatte, von bestimmten mittelalterlichen Autoren mit neuer Bedeutung erfüllt wurden. So werden z. B. die Namen der *Daci, Getae, Suevi, Norici, Scythe, Curetes* usw. nicht nur für die in der Antike so bezeichneten Völker gebraucht, sondern können ebenso die Dänen meinen (*Daci*), die Goten (*Gothi*), die Schweden (*Sueci*), die Norweger (*Norvagi*) und die Völker des Baltikum, d. h. neue Völker, die auf diese einfache Art mit der antiken Tradition in Verbindung gebracht wurden. Ich habe darauf hingewiesen, daß falsche geographische Vorstellungen, die in diesen Namen zum Ausdruck kommen, ihre Anwendbarkeit nicht im mindesten beeinträchtigen. Ebenso gibt es nicht wenige Örtlichkeiten, die unter zwei Namen bekannt waren, einem mehr oder minder volkssprachigen und einem latinisierten. So gibt es *Herbipolis* neben *Wirciburg, Parthenopolis* neben *Maidenburg* (Magdeburg), *Marcipolis* neben *Merseburg, Megalopolis* neben *Mechelenburg, portus mercatorum* neben *Hafnis, Oriens* neben *Austria* usw. Die einheimischen Namen tauchen nicht nur in mehr oder weniger vulgärlateinischen Texten auf, sondern auch bei Autoren, die man

[67] Vgl. É. Gilson, Les Idées et les Lettres, Paris 1932. Quelques aspects de l'humanisme médiéval latin (Association Guillaume Budé, Section de Montpellier) von A. Fliche u. a., Paris 1943.

[68] Classica et Mediaevalia V (1942) S. 50 ff. — Vgl. E. Vandvik, National Admixture in Medieval Latin (Symbolae Osloenses 23, Oslo 1944) passim und J. Nordstroem, Goths et Espagnols (Lychnos IX Uppsala 1945), S. 272. Zu Ortsnamen vgl. P. Kretschmer, Glotta 26 (1938), S. 222.

selbstverständlich zu den Vertretern humanistischer Bestrebungen im Mittelalter rechnen würde, da sie in anderer Hinsicht durchaus die Antike nachahmten, sei es nun Autoren der klassischen Latinität im engeren Sinne oder solche der silbernen Latinität. Aus diesem Grunde bevorzuge ich es, die Frage in der zweiten der genannten Methoden anzugehen und von bestimmten Stilelementen auszugehen. Damit weiß ich mich in Übereinstimmung mit den besten lateinischen Philologen: „Einer Abhandlung über einen Autor ist eine Abhandlung über eine Verfahrensweise vorzuziehen" (J. Marouzeau, Revue des Études latines VI, 1928, S. 346. H. Hagendahl, La prose métrique d'Arnobe, 1937, S. 116).

Bei der Suche nach Merkmalen dieser humanistischen Haltung stieß ich auf die verschiedenen Arten, wie mittelalterliche Autoren ein Datum angeben. Untersucht man sie näher, so kann man zwei hauptsächliche Typen unterscheiden: I) die Datierung nach dem kirchlichen Festkalender und II) die Datierung nach dem Julianischen Kalender, innerhalb dessen wieder A) die Datierung nach römischer Art, bei der die Tage von den *Kalendae* bzw. *Nonae* bzw. *Idus* zurückgezählt wurden, B) die Übung, die Tage eines Monats vom Ersten an durchzuzählen und C) das Bologneser Verfahren *(consuetudo Bononiensis)*, das den Monat in Hälften zerlegte, 1) in den *mensis intrans, introiens, ingrediens, incipiens, initians* oder den *introitus mensis* und in der ersten Monatshälfte die Tage bis zum 15. (bzw. 16. bei Monaten mit 31 Tagen) vorwärtsschreitend durchzählte, 2) in den *mensis exiens, stans, restans, astans, adstans, instans* oder den *exitus mensis, finis mensis* und hier die Tage durch rückwärtiges Zählen von den Kalenden an bestimmte. Letzteres System, eine Fortsetzung der attischen Datierungsmethode, entstand in den griechischen Kulturzentren um die Adria und breitete sich über ganz Italien aus; Frankreich erreichte es im neunten Jahrhundert (Flodoard und Richer).

Gegenstand dieser Untersuchung soll die Antinomie der beiden prinzipiellen Datierungsarten sein. Der Unterschied zwischen beiden hat durchaus auch stilistische Bedeutung; denn eine Datierung nach den Festen des Kirchenjahres ist in beabsichtigt antikisierendem Stil fehl am Platze, und wer nach römischer Art datiert, verrät, daß er antikische Ausdrucksweisen bevorzugt. Ich will vorausschicken, daß die klassisch-lateinische Datierungsmethode im ganzen Mittelalter zu finden ist, daß sie ihre Verbreitung augenscheinlich dem Einfluß der päpstlichen Kanzlei verdankt und daß sie besonders in Italien gepflogen wurde. Denn päpstliche Bullen und Dekrete wurden antik-römisch datiert,[69] während in einem Breve die Tage des Monats nach dem modernen Usus gezählt wurden (z. B. die V Martii MDLXXXXI).

Die päpstlichen Schriftstücke werden Vorbilder für die geistlichen und die weltlichen Kanzleien, dies sowohl wegen ihrer Regelmäßigkeit und ihrer schönen Form, als auch aufgrund der Autorität, die natürlicherweise all dem anhaftete, was vom Heiligen Stuhl kam.[70]

Es braucht nicht erwähnt zu werden, daß ein Autor, der sich um die Nachahmung antiker literarischer Gepflogenheiten bemüht, die kirchliche Art, zu datieren, möglichst zu vermeiden sucht; für sie findet sich z. B. in den Briefen des Lupus von Ferrières kein einziges Vorkommen.[71]

Wir wollen uns nun mit der Bestimmung der Umstände befassen, unter denen das kirchliche (liturgische) Datierungssystem aufkam. Dies sind die Ergebnisse, die die Forschung auf diesem Gebiet bisher erbracht hat: In seinem bewundernswerten und für jeden, der sich mit Fragen der Chronologie beschäftigt, unverzichtbaren Werk behauptet Grotefend,[72] daß Urkunden seit dem elften Jahrhundert nach den Heiligenfesten datiert wurden, und zwar hauptsächlich in den bischöflichen Kanzleien, „deren Ideenkreisen die Heiligentage

[69] Siehe J. J. Rabe, Calendarium festorum dierumque mobilium atque immobilium perpetuum, Onoldi 1737, S. 178: Nullam inveni bullam papalem, cuius datum sancti nomine vel die festo fuerit notatum: in omnibus contra usi fuerunt fastis Romanis.

[70] A. Giry, Manuel de Diplomatique, Paris 1925, S. 662.

[71] Loup de Ferrières, Correspondence, hrsg. v. Léon Levillain, Paris 1927—35, in den von Louis Halphen herausgegebenen Classiques de l'Histoire de France au Moyen-âge.

[72] H. Grotefend, Zeitrechung des deutschen Mittelalters, Hannover 1891, S. 81.

und die ihnen gleichwertigen kalendarischen Sonntagsbezeichnungen am nächsten lagen" — eine nicht sehr überzeugende Hypothese angesichts der Tatsache, daß die oberste bischöfliche Kanzlei nach dem antiken Kalender datierte. H. Bresslau kennt im frühen Mittelalter nur zwei Fälle von Datierung nach dem Festkalender.[73] Dabei handelt es sich um zwei Urkunden des lotharingischen Königs Zwentibold, von denen die erste durch die Angabe *ipsa die festivitatis sancti Servatii*[74] auf den 13. Mai 898 datiert wird. Hierbei ist jedoch zu beachten, daß die Urkunde die Restitution der Abtei Saint-Gervais (s. Servatii) an die Kirche von Trier zum Inhalt hat, und daß damit für den Kanzleibeamten ein besonderer Grund vorlag, nach dem Fest dieses Heiligen zu datieren. Die zweite Urkunde aus Lothringen bestätigt eine Schenkung an das Damenstift in Essen, datiert vom 4. Juni 898: *data II non. iun. actum in ipso monasterio sacrosancto die Pentecoste,*[75] d. h. datiert auf eines der höchsten liturgischen Feste. In der kaiserlichen Kanzlei erscheint das neue System seit dem elften Jahrhundert (Heinrich II.): *data VIIII kal. mai. in festivitate sancti Georgii martiris indictione III anno dominice incarnationis MXX* (1020), *anno vero domini Heinrici regnantis XIX imperio autem VII actum Babenberc,*[76] aber auch hier ist das alte System noch nicht völlig aufgegeben. Der kirchliche Festkalender drang nur allmählich in die Datumsangaben kaiserlicher Urkunden ein: Heinrich IV. (1093) *in festivitate S. Marci evangelistae*[77] — Heinrich V. (1113) *in ipso die Pasche*[78] — Heinrich V.

[73] H. Bresslau, Handbuch der Urkundenlehre für Deutschland und Italien, I, Leipzig 1889, S. 827 (in erster Auflage; in der zweiten Auflage ist unsere Thematik nicht behandelt).

[74] E. Mühlbacher, Die Regesten des Kaiserreiches unter den Karolingern, Innsbruck 1880 f., Nr. 1924.

[75] E. Mühlbacher, Die Regesten des Kaiserreiches unter den Karolingern, Innsbruck 1880 f., Nr. 1925.

[76] MGH., Diplomata Regum et Imperatorum Germaniae, Bd. 3, Nr. 422. Stumpf-Brentano, Die Reichskanzler vornehmlich des X., XI. und XII. Jahrhunderts, zweiter Band: Verzeichnis der Kaiserurkunden, Innsbruck 1864, Nr. 1742.

[77] Stumpf-Brentano, ebd. Nr. 2917.

[78] Stumpf-Brentano, ebd. Nr. 3095.

(1120) *in festo Philippi et Jacobi*[79] — Heinrich V. (1122) *in festivitate S. Martini*[80] — Konrad III. (1141) *in octava Pasche*[81] — Friedrich I. (1174) *in die sancte Margarete*[82] — Heinrich VI. (1193) *vigilia beati Thome apostoli*[83]. Bresslau merkt an, daß die Datierung nach dem Festkalender zwar selten am Schluß der Urkunde erscheint, dafür öfters im Text selbst, wenn dort irgendein Datum festgelegt werden soll.[84] Im Gegensatz zu Grotefend versucht er keine Erklärung dieser neuen Art der Datumsangabe.

Eine Art Erklärung bietet dagegen das nützliche Werk von K. Ringenson,[85] die die große Bedeutung der Kirchenfeste für das Zeitgefühl der Bevölkerung hervorhebt. Zweifelsohne hat sie recht mit ihrer Behauptung, daß die Kirchenfeste zusammen mit dem Wechsel der Jahreszeiten und dem regelmäßigen Zyklus der für den Bauern wiederkehrenden Arbeiten die einzige zeitliche Orientierungsmöglichkeit für das gemeine Volk boten.[86]

War diese Beliebtheit des Heiligenfest-Kalenders gegeben, so ist es nur natürlich, daß viele Urkunden nach seinen Angaben datiert wurden. Diese Art, ein Datum anzugeben, war schon im 9. (sic!) Jahrhundert bekannt

[79] Stumpf-Brentano, ebd. Nr. 3164.

[80] Stumpf-Brentano, ebd. Nr. 3183.

[81] Stumpf-Brentano, ebd. Nr. 3424.

[82] Stumpf-Brentano, ebd. Nr. 4167.

[83] Stumpf-Brentano, ebd. Nr. 4843.

[84] Handbuch der Urkundenlehre, Leipzig 1889, S. 827: „im früheren Mittelalter sind die Angaben nach dem Festkalender — während sie im Text der Urkunden mit Vorliebe angewandt werden, um z. B. einen Zinszahlungstermin oder einen Jahrmarktstag zu bezeichnen (ebenso bei Beurkundungen von Rechtssprüchen, wo das Datum nach dem Festkalender im Text angegeben zu werden pflegt) — recht selten; in Königsurkunden kommen sie vor dem 11. Jahrhundert kaum vor und sind bis zum Schluß des 12. sehr spärlich."

[85] K. Ringenson, Le rapport d'ordinaux et de cardinaux dans les expressions de la date dans les langues romanes, Paris, Droz 1934.

[86] Religiöse Feste wurden schon immer als zeitliche Orientierungspunkte benutzt, und nicht nur von den einfachen Leuten, siehe z. B. Cicero, De nat. deor. I 15: *cum feriis latinis ad eum ipsius rogatu arcessituque venissem, offendi eum sedentem in exedra.*

und wurde insbesondere im 12. und 13. Jahrhundert sowohl in lateinischen Urkunden als auch — vielleicht in ganz besonderem Maße — in volkssprachig abgefaßten die gängige ... Anders verhält es sich mit den lateinischen Urkunden Italiens, in denen man meist anders datiert.

In bischöflichen Urkunden hatte man jedoch bereits im achten Jahrhundert die liturgische Datierung übernommen. So gibt es eine Urkunde aus der Diözese Straßburg vom 13. Mai 728, *die XIII mense madio in ascensione domini.* Die Form *madio* statt *maio* ist ebenso vulgär wie kennzeichnend für diesen Text. Ginzel wies auf drei Beispiele für Datierung nach dem Heiligenkalender in Urkunden aus der Diözese Freising aus den Jahren 772, 774 und 784 hin.[87]

Schon in den letzten Jahrhunderten des Altertums gab es eine Datierung nach Heiligenfesten. Als erster erwähnt der Chronist von 354[88] die Festtage bestimmter christlicher Bischöfe und Märtyrer. Der Kalender des Polemius Silvius aus dem Jahre 448 enthält als erster die Namen der christlichen Feste. Folgende Beispiele für Datierung nach dem Festkalender habe ich als besonders erhellend herausgesucht: Rossi Inscr. chr. Rom. I 1185 (= E. Diehl Inscr. lat. chr. vet. 1249) *die natali sancti Marci mense oct. ind. XII* („propter indictionis notam titulum sexto saeculo vetustiorem non esse docuit Caesar, p. 12"). CIL XIII 2355 Luguduni (= E. Diehl Inscr. lat. chr. vet. 1551) *oviit* (= obiit) *XIII kal. Mai. vigelia Pasce Calipo vc. cons.* (i. J. 447); ebd. XI 2551 Chiusi (= E. Diehl Inscr. lat. chr. vet. 1334) *Aurelius Melitius infans, cristaeanus fidelis, peregrinus hic positus est, qui vixit annis IIII dies duo qui defunctus est diae Saturni Pascae, noctis ipsius pervigilatione oratione quinta vita privatus est et sepultus diae Solis VI kal. Apriles* (4. Jh.). Andere Beispiele finden sich bei Diehl III 312 ff.; nicht in Betracht gezogen wurden zeitlich nicht fixierbare, so CIL XIII 2484 Briord: *obierunt in die sancti Martini.* Meistens steht die römische Datumsangabe neben der Festkalender-Datierung, z. B. in dem Reisebericht der

[87] F. K. Ginzel, Handbuch der mathematischen und technischen Chronologie, III, Leipzig 1914, S. 118.

[88] Ed. Mommsen, Chronica minora, I, 1892, S. 42 (MGH., Auctores antiquissimi, Bd. 9).

Aetheria 20, 5: *hoc autem nobis satis gratum evenit, ut pridie martyrium die ibi veniremus, id est sancti Helpidii, nono k. Maias.*

Das letzte Zitat sowie die Texte der christlichen Inschriften zeigen sehr wenig literarische Ambition.

Soweit also zum Hintergrund, auf dem der mittelalterliche Gebrauch zu sehen ist. Daß es schwierig war, nach römischer Art zu datieren, darf nicht vergessen werden, da diese Schwierigkeit folgende Erscheinungen erklärt: 1) Der Typ *ante diem III Kal(endas) Mai(as)* wurde durch die weniger schwierige Formel *III Kal(endas) Mai(i)* ersetzt, da die Wendung *ante diem* nicht mehr zur gesprochenen Sprache gehörte und schon in der silbernen Latinität nicht mehr gebraucht wurde (Suetonius, Vespas. 6: V Idus Iul.[89]). Der feste Akkusativ, der häufig in mittelalterlichen Urkunden auftaucht (z. B. *kalendas Iulii*),[90] ist auch in den christlichen Inschriften der Spätantike bezeugt[91]. — 2) Vielfach wird in mittelalterlichen Texten falsch datiert, so mit *XI. Kal. Decembris* statt *XI. Kal. Ian.* die Sonnenfinsternis vom 22. Dezember 968 (MGH Script. VI 29. V 116. XIII 68) oder mit *III. Kal. Junii* diejenige vom 29. Juni 1033 (ebd. XVII 584): der Name des bezeichneten statt des folgenden Monats wird ins Datum gesetzt. Am häufigsten finden sich diese Fehler in den Annalen.[92] — 3) Die Datierung nach dem Festkalender erscheint zuerst in den Texten mit geringstem literarischen Niveau, dort manchmal kombiniert mit einer Datumsangabe nach antik-römischer Art, z. B. beim Minoriten Martinus, ›Flores temporum‹ (z. J. 664): *V nonas Maii in festo sanctae Crucis* (3. Mai) oder in den ›Annales Lugdunenses‹ (a. d. J. 840) *in diebus laetaniarum III nonas Maias 4. feria*[93]. In den weniger stilisierten Texten läßt

[89] A. H. Salonius, Zur römischen Datierung, Annales Acad. Scient. Fennicae, B. 15:10, Helsingfors 1922, S. 24. J. Svennung, Untersuchungen zu Palladius und zur lateinischen Fach- und Volkssprache, Uppsala 1935, S. 252.

[90] Registre d'Urbain IV, hrsg. v. Guiraud, III, 316, Nr. 1977.

[91] Diehl, Inscr. chr. lat. vet. 3713 b (siehe Svennung 1, 1) „Kalendas Iunias".

[92] Siehe Ginzel, a. a. O. III 116.

[93] MGH., Scriptores I, 110. Siehe auch die Lorscher Annalen z. J. 717

sich diese Kontamination der beiden Prinzipien im ganzen Mittelalter finden; ein deutscher Bischof datiert z. B. einen Brief mit *IIII kal. Aprilis in dominica quae erat Laetare Jerusalem*;[94] ähnlich datiert die Stadt Soest einen Brief zwiefach: *V Idus Iunii videlicet Primi et Feliciani.*[95] Aus dem 14. Jahrhundert kenne ich folgendes Beispiel: *quartodecimo Kalendas Decembris que dies fuit octava beati Martini.*[96] Auch Heiligenfestangabe und Bologneser Datierung werden vermischt, z. B. *secunda exeunte Junio in quo die fuit festivitas sancti Petri.*[97] — 4) Der Kanzlei Karls des Großen war die römische Datierung geläufig, und im Gegensatz zu Pippins Urkunden, in denen Monatstage vom Ersten an vorwärts durchgezählt werden, sind die Karls des Großen antik-römisch datiert, was auch durchaus zu den antikisierenden Tendenzen jener Periode paßt. Nur eine 'Ausnahme' gibt es in der Urkunde vom 18. April 773 mit *in sancto die Pasche,* doch ist man sich darüber einig, daß dies eine gefälschte Urkunde ist.[98] — 5) Datierung nach dem liturgischen Festkalender entstand weder in Italien noch in England; vgl. Rabe (Titel s. Anm. 69), S. 178: in omni codice diplomatico Italiae Lunigii vix singula exempla eaque sola inter diplomata ducum Sabaudiae circa finem saeculi XIII inveneris ... in vasto opere Rymeriano pauciora etiam inveni exempla; modus iste subscribendi adeo etiam in Anglia parum fuit usitatus. — 6) Bei den frühesten Beispielen einer Datierung nach einem kirchlichen Festtag boten sich die großen Feste des Kirchenjahres ganz natürlich als zeitliche Orientierungspunkte an, wie man an den zitierten Urkunden von 728 *(ascensio domini)* und von 898 (*in ipsa festivitate S. Gervasii,* am Festtage des Klosterpatrons und Pfingsten) erkennen kann. Dies scheint auch zu erklären, warum ein und dieselbe Kanzlei einmal nach dem Festkalender datiert (z. B. *die sancto pentecostes,* 24. Mai 1181, Bremer UB 57) und ein andermal nach römischem Brauch

(MGH., Scriptores I, 24): *pugnavit Carolus Francos ... in dominica die ante pascha.*

94 UB. I, 37.

95 Codex Diplomaticus Lubecensis 1, 93.

96 MGH., Legum sectio IV, Bd. 5, S. 8.

97 Ebd. Bd. 1, Nr. 310.

98 MGH., Diplomata regum, I, Nr. 223.

(*XV kalendas februarii*, 18. Januar 1181, Bremer UB 56). — 7) Datierung nach dem Festkalender findet sich meistens in Textzeugen mit lokalem oder volkstümlichem Gepräge. Sie muß nördlich der Alpen entstanden sein; erst ab dem 13. Jahrhundert gewann diese kirchliche oder moderne Methode, zu datieren, das Übergewicht. In einer Urkundensammlung der Grafschaft Champagne[99] ist römisches Datum im 13. Jahrhundert schon fast verschwunden; man datiert wie folgt (a. a. O., S. 476):

| | |
|---|---|
| Paris 1222 Februar 26 | *Ego Blancha ... mense februarii sabbato post festum sti Matthie apostoli.* |
| Paris 1228 Februar 4 | *Ego Blancha ... die sabbati proximo post purificationem beate Marie.* |
| Paris 1250 Februar 26 | *Theobald ... rex Navarre ... die veneris post bordas.* |
| Paris 1251 Februar 18 | *Nos Guido ... Lingonensis episcopus ... datum apud Lugdunum XII kalendas marti.* |
| Paris 1251 Februar 18 | *Nos Theobaldus ... rex Navarie ... datum apud Lugdunum die sabbati proxima post festum beati Gregorii.* |
| Paris 1255 Mai 3 | *Nos Margareta, dei gracia regina Navarie &c. in vigilia ascensionis domini.* |
| Paris 1255 Mai 5 | *Nos Guido, permissione divina episcopus Lingonensis ... in vigilia ascensionis.* |
| Paris 1256 Juni 9 | *Nos Margerita regina Navarrie ... die Veneris post Penthecosthen.* |
| Paris 1267 September 16 | *Theobaldus ... die Veneris post exaltacionem crusis.* |
| Paris 1284 März 12 | *Philippus dei gracia Francorum rex ... dominica qua cantatur oculi mei &c.* |

Wie man sieht, datiert als einzige die bischöfliche Kanzlei von Langres (18. Feb. 1251) nach römischem Muster. In französischen

[99] Veröffentlicht von Auguste Longnon in der Reihe Documents inédits sur l'histoire de France. Ich habe die Datumsformeln in folgenden Sammlungen untersucht: UB. der Abtei St. Gallen, hrsg. v. Hermann Wartmann, Zürich 1863—66. — Fonti per la storia d'Italia: Diplomi. — Cartulaire de l'Abbaye de Saint Corneille de Compiègne 1—2, 1904. — Cartulaire de Saint-Victor au Mans, 1895. — Freiburger UB., bearb. v. Friedrich Hefele, Freiburg i. B. 1940.

Urkunden gibt es das Festkalender-Datum erst ab 1180.[100] — 8) Das Festkalender-Datum ersetzt häufig die antike Datierung bei Übersetzungen; vgl. Rabe, S. 178: „observavi de versionibus diplomatum latinorum in vernaculam coaevis: saepe in iis data, quae in Latinis secundum fastos Romanos fuerant notata, expressa fuisse per festa.“ Dann gibt er, ohne Nennung der Quellen, einige Beispiele:

*VIII Nonas Maii* — an dem nesten Tage nach Sente Johannis Tage des Apostiln nach Ostern; *VIII id. Febr.* — an dem nesten Tage nach Sente Agaten Tage der heiligen Juncfrowin; *pridie nonas Junii* — an dem nesten Tage nach Sente Servacius Tage.

Daraus ziehe ich den Schluß, daß in mittellateinischen Texten französischen oder deutschen Ursprungs ab dem 13. Jahrhundert eine antik-römische Datumsangabe eine rein literarische Erscheinung ist und auf ‘humanistische’ Tendenzen hinweist. Man mag einwenden, es sei übertrieben, die Auseinandersetzung zwischen den Antiqui und den Moderni in den Datumsangaben widergespiegelt sehen zu wollen. Doch es gibt auch ein direktes Zeugnis: Wäre die Frage, wie man ein Datum angeben sollte, als unbedeutende und nutzlose Überlegung abgetan worden, wie sollte man dann die Verfügung König Peters IV. von Aragon (1335—1387) erklären können, deren Kernstück lautet:

*ut frequentius ipsa nativitas Domini in memoria habeatur, edicimus, statuimus ac etiam ordinamus quod, a die instantis nativitatis Domini extunc perpetuo computando, in cartis publicis, instrumentis, litteris et scripturis, universis et singulis, quae a nostra cancellaria insigni, a qua tamquam a fonte rivuli derivantur et sumunt originem universae decetero emanabunt ordo talis servetur super Kalendario, scilicet quod annus a nativitate domini incipiens computetur et etiam omissis nonis idibus atque kalendis continuando locum numerum dierum et nomina mensium atque annum in et sub quibus dabuntur ...*

Der Inhalt dieser Verfügung vom 16. Dezember 1349 (nach anderen aus d. J. 1350) setzt ‘humanistische’ Tendenzen voraus, die sie unterdrücken oder bekämpfen wollte, *in maiorem dei gloriam.*

[100] Siehe M. Prou, Manuel de Paléographie, S. 107.

Freilich: die Verfügung stellt gegen die römische Datierung ein anderes als das oben beschriebene Datierungssystem (Feste, Sonntagsnamen usw.) auf, doch bleibt der gemeinsame Feind dieser beiden neuen und volkstümlichen Systeme der Römische Kalender mit seinen *Kalendae*, *Nonae* und *Idus*.

Mit diesem Gegensatz der zwei verschiedenen Arten, zu datieren, lassen sich andere, ebenso kontrastierende Erscheinungen vergleichen. So hatten etwa die Autoren des Mittelalters die Wahl zwischen zwei Prinzipien, die Wochentage zu benennen, 1) dem antiken, das in den meisten europäischen Sprachen erhalten blieb (*lunae dies, martis dies, mercurii dies* usw.) und 2) einem 'moderneren', das sich nur im Portugiesischen hielt (*secunda feria, tercia feria, quarta feria* usw.). Nicht in Betracht gezogen sei hier die Kontamination beider Prinzipien, die in den romanischen Sprachen weiterlebt; hier wurden die 'christlichen' Namen für Samstag und Sonntag (*sabbatum, dominica*) übernommen, nicht aber für die anderen Wochentage, die ihre vorchristlichen Bezeichnungen behielten. Da die von den Planeten entlehnten Namen der ersten Kategorie an Heidnisches erinnern, scheint es angezeigt, den Unterschied zwischen beiden Kategorien unter dem gleichen stilistischen Gesichtspunkt zu untersuchen, wie das bei den Datumsangaben geschah.

Zunächst ist bemerkenswert, daß sich das 'moderne' Prinzip schon in christlichen Texten der Spätantike findet. Sieht man nämlich von *dominica* in der Apokalypse (1, 10 *fui in spiritu in dominica die*) ab, so ist Tertullian der erste, der in seiner Abhandlung ›De ieiunio‹, 2, die heidnische Terminologie ablegt: *stationum quae et ipsae suos quidem dies habeant quartae et sextae,* und es ist nur verständlich, daß der Anti-'Humanist' Tertullian sich als erster sprachlich gegen eine vorchristliche Terminologie gewandt hat (vgl. TLL VI 505, 18 f. und Du Cange s. v. *feria*).

Man kann außerdem feststellen, daß mittelalterliche Texte mit 'moderner' Wochentagszählung mehr von volkstümlichem Gepräge sind (Urkunden usw.), während bei Autoren, die bei den Planetennamen bleiben, 'humanistische' Bestrebungen angenommen werden müssen. Mit anderen Worten: Der Unterschied, der zwischen den beiden Datierungsmethoden festgestellt wurde, erscheint auch hier wieder.

Auch die Namen der Monate kann man unter dem gleichen Gesichtspunkt untersuchen wie die Namen der Wochentage oder die Datierungsmethoden. Die meisten mittelalterlichen Autoren haben die klassischen Formen *ianuarius, februarius, martius, aprilis, maius* usw. Doch daneben gibt es nicht nur 'moderne' Formen wie *madius*, sondern auch die christlichen Monatsnamen *mensis purgatorius, mensis Marie* (für Februar bzw. Mai) usw. Der Gebrauch dieser Namen weist auf modernistische Tendenzen bei einem Autor hin, ebenso verrät ein Monat *sextilis* einen mittelalterlichen 'Humanisten'.

Was die Jahresbezeichnungen angeht, so erscheint die Form *millenus* nur in 'modernen' Texten, z. B. in der Handschrift 927 aus Saint-Victor (vgl. Ch. Thurot, Notices et extraits de divers manuscrits latins pour servir à l'histoire des doctrines grammaticales au Moyen-âge, S. 27 [Notices et extraits des manuscrits de la Bibliothèque Impériale, Bd. XXII, 2]): *anno milleno cum quondam septuageno et bis centeno maio liber hic fit ameno.*

Demnach scheint es, daß sogar die Zählung der Jahre nach der Geburt Christi wesentlich eher von den Verfassern von Annalen und Chroniken aufgegriffen wurde als sie in die höheren literarischen Schichten eindrang. Der oben zitierte Erlaß des Königs von Aragon zeigt, daß diese Jahreszählung in Spanien erst im 14. Jahrhundert eingeführt wurde. Eine sprachlich-stilistische Untersuchung der Ausbreitung der Jahresbezeichnung nach Christi Geburt wäre wohl ergiebig, dies um so mehr, als ein Schreiber im Mittelalter offensichtlich ein feines Verständnis dafür hatte, wie sehr der Stil der Sprache Ausdruck für den Gedanken des Menschen ist.

Dag Norberg: Érudition et spéculation dans la langue latine médiévale, in: Archivum Latinitatis Medii Aevi 22 (1952), S. 5—16. Aus dem Französischen übersetzt von Doris Becker-Werner in Zusammenarbeit mit dem Verfasser.

# GELEHRSAMKEIT UND SPEKULATION IN DER MITTELLATEINISCHEN SPRACHE

Von Dag Norberg

Man hat mit vollem Recht nachdrücklich auf die komplexe Natur der mittellateinischen Sprache hingewiesen, die von allen Ausformungen des Lateins der Antike, von der Sprache des Volkes sowie vom Geschmack und von der persönlichen Bildung des Schriftstellers abhängt. Die Komplexität des mittelalterlichen Lateins macht die Würdigung des Stils oft schwierig; Zusammenhänge aufzudecken erfordert einen recht beträchtlichen gelehrten Aufwand. Bisweilen wundert man sich z. B. über die Leichtigkeit, mit der ein mittelalterlicher Schriftsteller grammatische oder stilistische Details der antiken Literatur auffängt und wiedergibt. So findet man in den ›Miracula Austregisili‹ den Satz: *Et dixit ei beatus Austregisilus: Unde venis, inquid, quo pergis, quid facere obtas.*[1] Es ist ganz unnötig, diesen Text zu korrigieren und mit dem Herausgeber *inique* statt *inquid* zu schreiben. Wir finden denselben Pleonasmus oft in den Heiligenleben, z. B. in der ›Vita Goaris‹: *cum gaudio dixit: Faciat, inquid, Dominus faciat ut possim.*[2] Offenbar wußten der Autor oder einer der Autoren, die als Vorbild dienten, daß in der klassischen Literatur *inquit*, in einer gewissen Abundanz des Ausdrucks, mit einem anderen verbum dicendi verbunden werden konnte. Der Verfasser der ›Vita Boniti‹ war noch gelehrter und kannte sogar den antiken Gebrauch von *inquit* nach einem Verb derselben Bedeutung im Plural, ein Sprachgebrauch, den wir z. B. bei Plautus finden: *rogitabant: Hicine Achilles est? inquit mihi.* Vgl. in der ›Vita Boniti‹: *nonnulli*

[1] Mon. Germ., Ss. rer. Merov., IV, p. 201, 9.

[2] ›Vita Goaris‹ 4 (Ss. rer. Merov., IV, p. 414, 3). Vgl. auch ›Vita Trudonis‹ 26 (ibid., VI, p. 294, 23), ›Vita Vincentiani‹ 17 (ibid., V, p. 122, 4), ›Passio Leudegarii‹ 2, 18 (ibid., V, p. 340, 7).

*clamabant: Ecce inquid domine urbem quam relinqueras recognosce.*[3]

Andererseits hatte man keine Hemmungen, *inquit* in Analogie zu *dicere* etc. mit einem Infinitivsatz zu konstruieren.[4] Und die Kenntnis des Pleonasmus, den wir soeben behandelt haben, war mitunter sehr oberflächlich, was zu dem ungeschickten Satzgefüge im folgenden Beispiel aus der Chronik des heiligen Benedikt von Monte Cassino geführt hat: *Et Bassacius ad hec: Imminet, inquam, mors pater, et non verendum? — Nolite, inquit ait, timere.*[5]

Indessen muß man sich hüten, Neuerungen dieser Art vom klassischen Standpunkt aus zu beurteilen. Sie rühren oft aus einem bestimmten, für die mittelalterliche Schule charakteristischen sprachlichen Spekulieren her, das wir hier mit einigen Beispielen erläutern wollen.

Das Wort *deinceps* ist, wie man weiß, aus folgenden beiden Elementen zusammengesetzt: aus *dein*(*de*) und derselben Wurzel, die wir in *capere* haben. Aber die Gelehrten, die zu Beginn des Mittelalters über den Ursprung des Wortes Vermutungen anstellten, glaubten, es sei vielmehr aus der Präposition *de* und *inceps* zusammengesetzt. Nun wußte man ja sehr wohl, daß die Präposition *de* in der Volkssprache beliebt war und daß die literarischen Texte oft *ab* aufweisen, wenn der 'sermo cottidianus' *de* gebrauchte. Das bedeutet, daß man beim Schreiben daran gewöhnt war, *de* aus der gesprochenen Sprache gegen *ab* auszutauschen. So bildete man ein neues Wort *abinceps*, das man für eleganter hielt als *deinceps*. *Abinceps*, das im ›Thesaurus Linguae Latinae‹ nicht verzeichnet ist, erscheint zum erstenmal im Gesetz der Westgoten und dann bei Julianus von Toledo und wird folglich durch gelehrte Spekulation in einer spanischen Schule gebildet worden sein.[6] Man wußte in-

[3] Plautus, ›Miles gloriosus‹ 61, ›Vita Boniti‹ 39 (Ss. rer. Merov., VI, p. 138, 17).

[4] Beispiele dazu in meinen Studien: In Registrum Gregorii M., I (Uppsala 1937), p. 47 ss.

[5] Ss. rer. Langobard., p. 472, 23.

[6] ›Lex Visigoth.‹ 3, 5, 6 (p. 164, 17 in der Ausgabe von Zeumer); Iuliani ›Historia Wambae‹ 3 (Ss. rer. Merov., V, p. 503, 3).

dessen auch, daß zusammengesetzte Wörter im allgemeinen volkstümlich waren und oft einfachen Wörtern in der Literatur entsprachen. Deshalb bildete man auch das neue Wort *inceps*, das sich in den ›Chartae Senonenses‹ findet.[7] Gewiß, der Herausgeber ist der Meinung, daß es sich ganz einfach um einen 'lapsus calami' handelt, und schlägt vor, *deinceps* zu lesen, aber die Form *inceps* ist bestätigt durch *abinceps*, das wir soeben behandelt haben, und durch die Tatsache, daß die alten Glossatoren auf *inceps* hinweisen und es mit *deinceps* und *deinde* erklären.[8] Man kann auf eine völlig gleichartige gelehrte Spekulation das neue Adjektiv *vitus* zurückführen, von *invitus* abgeleitet, das man bei Agnellus im folgenden Beispiel liest: *oppressae a singulis hominibus vitae et invitae.*[9]

In gröberer Weise hat man sich häufig bezüglich der Bedeutung des Ausdrucks *intempesta nocte* getäuscht, der in der gesprochenen Sprache nicht gebräuchlich war, und man hat versucht, hier seine grammatischen Kenntnisse anzuwenden. Die eigentliche Bedeutung dieses Ausdrucks ist 'in tiefer Nacht'; *intempestus* ist aus einem *in* privativum und dem archaischen Adjektiv *tempestus* zusammengesetzt und bedeutet 'quo tempore nihil agitur'. Das hat man im Mittelalter nicht verstanden. Es kam so weit, daß man glaubte, die Elemente dieses Ausdrucks seien die Präposition *in,* ein Adjektiv *tempesta* und das Substantiv *nocte.* Und da der Ablativus temporis ohne die Präposition *in* gesetzt werden konnte, hat man lediglich *tempesta nocte* geschrieben, z. B. ›Vita Eucherii‹ 12 *cum tempesta nocte omnes sopore quiescerent . . .*[10] Häufiger noch hat man *tempesta* für ein Substantiv in der Bedeutung 'Zeit' gehalten, was um so leichter war, als es tatsächlich in der gesprochenen Sprache ein Substantiv in dieser Form gab, das heute noch in den romanischen Sprachen existiert (it., prov. und cat. *tempesta,* fr. *tempête*). Was *nocte* angeht, so hielt man es für einen falsch gebildeten Genitiv. Um den Ausdruck zu glätten und literarischer zu gestalten, hat man die Endung korrigiert und geschrieben: *in tempesta noctis.* Diese

[7] ›Chartae Senonenses‹ 38 (p. 202, 26 Zeumer).

[8] Siehe ›Thesaurus linguae Latinae‹ unter *inceps.*

[9] Agnellus 166 (Ss. rer. Langobard., p. 386, 9).

[10] Ss. rer. Merov., VII, p. 52, 17.

Schreibweise ist in der merowingischen und karolingischen Hagiographie sehr häufig;[11] Varianten sind *in noctis tempesta* und *in tempestate noctis.*[12] Diese Art, die alte Redewendung *intempesta nocte* zu verunstalten, zeugt offensichtlich von krasser Unwissenheit, gleichzeitig jedoch von einer bestimmten Tendenz bei den Autoren, ihren Stil mit den Floskeln der rhetorischen Sprache zu schmücken, und ihre Kenntnisse der Grammatik anzuwenden.

Sehr merkwürdig ist die Schreibweise *nullumquam tempore,* die man in den Handschriften der beiden Urkunden Pippins d. J. und Karls d. Gr. vorfindet, die aus den Jahren 768 und 772 stammen.[13] Der Herausgeber hat in beiden Fällen den Text korrigiert, indem er *nullo umquam tempore* schrieb. Doch die Lesart der Handschriften ist ohne jeden Zweifel haltbar. Nicht allein in diesen beiden Urkunden, sondern auch in den Formeln von Angers und Sens sowie in der Formelsammlung Markulfs begegnet man *nullumquam tempore*[14] und auch der affirmativen Form *ullumquam tempore.*[15] Dieser Ausdruck wird zu Beginn des Mittelalters im Stil der Kanzleien gebräuchlich gewesen sein. Was die Bildung des Ausdrucks betrifft, so haben offenbar *magnopere — magno opere* und ähnliche Formeln als Vorbild gedient. Doch man muß auch beachten, daß die Elision im Mittelalter im allgemeinen in der einfachsten, d. h. in der rhythmischen Dichtung nicht verwandt wurde, sondern nur in der metrischen, die eine umfassendere Bildung erforderte. Folglich konnte man annehmen, es sei elegant, die Elision anzuwenden. Die Schreibweise *nullumquam* oder *ullumquam tempore* ist wahrscheinlich auch das Resultat des Einflusses von Wendungen wie *numquam tempore, nunc tempore, tunc tempore, tot tempore,*

[11] Cf. z. B. ›Passio Praeiecti‹ 25 (Ss. rer. Merov., V, p. 241, 2), ›Versus de Bobuleno‹ 23 (ibid., IV, p. 156).

[12] Richerii ›Hist.‹, II, 46 (Mon. Germ., Scriptores, III, p. 597, 48) und ›Chronicon Salernitanum‹ 106 (ibid., III, p. 520, 42).

[13] Mon. Germ., Dipl. Karolin., I, p. 33, 24 und p. 97, 12.

[14] Form. Andecav. 5 (p. 6, 26), 39 (p. 17, 22), 43 (p. 19, 24), Marc., II, 5 (p. 78, 8), II, 39 (p. 99, 15).

[15] Form. Andecav., I (p. 5, 14), 40 (p. 18, 3), wo die Handschrift *ut umquam* hat, 58 (p. 25, 10).

*paulisper interposito tempore, per paulisper tempus,* die in dieser Zeit im Kanzleistil häufig auftreten.[16]

Wir finden typische und instruktive Beispiele für die Phänomene, von denen wir gesprochen haben, wenn wir die zusammengesetzten Wörter im mittelalterlichen Latein untersuchen. Wie man weiß, liebt die Umgangssprache im allgemeinen zusammengesetzte Verben, während der Gebrauch der einfachen Verben anstelle der zusammengesetzten für die Poesie und die rhetorische Prosa der Spätzeit charakteristisch ist. Im heterogenen Stil vieler mittelalterlicher Texte können sowohl die eine als auch die andere dieser Tendenzen vertreten sein, und die Beispiele sind bisweilen von erstaunlicher Kühnheit. Wir brauchen uns nicht mit dem umgangssprachlichen Gebrauch der zusammengesetzten Verben aufzuhalten.[17] Hier interessiert uns die gelehrte Tendenz, die in der Dichtung an erster Stelle von der Lektüre Vergils und anderer Dichter herrühren muß und oft durch Analogiebildungen verstärkt worden ist. In den ›Miracula Nynie‹ liest man z. B. *Surge igitur properans, si Christum cernere lectet,* wobei der Vers zeigt, daß man nicht *delectet* schreiben kann; in einem der rhythmischen Gedichte aus der Merowingerzeit findet man *innocentem sequitur* für *innocentem persequitur.*[18] Die juridische Sprache und die Sprache der Kanzleien kannten gleichfalls diese Ausdrucksweise. Hier ein Beispiel aus den ›Leges Liutprandi‹:

[16] *Numquam tempore* Dipl. Karolin., I, p. 95, 12; *nunc tempore* ibid., p. 106, 28; 118, 32; 175, 22 etc.; *tunc tempore* Greg. Tur., ›Hist. Franc.‹, 3, 6 (p. 102, 8), von Bonnet, p. 341, zu Unrecht als Beispiel für einen Genitiv auf *-e* statt auf *-is* zitiert; *tot tempore* ›Vita Audoini‹ 13 (Ss. rer. Merov., V, p. 562, 11); *Paulisper interposito tempore* ›Vita Hugberti‹ I (Ss. rer. Merov., VI, p. 483, 19); *per paulisper tempus* ›Vita Richarii‹, 12 (Ss. rer. Merov., VII, p. 452, 5). Löfstedt nennt andere Beispiele in Mélanges Marouzeau, S. 396 ff.

[17] Mehrere dieser Wortbildungen haben noch nicht Eingang in die Lexika gefunden, z. B. *reconsiderare* in einer Urkunde Pippins, Mon. Germ., Dipl. Karolin., I, p. 39, 25, *reconvenire* im Gesetz von Chur, 3, 6 (p. 332, 8), *resubtrahere* in einer langobardischen Urkunde, Codice diplomatico Longobardo, ed. L. Schiaparelli, I, p. 193, 10.

[18] ›Miracula Nynie‹, 418 (Mon. Germ., Poet. Lat., IV, p. 958); Rhythmi aevi Merovingici et Carolini, 40, 4, 4 (ibid., p. 560).

*si quis illam rationem fecerit quam edictus anterior cernit* . . .[19] Man wußte wahrscheinlich in der langobardischen Kanzlei, daß die alten Gesetze der Römer schon *cernere* für *decernere* gebrauchten. Gewagter ist der Gebrauch von *scribere* in den folgenden Textstellen aus der ›Lex Curiensis‹[20]: *Cum . . . ad suam sponsam dotem scripserit . . . ; nullus iudex presumat de qualecumque privato hominem suas res pro fiscale nomine scribere aut occupare.* Der ›Codex Theodosianus‹, die Quelle für das Gesetz von Chur, hat im ersten Fall *conscripserit,* im zweiten *proscribere*; das sind auch die Verben, die wir erwarten würden. Sodann sagt König Chilperich in einem Edikt aus einem der Jahre zwischen 561 und 581 *dulgat servum.*[21] Der Herausgeber stellt die Frage, ob *dulgat* die Funktion von *indulgeat* haben kann, doch er erklärt die Bedeutung des Verbs richtig mit der Paraphrase 'cessionem faciat de servo'. Wir finden indessen an einer anderen Stelle ebenfalls *dulgere* für *indulgere,* wenngleich man diese Form im kritischen Apparat suchen muß; in der besten Handschrift der ›Vita sancti Desiderii‹ lesen wir: *nonnulla ex suis facultatibus eidem dulsit,*[22] und diese Lesart dürfte wahrscheinlich die richtige sein.

Um zu zeigen, mit welcher Kühnheit man die Präfixe der Wörter wegließ, will ich schließlich die folgende Stelle aus einer langobardischen Urkunde zitieren: *una cum guge mea Auderada.*[23] In diesem Falle neigt man zweifellos dazu, einen Irrtum des Kopisten durch eine Art Haplographie nach *cum* anzunehmen und den Text zu korrigieren, indem man *una cum ⟨con⟩guge mea A.* schreibt. Doch ich kann ein anderes Beispiel aus derselben Zeit und demselben Land zitieren. Der Historiker Andreas von Bergamo wagt ebenfalls zu schreiben: *simul etiam cum sua iuge Angelberga nomine.*[24] Hier kann von Haplographie keine Rede sein, und die Schlußfolgerung drängt sich auf, man habe in irgendeiner langobardischen Schule im 8. Jahrhundert gelernt, nach dem Beispiel von *coniungere*

[19] ›Lex Liutprandi‹, 86 (p. 143, 13).

[20] 3, 5, 2 (p. 330, 3) und 9, 31 (p. 377, 20).

[21] Mon. Germ., Leg. sect., II: I, p. 8, 34.

[22] ›Vita Desiderii‹ 16 (Ss. rer. Merov., IV, p. 575, 2).

[23] Codice diplomatico Longobardo, II, p. 22, 17.

[24] Andreae Bergomatis ›Historia‹, 12 (Ss. rer. Langobard., p. 227, 16).

— *iungere* könne man *con* in *coniunx* gleichfalls weglassen. Nur wenn man von dieser Sachlage ausgeht, kann man auch den Rhythmus des folgenden Gedichtes verstehen, das wahrscheinlich in Italien verfaßt wurde[25]:

*Hic Rebecca de coniuge Iacob sanctum Domini*
*habuit prolem, quem deus dilexit in specie;*
*hic duodecim quaternis genuit de matribus*
*filios, a quibus gens est Israel lectissima.*

„Dieser hatte mit seiner Frau Rebecca seinen Sohn Jakob, den Heiligen des Herrn, den Gott in besonderer Weise liebte“ usw. Das ist ein Fünfzehnsilbler, die rhythmische Umformung des trochäischen Septenars. Die Akzentuierung ist frei bis auf die Ausnahme, daß man nur Paroxytona in der Zäsur und Proparoxytona am Versende vorfindet. Aus diesem Grunde konjiziert der Herausgeber *Hic de coniuge Rebecca* usw. Doch man weiß, daß man im umgangssprachlichen Latein in einer Art Wiederzusammensetzung (Rekomposition) *consácro* statt *cónsecro* usw. gesagt hat. In diesem Gedicht hat man außerdem noch *prodérunt* 12, 1, *prodérit* 67, 4, *advénit* 11, 3 und *venumdátus* 19, 1 gelesen. Ebenso muß man in dem von uns zitierten Vers *coniúge* betonen. Denn dieses Wort wurde ohne jeden Zweifel als eine Zusammensetzung empfunden. Das beweisen die Beispiele für *iux*, die wir behandelt haben.

Durch den Ehrgeiz der Autoren, ein literarisches Latein zu schreiben — was nicht klassisch heißen will —, haben die Wörter sich auch oft in ihrer Bedeutung verändert. Wir wollen ein dafür typisches Beispiel anführen. Zu Beginn des 9. Jahrhunderts verfaßte ein Dichter aus Verona, um den Ruhm seiner Stadt zu verkünden, ein rhythmisches Gedicht, das der berühmte mittellateinische Philologe, Ludwig Traube, und später L. Simeoni herausgegeben haben.[26] In diesem Gedicht spricht der patriotische Veroneser, wie zu erwarten, vom hl. Zenon, von dem er sagt:

[25] Rhythmi aevi Merovingici et Carolini, 4, 4, 1 (p. 462).

[26] L. Traube, Karolingische Dichtungen, Schriften zur germanischen Philologie, Berlin, 1888, p. 122 ss., L. Simeoni, Veronae rythmica descriptio, Rerum Italicarum Scriptores, II: 1, 1918.

*qui Verona predicando reduxit ad baptismo,*
*a malo spiritu sanavit Galieni filiam,*
*boves cum homine mergentem reduxit ab pelago.*

„Der durch seine Predigt Verona zur Taufe führte, der die Tochter des Galienus von einem Dämon befreite und Ochsen zusammen mit einem Mann, der dem Ertrinken nahe war, aus dem Wasser rettete.“ Die vom hl. Zenon gewirkten Wunder sind auch von Coronatus in einer ›Vita Zenonis‹[27] überliefert worden. Im Bericht dieses Autors liest man über den Mann, der beinahe ertrunken wäre: *vidit de contra quendam hominem in plaustro sedentem bubus subiunctis mergi in flumine.* Traube und Simeoni sind der Ansicht, Coronatus sei nicht die Quelle des Gedichtes. Denn bei Coronatus geschieht das Wunder in Verona am Ufer der Etsch, in dem Gedicht aber — nach den Herausgebern — am Meeresufer. Das ist indessen eine falsche Interpretation des Wortes *pelagus.* Dieses Wort, das dem Griechischen entlehnt ist, gehört der Poesie der augusteischen Zeit an. Aus dieser Poesie, und nicht aus der Prosa oder der gesprochenen Sprache, hat man das Wort im Mittelalter gelernt. Man wußte nicht, daß die ursprüngliche Bedeutung 'Meer' war, und als man bei Vergil fand, daß das Wort gebraucht werden konnte, um das Wasser eines Flusses[28] zu bezeichnen, benutzte man es in dieser Bedeutung, wenn man einen würdevollen Stil schreiben wollte. So bereits Gregor von Tours an der folgenden Stelle: *Dum Ararim fluvium transire cupiret, nave impleta dimergitur ac ipse sacerdos pelago operitur.*[29] Doch vor allem die Dichter haben diesen Sprachgebrauch nachgeahmt, z. B. Abbo: *Ambusti Sequanae ad pelagos concurrite.*[30] Ebenso der Dichter aus Verona, dessen Bericht folglich vollkommen anolog zu dem ist, was Coronatus sagt.

Verbreiteter war der Bedeutungswandel, der sich aus gewissen Äußerungen des Theoretisierens ergab. Man brachte die Wörter mit ähnlicher Wurzel in Beziehung zueinander und kam so dazu, vielen Wörtern eine völlig neue Bedeutung zu geben. Diese Bedeutungs-

[27] Migne, Patres Latini, 11, p. 201.

[28] ›Aen.‹, I, 246.

[29] Greg. Tur., ›De gloria confess.‹, 22 (p. 761, 21).

[30] Abbo, ›Bella Parisiacae urbis‹ 1, 105.

änderungen, die aus einer mehr oder weniger gelehrten Spekulation stammen, können sehr unterschiedlicher Art sein. Wenn z. B. Chilperich in seinem bekannten Hymnus schreibt:

*nox si obumbrat vultibus, serenum staurat speculum,*

„wenn Nacht dem Antlitz Schatten bringt, stellt er (der hl. Medardus) den klaren Blick wieder her“, ist der Bedeutungswandel nicht allzu schwerwiegend. Der König hat anscheinend *speculum* mit den Wörtern *specio* und *speculor*, ‘sehen’, zusammengebracht und daher dem Substantiv die Bedeutung ‘Blick’ statt ‘Spiegel’ gegeben. Aber wenn er im selben Hymnus schreibt:

*armatus saltim currit aulis undique coetus gentium,*

„die Schar der Heiden eilt schwerbewaffnet von überall her im Sprung gegen die Festung“, ist es klar, daß er *saltim* und *salio*, ‘springen’, lediglich wegen der Klangähnlichkeit dieser Wörter miteinander verbunden hat.[31]

Diese oft unerwarteten Annäherungen haben im mittelalterlichen Latein erheblichen Erfolg gehabt. Karl d. Gr. schreibt z. B. in einer Urkunde aus dem Jahre 775: *sub deo in rege manet potestas, quomodo cuncta terrebilia debeant ordenare.*[32] Offenbar hat er *terribilis* von *terra* abgeleitet. In der ›Vita Wilfridi‹ lesen wir: *promisit ut nullus inimicorum ... pactum initum foederis secum inritaret*, wobei das letzte Wort *irritum faceret* bedeutet; in der ›Vita Willibaldi‹ findet man sogar die Wendung *ianuarius aecclesiae*, wobei *ianuarius* dem Wort *ianua* angenähert ist.[33] Wenn ein in der klassischen Literatur belesener Autor wie Agnellus schreibt: *Ursicinus ... procer statura*, hat er anscheinend einfach *prŏcĕr*, ‘ein Großer’, und *prōcērus*, ‘lang’, vermischt; doch kann man gelehrte Spekulation vermuten, wenn er an einer anderen Stelle sagt *lux clarissima lustrata est*, als sei *lustrari* das Verb zu *lux*.[34] Es gibt

[31] Chilperichs Hymnus wurde publiziert von Strecker, Mon. Germ., Poet., IV, p. 455.

[32] Mon. Germ., Dipl. Karolin., I, p. 146, 23.

[33] ›Vita Wilfridi‹, I, 41 (Ss. rer. Merov., VI, p. 234, 8), ›Vita Willibaldi‹, 4 (Mon. Germ., Scriptores, XV, p. 99, 4).

[34] Agnellus 62 (p. 322, 10) und 101 (p. 344, 17).

eine gewisse semantische Affinität zwischen 'zur selben Zeit wie' und 'auf dieselbe Weise wie', und sie ist die Ursache für die Verwechslung von *similiter* und *simul* in dem Gedicht ›De Asia et de universi mundi rota‹ [35]:

*Tagus aurum gignit multum simul atque Pactolus.*

Auf einem Epitaph in Italien liest man [36]:

*Hoc iacet humatum tumulo corpus superistae*
*Demetrii, dominus nomine quem veniens*
*reddere, quae gessit fallaci tempore quisque,*
*advocat affatim: Euge serve bone.*

Unter diesem Grabmal ruht der Leichnam des Tempelhüters Demetrius. Wenn der Herr kommen wird, um jedem nach seinen Taten in dieser trügerischen Welt zu vergelten, wird er ihn bei seinem Namen rufen und zu ihm sprechen: Euge serve bone.

Der Herausgeber erklärt korrekt *affatim*, das hier eine lange zweite Silbe hat, als eine Ableitung von *affari*. Man hat dieses Wort in derselben Weise in einer Chronik von Salerno benutzt: *His auditis princeps amplexatus est eum, affatim eum exflagitabat, quatenus proprium eius diceret nomen.* Dieselbe Chronik gibt viele Beweise für Neuerungen dieser Art. So findet man hier das Substantiv *foedus, -eris,* in der Bedeutung 'Missetat' durch die Zusammenstellung mit dem Adjektiv *foedus*, 'scheußlich', 'entsetzlich': *quatenus Guidonis foedus ulciscere valeant.*[37]

Mehrere dieser Bedeutungsänderungen gehören dem normalen Sprachgebrauch des jeweiligen Zeitraums an. Man liest z. B. im ›Concilium Romanum‹ aus dem Jahr 743: *qui huiusmodi opus penetraverit.*[38] Der Herausgeber meint, *penetraverit* sei nicht zu halten und zieht *perpetraverit* vor. Doch *penetrare* anstelle von *perpetrare* tritt in den mittelalterlichen Texten sehr häufig auf. Vgl.,

[35] Rhythmi aevi Merov. et Carolin., 39, 32, 3 (p. 556).
[36] Mon. Germ., Poet., IV, p. 1018.
[37] ›Chron. Salern.‹, 66 (p. 500, 37) und 83 (p. 509, 50).
[38] Mon. Germ., Leg. sect., III: 2, p. 14, 1.

um nur zwei Beispiele aus dem Edikt des Rothari[39] zu geben: *si . . . homicidum penetraverint . . . ; si quis in ecclesia scandalum penetraverit . . .* Ein Beispiel aus der ›Vita Wandregiseli‹ zeigt, daß *perpetrare* übrigens nicht zum alltäglichen Sprachgebrauch gehörte[40]: *videns contricionem maximam quam oves suas perpetrabant.* Wie man sieht, hat *perpetrabant* hier die Bedeutung von *perpetiebantur.* Die Verwendung zahlreicher anderer Neuerungen, z. B. *iterare* für *itinerare, properare* für *propinquare, expertus* für *expergefactus,* ist im Mittelalter sehr gebräuchlich.[41] Es gibt Fälle, in denen es sich weder um gelehrte Spekulation noch um gesuchte Wortspiele, sondern vielmehr um eine Vermischung handelt, die sich in der Sprache des Volkes vollzog. Man weiß, daß man auf diese Weise z. B. it. *duolo,* span. *duelo,* fr. *deuil* erklären muß, das nicht auf das lateinische Wort *dolor,* sondern auf *dolus*[42] zurückgeht.

Das spekulative Element der mittellateinischen Sprache findet sich auch im Bereich der Grammatik. So glaube ich, daß man aus dem Schulunterricht den Gebrauch eines Genitivs auf *-ui* in der 4. Deklination ableiten muß, der in den Texten des frühen Mittelalters ziemlich oft begegnet. Am häufigsten findet man die Form *domui,* die schon in den Bibelübersetzungen vor Hieronymus begegnet.[43] Man liest z. B. in einem rhythmischen Gedicht[44]: *post haec dixit Joseph sui domui preposito;* Agnellus spricht von *tuae domui vernaculus,* und in der ›Vita Corbiniani‹ ist sogar der feststehende Ausdruck *maior domus* durch *maior domui* ersetzt.[45] Wir finden *exer-*

[39] 12 (p. 14, 14), und 35 (p. 18, 19).

[40] ›Vita Wandregiseli‹, 18 (Ss. rer. Merov., V, p. 23, 1).

[41] *Iterare* z. B. ›Lex Visigoth.‹ 6, 4, 4 (p. 267, 2), *properare* z. B. Paul. diac., ›Hist. Lang.‹, 5, 7 (Ss. rer. Langobard., p. 148, 4), ›Chron. Salern.‹, 82 (p. 509, 6), *expertus* Ven. Fort., ›Vita Germ.‹, 24 (Ss. rer. Merov., VII, p. 387), Fredeg., ›Chron.‹, 2, 62 (p. 85, 20). Vgl. auch E. Löfstedt, Vermischte Studien zur lat. Sprachkunde und Syntax, Lund, 1936, S. 93 ff.

[42] *Dolus* findet sich in dieser Bedeutung oft in den späten Texten, z. B. Anon. Vales. 92, wo man den Text nicht korrigieren darf, wie Mommsen es tat, der *dolore* statt *dolo* schreibt.

[43] Siehe Thesaurus.

[44] Rhythmi aevi Merov. et Carol., 4, 49, 1 (p. 468).

[45] Agnellus 52 (p. 314, 41) und 53 (p. 315, 7), ›Vita Corbiniani‹, 5 (Ss.

*citui* in der ›Historia Daretis‹: *in manu Iason et exercitui eius, spiritui* in der ›Vita Haimhrammi‹: *in impetu spiritui inmundi;* vgl. ferner die Genitive *sexui* in der ›Vita Corbiniani‹, *statui* im ›Concilium Lateranense‹ aus einem Jahr zwischen 673 und 675, *visui* bei Dhuoda,[46] und die Beispiele, die unter dem Stichwort *declinatio* in den Indizes der Scriptores rerum Merovingicarum gesammelt sind.

In die Syntax gehört die folgende Neuerung, die wir m. W. am frühesten bei zwei Dichtern finden. Cyprian, der unbekannte Dichter, der den Heptateuch versifiziert hat, schreibt in seiner ›Genesis‹ (V. 1310): *ac minimum cunctis Beniaminum non sinit ire.* Und im 5. Jahrhundert schreibt Auspicius von Toul in seinem rhythmischen Brief an Arbogast[47]:

*Sanctum et primum omnibus*
*nostrumque papam Iamblichum*
*honora, corde dilige,*
*ut diligaris postmodum.*

Im 7. Jahrhundert sagt der hl. Isidor in seinen ›Etymologiae‹, 14, 6, 33, in bezug auf Sizilien: *frugum fertilis ac primum terris omnibus commissis seminibus aratro proscissa.* Der Prolog eines Antiphonars von Leon, in dem man liest: *infimum te deputa omnibus hominibus,* ist kaum später.[48] Französischen Ursprungs ist ein rhythmisches Gedicht, dessen Strophe 46 beginnt[49]: *Zeta est gamma novissima omnibus,* und Fredegar gibt eine Menge von Beispielen wie *primus Romanis, fidelissimus citeris, cunctis delectissimum, fortissemus*

rer. Merov., VI, p. 564, 21) und 10 (p. 567, 17). Vgl. ferner Paul. diac., ›Hist. Lang.‹, 6, 16 (p. 170, 6), 23 (p. 172, 16), ›Edict. Rothari‹ 146 (p. 33, 22), ›Lex Baiuw.‹, 10, 1 (Mon. Germ., Leg., III, p. 307, 2), 10, 6 (p. 308, 9), 15, 3 (p. 319, 6), ›Vita Eparchii‹, 8 (Ss. rer. Merov., III, p. 555, 18).

[46] ›Hist. Daretis‹, Ss. rer. Merov., II, p. 195, 22, ›Vita Haimhrammi‹, A, 27 (ibid., IV, p. 499, 29), ›Vita Corbiniani‹, 5 (ibid., VI, p. 564, 20), Leg., sect., III: 1, p. 217, 18, Dhuoda, ed. Bondurand, p. 149, 1.

[47] Mon. Germ., Poet., IV, p. 617, v. 40.

[48] W. Meyer, Gesammelte Abhandlungen zur Mittellat. Rhythmik, III, p. 189.

[49] Rhythm., 81, 46 (p. 629).

*cyteris regibus, citiris primus.*[50] In fast all diesen Beispielen lautet der Ablativ, den man statt eines Genitivs vorfindet, *cunctis, omnibus, ceteris.* Das kann nicht ohne Bedeutung für den Ursprung dieser Verwendung des Ablativs sein, die das Resultat einer Vermischung zwischen den folgenden Konstruktionen sein muß: *omnibus, cunctis* oder *ceteris fortior* und *omnium* usw. *fortissimus.* Man weiß, daß die Steigerungsstufen im Spätlatein vermischt worden sind. Daher Beispiele wie *omnium utilissimum et melior est* bei Oribasius und *quem quanto duriorem inveneris, tanto plurimis diebus dolere eos scias* bei Chiron, was Vegetius, der gebildeter war, unerträglich fand und durch *tanto pluribus diebus* ersetzte.[51] Vgl. auch *nunc prius* statt *nunc primum* bei Fortunat: *nunc mihi nota prius, quando recedo, ferox,* „jetzt erst mir in deinem edlen Stolz bekannt, wenn ich dich verlasse“, und andererseits *primum quam* für *prius quam* in einem epigraphischen Gedicht

*Ter denos primum quam luna resumeret ignes*
*coniuncxit membris membra sepulta tuis.*[52]

Aus dieser Vermischung zwischen Komparativ und Superlativ muß man, so scheint uns, als gelehrte oder halbgelehrte Neuerung den Gebrauch des Ablativs in den Wendungen *minimus cunctis, primus omnibus* etc. ableiten, einen Sprachgebrauch, auf den man m. W. in der Literatur zur Grammatik noch nicht aufmerksam gemacht hat.

[50] Fredeg., 2, 32 (p. 55, 7), 2, 57 (p. 81, 2), ibid., (p. 81, 3), 3, 12 (p. 97, 27), 4, 65 (p. 153, 5), 4, 90 (p. 167, 13).

[51] Orib., Syn., 9, 34, Chir. 233, Veg. 1, 50, 1. Siehe Svennung, Untersuchungen zu Palladius, Lund, 1936, S. 279 ff.

[52] Ven. Fort., Carm. 6, 5, 102 (p. 139) und Bücheler, Carm. Epigraph., 1388, 13. Cf. Blomgren, Studia Fortunatiana, I, Uppsala 1933, p. 184, und Löfstedt, Eranos, 10, S. 26.

Einar Löfstedt: Late Latin (= Instituttet for Sammenlignende Kulturforskning, Ser. A: Forelesninger, XXV), Oslo: Universitetforlaget 1959, S. 39—58 (= Kap. III: "Local Variation in Latin"). Aus dem Englischen übersetzt von Udo Kindermann.

# REGIONALE UNTERSCHIEDE IM LATEINISCHEN

Von EINAR LÖFSTEDT

Eine Frage von beträchtlichem Interesse, die auch zu vielerlei Erörterungen geführt hat, ist die nach regionalen Unterschieden im Lateinischen, insbesondere im gesprochenen Vulgärlatein der späteren Zeit. Ein kurzer Blick auf die Ausdehnung des Reiches macht klar, daß sich in dessen verschiedenen Provinzen regionale Unterschiede in der Sprache, die zu unterschiedlichen Dialekten führten, entwickelt haben müssen. Hieronymus selbst bezeugt Wandlungen, denen die Sprache täglich (*quotidie*) unterworfen war.[1] Zweifellos unterschied sich das Latein, das römische Kolonisten, Handwerker und Soldaten in Spanien sprachen, in mancher Hinsicht von dem, was man wohl in ähnlichen Kreisen in Gallien, Griechenland oder irgendeiner anderen Provinz zu hören bekommen hätte. Die ursprüngliche Sprache der jeweiligen Provinz — Iberisch, Keltisch oder dergleichen — muß einen Einfluß auf die Sprache der Eroberer ausgeübt haben, besonders in der Aussprache, nahezu mit Sicherheit aber auch in anderer Hinsicht. Nichtsdestoweniger muß man sich klar darüber sein, daß diese Annahmen sich fast ausschließlich auf die gesprochene Alltagssprache beziehen, die eventuell kaum eine für uns lesbare Spur in den schriftlichen Denkmälern hinterlassen hat. Wie Kroll[2] richtig bemerkt, ist es das wesentliche Merkmal der Vulgärsprache, daß sie nicht geschrieben, sondern gesprochen wird. Zusammen mit dem mächtigen Einfluß rhetorischer Schulung, einem traditionellen Zug römischer Literatur, erklärt dieser Umstand, warum die Suche nach lokalen Sprachunterschieden selbst in den

[1] Comm. in Ep. ad Gal. II 3 (Migne 26, 357A) *cum et Afri Phoenicum linguam nonnulla ex parte mutaverint, et ipsa Latinitas et regionibus quotidie mutetur et tempore.*

[2] Rh. Mus. 52, S. 572 f.

Werken der späteren Zeit so dürftige Ergebnisse gebracht hat. Das gleiche gilt weithin für die Untersuchungen, die Inschriften aus Gallien, Spanien und Afrika gewidmet waren.[3]

Eine weitere Schwierigkeit resultiert daraus, daß die 'Dialekt'-Unterschiede tatsächlich Unterschiede zwischen hohem und niedrigem kulturellen Niveau der Sprache sein können und so stilistische Unterschiede als sprachgeographische Fakten überinterpretiert werden (von Wartburg, Zeitschr. f. rom. Phil. 55, S. 375). Ein interessantes Beispiel bieten die beiden gängigen Ersatzwörter für *edere* 'essen': *comedere* und *manducare*. Der Grund, warum *edere* im Spätlatein ungebräuchlich wurde und in den romanischen Sprachen keine Spuren hinterließ, ist wohl sicherlich der allgemein vertretene, nämlich die Ähnlichkeit einiger seiner Formen mit denen von *sum* (*es, est, estis, esse, essem* usw.); jedoch kommt als zusätzlicher Faktor die Tendenz der volkstümlichen Sprache hinzu, ein schwaches und verblaßtes Wort wieder stärker zu machen.[4] Daher wurde *edere* in der Alltagssprache teilweise durch *comedere* 'aufessen', 'verschlingen' ersetzt, ein in Form und Bedeutung kräftigeres Verb, teilweise durch das noch konkretere, volkstümliche und bildhafte *manducare* 'kauen'. Beide Verben spielen im Spätlatein und in den romanischen Sprachen eine große Rolle: *comedere* ist der Ursprung für span. und port. *comer, manducare* für fr. *manger,* it. *mangiare*. Behält man diese geographische Verteilung im Auge, so ist es interessant, den Gebrauch dieser beiden Verben in einigen spätlateinischen Texten mehr oder minder vulgären Charakters zu verfolgen.[5] Das vulgärere

[3] Soweit man das aus den schriftlichen Zeugnissen beurteilen kann, behielt die lateinische Sprache selbst in der Spätantike im ganzen Reich den Charakter einer mehr oder weniger standardisierten Koine. Vgl. weiter unten S. 397 und Peregr. Aeth., S. 19.

[4] Zu dieser Bestrebung vgl. die Bemerkungen auf S. 18 [hier nicht abgedruckt].

[5] Vgl. Wölfflin in den SB d. Bayer. Akad. d. Wiss., phil.-hist. Cl., 1894, S. 115 ff.; Hofmann, IF 43, S. 90 f.; Curt Beyer, Die Verba des „Essens", „Schickens", „Kaufens" und „Findens" in ihrer Geschichte vom Latein bis in die romanischen Sprachen, Diss. Leipzig 1934 (Leipziger Romanistische Studien, I: Sprachwissensch. Reihe, Heft 9), S. 16 ff.; TLL s. v. *edo* und *manduco*.

von beiden ist zweifellos *manducare*: Es ist das einzige Verb für essen, das die Aetheria benutzt (13mal); in der Itala ist es das häufigste; Marcellus Empiricus benützt manchmal *edere* und *comedere*, weit häufiger jedoch *manducare* (vgl. Niedermanns Index verb., S. 306). Doch lassen sich diese Fakten nicht säuberlich ordnen. Anthimus, ›De observ. ciborum‹, bietet 35 Beispiele für *manducare*, 23 für *comedere*, keines für *edere*; doch findet man in der lateinischen Übersetzung des Oribasius (vgl. Mørland, S. 157) neben *comedere* und *manducare* oft *edere*, und in der ›Mulomedicina Chironis‹, um Oders Indices zu zitieren, „*edere* passim, *comedere* saepius, *manducare* decies".[6]

Konsequenten Gebrauch scheint es nicht zu geben,[7] selbst innerhalb der Vulgata findet man Matth. 26, 26 *accipite et comedite*[8], *hoc est corpus meum*, aber im 1. Kor. 11, 24 *accipite et manducate, hoc est corpus meum*. Dennoch ist es die Vulgata, die am ehesten Licht in die Problematik bringt. Man findet in ihr nur 45 Beispiele für *edere*, jedoch mehr als 540 für *comedere* (meist im Alten Testament) und ungefähr 170 für *manducare* (vorzugsweise im Neuen Testament). Der Unterschied in Altem und Neuem Testament könnte befremden, läßt sich aber einfach erklären. In kurzen Worten: Hieronymus bevorzugte persönlich das weniger vulgäre *comedere*, und im größten Teil des Alten Testamentes, den er direkt aus dem Hebräischen übersetzte, ist dieses Verb weitaus häufiger (über 500 Beispiele); bei den Psalmen jedoch und dem Neuen Testament, wo er den alten lateinischen Text (die Itala) ohne weitreichende Änderungen überarbeitete, erfreut sich *manducare*, das Standard-Verb der Itala, unangefochtener Überlegenheit (147mal, nach Beyer).[9] Zwischen beiden Verben gibt es keine echte semantische

[6] Hier läse man gern detailliertere Angaben.

[7] Manchmal ist dies auf ein Streben nach der variatio sermonis zurückzuführen (vgl. Hofmann, a. a. O.).

[8] In der Itala (Hs. b) jedoch *manducate*, vgl. TLL VIII 275, 10.

[9] Einzelnes bei Beyer, S. 22 ff. — Seine Angaben in der Tabelle auf S. 22 sind etwas ungenau. Petron hat *comedere* nicht sechsmal, wie behauptet wird, sondern elfmal; es ist bei ihm das gängige Verb für „essen" (*edere* dreimal, *manducare* nur zweimal). Nach Beyer kennt Isidor nur *comedere*; nach Wölfflin, a. a. O., S. 120, hat er 'gelegentlich' auch *edere*,

Unterscheidung; der Unterschied besteht einfach darin, daß *comedere* zu einer kulturell relativ höherstehenden sprachlichen Ausdrucksweise gehört, *manducare* dagegen zur Alltagssprache der Masse. „Wir haben es also hier nicht mit zwei lokalen Varianten, sondern mit zwei gleichzeitigen sozialen Varianten zu tun" (Beyer, S. 25).[10]

Der Schluß, den von Wartburg (a. a. O.) daraus zieht, lautet: „Hispanien, das so oft auf eine feinere Ausdrucksweise Wert legt, bleibt bei *comedere*." Es scheint mir, bei allem schuldigen Respekt vor einer so großen Autorität, dennoch zweifelhaft, ob dieser Satz den Kern der Wahrheit trifft. Unglücklicherweise wird der 'Feinheit' irgendeiner Ausdrucksweise selten eine allgemeine Aufnahme zuteil. Mir ist es wahrscheinlicher, daß das früh kolonisierte und geographisch etwas isolierte Spanien *comedere* = *edere* einfach deshalb bewahrte, weil es dem älteren Gebrauch entsprach (vgl. oben S. 5 [hier nicht abgedruckt]). Schon bei Cato, ›De agricult.‹ 156, 1, findet man *comedere* und *edere* nebeneinander gebraucht, aus Gründen der Variatio, ohne irgendeinen Unterschied in der Bedeutungsschattierung; *manducare* hingegen, in seiner abgeschwächten Bedeutung 'essen', gelangt erst mit dem Christentum (der Itala) zu weiter Verbreitung.[11] Ein ähnliches Phänomen war bei *magis* und *plus* zu beobachten (vgl. oben S. 5 [hier nicht abgedruckt]).

In den meisten Fällen stellte es sich als unmöglich heraus, irgendeinen Text aus linguistischen Gründen einer bestimmten Provinz

bevorzugt jedoch in den meisten Fällen *comedere*. — Zu dem 'gröberen Ausdruck' *manducare* vgl. auch H. von Soden, Das lateinische Neue Testament in Afrika zur Zeit Cyprians (Harnack und Schmidt, Texte und Untersuchungen, Band 33), 1909, S. 151.

[10] Erst später, etwa in der Zeit Isidors, können wir der Vorstellung einer örtlich begründeten Verteilung der Verba nähertreten, wie Beyer, S. 23, angibt.

[11] Daraus, daß Augustus in einem Brief (Suet. Div. Aug. 76, 2) *duas buccas manducavi* schreibt, kann man nicht entnehmen, daß *manducare* das alltägliche Gebrauchswort für „essen" war. Der Kaiser bedient sich hier ganz bewußt einer farbigen und kräftigen Ausdrucksweise, um einen Scherz zu machen, wie man auch aus *buccas* 'zweimal 'nen Mundvoll' ersieht; vgl. Petron 44 *buccam panis invenire*.

zuzuweisen, und im günstigsten Fall ist es extrem schwierig.[12] Erst im frühen Mittelalter ändert sich diese Situation, als nämlich die allererste Aufspaltung des Lateinischen in die romanischen Sprachen stattfindet. Einige Beispiele aus verschiedenen Zeiten können vielleicht zeigen, welch außerordentliche Vorsicht bei der Erforschung dieser Materie angebracht ist.

Im Jahre 1882 veröffentlichte Karl Sittl ein Werk mit dem Titel ›Die lokalen Verschiedenheiten der lateinischen Sprache mit besonderer Berücksichtigung des afrikanischen Lateins.‹ Er suchte zu beweisen, daß eine große Anzahl linguistischer, insbesondere syntaktischer Eigentümlichkeiten, die man bei bestimmten spätlateinischen Schriftstellern von Fronto, Apuleius und Tertullian an findet, mit deren afrikanischer Herkunft in Zusammenhang stünden und daher als Beweis für die Existenz einer Dialekt-Variante des Lateinischen anzusehen seien. Diese Theorie fand ein großes Echo und wurde von vielen Fachkundigen (Wölfflin und anderen) übernommen, doch sollte die sogenannte 'Africitas' sich bald als pure Einbildung erweisen. Tatsächlich sind deren angebliche Besonderheiten nämlich nichts anderes als die gemeinen Züge der von der Rhetorik geprägten spätlateinischen Kunstprosa.[13] Sittls Theorie, von dem erst 20jährigen vorgetragen, wurde von Kroll (Rh. Mus. 52, S. 569 ff.) gründlicher Kritik[14] unterworfen, war aber schon von Sittl selbst in einer bemerkenswerten Palinodie zurückgezogen worden (Bursians Jahresber. 68 [1892], S. 226 ff.; 236). Die Theorie von einem afrikanischen Latein ist heute nur mehr von historischem Interesse, aber in methodischer Hinsicht lehrreich, da sie zeigt, wie leicht es ist, einige Eigentümlichkeiten bestimmter Autoren zu verallgemeinern und sich so zu falschen Schlüssen verleiten zu lassen.[15]

[12] Vgl. Hofmann, 816: „Die Frage der Provinzialismen ist mit unseren Mitteln nicht zu entscheiden."

[13] Bei Norden, Kunstprosa II, 596, heißt das „der griechische Asianismus (Manierismus) in lateinischem Gewande." Vgl. auch Mommsen, Röm. Gesch. V, 658 Anm.

[14] Vgl. Bonnet, S. 40, Anm. 3 (mit wichtigen Verweisen); Brenous, S. 69 Anm.

[15] Einige Beispiele sollen dies verdeutlichen. Nach Sittl, Lok. Verschied., S. 92 f., gilt als ein Zeichen des 'tumor Africus' die Verwendung

Ebenso aussichtslos wäre ein Versuch, aus den temperamentvollen und vulgären Dialogen bei Petron irgendwelche Besonderheiten zu isolieren, die z. B. darauf hindeuteten, daß der eine oder andere jener ungebildeten Freigelassenen und Parvenus aus dem Orient komme, da er ab und an in semitische Sprechgewohnheiten zurückfalle. Möglich hingegen ist es, einige gräzisierende Tendenzen bei der Wortbildung und dem Suffixgebrauch aufzuzeigen, doch gelten diese allgemein im Latein der frühen Kaiserzeit, sogar in seinen am stärksten volkstümlichen Ausprägungen.[16] Ebensowenig liest man hier lateinischen oder süditalischen Dialekt. Umfassend und ins-

des genitivus identitatis vel inhaerentiae in Ausdrücken wie *superbiae fastus, ira furoris, turbinis tempestas* usw. Derlei begegnet häufig bei Apuleius und Arnobius, kann jedoch nicht als typisch afrikanisch angesehen werden, da es auch nicht selten bei Vitruv (E. Wistrand, Vitruviusstudier, S. 42 ff.) und nach ihm bei späten Autoren und in Inschriften verschiedenster Provenienz vorkommt (Kroll, a. a. O., 584; Hofmann, 395; fürs späte Vulgärlatein vgl. Svennung, Untersuch., S. 211 f.; Uddholm, S. 107). In gewissen Fällen liegt hebräischer Einfluß, teils über griechische Vermittlung, vor, z. B. in der Übersetzung des Buches Jesus Sirach (Thielmann, ALL 8, S. 503). — Eine Ausdrucksweise, die Sittl (S. 101 f.) und andere (Wölfflin, Thielmann, Landgraf) als ganz typisch afrikanisch ansehen, ist die Verbindung eines Positivs mit einem Superlativ, z. B. *saevus ac ferocissimus.* Doch gibt es das auch bei Cicero (De nat. deor. III 27, 68) als *recte et verissime* und in einem von D. Brutus an ihn gerichteten Brief (Fam. XI 19, 2) als *genus hominum . . . seditiosum et incertissimum*; ähnlich Bell. Alex. 3, 1 *ingeniosi atque acutissimi* (verändert bei Wölfflin); weitere Beispiele bei Vitruv (Praun, Bemerk. zur Syntax des Vitruvius, S. 79), Velleius Pat. II 69 und verschiedenen nicht-afrikanischen Autoren aus späterer Zeit (Kroll, a. a. O., 586).

[16] Eine weitere volkstümliche Konstruktion ist *meum intelligere nulla pecunia vendo* (c. 52, 3). Der substantivierte Infinitiv hat im Lateinischen eine interessante Geschichte; er entwickelt sich auf zweierlei Art. Einmal gibt es da den volkstümlichen Gebrauch, wie bei Plautus, Curc. 28 *tuom amare*; 177 *totum insanum amare;* Bacch. 158 *hic vereri* (d. h. verecundiam) *perdidit*; dies hat sich in den romanischen Sprachen erhalten, z. B. in it. *il piacere*, frz. *le plaisir, le pouvoir* usw.; vgl. Meyer-Lübke II, § 392; Diez, Gramm., S. 920 ff. Zum anderen gibt es eine weite Verbreitung des substantivierten Infinitivs — z. T. unter dem Einfluß des Griechischen — in der spät- und mittellateinischen Fachsprache der Philologen,

gesamt zufriedenstellend hat Wilhelm Süß[17] diese Frage behandelt und damit die Zustimmung von Leumann (IF 46, S. 297) gefunden.

Aus der gleichen Perspektive sind auch die Forschungen der letzten Jahrzehnte zu einer Anzahl wichtiger lateinischer Autoren von Interesse. Ein erhellendes Beispiel bietet die wohlbekannte ›Peregrinatio ad loca sancta‹ der Aetheria (oder Egeria).[18] Das Entstehungsdatum dieses Werkes ist stark umstritten, doch weisen es die meisten Gelehrten jetzt dem Ende des vierten Jahrhunderts

Philosophen und Juristen; vgl. Wackernagel I, 273 ff.; Hofmann 577 f. (mit weiteren Belegen); bes. Wöfflin, ALL 3, S. 70—91. Ich lasse hier einige Beispiele folgen, die zeigen sollen, wie lange dieser Gebrauch im Mittelalter anhielt, als beide genannten Arten praktisch zusammenfielen; eine ausführliche Untersuchung des Gegenstandes wäre ein dringendes Desiderat. Vgl. Lex Ribuaria 5, 1 (MGH, Leges V 214, saec. VI) *si autem audire* (in der normalisierenden Rezension B: *auditum*) *non perdiderit* (vgl. obiges Plautus-Zitat, Bacch. 158); Cod. Dipl. Long. II 236, 1 (a. d. J. 768) *iuxta suo sapere* (vgl. it. *sapere* 'Wissen', 'Können'); Vita S. Gisleni 16 (Anal. Boll. V, S. 233, 18) *quia salus animarum suum semper erat sitire* ('sein Ziel', 'sein Begehr'); Troilus, ed. Merzdorf IV 470 *nec prius ... deponant arma ... quam ferus Aeacides vivere ponat ibi* (d. h. vitam ponat); ähnlich im Ruodlieb V 117 *vivere claudit.* Am geläufigsten ist die Anwendung in Ausdrücken wie *secundum videri* ('anscheinend'), *secundum posse meum, secundum velle suum* usw., doch findet man auch in einem Gedicht des neunten Jahrhunderts (Fonti 52, S. 266, 12) *quid ... faciam, careo qui posse misellus?* ('der ich nicht die Macht dazu habe'); Ruodlieb IV 15 *in regis velle*; V 541 *eiusdem velle ... repperies me* (vgl. Seilers Ausgabe auf S. 124); Guido de Columnis, Historia Destructionis Troiae (a. d. J. 1287), S. 220 Griffin, *in eorum interesse*; S. 228 *in suo esse sit latens.* Das führt bisweilen so weit, daß der Infinitiv flektiert wird: Chron. Vulturn. (Fonti 59, S. 78, 14), ein Zeugnis aus dem Jahre 927 bietet *omnem vero licerem et potestatem tribuimus.* Vgl. meine Coniectanea I, 129; Blatt, Fra Cicero til Copernicus, Kopenhagen 1940, S. 99.

[17] Guilelmus Süß, De eo quem dicunt inesse Trimalchionis Cenae sermone vulgari, Dorpat 1926, S. 7 ff.

[18] Monumental-Ausgabe von P. Geyer in CSEL 39 (1898); kleinere Ausgabe von W. Heraeus in der Sammlung vulgärlateinischer Texte I, 2. Aufl. 1921; zum Text der Handschriften siehe auch R. Weber, Vig. Christ. 6 (1952), S. 178 ff. Für liturgische, geographische und historische

zu;[19] man ist sich auch noch nicht ganz über die Heimat der Verfasserin einig, doch besteht Grund zu der Annahme, daß sie entweder in Südfrankreich oder Nordspanien zu Hause war. Für ersteres spricht, daß sie die Rhône zum Vergleich heranzieht, als sie einmal einen Eindruck von der Größe und der Strömung des Euphrat geben will; letzteres legt — freilich mit höchst unzureichendem Grad an Sicherheit — das große Interesse nahe, das Valerius (7. Jh.), der spanische Abt, der zum Einsiedler wurde, an Aetheria zeigt, als er einen Brief an die Fratres Bergidenses (die Brüder in Bergidum, im heutigen Galicien in Nordwestspanien) richtet. Um die Flamme religiösen Eifers bei seinen Korrespondenten auflodern zu lassen, beschreibt er umständlich die Reise, die sie, ein schwaches Weib, trotz der großen Beschwerlichkeiten und Gefahren unternahm, um ins Heilige Land und zu anderen Orten des Ostens zu gelangen, sie, die sie war *extremo occidui maris Oceani litore exorta.* Der erste, der auf dieses wichtige Denkmal hinwies, war Dom Marius Férotin;[20] er entnahm ihm vorschnell und ohne die nötige Sicherheit, daß Aetheria spanischer Nationalität gewesen sei. Andere Forscher, unter ihnen Karl Meister in einer genauen und wertvollen Untersuchung,[21] zogen es vor, sie aus dem südlichen Gallien (Aqui-

Fragen ist die Monographie von A. Bludau, Die Pilgerreise der Aetheria, Paderborn 1927, von großem Wert. Zum Sprachlichen vgl. meinen ›Philologischen Kommentar zur Peregrinatio Aetheriae‹, Uppsala 1911 (Nachdr. 1936); Spitzer, The Epic Style of the Pilgrim Aetheria (Comparative Literature, 1949, S. 225 ff.); Ernout, Aspects du vocabulaire latin, Paris 1954, S. 199 ff.

[19] Nach Meisters unten zitiertem Aufsatz hätte sie im sechsten Jahrhundert geschrieben (er setzt ihre Rückkehr aus Jerusalem zwischen 533 und 540 an). Diese Ansicht scheint jetzt Widerspruch zu finden; vgl. Bludau, a. a. O., S. 245—286 mit Hinweisen auf frühere Kritik an Meister durch Deconinck, Revue Biblique 7 (1910); Weigand, Byzant. Zeitschr. 20 (1911); Baumstark, Oriens Christianus n. F. 1 (1911) und andere. Zur Datierung vgl. auch J. G. Davies, Vig. Christ. 8 (1954), S. 100 („in den letzten Jahren des vierten Jahrhunderts").

[20] In der Revue des questions historiques, 1903. Der Brief des Valerius ist gedruckt bei Migne, PL 87, 421 ff. und mit wertvollem Kommentar wiederabgedruckt bei Geyer, ALL 15, S. 240 ff.

[21] Rh. Mus. 64, S. 337 ff.

tanien) kommen zu lassen. Ich kann hier die interessanten, aber bisweilen verwirrenden Kontroversen zu dieser Frage nicht im Detail wiedergeben. Es gibt dazu eine neue Zusammenstellung von F. Wotke bei Pauly-Wissowa, Suppl. 7 (1940), 875 ff.; eine ältere bieten Férotin-Leclercq, Étheria, Dictionnaire d'archéologie chrétienne 5 (1922), 552 ff. Dennoch scheinen hier einige kurze Bemerkungen zur Frage dialektaler Eigentümlichkeiten angebracht, die die Fachwelt in ihrem Stil wahrzunehmen glaubte.

Selbst nach der Kritik von Anglade[22] und Geyer[23] behaupten Férotin-Leclercq noch, daß man einige Hispanismen finde, „en petit nombre, mais certains" (a. a. O., S. 583). Auf der anderen Seite erklärt Mader,[24] die Sprache „weist bes. auf den Dialekt von Südwestgallien od. Aquitanien (Burdigala od. Tolosa) hin". Hier dürfte ein kurzer Blick auf die hauptsächlich zur Unterstützung der Thesen herangezogenen Argumente von Interesse sein. Nach Férotin sowohl als nach Anglade ist der acc. pl. fem. *virgultas* (Kap. 4, 6), vgl. span. *verguita* von *virgulta,* ein auffälliger Hispanismus. Doch es ist falsch, anzunehmen, diese Form gebe es nur in Spanien. Daß ein n. pl. auf *-a* zu einem femininen Singular der 1. Deklination wird, ist eine wohlbekannte Tatsache im Vulgärlatein (vgl. Peregr. Aeth. S. 134 ff.; Meyer-Lübke II § 54); und was *virgulta* angeht, so habe ich dieses Wort auch im lateinischen Oribasius gefunden, einem Werk, das aller Wahrscheinlichkeit nach aus Norditalien stammt;[25] vgl. *virgultae* Eupor. II 1, A 1, S. 425 (bis); *virgultas* ebd. II 1, H 7, S. 479; Synops. VII 8 (9), S. 140. Auch findet man *plicare* oder *se plicare* (vulgäre Schreibung: *plecare*) im Sinne von 'sich nähern', *appropinquare*: Aetheria 2, 4 *iter sic fuit, ut per medium transversaremus caput ipsius vallis et sic p l e c a r e m u s n o s ad montem Dei*; 6, 3 *denuo p l i c a v i m u s n o s ad mare*; intransitiv 19, 9 *cum iam prope p l i c a r e n t civitati.* Zu *plecare* (aus dem spanisch *llegar* wurde) erklären Férotin-Leclercq, daß es in der Be-

[22] J. Anglade, De latinitate libelli qui inscriptus est Peregrinatio ad loca sancta, Thèse, Paris 1905, passim.

[23] ALL 15, S. 245 ff.

[24] Lexikon für Theologie und Kirche, Bd. 8 (1936), S. 81.

[25] Siehe unten S. 398.

deutung 'nähern' « ne se rencontre que dans les glossaires espagnols et dans le dialecte basque ». Hier einen Hispanismus zu konstatieren, erscheint mir recht voreilig; vgl. Diez, Et. Wb. 463, zu spanisch *llegar*, port. *chegar*: „von *plicare* biegen, wohin biegen, d. i. nähern, eine auch dem it. *piegare* vergönnte Bedeutung", für die er ein Beispiel aus Dante bringt. Fürs Rumänische vgl. Meyer-Lübke § 384. Man sollte auch berücksichtigen, daß es im byzantinischen Griechisch ein Verbum πληκεύειν gibt, das einfach ein lateinisches *plecare* mit griechischem Suffix ist;[26] vgl. Compernass, Glotta 2, 125; Niedermann, Quellen, S. 315. Das führt, z. B. in den ›Tactica‹ des Constantinus Porphyrogenitus, zu ἵνα πληκεύῃ ὁ στρατὸς εἰς ἀραιωτέρους τόπους; weitere Nachweise in den zitierten Quellen. Auch diese Entwicklung scheint mir darauf hinzudeuten, daß der hier besprochene Gebrauch eine recht weite Verbreitung im Spätlatein und im Vulgärlatein hatte; er kann nicht auf einen relativ isolierten Dialekt beschränkt gewesen sein.

Auch über den Versuch, dem Lieblingsausdruck der Aetheria *subire montem, subire in monte, in altiori loco* usw. Bedeutung beizumessen, bin ich nicht glücklicher. Die Konstruktion ist von der klassischen Zeit[27] ab bezeugt und begegnet in spätlateinischen Texten außerhalb Spaniens; vgl. Vulg. Ioann. 6, 3 *subiit ergo in montem Iesus*; Cl. Claudianus (gebürtig aus Alexandria), In Ruf. II 279 *miles ... muros subibat.* Außerdem ist es unzutreffend, daß von allen romanischen Sprachen nur im Spanischen sich dieses Verb erhalten habe;[28] neben spanisch *subir al monte* findet man rum. *suí în munte* sowie ähnliche Ausdrücke, und aller Wahrscheinlichkeit nach ist das, nach einer Mitteilung von Alf Lombard, eine direkte Weiterentwicklung aus dem lateinischen *subire in montem.*[29] Über einige andere der reklamierten Hispanismen, die noch weniger

[26] L. R. Palmer, A Grammar of the Post-Ptolemaic Papyri (London 1946), S. 134, gibt eine Liste ähnlicher Bildungen, z. B. κουρατορεύω, πατρωνεύω, βουλλεύω (aus lat. *bullare*) δηληγατεύω usw. usf.

[27] Hirt. Bell. Gall. VIII 15, 1; Hor. Sat. I 5, 25; Liv. VII 12, 3 usw.

[28] Vgl. Férotin-Leclercq a. a. O.

[29] Vgl. Puscariu, Et. Wb. der rum. Sprache, Nr. 1687: „auffallend ist, daß sp. pg. *subir* dieselbe Bedeutungsentwicklung wie das rum. Wort zeigt."

überzeugen als die zitierten, erlaube ich mir stillschweigend hinwegzugehen.[30]

Dieselbe Wolke voll Zweifel steht über den Gallizismen, die Meister und andere zu erkennen glaubten.[31] Der Gebrauch von *primus* für 'hervorragend', 'erstklassig' (*praeclarus, elegans*) findet gewiß eine Nachfolge im Provençalischen, doch begegnet er im Spätlatein in den verschiedensten Quellen, z. B. bei Seneca, Petron, Martial, Apuleius, Augustinus und anderen (Syntactica II, S. 385 f.; vgl. auch Borleffs, Mnemosyne 60 [1933], S. 69 f.). Der Ausdruck *hortos primos* (c. 9, 4) ist für die Herkunft der Aetheria auf jeden Fall ohne Bedeutung; tatsächlich ist nicht einmal die Lesung sicher (vgl. meinen Kommentar, S. 203 f.; heute haben sich meine Zweifel noch verstärkt). — Ein von Aetheria bevorzugter Sprachgebrauch ist es, *sic* temporal zu fassen, z. B. *et sic* oder *ac sic* in der Bedeutung 'danach', und hier ist Meister (a. a. O. 380 f.; 392) ein Charakteristikum gallischer Latinität zu sehen geneigt. Tatsächlich aber ist dieser Gebrauch seit langer Zeit aus anderen Autoren mit verschiedensten Heimatländern bekannt; vgl. Paucker, Rh. Mus. 38, 314; Weyman, ALL 13, 209; Stangl, Pseudoasconiana, Paderborn 1909, 175 f.; meine Peregr. Aeth., S. 231. Wie klischeehaft dieses *sic, et sic* bei der Aetheria auch werden mag, kann es dennoch nicht als Dialekt-Charakteristikum herangezogen werden.[32]

Weniger verbreitet, charakteristischer ist der Gebrauch von *parvi* für *pauci*, vgl. Kap. 49, 2 *episcopi, quando parvi fuerint, . . . plus quadraginta . . . sunt.* Nach Meister ist das eine 'Inversion', die auf gallische Sprachgewohnheit hindeutet.[33] Die mangelnde Sicherheit

[30] Zu *consuetudinem tenere* vgl. Geyer, ALL 15, S. 246.

[31] Vgl. die kurze, aber wohlbegründete Kritik Bludaus, S. 242 f.

[32] In der Bedeutung 'darauf' gibt es *ita* im vorklassischen Latein und dann wieder häufiger bei spätantiken Autoren: Norden, Agnostos Theos, S. 376; Stangl im Rh. Mus. 70, S. 227; Kroll zu Catull 64, 315; Havers in der Zeitschr. f. vgl. Sprachforsch. 45, S. 369 f. Zu den Beispielen bei Cato, in denen der temporale Sinn noch nicht voll entwickelt ist, vgl. Keils Kommentar zu De agr. 54, 4.

[33] Im Provençalischen lebt der spätlateinische Gebrauch von *paucus* im Sinn von *parvus* weiter. Für die klassische Epoche vgl. Bell. Afr. 67, 2; Rhet. ad Herenn. IV 33, 45.

dieser Schlußfolgerung zeigte ich in meinem Kommentar, S. 339, auf, und bemerkte, daß der fragliche Sprachgebrauch im Tract. II 48 des Spaniers Priscillian nachweisbar sei (*post dies parvos*). Heute kann ich dem verschiedene Beispiele aus nichtgallischen Quellen anfügen. So schreibt der Bischof Johannes von Antiochia in einem Brief (Acta conc. oecum. I, 3, S. 44, 33): *diei solummodo unius, forsan autem etiam parvarum horarum* (ὡρῶν ὀλίγων); vgl. auch Soranus, Gynaec. I 13 (S. 39, 19 Rose) *coopertoria etiam plurima vel parva* (vgl. unten S. 39, 16 *aut plurimis coopertoriis ... aut ... parvitate eorum*).[34] Bei den anderen reklamierten Gallizismen will ich mich nicht lange aufhalten. Zu mit *per*- zusammengesetzten Verben vgl. Bludau 242 f.; Peregr. Aeth., S. 92 f.; diese Art Wortbildung ist im Spätlatein und Vulgärlatein zu häufig, um als Beispiel für gallischen Sprachgebrauch dienen zu können. Was das merkwürdige hostibus im Kapitel 19, 10 angeht (vgl. Meister, S. 377), neige ich nun dazu, Ehlers (Thes. L. Lat. VI 3065, 83) zuzustimmen; es ist höchst unwahrscheinlich, daß das Wort hier in einem völlig anderen Sinne verwendet ist als in 19, 9 und 19, 13.

Andere Züge im Stil der Aetheria weisen eher, wie sogar Meister zugibt, in Richtung Italien (oder anderer Reichsteile). Dies ist der Fall bei *post*, das konjunktional im Sinne von *postquam* gebraucht wird;[35] vgl. dazu Meyer-Lübke III § 557. Interessant ist das Vorkommen von *cam(p)sare* 's. abwenden', das man an einer einzigen Stelle bei Ennius (Ann. 328) und danach wieder an einer einzigen bei Aetheria findet (c. 10, 8 *ut de via camsemus*).[36] In dieser Bedeutung gibt es dieses Verbum nur noch im ital. *cansare*, vgl. Meyer-Lübke, REW 1562; Jud und Spitzer in ›Wörter und Sachen‹

[34] Zur Übersetzung ins Lateinische vgl. Medert, Quaestiones ... ad Gynaecia Mustionis pertinentes, Diss. Gießen 1911, S. 8: „sexto fere saeculo p. Chr. n. floruisse videtur [der Übersetzer] in Afrika."

[35] Viele Beispiele dazu gebe ich in den Verm. Stud. 52 f. und Norberg, Synt. Forsch. 244 f.

[36] Auch in den Glossaren, z. B. CGL IV 227, 38 *deverticulum, ubi camsatur.* Meisters Behauptung (S. 376), es trete auch in der Benediktinerregel, c. 56, auf, ist unrichtig; Du Cange zitiert es aus der sog. ›Regula Magistri‹ des 7. Jh., c. 56 *campsantes modice de via*, jedoch findet sich bei Migne (PL 88, 1017 C) eine abweichende Lesart.

VI, 137. Dieses Wort und verschiedene andere kann man nicht in den Rahmen der Theorie von einer gallischen Abstammung der Aetheria pressen.

Man sieht: Legt man sprachliche Erscheinungen zugrunde, ist das Land, in dem Aetheria geboren und erzogen wurde, niemals mit Sicherheit oder nur mit vernünftiger Wahrscheinlichkeit zu ermitteln. Ihre Sprache zeigt eine Anzahl charakteristischer Züge, die vom Standpunkt der romanischen Philologie besonders interessant sind, sie ist jedoch nicht die Vertreterin irgendeines einzelnen Dialekts.[37] Selbst zu ihrer Zeit war das Latein, das man zur Abfassung literarischer Werke verwandte, eine Art „Received Standard Imperial"; lokale Sprachverschiedenheiten unter den einzelnen Reichsteilen betrafen hauptsächlich die Aussprache, und auf die geben uns unsere Texte nur sehr wenige Hinweise.[38]

Eine andere wichtige Quelle für unsere Kenntnis des spätkaiserzeitlichen Vulgärlateins ist die sogenannte ›Mulomedicina Chironis‹ (vom Ende des vierten oder Anfang des fünften Jahrhunderts). Grevander versuchte in seiner Dissertation, die einen wertvollen Beitrag unter den Bemühungen um Text und Sprache des Werkes darstellt, zu beweisen, daß die ›Mulomedicina‹ sprachlich dem Sardinischen nahestünde.[39] Er drückte sich sehr vorsichtig aus und begnügte sich, anzudeuten, daß der unbekannte Kompilator „irgendwie in näherer Beziehung zu diesem Sprachgebiet — Norditalien, Spanien, Sardinien, Sizilien — gestanden hat". Doch es ist das Sardinische, über das er am ausführlichsten handelt, und in dieser Beziehung wurden seine Ansichten überzeugend von Niedermann

[37] Vgl. Geyer, ALL 15, S. 245 und die Schlußbemerkungen von Férotin-Leclercq, a. a. O. 584: « Il faut se garder de soutenir l'existence d'une latinité propre à l'Espagne du IV$^{e}$ siècle et, en définitive, la langue d'Etheria ne présente aucun caractère essentiel qui ne se rencontre sur d'autres points du monde romain. » Das ist ein m. E. äußerst vernünftiges Urteil, nur läßt es sich kaum mit der Behauptung vereinbaren, in der Sprache der Aetheria gebe es eine kleine Anzahl sicherer Hispanismen.

[38] Die ›Peregrinatio‹ ist nur in einer einzigen Handschrift des elften Jahrhunderts erhalten.

[39] Sigfrid Grevander, Untersuchungen zur Sprache der Mulomedicina Chironis, Diss. Lund 1926, S. 129 ff.

(Gnomon 1928, S. 510 ff.) widerlegt, der hervorhebt, daß die meisten von Grevander mit der Sprache der ›Mulomedicina‹ verglichenen sardinischen Ausdrucksweisen auch in verschiedenen anderen romanischen Sprachen zu finden sind. Auch Ernouts Untersuchungen [40] zum Gebrauch des Passivs in diesem Werk sind von Interesse. Er versucht zu zeigen, daß die Neigung zu neuen Konstruktionen (reflexive Konstruktionen; *fieri* mit Part. Perf.; *venire* mit Part. Perf.), die in der ›Mulomedicina‹ begegnet, ihre Parallele in vielen verschiedenen romanischen Sprachen hat: im Rumänischen, Norditalienischen, Rätoromanischen; und obwohl sein Material verhältnismäßig beschränkt ist, scheinen seine Schlußfolgerungen doch in hohem Maße wahrscheinlich. Es ist ganz sicher kein homogener Dialekt, der die Grundlage für die Sprache der ›Mulomedicina‹ abgegeben hat.

Zu einer ziemlich späten Zeit — gewöhnlich nimmt man ungefähr das sechste Jahrhundert an — erfolgen die lateinischen Übersetzungen aus Oribasius. Mørland, der eine genaue und wertvolle Untersuchung zu diesem Thema veröffentlichte,[41] schließt aus linguistischen und anderen Gründen, daß die Übersetzungen aus Norditalien stammen. Damit hat er aller Wahrscheinlichkeit nach recht, doch meine ich persönlich, daß nicht in erster Linie die linguistischen Charakteristika, sondern die häufigen Anspielungen auf Ravenna und Norditalien (Mørland 191 f.) es wahrscheinlich machen, daß die Übersetzer entweder zum medizinischen Lehrzentrum in Ravenna gehörten oder mit ihm irgendwie verbunden waren.[42] Dazu kommt, daß man einige auffällige Beispiele von Wortformen oder -bedeutungen findet, die heute anscheinend nur im Italienischen oder den Dialekten von Südtirol erhalten geblieben sind; vgl. Mørland, S. 98, 126 f., 189 f., 202. Davon sind erwähnens-

[40] Vgl. Philologie et Linguistique. Mélanges off. à Louis Havet, Paris 1909, S. 131 ff.

[41] Henning Mørland, Die lateinischen Oribasiusübersetzungen, Oslo 1932 (Symbolae Osloenses, Fasc. suppl. V). Zu deren Sprache siehe auch A. Thomas, Philologie et Linguistique (vgl. die vorausgehende Anm.), S. 503 ff.; Svennung, Wortstudien, passim.

[42] Diese zuerst von Thomas, S. 504, vorgetragene Meinung findet nun durch Svennung, a. a. O., S. 136, Anm. 6, Unterstützung.

wert *nascentia* in der Bedeutung 'Geschwulst', 'Tumor', altitalienisch *nascenza*; *sanguinentus*, altit. *sanguinente*; *lacrimus*, vgl. *lagremo* im Dialekt von Erto, Venezien. Doch der Beispiele sind wenige, wenige davon überzeugen, und eine genauere Untersuchung könnte vielleicht von diesen noch einige als unsicher erweisen.[43] *Suffrago* z. B., in der Bedeutung 'Kniegelenk', blieb nicht nur im Dialekt von Friaul erhalten (Mørland, S. 102), sondern auch, wie Spitzer[44] zeigt, im Katalanischen. Das feminine *virgulta*, das es auch noch im Spanischen gibt, wurde oben, S. 393, erwähnt. Man kann vermuten, daß sich unter den vielen Vulgarismen im lateinischen Oribasius viele Fälle dieses ambivalenten Charakters befinden und jeder Versuch einer Herkunftsbestimmung auf rein linguistischer Basis unweigerlich Zweifel hervorrufen müßte.

Diese Situation ändert sich, wir sahen es schon, nicht vor dem frühen Mittelalter und dem Beginn der Aufspaltung der romanischen Sprachen. Ein interessantes Beispiel liefern die sogenannten ›Compositiones Lucenses‹, auch ›Compositiones ad tingenda musiva‹[45] genannt, eine Sammlung technischer Abhandlungen über Arbeitsweisen in Gold, Silber, Bronze und anderen Metallen, über das Emaillieren, das Einfärben von Glas, Bemerkungen über verschiedene Minerale usw. Die in vielfacher Hinsicht auffällig vulgäre Sprache der ›Compositiones‹ erfuhr durch Svennung eine wertvolle Erörterung, zu der der ausgewiesene Romanist Gamillscheg einige Kommentare und Erweiterungen beisteuerte.[46] Das Abfassungsdatum des Werkes steht nicht ganz fest; erhalten ist es in einer Handschrift in Lucca, die um 800 geschrieben wurde, doch datiert

[43] Zwei Formen, die nur im Französischen und Provençalischen erhalten blieben, werden von Mørland, S. 189, Anm. 2, mitgeteilt. Zu *charivaria* vgl. F. E. Kinds wichtige Bemerkung in der Philolog. Wochenschr. 1933, S. 751: Es ist einfach verderbtes griechisches καρηβάρεια, καρηβαρία. Weitere Belege a. a. O.

[44] L. Spitzer, Lexikalisches aus dem Katalanischen (Biblioteca dell' Archivum Romanicum II, 1), S. 121.

[45] Unter diesem Titel zusammen mit einer deutschen Übersetzung und einem Kommentar herausgegeben von H. J. Hedfors (Diss. Uppsala 1932).

[46] J. Svennung, Compositiones Lucenses, Uppsala, Upps. Univ. Årsskr. 1941, 5; E. Gamillscheg, Roman. Forsch. 60, S. 787 ff.

die originale Redaktion — spürbar eine Übersetzung aus dem Griechischen — nach Svennung einige Generationen, vielleicht zwei Jahrhunderte zurück. Jedenfalls macht das Latein einen späteren und vulgäreren Eindruck als z. B. der Oribasius Latinus. Sowohl Svennung als auch Gamillscheg finden gute Gründe, es mit dem norditalienischen Sprachgebrauch in Verbindung zu bringen. Einige auffällige Wegweiser dahin sind das periphrastische Passiv mit *fieri*, die Form *prindere* statt *prendere*, eine typisch norditalienische Art der Aussprache (Gamillscheg, S. 788, dort zitiert Meyer-Lübke, Ital. Gramm. 48); weiterhin das sehr bemerkenswerte *suventium*, 'oft', altnordit. *sovenco*.[47] Mit dieser merkwürdigen Bildung aus *subinde* kann verglichen werden *subindius* (analog zu *saepius* aus *saepe*), z. B. CGL V 153, 17 und 484, 25 *subindius*: *frequentius*. Weitere Einzelheiten anzuführen erübrigt sich. Hier scheint die dialektale Färbung deutlich erkennbar, auch wenn Gamillscheg noch Spuren eines süditalienischen Autors sehen zu können glaubt.

Von großem Interesse sind die brillanten Untersuchungen des Schweizer Gelehrten P. Aebischer, den ich hier nur sehr kurz zitieren will, da das meiste bei ihm zum Bereich der Romanistik gehört.[48] Aebischer besitzt gründliche Kenntnisse der mittelalterlichen Zeugnisse in Italien und anderswo und einen unfehlbaren Sinn, Sprach- und Kulturgeschichte miteinander zu verknüpfen; beides hat ihn, wie Rohlfs einmal sagte, befähigt, die Methodik einer mittelalterlichen Sprachgeographie zu begründen. Er bietet z. B. eine interessante Erörterung der Verteilung der italienischen Vokabeln für 'Onkel' und 'Tante', *zio* (aus griech. θεῖος) und *zia*, und der aus lombardischen Dokumenten bekannten Formen *barbas* und *barba*.[49]

[47] Vgl. Svennung 16; 147; 155 f.; Gamillscheg 789 (gegen Meyer-Lübke, REW 8363).

[48] Weitere Einzelheiten bei Rohlfs, Rom. Phil. II, S. 24; A. Kuhn, Romanische Philologie, T. 1: Die romanischen Sprachen, Bern 1951, S. 180 f. und passim (Wissenschaftliche Forschungsberichte, Geisteswissenschaftliche Reihe, Bd. 8).

[49] Paul Aebischer, Protohistoire de deux mots romans d'origine grecque: *thius* 'oncle' et *thia* 'tante' (Annali della R. Scuola Normale Superiore di Pisa, Lettere, ser. 2ª, vol. 5, 1936); zu dieser Arbeit vgl. von Wartburg in ZRPh 57, S. 651 ff.

Jud war es, der als erster erkannte, daß der Typ *barbas* ursprünglich im größten Teil Italiens überwog und später durch *zio* verdrängt wurde. Aebischer erklärt diesen Ersetzungsvorgang und die Verbindung zwischen *zio, zia* (älter *thius, thia*) und dem spanischen *tío tía*; er bemerkt, daß *barbas* und *barba* ungefähr im neunten Jahrhundert verschwinden und dabei genau die Aufteilung Italiens in eine langobarische und eine päpstlich-byzantinische Einflußsphäre widerspiegeln: *thius* ist in dieser Zeit nur in Rom, Neapel und Umgebung, in gewissen Teilen Süditaliens und im Exarchat noch in Gebrauch, doch von dieser Zeit an erweitert es seine Ausdehnung Schritt für Schritt.

Auch in anderen Ländern markiert das siebte und achte Jahrhundert den Beginn einer Zeit, da örtliche Verschiedenheiten im mittelalterlichen Latein erscheinen, im Kleinen wie im Großen.[50] Zwar haben manche Forscher den Einfluß der einzelnen Volkssprachen überbewertet, doch natürlicherweise mußte er beträchtlich sein und manchmal überraschend groß. In der reichen hagiographischen Literatur Irlands konnte man einige Reflexe der altirischen Sprache feststellen.[51] Eine auffällige Besonderheit, die nur durch den Einfluß eines zugrundeliegenden Waliser Sprachgebrauchs erklärbar ist, hat Plummer, ALMA 2, 22, angeführt: Das walisische *llygat* bedeutet sowohl 'Auge' als auch 'Brunnen' oder 'Quelle', und *oculus* wird ab und an in letzter Bedeutung benutzt: *a dorso montis . . . usque ad o c u l u m Dingurach* (Book of Llandaff). Zu deutschen Zeugnissen, die Spuren der Volkssprache tragen, vgl. H. Bresslaus unentbehrliches ›Handbuch der Urkundenlehre‹ (2. Aufl.), II 339. Seine Beispiele sind manchmal gut, wie *terram proservire*, 'Land

[50] In einem Zeugnis des Jahres 780 aus Asturien (E. Monaci, Testi basso-latini e volgari della Spagna, Rom 1891, S. 2) findet man diesen Satz: *semper in oprobrium vivat, membris m a g i s necessariis careat.* Soweit ich weiß, ist dieser Gebrauch von *magis* statt *maxime* ein Hispanismus; spanisches *mas* (aus *magis*) dient zur Bezeichnung von Komparativ und Superlativ.

[51] Siehe William G. Most, The Syntax of the Vitae Sanctorum Hiberniae (Washington, Cath. Univ. Amer., 1946), S. 281 ff., und vgl. Löfstedt, Coniect. I 47 ff., aber auch L. Bieler über die Latinität des Heiligen Patrick, Vig. Christ. 6, S. 73 u. 75 Anm. 51.

verdienen', aber nicht immer überzeugend. So ist die unlogische Häufung von Negationen eine im Lateinischen wohlbekannte Erscheinung[52] und bedarf zu ihrer Erklärung nicht der Annahme deutschen Einflusses. Eine interessante und stärker ins einzelne gehende Untersuchung ähnlicher Fragen wurde unlängst von L. Arbusow in seinem Aufsatz ›Das entlehnte Sprachgut in Heinrichs ‚Chronicon Livoniae'‹ (Deutsches Archiv für Erforschung des Mittelalters 8 [1951], S. 100 ff.) veröffentlicht. In seinem Buch ›Übersetzungsprobleme im frühen Mittelalter‹ (Tübingen 1931) behandelte Philipp Heck die Friesengesetze.

Klar und sehr instruktiv hat über diese Art Phänomen innerhalb eines kleinen Bereiches Blatt[53] berichtet, der von dänischen Denkmälern ausgeht, seinen Überblick aber auch auf andere Länder ausdehnt. Ich will hier nicht im einzelnen auf die zahlreichen Beispiele eingehen, die er und andere Gelehrte anführen, sondern aus Platzgründen nur einige typische Arten erwähnen. Als sich die verschienen Nationalsprachen immer weiter entwickelten und selbständig wurden, wurde es auch immer mehr verständlich, daß ein Wort aus ihnen in das im entsprechenden Land geschriebene Latein übernommen wurde; gewöhnlich unterwarf es sich natürlich dem traditionellen Flexionssystem. So findet man den Plural *bondones,* aus skand. *bonde,* 'ein Landbewohner', in skandinavischen Zeugnissen; in solchen aus England bisweilen analog *lacca* (*laccum*), engl. *lack*, in der Bedeutung 'Mangel', 'Fehler hinsichtlich Gewicht oder Material' (Baxter-Johnson); so in Quad. IV Ethelred VII 71 (aus dem Jahre 1115) *mercatoribus qui falsum et l a c c u m afferunt ad portum.* Ähnlich gibt es in deutschen Denkmälern *lacha, lachae* (dt. '*die Lache*') für 'See', 'Teich', z. B. im Cod. Lauresh. 381 (aus dem Jahre 851) *una l a c h a ad piscandum.* Französische Quellen bieten *prisonium,* frz. 'prison', 'Gefängnis', *potagium,* frz. 'potage' usw.,

[52] Siehe oben S. 23 [hier nicht abgedruckt].

[53] F. Blatt, Sprachwandel im Latein des Mittelalters, Historische Vierteljahrsschrift 28, S. 22—52; Addenda dazu in Class. et Med. 5, S. 48 ff. (bes. zu Personen- und Ortsnamen). Siehe auch vom selben Autor: Fra Cicero til Copernicus, Kopenhagen 1940, S. 131 ff. (hier kürzer und populärer abgehandelt).

vgl. Blatt a. a. O. 28 f. Je vulgärer ein Text ist, desto häufiger findet man diese latinisierten volkssprachlichen Wörter; in mehr literarischem Stil vermeidet man sie und umgeht sie mit einem mehr klassischen Ausdruck.

Eine weitere Gruppe von Neologismen entsteht durch einfache Übersetzung, z. B. *viridis terra* für Grönland, *glacialis insula* oder *glaciei terra* für Island, *insulae ovium* für die Färöer, *fundus aquilonaris* für die schwedische bzw. finnische Provinz Norrbotten usw. Schwieriger zu erkennen, aber nicht weniger interessant sind jene Ausdrücke, in denen eine besondere idiomatische Wendung aus der Muttersprache des Schreibers unbewußt im Lateinischen nachgeahmt wird. So findet man in einer deutschen Quelle *lux egreditur* entsprechend einem 'das Licht geht aus', etwas in einer romanischen Sprache, wie Blatt richtig bemerkt, Undenkbares; im Englischen kann *go out* jedoch ebenso *exstingui* bedeuten wie 'ausgehen' im Deutschen. Ein ähnliches Phänomen taucht in einer dänischen Chronik auf, die die Gründung der Stadt Roskilde so beschreibt: *huic civitati nomen imposuit p o s t se et fontem.* Dies ist spürbar eine Übersetzung des dänischen *gav navn efter sig,* doch könnte sich solcher Gebrauch von *post* anderswo aus englischem *after* oder französischem *d'après* ergeben.

Wenn unsere Methoden einmal feiner geworden sind und unsere Kenntnis der betreffenden Sprache besser als jetzt, wird es zweifelsohne einmal möglich werden, einen Text unbekannter Provenienz nach rein sprachlichen Kriterien zu lokalisieren. Doch bei jedem Schritt auf dieses Ziel zu ist die Entwicklung der einzelnen romanischen Sprachen ebenso zu berücksichtigen wie der gemeine Gebrauch des mittelalterlichen Latein. Dasselbe gilt natürlich für den Fall, daß wir den sprachlichen Charakter auch eines durchaus bekannten Zeugnisses besser beurteilen wollen, als dies bisher geschah. In einem Brief des Diplomatarium Norvegicum VI, S. 67 (aus dem Jahre 1309) findet man z. B. folgenden Satz: *in ecclesia Farensi s e d i t annis decem et amplius* (sc. *episcopus*). Am Gebrauch von *sedere* ist dabei nichts Auffälliges, wie es Vandvik anscheinend meint,[54] und sicherlich besteht kein Grund, altnordischen Einfluß

[54] Symbolae Osloenses 23 (1944), S. 94 f.

anzusetzen. Auf Bischöfe und Päpste bezogen, wurde *sedere* bereits in den frühen Tagen des Christentums zum Terminus technicus und blieb es während des ganzen Mittelalters, vgl. z. B. Diehl III, S. 406; ›Liber Pontificalis‹ (ed. Mommsen), S. 5, 1; 6, 1; 7, 1 und passim; weiterer Beispiele bedarf es nicht.[55] — Für andere Ausdrücke suchte man nach deutschem Ursprung, ebenso ohne Grund.[56] So brachte man vor, *quibus sic stantibus* spiegle ein 'wenn es so steht' wieder. Doch auch im Italienischen würde der Ausdruck *così stando le cose* lauten; dazu kommt, daß es in der gesamten Entwicklung der romanischen Sprachen ein wohlbekanntes Phänomen ist, daß *stare* häufig die Bedeutung von *esse* übernimmt und dessen Formen ersetzt.[57] Für die Form *stans* speziell brauche ich den Leser nur auf die unten angeführten Beispiele zu verweisen, sowie auf Vielliard, S. 163, zu diesem Gebrauch in merowingischen Zeugnissen: «sert dans nos textes de participe présent au verbe *esse*;» vgl. auch Bourciez § 294 a. Ebenso überflüssig ist es, deutschen Einfluß in einer Wendung wie *hoc s t e t in regis potestate* anzunehmen; ein wahllos herausgegriffenes Beispiel aus einem französischsprachigen Gebiet bietet uns *in postetate episcoporum s t e t e r a t* (›Chronicon Namne-

[55] Diesen Sprachgebrauch gibt es in den verschiedensten Ländern; vgl. z. B. Bartal zu *sedere* mit der Bedeutung *in episcopali sella sedere* in ungarischen Quellen.

[56] Symb. Osl. a. a. O. S. 95.

[57] Erste Anfänge der Verwendung von *stare* in einer *esse* sehr ähnlichen Bedeutung kann man schon in klassischer Zeit finden; vgl. z. B. Ernout-Meillet, S. 1150; Löfstedt, Glotta 3, S. 182 f.; Bourciez § 233. Zu seinem Gebrauch im Spät- und Mittellatein vgl. Ottinger in der Hist. Vierteljahrsschrift 26 (1931), S. 516 ff. Ein paar Beispiele aus Venantius Fortunatus (vgl. Leos Ausgabe, S. 418) können die Entwicklung verdeutlichen: Carm. V 5, 53 *qui tuus, ipse meus s t a t conditor atque creator*; XI 2, 6 *te celante mihi s t a t sine sole dies* (*celante* ist intransitiv gebraucht, vgl. Leo, S. 411); VII 12, 122 *longa s t a n t e die, dulcis amice vale.* In mittelalterlichen Texten findet man solche sterotypen und recht gewandelten Bedeutungen wie im Chron. S. Benedicti, MGH, Script. 3, S. 206, 40 *quarto die s t a n t e mense Februario*; ähnlich in einem Zeugnis von 1098 in den Miscellanea Cassinese 3, S. 21 *VIII die s t a n t i s mensis Aprilis.*

tense‹,[58] S. 94). Zu *tempus*, „Bezeichnung einer nicht festgelegten Zeitspanne“ (Vandvik, S. 95), vgl. meine Verm. Stud., S. 77 f.; der Gebrauch ist seit der klassischen Zeit bekannt und hat absolut nichts mit irgendeiner unterstellten nordischen Ausdrucksweise zu tun.

Ganz allgemein zeigen lateinische Texte zur frühen Geschichte Skandinaviens nur sehr schwache Spuren sprachlichen Einflusses des Nordischen. Ein Beispiel bietet die ›Historia de antiquitate regum Norwagensium‹ des Theodoricus Monachus (Ende des 12. Jh.), die eine besondere Untersuchung durch Jens Hanssen (Symb. Osl. 24, S. 164 ff.) erfahren hat. Hanssen findet keine „einzige Stelle, an der man mit Sicherheit den Einfluß seiner (des Schreibers) Muttersprache annehmen kann“. An einer Stelle jedoch, meint er, sei es möglich, fremdes Substrat zu entdecken: Theod., S. 45, 2 *decreverunt mittendum pro Magno, filio beati Olavi.* Seiner Meinung nach ist der Ausdruck *mittere pro* nach engl. *send for* gebildet und aus einer englischen Quelle übertragen worden (Hanssen, S. 179). Dies stellt er jedoch nur als Möglichkeit hin: „es wäre interessant“, sagt er, „wenn *mittere pro* auch außerhalb der englischen Latinität nachgewiesen werden könnte.“ Tatsächlich ist diese Konstruktion im Mittellatein weit verbreitet, wennschon man sie nicht zu oft identifizierte; ein paar Beispiele sollen genügen: ›Gesta Francorum‹ (wahrscheinlich zwischen 1096 und 1099) VI, 1 (S. 168 Hagenmeyer) *imperator misit pro eo, ut veniret loqui ... secum*; Albertanus Brixensis, ›Liber consolationis‹ (aus d. J. 1246), S. 115, 15 (Sundby) *quandocunque igitur tibi placuerit, mittas pro nobis, et ... obedire erimus parati*; ebd. 117, 10; oft bei Guido de Columnis, ›Historia destructionis Troiae‹ (aus d. J. 1287), z. B. S. 19 *pro Medea filia sua misit, ut veniret ad illum*; S. 155 *pro quibusdam secretariis suis misit*; S. 241 *expedit ergo vobis ... mittere pro Anthenore, ut eum vobis constituatis in regem*; S. 251; 252 und

[58] La chronique de Nantes, p. p. R. Merlet, Paris 1896 (in: Collections de textes pour servir à l’étude et à l’enseignement de l’histoire). Die Chronik wurde nach Angabe des Herausgebers 1050—1059 verfaßt. Zum Gebrauch von *stare* in der Bedeutung von *esse* vgl. auch S. 80 *cuius temporibus coepit ebullire rabies Normannorum talis qualis nunquam steterat* (in der französischen Übersetzung: « tellement que jamais elle n’*avoit esté* si grande »).

passim; ›Gesta Romanorum‹ 244, app. 48, S. 644 (Oesterley) *mittam pro eo, ut audiat offensa*; ebd. passim; Étienne de Bourbon, ›Anecdotes historiques‹,[59] S. 100 *cum ... misisset pro abbate suo, ut ei reconciliaretur*; Klapper, Exempla aus Handschriften des Mittelalters (SMT 2), S. 65, 5 *misit pro illo ... ut veniret ante eum.*[60] Ähnlich bei dem synonymen *legare*, z. B. Petrus Alfonsi, ›Disciplina clericalis‹, hrsg. v. Hilka und Söderhjelm (SMT 1), S. 46, 19 *rex ... in iram commotus pro puero legavit.* Eine verwandte Konstruktion bildet der Gebrauch von *pro* nach Verben des Fragens (engl. 'ask for', dt. 'fragen nach'); zu diesem Gebrauch und seinem Fortleben in romanischen Sprachen vgl. Svennung, Orosiana, S. 37 f.; Meyer-Lübke III § 458. — Zu *mittere post aliquem* (ähnlich *abire, vadere post*), das manchmal fälschlich als Germanismus behandelt wird, vgl. Bonnet, 591 f.; Salonius, 158 ff.; Schmalz, Glotta VI, 186.

Es bleiben einige andere, schwierigere Fragen, die von ausgewiesenen Gelehrten erörtert wurden, ohne daß man zu irgendwelchen sicheren oder allgemein akzeptierten Ergebnissen gekommen wäre. Eine der wichtigsten Quellen für unsere Kenntnis der wirtschaftlichen Gegebenheiten im Karolingerreich ist das sogenannte ›Capitulare de villis‹, und es wäre von höchstem Interesse, zu erfahren, aus welchem Reichsteil dieses Zeugnis kommt. Nachdem Dopsch das Problem historisch angegangen war, versuchte E. Winkler (ZRPh 37, S. 513 ff.) mit sprachlichen Gründen den Nachweis zu führen, daß das ›Capitulare‹ aus Südfrankreich stamme. Auf der anderen Seite behaupten Jud und Spitzer (Wörter und Sachen VI, S. 116 ff.), daß zumindest eine ebenso große Anzahl sprachlicher Eigenheiten auf das nördliche Frankreich hinweise; sie schließen jedoch mit dem Satz:

Wenn wir aber den Leser nicht von dem nordfranz. Charakter der Sprache des Capitulare überzeugt haben sollten, so haben wir ihn doch mindestens

[59] Publiziert von A. Lecoy de la Marche, Paris 1877. Die ›Anecdotes‹ stammen aus dem 13. Jahrhundert.

[60] Der gleiche kausale oder finale Gebrauch von *pro* findet sich auch nach *venire*, ebd. 5, 41 *nuncius mariti tui ... pro te venit* ('um Dich zu holen'); ähnlich bei *invocare*, S. 44, 10 *intimo animo incepit pro auxilio diaboli invocare.*

von der Schwierigkeit der Lokalisierung im Süden — und überhaupt der Lokalisierung in einer bestimmten Gegend überzeugt.

Winkler beharrte nichtsdestoweniger auf seinem Standpunkt (ZRPh 38, S. 554 ff.) und, nach der Meinung E. Glässers,[61] erfuhr seine Position eine Stärkung durch neuere Forschungen. Inwieweit dieses Urteil zu Recht besteht, soll noch gezeigt werden.

Eine weitere interessante Diskussion wurde um die behaupteten Germanismen im Ruodlieb geführt, einem Ritterroman in lateinischen Versen, geschrieben wahrscheinlich um 1030 von einem Mönch des bayerischen Klosters Tegernsee. In der Einführung zu seiner nützlichen Ausgabe[62] verzeichnet Seiler eine beträchtliche Anzahl von Germanismen, von denen viele, seiner Auffassung nach, einfach als wörtliche Übersetzungen deutscher idiomatischer Wendungen in das Lateinische zu erklären sind (S. 138). Das Problem wurde jedoch in jüngerer Zeit von Hans Ottinger einer sehr gründlichen und ins einzelne gehenden Untersuchung unterworfen: ›Zum Latein des Ruodlieb‹ (Historische Vierteljahrsschrift 26, 1931, S. 449—535). Hinsichtlich der Germanismen kommt er zu einem gänzlich negativen Schluß. Er berichtet, daß er seine Arbeit in der Hoffnung aufnahm, er könnte die deutsche Herkunft des Ruodlieb mit rein sprachlichen Gründen dartun, unabhängig von den äußeren Anzeichen dafür, als da sind deutsche Namen und Glossen, Art der Handschrift u. ä. Doch nicht einen unbestreitbaren Germanismus fand er. Mit Karl Strecker kommt er zu der Schlußfolgerung, daß der Dichter „das ans Spätlatein anknüpfende[63] Latein seiner Zeit" schrieb. Tatsächlich ist seine Sprache der ähnlich, die man überall in den volkstümlichen Erzählungen des lateinischen Mittelalters antrifft.[64]

Ich halte Ottingers Argumente im ganzen für überzeugend. Ein paar Beispiele von verschiedener Art mögen zu ihrer Illustration dienen. Der Ausdruck *consilium transgredi* (Ruodl. I 115) ist laut

[61] Zeitschr. f. franz. Sprache u. Literatur 64 (1942), S. 454.

[62] F. Seiler, Ruodlieb, Der älteste Roman des Mittelalters, Halle 1882. Vgl. bes. S. 114 ff.; 125 ff.; 136 ff.

[63] Vgl. oben S. 2 u. 5.

[64] Weitere Einzelheiten bei Ottinger, S. 450.

Seiler, S. 139, nach *gebot, rât übergân* gebildet; Ottinger (S. 513) kann jedoch aufzeigen, daß diese Ausdrucksweise bereits in der Vulgata, Matth. 15, 2, begegnet: *transgredi traditionem seniorum*; ebd. 15, 3 *transgredi mandatum*;[65] ähnlich z. B. Commodian, Instr. II 17, 12 *transgredi legem* usw. Ein Germanismus, den Seiler zu den besonders auffälligen rechnet, lautet *peritus in* (Seiler, S. 136); man vergleiche jedoch Ael. Spart. ›Vita Hadr.‹ 15, 10: *in omnibus artibus peritissimus*; Greg. Tur., ›Hist.‹, praef., S. 31, 7: *peritus dialectica in arte*; weitere Beispiele bei Ottinger, S. 486. Charakteristischer ist vielleicht ein Ausdruck wie *via (platea) vadit per villam*, den Seiler mit *der wec gât* gleichsetzt (S. 139). Ottinger jedoch verweist (S. 523) auf die vielen spätlateinischen Beispiele einer Konstruktion von *via* mit einem Verb des Gehens, so bei Anton. Plac. ›Itin.‹, S. 179, 10 *via quae vadit in Gaza*; Vulg., Act. Ap. 8, 26 *ad viam quae descendit* (καταβαίνουσαν) *ab Jerusalem in Gazam*; Peregr. Aeth. 14, 3 *via quam videtis transire inter fluvium Iordanem et vicum istum.*[66] Auch die Verwendung von Gerund oder Gerundiv ohne *ad* zum Ausdruck finalen Sinns[67] kann nicht als Germanismus (Seiler, S. 125) gelten. Diese ziemlich verblüffende Konstruktion wird richtig von Ottinger erklärt, der auf meine Behandlung des Gegenstandes in den ›Verm. Stud.‹, S. 191 ff., verweist, wo sich viele Beispiele aus dem Spätlatein und dem Merowingerlatein finden.[68]

[65] Der griechische Text hat an beiden Stellen παραβαίνειν.

[66] Noch interessanter sind einige Fälle, die das Vorhandensein dieser Konstruktion in mittelalterlichen Texten verschiedener Provenienz bezeugen. Aus italienischen Quellen wäre zu nennen: Capasso, Monumenta II, 1, Regesta Neapolitana, S. 74 (a. d. J. 957) *via que vadit inter* ipsam et inter terram d. Stephani; S. 85 (a. d. J. 960) *via quantum per suum vadit*; Codice Diplomatico Brindisino I (Trani 1940), S. 21, 19 (a. d. J. 1107) *via que vadit a Misanio in Lippiam*; S. 22, 69 *via que vadit ad Sanctum Angelum*; S. 21, 49 *juxta viam que descendit in rivos S. Leucii.* Ähnliche Beispiele lassen sich wohl in anderen Ländern finden.

[67] Z. B. IV 122 f. *intromittuntur regi consilium tribuendum.*

[68] Leicht könnte man eine Anzahl Beispiele aus dem frühen oder späten Mittellatein anfügen: vgl. etwa Diplomata Belgica 1 (1950), S. 8 (a. d. J.

Die meisten der restlichen Punkte, die Ottinger kritisiert, kritisiert er meines Erachtens ebenso wohlbegründet und überzeugend wie die von mir angeführten. Dennoch weiß ich nicht, inwieweit wir mit Berechtigung einfach alle deutschen Einflüsse im Ruodlieb in Abrede stellen können. Vermutlich wäre es vernünftiger, zu sagen: Es gibt nur ein paar unzusammenhängende und unsichere Spuren des Deutschen. Denn, falls ich mich nicht irre — und das ist hier sehr wohl möglich —, es lassen sich einige charakteristische Züge feststellen, die in diese Richtung weisen.[69] Doch derlei Fragen, bei

663) *licentiam nostram habeant faciendum* ('so zu handeln'); Liutpr. Leg. 20, 2 (a. d. J. 721) *si quis liber homo se defendendum liberum hominem occiderit* (und öfter so in diesen Gesetzen); Liber Pontificalis S. 30, 20 (Mommsen); Chronicon Salernitanum (MGH, Script. III), S. 473, 42 und 484, 1 f.; Gesta Romanorum 201, app. 5 (S. 613 Österley) *cum in silvam ivisset spaciandum.*

[69] Z. B. fällt der Gebrauch von *laudare* im Ruodlieb auf. Dieses Verbum hatte im Mittellatein eine Reihe von Bedeutungen, die einigermaßen überraschen; die meisten von ihnen lassen sich ohne weiteres aus den wohlbekannten klassischen Bedeutungen 'loben', 'nennen', 'zitieren' herleiten, aus ihnen aber entwickelt sich einerseits 'empfehlen', 'anempfehlen', 'raten', sogar 'gutheißen', 'anerkennen' und andererseits *sententiam dicere* 'kundtun', 'bekanntmachen'. Vgl. den eingehenden Artikel bei Du Cange; einzelne Beispiele geben Bartal und Baxter-Johnson. Überraschender ist jedoch, daß das Verbum im Ruodlieb so häufig (elfmal nach Seiler, S. 317) in der Bedeutung '*vovere*', '*spondere*' gebraucht wird; vgl. z. B. IV 43 *induciasque trium laudant ... ebdomadarum*; IV 115 f. *quos impunitos ... reddere laudares*; IV 199 *ludere laudavi cupiens ab eo superari*; V 36 *sicut laudavi tibi demandansque spopondi*; VII 85 *ter mihi succumbas volo laudes* usw. Seiler (S. 138; 317) erklärt diese Konstruktion als Reflex deutschsprachigen Einflusses durch *loben, geloben, versprechen.* Ottinger will dem (S. 532) nicht beistimmen, kann aber nur eine Parallele anderswo aufzeigen, nämlich in Leos Alexanderroman, ed. Pfister (SMT 6), S. 76, 12 *Alexander ingressus est ad te; laudasti et prophetizasti illi bene* (bei Pseudo-Kallisthenes II 1, 3 heißt es nur 'Αλεξάνδρῳ εἰσελθόντι προσηύξω). Die Bedeutung wird in diesem Satz nicht klar und bildet auch, soweit ich weiß, einen ganz isolierten Einzelfall. Die große Häufung von *laudare* im Sinne von 'versprechen', 'geloben' im Ruodlieb bleibt auffällig, und vielleicht kann sie zumindest teilweise nach Seilers Ansatz erklärt werden.

denen es um subtile Nuancen geht, sind außerordentlich schwierig, und die hier gestellte kann momentan jedenfalls nicht endgültig beantwortet werden. Mittellatein und seine örtlichen und stilistischen Ausformungen — Franz Blatt [70] sprach hier bezeichnenderweise von « les latins médiévaux » — bieten der Forschung ein weites Arbeitsfeld an, und zwar eines, mit dessen Kartierung gerade erst begonnen wurde.

[70] Eranos 43 (1945) 67.

Mittellateinisches Jahrbuch 2 (1965), S. 233—240.

# ZU EINER MITTELLATEINISCHEN GRAMMATIK

Von Paul Klopsch

Der Gedanke an eine mittellateinische Grammatik ist fast so alt wie die mittellateinische Philologie. Im gleichen Jahre 1882, in dem wir das Auftreten der Bezeichnung 'mittellateinisch' in Wilhelm Meyers Abhandlung über den ›Ludus de Antichristo‹ [1] registrieren [2], forderte Herman Usener, angeregt durch die „konsequente Philologisierung" der Arbeit an den Monumenta Germaniae, für das Latein des Mittelalter „eine Geschichte dieser Sprache, eine Scheidung der grammatischen Entartungen und der aus der Volksmundart zugewachsenen Worte nach Ort und Zeit" [3]. Damit deutete er auf zwei Aufgaben hin, denen sich im folgenden Jahrhundert die mittellateinische Philologie wohl oder übel zu stellen hatte: das Wörterbuch und die Grammatik. Mehr im Vorübergehen wollen wir die Akzente bemerken, die in Useners Formulierung gesetzt sind: Lexikalischem Zuwachs steht „grammatische Entartung" gegenüber.

Ein Echo auf Useners Forderung konnte man in einer Zeit vorwiegend stofflicher Interessen an den Denkmälern der mittel-

[1] Wilhelm Meyer, Der Ludus de Antichristo, SBAk München 1882/I, 1—192; Abgedruckt in: Gesammelte Abhandlungen zur mittellateinischen Rythmik, I 1905, S. 136.

[2] Vorher schon einmal bei Jacob Grimm, ›Gedichte des Mittelalters Merker/Wolfgang Stammler, Reallexikon der Deutschen Literaturgeschichte II, [2]1960, 335—391, hier 335.

[2] Vorher schon einmal bei Jacob Grimm, ›Gedichte des Mittelalters auf König Friedrich I. den Staufer‹ 28, vgl. K. Langosch, Mittellateinische Literatur, in: Geschichte der Textüberlieferung II, 1964, Anm. 2. Cousin, Bibliographie de la langue latine (1880—1948), Paris 1951, 197—211.

[3] Hermann Usener, Philologie und Geschichtswissenschaft, 1882; abgedruckt in: Vorträge und Aufsätze, Leipzig/Berlin 1907, 1—35, hier 27.

lateinischen Literatur nicht erwarten, und als es schließlich aus den Reihen der sich allmählich an den deutschen Universitäten etablierenden mittellateinischen Philologie sich vernehmen ließ, da schreckte es eher ab, als daß es hätte ermuntern können. In der im Wintersemester 1902/03 zum ersten Male gelesenen ›Einleitung in die lateinische Philologie des Mittelalters‹[4] sprach Ludwig Traube die seither viel erörterten Worte: „Die Forderung ist zu allgemein, als daß sie je erfüllt werden könnte. Es gibt kein mittelalterliches Latein, es wird auch kein Wörterbuch und keine Grammatik desselben geben.“ Mit den Bedenken, die hinter diesen zunächst entmutigenden Worten stehen, hat sich jeder auseinanderzusetzen, der den Plan einer mittellateinischen Grammatik ins Auge faßt.

Als Paul Lehmann, Traubes Schüler und Nachfolger auf dem Münchener Lehrstuhl, in der Situation des Jahres 1918 die großen Aufgaben unserer Wissenschaft durchmusterte,[5] hielt er ein Wörterbuch für zwar wünschenswert, aber noch verfrüht (S. 26), während er auf grammatischem Gebiet nur die Untersuchung einzelner Autoren und Gruppen von Autoren anregte (S. 31 f.). Allerdings bemerkte Lehmann bei den seinerseit vorhandenen Untersuchungen zur gallischen Latinität einen Mangel: „Der Wert seiner (scil. Pirsons) und anderer Studien ist insofern etwas gemindert, als oft nicht klar gesagt wird, welche Abweichungen von der antiken Latinität allgemein mittelalterlich, welche gemeinromanisch, welche speziell gallisch, französisch sind“ (S. 27).

In der Festschrift zu Paul Lehmanns 65. Geburtstag[6] hat abermals ein klassischer Philologe, Richard Meister,

> die Abfassung einer Grammatik der mittellateinischen Sprache, die nach Art der großen deskriptiven Grammatiken des Griechischen und Latei-

[4] Herausgegeben von Paul Lehmann, München 1911 (= Vorlesungen und Abhandlungen von Ludwig Traube, hrsg. von Franz Boll, II), 78.

[5] Aufgaben und Anregungen der lateinischen Philologie des Mittelalters, (= SB Bayer. Akad. d. Wiss., Philos.-philol. u. hist. Kl., 8. Abh.) München 1918; abgedruckt in: Erforschung des Mittelalters, I Leipzig 1941 und Stuttgart 1959, 1—46, hier 26 ff.

[6] Richard Meister, Mittellatein als Traditionssprache, in: Liber Floridus, Mittellateinische Studien Paul Lehmann zum 65. Geburtstag . . . gewidmet, hrsg. v. B. Bischoff und S. Brechter, 1950, 1—9, hier 9.

nischen zunächst eine Darstellung mittelalterlichen Sprachgebrauches in Lautsystem, Formenlehre, Syntax und Wortbildung zu geben hätte, in der der mit der mittelalterlichen Sprache durch eigene Lektüre nicht umfassend Vertraute sich Aufklärung zu schaffen vermöchte,

als zweite große Aufgabe der mittellateinischen Philologie nach dem Lexikon hingestellt. So steht denn Useners Forderung erneut vor uns. Zu Meisters Wort von der „Grammatik der mittellateinischen Sprache" steht Traubes „Es gibt kein mittelalterliches Latein" in so entschiedenem Widerspruch, daß wir, wenn wir uns auch Dag Norbergs[7] wohl im allgemeinen richtige Auffassung von Traubes Ausspruch zu eigen machen[8] („Seine Worte sind ohne Zweifel absichtlich zu gespitzt, um den Charakter des Mittellateins als ein Kunstprodukt hervorzuheben"), dennoch einige Betrachtungen anschließen müssen.

Traube sagt, die Forderung nach Lexikon und Grammatik sei „zu allgemein". Hinter dieser Formulierung steht ein Komplex unter sich zusammenhängender Bedenken: Das Mittellatein ist von einem bestimmten Zeitpunkt an nicht mehr ‘natürlich’ tradierte Muttersprache, sondern Gebildeten- und Traditionssprache. Jedem, der sich ihrer bedient, stehen die Elemente früherer Sprachstufen zu beliebiger Verwendung und Vermengung bereit (Traube S. 53: „Für jeden Schriftsteller, für jeden Text des Mittelalters erwächst eine neue, eigens zu lösende Aufgabe"). So erhält diese Kunstsprache ihren disparaten Charakter und einen Umfang, der alle Erscheinungen vom Beginn der antiken bis zum Ende der mittelalterlichen lateinischen Literatur umfaßt. (Das bedeutet nach Traube für ein Lexikon „Du Cange + Forcellini + einigem anderen".)

Dem Bedenken, das sich gegen den Umfang richtet, läßt sich zunächst entgegenhalten, daß eine mittellateinische Grammatik sich

[7] Dag Norberg, Syntaktische Forschungen auf dem Gebiete des Spätlateins und des frühen Mittellateins, Uppsala Universitets Arsskrift 1943/9, 11.

[8] Für diese Auffassung spricht auch, daß Traube etwas später in der zitierten Vorlesung (S. 82) von einem auf dem Unterbau des DuCange „etwa noch auszugestaltenden lexikalischen Hülfsmittel für die Latinität des Mittelalters" spricht.

nicht vergleichen läßt mit einer z. B. mittelhochdeutschen, die das gesamte in der Literatur auftretende Sprachmaterial zu verarbeiten hat. Eine mittellateinische Grammatik wird eine wesentliche Komponente der Literatursprache, das klassische Latein, im allgemeinen als selbstverständlich voraussetzen und seine Bildung nur da erwähnen, wo ihre Erhaltung bemerkenswert ist, etwa beim inf. praes. pass. auf *-ier* im epischen Stil.

Wenn wir uns somit dafür entscheiden, eine mittellateinische Grammatik auf das Mittellatein zu beschränken, erhebt sich die Frage nach den zeitlichen Grenzen dieses Mittellateins, und das heißt gleichzeitig nach seinem Verhältnis zu den anderen Ausprägungen der lateinischen Sprache, also der klassischen und nachklassischen (spätlateinischen) Literatursprache, dem Bibel- und Kirchenlatein, ferner der dazu noch regional differenzierten Umgangs- und Vulgärsprache.

Alle diese genannten Ausformungen des Lateins finden sich in der Zeit zwischen dem 4. und 6. Jahrhundert, die die Geschichtswissenschaft als Grenzsaum zwischen Antike und Mittelalter sieht,[9] neben- und übereinander und ineinander verschmolzen: Klassizisierende Literatursprache bei Maximian und Boethius, Vulgärsprache in der ›Mulomedicina Chironis‹ neben der Umsetzung in die Gebildetensprache durch Vegetius, dazu das christliche Latein, das von der hochrhetorischen Eigenwilligkeit Tertullians und der Vulgarität Lucifers in den großen Kirchenvätern Augustinus und Hieronymus zu einer gewissen Ausgeglichenheit gelangt, dazu treten als weitere Ingredientien eines kommenden mittelalterlichen Lateins die semasiologischen Entwicklungen der christlichen Sondersprache und das in alten Bereichen der Schriftsprache wirksame Vorbild der Vulgata. Alle diese Ausformungen enthalten, in verschiedenem Umfange, Elemente der gesprochenen, der 'Vulgärsprache', sind aber immer noch Literatursprachen. Man pflegt den hier umschriebenen sprachlichen Komplex als Spätlatein (Late Latin, Later

[9] Zur Abgrenzung des Mittelalters in historischer Sicht: K. F. Stroheker, Um die Grenze zwischen Antike und abendländischem Mittelalter, Saeculum I (1950), 433—465. — Paul Egon Hübinger, Spätantike und Frühes Mittelalter, DVjSchr 26 (1952), 1—48, Nachdruck: Darmstadt (Wissensch. Buchges. Reihe Libelli Bd. XL) 1959.

Latin) zu bezeichnen und seinen Beginn mit dem Ende des zweiten Jahrhunderts anzusetzen, eine Abgrenzung, die lediglich nach literarisch-geistesgeschichtlichen Kriterien erfolgt: Christianisierung, Barbarisierung, Überrhetorisierung, Vulgarisierung; das ist hier weiter nicht zu untersuchen. Die Schwierigkeiten, denen wir bei einer Grenzziehung zwischen Spät- und Mittellatein gegenüberstehen — und Bücher müssen nun einmal irgendwo anfangen und aufhören — berühren sich mit denen der Geschichtswissenschaft, die sich seit langem bemüht, irgendwo in dem halben Jahrtausend zwischen der Zeit der Antonine und der Karls des Großen eine Zäsur zu setzen (Hübinger a. a. O. S. 17) und letztlich dahin gelangt ist, „daß alle jenen angeblichen Periodengrenzmarken vom 3. bis zum 9. Jahrhundert ihres epochalen Charakters entkleidet wurden" (Hübinger a. a. O. S. 40). Das führt dann dazu, diesen Raum, in dem der Humus eines zerfallenen Organismus von den ersten Wurzeln eines neuen Keimes durchfasert erscheint, teils als Ausklang, teils als Aufgang zu betrachten und ihn als „Spätantike" (dazu noch Strohekers „Subspätantike") auszusondern und so die „unglückselige Periodengrenze, die einmal hier, einmal dort mit erkenntnistötender Schärfe die Zeitspanne zwischen Diokletian und Karl d. Gr. durchschnitt" (Hübinger a. a. O. S. 25), zu beseitigen.

Mag sich der Historiker etwa Hübingers Vorschlag (a. a. O. S. 43 ff.) zu eigen machen und die „Renovatio Romanorum" durch volle Rezeption des Christentums und des Germanentums unter Konstantin als Epoche setzen, mag der Literarhistoriker mit den letzten bewahrenden Bemühungen etwa der Symmachi und Nicomachi, mit Maximian und Boethius, allenfalls mit Priscian die lateinische Antike am Ende sehen, für die Betrachtung der Sprache gelten wieder andere Grenzmarken.

Die — soweit das überhaupt möglich ist — von literarischen Vorbildern und Einflüssen unabhängige, d. h. die vulgäre lateinische Sprache nimmt seit der vorklassischen Zeit bis etwa zum 7. Jahrhundert eine stetige, d. h. nicht durch so starke Einschnitte wie etwa die hochdeutsche Lautverschiebung gegliederte Entwicklung, die sich außerdem provinziell differenziert und sich z. B. in Frankreich im 8. Jahrhundert wesentlich beschleunigt. Den Grenzsaum zwischen Vulgärlateinisch und Romanisch setzt man für Frankreich in das

6.—8. Jh.; abgeschlossen ist diese Entwicklung für Frankreich mit der ersten Bekundung des zwischen Latein und Volkssprache empfundenen Unterschiedes mit Beschluß der Synode von Tours (813): *Ut easdem homilias quisque aperte transferre studeat in rusticam romanam linguam aut theotiscam, quo facilius cuncti possint intellegere quae dicuntur* (MGH Leg. III, Conc. II 1, Nr. 38, XIII) und dem ersten geschriebenen Beispiel dieser Sprache, den Straßburger Eiden von 842 (Nithard hist. III 5). Etwa gleichzeitig formiert sich unter dem Einfluß der aufstrebenden Karolinger die lateinische Schrift- und Gebildetensprache neu, eine Bewegung, die unter Pippin beginnt und in Karls d. Gr. ›Epistula de litteris colendis‹ (MGH Cap. I. Nr. 29, S. 79) und der ›Admonitio generalis‹ (MGH Cap. I. Nr. 22, S. 53 ff.) ihren deutlichsten Ausdruck findet. Eine Unterstützung finden diese karolingischen Bestrebungen darin, daß bei den Iren und Angelsachsen ein sprachlich verhältnismäßig korrektes, wenn auch stilistisch verwildertes[10] Latein ohne Verbindung mit einem romanischen Substrat seit der Spätantike kontinuierlich gepflegt worden war und daß in Italien sich die Umgangssprache nicht so weit von der Schriftsprache entfernt hatte wie etwa in Frankreich. Die Entwicklung verlief hier wesentlich langsamer: Die ersten Zeugnisse für das Empfinden einer nicht mehr als lateinisch zu bezeichnenden Volkssprache liegen kurz vor der Jahrtausendwende.[11] Die Latinität der Iberischen Halbinsel tritt zurück mit Jerez de la Frontera 711. So erweist sich sowohl in der Sicht auf die Volkssprache als auch auf die Literatursprache die Zeit Karls d. Gr. als sprachliche Scheide.

Der geistesgeschichtlich eingestellte Literarhistoriker wird, wie gesagt, nach anderen Kriterien scheiden: Für ihn hebt der mittelalterliche geistige Habitus Gregors d. Gr. sich gegen Ambrosius, Hieronymus und Augustinus ab, für ihn liegt zwischen Boethius und Maximian einerseits und Venantius Fortunatus und Gregor von Tours andrerseits eine Welt.[12] Macht man sich diese Epochengrenze

[10] Vgl. Eduard Norden, Die antike Kunstprosa, II. Darmstadt [5]1958, 668.

[11] Hans W. Klein, Latein und Volgare in Italien, (= Münchner Romanistische Arbeiten 12) 1957, 13.

[12] Vgl. Ernst Bickel, Geschichte der römischen Literatur, [2]1961, 276 f.

zu eigen, die sich etwa an das vielbemerkte Zusammenfallen der Auflösung der Athenischen Akademie durch Iustinian mit der Gründung von Monte Cassino durch Benedikt von Nursia (529) anlehnen läßt, so ergibt sich die folgende Periodisierung des nachklassischen Lateins: 180—530 Spätlatein, ab 750 Mittellatein. Die dazwischenliegende Zeit stellt sich, von der Vulgärsprache aus gesehen, einwandfrei zum Spätlatein, und man hat sie — besonders in der unter sprachlichem Aspekt arbeitenden schwedischen Schule — als Merowingerlatein oder Frühmittellatein vom eigentlichen Mittellatein abgesetzt; vielleicht sollte man von 'mittelalterlichem Vulgärlatein' sprechen. Es ist dies eine Zeit zwischen den für die Überlieferungsgeschichte so wirksamen zwei Ansätzen zum Bewahren des schriftsprachlichen Niveaus, deren erster durch das Wirken der Symmachi und ihres Kreises, der zweite durch die 'Renaissance' unter den Karolingern gekennzeichnet ist,[13] eine Zeit, in der kaum ein Autor fähig ist, sich innerhalb der sprachlichen Normen der goldenen und silbernen Latinität zu bewegen, und auch nicht willens, wenn man auch den diesbezüglichen Humilitas-Formeln nicht allzuweit trauen sollte. In der sprachlich orientierten Forschung werden auch Spät- und Frühmittellatein als Einheit gesehen und erforscht, so besonders in den Arbeiten der schwedischen Schule und dem von Baxter ALMA 23, S. 13 ff. angekündigten Lexikon, das bis 800 reichen soll, also 200 Jahre weiter als Souters ›Glossary of Later Latin‹, wie ja schon Forcellini seine Belege bis auf karolingische Autoren erstreckt; mit dem Jahr 800 setzt Franz Blatts ›Novum glossarium mediae Latinitatis‹ ein. An der Scheide des 5./6. Jh. ist mit Recht die Literaturgeschichte von Manitius orientiert, ebenso die Monumenta Germaniae, ebenfalls aber auch die Lexika von Arnaldi (486), Niermeyer, der vor allem an den Urkunden studierenden Historiker denkt (550), Baxter (5. Jh.) und schließlich auch

[13] Dabei lassen sich die beiden großen Impulse des Bewahrens an der Priscian-Überlieferung ausgezeichnet ablesen; die über 1000 Hss. gehen auf die wenige Jahre nach Abfassung des Werkes angefertigte Abschrift des Theodorus (526/7) zurück, das 9. Jh. liefert die besten Hss. der festländischen Überlieferung (aus Frankreich stammende Fragmente schon aus dem 8. Jh.), daneben ist die sprachliche Selbständigkeit des insularen Raumes durch eine schottisch-irische Rezension des 8./9. Jh. bezeugt.

noch der TLL (600, Gregor d. Gr.). Wo Darstellungen der antiken lateinischen Literatur bis auf die Karolingerzeit fortgeführt sind, wie bei Teuffel und Kappelmacher/Schuster, handelt es sich um dünne Appendices, deren Nutzen nicht so recht deutlich ist.

Unsere Überlegungen führen so letzten Endes zu der Alternative, ob man das mittelalterliche Vulgär- und Spätlatein, das sogenannte Frühmittellatein zwischen etwa 550 und 750 in eine Mittellateinische Grammatik einbeziehen soll. Dagegen scheint zu sprechen, daß, wie bereits gesagt, der Charakter des Lateins sich um 750 grundsätzlich wandelt: Aus dem von der vulgären Entwicklung der Sprache mehr als von literarisch-nachahmenden Intentionen der Autoren geprägten Merowingerlatein wird durch bewußtes Anlegen einer am antiken Kirchenlatein ausgerichteten *norma rectitudinis* in immer wieder neu vollzogener Rückorientierung das Mittellatein. Aber war diese Renaissance auf dem Gebiet der Grammatik wirklich so durchgreifend, wie wir es eben dargestellt haben? Gerade Einar Löfstedt (Verm. Stud. S. VII, Coniectanea S. 3; daneben besonders Dag Norberg, Synt. Forsch. Einleitg.) hat immer wieder eindringlich auf den Zusammenhang des Mittellateins mit den älteren Sprachschichten hingewiesen. Die Renaissance der Karolingerzeit führt ja nicht etwa dazu, daß in der Folge überall das Sprachniveau etwa der silbernen Latinität eingehalten oder auch nur erstrebt wird; eine sprachliche Angleichung wie die Einhards an Sueton ist nicht nur für die Zeit, sondern, wie die anderen Werke zeigen, sogar für den Autor singulär. Viele — auch vulgäre oder, besser gesagt, ursprünglich vulgäre — Erscheinungen des Spätlateins bleiben, z. T. gestützt durch Vorkommen in der eine Ausnahmestellung einnehmenden Vulgata, im mittelalterlichen Latein bis zum Ende im Gebrauch. Ferner ist das Gewicht jeder einzelnen im engeren Sinne mittellateinischen Spracherscheinung nur dann zu ermessen, wenn man ihre Restitution bzw. Beibehaltung nach der frühmittellateinischen Zeit historisch verfolgt. Erst dann ergibt sich das z. B. von Paul Lehmann geforderte[14] sprachliche Bild der Karolin-

[14] Paul Lehmann, Das Problem der Karolingischen Renaissance, Settimane di studio del Centro Italiano di studi sull' alto Medioevo, 309—358, hier 348. Wieder abgedruckt: Erforschung des Mittelalters II (1959), 109 ff., hier 132.

gischen Renovatio. Schließlich sollte man die praktischen Gesichtspunkte nicht unterschätzen, die eine Anerkennung des von Lexikographie und Literarhistorie in der ersten Hälfte des 6. Jh. gezogenen „Grabens" empfehlen.

Nachdem also der Beginn einer mlat. Grammatik mit dem Graben des 6. Jh. und eine grundlegende Wandlung ihres Charakters mit dem 8. Jh. festgestellt sind, bleibt die Frage nach ihrem Abschluß zu beantworten. Das scheint einfach: Die Renaissance. Doch ist schon in rein geistesgeschichtlicher Betrachtung diese Erneuerung ein zeitlich und räumlich weit aufgefächerter Vorgang, so dürfte sich sprachlich ergeben, daß für jede einzelne Erscheinung die Bekämpfung und das Aufhören »mittellateinischer« Abweichungen vom Klassischen gesondert zu untersuchen sind. Zwei Gruppen von Bestrebungen sind hier besonders zu nennen: Erstens die jeder normativen Tendenz abholden, lediglich der Textreinheit dienen wollenden Bemühungen der Karthäuser, die in Oswalds ›Opus pacis‹ von 1417 ihren Niederschlag gefunden haben,[15] zweitens die wesentlich militanteren der Humanisten, von denen wir hier nur Lorenzo Valla, Coluccio Salutati und Poggio Bracciolini erwähnen.[16] Auch humanistische Parodien mittelalterlichen Lateins wie die ›Epistulae obscurorum virorum‹ dürften, vorsichtig ausgewertet, einigen Aufschluß darüber geben, was den Verfassern am Latein der Gegner besonders charakteristisch erschienen ist, so z. B. in der Benutzung von Wortbildungselementen.[17]

Auch was den disparaten Charakter des Materials betrifft, lassen sich Traubes Bedenken scheinbar leicht beiseite räumen mit der Bemerkung, sie träfen eigentlich für jede Grammatik zu, etwa für die des antiken Lateins, wenn man diese nicht in der verarmenden Weise einer normativen Schulgrammatik auf die Sprache Caesars

[15] Paul Lehmann, Bücherliebe und Bücherpflege bei den Karthäusern, in: Miscellanea Francesco Ehrle, V (1924), 304—389; abgedruckt in: Erforschung des Mittelalters, III, (1960), 121—142, hier 127 ff.

[16] Eine Übersicht über die grammatische Tätigkeit der italienischen Humanisten gibt Georg Voigt, Die Wiederbelebung des klassischen Altertums. Berlin $^{4}$1960, 373—380.

[17] Vgl. Walther Brecht, Die Verfasser der Epistolae obscurorum virorum (= QF 93) (1904), 94—108.

und Ciceros beschränkt, sondern auch Lucrez und Sallust, Livius und Tacitus zu ihrem Recht kommen lasse; für das Griechische komme schon eine Schulgrammatik nicht aus ohne Abrisse der homerischen Sprache und der Koiné. Von hier aus gesehen ist also eine mittellateinische Grammatik ebenso möglich wie jede andere; allerdings muß sie notwendigerweise historischen Charakter tragen, indem sie die Fakten für einen längeren Zeitraum darstellt, wobei sie jedoch nicht in allen Fällen zu einer Problemlösung gelangen kann.[18]

Daß sich die Entwicklung des vorkarolingischen „mittelalterlichen Vulgärlateins" in der Form einer historischen Grammatik darstellen läßt, bedarf weiter keiner Erörterung; hier haben die romanische Sprachwissenschaft und in der klassischen Philologie besonders die schwedische Schule intensive Vorarbeit geleistet. Wie steht es aber um die Verhältnisse in der folgenden Zeit?

Das eigentliche Mittellatein ist nicht mehr Muttersprache, auf die die lebendigen Kräfte der Volks- bzw. Umgangssprache wirken, sondern stellt ein aus heterogenen schriftlichen[19] Vorbildern, angefangen beim Schulbuch, rezipiertes Gebilde dar. Sprachgestaltend wirken jetzt Schultradition, Imitatio, Gattungsstil, literarische Mode etc. Das sind, wie gesagt, an Vorbildern orientierte Kräfte;

[18] Über „problemlösende" und „descriptive" Grammatik siehe Einar Löfstedt, Syntactica, I, Lund ²1942, VIII. Natürlich darf in unserem Zusammenhang „descriptiv" nicht im Gegensatz zu „historisch" gesehen werden. Eine mlat. Gramm. ist deskriptiv und historisch, wobei sie einerseits niemals normativ, andererseits nicht immer problemlösend sein kann.

[19] Den Einfluß des als Bildungs- und allgemeiner Verständigungssprache vom Klerus *gesprochenen* Lateins können wir füglich gering anschlagen (vgl. Paul Lehmann, Vom Leben des Lateinischen im Mittelalter, Bayer. Blätter für das Gymnasialschulwesen 65 (1929), 65—82; abgedruckt in: Erforschung des Mittelalters I (1959), 62—81, es ist nur möglich in Abhängigkeit von der aus Büchern geschöpften Sprache. Nicht mehr der Laut in seinen verschiedenen Schattierungen, sondern der Buchstabe ist das die Aussprache Bestimmende. Die Orthographie bestimmt die Aussprache, nicht umgekehrt. Die Forschung fragt nicht mehr, wie ein bestimmtes Phonem orthographisch ausgedrückt, sondern allenfalls, wie ein Buchstabe ausgesprochen wurde.

Impulse zur Bereicherung der Sprache kommen aus Wortschatz und Syntax der jeweiligen Muttersprache, aus neu erschlossenen Sachbereichen, Aufgaben und Erlebnisformen und schließlich aus der sich der Sprache bemächtigenden und sie neu beseelenden Kraft des Genies. Es fragt sich, ob die herkömmliche Form der historischen Grammatik der Darstellung einer solchen zwischen immer erneuter Rückorientierung und dem Fortschreiten in neue geistige Bereiche bei jedem Autor neu sich gestaltenden Sprache geeignet ist.

Ihrem grammatischen Gehalt nach sind alle sprachlichen Vorgänge auch des späteren Mittellateins in den sechs Kategorien von Karl Vosslers System der Grammatik[20] (Analogie — Lautwandel, Kontamination — Differenzierung, Grammatikalisation — Bedeutungswandel) darstellbar, jedoch erscheinen die Gewichte anders verteilt als bei einer organisch sich entwickelnden Sprache; so wird z. B. die Kategorie des Lautwandels nur geringe Bedeutung besitzen, dagegen werden Analogiebildungen und Kontaminationen reichlich zu verzeichnen sein. Hier ist die Grenze zum „Donatschnitzer", zum Fehler durchaus offen.[21]

[20] Karl Vossler, Das System der Grammatik, Logos IV (1913), 203 bis 223.

[21] Die Beurteilung der von der klassischen Sprache abweichenden Erscheinung muß verschieden sein, je nachdem, ob die Texte vor oder nach der karolingischen Renaissance entstanden sind. Während vorher jede Irregularität, weniges auf gelehrter Spekulation Beruhende ausgenommen, entweder als Vulgarismus oder als hyperkorrekte Schreibung und vielleicht auch Sprechung aufzufassen und damit grammatisch relevant ist, sind spätere Irregularitäten z. T. anders zu beurteilen. Manches Spät- und Frühmittellateinische blieb auf Grund geschriebener Vorbilder auch weiterhin erhalten, so *michi, nichil,* der dat. sing. masc. der u-Deklination auf *-u* statt *-ui,* die mit *quod* und *quia* eingeleiteten abhängigen Aussagesätze. Wenn aber (Beispiele nach Norbert Fickermann, Schreibfehler oder Sprachtatsache?, in: Liber Floridus, Mittellat. Studien Paul Lehmann zum 65. Geburtstag ... gewidmet, hrsg. v. B. Bischoff und S. Brechter, [1950], 19—26, hier 21) Adam von Bremen *didiscimus* und *didiscerim,* Widukind von Corvey *remeunt* schreibt, so sind das natürlich psychologisch erklärbare Analogien, aber eben 'falsche' und somit Fehler. Legalisiert wird derartiges durch verbreiteten Gebrauch, manchmal noch durch die aus diesem resultierende Aufnahme in eine Grammatik.

Wichtiger noch ist, daß sich eine natürliche Sprache in physisch und psychisch bedingten Abläufen entwickelt, die — eine Analogie bildet im Bereich der Organismen das Gesetz von Louis Dollo — irreversibel sind und sich in Gesetzen oder Regeln umschreiben lassen, im Gegensatz dazu jedoch die mittellateinischen Erscheinungen nach historischen (kulturellen, politischen, literarischen Strömungen) sich ordnen, überschneiden, wiederholen, korrigieren. Eine Grammatik, die derartiges beschreibt, ordnet die Fakten notwendigerweise nach den genannten historischen Aspekten und nähert sich damit mehr als jede andere dem Typ der Sprachgeschichte. Vosslers Wort: „Eine Grammatik, die unabhängig wäre von historischen Begriffen wie Sprachgemeinschaft, Sprachentwicklung, Sprachmischung usw., kann man grundsätzlich nicht denken und tatsächlich nicht finden" [22] gilt in besonderem Maße vom Mittellateinischen: Hier gibt es Grammatik nur in völliger Abhängigkeit von der Sprachgeschichte. Damit rückt die Aufgabe einer Mittellateinischen Grammatik trotz aller Verschiedenheiten des Gegenstandes und der Methode bisweilen in die Nähe dessen, was Eduard Norden für die Stilistik der mittellateinischen Prosa oder August Langen [23] für die neuhochdeutsche Sprachgeschichte geleistet hat.

Schließlich bleibt noch die praktische Frage, ob eine Grammatik beim gegenwärtigen Stande der Mittellateinischen Wissenschaft zu verwirklichen ist oder ob ein solcher Plan nicht verfrüht wäre. Man muß darauf hinweisen, daß zahlreiche Quellen, nicht nur des 13. und 14. Jh., überhaupt noch nicht oder jedenfalls nicht in einer für grammatische Untersuchungen ausreichenden Qualität ediert sind, daß grammatische Indizes und Untersuchungen zur Sprache von Autoren und erst recht längsschnittartige Darstellungen [24] fehlen. Der Mangel an verarbeitetem sprachlichem Material wird den Verfasser einer mittellateinischen Grammatik in vielen Fällen an die

[22] A. a. O., 223.

[23] August Langen, Deutsche Sprachgeschichte vom Barock bis zur Gegenwart, in: Deutsche Philologie im Aufriß, hrsg. von Wolfgang Stammler, I Berlin o. J. [$^2$1957] Sp. 931—1396.

[24] Z. B. Joh. Huemers Plan einer Arbeit über die Consecutio temporum in der Latinität des 10. Jh. (Harry Bresslau, Hdbd. der Urkundenlehre, II. Berlin $^2$1958, 350, Anm. 3).

Quellen verweisen. Interessant sind hier besonders die zeitlich oder räumlich lokalisierbaren[25] und unter diesen wieder die Autographa[26], weil bei ihnen Herkunft, Bildungsgang und Bildungsstufe des Schreibers und Autors meist bekannt sind, ferner können sprachliche Überarbeitungen von Denkmälern ergiebig sein.[27] Eine besonders aufschlußreiche Gruppe von Zeugnissen bilden schließlich die grammatischen Schriften des Mittelalters.

Der Bereich des Frühmittellateins ist dank dem Interesse der romanischen Sprachwissenschaft und der von der schwedischen Schule betriebenen Vulgärlateinforschung hinreichend durch Editionen erschlossen, und wir besitzen auch eine Reihe tüchtiger sprachlicher Untersuchungen zu einzelnen Denkmälern.[28]

Ein großer Teil dieser Arbeiten sieht sich naturgemäß recht ähnlich: Es werden in der Darbietungsfolge der gängigen Grammatiken, allenfalls mit einem Seitenblick auf Prototypen wie Kaulen oder Bonnet, die Einzelbeobachtungen aneinandergereiht. Mit der wach-

[25] Eine Zusammenstellung ist für Frankreich begonnen: Ch: Samaran/ R. Marichal, Catalogue des Manuscrits en écriture Latine, portant des indications de date de lieu ou de copiste, tom. I: Musée Condé et bibliothèques Parisiennes. Paris 1959.

[26] Paul Lehmann, Autographe und Originale namhafter lateinischer Schriftsteller des Mittelalters, Zs. d. Dt. Vereins f. Buchwesen und Schrifttum III (1920), 6—16; abgedruckt in: Erforschung des Mittelalters, I, Stuttgart 1941 und 1959, 359—381.

Karl Langosch, in: Geschichte der Textüberlieferung, II, Zürich 1964, 22 f.

[27] Beispiele: Wandel des sprachlichen Charakters der ›Annales regni Francorum‹, Verbesserung des Valerius Maximus nach den Regeln Priscians durch Lupus von Ferrières und dessen Korrektur der Vita S. Maximini, Verbesserung der Vita S. Haimhrammi durch Meginfrid, der Vita S. Glossindis durch Johann von St. Arnulf.

[28] Beispiele: Fritz Müller-Marquardt, Die Sprache der alten Vita Wandregiseli (1912). — Eiliv Skard, Sprache und Stil der Passio Olavi, (= Avh. Norske Videnskaps-Akad. Oslo, II. Hist.-Filos. Kl. 1932 No. 1) Oslo 1932. — William G. Most, The Syntax of the Vitae Sanctorum Hiberniae, Diss. (The Catholic University of America. Studies in Medieval and Renaissance Latin Language and Literature XX) Washington D. C. 1946.

senden Zahl solcher registrierenden Arbeiten nimmt natürlich auch das Unbehagen zu über ein Verfahren, das für das jeweilige Denkmal Charakteristische in der Masse der Beobachtungen untergehen läßt, jenes Unbehagen, das Paul Lehmann (vgl. oben S. 412) schon empfunden hat. Dieses Unbehagen hat denn auch dazu geführt, daß in einer ausgezeichneten jüngeren Arbeit, Bengt Löfstedts ›Untersuchungen über die Sprache der langobardischen Gesetze‹ (Uppsala 1961), das Verfahren der registrierenden Aufreihung bewußt verlassen und durch eine eingehende, zahlreiche Paralleltexte heranziehende Untersuchung bestimmter, hier zum größten Teil lautlicher Erscheinungen ersetzt ist. Dabei erscheint der zugrundeliegende Text fast nur noch als eine Art „Aufhänger" für diese Untersuchungen, die sich mit fast gleichem Recht an irgendeinen anderen frühmittellateinischen Text anschließen könnten. Damit ist die alte Observationenliteratur schon weit auf eine zusammenfassende Darstellung, eine Grammatik wenigstens des Frühmittellateins hin fortgeschritten.

Die selbstverständlich auch weiterhin unentbehrlichen sprachlichen Untersuchungen von Einzeldenkmälern könnten einen bedeutend größeren Wirkungsgrad erhalten, wenn ein erstes, notwendigerweise noch grobes und zunächst nur vielleicht an einigen Stellen feineres Koordinatensystem zur Einordnung und Beurteilung sprachlicher Erscheinungen geschaffen würde, wenn es also Zusammenstellungen darüber gäbe, über welche Zeiten, Räume, Gattungen und Schichten vom antiken Gebrauch abweichende grammatische Erscheinungen sich erstrecken, und solche Zusammenstellungen wären ja nichts anderes als eben eine Mittellateinische Grammatik. Sie zu schaffen sollte „der Mühe wert" sein.

# AUSWAHLBIBLIOGRAPHIE

Von ALF ÖNNERFORS

## *Vorbemerkung*

(Die in diesem Band abgedruckten Beiträge wurden aus Raumgründen in die Bibliographie nicht mit aufgenommen.)

Eine systematische Bibliographie über die mittellateinische Philologie existiert noch nicht. Erst seit 1969 werden in der von R. S. Hoyt und P. H. Sawyer redigierten ›International Medieval Bibliography‹ (Leeds und Minnesota 1967 —) unter dem Stichwort "Language" Beiträge zur mittellateinischen Philologie verzeichnet. Um die Erträge der ersten etwa acht Jahrzehnte dieser noch jungen philologischen Disziplin möglichst umfangreich zu erfassen, begann ich bereits vor neun Jahren am Seminar für Mittellatein der Freien Universität Berlin zusammen mit studentischen Mitarbeitern einen alphabetisch und systematisch geordneten Katalog anzulegen, in den Monographien sowie alle einschlägigen Artikel einer sehr großen Zahl von mediävistischen, altphilologischen und modernsprachigen Zeitschriften und darin publizierte Rezensionen aufgenommen wurden. Seit 1970 konnte dieses Projekt an der Universität Köln unter der Leitung von Dr. J. Stohlmann in verstärktem Umfang weitergeführt werden; doch die Vervollständigung und Bearbeitung des Materials werden voraussichtlich noch etliche Jahre andauern. (Anfragen sind ans Inst. f. Mittellatein der Universität Köln zu richten.)

In die hier vorliegende Auswahlbibliographie wurden grundsätzlich nur sprachliche Monographien, Abhandlungen und Aufsätze aufgenommen. Editionen und textkritische Untersuchungen sind nur dann erwähnt, wenn sie den betreffenden Sprachgebrauch eingehend darstellen. Untersuchungen zur mittellateinischen Verslehre mußten unerwähnt bleiben, auch solche, die — wie z. B. die Arbeiten von D. Norberg — hier und da auf sprachliche Erscheinungen eingehen.

Daß ich von der Latinität des 5./6. Jahrhunderts ausgegangen bin, brauche ich nicht eigens zu motivieren: jeder Sachverständige weiß, daß „man vor allem Spätlatein studieren muß, wenn man Mittellatein lernen will" (K. Strecker) — insofern wäre sogar an sich der Ansatz im 4./5. Jahrhundert berechtigt gewesen —, und wie man auch immer zum Begriff 'Mittelalter' aus historischer Sicht Stellung beziehen mag: die Fundamente der mittellateinischen Philologie hat die Erforschung des ausgehenden antiken und des beginnenden mittelalterlichen Lateins gelegt.

Auf einen Teilbereich mußte in dieser Auswahlbibliographie leider verzichtet werden: die Lexikographie. Ich konnte nur einige lexikographische Untersuchungen zu einzelnen Autoren berücksichtigen. Die fast uferlose Fülle von Wortstudien zum Mittellatein, die in historischen wie in philologischen Untersuchungen und Zeitschriften vorliegen, würde den Umfang einer Sonderbibliographie beanspruchen. Was die *Lexika* über die mittelalterliche Latinität betrifft, verweise ich auf die Bibliographien bei Westerbergh und Munari (oben S. 189 und 229) sowie auf die folgenden Wörterbücher: Glossarium mediae Latinitatis Cataloniae, Barcelona 1960 —; Glossarium mediae Latinitatis Sueciae, ed. U. Westerbergh, Stockholm 1968 —; Lexicon Latinitatis medii aevi Iugoslaviae, Zagreb 1969 —; Lexicon Latinitatis Nederlandicae medii aevi, Amsterdam 1970 —; Lexicon mediae et infimae Latinitatis Polonorum, Warszawa 1953 —; Mittellateinisches Wörterbuch, München 1959 —. Bezüglich lexikographischer Einzeluntersuchungen sei vor allem auf das Archivum Latinitatis Medii Aevi hingewiesen.

*Abkürzungen*

| | |
|---|---|
| ALL | Archiv für Lateinische Lexikographie und Grammatik |
| ALMA | Archivum Latinitatis Medii Aevi |
| Cl. & Med. | Classica et Mediaevalia |
| DA | Deutsches Archiv für Erforschung des Mittelalters |
| EMA | Literatur und Sprache im Europäischen Mittelalter. Festschr. f. K. Langosch, Darmstadt 1973 |

| | |
|---|---|
| Eran. | Eranos. Acta philologica Suecana |
| HV | Historische Vierteljahrsschrift |
| LF | Liber Floridus. Mittellat. Studien Paul Lehmann gewidmet. St. Ottilien 1950 |
| Mlat. Jb. | Mittellateinisches Jahrbuch |
| Mus. Helv. | Museum Helveticum |
| PBB | Beiträge zur Geschichte der deutschen Sprache und Literatur (Tübingen) |
| REL | Revue des Études Latines |
| RF | Romanische Forschungen |
| SO | Symbolae Osloenses |
| Spec. | Speculum |
| ZRPh | Zeitschrift für Romanische Philologie |

### *A. Zur Einführung*

1. Bieler, L.: Das Mittellatein als Sprachproblem. In: Festschrift Heidegger, Lexis 2 (1949), 98—104.
2. Blatt, F.: L'évolution du latin médiéval. ALMA 28 (1958), 201—219.
3. Cremaschi, G.: Guida allo studio del latino medievale. Padova 1959.
4. Hammarström, M.: Glossarium till Finlands och Sveriges latinska medeltidsurkunder jämte språklig inledning. Helsingfors 1925 (S. 3—73).
5. Hellmann, S.: Das Problem der mittellateinischen Philologie. HV 29 (1935), 625—680. (= S. Hellmann: Ausgewählte Abhandlungen, hrsg. v. H. Beumann, Weimar 1961, 1—56.)
6. Langosch, K.: Mittellatein als Deutschkunde. Eine nationale Aufgabe deutscher Wissenschaft und Schule. Breslau 1937.
7. —: Lateinisches Mittelalter. Einleitung in Sprache und Literatur. Darmstadt 1963.
8. Lehmann, P.: Aufgaben und Anregungen der lateinischen Philologie des Mittelalters. München 1918. (= P. Lehmann: Erforschung des Mittelalters. I. Stuttgart 1941, Nachdr. 1959, 1—46.)
9. —: Vom Leben des Lateinischen im Mittelalter. München 1929. (= a. a. O. 62—81.)
10. Lind, L. R.: Medieval Latin Studies. Their Nature and Possibilities. Lawrence (Kansas) 1941.
11. McGuire Martin, R. P.: Introduction to Mediaeval Latin Studies. Washington 1964.
12. Meister, R.: Mittellatein als Traditionssprache. In: LF, 1—9.

13. Mohrmann, Chr.: Le dualisme de la latinité médiévale. REL 29 (1951), 330—348.
14. —: Latin vulgaire, latin des chrétiens, latin médiéval. Paris 1956.
15. —: Le latin médiéval. Cahiers de civilisation médiévale, Xe—XIIe siècles, I (1958), 265—294.
16. Norberg, D.: Manuel pratique de latin médiéval. Paris 1968.
17. Prinz, O.: Zur sprachlichen Entwicklung des Mittellateins. Handelingen van het XXVe Vlaams Filologencongres. Antwerpen 1963, 383—393.
18. Stach, W.: Mittellateinische Philologie und Geschichtswissenschaft. HV 26 (1931), 1—12.
19. Strecker, K.: Einführung in das Mittellatein. Berlin ²1929.
20. —: Introduction to Medieval Latin. English Translation and Revision by R. B. Palmer. Berlin 1957.
21. Svennung, J.: Från senantik till medeltid. II. Lund 1963. (S. 3—29, Kort språklig inledning om medeltidslatinet.)
22. Traube, L.: Einleitung in die lateinische Philologie des Mittelalters. München 1911. (Vorlesungen und Abhandlungen von L. Traube, hrsg. v. P. Lehmann. Vol. 2. Nachdr. 1965.)
23. Von den Steinen, W.: Das mittelalterliche Latein als historisches Phänomen. Schweizerische Ztschr. f. Gesch. 7 (1957), 1—27.

### *B. Untersuchungen zu Autoren und Texten sowie zur Sprache einzelner Provinzen und Länder*

#### I. Italien. Der Balkan. Nordafrika

5./6. Jh. *Benedictus von Nursia*

24. Linderbauer, B.: S. Benedicti Regula Monachorum, hrsg. und philologisch erklärt. Metten 1922.
25. Mohrmann, Chr.: La langue de Saint Benoit. In: Sancti Benedicti Regula Monachorum ed. Ph. Schmitz, Maredsous, ²1955, S. 9—39. (Vgl. Rev. Bénéd. 62 [1952], 108—139.)
26. Stabile, F.: Studi sul testo e la lingua della Regula di S. Benedetto. Rivista di filol. e d'istruzione class. 42 (1914), 259—274.
27. Woelfflin, E.: Die Latinität des Benedikt. ALL 9 (1896), 493—521.

5./6. Jh. *Boethius*

28. Bednarz, G.: De universo orationis colore et syntaxi Boethii. Breslau 1883.

29. —: De syntaxi Boethii. Progr. Strigau 1892, 1907, 1910.
30. Dienelt, K.: Sprachliche Untersuchungen zu Boethius' Consolatio philosophiae. Glotta 29 (1942), 98—138; 31 (1951), 28—69.

5./6. Jh. *Iulianus Pomerius*

31. Degenhart, F.: Studien zu Julianus Pomerius. Eichstätt 1905.
32. Prendergast, A. C.: The Latinity of the Vita contemplativa of Julianus Pomerius. Washington 1893.

6. (?) Jh. *Appendix Probi*

33. Baehrens, W.: Sprachlicher Kommentar zur vulgärlateinischen Appendix Probi. Halle 1922.
34. Robson, C. A.: L'Appendix Probi et la philologie latine. Le Moyen Âge 69 (1963), 37—54.

6. Jh. *Casae litterarum (Corpus agrimensorum)*

35. Josephson, Å.: Casae litterarum. Studien zum Corpus agrimensorum Romanorum. Uppsala 1950.

6. Jh. *Cassiodorus*

36. Bieter, F. A.: The Syntax of the Cases and Prepositions in Cassiodorus' Historia Ecclesiastica Tripartita. Washington 1938.
37. Bulhart, V.: Zur Historia tripartita. ALMA 24 (1954), 5—17.
38. Erdbrugger, H.: Cassiodorus unde etymologias in Psalterii commentario prolatas petivisse putandus sit. Jena 1912.
39. Fridh, Å.: Études critiques et syntaxiques sur les Variae de Cassiodore. Göteborg 1950.
40. —: Terminologie et formules dans les Variae de Cassiodore. Göteborg 1956.
41. —: Contributions à la critique et à l'interprétation des Variae de Cassiodore. Göteborg 1968.
42. Jones, L. W.: Notes on the Style and Vocabulary of Cassiodorus' Institutiones. Class. Philology 50 (1945), 24—31.
43. Lundström, S.: Zur Historia tripartita des Cassiodor. Lund 1952.
44. —: Sprachliche Bemerkungen zur Historia tripartita des Cassiodor. ALMA 23 (1953), 19—34.
45. Nickstadt, H.: De digressionibus, quibus in Variis usus est Cassiodorus. Marburg 1921.
46. Skahill, B. H.: The Syntax of the Variae of Cassiodorus. Washington 1934.

6. Jh. *Compositiones Lucenses*

47. Hedfors, H.: Compositiones ad tingenda musiva. Hrsg., übers. und philologisch erkl. Uppsala 1932.
48. Svennung, J.: Compositiones Lucenses. Studien zum Inhalt, zur Textkritik und Sprache. Uppsala 1941.

6. Jh. *Corippus*

49. Appel, E.: Exegetisch-kritische Beiträge zu Corippus mit besonderer Berücksichtigung des vulgären Elementes seiner Sprache. München 1904.
50. Welzel, A.: De Claudiani et Corippi sermone epico. Breslau 1908.

6. Jh. *Dioscorides Latinus*

51. Mihăescu, H.: La versione latina di Dioscoride. Ephemeris Dacoromana 8, Rom 1938, 298—348.

6. Jh. *Fulgentius*

52. Friebel, O.: Fulgentius, der Mythograph und Bischof. Mit Beiträgen zur Syntax des Spätlateins. Paderborn 1911.
53. Nestler, J.: Die Latinität des Fulgentius. I—II, Progr. Böhm-Leipa 1905—1906.

6. Jh. *Institutiones Iustiniani*

54. Grupe, E.: Zur Latinität Justinians. Ztschr. f. Rechtsgesch., Romanist. Abt., 14 (1893), 224—237.
55. Krüger, H.: Bemerkungen über den Sprachgebrauch der Kaiserkonstitutionen im Codex Iustinianus. ALL 10 (1898), 247—252; 11 (1900), 453—467.

6. Jh. *Itinerarium Antonini Placentini*

56. Bellanger, L.: In Antonini Placentini Itinerarium grammatica disquisitio. Paris 1902.
57. Geyer, P.: Kritische und sprachliche Erläuterungen zu Antonini Placentini Itinerarium. Erlangen 1892.

6. Jh. *Maximianus*

58. Prada, C.: Quae inter metri dactylici disciplinam et sermonem Latinum in Maximiano poeta exsistunt quaestiones. Ticini 1914.

6. Jh. *Oribasius Latinus*

59. Hagen, H.: De Oribasii versione latina Bernensi commentatio. Bern 1875.

60. Hunger, G.: Die Syntax des spätlateinischen Oribasius. Breslau 1933.
61. Mørland, H.: Die lateinischen Oribasiusübersetzungen. Oslo 1932.
62. Svennung, J.: Wortstudien zu den spätlateinischen Oribasiusübersetzungen. Uppsala 1932.
63. Thomas, A.: Notes lexicografiques sur la plus ancième traduccion latine des œuvres d'Oribase. In: Mélanges Havet, Paris 1909, 503 bis 528.

6. Jh. *Regula Magistri*
64. Corbett, P. B.: The Latin of The Regula Magistri with particular Reference to its colloquial Aspects. Louvain 1958.

6. Jh. *Venantius Fortunatus*
65. Blomgren, S.: Studia Fortunatiana. I—II, Uppsala 1933—1934.
66. —: De duobus epitaphiis episcoporum utrum Venantio Fortunato attribuenda sint necne. Eran. 39 (1941), 82—99.
67. —: De Venantio Fortunato Vergilii aliorumque poetarum priorum imitatore. Eran. 42 (1944), 100—134.
68. —: De P. Papinii Statii apud Venantium Fortunatum vestigiis. Eran. 48 (1950), 57—65.
69. —: De Venantio Fortunato Lucani Claudianique imitatore. Eran. 48 (1950), 150—156.
70. —: In Venantii Fortunati carmina adnotationes novae. Eran. 69 (1971), 104—150.
71. Dagianti, F.: Studio sintattico delle ›Opera poetica‹ di Venanzio Fortunato. Veroli 1921.
72. Elss, H.: Untersuchungen über den Stil und die Sprache des Venantius Fortunatus. Heidelberg 1907.
73. Meneghetti, A.: La latinità di Venanzio Fortunato. Torino 1916 bis 1917 (= Didaskaleion V, 195—298; VI, 1—166).

6./7. Jh. *Gregorius der Große*
74. O'Donnel, J. F.: The Vocabulary of the Letters of St. Gregory the Great. Washington 1934.
75. Dunn, M. B.: The Style of the Letters of St. Gregory the Great. Washington 1931.
76. Hauber, R. M.: The Late Latin Vocabulary of the Moralia of St. Gregory the Great. Washington 1938.
77. Kinnirey, A. J.: The Late Latin Vocabulary of the Dialogues of St. Gregory the Great. Washington 1935.

78. Martič, V. S.: De genere dicendi S. Gregorii Magni I Papae in XL homiliis in Evangelia. Mostar 1934.

79. Norberg, D.: In registrum Gregorii Magni studia critica. I—II, Uppsala 1937, 1939.

80. —: Adnotationes criticae ad epistulas Gregorii Magni. Eran. 43 (1945), 304—316.

81. Seitz, J.: Über die Verwendungsweise der Abstrakta im Lateinischen untersucht an den Dialogen Gregors des Großen. Jena 1938.

82. Sepulcri, A.: Le alterazioni fonetiche e morfologiche nel latino di Gregorio Magno e del suo tempore. Studi medievali I (1904—1905), 171—264.

83. Stefano, P.: De genere dicendi Gregorii Magni. Neapel 1908.

84. Wenger, L.: Observationes de latinitate Gregorii I epistularum. Wien 1896.

6./7. Jh. *Urkunden*

85. Funcke, W.: Sprachliche Untersuchungen zum Codice diplomatico langobardo. Münster 1938.

6.—8. Jh. *Acta Andreae et Matthiae*

86. Blatt, F.: Die lateinischen Bearbeitungen der Acta Andreae et Matthiae apud anthropophagos. Mit sprachl. Komm. hrsg. Gießen 1930.

7. Jh. *Langobardische Gesetze*

87. Löfstedt, B.: Studien über die Sprache der langobardischen Gesetze. Beiträge zur frühmittelalterlichen Latinität. Uppsala 1961.

8. Jh. *Gregorius II.*

88. Leicht, P.-S.: Il termine '*communitas*' in una lettera di Gregorio II. ALMA 1 (1924), 171—174.

8. Jh. *Paulinus von Aquileja*

89. Prinz, O.: Mittellateinisch '*bibicus*'. Bemerkungen zum Wortschatz des Paulinus von Aquileja. In: Orbis mediaevalis (Festschrift Blaschka), Weimar 1970, 211—222.

8. Jh. *Paulus Diaconus*

90. Bianchi, D.: Di alcuni caratteri stilistici della ›Historia Langobardorum‹ di Paolo Diacono. Memorie storiche Forogiuliesi, 40 (1944), 1—75.

91. —: Per il testo della ›Historia Langobardorum‹ di Paolo Diacono. Atti del 2° Congresso internazionale di studi sull'alto medioevo. Spoleto 1953, 121 ff.
92. Dall, A.: Notes on the Vocabulary of the Homilary of Paul the Deacon. ALMA 6 (1931), 160—175.
93. Engels, L. J.: Observations sur le vocabulaire de Paul Diacre. Nijmegen 1961.

8. Jh. *Urkunden*
94. Politzer, R. L.: A Study of the Language of Eighth Century Lombardic Documents. New York 1949.

9. Jh. *Agnellus von Ravenna*
95. Brill, J.: Der Liber pontificalis des Agnellus von Ravenna. Münster 1933.

9. Jh. *Anastasius Bibliothecarius*
96. Tabachovitz, D.: Sprachliches zur lateinischen Theophanesübersetzung des Anastasius Bibliothecarius. Byzant. Zeitschr. 38 (1938), 16—22.
97. Westerbergh, U.: Anastasius Bibliothecarius. Sermo Theodori Studitae. De sancto Bartholomeo apostolo. A Study. Stockholm 1963.

9. Jh. *Ardericus von Benevent,* s. Nr. 98.

9. Jh. *Beneventanische Poesie*
98. Westerbergh, U.: Beneventan ninth Century Poetry. Stockholm 1957.

9. Jh. *Erchempert von Benevent,* s. Nr. 98.

10./11. Jh. *Gerhard von Csanád*
99. Silagi, G.: Untersuchungen zur ›Deliberatio supra hymnum trium puerorum‹ des Gerhard von Csanád. München 1967 (S. 63—84).

11./12. Jh. *Anselm von Canterbury*
100. Choquette, J.: *Voluntas, Affectio,* and *Potestas* in the ›Liber de voluntate‹ of St. Anselm. Mediaeval Studies 4 (1942), 61—81.

13. Jh. *Thomas von Aquino*
101. Chenu, M.-D.: Introduction à l'étude de Saint Thomas d'Aquin, Montreal/Paris [2]1954 (S. 84—105).

102. Hubert, M.: Notes de lexicographie Thomiste. ALMA 27 (1957), 5—26; 167—188; 287—292; 32 (1962), 227—253; 36 (1969), 59—108.

103. Sweeney, L.: *Idealis* in the Terminology of Thomas Aquinas. Spec. 33 (1958), 497—507.

13. Jh. *Thomas von Celano*

104. Hoonhout, P.: Het latijn van Thomas van Celano, Biograaf van sint Franciscus. Amsterdam 1947.

*Allgemeine Untersuchungen*

105. Grandgent, Ch. H.: From Latin to Italian. Cambridge (Mass.) 1927.

106. Migliorini, B.: Storia della lingua italiana. Florenz 1960.

107. Palermo, J.: Le problème de la continuité du latin parlé en Sicile. Actes XI<sup>e</sup> Congrès internat. de linguist. et philologies romanes, Madrid 1968, 399—412.

108. Rohlfs, G.: Historische Grammatik der italienischen Sprache. I—III, Bern 1949—1953.

109. Schiaffini, A.: I mille anni della lingua italiana. Mailand 1961.

110. Skok, P.: Zum Balkanlatein. I—IV, ZRPh 46 (1926), 385—410; 48 1928), 398—413; 50 (1930), 484—532; 54 (1934), 175—215.

Vgl. auch Nr. 394.

II. Frankreich (Gallien). Belgien. Niederlande

*Forschungsbericht:*

111. Hélin, M.: Bibliographie analytique des travaux relatifs aux textes latins du moyen âge publiés en Belgique de 1919 à 1935. ALMA 13 (1938), 5—239.

5./6. Jh. *Caesarius von Arles*

112. Morin, G.: Quelques raretés philologiques dans les écrits de Césaire d'Arles. ALMA 11 (1937), 5—14.

113. Rohlfs, G.: Die *anniculae* bei Caesarius von Arles. Studia neophilol. 21 (1948), 42—46.

114. Vaccari, A.: Volgarismi notevoli nel latino di s. Cesario di Arles. ALMA 17 (1943), 135—148.

5./6. Jh. *Ennodius*

115. Dubois, A.: La latinité d'Ennodius. Paris 1903.

116. Trahey, J.: De sermone Ennodiano. Michigan City 1904.
117. Vogel, F.: Ennodiana. ALL 1 (1884), 267—271.

6. Jh. *Avitus*
118. Goelzer, H.: Le latin de S. Avit. Paris 1909.
119. —: Remarques lexicographiques sur le latin de saint Avit. ALMA 3 (1927), 173—195; 4 (1928), 5—38.

6. Jh. *Gregorius von Tours*
120. Blomgren, S.: Ad Gregorium Turonensem adnotationes. Eran. 34 (1936), 25—40.
121. Bonnet, M.: Le latin de Grégoire de Tours. Paris 1890. (Nachdr. 1968.)
122. Urban, R.: Beiträge zu einer Darstellung der romanischen Elemente im Latein der Historia Francorum des Gregor von Tours. Königsberg 1890.

6. Jh. *Leges Burgundionum*
123. Kübler, B.: Zur Sprache der Leges Burgundionum. ALL 8 (1893), 445—451.

6. Jh. *Lex Salica*
124. Gaul, K. W.: Romanische Elemente in dem Latein der Lex Salica. Gießen 1886.
125. Goldmann, E.: Zum Gebrauche von *aut* = *haud* und von *tamen* im Latein der Lex Salica. ALMA 12 (1938), 27—34.
126. Schramm, F.: Sprachliches zur Lex Salica. Marburg 1911.
S. auch Nr. 190.

6. Jh. *Vita s. Caesarii Arelatensis*
127. Cavallin, S.: Literarhistorische und textkritische Studien zur Vita s. Caesarii Arelatensis. Lund 1934 (S. 46—104).

6.(9.?) Jh. *Vitae Patrum Iurensium*
128. Hoogterp, P.-W.: Les vies des pères du Jura. Étude sur la langue. ALMA 9 (1934), 129—251.

7. Jh. *Formulae Andecavenses*
129. Slijper, E.: De formularum Andecavensium Latinitate disputatio. Amsterdam 1906.
Vgl. auch Nr. 190.

7. Jh. *Fredegar-Chronik*

130. Erikson, A.: The Problem of Authorship in the Chronicle of Fredegar. Eran. 63 (1965), 47—76.
131. Tièche, E.: Fredegars Notiz über die Schlacht bei Wangen. Ein Beitrag zur Syntax des Mittellateins. Mus. Helv. 6 (1949), 1—18.

7. Jh. *Frodebert von Tours*

132. Walstra, G. J. J.: Les cinq épîtres rimées dans l'appendice des formules de Sens. Leiden 1962.
133. Norberg, D.: Quelques remarques sur les lettres de Frodebert et d'Importun. Rivista di filol. e d'istruzione class. 92 (1964), 295 bis 303.

7. Jh. *Importunus von Paris,* s. Nr. 133.

7. Jh. *Virgilius Maro*

134. Baccou, R.: Un grammairien latin de la décadence: Virgile de Toulouse. Toulouse 1939.
135. Meredith, C. O.: The partes orationis as discussed by Virgilius Maro Grammaticus, with some observations upon his inflection and syntax. Baltimore 1912.
136. Stangl, Th.: Virgiliana. München 1891.
137. Tardi, D.: Sur le vocabulaire de Virgile le Grammairien. ALMA 3 (1927), 22—27.

7. Jh. *Vita Wandregiseli*

138. Müller-Marquardt, F.: Die Sprache der alten Vita Wandregiseli. Halle 1912.

7./8. Jh. *Leges Alamannorum*

139. Schröder, B.: Romanische Elemente in dem Latein der Leges Alamannorum. Schwerin 1898.

7./8. Jh. *Marculfus*

140. Uddholm, A.: Formulae Marculfi. Études sur la langue et le style. Uppsala 1953.
   S. auch Nr. 190.

8. Jh. *Capitulare de villis*

141. Wartburg, W. von: The Localization of the Capitulare de villis. Spec. 15 (1940), 87—91.

142. —: Nochmals zur Lokalisierung des Capitulare de villis. ZRPh 62 (1942), 342—346.
143. Winkler, E.: Zur Lokalisierung des sogenannten Capitulare de villis. Sprachliches und Sachliches. ZRPh 37 (1917), 513—568.

8. Jh. *Formulae Senonenses*
144. Beszard, L.: La langue des formules de Sens. Paris 1910.

8. Jh. *Liber Historiae Francorum*
145. Taylor, P.: The Latinity of the Liber Historiae Francorum. New York 1924.

8. Jh. *Die Reichenauer Glossen*
146. Foerster, W.: Die Reichenauer Glossen. ZRPh 31 (1911), 513 bis 568.
147. Hetzer, K.: Die Reichenauer Glossen. Halle 1906.
148. Klein, H.-W.: Der romanische Anteil an den Reichenauer Glossen. ZRPh 81 (1965), 217—249.
149. Labhardt, A.: Contributions à la critique des Gloses de Reichenau. Neuchâtel 1936.

8./9. Jh. *Theodulf von Orléans*
150. Schaller, D.: Philologische Untersuchungen zu den Gedichten Theodulfs von Orléans. Diss. masch. Heidelberg 1956; Auszug daraus in DA 18 (1962), 13—91.

9. Jh. *Lupus von Ferrières*
151. Snijders, C.: Het Latijn der Brieven van Lupus van Ferrières. Amsterdam 1943.

9. Jh. *Nithard*
152. Prümm, H.: Sprachliche Untersuchungen zu Nithardi historiarum libri IV. Greifswald 1910.

9. Jh. *Rimbert*
153. Schäfer, W.: Untersuchungen zum Sprachgebrauch Rimberts in seiner Biographie Anskars. Greifswald 1909.

10. Jh. *Polyptychon der Abtei des hl. Remigius*
154. Roth, G.: Polyptychon der Abtei des heiligen Remigius. Eine sprachliche Untersuchung. Bonn 1917.

10. Jh. *Urkunden*
155. Morel, M.: Étude sur la langue des chartes de Cluny, X^e^ siècle. École des chartes, Paris 1914, 77—82.

11./12. Jh. *Balderich von Bourgueil*
156. Hilbert, K.: Studien zu den Carmina des Baudri von Bourgueil. Diss. masch. Heidelberg 1967.

11./12. Jh. *Petrus Venerabilis*
157. Rennes, W. H.: The Latinity of Peter the Venerable's ›De miraculis libri duo‹. St. Louis 1937.

12. Jh. *Bernhard von Clairvaux*
158. Lossky, V.: Études sur la terminologie de saint Bernard. ALMA 17 (1943), 79—96.
159. Mohrmann, Chr.: Observations sur la langue et le style de saint Bernard. In: S. Bernardi Opera rec. J. Leclercq, C. H. Talbot, H. M. Rochais. II, Rom 1958, 9—33.

12. Jh. *„Dares Phrygius"*, s. Troja-Epos.

12. Jh. *Galbert von Brügge*
160. Ganshof, L.: *Armatura* (Galbert de Bruges, c. 106). ALMA 15 (1940), 179—193.
161. —: *Coemptio gravissima mansionum* (Galbert de Bruges, c. 55). ALMA 17 (1943), 149—161.

12. Jh. *Johannes von Hauteville*
162. Gaselee, S.: Johannes de Alta Villa. Notes on the Vocabulary of the Architrenius. Spec. 8 (1933), 79—80.

12. Jh. *Petrus Helie*, s. Nr. 377.

12. Jh. *Rudolf von St. Trond*
163. Tombeur, P.: Notes sur le texte de Raoul de Saint-Trond. ALMA 32 (1962), 95—115.

12. Jh. *Troja-Epos*
164. Stohlmann, J.: Anonymi Historia Troyana Daretis Frigii. Ratingen 1968 (S. 77—83).

12. Jh. *Walter von Châtillon*

165. Christensen, H.: Das Alexanderlied Walters von Châtillon. Halle 1905. (Nachdr. 1969.)

12./13. Jh. *Eberhard von Béthune*

166. Wrobel, J.: Zur lateinischen Lexikographie. RF 3 (1887), 465—472.

*Untersuchungen zur mittelalterlichen Latinität Frankreichs und der Niederlande, insbesondere zum sogenannten Merowingerlatein*

167. d'Arbois de Jubainville, H.: La déclinaison latine en Gaule à l'époque mérovingienne. Paris 1872.
168. Baldinger, K.: Die Bedeutung des Mittellateins für die Entstehung und Entwicklung der französischen Urkundensprache (mlt. *hospes*, fr. *hôte* im Begriffsfeld des freien Bauern). In: Medium Aevum Vivum (Festschr. W. Bulst), Heidelberg 1960, 125—146.
169. Beaulieux, Ch.: Essai sur l'histoire de la prononciation du latin en France. REL 5 (1927), 68—82.
170. Beckmann, G. A.: Aus den letzten Jahrzehnten des Vulgärlateins in Frankreich. Ein parodistischer Zusatz zur Lex Salica und eine Schreiberklage. ZRPh 79 (1963), 305—334.
171. Bourciez, E.: De praepositione *ad* causali in latinitate aevi Merovingici. Paris 1887.
172. Brunel, C.: Le latin des chartes. REL 3 (1925), 129—141.
173. Cohn, G.: Die Suffixwandlungen im Vulgärlatein und im vorliterarischen Französisch. Halle 1891.
174. Corti, M.: Studi sulla latinità merovingia in testi agiografici minori. Messina/Mailand 1939.
175. Gamillscheg, E.: Historische französische Syntax. Tübingen 1957.
176. Geyer, P.: Beiträge zur Kenntnis des gallischen Lateins. ALL 2 (1885), 25—47.
177. Marchot, P.: Petite phonétique du français prélittéraire, VI^e^—X^e^ siècle. Fribourg 1901—1903.
178. Marouzeau, J.: Du latin au français. Paris 1957.
179. Martin, H. M.: A brief Study of the Latinity of the Diplomata issued by the Merovingian Kings. Spec. 2 (1927), 258—267; 4 (1929), 315—316.
180. —: Some Phases of Grammatical Concord in certain Merovingian Charters. Spec. 4 (1929), 303—314.

181. Niermeyer, J. F.: Les calques linguistiques dans le latin médiéval d'après des sources néerlandaises. ALMA 15 (1940), 161—177.
182. Norberg, D.: À quelle époque a-t-on cessé de parler latin en Gaule? Annales: Économies, Sociétés, Civilisation 21 (1966), 346—356.
183. Pei, M. A.: The Language of the Eighth Century Texts in Northern France. New York 1932.
184. Pirson, J.: Le latin des formules mérovingiennes et carolingiennes. RF 26 (1909), 837—944.
185. —: Pamphlets bas-latin du VIIe siècle. In: Mèlanges M. M. Wilmotte, Paris 1910, 485—522.
186. Reichenkron, G.: Historische Latein-Altromanische Grammatik. I, Wiesbaden 1965.
187. Rice, C.: The Phonology of Gallic Clerical Latin after the Sixth Century. Cambridge (Mass.) 1902.
188. Richter, E.: Beiträge zur Geschichte der Romanismen. Chronologische Phonetik des Französischen bis zum Ende des 8. Jahrhunderts. Halle 1934.
189. Sas, L. F.: The Noun Declension System in Merovingian Latin. Paris 1937.
190. Scott, R. W.: A Study of the Uses of the Prepositions *ab, apud,* and *cum* in the Formulae Marculfi, the Formulae Andecavenses, the Chartae Senonicae, and the Lex Salica. Tokyo 1937.
191. Uddholm, A.: Les traits dialectaux de la langue des actes mérovingiens et le formulaire de Marculf. ALMA 25 (1955), 47 bis 69.
192. —: Quelques mots sur le rôle que jouent les formules dans l'étude de la latinité de basse époque. Eran. 60 (1962), 174—179.
193. Vielliard, J.: La langue des diplômes royaux et chartes privées de l'époque mérovingienne. Paris 1927.
194. Zumthor, P.: Une formule galloromane du VIIIe siècle. ZRPh 75 (1959), 211—233.

Vgl. auch Nr. 375, S. 11 ff.

## III. Spanien. Portugal

*Forschungsbericht*

195. Koll, H.-G.: Die mittellateinische Philologie in den Ländern der iberischen Halbinsel. Mlat. Jb. I (1964), 162—195 (insbes. 182 bis 190).

6./7. Jh. *Isidorus von Sevilla*

196. ISIDORIANA. Estudios sobre san Isidoro de Sevilla en el XIV centenario de su nacimiento. Leon 1961. (Mit einem Forschungsbericht 1935—1960).
197. Amatucci, A.-G.: Besprechung von Sofer, Lexicalische Untersuchungen zu den Etymol. des Isid. von S. (Glotta 16 [1927], s. Nr. 202), ALMA 4 (1928), 51—59; 157—168.
198. Fontaine, J.: Isidore de Séville. Traité de la nature. Bordeaux 1960.
199. —: Théorie et pratique du style chez Isidore de Séville. Vigiliae Christ. 14 (1960), 65—101.
200. Macé, A.: De emendando Differentiarum libro qui inscribitur De propritate sermonum et Isidori Hispalensis esse fertur. Paris 1900.
201. McDermott, W. C.: Isidore and Petronius. Cl. & Med. 23 (1962), 143—147.
202. Sofer, J.: Lateinisches und Romanisches aus den Etymologiae des Isidorus von Sevilla. Untersuchungen zur lateinischen und romanischen Wortkunde. Göttingen 1930. (Vgl. Glotta 16 [1927], 1—47; 17 [1929], 1—46; 18 [1930], 112—131.)
203. Wessner, P.: Isidor und Sueton. Hermes 52 (1917), 201—292.

6./7. Jh. *Leander von Sevilla*

204. Bejarano, V.: Observaciones sobre el latin de San Leandro. Emerita (Rev. de lingüistica y filologia clas., Madrid) XXVIII (1960), 49—73.

7. Jh. *Sisebut*

205. Stach, W.: Bemerkungen zu den Gedichten des Westgotenkönigs Sisebut. Anth. Lat. Nr. 483. In: Corona quernea, Festschrift K. Strecker, Leipzig 1941, 73—96.

7. Jh. *Urkunden*

206. Díaz y Díaz, M. C.: Un document privé de l'Espagne wisigothique sur ardoise. Studi Medievali, 3. Ser., I, 1960, 52—71.

9.—12. Jh. *Urkunden*

207. Lange, W.-D.: Philologische Studien zur Latinität westhispanischer Privaturkunden des 9.—12. Jahrhunderts. Leiden/Köln 1966.
208. —: Anmerkungen zur Skripta lateinischer Urkunden des portugiesischen Mittelalters. ZRPh 83 (1967), 32—42.
209. Löfstedt, B.: Zur Lexikographie der mittellateinischen Urkunden Spaniens. ALMA 29 (1959), 5—89.

210. Sacks, N. P.: The Latinity of Dated Documents in the Portuguese Territory. Philadelphia 1941.

*Allgemeine Untersuchungen*

211. Bastardas Parera, J.: Particularidades sintácticas del latín medieval. Cartularios españoles de los siglos VIII al XI. Barcelona/Madrid 1953.
212. —: El latín medieval hispánico. In: Enciclopedia Lingüística Hispánica. I, Madrid 1959, 251—290.
213. Carnoy, A., Le latin d'Espagne d'après les inscriptions. Brüssel 1906. (Nachdr. 1971.)
214. Díaz y Díaz, M. C.: Notes lexicographiques espagnoles. ALMA 22 (1952), 77—85.
215. —: El latín medieval español. In: Actas del Primer Congreso Español de Estudios Clásicos, Madrid 1956, 559—579.
216. —: El latín de la península ibérica. In: Enciclopedia Lingüística Hispánica. I, Madrid 1959, 153—197.
217. —: El latín de la liturgia hispánica. In: Estudios sobre la liturgia mozárabe. Madrid 1965, 55—87.
218. Meier, H.: Beiträge zur sprachlichen Gliederung der Pyrenäenhalbinsel und ihrer historischen Begründung. Hamburg 1930.
219. Menéndez Pidal, R.: Orígenes del Español. Estado lingüístico de la península ibérica haste el siglo XI. Madrid [4]1956.
220. —: Mannual de gramática histórica española. Madrid [11]1962.
221. Mourin, L.: À propos de l'évolution du latin dans la péninsule ibérique. In: Annales Univ. Saraviensis VI, Saarbrücken 1957, 472—479.
222. Thorsberg, B.: Études sur l'hymnologie mozarabe. Stockholm 1962.
223. Vives, J.: Inscripciones cristianas de la España romana y visigoda. Barcelona 1942.

## IV. England. Irland

6. Jh. *Gildas*

224. Grosjean, P.: Remarques sur le De excidio attribué à Gildas. ALMA 25 (1955), 155—187.
225. —: *Romana stigmata* chez Gildas. In: Hommages Niedermann, Brüssel 1956 (Coll. Latomus XXIII), 128—139.
226. Kerlouégan, F.: Le latin du ›De excidio Britanniae‹ de Gildas. In: Christianity in Britain 300—700, Leicester 1968, 151—176.

6. Jh. *Hisperica Famina*

227. Niedermann, M.: Les dérivés latins en *-osus* dans les ›Hisperica Famina‹. ALMA 29 (1953), 75—101.

6./7. Jh. *Columba(nus)*

228. Önnerfors, A.: Die Latinität Columbas des Jüngeren in neuem Licht. Ztschr. f. Kirchengeschichte 83 (1972), 52—60.
229. Smit, J. W.: Studies on the Language and Style of Columba the Younger. Amsterdam 1971.
230. Walker, G. S. M.: On the Use of Greek Words in the Writings of St. Columbanus of Luxeuil. ALMA 21 (1951), 117—131.

7. Jh. *Malsachanus*

231. Löfstedt, B.: Der hibernolateinische Grammatiker Malsachanus. Uppsala 1965 (S. 81—156).

7./8. Jh. *Beda Venerabilis*

232. Durham, D. R.: The Syntax of Bede's Historia ecclesiastica. Washington 1938.

7.—12. Jh. *Vitae sanctorum Hiberniae*

233. Most, W. G.: The Syntax of the Vitae sanctorum Hiberniae. Washington 1946.

8./9. Jh. *Alkuin*

234. Burghardt, H. D.: Philologische Untersuchungen zu den Gedichten Alkuins. Diss. masch. Heidelberg 1960.
235. Reuschel, H.: Kenningar bei Alkuin. Zur ›Disputatio Pippini cum Albino‹. PBB 62 (1938), 143—155.
236. Schaller, D.: Die karolingischen Figurengedichte des Cod. Bern. 212. In: Medium Aevum Vivum (Festschr. W. Bulst). Heidelberg 1960, 22—47.

9. Jh. *Dungal*

237. Strecker, K.: Ein neuer Dungal? ZRPh 41, 1921, 566—573.

9. Jh. *Johannes Scottus Erigena*

238. Théry, P. G.: Scot Érigène, Traducteur de Denys. ALMA 6 (1931), 185—278.

9. Jh. *Nennius*
239. Loth, J.: Le latin de l'Historia Brittonum dite de Nennius. Comptes rendus de l'Ac. des inscriptions et belles-lettres. Paris 1932, 56 ff.

9. Jh. *Sedulius Scottus*
240. Hellmann, S.: Sedulius Scottus. München 1906.
241. Düchting, R.: Sedulius Scottus. Seine Dichtungen. München 1968.
242. Levillain, L.: Date et interprétation d'un poème de Sedulius Scotus. (Carm. 76). Le moyen âge 45 (1935), 199—221.
243. Skutsch, O.: Lucan and Sedulius Scottus. Cl. & Med. 23 (1962), 133.

10. Jh. *Aethelweard*
244. Campbell, A.: The Chronicle of Aethelweard. London 1962 (S. XLV—LX).

12. Jh. *Nigellus von Longchamp*
245. Mozley, J. H.: Note on two Words in the Speculum stultorum of Nigellus. ALMA 9 (1934), 92—95.
246. —: The Latinity of Nigel de Longchamps. ALMA 14 (1939), 5 bis 22.
247. Skutsch, O.: Three rare words from Nigel's Speculum stultorum. ALMA 11 (1937), 29—31.

12./13. Jh. *Alexander Neckam*
248. Gaselee, S.: Notes on the Vocabulary of Alexander Neckam. Spec. 14 (1939), 106—107.
249. Loewe, R.: Alexander Neckam's Knowledge of Hebrew. Mediaeval and Renaissance Studies 4 (1958), 17—34.

14. Jh. *Richard von Bury*
250. Mierow, C.: Mediaeval Latin Vocabulary, Usage and Style, as illustrated by the Philobiblon (1345) of Richard De Bury. Class. Philology 25 (1930), 343—357.

## V. Deutschland. Die Schweiz

8. Jh. *Arbeo*
251. Skiles, J. W. D.: The Latinity of Arbeo's Vita sancti Corbiniani and of the revised Vita et actus Beati Corbiniani episcopi Frisingensis aecclesiae. Chicago 1938.

8./9. Jh. *Einhard*
252. Schmidt, A.: Die Sprache Einhards. Greifswald 1904.

8./9. Jh. *Hrabanus Maurus*
253. Henshaw, M.: The Latinity of the Poems of Hrabanus Maurus. Chicago 1936.
254. Reinke, E. C.: The Latinity of the Epistolae of Hrabanus Maurus. Chicago 1937.

9. Jh. *Annales Fuldenses*
255. Beeson, C. H.: The Vocabulary of the Annales Fuldenses. Spec. 1 (1926), 31—37.

9. Jh. *Walahfrid Strabo*
256. Önnerfors, A.: Philologisches zu Walahfrid Strabo. Mlat. Jb. VII (1970 [gedr. 1972]), 41—92.
257. —: Über Walahfrid Strabos Psalter-Kommentar. EMA 75—121.
258. Traube, L.: Zu Walahfrid Strabo's De imagine Tetrici. Neues Archiv d. Gesellsch. f. ältere deutsche Geschichtsk. 18 (1890), 664 bis 665.

9./10. Jh. *Regino von Prüm*
259. Dorman, O. N.: A Study of the Latinity of the ›Chronica‹ of Regino of Prüm. ALMA 8 (1933), 173—216.
260. Prinz, O.: Die Überarbeitung der Chronik Reginos aus sprachlicher Sicht. EMA 122—141.

10. Jh. *Hrotswitha von Gandersheim*
261. Franceschini, E.: I „*tibicines*" nella poesia di Hrotsvitha. ALMA 14 (1939), 40—65.
262. Newman, E. M.: The Latinity of the Comedies of Hrotsvitha. Chicago 1929.
263. —: The Latinity of the Works of Hrotsvitha of Gandersheim. Chicago 1939.
264. Schifflers, S.: La syntaxe du verbe et des modes et des temps des propositions subordonnées dans les légendes de Hrotswitha. Louvain (Thèse de licence) 1935—1936.

10. Jh. *Ruopert von Mettlach*
265. Juffermans, P. J. A.: La vie de saint Adalbert par Ruopert, moine de Mettlach. ALMA 5 (1929—1930), 52—68.

10. Jh. *Widukind von Korvey*

266. Herrmann, M.: Die Latinität Widukinds von Korvey. Greifswald 1907.

10./11. Jh. *Ekkehard IV.*

267. Haefele, H.: Untersuchungen zu Ekkehards IV. Casus sancti Galli. DA 17 (1961), 145—190; 18 (1962), 120—170.
268. Loth, H. E.: A Study of the Lexikography of the ›Casus s. Galli‹ of Ekkehardus. Chicago 1936.

10./11. Jh. *Thietmar von Merseburg*

269. Fickermann, N.: Thietmar von Merseburg in der lateinischen Sprachtradition. Jahrb. f. d. Gesch. Mittel- und Ostdeutschlands VI (1957), 21—76.

10.—12. Jh. *Urkunden*

270. Fichtenau, H.: Rhetorische Elemente in der ottonisch-salischen Herrscherurkunde. Mitteil. d. Österreich. Inst. f. Geschichtsforschung 68 (1960), 39—62.

11. Jh. *Bruno von Magdeburg*

271. Stanjek, W.: Die Latinität in Brunos ›Liber de bello Saxonico‹. Greifswald 1907.

11. Jh. *Ruodlieb*

272. Ford jr., G. B.: Ruodlieb VIII, 103. SO 41 (1966), 123—124.
273. Ottinger, H.: Untersuchungen über das Latein des Ruodlieb. Breslau 1924 und HV 26 (1931), 449—535.
274. Seiler, F.: Ruodlieb, der älteste Roman des Mittelalters. Halle 1882 (S. 112—142).

12. Jh. *Archipoeta*

275. Curtius, E. R.: Der Archipoeta und der Stil mittellateinischer Dichtung. RF 54 (1940), 105—164.
276. Klopsch, P., *Acyrus* (Archipoeta VII 11, 2). Mlat. Jb. IV (1967), 167—171.

12./13. Jh. *Albertus Magnus*

277. Dondaine, H. F.: Saint Albert et le grec. Recherches de théologie ancienne et médiévale 17 (1950), 315—319.
278. Opelt, I.: Latente Arabica bei Albertus Magnus. ALMA 24 (1954), 271—276.

12./13. Jh. *Carmina Burana*

279. Unger, H.: De Ovidiana in Carminibus Buranis, quae dicuntur, imitatione. Berlin 1915.

13. Jh. *Alexander von Roes*

280. Grundmann, H.: Übersetzungsprobleme im Spätmittelalter. Zu einer alten Verdeutschung des ›Memoriale‹ Alexanders von Roes. Ztschr. f. deutsche Phil. 70 (1948—1949), 113—144.

13. Jh. *Heinrich von Lettland*

281. Arbusow, L.: Das entlehnte Sprachgut in Heinrichs ›Chronicon Livoniae‹. Ein Beitrag zur Sprache mittelalterlicher Chronistik. DA 8 (1951), 100—153.

14./15. Jh. *Thomas von Kempen*

282. Egger, K.: Zur Sprache des Thomas von Kempen. In: Thomas von Kempen, Beiträge zum 500. Todestag, 1471—1971. Kempen 1971, 78—86.

15. Jh. *Paulus Niavis*

283. Streckenbach, G.: Paulus Niavis, ›Latinum ydeoma pro novellis studentibus‹ — ein Gesprächsbüchlein aus dem letzten Viertel des 15. Jahrhunderts I—II. Mlat. Jb. VI (1969 [gedr. 1970]), 152—191; VII (1970 [gedr. 1972]), 187—251.

## VI. Skandinavien

*Forschungsberichte:*

284. Kabell, Aa.: Die Mittellateinische Philologie in Dänemark. Mlat. Jb. VI (1969 [gedr. 1970]), 199—213.

285. Önnerfors, A., Die mittellateinische Philologie in Schweden. Eine Übersicht. Mlat. Jb. IV (1967), 243—259.

12. Jh. *Passio Olavi*

286. Skard, E.: Sprache und Stil der Passio Olavi. Oslo 1932.

12. Jh. *Theodoricus Monachus*

287. Hanssen, J. S. Th.: Observations on Theodoricus Monachus and his History of the Old Norwegian Kings. SO 24 (1945), 164—180.

288. Skard, E.: Eine Lucanreminiscenz bei Theodoricus Monachus. SO 33 (1957), 156—157.

12. Jh. *Versinschriften*

289. Zwierlein, O.: Frühe lateinische Versinschriften in Schweden. Mlat. Jb. VI (1969 [gedr. 1970]), 218—230.

12./13. Jh. *Historia Norwegiae*

290. Skard, E.: Maalet i Historia Norwegiae. Oslo 1930.

12./13. Jh. *Heiligen-Offizien*

291. Önnerfors, A.: Zur Offiziendichtung im schwedischen Mittelalter. Mlat. Jb. III, 1966, 55—93.
292. —: Die Hauptfassungen des Sigfridoffiziums. Lund 1968.

12./13. Jh. *Saxo („Grammaticus")*

293. Knabe, C., Sprachliche Zusammenstellungen [zu Saxos Gesta Danorum], in: Herrmann, P., Erläuterungen zu den ersten neun Büchern der Dänischen Geschichte des S. G., II, Kommentar. Leipzig 1922, 444—489.
294. Önnerfors, A.: Philologische Marginalien zu Saxos Hamlet-Sage. PBB 95, 1973 (Sonderheft), 93—122.

13. Jh. *Annales Sigtunenses*

295. Lundström, S.: *Distraccio* et *scandalum* dans les Annales Sigtunenses. ALMA 27, 1957, 293—311.

13. Jh. *Historia de profectione Danorum in Hierosolymam*

296. Skånland, V.: Einige Bemerkungen zu der Historia de profectione Danorum in Hierosolymam. I—II, SO 33, 1957, 137—155; 36, 1960, 99—115.

*Urkunden*

297. Öberg, J.: Två urkunder ur Lars Sparres kopiebok B 15, Riksarkivet. In: Meddelanden från Svenska Riksarkivet 1962—1966, Stockholm 1968, 111—122.

Vgl. Nr. 4, S. 22—73.

## VII. Autoren und Texte unsicherer oder unbekannter geographischer Provenienz

4.—16. Jh. *Lateinisches Weihnachtslied*

298. Scherner, M.: Die sprachlichen Rollen im lateinischen Weihnachtslied des Mittelalters. Wuppertal 1970.

5./6. Jh. *Epiphanes*

299. Erikson, A.: Sprachliche Bemerkungen zu Epiphanes' Interpretatio evangeliorum. Lund 1939.

5./6. Jh. *Mustio*

300. Medert, J.: Quaestiones criticae et grammaticae ad Gynaecia Mustionis pertinentes. Gießen 1911.

6. Jh. *Anthimus*

301. Baehrens, W.: Besprechung von Nr. 304, in: Berliner Phil. Wochenschr. 46, 1926, 849—856.
302. Brandt, E.: Besprechung von Nr. 304, in: Gnomon 4, 1928, 516 bis 521.
303. Mras, K.: Anthimus und andere lateinische Ärzte im Lichte der Sprachforschung. Wiener Studien 61/62 (1943—1947), 98—117.
304. Weber, S. H.: Anthimus, de observatio (sic) ciborum. Text, Commentary, and Glossary, with a Study of the Latinity. Leiden 1924.

6. Jh. *Jordanes*

305. Bergmüller, L.: Einige Bemerkungen zur Latinität des Jordanes. Progr. Augsburg 1903.
306. Kalén, H.: Studia in Iordanem philologica. Uppsala 1939.
307. Norberg, D.: Zur Kritik und Erklärung einiger Jordanes-Stellen. Eran. 41, 1943, 33—42.
308. Svennung, J.: Jordanes und Scandia. Kritisch-exegetische Studien. Uppsala 1967.
309. Werner, F.: Über die Latinität der Getica des Jordanes. Halle 1908.
310. Woelfflin, E.: Zur Latinität des Jordanes. ALL 11, 1900, 361—368.

6.—15. Jh. *Lunaria*

311. Svenberg, E.: De latinska lunaria. Göteborg 1936.
312. —: Lunaria et zodiologia Latina. Göteborg 1963.
313. Wistrand, E.: Lunariastudien. Göteborg 1942.

6. Jh. *Vitae Patrum Monachorum*

314. Hofmann, J. B.: Beiträge zur Kenntnis des Vulgärlateins. Indogerm. Forsch. 43 (1926), 80—122.
315. Salonius, A. H.: Vitae Patrum. Kritische Untersuchungen über Text, Syntax und Wortschatz. Lund 1920.

7./8. Jh. *›Barbarus Scaligeri‹*

316. Hoeveler, J.J.: Die Sprache des Barbarus. Progr. Köln 1896.

10.(9.?) Jh. *Waltharius-Epos*

317. Althof, H.: Waltharii Poesis ... Hrsg. u. erl., Bd. 2, Kommentar. Leipzig 1905.
318. Zwierlein, O.: Das Waltharius-Epos und seine lateinischen Vorbilder. Antike und Abendland XVI (1970), 153—184.
(S. im übrigen E. E. Ploss: Waltharius und Walthersage. Eine Dokumentation der Forschung. Hildesheim 1969, XIX—XXI.)

10.—12. Jh. *Lateinische Liebesdichtung des 11. und 12. Jahrhunderts*

319. Offermanns, W.: Die Wirkung Ovids auf die literarische Sprache der lateinischen Liebesdichtung des 11. und 12. Jahrhunderts. Wuppertal 1970.

13. Jh. *C. de Bridia*

320. Önnerfors, A.: Textkritische und sprachliche Bemerkungen zur ›Hystoria Tartarorum‹ des C. de Bridia. Mlat. Jb. III (1966), 228—246.
321. —: Hystoria Tartarorum C. de Bridia monachi. Edidit et annotationibus instruxit A. Ö. Berlin 1967.

13. Jh. *Vita s. Honorati*

322. Blatt, F.: La latinité de la Vie de saint Honoré. Étude sur un latin médiéval. Eran. 43 (1945), 67—88.

### *C. Aussprache. Morphologie. Etymologie. Syntax und Stilistik. Sprachgeschichte. Satzrhythmus*

323. Aebischer, P.: Les pluriels analogiques en *-ora* dans les chartes latines de l'Italie. ALMA 8 (1933), 5—76.
324. —: Quelques nouveaux cas de pluriels analogiques en *-ora* provenant en particulier de chartes napolitaines. ALMA 9 (1934), 26—36.

325. —: Contribution à la protohistoire des articles *ille* et *ipse* dans les langues romanes. Cultura Neolatina 8 (1950), 181—203.

326. —: Le pluriel *-as* de la première déclinaison latine et ses résultats dans les langues romanes. ZRPh 87 (1971), 74—98.

327. Allen, W. S.: Ancient Ideas on the Origin and Development of Language. Transactions of the Philol. Soc. 1948. London 1949, 35—60.

328. Appel, E.: De neutro genere intereunte in lingua latina. Erlangen 1883.

329. Arbusow, L.: Colores rhetorici. Eine Auswahl rhetorischer Figuren und Gemeinplätze. Göttingen [2]1963.

330. Baldinger, K.: L'étymologie hier et aujourd'hui. Cahiers d l'Assoc. intern. des études franç. 11 (1959), 233—264.

331. Battré, C.: De recompositionis in verbis latinis adhibitae usu et notione. Jena 1909.

332. Baxter, J. H.: More predicative Datives. ALMA 9 (1934), 98—100. (Vgl. Nr. 403.)

333. Beckmann, G. A.: Die Nachfolgekonstruktionen des instrumentalen Ablativs im Spätlatein und im Französischen. Tübingen 1963.

334. Blatt, F.: Sprachwandel im Latein des Mittelalters. HV 28 (1934), 22—52 (Nachdruck 1970).

335. —: Latin Influence on European Syntax. Cl. & Med. 18 (1957), 133—178.

336. Bonioli, M.: La pronuncia del latino nelle scuole dall'antichità al rinascimento. I, Torino 1962.

337. Cavallin, S.: Les clausules des hagiographes arlésiens. Eran. 46 (1948), 133—157.

338. Corbett, P. B.: Local Variation of Spelling in Latin MSS. Studia Patristica 1 (1957), 188—193.

339. Dahlén, E.: Études syntaxiques sur les pronoms réfléchis pléonastique en latin. Göteborg 1964.

340. Denholm-Young, N.: The Cursus in England. Oxford Essays in Medieval History presented to H. E. Salter. Oxford 1934, 68 ff.

341. Di Capua, F.: Il ritmo prosaico nelle lettere dei papi e nei documenti della cancellaria romana dal IV al XIV secolo. I—III. Rom 1937 bis 1948.

342. —: Per la storia del latino letterario medievale e del „cursus". Giornale It. di Filol. 4, 1951, 97—113.

343. Fickermann, N.: Schreibfehler oder Sprachtatsache? Stichproben aus der mittellat. Formenlehre. LF 19—26.

344. Fridh., Å.: Der sogenannte prospektive Konjunktiv im Lateinischen. Göteborg 1971 (S. 19—50).
345. Grünberg, W.: Der objective Accusativ in den ältesten französischen Sprachdenkmalen mit besonderer Berücksichtigung des Lateinischen. RF 3 (1887), 517—631.
346. Hakamies, R.: Étude sur l'origine et l'évolution du diminutif latin et sa survie dans les langues romanes. Helsinki 1951.
347. Heinimann, S.: Zur Geschichte der grammatischen Terminologie im Mittelalter. ZRPh 79 (1963), 23—37.
348. Hélin, M., *Vt ita dicam et similia.* Recherches sur le sens linguistique de quelques écrivains du moyen âge. Coll. Latomus 44 (Hommages Herrmann). Brüssel 1960, 420—430.
349. —: Vulgarismes et néologismes dans la latinité médiévale. Le Moyen Âge 69 (1963), 247—258.
350. Hofmann, J. B., und Szantyr, A.: Lateinische Syntax und Stilistik. München 1965. (Das einzige deutschsprachige Handbuch der lat. Syntax, in dem das frühere Mittellatein mit berücksichtigt wird.)
351. Hubert, M.: Notes de latin médiéval. REL 30 (1952), 307—317.
352. Jeanjaquet, J.: Recherches sur l'origine de la conjonction 'que'. Zürich/Neuchâtel 1894.
353. Jellinek, M. H.: Zur Aussprache des Lateinischen im Mittelalter. In: Aufsätze für W. Braune, Dortmund 1920, 11—26.
354. Klinck, R.: Die lateinische Etymologie des Mittelalters. München 1970.
355. Koll, H.-G.: Zur Stellung des Verbs im spätantiken und frühmittelalterlichen Latein. Mlat. Jb. II (1965), 241—272.
356. Krewitt, U.: Metapher und tropische Rede in der Auffassung des Mittelalters. Ratingen 1971.
357. Lindholm, G.: Studien zum mittellateinischen Prosarhythmus. Stockholm 1963.
358. Löfstedt, B.: Bemerkungen zum Problem Genus: Sexus im Lateinischen. SO 38 (1963), 47—68.
359. —: Die subjektlose 3. Person im Lateinischen. Uppsala, Kungl. Hum. Vetenskapssamf. Årsbok 1965/66, 80—107.
360. Löfstedt, E.: Syntactica. I, Lund $^{2}$1942, insbes. Kap. IX; II, Lund 1933, insbes. Kap. IV u. XIII.
361. —: Lateinisch-Griechisches und Lateinisch-Romanisches. Studia Neophilol. 11 (1938), 173—185.
362. —: Some Changes of Sense in Late and Medieval Latin. Eran. 44 (1946), 340—354.
363. —: Coniectanea. Untersuchungen auf dem Gebiete der antiken und mittelalterlichen Latinität. Erste Reihe. Uppsala 1950.

364. Löfstedt, L.: Les expressions du commandement et de la défense en latin et leur survie dans les langues romanes. Helsinki 1966.

365. Lot, F.: À quelle époque a-t-on cessé de parler latin? ALMA 6 (1931), 97—152.

366. Manz, G.: Ausdrucksformen der lateinischen Liturgiesprache bis ins elfte Jahrhundert. Beuron 1941.

367. Malkiel, J.: Zur Substantivierung der Adjektiva im Romanischen. Cl. & Med. 5 (1942), 238—256.

368. McGann, M. J.: An alleged instance of the confusion of ablative absolute and nominative absolute. ALMA 37 (1961), 145.

369. Meier, H.: Lateinisch-Romanisches. I—III. Romanist. Jb. 10 (1959), 271—284; 11 (1960), 289—309; 16 (1965), 243—256.

370. Meyer, W.: Die rythmische lateinische Prosa. In: Ges. Abh. zur mlat. Rythmik. II. Berlin 1905, 236—286.

371. Meyer-Lübke, W.: Die Schicksale des lateinischen Neutrums im Romanischen. Halle 1883.

372. Monfrin, J.: Le latin médiéval et la langue des chartes. In: Vivarium 8 (1970), 81—98.

373. Müller, B.: Das lateinische Futurum und die romanischen Ausdrucksweisen für das futurische Geschehen. RF 76 (1964), 44—97.

374. Newald, R.: Der Übergang vom Mittellatein zum Humanistenlatein. ALMA 16 (1942), 113—125.

375. Norberg, D.: Syntaktische Forschungen auf dem Gebiete des Spätlateins und des frühen Mittellateins. Uppsala 1943.

376. —: 'Faire faire quelque chose à quelqu'un'. Recherches sur l'origine latine de la construction romane. Uppsala 1945.

377. Pinborg, J.: Interjektionen und Naturlaute. Petrus Heliae und ein Problem der antiken und mittelalterlichen Sprachphilosophie. Cl. & Med. 22, 1961, 117—138.

378. Pirson, J.: *Quomodo* en latin vulgaire. In: Philologische und volkskundliche Arbeiten K. Vollmöller zum 16. Okt. 1908 dargeboten. Erlangen 1908, 61—74.

379. Polheim, K.: Die lateinische Reimprosa. Berlin 1925. (Nachdr. 1963.)

380. Politzer, F. N. und R. L.: Romance Trends in 7th and 8th Century Latin Documents. Chapel Hill 1953.

381. Prinz, O.: Zur Präfixassimilation im antiken und im frühmittelalterlichen Latein. ALMA 25/26 (1949/1950), 87—115; 29 (1953), 35—60.

382. —: Wechselbeziehungen zwischen den Präfixen *a(b)* und *ad* im Mittellatein. Philologus 115 (1971), 240—244.

383. Reichenkron, G.: Passivum, Medium und Reflexivum in den romanischen Sprachen. Jena 1933.

384. —: Die Umschreibung mit *occipere, incipere* und *coepisse* als analytische Ausdrucksweise eines ingressiven Aorist. In: Festschr. f. E. Gamillscheg. Tübingen 1957, 451—480.

385. Rohlfs, G.: An den Quellen der romanischen Sprachen. Halle 1952.

386. Roos, H.: Sprachdenken im Mittelalter. Cl. & Med. 9 (1947), 200 bis 215.

387. Sävborg, T.: Étude sur le rôle de la préposition *de* dans les expressions de lieu relatives. Uppsala 1941.

388. Santesson, C. G.: La particule *cum* comme préposition dans les langues romanes. Paris 1921.

389. Schmitt, W. O.: Die Ianua (Donatus). Ein Beitrag zur lat. Schulgrammatik des Mittelalters und der Renaissance. In: Beitr. z. Inkunabelkunde 3. Ser., 4 (1969), 43—80.

390. Schneider, J.: Formen der Commutatio im mittelalterlichen Latein. EMA 232—249.

391. Sittl, K.: Die lokalen Verschiedenheiten der lateinischen Sprache. Erlangen 1882.

392. Stempel, W.-D.: Zur Frage des Geschlechts der romanischen Obstbaumnamen auf *-arius*. ZRPh 75 (1959), 234—268.

393. Strodach, G. K.: Latin Diminutives in *ello/a* and *illo/a*. Philadelphia 1933.

394. Svennung, J.: L'évolution de la préposition italienne « *da* » à partir de « *de ab* » dans le latin. ALMA 25/26 (1949/1950), 55—85.

395. —: Anredeformen. Vergleichende Forschungen zur indirekten Anrede in der dritten Person und zum Nominativ für den Vokativ. Uppsala 1958.

396. Svoboda, Ch.: La grammaire latine depuis le moyen âge jusqu'au commencement du XIXe siècle. REL 3 (1925), 69—77.

Szantyr, A., s. Nr. 350.

397. Thurot, Ch.: Extraits de divers manuscrits latins pour servir à l'histoire des doctrines grammaticales au moyen âge. Paris 1869 (Nachdr. 1964).

398. Trager, G. L.: The Use of the Latin Demonstratives (especially *Ille* and *Ipse*) up to 600 a. D., as the Source of the Romance Article. New York 1932.

399. Turkowska, D.: Sur quelques tendances des changements sémantiques des verbes composés dans le latin médiéval. Cl. & Med. 24 (1963), 166—169.

400. —: Les prépositions *ab, ad, ante, apud* dans le latin médiéval. Cl. & Med. 26 (1965), 354—393.

401. Vandvik, E.: National Admixture in Medieval Latin. SO 23 (1944), 81—101.

402. Wandruszka, M.: Étymologie et philosophie. Cahiers de l'Assoc. intern. des études franç. 11 (1959), 336—338.

403. Werner, J.: Predicative Datives in Medieval Latin. ALMA 12 (1937), 35—39. (Vgl. Nr. 332.)

404. Wistrand, E.: Gerundium mit Subjektsakkusativ im Latein. Eran. 65 (1967), 65—72.

405. Woelfflin, E.: Lateinische und romanische Comparation. Erlangen 1879.

# INDEX ZUR BIBLIOGRAPHIE

(Die Zahlen verweisen auf die Nummern der Bibliographie)

## *1. Lateinische Autoren und Texte*

*2. Verfasser der wissenschaftlichen Literatur*

# REGISTER

*1. Namen- und Sachregister (Auswahl)*

## 2. *Wörter, Formen, Endungen, orthographische (phonet.) Besonderheiten (Auswahl)*